미국에서의 권력분립원리

미국에서의 권력분립원리

강 승 식 著

한국학술정보[주]

머리말

입헌주의국가에서의 권력구조는 헌법의 궁극적 목적인 국민의 기본
권보장을 구체화하는 직접적 수단이라는 점에서 매우 중요한 헌법적
의미를 갖는다. 국가의 권력작용은 크게 정책을 결정하고 이를 집행하
는 일련의 메커니즘으로 이루어지고 그 과정에서 가장 중요한 역할을
담당하는 기관은 바로 의회와 행정부이다. 이러한 의회와 행정부와의
관계는 국가권력의 조직방식을 뜻하는 정부형태에 따라 서로 다른 모
습으로 나타나게 된다. 그러나 의회와 대통령간의 역할 정립의 필요성
은 양자간의 상호융합을 본질로 하는 내각제보다는 양자간의 상호독립
을 제도적 특성으로 하는 대통령제에서 더욱 절실해진다. 바로 본서는
대통령제의 원형인 미국 대통령제를 모델로 하여 대통령제 하에서의
의회와 대통령간의 올바른 권한관계를 제시하는 데에 그 목적을 두고
있다.

1787년에 제정된 미국연방헌법은 입법부·행정부·사법부를 엄격히
분리하는 가운데 입법부에 대해 가장 폭넓은 규정을 두고 있다. 이것은
새롭게 출발하는 연방정부의 주도적 역할을 의회가 담당할 것으로 예
상한 미국헌법제정자들의 의도가 반영된 것으로 풀이될 수 있다. 하지
만 이들의 예상은 연방정부의 기능과 규모가 확대되기 이전인 18세기
적 상황에서는 나름대로 타당하였으나, 미국의 헌정이 진행되면서 특히
20세기에 접어들면서 부분적으로 빗나가고 말았다. 즉 20세기이후의 미
국 헌정의 실제는 행정국가 또는 적극국가현상으로 인하여 지배적인
국가권력이 대통령에게 집중되는 방향으로 전개되어 왔다. 그러나 대통
령제의 제도적 의의는 어디까지나 입법권과 행정권의 분리를 통해 권

력의 집중을 억제하고 그 결과 국민의 자유를 좀더 실효성있게 보장하는 데에 있다는 점에서 이러한 현상은 결코 바람직하지 않다. 대통령제 하에서 의회의 견제로부터 자유로운 강력한 대통령은 그 권한을 남용할 것이고, 그 결과 국민의 자유를 위협하리라는 점은 굳이 미국의 경험을 살펴볼 필요도 없이 우리의 헌정사에서도 쉽게 확인된다. 이러한 관점에서 본다면 오늘날 대통령제의 成敗는 의회의 지위를 대통령의 그것에 어느 정도 대등하게 근접시키느냐에 달려 있다고 생각한다.

오늘날 우리 사회는 노무현 행정부가 출범한 이후 새로운 대통령제를 경험하고 있다. 즉 국회의 대통령탄핵소추와 헌법재판소의 신행정수도특별법 위헌결정을 계기로 대통령이 일방적으로 국회를 지배하던 과거의 관행으로부터 벗어나 점차적으로 국회와 헌법재판소의 위상이 대통령의 그것에 비해 높아지는 모습을 보여주고 있다. 일부에서는 이 과정에서 나타난 법리상 문제점이나 보수·진보의 대립적 관점에 근거하여 이러한 현상을 부정적으로 평가하고 있다. 물론 미시적 관점에서 본다면 이러한 지적에도 일리가 있다. 하지만 대통령제 하에서의 의회와 대통령과의 권한관계라는 거시적 관점에서 본다면 여기에는 분명 긍정적 메시지가 담겨 있다고 생각한다.

본서는 원래 필자가 2004년에 발표한 박사학위논문을 단행본의 형태로 출간하는 것이다. 다만 書名을 수정하고 2004년 이후 변화된 국내외적 상황을 감안하여 부분적인 내용수정을 하였을 뿐이다. 여러 가지로 부족한 필자가 이 정도나마 연구성과를 올릴 수 있었던 데에는 누구보다도 가족의 헌신적인 뒷받침이 있었음을 밝히고 싶다. 이 자리를 빌어 부모님께 감사의 말씀을 올리며 아내 孫成林에게 고마움을 전한다. 아울러 필자의 은사이신 梁 建 교수님께 고개 숙여 감사드린다. 특히 은사님께는 그 어떤 화려한 감사의 변보다는 앞으로 열심히 살아가겠다는 소박한 다짐을 드리고자 한다. 마지막으로 친동생이상으로 필자를 아껴주시는 盧琪鎬, 金來映 형님과 여러 가지로 어려운 시기를 보내고 있는 필자에게 많은 도움을 주고 계신 田正煥, 南福鉉 선배님, 그리고 언제나 필자를 격려하여 주시는 金性洙 교수님께도 깊은 謝意를 표한다.

2005년 6월 21일

姜 勝 植

목 차

표 목차

제1장 序　論

제1절 研究의 目的

　　알려진 대로 1787년에 제정된 미국연방헌법은 입법부·행정부·사법부 간의 엄격한 권력분립을 통치 구조의 기본원리로 채택하고 있다. 먼저 그것의 가장 기본적인 전제는 물론 대통령이나 의회가 모든 권력을 독점하는 것은 허용되지 않으며, 양자 간의 권력은 분할된다는 것이다. 여기서 유의할 점은 미국에서의 권력분립원리는 단순한 권력의 분할을 뜻하는 것이 아니라 '권력을 공유하는 별개의 기관들'(separated institutions sharing power)로 이루어지는 정치원리를 의미한다는 것이다.1) 이러한 권력분립원리에 바탕을 둔 미국의 정부형태, 즉 대통령제는 다른 입헌주의국가의 그것과 뚜렷하게 구별되는 특징을 갖는다. 즉 집행부의 존속과 성립을 전적으로 의회에 의존케 하는 영국, 독일, 이탈리아 등에서의 내각제와는 달리 미국의 대통령제는 행정부와 의회 간의 '권력의 분할'과 '견제와 균형'을 그 근간으로 하고 있다. 이 두 가지 정치원리는 단순히 연방행정부와 의회 간의 관계를 넘어 상원과 하원, 연방과 州, 기타 헌법에 규정되지 않은 여러 기관들 간의 관계에도 확대되고 있다. 한편 연방대법원은 자신의 고유권한인 헌법해석권을 통하여 이들의 권한관계를 조정하는 역할을 담당하고 있다.

　　그렇다면 Washington, Hamilton, Madison으로 대표되는 미국헌법제정자들은 어떠한 의도로 위와 같은 권력분립원리, 구체적으로 '권력의 분

---

1) 이 점을 자세히 기술하고 있는 문헌은 Charles O. Jones, *The Presidency in a Separated System*, The Brookings Institution, 1994.

할'과 '견제와 균형'을 기초로 하는 삼권분립원리를 새로운 공화국의
정부형태로 채택하였는가? 그것은 당시 역사적 상황에서 영국의 비민
주적 정치제도가 노정한 여러 가지 폐단을 시정하고, 정치적 내지 법적
으로 무책임한 군주 대신에 이러한 책임을 물을 수 있는 대통령을 집
행부의 수반으로 앉힘으로써 통치권행사가 제한되는 '제한정부'(limited
government)를 수립하기 위함이었다.2) 여기서 말하는 제한정부란 첫째,
국민의 자유를 위협하지 않고, 둘째, 정부에 참여하는 구성원 간의 합
의에 의거하여 국정이 수행되며, 셋째, 국민투표적 민주주의3)를 배격하
는 정부를 말한다. "야망은 야망으로 다스려야 한다"(Ambition must be
made to counteract ambition)는 Madison의 지적이 바로 이러한 제한정
부의 이념을 잘 말해주고 있다.4) 제한정부이념에 입각해 제정된 미국
헌법은 대통령과 의회 어느 한 곳에 권력이 집중되는 것을 경계하고
있다. 구체적으로 미국헌법상 행정부와 의회와의 관계는 다음과 같은
제도적 특성을 갖는다. 먼저 '권력의 분할'이라는 측면에서 행정부와
의회는 상호 독립되어 있다. 즉 행정부의 구성에 있어서 대통령은 의회
로부터 독립하여 행정부를 구성할 수 있으며, 행정부의 장관과 의회의
원의 겸직이 금지된다. 둘째, 행정부에 대한 의회의 간섭이 원칙적으로
금지된다. 즉 의회는 행정부에 대하여 정치적 책임을 추궁할 수 없으며
집행에 대하여 영향을 미치기 어렵다. 행정부는 의회의 신임을 요건으
로 하지 않으며 독립하여 성립·존속한다. 셋째, 의회에 대한 행정부의
간섭이 원칙적으로 금지된다. 즉 행정부는 의회해산권이 없으며 법률안
제출권이나 의회출석발언권을 갖지 않는다.

　다음으로 '견제와 균형'이라는 측면에서 첫째, 대통령은 법률안거부

---

　2) 許營, 「憲法理論과 憲法」, 博英社, 1999, pp.848-49 참조.

　3) 국민투표적 민주주의에 대해 자세한 것은 許營, 前揭書, p.218.

　4) Gottfried Dietze, *The Federalist: A Classic on Federalism and Free
　　Government*, Johns Hopkins University Press, 1999, p.24.

권과 법률안공포권을 통해 의회의 입법과정에 개입할 수 있다. 둘째, 상원은 조약체결동의권을 가지고 고급공무원에 대한 임명동의권을 가진다. 셋째, 의회는 행정부의 예산안의결권을 가지며 재정에 대한 통제를 할 수 있다. 이러한 기본적인 두 가지 특성 외에 미국헌법은 행정부가 일원적으로 조직되는 이른바 '단일행정부제'(unitary Executive)를 채택하고 있는데, 이것 역시 미국헌법의 또 다른 특성으로 볼 수 있다. 즉 대통령은 행정부의 수반으로 독자적으로 장관을 임면하고 내각의 의결에 구속되지 아니한다. 이러한 관점에서 대통령은 국가의 원수임과 동시에 행정권의 수반이다. 행정부에는 부통령을 두고 있으나 부통령職은 내각제에서의 총리와는 달리 일정한 집행권을 가지지 않고 대통령 궐위 시 그 職을 승계한다는 의미밖에 없다는 점에서 단일행정부제에 상충하는 제도는 아니다.5)

이와 같이 미국헌법상 대통령제는 대통령과 의회와의 대등한 관계를 핵심적인 조건으로 하고 있으며, 이러한 대통령제를 일반적으로 '원칙적 대통령제'6)라고 부를 수 있다. 이러한 헌법적 메커니즘하에서 예상될 수 있는 결과는 만일 대통령과 의회 중 어느 하나가 그들 간의 균형관계를 무너뜨리려 한다든지, 혹은 지나치게 앞서나갈 경우에 나머지 한 기관은 본능적으로 이에 대해 반발할 것이라는 점이다.7)

---

5) 金哲洙, "國會와 政府의 關係에 대한 一考察", 「世界憲法硏究」 創刊號, 國際憲法學會 韓國學會, 1994, pp.10-11.

6) 이러한 '원칙적 대통령제'를 金哲洙 교수는 '대통령제의 원형'이라고 부르고 있고, 權寧星 교수는 '미국형대통령제'로, 許 營 교수는 '미합중국 대통령제'로 부르고 있다. 金哲洙, 上揭論文, p.10; 權寧星, 「憲法學原論」, 法文社, 2003, p.718 이하; 許 營, 前揭書, p.852 이하.

7) 이러한 관점에서 Sundquist는 미국의 헌법과 대통령, 그리고 의회를 다음과 같이 비유하고 있다. "실제에 있어서 헌법은 두 명의 투사를 링에 올리고 벨을 울려, 그들로 하여금 끝이 보이지 않는 싸움을 시킨다." James L. Sundquist/Bruce K. MacLaury, *The Decline and Resurgence of Congress*, The Brookings Institution, 1982, p.16.

한편 형식적으로는 '원칙적 대통령제'의 권력분립형태를 취하고 있으나, 실질적으로는 헌법과 법률이 정한 권력행사의 틀 또는 그 취지를 위반하거나 우회하여, 대통령 한 사람에게 권력이 집중되고 남용되는 방향으로 운영되는 대통령제도 존재하고 있다. 즉 정부형태 운영에 있어서 헌법규범과 헌법현실 간에 일정한 거리가 있는 것이다. 이러한 대통령제를 일반적으로 '제왕적 대통령제'(imperial presidency)라고 부를 수 있다.8) 제왕적 대통령제하에서의 대통령과 의회의 권한관계는 前者가 後者를 포괄적으로 지배하는 형태로 나타나게 되며, 그 결과 국민의 자유와 권리는 매우 제한적으로 보장될 수밖에 없다. 그렇다면 여기서 한 가지 문제가 제기된다. 미국의 경우, 그것은 어떠한 경우에도 '원칙적 대통령제'에 따라 헌법현실이 규율되고 있는가? 逆으로 미국의 헌법현실에서 제왕적 대통령제적 요소는 철저하게 배제되어 있는가? 아니다. 일반적으로 국내학자들은 미국의 대통령제는 거의 국정의 모든 분야에 있어서 '원칙적 대통령제'가 제대로 준수되고 있다는 전제하에 여러 아시아국가나 중남미국가에서의 대통령 우위의 대통령제를 비판하고 있다. 그 결과 '원칙적 대통령제'는 미국적 토양 위에서만 굳건히 뿌리를 내릴 수 있다는 결론을 내리는 것이 일반적이다.9) 물론 비교헌법적 측면에서 이러한 지적들이 전적으로 틀리다고 볼 수는 없지만 한 가지 분명한 사실은 미국 역시 매우 이른 시기부터 제왕적 대통령제를 부분적으로 경험해오고 있다는 점이다. 예컨대 19세기의 Jackson 행정

---

8) 梁 建, "帝王的 大統領職, 어떻게 克服할 것인가", 「제왕적 대통령 해소 방안」 21세기 정치발전을 위한 토론회 발표자료, 한나라당 국가혁신위원회 정치발전분과위원회, 2001, p.3. 한편 '제왕적 대통령제'(imperial presidency)란 표현은 1973년 Arther Schlesinger가 자신의 저서 「The Imperial Presidency」에서 대외전쟁에 있어서 대통령에게 권력이 집중되는 현상을 나타내고자 처음 사용하였다. Arther M. Schlesinger, Jr., *The Imperial Presidency*, Houghton Mifflin, 1973.

9) 대표적으로 許 營, 前揭書, pp.863 64; 權寧星, 前揭書, p.675.

부(1829-37), Lincoln 행정부(1861-1865), A. Johnson 행정부(1865-1869),
20세기의 F. Roosevelt 행정부(1933-45), Wilson 행정부(1913-21), L.
Johnson 행정부(1963-69), Nixon 행정부(1969-74), 제1기 Reagan 행정부
(1981-84)에서는 행정부와 의회와의 권한관계가 완전히 前者쪽으로 기
울었던 시기였으며,10) 現행정부인 George W. Bush 행정부에서도 9.11
참사 이후 테러와의 전쟁을 준비·선포·수행하는 과정에서 제왕적 대
통령제 현상이 나타나고 있다.11) 미국에서의 제왕적 대통령제는 대체적
으로 ① 국내외적 상황, ② 대통령의 권한확대 노력과 여기에 따른 의
회의 헌법적 권한의 포기, ③ 사법부의 권력분립사건에 대한 부적절한
판단 등을 그 주요 원인으로 하고 있으며, 특히 20세기 이후 '외교'와
'재정'분야에서 더욱 두드러지고 있다. 이러한 점에 주목하여 본서는
미국의 헌법현실을 대통령과 의회와의 관계를 중심으로 구체적이고도
포괄적으로 검토하되, 여기에 나타난 제왕적 대통령제적 현상, 즉 대통
령과 의회와의 권한불균형 현상을 지적하고 이를 비판적으로 분석하는
데에 그 목적을 두고자 한다.

---

10) Michael Foley/John E. Owens, *Congress and the Presidency: Institutional Politics in a Separated System*, Manchester, 1996, p.3.

11) 구체적으로 의회는 테러참사가 발생하자마자 대통령의 보복선언에 대하
여 전폭적인 지지를 보냈으며, 전쟁수행권을 위임하였고, 아울러 戰費를
만장일치로 통과시켰다. 그 후 George W. Bush 대통령은 의회의 사전
동의를 받지 않고 독자적으로 전쟁시기, 규모, 방법 등을 일방적으로 결
정하였다. 홍득표, "帝王的 大統領의 원인과 해소방안", 「제왕적 대통령
해소방안」 21세기 정치발전을 위한 토론회 발표자료, 한나라당 국가혁
신위원회 정치발전분과위원회, 2001, p.15.

제2절 硏究의 範圍

Ⅰ. 論議의 範圍

미국에서의 대통령과 의회와의 권한관계를 포괄적으로 검토하고 여기에 나타난 권력분립적 문제점들을 비판적으로 분석하기 위해 본서에서는 논의의 범위를 다음과 같이 한정하였다.

첫째, 본 연구의 공간적인 범위는 미국으로 한정된다. 미국에서의 대통령과 의회와의 권한관계는 그것과 유럽의 의원내각제에서의 수상과 의회와의 권한관계를 비교하거나, 또는 여러 아시아나 중남미국가들에게서 볼 수 있는 新대통령제하에서의 대통령과 의회와의 권한관계를 비교함으로써 논증될 수도 있다. 하지만 이러한 접근보다는 논문의 관점을 더욱 명확히 하고, 좀더 현실적인 연구결과를 얻기 위하여 미국의 헌법규범과 헌법현실, 그 중 헌법현실에 좀더 비중을 두어 미국에서의 대통령과 의회와의 권한관계를 분석한다.

둘째, 본 연구에서는 그 시간적인 범위를 미국의 독립을 시점으로 Clinton 행정부까지로 한정하였다. 따라서 여기에서는 현재 행정부인 George W. Bush 행정부에 대한 논의가 생략되어 있다.12) 그 이유는 다음과 같은 두 가지로 요약될 수 있다. 먼저 현재 직무를 수행하고 있는 행정부에 대해서는 그 功過에 대한 ‘전반적인’ 평가가 어렵다는 점이다. 따라서 부분적인 사건에 근거하여 행정부의 전체적 성격을 평가하는 오류를 피하기 위하여 現행정부에 대한 논의는 제외하는 것이 바람직하다고 생각하였다. 즉 특정 행정부에 대한 전반적 평가는 그 행정부가 교체된 이후에 이루어지는 것이 객관적이고도 설득력을 갖는다. 다

---

12) 따라서 본서에서 언급되는 Bush 행정부는 1989년부터 1993년까지 George Bush 대통령이 수빈으로 있었던 행정부를 지칭한다.

음으로 이것은 첫 번째 이유와 어느 정도 관련이 있는 것으로 George W. Bush 행정부에서의 대통령과 의회와의 권한관계를 다룬 미국문헌이 극히 드물다는 점이다. 즉 현시점에서 George W. Bush 행정부와 의회와의 관계에 대한 연구는 주로 'Public Papers of the Presidents'나 'Congressional Record'와 같은 행정부나 의회의 기록에 의거하여 이루어질 수밖에 없는 형편이므로 이러한 자료들만으로는 체계적인 연구가 수행될 수 없다고 생각하였다.

셋째, 본 연구에서는 그 내용적 범위가 미국에서의 연방대통령과 연방의회와의 권한관계에 한정된다. 흔히 미국에서의 권력분립은 수직적 권력분립으로서의 '연방과 州와의 권한관계'와 수평적 권력분립으로서의 '대통령·의회·법원 간의 권한관계'로 구별되고 있다. 하지만 前者는 일반적으로 '연방주의'(federalism)라는 용어로 표현되고 있으며, 後者는 '권력분립'(separation of powers)이라는 용어로 표현되고 있다. 따라서 미국에서 논의되는 '권력분립'은 원칙적으로 '대통령과 의회와 법원 간의 권한관계'를 나타내는 것으로 이해할 수 있다. 아울러 본서에서는 사법부를 직접적인 논의의 대상으로부터 제외하고자 한다. 물론 연방대법원을 중심으로 한 미국의 사법부는 대통령과 의회와 더불어 권력분립의 의미를 결정하는 또 다른 주체임에는 틀림없으나, 그것은 다음과 같은 이유에서 논의의 범위에서 제외되었다. 일반적으로 법원과 대통령·의회와는 그 본질적인 성격이 다르다. 즉 법원은 사법적 기관이고 대통령과 의회는 정치적 기관이라는 점에서 법원과 대통령·의회는 그들이 추구하는 목적과 보유하고 있는 권한이 다르다. 따라서 본서의 연구대상은 어디까지나 정책결정권을 둘러싼 대통령과 의회와의 정치적·헌법적 갈등에 한정되고 있으므로 이러한 범위 내에서 법원은 직접적인 연구의 대상이 되지 못한다. 다만 아무리 법원을 논의의 대상으로부터 제외한다 하더라도 '법원의 판례'까지 제외하는 것은 바람직하지 못하다. 따라서 법원의 판례는 대통령과 의회와의 갈등에 일정한 기준을 제시하고, 그 결과 대통령과 의회와의 권한관계 설정에 결정적인 역할을 한다는 판단하에13) 본서에서는 관련 미국판례를 폭넓게 소개·분석하였다.

Ⅱ. 本書의 構成方式

위와 같은 연구범위에 따라 본서는 서론과 결론을 포함하여 8개의 장으로 구성된다. 구체적으로 본서는 「제1장 서론」, 「제2장 미국헌법상 권력분립원리: 헌법적 개관」, 「제3장 입법·집행 일반에 있어서의 권력분립」, 「제4장 예산절차에 있어서의 권력분립」, 「제5장 대외문제에 있어서의 권력분립」, 「제6장 행정부공무원·독립규제위원회와 권력분립」, 「제7장 권력분립에 대한 헌법적 판단기준」, 「제8장 결론」으로 이루어진다. 일반적으로 대통령과 의회의 권한관계는 대통령과 의회가 가지고 있는 '권한'을 중심으로 설명하거나 대통령과 의회가 대립하는 영역을 중심으로 논의될 수 있다.14) 하지만 前者의 접근방법에 따른다면 대통

---

13) 특히 1980년대 이후의 연방대법원은 대통령과 의회와의 권한관계에 대한 분쟁에 있어서 매우 적극적인 입장을 나타내고 있으며, 그 결과 의회거부나 항목별거부권과 같은 주요 권력분립관련 제도들을 위헌으로 결정한 바 있다.

14) 일반적으로 우리나라 학자들은 前者의 접근방법에 의거하여 대통령과 국회와의 관계를 논하고 있으며, 미국의 학자들은 後者의 접근방법에 의거하여 미국에서의 대통령과 의회와의 관계를 논하고 있는 듯 하다. 예컨대 權寧星, 「憲法學原論」, 法文社, 2003; 金哲洙, 「憲法學槪論」, 博英社, 2003; 許 營, 「韓國憲法論」, 博英社, 2003; 丘秉朔, 「新憲法原論」, 博英社, 1996. 반면 미국문헌의 예로는 Louis Fisher, *Constitutional Conflicts between Congress and the President*, University Press of Kansas, 1997; John E. Nowak/Ronald D. Rotunda, *Constitutional Law*, 5th ed., West Group, 1995; Laurence H. Tribe, *American Constitutional Law*, 3rd ed., vol. 1, Foundation Press, 2000; G. Gunther/K. M. Sullivan, *Constitutional Law:*

령과 의회와의 '권력의 분할'이 아닌 '견제와 균형'을 설명하는 데에 일정한 한계가 나타날 수밖에 없다. 또한 이러한 접근방식으로는 특정 세부영역에서 문제되는 권력분립적 문제점도 제대로 지적할 수 없게 된다. 따라서 보다 입체적으로 미국에서의 권력분립을 이해하는 데에는 前者보다는 後者와 같은 구성방식이 좀더 적합하다고 생각한다. 우선 본서의 중심이라고 볼 수 있는 제3, 4, 5장은 미국에서의 대통령과 의회가 대립되는 주요 영역, 즉 국내문제와 대외문제에 있어서의 권력분립에 대한 설명이다. 먼저 제3, 4장은 국내문제에 있어서의 권력분립에 관한 문제이고, 제5장은 대외문제에 있어서의 권력분립에 관한 문제이다. 한편 예산절차를 국내문제 일반으로부터 분리하여 「예산절차에 있어서의 권력분립」이라는 표제하에 독립된 장으로 구성한 이유는 그것은 기타 나머지 국내문제와는 다른 특수성을 가지고 있기 때문이다. 즉 국내문제 일반에 있어서의 권력분립원리가 '민주주의적 정당성 원리'에 의해 지배되어 왔다면 예산절차에 있어서의 권력분립원리는 '민주주의적 정당성 원리' 외에 '효율성의 원리'에 의해서도 지배되어 왔다. 이러한 지배원리의 차이점으로 인해 예산절차상의 권력분립은 일반 국내문제상의 그것과 여러 가지로 다른 모습을 보여주고 있다.[15]

다음으로 제6장은 미국에서의 대통령·의회와 기타 나머지 국가기관 간의 권력분립에 대한 설명이다. 여기에 해당하는 기타 나머지 국가기관에는 법원과 행정부공무원, 그리고 독립규제위원회(independent regulatory commission) 등이 포함될 수 있다. 그러나 앞에서도 밝혔듯이 법원은 본서의 직접적인 연구대상으로부터 제외되기 때문에 제6장은 행정부공무원·독립규제위원회와 대통령과 의회와의 관계만을 살펴보기로

Case and Materials, 13th ed., 1997; Jerome A. Barron/C. Thomas Dienes, *Constitutional Law in a nutshell*, 4th ed., West Group, 1999.

15) 대외문제에 있어서의 권력분립도 그 지배원리적인 측면에서는 예산절차상의 그것과 거의 유사하다고 볼 수 있을 것이다.

한다. 제2장과 제7장은 대통령과 의회와의 권한관계에 대한 연혁적 고찰과 사법심사기준을 설명한 부분이다.

이러한 기본적 구성방식하에 본서의 각 장에서는 다음과 같은 문제들이 논의된다. 제2장에서는 미국헌법이 제정된 경위와 그 과정에서 논의된 권력분립에 관한 주요 쟁점들을 미국헌법제정자들의 논의를 중심으로 고찰한다. 또한 헌법제정자들의 논의가 구체화된 권력분립관련 미국헌법규정들을 개관한다.

제3장에서는 입법·집행 일반에 있어서의 대통령과 의회와의 관계를 살펴본다. 즉 대통령이 입법에 관여하는 정도와 방식, 그리고 의회가 집행에 관여하는 방식과 정도를 미국헌법규정과 종래의 헌정의 실제를 중심으로 검토한다. 또한 대통령의 입법관여의 한계와 의회의 집행관여의 한계도 아울러 살펴본다.

제4장에서는 예산절차에 있어서의 대통령과 의회와의 관계에 대해 검토한다. 예산절차는 대통령과 의회가 대립하는 대표적인 영역으로서 시대별로 주요 연방예산절차가 변천함에 따라 대통령과 의회와의 권한관계도 변화하는 모습을 보여주고 있다. 그 주요입법으로는 ① 「1921년 예산회계법」(Budget and Accounting Act of 1921), ② 「1974년 의회예산 및 지출유지통제법」(Congressional Budget and Impoundment Control Act of 1974), ③ 1985년과 87년의 「그램루드만홀링스법」(Gramm-Rudman-Hollings Act), ④ 「1990년 예산집행법」(Budget Enforcement Act of 1990) 등을 들 수 있다. 여기에서는 다소 특수한 형태의 예산관련입법이라고 볼 수 있는 「1996년 항목별거부권법」(Line Item Veto Act of 1996)을 둘러싼 논쟁도 검토한다.

제5장에서는 대외문제에 관한 의회와 대통령과의 권한관계를 검토한다. 미국에서 대외문제와 관련한 권력분립원리는 국내문제에 있어서의 그것과는 여러 가지 측면에서 다르게 전개되어 왔다. 이러한 대외문제에 있어서의 권력분립원리를 대외문제와 국내문제와의 관계, 조약체결

권, 전쟁권, 정치적 비밀공작(covert action) 등을 중심으로 분석해본다. 특히 전쟁권은 그것이 구체적으로 문제된 한국전쟁, 월남전, 이란-콘트라사건, 걸프戰, Clinton 행정부시절의 아이티와 보스니아에서의 군사조치 등을 통하여 그 본질을 규명해보고자 한다. 한편 전쟁권과 관련하여 의회는 1973년에 「전쟁권결의」(War Powers Resolution)를 채택한 바 있는데, 이것은 대외문제에 있어서의 대통령과 의회의 권한관계에 매우 중요한 의미를 갖는 것으로서 제5장에서는 이러한 전쟁권결의에 대한 분석도 해보고자 한다.

제6장에서는 권력분립에 중요한 변수로 작용하고 있는 행정부공무원·독립규제위원회와 대통령·의회와의 관계를 살펴본다. 먼저 행정부공무원은 단일행정부 하의 대통령의 기관으로 대통령의 통제를 받는 반면 의회로부터 권한을 위임받고 의회가 공급하는 세출자금에 의존하여 활동한다. 이로 인해 대통령과 의회는 행정부공무원집단을 장악하기 위한 다양한 시도를 해오고 있으며, 그 결과 행정부공무원은 대통령과 의회와의 권한관계에 여러 가지 측면에서 영향을 미치게 된다. 다음으로 연방통상위원회(Federal Trade Commission)나 연방준비제도이사회(Board of Governors of the Federal Reserve system)와 같은 독립규제위원회들도 미국에서의 권력분립에 중요한 영향을 미치는 요소이다. 이들은 처음 창설당시에는 행정부서의 일부로 출발하였지만 점차적으로 여기로부터 독립되어 왔다. 비록 종래에 독립규제위원회에 대해서는 '의회의 기관'이나 '행정부의 기구', 혹은 그 어디에도 속하지 않는 '第四府'(the fourth branch)라는 평가가 내려져 왔지만, 한 가지 분명한 사실은 독립규제위원회는 대통령, 의회, 법원 중 어느 하나에 종속되는 기관은 아니라는 점이다. 하지만 이것은 逆으로 독립규제위원회는 대통령과 의회 모두에 대해 민감하게 반응할 수밖에 없으며, 그 결과 대통령과 의회의 권력다툼의 場이 된다는 것을 의미한다.

제7장에서는 권력분립문제를 판단하기 위한 헌법적 기준에 대해 검

토한다. 여기에서는 연방대법원이 종래에 제시한 헌법적 판단기준으로서의 형식주의와 기능주의, 그리고 이에 대한 여러 학자들의 논의들을 분석한다. 그리고 이러한 접근방법들 외의 또 다른 대안도 모색해본다.

마지막으로 제8장에서는 제7장까지의 논의를 바탕으로 종래에 나타났던 미국 대통령과 의회와의 권한관계에 있어서의 문제점을 거시적 관점에서 지적한다.

제2장 美國憲法上 權力分立原理: 憲法的 槪觀

제1절 權力分立原理의 基本的 意義

흔히 미국헌법상 대통령과 의회와의 관계를 검토함에 있어서 빠지기 쉬운 오류는 그들 각각을 상호 간에 완전히 독립된 존재로 파악한다는 점이다. 이러한 오류는 전직대통령 Woodrow Wilson의 다음과 같은 견해에 잘 나타나있다.

"헌법제정자들이 행정부와 입법부 간의 관계를 상호보완적이고 상호 의존적으로 설정했다고는 도저히 볼 수 없다. 두 기관이 그 자신만의 절대적인 안전지대와 헌법상 고유권한(prerogative)을 보장받지 못한다면 그들은 어떻게 자신의 독립성을 유지해 나갈 것인가?"[1]

하지만 대통령과 의회의 권력은 분할되는 것이 아니라 공유되는 것이라는 견해가 오늘날의 지배적 견해이다. 즉 Richard Neustadt가 지적한대로 1787년 헌법제정회의(The Constitutional Convention)는 원래 권력이 분할된 정부를 창설하기로 하였지만, 실제로는 그와 전혀 다른 헌법을 제정하고 말았다. 즉 권력을 공유하는 별개의 기관들로 구성된 정부를 창설하였던 것이다.[2]

미국에서의 대통령과 의회와의 관계를 면밀히 검토해볼 때, 권력분립

---

1) Woodrow Wilson, *Congressional Government*, Peter Smith Pub., 1958, p.309.

2) Richard E. Neustadt, *Presidential Power*, John Wiley & Sons, 1960, p.33.

이라는 개념은 단지 몇 마디로 설명되지 않음을 쉽게 알 수 있다. 특히 특정사건이나 상황에 있어서는 더욱 그러하다. 하지만 한 가지 분명한 사실은 예외적으로 대통령과 의회에게 독점적인 권한을 부여하고 있기는 하지만, 미국헌법은 대체적으로 권력이 공유되는 정부를 의도하고 있다는 점이다.

제2절 權力分立原理의 歷史的 成立過程

Ⅰ. 憲法制定의 經緯

미국헌법을 기초한 헌법제정자들은 대륙회의(Continental Congress)시절의 여러 가지 경험으로 인하여 행정적 효율성을 증진시키기 위해서는 별개의 집행기구가 필요하다는 사실을 깨닫게 되었다. 즉 대륙회의가 개최된 1774년부터 1781년까지, 그것은 입법·행정·사법 등 국가의 모든 기능을 수행했으며, 사법부나 행정부와 같은 별개의 기구는 존재하지 않았다.

하지만 이 시기에 대륙회의는 그 본래의 임무인 입법적 업무를 수행하는 데에도 인적·물적으로 많은 어려움을 겪게 되었고, 그 결과 집행적 업무는 다양한 변칙적 방법에 의해 처리될 수밖에 없었다. 구체적으로 처음에 대륙회의는 집행적 업무의 처리를 대륙회의 내의 여러 위원회(committees)들에게 의존했으며, 그 후 점차적으로 대륙회의 외부의 인사들로 충원된 여러 협회(boards)에 의존하였다. 그리고 마침내 1781년에 외교, 재정, 전쟁, 海事(marine affairs) 등을 집행하는 여러 단일 집행부를 두게 되었다.3) 비록 이러한 단일 집행부들은 대륙회의의 산

하기관이고 그 존속이 대륙회의에 의해 좌우되었지만, 점차 독립적이고
도 자치적인 기구로 탈바꿈하게 된다.4)

이러한 과정을 거쳐 1781년부터 1787년 사이, 헌법제정자들은 의회
와는 독립되고, 집행적 권한을 보유하며, 영속성을 갖는 행정부를 두는
것이 필요하다는 사실을 깨닫게 되었다. 그러나 막상 Philadelphia 헌법
제정회의에서는 그 누구도 입법부와 행정부가 어느 정도 독립되어야
하는지에 대해 의견을 제시하지는 않았다. 심지어 헌법제정과정에서 가
장 중요한 역할을 수행한 James Madison조차 행정부구성방식과 그 권
한에 대해 구체적인 의견을 밝히지 않았다. 그 후 이러한 문제들은
1787년 5월 29일에 제출된 Virginia Plan을 계기로 본격적으로 논의되
었다. Virginia Plan은 집행부에 대한 의회의 우위를 기본골격으로 하는
案으로서, 구체적으로 그것은 양원으로 구성된 의회와 의회에서 선출하
는 집행부를 상정하였으며 집행부는 단지 의회의 의사를 집행하도록
되어 있었다.5) 여기서 한 가지 주목할 만한 사실은 현재 미국의 대통
령이 보유하고 있는 여러 헌법상 고유권한들은 Virginia Plan의 취지에
따라 처음에는 의회에게 부여되었다는 점이다. 예컨대 입법부가 연방법
관들을 임명할 것을 규정하고 있었던 Virginia Plan에 따라 各州代表들
은 연방법관들의 임명권을 상원에게 독점적으로 부여하기로 결정하였
다. 나아가 얼마 후의 헌법초안에서는 상원에게 조약체결권과 대사임명
권까지 부여하였다.6)

하지만 헌법제정회의가 진행되어가면서 의회의 권한확대에 대한

---

3) 李相敦, "大統領制", 「韓國憲法과 美國憲法」, 大學出版社, 1989, p.267 참조.

4) Louis Fisher, *President and Congress*, Free Press, 1972, pp.6-17 참조.

5) A. Kelly/W. Harbison, *The American Constitution; Its Origin and Deve-
lopment*, 4th ed., 1970, pp.79-92(李相敦, 前揭論文, p.269에서 재인용).

6) Max Farrand ed., *The Records of the Federal Convention of 1987*, Yale
University Press, 1986, pp.80-83.

반대론이 강력하게 제기되었다. 즉 James Madison, James Wilson, Gouverneur Morris, John Mercer 등은 모든 권력이 의회에 집중되어 있는 정부는 상당히 위험하다는 점과 입법부로 인해 행정부가 유명무실해질 것이라는 점을 各州代表들에게 경고하였다.7) 그리고 이들의 논리가 설득력을 얻어감에 따라 Virginia Plan에서의 의회정부적 요소는 점차적으로 오늘날의 미국헌법규정들로 대체되어 갔다. 예컨대 상원과 대통령은 대사임명권과 조약체결권을 공유하며, 대통령은 의회가 아닌 선거인단에 의해 선출되게 되었다. 또 대통령은 입법부의 전횡을 방지하기 위하여 의회의 법률안재의결을 조건으로 하는 제한적 법률안거부권(qualified veto)을 갖게 되었다.

나아가 입법부의 권력을 제한하기 위해 행정부와 사법부가 연합하는 법률재심위원회(revisionary council)를 설치하자는 案까지 면밀하게 검토되었다. 비록 이 案은 최종적으로 채택되지는 못했지만, 당시 법률재심위원회제도의 의의에 대해 Madison은 사법부는 입법부를 견제하여 사법부 자신을 보호할 것이며, 사법부가 행정부와 연합하여 입법부를 견제하는 것은 사법부의 입법부 견제를 더욱 용이하게 한다고 주장하였다.8) 결론적으로 연맹규약(Articles of Confederation)하에서의 여러 단일 집행부들과 비교해볼 때, 신헌법하에서의 대통령은 더욱 막강한 독자적 권한을 보유하게 되었다. 이하에서는 헌법제정과정에서 논의되었던 두 가지 쟁점, 즉 '권력의 분할'과 '견제와 균형'에 대한 논쟁과 특정 府의 권한확대에 대한 논쟁을 좀더 구체적으로 살펴보기로 한다.

---

7) 李相敦, 前揭論文, pp.269-270; 韓泰淵, 「憲法學」, 法文社, 1985, pp.399-400 참조.

8) Max Farrand ed., *op.cit.*, p.108.

II. '權力의 分割'인가 '牽制와 均衡'인가?

Philadelphia 헌법제정회의에 소집될 때까지만 해도 헌법제정자들의 대부분은 '엄격한 권력의 분할'을 강조하는 Montesquieu와 Locke의 권력분립론을 권력분립의 기본적 의미로 이해하고 있었다. 즉 Montesquieu는 권력의 분할을 옹호하는 입장에서 다음과 같은 주장을 하고 있다.

> "입법권과 집행권이 一人이나 하나의 기관에게 집중된다면, 자유란 존재하지 않는다. 왜냐하면 (이러한 경우에는 두 가지 권력을 장악하고 있는) 군주나 의회가 전제적인 법률을 제정하고, 그것을 전제적으로 집행할 우려가 있기 때문이다.
> 또한 사법권이 입법권과 집행권으로부터 분리되지 않는 경우에도 자유란 존재하지 않는다……
> 평민인지 귀족인지를 불문하고 一人이나 하나의 기관이 세 가지 권력, 즉 법률을 제정하고, 공공의 결정(public resolutions)[9]을 집행하고, 개인의 소송에 대해 재판권을 행사한다면 모든 것이 종말을 고하게 될 것이다."[10]

다음으로 Locke 역시 이와 유사한 입장을 가지고 있었는데, 구체적으로 그는 국가의 각종 권력은 그 성질에 따라 그것을 행사하기에 적합한 기관에게 배분되어야 한다고 주장하였다. 이러한 관점에서 그는 질서가 잡힌 국가는 법률을 제정하는 자도 그것의 적용을 받는다는 것을 확인하기 위해 입법권과 집행권을 구별해야 한다고 보았다.[11]

Montesquieu와 Locke의 이러한 권력분립론은 헌법제정자들이 연맹규

---

9) 이것은 '법률'을 의미하는 듯하다.

10) Baron De Montesquieu, Thomas Nugent trans., *The Spirit of Laws*, Fred B. Rothman & Co., 1991, p.163.

11) M. J. C. Vile, *Constitutionalism and the Separation of Power*, Oxford University Press, 1967, pp.76-97 참조.

약(Articles of Confederation)을 개정하기 위해 소집될 때까지만 해도 그들의 대다수로부터 동조를 얻고 있었다.12) 예컨대 대통령선출에 관하여 Madison은 위와 같은 관점에 입각하여 다음과 같이 주장하고 있다.

"만일 입법권, 집행권, 사법권이 개별적(separately)으로 행사되어야 한다는 것이 자유정부의 기본원칙이라면, 이러한 권한들은 또한 독립적(independently)으로 행사되어야 한다. 입법부로부터 '행정부'가 독립되어야 할 필요성은 입법부로부터 '사법부'가 독립되어야 할 필요성보다 더욱 크다. 왜냐하면 입법부와 행정부의 결합은 인민의 자유에 대해 더욱 직접적이고도 확실한 위험을 가져올 것이기 때문이다."13)

결국 Madison은 이러한 시각에서 대통령을 의회가 선출하는 것에 대해 반대하였으며, James Wilson 역시 이와 유사한 견해를 제시하였다.14)
한편 John Dickinson은 대통령과 의회는 가능한 한 독립되어야 한다는 점을 지적하며 의회는 대통령職의 성립과 존속에 관여해서는 안 된다고 주장하였고,15) George Mason 역시 '권력의 분할'에 초점을 맞춘 권력분립론에 의거하여 부통령의 지위와 권한을 평가하였다. 즉 그는 부통령職의 경우, 그것은 상원의 권한을 침해하는 것이며 가능한 한 분리되어야 할 입법기능과 집행기능이 부통령職을 통해 지나치게 중복되

---

12) 이 점에 대해 더욱 상세한 것은 Gerhard Casper, "An Essay in Separation of Powers: Some Early Versions and Practices", 30 *Wm. & Mary L. Rev.* 211 (1989), pp.211-20. 한편 영국으로부터 독립 후 헌법제정회의까지 州에서의 권력분립의 실제를 자세히 다룬 문헌으로는 M. J. C. Vile, *op.cit.*, pp.119-53.

13) Max Farrand ed., *op.cit.*, p.56 참조. 한편 Madison은 사법부의 지위에 대해서도 이와 유사한 주장을 하였다. *Ibid.*, p.139.

14) *Ibid.*, p.69.

15) *Ibid.*, p.86.

어있다는 점을 지적하였다.16)

이처럼 권력분립에 대한 헌법제정자들의 일차적인 의도는 명백히 '권력의 분할'이었다. 하지만 그들이 1787년에 제정한 연방헌법을 살펴보면 '엄격한 권력의 분할' 외에 '견제와 균형'(checks and balances)이 권력분립의 또 다른 중심원리로 부각되어 있음을 쉽게 확인할 수 있다. 이것은 곧 입법·행정·사법부는 각자의 권력을 공유한다는 원리가 헌법제정과정에서 새로운 권력분립의 원리로 대두되었음을 의미한다. 그렇다면 '견제와 균형'이 또 다른 권력분립의 원리로 등장하게 된 원인은 무엇인가? 그 원인으로는 다음과 같은 두 가지 점을 들 수 있을 것이다.

첫째, 그들은 '권력의 분할'만으로는 효율적인 정부를 수립할 수 없다고 보았다. 구체적으로 헌법제정자들은 연맹규약하에서 기능했던 것보다 더욱 광범위한 권한을 보유하고, 더욱 효과적으로 운영되는 정부를 확립하고자 미국헌법을 제정했다. 즉 그들은 Philadelphia 헌법제정 회의 이전의 10년을 더욱 효과적인 정부형태의 연구에 투자하였으며,17) 그 결과 '권력의 분할'만을 절대시하는 것은 정부의 효율성을 저하시키고, 인민의 자유를 파괴하는 결과를 가져올 것이라고 판단하였다.18)

둘째, 헌법제정자들은 각 府가 동위의 나머지 府의 정책결정에 대해

---

16) *Ibid.*, p.537.

17) 이 점에 대한 상세한 설명은 Louis Fisher, *Constitutional Conflicts between Congress and the President*, University Press of Kansas, 1997, pp.1-5.

18) Joseph Story et al., *Commentaries on the Constitution of the United States*, 5th ed., Williams Hein & Co., 1994, p.396. 한편 1926년, Myers 판결에서 Louis Brandeis 대법관은 권력분립원리는 정부의 효율성을 증진하기 위하여가 아니라 전제권력의 행사를 방지하기 위해서 채택되었다고 주장한 바 있다. (*Myers v. United States*, 272 U. S. 52, 293 (1926)). 하지만 본문에서 설명한대로 헌법제정자들은 권력분립원리를 '독재의 방지'뿐만 아니라 '정부의 효율성'을 위한 수단으로까지 이해했다는 점에서 이러한 Brandeis 대법관의 견해는 타당하다고 볼 수 없다.

일정한 영향력을 가질 수 없다면 각 府의 진정한 독립성은 보장될 수 없다고 생각하였다.[19] 이러한 관점에서 Madison은 다음과 같은 주장을 하고 있다.

"만일 헌법에 각 府를 분리하는 규정을 두는 것만으로도 충분히 각 府 상호 간의 권한침해를 방지할 수 있다면, 헌법에 더 이상의 규정을 두는 것은 사실상 불필요하다. 그러나 과거로부터의 경험에 비추어볼 때, 이러한 가정은 현실성이 없었으므로 헌법에 권력과 이익의 균형을 보장하는 규정을 둘 필요가 있다. 따라서 헌법상 각 府는 상호 간에 독립되어야 한다는 권력분립원칙을 수용하는 데에 만족할 것이 아니라, 나아가 이러한 원칙을 현실적으로 유지하는 차원에서 각 府에게 방어권(defensive power)까지 부여해야 한다. 이를 통하여 우리는 각 府의 권력이 하나로 통합되는 것을 방지할 수 있고, 각 府의 독립성을 효과적으로 유지해나갈 수 있다."[20]

결국 헌법제정자들은 한 府에 각기 다른 속성의 권력이 집중되는 것을 두려워함과 동시에 각 府의 완전한 독자성은 그들에게 나머지 府에 대한 일정한 권한을 부여함으로써 확보될 수 있다고 생각하였다. 이러한 상반된 헌법제정자들의 의도는 일정한 타협의 형태로 연방헌법에 그대로 반영되었다.[21][22]

---

19) 이러한 관점에서 1787년 헌법제정회의 당시에 일부 헌법제정자들은 헌법제정회의 이전까지의 경험으로 미루어 볼 때, '三府' 간의 견제(checks)는 이들 간의 철저한 권력분할보다 더욱 중요한 헌법원리로 작동해왔다고 주장하였다. Max Farrand ed., *op.cit.*, p.153.

20) Max Farrand ed., *op.cit.*, p.77. 한편 James Wilson은 권력분립원칙은 오로지 권력행사기관의 분할만을 요구하는 것으로 이해하였지만, 각 府에게 서로에 대한 방어권을 부여하는 것에 대해서는 Madison과 입장을 같이 하였다. *Ibid.*, p.78.

21) 한편 1788년에 출판된 연방주의자논집(Federalist Papers)에서도 '엄격한 권력의 분할'을 '시대착오적 원리'(hackneyed principle)로 묘사하며 '견제와 균형'을 강조하고 있다. 예컨대 연방주의자논집 제37, 47, 48호에서

결론적으로 미국헌법상 권력분립에는 이중적인 두 가지 원칙이 병렬적으로 작용하고 있다. 바로 '권력의 분할'과 '견제와 균형'이 그것이다. 이것은 결국 헌법제정자들이 권력분립을 어떠한 이론에 근거하여 이해했다기보다는 현실적 상황을 절충했다는 것을 의미한다.23)

Ⅲ. 立法府와 行政府의 權限擴大에 대한 警戒

각 府의 권력을 분할함과 동시에 그들에게 서로에 대한 방어권을 부여해야 한다는 헌법제정자들의 이중적 사고는 입법부와 행정부의 권한

Madison은 三府 간의 권력의 공유를 정당화하고 이를 설명하기 위해 대단히 많은 노력을 하고 있으며, Hamilton 역시 연방주의자논집 제66호에서 三府 간의 부분적인 권력공유는 권력분립의 핵심적인 내용에 속하며, 이것은 三府가 자신의 구성원에 대한 상호 간의 공격을 방어하는 데에도 유용하다고 주장하고 있다. M. J. C. Vile, *op.cit.*, p.153.

22) 또한 초대 연방의회의원인 Alexander White도 "우리가 만일 헌법을 제정하는 과정에 있다면, 엄격한 권력분할론은 신중히 고려할 만하고 그것을 수용할 수 있지만, 이미 헌법은 제정되었고 권력은 공유되었다. 따라서 엄격한 권력분립에 대한 희망은 이미 쓸모없는 것이 되어버렸다"고 하여 엄격한 권력분할론을 현실성이 없는 것으로 보았다. 나아가 후에 권리장전(Bill of Rights)으로 헌법에 편입된 헌법개정안들에 대한 토론에서도 초대의회는 독립된 각 府의 권력을 엄격히 분할하는 결과를 가져올 수 있는 案은 채택하지 않았다. *Annals of Congress*, 1st Cong., May 19, 1789, p.383; *Ibid.*, June 8, 1789, pp.453-54; *Ibid.*, Aug. 18, 1789, pp.789-90; 梁 建, "表現의 自由", 「韓國憲法과 美國憲法」, 大學出版社, 1989, p.127 참조.

23) 이상 梁 建, "美國憲法上 大統領과 議會의 權限關係", 「公法研究」 제31집 제1호, 韓國公法學會, 2002, pp.275-278 참조. 만일 권력분립의 기본적 관점을 독자적 권한이 없는 府가 다른 府를 견제할 수는 없으며, 다른 府에 대한 방어권 없는 府는 그 독립성을 유지할 수 없다고 본다면, '권력의 분할'과 '견제와 균형'은 상호보완적인 관계로 이해될 수 있다. 하지만 이 두 가지 원리가 이론적으로 조화될 수 없다는 사실은 일반적으로 부인하기 힘들다.

확대(aggrandizement)에 대한 그들의 논의에서도 잘 나타나 있다. 일차적으로 헌법제정자들은 의회의 권한확대를 극단적으로 경계하였다. 즉 그들은 의회에게 국가의 주요 정책결정권을 부여하였지만, 그럼에도 불구하고 헌법제정자들은 인민의 자유에 있어서 가장 위협적인 존재는 여전히 의회라고 보았다. 이러한 측면에서 Madison은 다음과 같은 설명을 하고 있다.

"우리는 종래에 공화정부(republican governments)하에서 의회의 권한은 나머지 部(department)의 그것에 비해 확대된다는 사실을 경험해왔다…… 행정부와 사법부의 구성원은 少數이며, 따라서 이들은 개인적으로 전체인민 중 일부에게만 알려질 수 있을 뿐이다…… 반면 의회는 多數로 구성되어 있다. 이들은 전체인민들 속에 산재해 있으며, 그들과 더불어 생활하고 있다. 그들 간의 혈연관계, 친분관계(friendship), 知人관계(acquaintance)는 사회에 대해 막대한 영향력을 행사한다. 의회가 인민으로부터 공적 위임(public trust)을 얻는다는 사실은 의회가 인민들에게 개인적 영향력을 행사한다는 것을 의미한다."24)

Madison 외에 Philadelphia 헌법제정회의에 참석한 나머지 各州代表들도 이와 유사한 견해를 밝혔다. 예컨대 James Wilson은 의회의 권력에 대한 제한이 없다면 인민의 자유나 국가적 안정성도 없다고 주장하였으며,25) Gouverneur Morris도 인민의 자유를 침해할 가능성이 가장 높은 국가기관으로 '의회'를 들고 있다.26) 또 Elbridge Gerry는 의회의 권력을 제한하기 위하여 사법부와 행정부는 서로 강력한 유대관계를 형성해야 한다고 주장하였다.27)

---

24) Max Farrand ed., *op.cit.*, pp.35, 138.

25) *Ibid.*, p.254.

26) *Ibid.*, p.76.

한편 헌법제정자들은 의회뿐만 아니라 행정부의 권한확대에 대해서도 일정한 경계를 하고 있었다. 예컨대 Edmund Randolph는 一人의 행정관(magistrate)제도는 결국 군주정으로 변질되리라는 점을 경고하였고,[28] Roger Sherman 역시 독립행정부제도는 전제정치로 이어지게 된다고 주장하였다.[29][30] 이러한 점들을 근거로 여러 各州代表들은 행정부의 권한을 제한할 것을 적극적으로 주장하였다. 구체적으로 Sherman은 행정부의 기능을 단순히 의회의 의사를 집행하는 것으로 제한하여야 하며, 인민의 受託者인 의회는 행정부의 구성원을 임명하고, 이들은 의회에 대해 책임을 져야 한다고 주장하였다.[31] 또한 James Wilson은 행정부의 권한은 엄격히 제한되어야 한다는 전제하에, 행정부는 법률집행권과 공무원임명권[32]만을 행사해야한다고 주장하였다.[33]

입법부와 행정부를 어떤 측면에서는 신뢰하면서도 다른 측면에서는 불신하는 이러한 헌법제정자들의 이중적 태도는 결국 연방헌법기초에

---

27) *Ibid.*, pp.74-75.

28) *Ibid.*, p.66. George Mason 역시 이와 유사한 견해를 밝혔다. *Ibid.*, p.35.

29) *Ibid.*, p.68.

30) 이러한 관점에서 James Bryce 卿은 "헌법제정자들은 강력한 행정부를 혐오하였으며, 그 결과 대의기관인 의회에게 국가정책의 최종적 결정권을 부여하게 되었다"고 설명하고 있다. James Bryce, *The American Commonwealth*, 3rd ed., 1908, p.222(Samuel W. Cooper, "Considering Power in Separation of Powers", 46 *Stan. L. Rev.* 361 (1994), pp.365-66에서 재인용). 한편 '행정부의 권한확대'에 대해 가장 크게 반대한 자들은 반연방주의자(anti-federalist)들이었다. 이들은 행정부가 나머지 府의 권한을 침해하는 것과 정치적 합의를 통하여 입법부와 행정부가 결합하는 것을 극도로 경계하였다. *Ibid.*, p.366 n.36.

31) Max Farrand ed., *op.cit.*, p.65.

32) 단 Wilson에 따르면 행정부는 의회에 의해 임명되지 않는 자에 대해서만 공무원임명권을 행사할 수 있다고 한다. *Ibid.*, p.66.

33) *Ibid.*

있어서 일정한 타협을 불가피하게 했다. 즉 헌법제정자들은 입법부와 행정부를 최초로 설계함에 있어서 견제와 균형의 원리를 수용할 수밖에 없었고, 이를 통해 입법부와 행정부 중의 어느 하나가 나머지를 지배하는 것을 막아보려 한 것이다.

Ⅳ. 美國憲法上 大統領과 議會의 權限

1. 權力의 分割

미국에서의 대통령과 의회와의 권한관계는 기본적으로 '권력의 분할'과 '견제와 균형'이 동시에 작용하는 관계라는 점은 앞서 살펴본 바와 같다. 하지만 연방대법원은 권력의 공유를 바탕으로 한 '견제와 균형' 원리를 전폭적으로 수용해오고 있지는 않으며, 여기에 대해서는 나름대로 일정한 경계를 하고 있다. 이러한 연방대법원의 입장은 다음과 같은 판결문에 잘 나타나 있다.

> "사법부가 연방헌법 제3조에 의거하여 연방법원에게 부여된 사법권을 행정부와 공유할 수 없듯이, 예컨대 대통령은 그의 법률안거부권을 사법부와 공유할 수 없으며, 의회 역시 법률안재의결권(power to override)을 사법부와 공유할 수 없다."34)

한편 권력분립원리의 한 가지 내용인 '권력의 분할'은 미국헌법상 몇몇 규정에 의해 뒷받침되고 있다. 예컨대, 연방헌법 제1조 6항은 의회의원이 임명직공무원에 취임하는 것을 금지하고 있다. 이는 직접적으로 Philadelphia 헌법제정회의에 참가한 各州代表들이 의원자신의 이익을

---

34) *United States v. Nixon*, 418 U. S. 683, 704 (1974).

위하여 여러 공직을 창설했던 영국의 부패한 정치체제를 답습하지 않
고자 하는 의도에서 비롯되었다.35) 또 미국헌법상 의회의원은 자신의
재임기간 중에 신설되거나 봉급이 인상된 어떠한 연방공직에도 임명될
수 없으며, 연방의 어떠한 공직에 있는 자라도 재직 중에 상원의원이나
하원의원이 될 수 없다.36)

그 밖의 다른 헌법규정들도 三府 간의 '권력의 분할'을 뒷받침하고
있다. 예컨대 재판 없이 가혹한 형벌을 부과함으로써 사법부의 권한을
침해하는 것을 방지하기 위하여 연방헌법은 의회의 私權剝奪法(bill of
attainder) 제정을 금지하고 있다.37) 소위 '의원면책특권조항'(The Speech
or Debate Clause)이라 불리는 연방헌법 제1조 6항도 '권력의 분할'과
관계되는 규정으로서, 이 조항은 행정부나 사법부로부터 의회의원들을
보호하기 위하여 그들에게 소송으로부터의 일반적인 면책권을 부여하
고 있다. 이 조항에 따라 의원은 '院內'에서 행한 토론이나 발언에 대해
'院外'에서 문책되지 않는다.38) 한편 대통령과 법원의 독립성을 제고하
기 위하여 의회는 대통령이나 연방법관의 보수를 감액할 수 없다.39)

나아가 '권력의 분할'은 연방헌법상 예산절차에서도 강조되고 있다.
연방헌법은 제1조 9항 7호에서 '국고금은 법률로 정한 세출예산에 의
하지 아니하고는 지출할 수 없다'고 하여 세출의결권(appropriation
power)을 의회에게 독점적으로 부여하고 있다. 또한 하원은 세입법안
을 提議할 수 있는 독점적 권한을 가지며,40) 또한 관례상 세출법안

---

35) Max Farrand ed., *op.cit.*, pp.379-81.

36) 연방헌법 제1조 6항 2호.

37) 연방헌법 제1조 9항 3호; *Ex parte Garland*, 71 U. S. 333, 381 (1866);
   United States v. Lovett, 328 U. S. 303 (1946).

38) 연방헌법 제1조 6항 1호.

39) 연방헌법 제2조 1항 7호; 제3조 1항.

40) 연방헌법 제1조 7항 1호.

을 제출한다.

그 외에도 하원은 '탄핵 소추'의 전권을 가지며, 상원은 '탄핵심판'의 전권을 가진다.41) 또 各院은 그 의원들의 '선거, 당선, 자격'을 심사하지만, 헌법에 명시된 자격 외에 또 다른 자격을 추가할 수는 없다.42) 나아가 各院은 그 의사진행규칙을 제정하고, 의원들을 징계·제명할 수 있다.43)

한편 연방헌법상 대통령에게는 공무원지명권, 조약교섭권, 사면권이 독점적으로 부여되어 있다. 하지만 주의할 것은 이들이 아무리 대통령의 독점적 권한에 속하더라도 이들에 대한 의회의 개입이 전혀 없지는 않다는 것이다. 즉 이러한 대통령의 독점적 권한들도 의회와의 이해관계와 각종 이익단체들의 개입으로 인해 그 행사에 있어서 일정한 한계가 있을 수밖에 없다. 이 부분에 대해서는 제3장과 제5장에서 자세히 언급하고자 한다.

2. 牽制와 均衡

앞에서 언급한 바와 같이 연방헌법은 '권력의 분할' 외에 '견제와 균형'을 권력분립의 또 다른 원리로 채택하고 있다. '견제와 균형'이라는 원리는 결국 三府가 가지고 있는 권한은 부분적으로 공유된다는 것을 의미하는 것으로, 여기에 따른다면 대통령과 의회와의 상호협조는 성공적 국정운영에 필수적인 조건으로 대두된다. 이와 관련하여 과거 Oliver Wendell Holmes 대법관은 다음과 같은 지적을 한 바 있다.

---

41) 연방헌법 제1조 3항 6호.

42) *Powell v. McCormack*, 395 U. S. 486 (1969).

43) 연방헌법 제1조 5항 2호.

"우리가 입법과 집행을 수학적으로 정확하게 구별하지 않고, 三
府를 완전히 폐쇄구역으로 분할하지도 않으며, 이러한 것들이 가능
하지도 않다는 것은 아무리 숨기려 해도 부인할 수 없는 사실이다.
설사 이러한 구별과 분할이 바람직하다 하더라도 나는 절대로 그렇
게 생각하지 않으며, 헌법이 그것을 요구하고 있다고도 생각하지 않
는다."[44]

'견제와 균형'의 원리를 반영한 연방헌법규정 중 대표적인 조항을 들
자면 우선 연방헌법 제2조 2항 2호와 제1조 2항 5호, 그리고 제1조 7
항 2호 등을 들 수 있다. 이들 조항에 따르면 상원은 대통령의 공무원
임명과 조약체결에 동의권을 행사하고,[45] 하원은 대통령을 탄핵 소추할
수 있다.[46] 반면 대통령은 의회로부터 移送된 법안에 대해 법률안거부
권을 갖는다.[47] 단 이러한 법률안거부권은 의회의 법률안재의결을 통하
여 그 효과가 부인된다.[48] 하지만 이러한 헌법규정들은 '견제와 균형'
의 원리를 형식적으로 상징하는 것에 불과하기 때문에, 이들 규정만으
로 미국헌법상 '견제와 균형'의 원리를 완전히 파악할 수는 없다고 생
각한다. 결국 미국헌법상 '견제와 균형'의 원리를 제대로 이해하기 위
해서는 연방헌법규정 및 헌정의 실제를 동시에 검토하여야 한다. 바로
본서도 이러한 관점을 기초로 미국에서의 대통령과 의회와의 '견제와
균형' 관계를 분석해보고자 하는 것이다.

---

44) *Springer v. Philippine Islands*, 277 U. S. 189, 211 (1928).

45) 연방헌법 제2조 2항 2호.

46) 연방헌법 제1조 2항 5호.

47) 연방헌법 제1조 7항 2호.

48) 위 조항.

제3장 立法·執行 一般에 있어서의 權力分立

제1절 大統領의 立法關與

Ⅰ. 序 言

　미국헌법은 대통령에게 몇 가지 입법에 관한 권한을 부여하고 있다. 즉 연방헌법 제2조 3항[1]은 대통령의 입법권고권을 규정하고 있으며, 제1조 7항[2]은 대통령의 법률안거부권을 규정하고 있다. 이들 외에도 미국헌법상 대통령은 상원의 권고와 동의(advice and consent)하에 조약체결권을 가진다.[3] 또 역사적으로 행사된 예가 거의 없기는 하지만 비상시에 대통령은 양원 또는 양원 중의 일원을 소집할 권한을 가지며, 휴회의 시기에 관하여 양원 간의 의견이 일치되지 아니하는 때에는 적당하다고 인정하는 시기까지 停會를 명할 수 있다.[4]

---

1) '대통령은 연방의 상황에 관하여 수시로 연방의회에 보고하고, 필요하고도 적절하다고 생각하는 시책의 심의를 의회에 권고해야 한다.'

2) '하원과 상원을 통과한 모든 법률안은 법률로 확정되기에 전에 대통령에게 移送되어야 한다. 대통령이 이를 승인하는 경우에는 여기에 서명하며, 승인하지 아니하는 경우에는 이의서를 첨부하여 이 법률안을 발의한 議院으로 환부해야 한다(환부거부)…… 법률안이 대통령에게 移送된 후 10일 이내(일요일은 제외)에 의회로 환부되지 아니할 때에는 그 법률안은 대통령이 이에 서명한 경우와 마찬가지로 법률로 확정된다. 다만, 연방의회가 휴회하여 이 법률안을 환부할 수 없는 경우에는 법률로 확정되지 아니한다(보류거부).'

3) 연방헌법 제2조 2항 2호.

한편 미국헌법상 대통령은 법률 집행감독권5)을 가지고 있다. 그러나 대통령의 법률 집행감독권은 그의 '입법'에 관한 권한이라기보다는 '집행'에 관한 권한이라고 보는 것이 타당하다. 이러한 관점에서 볼 때, 미국헌법은 대통령의 입법에 관한 권한을 첫째, 필요하고도 적절하다고 생각하는 입법을 권고하고, 둘째, 부당하다고 생각하는 입법을 거부할 권한으로 제한하고 있다고 볼 수 있다.6) 하지만 이들 권한 외에도 미국의 대통령은 다른 여러 가지의 입법에 관한 권한을 행사하는데, 이러한 권한들은 헌법에 명시적으로 규정된 것은 아니며 헌법해석상 또는 법원의 묵인하에 관례적으로 형성된 것이다. 묵시적 권한에 의거한 대통령의 입법관여는 주로 규칙, 성명(proclamation), 행정명령 등을 통해 이루어진다.

Ⅱ. 美國憲法上 大統領의 立法에 관한 權限

1. 明示的 權限

(1) 槪 觀

미국헌법상 명시적으로 대통령의 입법에 관한 권한을 규정한 조항은 입법권고권(Power to Recommend)을 규정한 제2조와 법률안거부권을 규정한 제1조이다. 그러나 연방헌법 제2조는 조항의 절반 이상을 대통령의 임기와 선거, 자격, 그 직위의 존속, 보수, 취임선서 등에 할애하

---

4) 연방헌법 제2조 3항.

5) 위 조항. '대통령은…… 법률이 올바르게 집행되도록 유의하며……'(he shall take Care that the Laws be faithfully executed).

6) *Youngstown Co. v. Sawyer*, 343 U. S. 579 (1952).

고 있으며, 대통령의 입법권고권에 대해서는 매우 추상적이고도 간결한
언급만을 하고 있다. 반면 연방헌법 제1조는 대통령의 법률안거부권을
비교적 상세하게 규정하고 있다.

(2) 立法勸告權

1) 立法勸告權의 憲法的・法律的 根據

연방헌법 제2조 3항은 대통령으로 하여금 '수시로' 연방의 상황에 관
하여 의회에 보고하고, 그가 필요하고도 적절하다고 생각하는 시책의
심의를 의회에 권고할 것을 요구하고 있다. 이 조항에 근거하여 행해지
는 것이 바로 대통령의 연두교서7)이다. 연두교서는 다음에서 보듯이
그 발표형식과 내용에 있어서 일정한 변화를 겪어왔다.

먼저 그 발표형식의 변천과정을 살펴보면 초대대통령 George
Washington과 그 후임자 John Adams는 자신이 직접 의회에 출두하여
연두교서를 발표하였다. 그 후 이러한 관행은 1801년, 연두교서를 서면
으로 작성해 의회에 제출했던 3대 대통령 Thomas Jefferson에 의해 단
절되었고, 그로부터 약 100여년 후에 Woodrow Wilson 대통령이 대통
령 자신이 직접 연두교서를 발표하는 관행을 부활시켰다.8) 이러한 직
접발표형식은 현재까지 지속되고 있다.

다음으로 연두교서의 내용적인 측면을 살펴보면 헌정초기에 연두교
서는 특별한 쟁점이 없는 일반적 성격을 띠었고, 주로 행정부활동에 대
한 보고로 이루어져 있는 것이 보통이었다. 따라서 연두교서가 특정법

---

7) 연두교서의 정식명칭은 원래 '일반교서'(state of the union message)이다.
   연두교서(annual message)라는 명칭은 그것이 통상 의회의 새로운 회기
   가 시작되는 연초에 발표되는 데에서 유래되었다.

8) James L. Sundquist/Bruce K. MacLaury, *op.cit*, p.131.

안에 대한 대통령의 입법권고의 수단으로 활용되는 경우는 거의 없었
다. 이 시기에는 대통령 스스로도 연두교서를 자신의 입법정책 추진의
유력한 수단으로 여기지 않았던 것으로 보인다. 예컨대 제9대 대통령
William Henry Harrison은 자신의 취임식에서 헌법상 어디에도 대통령
의 입법권을 규정한 부분은 존재하지 않고, 입법권고권은 대통령뿐만
아니라 일반국민도 행사할 수 있는 권한이라는 전제하에 '입법권고권'
이 곧 '입법권'을 의미하는 것은 아니며, 입법에 대한 최종적인 결정은
의회가 하는 것이라고 하여 이러한 사실을 뒷받침하고 있다.9)

그러나 이러한 연두교서의 소극적 성격은 약 40여년 후, Grover
Cleveland 대통령이 1887년의 연두교서를 관세개혁(tariff reform)을 추
진하기 위한 계기로 삼음으로써 보다 적극적인 성격으로 탈바꿈하였
다.10) 나아가 연두교서는 Taft 행정부를 기점으로 대통령의 당해 국정
목표를 성취하기 위한 유력한 수단으로 자리잡아갔다. 그 결과 오늘날
의 연두교서는 대통령 자신이 직접 의회에 출두·발표하며, 그 내용은
행정부의 功過를 평가하고, 다른 府에 대한 행정부의 우월성을 강조하
며, 의회와 대중에게 폭넓은 지지를 호소하는 것으로 일반화되어 있다.

한 가지 유의할 점은 대통령은 오로지 연방헌법 제2조 3항에 근거한
연두교서를 통해서만 입법권고권을 행사하는 것은 아니며 법률에 근거
하여 그것을 행사할 수도 있다는 점이다. 예컨대 대통령은 매해 의회에
게 제출하는 두 가지 중요자료, 즉 「1921년 예산회계법」상 예산교서
(budget message)와 「1946년 고용법」(Employment Act of 1946)상 경제
보고서(economic report)를 통해서도 일정한 입법을 권고한다. 그 외에
도 대통령은 여러 법률규정을 근거로 입법을 위한 각종 보고서(report),

---

9) H. Wayne Morgan, *From Hayes to McKinley: National Party Politics,
1877-1896*, Syracuse University Press, 1969, pp.296-317 참조.

10) 하지만 당시 그의 연두교서는 의회와 언론에 큰 충격을 주었고, 집권당
인 민주당 내의 분열을 초래하였으며 결국에는 다음 해 대선실패의 결
정적인 원인이 되었다. *Ibid.*

교서(message), 의견(communication), 제안(suggestion) 등을 지속적으로
의회에 제출한다.

그러나 의회의원들을 중심으로 한 일부에서는 대통령의 폭넓은 입법
권고권행사로 인해 의회의 고유권한인 입법권이 침해된다는 점을 지적
하며 확대되어가는 대통령의 입법권고권행사에 대해 일정한 경계를 하
고 있다. 하지만 오늘날 미국의 당해 주요 국가정책은 아래의 《표 1》에
서 보듯이 대통령의 입법권고로 인해 발표되고 그것이 발표된 이후에
본격적으로 추진되고 있다는 점은 일반적으로 부인하기 힘들다.

《표 1》 주요연도(1965-1980) 연두교서에 나타난 대통령의 국정목표[11]

행정부	연 도	1차적 국정목표	2차적 국정목표
Johnson	1965	Great Society Programs[12]	외교, 국방정책
	1966	베트남문제, 외교, 국방정책	사회복지, 조세, 범죄, 도시개발, 수질환경, 시민권(civil rights)
	1968	베트남문제, 외교, 국방정책	고용, 도시문제, 주택, 보건, 소비자보호, 범죄
Nixon	1970	베트남문제, 외교, 국방정책	환경, 정부개혁, 복지개혁, 물가상승, 범죄, 都農문제
	1972	외교, 국방정책	경제(물가상승, 고용문제 포함)
	1974	에너지	보건, 세입분배, 교통, 교육, 개인의 사생활보호(privacy), 복지개혁, 무역, 베트남참전용사에 대한 복지
Ford	1976	경제(물가상승, 고용문제 포함)	보건, 치안, 복지개혁, 범죄, 국방
Carter	1978	에너지, 경제(물가상승, 고용문제 포함)	정부개혁, 외교・국방정책, 파나마운하(Panama Canal)조약
	1980	외교, 국방정책	에너지, 경제(물가상승, 고용문제 포함)

---

11) 이 표는 Charles O. Jones, *Separate But Equal Branches: Congress and the Presidency*, Chatham House Publishers, 1999, p.134에서 轉載한 것이

2) 立法勸告權의 重要性

위에서 살펴 본대로 대통령의 입법권고는 사실상 주요 국가정책을 좌우할 만큼 입법정책적인 측면에서 실질적인 영향력을 가지고 있다. 이것은 逆으로 대통령의 입법권고가 잘못된 방향으로 전개될 경우, 그 것은 국가의 중대한 정책적 혼란과 직결됨을 의미한다.

대통령의 입법권고가 실패로 끝난 대표적인 예로는 바로 Clinton 대통령의 의료개혁정책(health-care reform) 실패를 들 수 있다. 이것은 1992년에 Clinton의 대선공약으로 등장한 것으로 Clinton은 대통령당선 후인 1993년과 94년에 이 문제를 본격적으로 입법화하려 하였다. 이러한 Clinton 대통령의 노력은 당시 의회를 민주당이 지배하고 있었다는 점에서 그 전망이 상당히 밝아 보였으나, 예상과는 달리 결국 이 법안은 의회에서 부결되고 말았다.

Clinton 행정부의 의료개혁정책이 실패로 끝난 이유는 다음의 네 가지로 요약될 수 있다. 첫째, 이 법안은 내용이 지나치게 복잡하고 난해

다. 참고로 이 표에서 발견할 수 있는 흥미로운 점은 대통령이 그 취임 초기에는 외교·국방문제에 집중하다가 임기가 지나면서 차츰 내정문제 로 관심을 돌린다는 점이다. *Ibid.*, p.135.

12) 'Great Society programs'란 1960년대에 Lyndon Johnson 대통령의 국정지 표였던 '위대한 사회(Great Society)의 건설'을 실현하기 위한 그 구체적 인 행정개혁안을 말한다. 이 안에 따라 두 차례의 특별부(task force)가 구성되어 활동한 바 있다. 첫 번째는 Don Price가 이끈 '정부개편에 관 한 특별부'(President's Task Force on Government Reorganization)이며 두 번째는 Ben Heineman이 이끈 '정부조직에 관한 특별부'(President's Task Force on Government Organization)이다. 前者는 1964년에, 後者는 1967 년에 최종보고서를 제출하였다. 이들 두 가지 특별부의 보고서들은 정부 의 관심을 특수이익으로부터 유권자 모두의 일반이익으로 전환시키는 것, 서비스전달을 효율화하는 것 그리고 분권화를 촉진하는 것을 개혁방 향으로 삼아야 한다는 점을 지적한 바 있다. Howard E. McCurdy, *Public Administration: A Synthesis*, Cummings, 1977, pp.156-57(吳錫泓, "美國의 行政改革", *http://mskim.netian.com/ahg.htm*에서 재인용).

했으며, 그 성격이 지나치게 급진적이었다. 즉 이 법안은 다른 법안에게 서는 찾아볼 수 없는 매우 기술적인 세부사항을 포함하고 있었고, 그 성격이 너무 급진적이어서 실현가능성이 의문시되었다. 둘째, 의료개혁 정책 추진의 중심기관인 의료개혁추진위원회(health-care task force) 위 원장에 Clinton 대통령의 아내인 Hillary Rodham Clinton이 임명됨으로 써13) 위원회 내부의 자유로운 토론이 차단되었다.14) 셋째, 의료개혁추 진위원회는 주로 비공개로 그 의사를 결정하였다. 이러한 의사결정방식 으로 인해 이 위원회는 집중적인 비판을 받았고, 결국 전미의사협의회 (The Association of American Physicians and Surgeons)는 이 위원회의 폐쇄적 업무회의방식이 「연방자문위원회법」(Federal Advisory Committee Act)에 위반된다며 소송을 제기하기까지 하였다.15) Clinton 의료개혁실 패의 마지막 원인은 그가 공화당의 지지를 전혀 이끌어 내지 못했다는 점에 있었다. 공화당의 협조가 갖는 중요성은 1993년의 주요입법목표였 던 북미자유무역협정(North Atlantic Free Trade Agreement: NAFTA) 통 과에 잘 나타나 있다. 즉 이때 여러 민주당의원들은 여기에 반대하는 입장이었으므로, 공화당의 협조가 북미자유주의협정 통과에 결정적인 원인이 되었다.16)

---

13) 이는 Clinton이 행정부의 사업 중, 의료개혁사업을 최우선순위로 평가했 다는 사실을 시사하고 있다.

14) 즉 의료개혁추진위원회 위원들은 영부인 Hillary가 구상하는 정책에 무조 건적으로 동조하는 경향을 보였다.

15) 이상 James Cordone, "Commentary: Health Care Reform In 1990's From The Clinton Plan To Kassebaum-Kennedy", 3 *Conn. Ins. L. J.* 193 (1996/1997), pp.204-05; Michele L. Procino, "Student Article: Note: The Death Of Health Care Reform In 1994: Another Example Of Congress' Inability To Enact Major Reform", 1 *Wid. L. Symp.* J. 547 (1996), pp.558-61.

16) 구체적으로 북미자유무역협정안은 61:38로 상원을 통과하였는데, 상원에 서 공화당 전체의원 44명 중 34명이 찬성표를 던졌다. 한편 하원에서는

한편 대통령의 입법권고권은 근래에 들어 소위 '신속절차'(fast-track)
라 불리는 간이입법절차에 의해 그 행사가 매우 단순화되어왔다. 신속
절차는 「1974년 무역법」(Trade Act of 1974)에 최초로 도입된 것으로
서, 그것은 의회는 본회의 또는 위원회에서 대통령의 입법권고안을 수
정할 수 없으며, 단순히 그 통과여부에 대한 표결만을 허용하는 절차를
말한다. 신속절차에 따른다면 의회와 그 위원회는 특정기일 내에 대통
령의 입법권고안 통과여부에 대한 표결을 종료하여야 한다. 하지만 대
통령의 입법권고안에 대한 의회의 수정을 금지하려는 신속절차의 취지
는 행정부와 의회 간의 비공식적 타협에 의해 종종 무시되기도 한다.
여기서 말하는 비공식적 합의란 주로 대통령의 입법권고안이 기초되고
그것이 의회와 소관위원회에 회부되었을 때에, 대통령이 그 案의 통과
를 조건으로 의회심의과정에서 논의된 그것에 대한 수정요구를 받아들
이는 것을 말한다.17)

(3) 法律案拒否權

1) 還付拒否

연방헌법은 의회의 법률안재의결을 전제로 한 대통령의 법률안거부,
즉 환부거부(return veto)를 규정하고 있다.18)

234:200으로 통과되었는데, 여기서는 공화당 132, 민주당 102명의 의원
들이 찬성하였으며, 공화당 43, 민주당 156, 무소속 1명의 의원들이 반
대하였다. Barbara McCrea, "NAFTA", *U. S. Foreign Policy*, Spring,
1999, *http://lepo.it.da.ut.ee/~illing/NAFTA2.htm*.

17) Michael A. Carrier, "Article: All Aboard The Congressional Fast Track:
From Trade To Beyond", 29 *GW J. Int'l L. & Econ.* 687 (1996),
pp.701-08 참조.

18) 연방헌법 제1조 7항. 한편 연방대법원은 의회의 법률안재의결의 요건이

1788년, 일부 반연방주의자(Antifederalist)들은 법률안거부권은 사실
상 입법절차를 좌우하게 된다는 점에서 그것을 대통령에게 부여해서는
안 된다고 주장하였다. 하지만 이러한 주장에 대해 Hamilton은 연방주
의자논집 제73호에서 법률안거부권은 첫째, 입법부의 침입으로부터 대
통령을 보호하고, 둘째, 졸속·부주의·정략적 음모(design)로 인한 입
법을 방지하는 데에 핵심적인 수단이라고 주장하였다. Madison 역시 이
러한 관점에서 법률안거부권은 행정부, 사법부에 대한 의회의 부당한
침입을 방지할 뿐만 아니라, 원칙이 잘못되고 형식이 부정확하거나 인
민들의 권리를 침해하는 법률을 방지한다고 주장하였다.[19]

일반적으로 환부거부가 갖는 효용성은 그것으로 인해 대통령은 현재
계류 중인 법안에 대해 일정한 영향력을 행사할 수 있다는 점에 있다.
즉 대통령은 의회에게 특정법안에 대해 환부거부권을 행사하겠다고 위
협함으로써 그 법안에 자신의 정책을 반영시킬 수 있다. 하지만 이러한
대통령의 위협이 항상 효과를 거둔 것은 아니다. 예컨대 1980년, Carter
대통령은 의회에 대하여 휘발유보존비용(gasoline conservation fee)을 반
대하는 법안에 대해서는 환부거부권을 행사할 것이라는 점을 분명히
하였으나, 의회는 과감하게 그러한 입법을 추진하였고 실제로 Carter가
이에 대해 환부거부권을 행사하자 신속하고도 단호하게 이를 재의결하
였다.

한편 법안을 기초하는 의원들은 불필요한 일부조항들을 제거하기 위
하여 이러한 조항들로 인해 대통령은 법안전체에 대하여 환부거부권을
행사하리라는 점을 강조하기도 한다. 이러한 지적대로 종종 대통령들은

되는 '양원의원 2/3'가 정확히 무엇을 의미하는지에 대해 판단한 바 있
는데, 이때 연방대법원은 '양원의원 2/3'는 전체의원의 2/3가 아니라 출
석정족수(quorum present)의 2/3를 의미한다고 판시하였다. 즉 연방대법
원은 재적의원 과반수의 출석과 출석의원 2/3를 법률안재의결의 정족수
로 보고 있다. *Missouri Pac. Ry. Co. v. Kansas*, 248 U. S. 277 (1919).

19) Max Farrand, ed., *op.cit.*, pp.586-587 참조.

법안의 일부에 문제가 있다는 것을 이유로 그 전체에 대해 환부거부권
을 행사해오고 있다.

　오늘날의 환부거부권은 과거 헌법제정자가 의도했던 그것과는 근본
적으로 성격을 달리한다. 그 주된 원인으로는 입법절차와 관련한 여러
가지 제도상의 변화가 있었다는 점을 들 수 있을 것이다. 예컨대 의회
는 대통령의 환부거부권 행사를 사실상 제한하고자 서로 무관한 요소들
을 포함하고 있는 법안을 대통령에게 移送하는 관행을 이어왔다. 즉 이
것은 대통령에게는 항목별거부가 인정되지 않는다는 점을 이용하여 대
통령으로부터 법안전체에 대한 서명을 받아내는 데에 그 목적을 두고
있다. 이러한 관행은 의회가 세출법안에 부가조항(riders)을 첨부하고,
이를 환부거부권을 행사할 시간적 여유가 없는 일회계년도末에 대통령
에게 移送함으로써 강력한 행정부통제수단으로까지 발전되어갔다. 과거
Rutherford B. Hayes 대통령은 이 문제로 인해 의회와 종종 대립하였으
나, 이 때에도 의회는 부가조항이 첨부된 세출법안을 그것이 상·하원
규칙에 위배됨에도 불구하고 계속해서 대통령에게 移送하였다.20)

　이러한 관행에도 불구하고 환부거부권은 여전히 대통령이 가지고 있
는 유력한 입법관여 수단 중의 하나이다. 초대 Washington 대통령부터
1997년 Clinton 대통령까지, 미국의 대통령들은 총 1466회의 환부거부
를 행하였고, 이들 중 의회가 거부된 법률안을 재의결한 것은 105회에
불과했다는 점이 이를 뒷받침하고 있다(이하의 《표 2》참조).

　한편 대통령의 환부거부권에 대해 의회는 법률안재의결권으로 대응
할 수 있다. 하지만 이들 두 권한이 대립하는 경우, 법적인 문제와는
별개로 정치적으로 상당히 복잡한 결과가 초래되기도 한다. 예컨대

---

20) 세출법안에 첨부된 부가조항의 대표적인 예로는 낙태에 대한 연방기금
　　의 지출을 제한한 「Hyde amendment」를 들 수 있을 것이다. 이상 Louis
　　Fisher, "The Authorization- Appropriation Process in Congress: Formal
　　Rules and Informal Practices", *Cath. U. L. Rev.* 29 (1979), p.51.

Bush 대통령은 여러 법안들에 대해 잇달아 환부거부권을 행사한 바 있는데, 그가 거부한 법안들은 매번 의회에서 재의결되지 못했다. 그러나 그가 「1990년 민권법안」을 거부했을 때에는 사정이 약간 달랐다. 즉 거부된 후에도 의회는 이 법안을 입법화하기 위한 적극적인 움직임을 보였다. 비록 이 법안은 상원에서의 법률안재의결 표결에서 부결되었지만, 이러한 의회의 적극적인 태도로 인해 가결에는 불과 1표가 부족할 뿐이었다. 이러한 법률안재의결 표결의 결과는 대통령에게 상당한 정치적 부담을 안기는 것이었고, 그 결과 Bush 대통령은 이듬해에 다시 제출된 「1991년 민권법안」에 대해서까지 법률안거부권을 행사하기는 사실상 힘들다는 판단을 하였다. 결국 Bush 대통령은 전년의 법안에서 약간 수정된 이 법안에 서명할 수밖에 없었다.21)

위의 사례는 한 가지 중요한 시사를 하고 있다. 그것은 바로 대통령이 국가적으로 중요한 법안에 대해 환부거부권을 행사할 경우, 의회는 더욱 강력하게 그것을 재의결하려 한다는 점이다. 이러한 관점에서 볼 때, 중요법안을 둘러싼 정치적 경쟁에 있어서 '법률안재의결권'을 가지고 있는 의회는 '환부거부권'을 가지고 있는 대통령보다 정치적으로 우월한 입장에 있다고 평가할 수 있다.22)

---

21) Bush가 「1990년 민권법안」을 거부한 이유는 그것이 소수인종을 위한 할당제를 포함하고 있다는 것이었다. 하지만 이 법안에 대한 의회의 의지가 대단하다는 것을 확인한 후에 Bush는 다시 이러한 논거를 들어 이 법안에 대해 반대하지 못했다. 「1991년 민권법」 제정의 그 밖의 배경에 대해서는 姜勝植, "美國憲法上 積極的 平等實現措置", 碩士學位論文, 漢陽大學校 大學院, 2000, p.19 n.57 참조.

22) Richard A. Watson, "The President' Veto Power", *The Annals* 499, 1988, p.37. 의회의 법률안재의결권과 대통령의 법률안거부권의 주변요소를 심층적으로 분석한 문헌은 다음을 참조. Albert C. Ringelstein, "Presidential Vetoes: Motivations and Classification", *Congress and the Presidency* 12 (1985); Jong R. Lee, "Presidential Vetoes from Washington to Nixon", *Journal of Politics* 37 (1975).

2) 保留拒否

연방헌법은 '만일 법률안이 대통령에게 移送된 후 10일 이내(일요일을 제외함)에 대통령이 還付하지 않으면, 그 법률안은 대통령이 이에 서명한 경우와 같이 법률로 성립된다. 다만 연방의회의 휴회로 인하여 還付할 수 없는 경우에는 법률로 성립하지 아니한다'[23]고 규정하여 법률안 거부방식에 있어서 환부거부 외에 보류거부(pocket veto)도 인정하고 있다. 보류거부와 관련해서는 '대통령의 법률안환부를 불가능하게 하는 상황은 과연 무엇인가'가 중요한 쟁점으로 부각된다. 비록 연방헌법은 이러한 상황을 '연방의회의 휴회'라고 규정하고 있지만, 이 문제는 그렇게 단순하지는 않으며 사안에 따라 사법부의 보충적 해석을 필요로 한다. 한편 사법부는 종래에 보류거부의 범위를 상당히 제한적으로 해석하기도 하였지만 이러한 사법부의 판결로써 보류거부에 대한 헌법적 논쟁이 해결된다고 보기는 힘들며, 이에 대한 많은 문제는 아직까지 상당부분 정치적 타협에 의존하는 모습을 보여주고 있다. 이하에서는 구체적인 사례를 중심으로 미국에서의 보류거부를 검토하고자 한다.

1970년, Nixon 대통령은 하나의 법률안에 대해 보류거부를 한 바 있다. 당시 상원은 동절기휴가를 맞아 4일 동안 휴회상태였고, 하원은 5일 동안 휴회상태였다. 이때 여러 민주당의원들은 Nixon이 의원들의 휴가를 틈타 그의 보류거부권을 남용하였다고 판단, 이에 대한 소송을 제기하였다.

이에 1973년, 연방지방법원은 '휴가로 인한 휴회'는 대통령이 법률안을 의회에 還付할 수 없는 사유에 해당되지 않으며, 따라서 양원은 그 법률안을 재의결할 기회를 갖는다고 판시하였다. 다음 해 연방항소법원은 연방지방법원의 판결을 확인하였다. 결국 그 법률안은 법률로 확정되었으며, 그 효력은 법률안에 대한 대통령의 심사를 위해 헌법이 규정

---

23) 연방헌법 제1조 7항 3호.

하고 있는 10일 중 마지막 날인 1970년 12월 25일로 소급되었다.

이 사건에서 연방지방법원은 법률안거부권의 이중적 목적을 강조하였는데, 이 부분은 특히 주목할만하다. 즉 연방지방법원에 따르면 법률안거부권은 첫째, 대통령에게 의회가 移送한 법률안을 검토할 기회를 부여하고, 둘째, 의회에게 대통령의 거부교서(veto massage)에 나타난 異議를 검토하고 그것을 재의결할 기회를 부여하는 것이다.24) 이러한 전제하에 연방지방법원은 연방헌법 제1조 7항 3호의 보류거부도 입법부와 행정부 모두의 이익을 보호하는 것으로 보았다.25)

이 판결로 인해 1976년 4월 13일, 법무부는 하나의 각서(accommodation)를 발표하였다. 이 각서에서 당시 대통령이었던 Ford는 '회기 중' 또는 '1차・2차 회기간'의 휴회의 경우, 보류거부보다는 환부거부를 할 것이라는 점을 분명히 하였다. 다시 말해 대통령은 의회의 2차 회기가 끝난 후에 한하여 보류거부를 행할 수 있다는 것이다. 이러한 Ford의 합의서에 따라 양원은 '회기 중' 또는 '1차・2차 회기간'의 휴회 중에 대통령의 환부거부를 접수할 특별 기구를 설치하였다.26)

Ford 행정부의 위와 같은 입장은 Carter 행정부시절에도 그대로 유지되었다. Carter의 후임자인 Reagan 대통령 역시 회기 중에는 보류거부권을 행사하지 않을 것이라는 점을 분명히 하였다. 그러나 이러한 행정부의 약속은 Reagan이 1차・2차 회기간의 휴회 중에 보류거부를 행함으로써 파기되고 말았다. 즉 97대 의회 1차 회기 마지막 날인 1981년 12월 16일(약 6주 후에 다시 집회할 예정이었다), Reagan 대통령은 파산된 Florida州회사(bankrupt Florida firm) 특별구조법안에 대해 보류거

---

24) *Kennedy v. Sampson*, 364 F. supp. 1075, 1084 (D. D. C. 1973).

25) *Kennedy v. Sampson*, 511 F. 2d 430, 438 (D. C. Cir. 1974). 한편 이와 관련된 연방대법원판례로는 *Wright v. United States*, 302 U. S. 583, 596 (1938); *The Pocket Veto Case*, 279 U. S. 644 (1929).

26) Louis Fisher, *The Politics of Shared Power: Congress and the Executive*, p.19.

부권을 행사하였다.27) 또한 98대 의회 1차 회기가 종료된 후, 그는 El Salvador에 대한 군사원조의 전제조건으로서 인권시행각서(certification)를 요구했던 법안에 대해 보류거부권을 행사하였다. 이때, 의회는 1983년 11월 18일에 휴회하였고, 9주 후인 1984년 1월 23일까지 집회하지 않았다.

이에 33인의 하원의원들은 초당파적으로 연합하여 이 법안이 법률로 효력을 발한다는 것을 주장하며 소송을 제기하였다. 이에 1984년, 연방지방법원은 Reagan의 보류거부를 합헌적인 법률안거부권 행사로 인정했지만, 연방항소법원은 이러한 원심을 파기 환송하였다.28) 결국 이 사건은 연방대법원에 상고되었고, 이때 비로소 보류거부에 대한 명확한 헌법적 해석이 있을 것으로 기대되었다. 하지만 연방대법원은 Reagan에 의해 거부된 법안은 이미 그 자체에서 규정한 終期가 도래하여 訴의 이익이 없다고 판단, 이를 소송요건결여(mootness)로 각하하였다.29)30)

한편 Reagan 행정부시절에 파기된 보류거부에 대한 행정부의 약속은 Bush 행정부에서도 지켜지지 않았다. 하지만 Bush 대통령이 회기 중, 또는 1차 회기 말에 법률안거부권을 행사하였을 때,31) 의회는 그러한

---

27) *Public Papers of the Presidents*, 1981, p.1208.

28) *Barnes v. Carmen*, 582 F. supp. 163 (D. D. C. 1984); *Barnes v. Kline*, 759 F. 2d 21 (D. D. Cir. 1985).

29) *Burke v. Burnes*, 479 U. S. 361 (1987).

30) 이러한 연방대법원의 모호한 판결로 인해 의회는 대통령의 의회기 말(the end of a congress) 보류거부를 제한하는 입법을 추진하였다. 즉 1990년, 하원 규칙위원회(House Rules Committee)는 청문회를 거쳐 대통령의 의회기 말 보류거부를 제한하는 법안을 본회의에 보고하였고, 하원 법사위원회 또한 청문회를 거쳐 이 법안을 본회의에 보고하였다. 하지만 이 법안은 하원표결까지 이어지지는 못했다. H. Rept. 417(part Ⅰ), 101st Cong., 2d sess. (1990); H. Rept. 417(part 2), 101st Cong., 2d sess. (1990).

31) 한편 Bush 행정부시절에 행해진 보류거부 중의 일부는 그 행사방식이 상당히 독특했다. 즉 보류거부를 행한다는 점을 분명히 함과 동시에 Bush

거부권행사를 위헌적인 보류거부로 간주하였고, 연방헌법에서 규정하고
있는 10일이 되는 날에 그 법률안은 법률로 확정된다고 주장하였다. 예
컨대 1991년 12월 20일, Bush는 「Morris K. Udall재단설립법안」에 대해
보류거부를 행한 바 있다. 이에 의회는 다음 해에 다시 이 재단의 설립
을 인정하는 법안을 통과시켰고, 이 新법안에는 舊법안이 법률로 확정
되었다는 전제하에 이것을 폐기시킨다는 부분이 포함되어 있었다. 당시
의회는 Bush가 新법안에 서명함으로써 사실상 舊법안이 법률로 확정되
었다는 점과 과거에 어떠한 보류거부도 행사된 바 없다는 점을 인정하
기를 기대했었다. 하지만 이러한 의회의 기대와는 달리 Bush는 新법안
에 서명을 하면서 다음과 같은 주장을 통해 자신의 보류거부가 정당했
음을 강조하였다.

> "2184호 법안(新법안: S. 2184)은 1176호 법안(舊법안: S. 1176)을
> 폐기시키는 것을 목적으로 하고 있는데, 1176호 법안은 지난 회기
> 말 의회를 통과하였고, 작년 12월에 나에게 移送되었다. 그 법안은
> 의회의 휴회 중에 나에게 移送되었으므로, 나는 서명을 보류하였고
> 따라서 1176호 법안은 절대로 법률로 성립될 수 없었다. 따라서
> 1176호 법안의 폐기를 목적으로 하는 2184호 법안 중의 일부조항은
> 결코 효력을 가질 수 없다."32)

한편 Clinton 행정부시절에는 보류거부에 대한 별다른 논쟁은 없었다.

는 그것이 마치 의회의 법률안재의결의 대상이 되는 환부거부인 양, 그것
을 의회로 還付하였다. 예컨대 그는 1989년 12월 3일, 「중국인이민구조법
안」(Chinese immigration relief act)에 대해 보류거부를 함과 동시에 그것을
의회로 환부하였다. 하지만 의회는 이러한 Bush의 법률안거부행위를 보
류거부가 아닌 환부거부로 간주하고 이에 대한 재의결을 시도하였다.

32) *Public Papers of the Presidents*, 1992-93(Ⅱ), pp.472-73.

《표 2》역대 미국대통령들의 법률안거부권 행사에 관한 통계[33]

연 도	대통령	還付拒否	법률안 재의결	保留拒否	총 거부권 행사횟수
1789-1797	George Washington	2	0	0	2
1797-1801	John Adams	0	0	0	0
1801-1809	Thomas Jefferson	0	0	0	0
1809-1817	James Madison	5	0	2	7
1817-1825	James Monroe	1	0	0	1
1825-1829	John Q. Adams	0	0	0	0
1829-1837	Andrew Jackson	5	0	7	12
1837-1841	Martin Van Buren	0	0	1	1
1841-1841	W. H. Harrison	0	0	0	0
1841-1845	John Tyler	6	1	4	10
1845-1849	James K. Polk	2	0	1	3
1849-1850	Zachary Taylor	0	0	0	0
1850-1853	Millard Fillmore	0	0	0	0
1853-1857	Franklin Pierce	9	5	0	9
1857-1861	James Buchanan	4	0	3	7
1861-1865	Abraham Lincoln	2	0	5	7
1865-1869	Andrew Johnson	21	15	8	29
1869-1877	Ulysses S. Grant	45	4	48	93
1877-1881	Rutherford B. Hayes	12	1	1	13
1881-1881	James A. Garfield	0	0	0	0
1881-1885	Chester A. Arthur	4	1	8	12
1885-1889	Grover Cleveland	304	2	110	414
1889-1893	Benjamin Harrison	19	1	25	44
1893-1897	Grover Cleveland	42	5	128	170
1897-1901	William McKinley	6	0	36	42
1901-1909	Theodore Roosevelt	42	1	40	82
1909-1913	William H. Taft	30	1	9	39
1913-1921	Woodrow Wilson	33	6	11	44
1921-1923	Warren G. Harding	5	0	1	6
1923-1929	Calvin Coolidge	20	4	30	50

33) 이 표는 1997년 6월 20일까지의 통계를 정리한 것이다. *Presidential Vetoes, 1789~1988,* Washington, D. C. : Government Printing Office, 1992; *Weekly Compilation of Presidential Documents*(Bush 행정부와 Clinton 행정부의 통계).

연 도	대통령	還付拒否	법률안 재의결	保留拒否	총 거부권 행사횟수
1929-1933	Herbert Hoover	21	3	16	37
1933-1945	Franklin D. Roosevelt	372	9	263	635
1945-1953	Harry S. Truman	180	12	70	250
1953-1961	Dwight D. Eisenhower	73	2	108	181
1961-1963	John F. Kennedy	12	0	9	21
1963-1969	Lyndon B. Johnson	16	0	14	30
1969-1974	Richard M. Nixon	26	7	17	43
1974-1977	Gerald R. Ford	48	12	18	66
1977-1981	Jimmy Carter	13	2	18	31
1981-1989	Ronald Reagan	39	9	39	78
1989-1993	George Bush	29	1	17	46
1993-1997	Bill Clinton	18	1	0	18
총 계		1446	105	1067	2533

2. 默示的 權限

(1) 序 言

일반적으로 정부가 헌법상 명시적으로 열거되어 있지 않은 권한을 행사한다면 그것은 위헌적 권한행사라고 볼 수 있다. 이러한 사고는 Virginia州 헌법비준회의(ratification convention)에서 제시된 Henry Lee 의 다음과 같은 견해에 잘 나타나있다.

"정부가 행사하는 권한의 위헌성여부가 문제될 경우, 그것에 대한 판단은 문제된 권한이 헌법에 명시되었는지 여부에 따라 이루어져야 한다…… 만일 열거되지 않은 것이라면 그러한 권한의 행사는 恣意的이고 위헌적이다"34)

---

34) Raoul Berger, *Government by Judiciary: The Transformation of the Fourteenth*

하지만 위와 같은 견해는 특히 오늘날의 현실을 고려한다면 매우 비실용적이고 비현실적인 견해라고 할 수 있다. 나아가 이러한 견해에 따른다면 오늘날 미국에서 헌법적 권한으로 확고하게 자리 잡은 의회조사권, 대통령의 공무원해임권, 연방대법원의 사법심사권 등을 제대로 설명할 수 없게 된다. 따라서 대통령이 헌법적 근거 없이 입법에 관여하는 것은 어느 정도 불가피하다고 볼 수 있다.

묵시적 권한에 의거한 대통령의 입법관여는 대체적으로 의회의 권한위임에 의거한 규칙, 성명(proclamation), 행정명령(executive order)과 같은 행정입법을 통해 이루어진다.

(2) 權限委任

1) 權限委任의 理論과 實際

미국헌법을 엄격히 해석한다면, 그것은 의회가 행정부 또는 사법부에게 입법권을 위임하는 것을 금지하고 있다고 볼 수 있다. 즉 이것은 '한번 위임된 권한은 다시 위임될 수 없다'(*delegata potestas non potest delegari*)는 원칙에 기초하는 것으로, 이 원칙에 따른다면 인민이 의회에게 위임한 입법권은 다른 기관에게 다시 위임될 수 없다.35)

그러나 이러한 원칙에도 불구하고 의회에게는 의회 외부기관에게 입법권을 위임할 수 있는 실질적 재량권이 있다. 그렇다면 이 두 가지 상충되는 논리들은 어떻게 조화될 수 있는가? 이 점에 대해 연방대법원은 대체적으로 다음과 같은 3단계논리로 문제를 해결해온 것으로 보인다.

Amendment, Liberty Fund, Inc., 1997, pp.117, 407.

35) Horst p. Ehmke, "Delegata Potestas Non Potest Delegari: A Maxim of American Constitutional Law", *Cornell Law Quarterly* 47 (1961), p.50.

첫째, 헌법적으로 의회는 입법권을 위임할 수 없다.

둘째, 의회가 대통령이나 독립규제위원회에게 일정한 권한을 위임하는 것은 현실적으로 반드시 필요하다.

셋째, 따라서 의회가 대통령이나 독립규제위원회에게 위임하는 권한은 입법권이 아니다.36)

이러한 논리하에 연방대법원은 매우 광범위한 권한위임까지 대체적으로 합헌으로 인정해왔다. 다만 연방대법원은 이러한 권한위임을 인정하는 이유로서 그것이 명확한 권한위임이었다는 점보다는 불명확한 권한위임을 통해 수임기관의 권한남용현상이 발생한다 하더라도 이를 통제할 수 있는 절차적 기준37)이 마련되어 있다는 점을 들어왔다.38)

2) 權限委任의 發生原因

미국에서 의회가 행정부에게 광범위한 권한을 위임하는 현상은 매우 이른 시기부터 발생해왔다. 구체적으로 의회의 권한위임은 헌법제정 직후인 1789년부터 행해졌다. 예컨대 1789년, 하원은 연방정부의 건물부지와 그 건축에 관한 법안을 통해 이러한 업무를 위한 여러 감독관(commissioner)을 두고 이들에 대한 임명권을 대통령에게 부여한 바 있다.39) 그렇다면 위임불가원칙에도 불구하고 이러한 광범위한 권한위임

---

36) 이러한 논리의 문제점에 대해서는 본서 pp.472-74 참조.

37) 그 대표적인 예로는 「1946년 행정절차법」을 들 수 있을 것이다. 이 법에서 규정하고 있는 권한위임의 절차적 기준에 대해서는 본서 pp.111-12, 361-62 참조.

38) 그러나 불명확한 권한위임은 대의제하에서의 정치적 책임성과 민주주의적 가치를 파괴하고, 수임기관의 사업에 대한 평가를 매우 어렵게 한다는 점에서 결코 바람직하다고 보기는 힘들다. 이러한 관점에 입각하여 권한위임을 비판적으로 접근한 문헌은 David Schoenbrod, *Power Without Responsibility: How Congress Abuses the People Through Delegation*, Yale University Press, 1995.

66

이 건국 초부터 발생할 수밖에 없었던 이유는 무엇인가? 종래의 관행을 살펴볼 때, 그것은 다음과 같은 몇 가지 경우로 압축될 수 있을 것이다.

첫째, 장래에 발생하게 되는 여러 가지 불확실한 사정들을 현재의 입법으로 모두 규율할 수 없는 경우이다. 예컨대 1810년, 의회는 대통령에게 영국과의 무역을 제한함에 있어서 상당히 광범위한 권한을 위임한 바 있다. 이때 여러 상인들은 이러한 대통령의 권한은 본질적으로 법률의 효력을 갖는 입법권에 해당하므로 이러한 권한위임은 권력분립원칙을 침해한다고 주장하며 소송을 제기하였다. 그러나 이 사건에서 연방대법원은 의회가 입법을 통하여 장래에 발생하게 될 사항을 규율함에 있어서의 기본정책만을 제시하고, 이러한 정책의 구체적 실현을 위한 사실 확인은 의회 외부의 기관에게 위임하는 것은 합헌이라고 판시하여 위와 같은 원고들의 주장을 받아들이지 않았다.40) 그 후에도 연방대법원은 이러한 상황에서 이루어지는 권한위임에 대해 정부업무의 성격상, 의회가 일반적 입법을 통과시키고 의회 외부기관에게 그 세부사항에 대한 권한을 위임하는 것은 불가피하다는 점을 강조해왔다.41)

둘째, 의원이나 의원보좌관들이 입법 관련 분야에 대해 전문성을 결

---

39) 이 법안에 따라 감독관은 '대통령의 권고하에' 최적의 연방정부건축부지를 선택하고, 이를 매입하며, 그곳에 의회, 행정부, 연방대법원 건물을 신축할 권한을 부여받았다. 한편 이 법안에 대해 Thomas Tucker와 같은 하원의원은 이러한 권한위임은 의회의 본질적인 입법권을 침해한다는 점을 들어 극렬히 반대하였지만, 결국 그것은 양원을 통과하였다. 1 *Annals of Congress* 879(September 5, 1789); 1 Stat. 130(1790)(Louis Fisher, *Constitutional Conflicts between Congress and the President*, pp.89-90에서 재인용).

40) *Bring Aurora v. United States*, 11 U. S. (7 Cr.) 382 (1813).

41) *Wayman v. Southard*, 23 U. S. (10 Wheat.) 1, 46 (1825). 이러한 상황에서 이루어지는 권한위임의 대표적인 경우로는 경제입법에서의 권한위임을 들 수 있을 것이다.

여하고 있는 경우나 법안을 통과시키기 위해서는 불명확한 규정을 두
는 것이 불가피한 경우이다.

셋째, 의회가 어떠한 권한을 직접 행사하는 것이 매우 부담스러운 반
면 그에 따른 정치적 보상은 거의 없는 경우이다. 바로 의회가 관세율
제정이나 변경과 관련하여 그 권한중의 상당부분을 행정부나 관세위원
회(現국제통상위원회)에게 위임해온 것이 이러한 이유에서 의회가 권한
위임을 해온 대표적인 경우에 해당한다.42)

마지막으로 대외문제와 관련된 경우이다. 대외문제에 있어서의 대통
령의 권한은 1936년, *United States v. Curtiss-Wright*43)에서 본격적으로
논의된 바 있다. 당시 이 판결의 법정의견을 대표한 **Sutherland** 대법관
은 '사안의 유래와 속성상 국내문제와 대외문제는 다르다'44)는 전제하
에 국내영역과는 다르게 외교영역에 대한 입법권은 '의회'가 아닌 '대
통령'에게 부여되어야 하고, 대통령의 이러한 입법권행사는 재량적이며
법적 제한으로부터도 자유로워야 한다고 판시한 바 있다. 이러한
Curtiss-Wright 판결을 근거로 대외문제에 있어서의 권한위임은 국내문
제에 있어서의 그것보다 더욱 확대되어 왔다.45)

3) 再委任

권한위임은 의회로부터 권한을 위임받은 기관이 그 하위기관에게 이
를 다시 위임하는 경우에 더욱 복잡한 헌법문제로 나타나게 된다. 이
문제와 관련하여 종래에 연방대법원은 대통령이나 행정각부장관은 법

---

42) 이 점에 대해 자세한 것은 Louis Fisher, *President and Congress*, pp.133-55.

43) 299 U. S. 304 (1936).

44) *Ibid.*, at 315.

45) 대외문제에 있어서의 대통령과 의회의 권한관계는 본서의 제5장에서 본
    격적으로 다루기로 한다.

률에 의해 위임된 권한을 그들이 단독으로 수행할 수는 없다는 점을 근거로 권한위임과 마찬가지로 재위임(subdelegation)에 대해서도 그 합헌성을 넓게 인정해왔다. 따라서 의회가 재위임을 명시적으로 금지하지 않는 한, 수임기관은 자신의 권한을 그 하위기관에게 재위임할 수 있다는 것이 종래의 일반적인 경향이었다.46)

재위임과 관련한 실례를 하나 들자면, 2차대전 후에 의회는 입법을 통하여 법률에 의거하여 권한을 위임받은 대통령에게 그 권한 중의 일부를 다시 그 하위기관에게 위임할 수 있는 권한을 부여한 바 있다. 이러한 입법은 당시 대통령 Truman이 무려 1100여개의 법률로부터 권한을 위임받고 있었다는 사실에 근거를 두고 있었는데, 구체적으로 이 법은 대통령이 법률에 의해 위임된 자신의 권한을 행정각부장관이나 기타 행정부공무원에게 재위임하는 것을 허용하였다. 다만 여기서 주목할 점은 대통령에 의해 권한을 재위임 받는 자는 상원의 동의를 받아야 한다는 점이었다.47) 바로 이러한 절차를 통하여 의회는 재위임에 따르는 여러 가지 문제점, 예컨대 민주적 정당성의 결여나 정치적 책임성의 훼손 등을 방지할 수 있었다.

4) 權限委任에 대한 統制

① 議會의 統制

종래에 의회는 권한위임을 통제하기 위하여 여러 가지 방안을 고안해왔다. 그것은 크게 일반적인 법적 통제와 非法的 통제, 그리고 의회거부(legislative veto)로 나눌 수 있는데, 특히 의회거부는 위임된 권한

---

46) 재위임을 합헌으로 결정한 판례로는 *French v. Weeks*, 259 U. S. 326 (1922); *United States v. Chemical Foundation*, 272 U. S. 1 (1926).

47) 64 Stat. 419 (1950).

을 통제하는 데에 가장 강력한 효과를 가지고 있다. 이들에 대한 자세한 설명은 이번 장의 제2절에서 자세히 설명되기 때문에 여기에서는 그 논의를 생략하기로 한다.

② 法院의 統制

권한위임에 대해 연방대법원은 구체적인 범위가 설정되는 한, 의회가 나머지 세부사항들에 대한 권한을 행정부에게 위임하는 것은 합헌이라고 판단해왔음은 앞에서 살펴본 바와 같다. 즉 원칙적으로 의회가 대통령에게 입법권을 위임하는 것은 헌법적으로 허용되지 않으나 위와 같은 요건이 충족된 경우에는 예외적으로 권한위임을 합헌으로 인정할 수 있다는 것이 연방대법원의 종래의 입장이었다. 나아가 연방대법원은 구체적인 범위가 정해지지 않은 포괄적 위임의 경우에도 그것을 종종 합헌으로 결정해왔다.[48] 예컨대 1940년, *Sunshine Coal* 판결에서 연방대법원은 다음과 같이 판시하고 있다.

"의회의 권한위임은 입법권행사의 실질을 기하기 위해 불가피한 것으로 오랫동안 인정되어왔고…… 만일 의회가 입법의 세부적인 사항까지 규정하려 한다면 입법의 현실적 융통성(flexibility)과 신속성이 저해될 우려가 있다."[49]

그러나 1935년, 연방대법원은 종전의 입장을 변경하여 *Panama Refining* 사건[50]과 *Schechter* 사건[51]에서 문제된 권한위임을 위헌으로

---

48) *Hampton Co. v. United States*, 276 U. S. 394 (1928); *Field v. Clark*, 143 U. S. 649 (1892).

49) *Sunshine Coal Co. v. Adkins*, 310 U. S. 381, 388 (1940).

50) *Panama Refining Co. v. Ryan*, 293 U. S. 388 (1935).

51) *Schechter Poultry Co. v. U. S.* 295 U. S. 495 (1935).

결정하였다.52) 이 두 가지 사건은 「1933년 국가산업부흥법」(National Industrial Recovery Act: NIRA)상의 권한위임이 문제된 사건들로, 당시 의회는 대공황이라는 시대적 위기를 맞아 자신이 직접 문제를 해결하는 대신 「국가산업부흥법」을 통하여 일정한 권한을 대통령과 그 하부 기관인 국가부흥처(National Recovery Administration: NRA)에 위임함으로써 이를 극복하려 하였다. 이러한 권한위임에 의거하여 국가부흥처는 전국에 적용될 공정경쟁을 위한 규약(code)을 제정할 일반적 권한을 부여받았으나, 의회로부터 아무선 지시도 받지 않은 채 모호한 정책방향과 임기응변적인 절차에 따라 활동함으로써 문제가 되기 시작했고 결국 이로 인해 「국가산업부흥법」에 대한 국민적인 불만이 고조되었다.53) 바로 *Panama Refining* 사건은 대통령에게 각 州間의 고온 유류(hot oil) 수송을 금지시킬 수 있는 재량권을 부여한 「국가산업부흥법」 제9조 (c)의 위헌여부가 문제된 사건이었다. 이 사건에서 연방대법원은 의회가 이러한 권한을 위임할 수 있는지에 대해 법원은 의회가 법률을 통하여 어떤 정책을 선언했는지 그리고 대통령의 행위에 대한 기준을 정립해 좋았는지를 판단해야 한다는 전제하에, 이 사건에서의 의회는 이러한 의무를 이행하지 않았다고 판단하였다. 이러한 취지에서 연방대법원은 권한위임에는 일정한 한계가 있다는 점을 전제로 다음과 같은 판시를 하고 있다.

"우리는 국가부흥법 제9조 (c)가 권한위임의 한계를 넘은 것이라고 생각한다. 州의 허가범위를 초과하는 유류제품의 수송에 관하여 의회는 아무런 정책도 선언하지 않았고, 아무런 기준도 설정하지

---

52) 이하의 서술은 金鐵容/洪準亨/宋石允, 「委任立法의 限界에 관한 硏究」, 憲法裁判研究 제8권, 憲法裁判所, 1996, pp.235-39를 정리·요약한 것이다.

53) Mashaw/Merril/Shane, *Administrative Law -The American Public Law System*, West publishing, 1992, p.53(金鐵容/洪準亨/宋石允, *op.cit.*, p.235 n.125에서 재인용).

않았으며, 아무런 규범도 제정하지 않았다. 그 수송이 허용되거나 금지되어야 하는 상황이나 조건에 관해서도 아무런 요건이나 정의가 내려지지 않았다."

나아가 4개월 후의 *Schechter* 사건에서도 연방대법원은 의회가 스스로 법적 의무의 기준을 정립하지 않은 상태에서 행정기관에게 입법권을 위임했다면 이는 권력분립의 원칙을 위배한 것이라고 판시함으로써 의회가 자신에게 부여된 본질적 기능을 포기하거나 양도하는 것은 헌법적으로 인정될 수 없음을 다시 한번 확인하였다. 구체적으로 이 사건은 대통령에게 기업협회나 기업집단의 신청에 따라 공정경쟁을 보장하기 위한 기업규약(code of industry)을 제정할 수 있는 권한을 부여한 것이 문제된 사건으로, 대통령이 위와 같은 권한을 행사하는 데에 의회가 이 법을 통해 부과한 유일한 제한은 승인을 위하여 기업규약안을 제출하는 집단은 해당기업의 '진정한 대표'여야 한다는 것과 '그 회원 가입에 대한 형평에 반하는 제한'을 부과하지 말아야 한다는 것, 그리고 그 규약안이 '독점을 촉진하거나 소규모기업들을 배제 또는 억압하려는 목적을 가진 것'이 아니어야 한다는 것이 전부였다. 규약안이 채택되면 그 때부터 그것은 해당업종에 대한 공정경쟁의 기준이 되었고 이를 위반하는 행위에는 형사상의 경범죄(criminal misdemeanor)를 구성하여 500불 이하의 벌금이 부과되었다. 이러한 권한위임에 따른 권한행사절차에 대해 연방대법원은 첫째, 이러한 대통령의 광범위한 권한행사에 대한 기준으로서 이 법의 Title I 제1장에 규정된 의회의 정책선언은 매우 불충분하고, 둘째, 이 법은 입법권의 적법한 위임으로 판시된 다른 법령과는 달리 공정경쟁규약의 채택에 대한 아무런 절차적 보호 장치, 예컨대 통지, 청문 및 증거에 입각한 사실인정 등을 규정하지 않았다는 점을 들어 그 관련규정인 「국가산업부흥법」 제3장 전체를 위헌으로 결정하였다. 결국 *Panama* 판결과 *Schechter* 판결은 권한위임의 범위가 지나치게 불명확하고, 그 입법적 기준이 부적절했다는 점을 이유로 사건에서 문제된 권한위임이 위헌으로 결정된 사례로서, 미국행정법의 역사에서 보기 드문 기념비적 판례로 평가되고 있다.54)

하지만 이러한 사법부의 입장은 1944년의 *Yakus* 판결55)을 거쳐 「1970년 경제안정법」(Economic Stabilization Act of 1970) 위헌심사에서 근본적으로 재검토되었다. 구체적으로 이 법은 1970년 5월 25일 당시의 물가, 임대료(rents), 임금(wages), 급료(salary) 수준보다 적지 않은 범위 내에서 이를 안정화하는 것을 목적으로 하고, 이를 위해 대통령은 그가 적절하다고 생각하는 명령이나 규칙을 제정할 수 있음을 규정하고 있었다.56) 그런데 이 법은 위의 *Schechter* 판결에서의 「국가산업부흥법」과 같이 광범위한 권한위임에 수반되는 절차적 보호 장치, 예컨대 명령·규칙 제정과정에서의 관계집단들에 대한 통지나 이들을 위한 청문회 개최, 나아가 사후에 이들에 대한 사법심사절차 등을 전혀 규정하고 있지 않았다. 그러나 사법부는 이러한 사실에도 불구하고 의회가 제시한 권한위임기준이 위원회보고서(committee reports)나 다른 입법 자료에 나타나 있다는 점을 근거로 이 법에서의 권한위임을 합헌으로 결정하였다.57)

그 결과 사법부는 위의 「1970년 경제안정법」 위헌심사를 계기로 처음의 입장으로 되돌아가 대체적으로 사건에서 문제된 권한위임을 합헌으로 판단해오고 있다. 이러한 관점에서 본다면 '위임불가원칙'은 최소

---

54) Cornelius M. Kerwin, *The Elements of Rule-Making, in Handbook*, pp.345-82, 351. (金鐵容/洪準亨/宋石允, *op.cit.*, p.239 n.127에서 재인용).

55) *Yakus v. United States*, 321 U. S. 414 (1944).

56) 84 Stat. 799 (1970).

57) *Amalgamated Meat Cutters Butcher Work. v. Connally*, 337 F. supp. 737, 750 (D. D. C. 1971). 그러나 행정기관을 구속하는 것은 위원회보고서와 같은 비공식적 문서가 아니라 '법률'이라는 점에서 이러한 법원의 판단은 결코 올바르다고 할 수 없다.

한 사법부에서는 그 의의를 거의 상실한 것으로 보인다. 그러나 한 가지 흥미로운 점은 연방대법원이 명시적으로 위임불가원칙이 폐기되었음을 밝힌 적은 없으며, 그것은 여전히 반대의견에서나마 지속적으로 권한위임의 위헌심사기준으로 언급되어오고 있다는 것이다.58) 한편 다수의견에서도 명시적으로 권한위임의 범위를 확대한다는 의회의 의사표시가 없는 경우에 그 권한위임의 범위를 제한하기 위하여 위임불가원칙을 적용해온 예가 확인된다. 예컨대 1958년, 연방대법원은 공산주의적 사상을 가지고 있거나 공산주의단체에 가입한 혐의가 있는 자에 대하여 여권발급을 거부할 권한이 국무부장관에게 있는지를 판단하면서, 의회가 이러한 권한을 국무부장관에게 부여하려는 의도가 있었는지를 그 기준으로 삼고 있다.59) 이것은 결국 위임불가원칙이 그 본래의 영역인 '권한위임의 위헌여부'에 적용되고 있지는 않지만 간접적인 문제로서 '위임된 권한의 범위'를 결정하는 데에는 아직도 영향을 미치고 있다고 볼 수 있다.

(3) 行政立法

1) 序 言

일반적으로 미국헌법상 대통령에게는 법률을 올바르게 집행할(faithfully executed) 의무가 있다.60) 그러나 법률의 내용이 불명확하거나 법률

---

58) 예컨대 *California Bankers Assn v. Shultz*, 416 U. S. 21, 90-93 (1974) (Douglas 대법관과 Brennan 대법관의 반대의견); *Arizona v. California*, 373 U. S. 546, 624-27 (1963)(Harlan 대법관의 반대의견); *Zemel v. Rusk*, 381 U. S. 1, 21-22 (1965)(Douglas 대법관의 반대의견).

59) *Kent v. Dulles*, 357 U. S. 116 (1958). 이와 유사한 관점에서 사건에서 문제된 권한위임을 접근한 판결은 *Industrial Union v. American Petroleum*, 448 U. S. 607 (1980).

규정들 간에 모순이 존재한다면 행정부가 이것을 올바르게 집행하기는 사실상 불가능해진다. 이러한 취지에서 연방대법원은 이미 오래 전에 행정입법의 필요성을 인정한 바 있다.61) 또한 현재 연방 법률도 행정각부나 군사관련 행정기관의 장들에게 ① 조직내부의 운영, ② 소속공무원들의 활동, ③ 업무의 수행과 배분, ④ 소장기록·자료·재산의 보존과 활용을 위한 규칙제정권을 부여하고 있다.62) 하지만 이것은 명백히 일반국민의 권리·의무와 직접적인 관련이 없는 행정입법으로서 대외적 구속력을 갖지 않는다. 문제는 행정입법이 국민의 권리·의무와 직접적으로 관계되어 대외적 구속력을 갖는 경우이다. 이하에서는 실질적 구속력이 있는 행정입법과 여기에서 파생되는 여러 가지 문제점을 규칙, 성명, 행정명령으로 구분하여 살펴보기로 한다.

2) 規 則

의회의 권한위임에 의거하여 행정부는 규칙(Rule)63)을 제정한다. 이

---

60) 연방헌법 제2조 3항.

61) *United States v. Eliason*, 41 U. S. 291 (1842).

62) 5 U. S. C. 301 (1994).

63) 미국에 있어서의 규칙(Rule)은 우리나라의 '행정입법'에 해당되는 개념이다. 따라서 그것은 대륙법계의 행정규칙뿐만 아니라 법규명령까지 포함하는 것으로 이해된다. 미국의 행정절차법은 규칙이란 행정기관의 의사표시의 전부 또는 일부로서 법률 또는 시책의 보완, 해석 또는 설명하거나, 행정기관의 조직, 절차 또는 실무상의 취급요령을 명확히 하는 것이며 일반적 또는 특정사항에 적용되며 장래에 그 효력을 미치는 것을 말한다. 규칙은 장래의 料金, 임금, 단체 또는 經理上의 기구 또는 그 재구성, 가격, 시설, 비용 또는 경리 내지 그들 사항에 관한 실무상의 취급을 인가하거나 장래에 향하여 규정한 것을 포함한다고 규정하고 있다(5 U. S. C. 551(4)). 구체적으로 미국의 행정절차법이 정의하는 규칙과 우리의 경우를 비교하여 본다면, ① '법률 또는 시책의 보완'이라는 점은 우리의 법규명령에 해당한다. 그러나 '해석, 설명'을 위한 규칙은 오히려 우리의 告示,

러한 규칙제정행위는 행정부의 입법행위로서 여기에서의 규칙은 헌법
과 법률의 하위규범으로서 대외적인 효력을 갖는다.64) 하지만 이론적으
로 미국에서의 '규칙'은 국가의 일반적인 정책결정을 뜻하는 것은 아니
다. 일반적인 정책결정권은 의회에게 留保되며, 그것은 오직 법률의 형
식에 의해서만 제정될 수 있다. 따라서 행정부가 아무리 대외적인 구속
력을 갖는 규칙을 제정한다 하더라도 그것은 의회의 법률제정권과 동
일시될 수 없으며, 의회는 자신의 법률제정권을 절대로 행정부에 위임
할 수 없다.65) 이러한 취지에서 사법부는 비교적 이른 시기부터 법률에
위배되는 규칙은 전적으로 무효라고 판단해왔다.66)

하지만 헌정의 실제는 이러한 일반론과 다소 거리가 있다. 즉 의회는
행정부에게 상당히 광범위한 입법권위임을 하며,67) 이는 행정부가 실질
적인 정책결정자로서의 역할을 하게 하는 원인이 된다. 이와 관련하여
실질적인 정책결정자로서의 행정부의 모습을 잘 보여주는 한 가지 예
를 소개하기로 한다. 1981년, 내무부장관(secretary of the interior)으로
지명된 James Watt에 대한 상원 임명동의표결에서 민주당 상원의원

訓令 등 행정규칙에 가깝다고 생각된다. ② '행정기관의 조직, 절차, 실무
상의 취급'은 우리의 행정규칙에 해당한다. ③ 규칙이 '일반적' 적용을 규
정하는 점은 우리의 경우에도 타당하나, 그러나 '개별적인 사항'에 적용된
다는 점은 우리의 경우 행정처분으로 행해진다는 점에서 약간 다르다. 이
와 같이 미국의 행정절차법에서 정의하는 '규칙'은 우리의 법규명령, 행정
규칙, 행정처분을 포괄하는 광범한 것이라 할 수 있다. 특히 우리의 경우
행정처분으로 행해지는 것을 규칙으로 정할 수 있다는 점은 중요하다. 박
영도, 「委任立法에 관한 硏究」, 立法理論硏究(7), 韓國法制硏究院, 1999,
p.51 n.9.

64) *United States v. Eliason*, 41 U. S. 291, 301 (1842).

65) James Hart, *The Ordinance Making Powers of the President of the United States*, DaCapo press, 1970, pp.91-93 참조. 이에 대한 판례로 *Lincoln Electric Co. v. Commissioner of Int. Rev.*, 190 F. 2d 326(6th Cir. 1951).

66) *Manhattan Co. v. Commissioner*, 297 U. S. 129 (1936).

67) 광범위한 권한위임의 발생원인에 대해서는 본서 pp.61-63 참조.

Dale Bumpers는 "나는 법을 준수해야 한다고 확신한다"는 Watt의 말을 상기시킨 후, "공용지의 관리에 관한 한 무엇이 법인가? 대부분 내무부 장관의 말이 그에 관한 법이다"라고 한 바 있다.68)

한편 의회의 권한위임 외에 행정부가 규칙을 제정하게 되는 다른 계기는 바로 동일한 법률 내의 규정들이 상호 간에 충돌되는 경우이다. 즉 동일한 법률 내의 규정들이 상호 충돌되는 경우에 행정부는 이들을 조화시키기 위하여 규칙을 제정한다. 그렇다면 의회의 입법이 아닌 행정부의 규칙으로 법률규정들 간의 충돌을 조화시키는 것은 헌법적으로 인정될 수 있는가? 이 점에 대해 1979년, 연방항소법원은 「공기청정법」(Clean Air Act)상의 상충되는 규정들을 조화시키기 위한 환경청(Environmental Protection Agency)의 규칙제정행위를 합헌으로 결정한 바 있다.69)

3) 聲 明

미국에서 대통령이 헌법적 근거 없이 입법에 관여하게 되는 두 번째 수단은 바로 대통령성명(Presidential Proclamation)이다. 일반적으로 대통령의 성명은 두 가지로 나누어 볼 수 있다. 첫 번째는 법적 효력이 없는 성명으로, 이것은 주로 국경일의 지정이나 기타 일반적인 사항을 단순히 선언하는 것이다. 두 번째는 행정부의 실질적인 정책을 선언하는 성명으로, 이것은 대통령의 입법관여에 유력한 수단 중의 하나가 된다. 여기서 다루고자 하는 대통령의 성명은 물론 後者이다. 성명을 입법관여의 수단으로 적절히 활용한 근래의 대통령으로는 대표적으로 Carter와 Nixon을 들 수 있다. 예컨대 1980년, Carter 대통령은 TV·면화에 대해 수입할당제를 시행하겠다는 것과 輸入油에 대해 수입료를

---

68) 127 *Congressional Record* 781 (1981).

69) *Citizen to Save Spencer City. v. EPA*, 600 F. 2d 844 (D. C. Cir. 1979).

부과하겠다는 것을 내용으로 하는 성명을 발표한 바 있는데, 이것은 단순한 선언적인 차원을 넘어 정책적 구속력을 갖는 것이었다.70)

한편 위 보다 앞서 1971년에 Nixon 대통령은 수입품목에 대해 10%의 부가세(surcharge)를 부과하겠다는 성명을 발표한 바 있다. 이것 역시 단순한 선언적 '성명'이라기보다는 실질적 구속력을 갖는 '정책'에 해당하는 것이었다. 하지만 이러한 Nixon의 성명은 사회적으로 큰 논쟁을 야기했고 결국 소송으로까지 확대되었다. 이에 연방관세특허법원(Court of Customs and Patents) 항소심은 비록 대통령은 통상과 관세에 관하여 독자적 권한을 행사할 수 없지만, 이 사건에서 Nixon은 「적대국과의 무역에 관한 법률」(Trading with the Enemy Act: TWEA)을 통하여 의회가 대통령에게 위임한 권한을 적법하게 행사했다고 판시하였다.71) 이러한 관점에서 본다면, 의회의 권한위임 및 법률은 성명이 갖는 구속력의 한계를 이룬다고 볼 수 있다.72)

4) 行政命令

대통령이 헌법적·법률적 근거 없이 입법에 관여하는 또 다른 수단은 바로 행정명령이다. 역대 대통령 중, 입법에 관여함에 있어서 행정

---

70) 하지만 輸入油에 대한 수입료부과는 연방지방법원에 의해 불법적인 것으로 확인되었고, 이 판결은 의회가 대통령의 수입료부과권을 박탈하려는 조치를 취하는 데에 결정적인 계기가 되었다. *Independent Gasoline Marketers Council, Inc. v. Duncan*, 492 F. supp. 614 (D. D. C. 1980); House Ways and Means Committee, Oil Import Fees: *The Administration of the Program and Its Impact*(hearing), 96th Cong., 2d sess., 1980.

71) *United States v. Yoshida Intern., Inc.*, 526 F. 2d 560(Ct. Cust & Pat. p.1975); Louis Fisher, *Constitutional Conflicts between Congress and the President*, p.109.

72) *Carl Zeiss, Inc. v. United States*, 76 F. 2d 412(Ct. Cust. & Pat. p.1935); *Schmidt Pritc-hard Co. v. United States*, 167 F. 2d 272(Cust. Ct. 1958).

명령을 가장 적극적으로 활용한 대통령은 단연 Franklin D. Roosevelt이다. 예컨대 그는 1941년에 여러 산업공장과 造船會社, 전신회사, 군수회사, 그리고 대략 4천여 개에 달하는 석탄회사를 강제적으로 인수·경영 (seizure)하기 위해 수많은 행정명령을 발하였다. 당시 그는 법률적 근거가 없는 상태에서 이러한 행정명령들을 발하였고, 이에 대한 법적 근거는 약 2년 후에 마련되었다.[73] 또한 Roosevelt 대통령은 2차대전 기간 중, 법적 근거가 없는 여러 행정기관들을 창설하는 데에도 행정명령을 적극 활용하였다. 하지만 이러한 행정명령들은 의회의 큰 반발을 불러오게 되었고, 특히 Richard Russell 민주당 상원의원은 미합중국 대통령이 의회의 승인 없이 행정명령으로 행정기관을 창설하는 것은 위헌이라고 주장하며 이러한 관행을 강력히 비판하였다. 결국 Russell은 의회의 승인이 없는 한, 행정명령에 의해 창설된 행정기관에 대해 세출자금을 투입할 수 없다는 것을 내용으로 하는 법안을 제출하였고 이 법안은 법률로 통과되어 현재에도 그 효력을 발하고 있다.[74]

나아가 Roosevelt는 행정명령을 사적 영역에서의 고용차별을 제거하기 위한 수단으로도 활용하였다.[75] 고용차별의 해결책으로 행정명령을 발하는 관행은 Roosevelt 행정부뿐만 아니라 이후 Truman, Eisenhower, Kennedy, Johnson, Nixon 행정부에게까지 이어졌다. 특히 Nixon 대통령이 발한 수정명령 제4호(Revised Order No.4)는 연방계약자에게 소수인종 고용목표제를 시행할 것을 요구했다는 점에서 매우 주목할만한 것이었다(이른바 Philadelphia plan).[76]

---

73) John L. Blackmun, Jr, *Presidential Seizure in Labor Disputes*, Harvard University Press, 1967, pp.76-80 참조.

74) 58 stat. 387, sec. 213 (1944); 31 U. S. C. 1347 (1994).

75) 이 점에 대해 자세한 것은 金寧煥, "積極的 平等實現措置에 關한 硏究", 博士學位論文, 嶺南大學校 大學院, 1991, p.64 이하 참조.

76) 하지만 회계검사원장(Comptroller General)은 Philadelphia plan이 「1964년 민권법」에 위배된다는 견해를 밝혔고, 결국 이 문제는 소송으로까지 확

행정명령과 관련하여 과거에 문제되었던 또 다른 대표적인 예로는
Nixon 행정부시절에 있었던 반공위원회(Subversive Activities Control
Board)와 관련된 논쟁을 들 수 있다. 반공위원회는 원래 공산주의자들
의 활동을 규제하기 위하여 1950년에 창설된 독립위원회로서,77) 이것
은 공산주의단체를 등록하고, 등록된 단체와 그 구성원에 대해 일정한
감시와 처벌을 부과하는 것을 그 주요활동으로 하고 있었다. 그러나 사
법부는 이러한 반공위원회의 활동에 대해 수정헌법 제5조상의 '自己負
罪禁止原則'(prohibition against self-incrimination)에 위반된다는 점을 들
어 위헌결정을 하였고,78) 이에 의회는 새로운 입법을 통하여 반공위원
회의 활동방향을 수정하였다. 즉 새로운 입법에 따르면 반공위원회는
청문회를 통하여 개인이나 단체의 공산주의 활동 수행여부를 결정하도
록 되어 있었다.79) 하지만 이듬해에 연방항소법원이 이러한 수정된 활
동에 대해서도 위헌결정을 하고, 연방대법원마저 항소심에 대한 심사를
거부하게 되자 반공위원회는 거의 모든 활동을 중지할 수밖에 없었
다.80) 바로 이러한 상황에서 Nixon은 반공위원회의 권한을 이전보다
오히려 확대시키는 행정명령 제11605호를 발하였다. 그러나 이에 대해

대되었다. 그러나 연방법원은 연방사업계획의 완수를 위하여 대통령은
행정부수반으로서 그 필요한 인력의 범위를 가능한 한 확대할 권한이
있다는 점을 들어 Nixon 대통령의 수정명령 제4호를 합헌으로 결정하였
다. *Contractors Assn. of Eastern Pa. v. Secretary of Labor*, 442 F. 2d
159(3d Cir. 1971), *cert. denied*, 404 U. S. 854 (1971).

77) 64 Stat. 997 (1950).

78) 대표적인 판례로는 *Communist Party of the United States v. SACB*, 367
U. S. 1 (1961); *Albertson v. SACB*, 382 U. S. 70 (1965).

79) 81 Stat. 765 (1968).

80) *Boorda v. SACB*, 421 F. 2d 1142 (D. C. Cir. 1969), *cert. denied*, 397 U.
S. 1042 (1970). 연방항소법원은 수정된 반공위원회 활동에 대한 위헌논
거로 그것은 수정헌법 제1조가 보장하는 결사의 자유를 침해한다는 점
을 들었다.

상원의원 Proxmire는 반공위원회의 전체예산에서 45만 불을 삭감하는 것을 내용으로 하는 세출법개정안을 제출하였고, 상원의원 Sam Ervin 또한 이 위원회가 실질적으로 하는 일이 거의 없다는 점을 지적하며 반공위원회의 예산을 삭감할 것을 적극 주장하였다.[81] 결국 양원은 원칙적으로 Proxmire의 개정안을 채택하기로 합의하고, 세출자금 중 어떠한 부분도 행정명령 제11605호의 시행에 투입할 수 없다는 것을 조건으로 반공위원회의 예산 35만 불을 의결하였다.[82]

결론적으로 위와 같은 여러 가지 사례들에서 알 수 있듯이, 행정명령은 그것이 의회의 권한위임이나 대통령의 헌법상 고유권한에 근거한 경우에 한하여 행정입법으로서의 효력을 갖게 된다고 볼 수 있다. 이러한 관점에서 사법부는 위와 같은 한계를 벗어난 행정명령에 대해서는 종래에 그것을 위헌으로 결정해왔다.[83]

5) 行政立法의 限界

일반적으로 행정입법의 한계로는 다음과 같은 두 가지 사항을 들 수 있다. 첫째, 그것은 법률에 위반되어서는 안 된다. 즉 행정입법은 법률을 대신할 수 없으며 전적으로 법률에 종속되어야 한다. 이 점에 대해서는 앞에서도 여러 차례 언급했기 때문에 더 이상의 자세한 설명은 피하기로 한다.

다음으로 행정입법은 개인의 권리를 침해할 수 없다. 행정입법이 개인의 권리를 침해해서는 안 된다는 점은 Clinton 행정부시절에 있었던

---

81) Louis Fisher, *Constitutional Conflicts between Congress and the President*, pp.112-13 참조.

82) 86 Stat. 1134, sec. 706 (1972).

83) *Cole v. Young*, 351 U. S. 536 (1956); *Youngstown Co. v. Sawyer*, 343 U. S. 579 (1952); *Panama Refining Co. v. Ryan*, 293 U. S. 388, 433 (1935); *United States v. Symonds*, 120 U. S. 46 (1887).

다음과 같은 사례에서 잘 설명되고 있다. 1994년, Clinton 대통령은 사용자들이 파업근로자들을 복직시키는 것을 금지하고자 이에 관한 법안의 의회통과를 강력하게 추진하였다. 하지만 공화당 상원의원들은 이 법안의 통과를 의사진행방해(filibuster)를 통해 적극 저지했고, 나아가 1994년 총선에서 공화당이 의회를 지배하게 되자 Clinton 대통령은 이 법안의 의회통과가 사실상 불가능하다고 판단하게 되었다. 결국 그는 이 문제의 입법적 해결을 포기하고 행정명령으로써 이를 해결하려 하였다. 이때 그가 발한 행정명령 제12954호는 연방정부계약(Federal Governments Contracts)의 효율적인 집행과 완성을 위하여, 정부가 재화와 용역을 구입함에 있어서 정부기관은 지속적으로 파업근로자들을 복직시키는 사용자와 계약을 체결할 수 없다는 것을 그 주요골자로 하고[84] 10만 불 이상의 모든 연방계약에 대하여 적용되었다. 하지만 공화당의원들은 파업근로자의 복직을 허용하는 법안과 노동부는 행정명령 제12954호의 시행을 위해 어떠한 세출자금도 지출할 수 없다는 세출법개정안을 제출하였다. 하지만 이번에는 민주당 상원의원들이 의사진행방해를 하였고 Clinton 대통령 역시 이 두 가지 법안에 대해 거부권을 행사하겠다는 의사를 밝혔다. 결국 이 문제는 소송으로까지 확대되었고, 이에 연방항소법원은 행정명령 제12954호는 행정부의 부적절한 노동정책이며 사용자의 '근로자복직권'을 침해함으로써 연방노동관계법(National Labor Relations Act)을 위반하는 것이라고 결정하였다.[85]

(4) 規則에 대한 管理豫算局(OMB)의 審査

1970년대에 反규제적 분위기가 고조됨에 따라 Ford로부터 Clinton에 이르기까지 여러 대통령들은 산업계와 소비자들에게 지나친 부담을 안

---

84) 60 Fed. Reg. 13023 (1995).

85) *Chamber of Commerce of U. S. v. Reich* 74 F.3d 1322 (D. C. Cir. 1996).

82

겨주는 정부규제를 통제하기 위하여 여러 가지 제도들을 고안해왔다. 예컨대 Ford 대통령은 이를 위해 임금물가안정위원회(Council on Wage and Price Stability: COWP)를 설치하였고, Carter 대통령은 규제분석심사단(Regulatory Analysis Review Group: RARG)을 조직하였다. 그러나 규칙에 대한 통제를 보다 확실히 하고 체계화하기 위해 취해진 조치는 바로 1981년에 Reagan 대통령이 발한 행정명령 제12291호였다. 그는 이 행정명령을 통해 관리예산국(Office of Management and Budget: OMB)을 규칙심사의 중심기관으로 지정하였고, 관리예산국(OMB)으로 하여금 '비용-편익분석'(cost-benefit analysis)이라는 일정한 심사기준에 따라 규칙을 심사하도록 하였다. 이러한 조치의 목적은 ① 현재 그리고 앞으로 규제로 인한 부담을 줄이고, ② 규제에 대한 행정기관의 책임을 제고하며, ③ 규제의 충돌과 중복을 최소화하고, ④ 합리적인 규제를 보장하는 것이었다.86)

하지만 이러한 일련의 조치들은 적법절차(due process)원칙에 비추어 볼 때, 다음과 같은 두 가지 문제점을 야기했다. 첫째, 관리예산국은 행정부가 원치 않았던 규제들을 폐지하거나 그 집행을 지연시키는 방향으로 비용-편익을 분석하였다. 둘째, 관리예산국 공무원들은 현재 계류 중인 규칙에 대한 논의를 위해 산업계의 대표들과 사적으로 접촉하였다. 특히 後者는 제안된 규칙에 대해 공개적인 '고지와 논평'(notice and comment)을 요구하고 있는 「행정절차법」(Administrative Procedure Act)에 정면으로 위배되는 것이었다.87)

그 후 관리예산국의 규칙심사에 대한 비판은 계속되었고, 결국 1986년, 의회는 이에 대해 본격적인 통제를 시도하였다. 구체적으로 하원

---

86) 박영도, 前揭書, p.91 참조.

87) Morton Rosenberg, "Beyond the Limits of Executive Power: Presidential Control of Agency Rulemaking under Executive Order 12291", *Mich. L. Rev.* 80 (1981), p.193.

세출위원회(House Appropriations Committee)는 관리예산국내의 규칙심
사기관인 정보・규제관리국(Office of Information and Regulatory Affairs:
OIRA)의 예산규모를 삭감하였다. 이에 관리예산국장 James C. Miller
Ⅲ는 의회가 그 재정권(power to purse)을 행사하여 '행정부감독'이라는
헌법상 의무를 수행하는 대통령을 견제하는 것은 부당하다며 강력하게
반발하였다.[88]

  하지만 하원 세출위원회는 이러한 관리예산국장의 반발에도 불구하
고 정보・규제관리국(OIRA)의 전체예산을 삭감하였다. 세출위원회의
이러한 조치에 대해 다른 하원 위원회 위원장들도 적극적으로 동조하
였는데, 이중 특히 에너지통상위원회(House Committee on Energy and
Commerce) 위원장 John Dingell의 다음과 같은 주장은 매우 주목할 만
하다.

  "첫째, 관리예산국은 규제심사에 대한 의회의 授權이 없었음에도
불구하고 행정기관의 규칙에 대해 거부권을 행사했다.
  둘째, 관리예산국은 사적 이익집단과의 비공개적인 접촉을 통해
그들의 입장을 설명할 수 있는 기회를 제공함으로써 법률(행정절차
법)이 규정하고 있는 '공개적 참여'의 원칙을 무시했다.
  셋째, 관리예산국은 공중보건, 환경보호 등을 포함한 의회의 명
령들을 비공개적이면서도 법적 제한을 받지 않는 규제심사과정에서
용이하게 회피할 수 있다.
  넷째, 관리예산국의 활동은 미국헌법의 기본원리인 권력분립원리
를 근본적으로 뒤흔드는 것이다."[89]

  한편 하원과 마찬가지로 여러 상원 위원회들도 정보・규제관리국
(OIRA)에 대해 비판적 입장을 나타냈다. 예컨대 상원 환경 및 공공사

---

88) Judith Havemann, "Defunding' OMB's Rule Reviewers", *Washington Post*,
   July 18, 1986, p.A17.

89) H. Rept. 723, 99th Cong., 2d sess., 1986, p.47.

업위원회(Senate Committee on Environment and Public Works)는 그 보고서를 통하여 관리예산국의 폐쇄적이면서도 비신속적인 규칙심사는 규칙제정에 요구되는 공개성과 공정성의 원칙을 침해한다는 점을 지적하였다.[90] 그리고 마침내 1986년 7월 31일, 상원 정부위원회(Senate Governmental Affairs Committee)는 관리예산국의 규칙심사절차를 개편하는 법안을 제출하였다. 이 법안의 주요골자는 정보·규제관리국의 규칙심사에 상원의 권고와 동의를 조건으로 함으로써 정보·규제관리국에 대한 의회의 통제를 강화하고, 정보·규제관리국의 문서와 그 활동에 대한 공개를 보장한다는 것이었다.[91] 이러한 일련의 과정을 거치면서 정보·규제관리국은 규제심사기관으로서의 지위가 격하될 수밖에 없었고, 마침내 1989년, Bush 대통령은 Dan Quayle 부통령을 위원장으로 하는 경쟁력위원회(Council on Competitiveness)[92]를 창설하고 여기에 규제심사권을 부여하였다. 하지만 경쟁력위원회에 대해서도 과거 정보·규제관리국에게 가해졌던 비판, 예컨대 환경을 외면하고 산업계와 사적 이익만을 보호한다는 비판이 제기되었다.[93]

결국 1993년, Clinton 대통령은 경쟁력위원회를 폐지하고, Al Gore 부통령에게 새로운 규제심사절차를 마련할 것을 지시하였다. 그 결과

---

90) "Office of Management and Budget Influence on Agency Regulation", S. Prt. 156, 99th Cong., 2d sess., May 1986.

91) S. Rept. 347, 99th Cong., 2d sess., 1986, pp.14-15.

92) 이것은 원래 국제시장에서 미국의 대외경쟁력을 높이기 위해 창설된 것이었다.

93) 경쟁력위원회에 대해 이러한 비판이 제기되자 1992년, 하원은 경쟁력위원회의 폐쇄적 규칙심사에 경고의 메시지를 보내는 차원에서 그 임직원들의 봉급을 삭감할 것을 의결하였다. 하지만 하원의 이러한 조치는 Bush 대통령의 거부권위협으로 인한 상원의 반대로 결국 무산되었다. 이상 Charles Tiefer, *The Semi-Sovereign Presidency: The Bush Administration's Strategy for Governing without Congress*, Westview Press, 1994, pp.86-87 참조.

Clinton 대통령은 행정명령 제12866호를 발하여 새로운 규제심사절차를 마련하였다. 이 새로운 절차에 따라 규제심사권은 다시 관리예산국 내의 정보・규제관리국으로 환원되었고, 행정기관과 정보・규제관리국 간의 의견불일치나 갈등이 발생한 경우, 대통령이나 부통령이 이에 대해 결정권을 행사할 수 있게 되었다.94) 하지만 종래에 지적되어 왔던 규제심사의 폐쇄성을 개선하기 위한 방안은 제시되지 않았다.95)

한편 1996년에 제정된 「중소기업공정규제에 관한 법률」(Small Business Regulatory Enforcement Fairness Act: SBREFA)96)은 규칙심사와 관련하여 매우 주목할 만하다. 즉 이 법은 중소기업의 보호를 그 목적으로 하고 행정기관이 중소기업을 규제하는 규칙을 제정하려는 경우, 의회가 그 규칙의 효력발생 전에 일정한 심사를 하도록 함으로써 규칙에 대한 의회의 통제수단을 마련하는 것을 그 내용으로 하고 있었다. 나아가 이 법 제8장에서는 행정입법전반에 대한 의회심사를 규정하고 있는데, 이에 따라 이 법의 효력발생일인 1996년 3월 29일부터 모든 연방행정기관의 규칙은 그 시행 전에 의회의 사전통제를 받게 되었다. 한편 정보・규제관리국의 판단에 따라 행정기관의 규칙이 '중요한 규칙'97)에 해당될 경우에는 그것이 의회에 접수된 날부터 60일간 효력이 정지된다. 이 기간 내에 의회는 양원의 합동결의(joint resolution)로 그것에 대한 불승인결정을 할 수 있다. 다만 이러한 양원의 합동결의는

---

94) Robert J. Duffy, "Regulatory Oversight in the Clinton Administration", *Presidential Studies Quarterly* 27, 1997, p.71.

95) 행정명령 제12866호에 대해 자세한 것은 박영도, 前揭書, pp.94-96.

96) 110 Stat. 868.

97) 정보・규제관리국은 다음에 해당하는 규칙을 중요한 규칙으로 판단한다. ① 경제적으로 연간 1억 달러 이상의 효과가 있는 경우. ② 소비자・개인사업자・연방 및 州정부 등에 중대한 비용 및 가격의 인상을 가져오는 경우. ③ 해외투자기업 등에 고용안정・생산・투자・공정거래 등에 심각한 영향을 초래하거나 초래할 우려가 있는 경우.

대통령에게 移送되어야 하고, 대통령은 이에 대해 거부권을 행사할 수 있다.98)

Ⅲ. 歷代 主要 行政府의 立法關與

1. 序 言

정부형태를 막론하고 행정부와 의회와의 지속적인 접촉은 성공적인 국정운영을 위해 반드시 필요하다. 그러나 대통령제하에서의 의회와 행정부는 상호 독립되기 때문에 그들 간의 접촉은 의원내각제하에서의 그것에 비해 상대적으로 활발하지 못하다고 할 수 있다. 그러나 1789년 헌법제정 이후부터 미국의 역대 행정부는 다양한 경로를 통하여 입법이나 공무원임명, 기타 긴밀한 협조를 요하는 문제들에 대해 의회와 지속적으로 접촉해왔다.

2. 初期 行政府와 議會와의 關係

초대 Washington 행정부와 의회와의 접촉은 대륙회의시절에 형성되었던 그 구성원들 간의 인간적 유대관계로 인해 비교적 원활하게 이루어졌다. 즉 Philadelphia 헌법제정회의에 참가한 各州代表들은 그 대다수가 Washington 행정부와 초대의회에 그대로 참여하였다. 특히 초대 의원으로 활약한 James Madison은 여러 입법적 문제들에 대해 Washington 대통령에게 중요한 자문을 하였다.99) 나아가 Washington은 여러 방면의

---

98) 박영도, 前揭書, pp.80-81.

99) 예컨대 Washington은 의원보수에 대한 법안에 대해 거부권을 행사할 것인지 여부와 헌법상 대통령의 고유권한인 공무원지명에 대해서조차

의사전달을 통해 공무원임명과 조약체결에 관하여 상원이 대통령의 자문위원회 역할을 해줄 것을 제안하였다.100)

　대통령의 적극적인 입법관여는 일반적으로 20세기에 나타난 현상으로 이해되기 쉬우나 사실 그러한 관행은 미국의 건국 초부터 존재하고 있었다. 예컨대 Washington은 자신의 견해가 반영된 연방시민군(National Militia) 관련 법안을 작성하고, 전쟁장관(Secretary of War) Henry Knox에게 이 법안이 의회를 통과할 수 있도록 노력할 것을 지시한 바 있다.101)

　하지만 아무리 Washington 행정부시절에 의회와 행정부 간의 접촉이 원활하게 이루어졌다 하더라도, 당시 의회는 행정부가 자신의 헌법상 고유권한을 침해하는 것에 대해서는 일정한 경계를 하였다. 예컨대 1789년, 의회는 재무 장관에게 의회에 출석하여 재정문제에 관하여 보고(report)할 권한을 부여하는 법안에 대해 토론을 벌인 바 있는데, 당시 일부 의원들은 이 법안을 수용한다면 행정부는 지나친 영향력을 갖게 될 것이라는 점을 이유로 이에 대해 적극적으로 반대하였다. 더욱이 그들은 당시 재무 장관이었던 Alexander Hamilton과 같은 정치적 실세에게 그러한 권한을 부여한다면 그 위험성은 더욱 커지게 될 것이라고 생각하였다.102)

　Madison에게 자문을 구하곤 하였다. 나아가 Washington은 상원에 대한 행정부의 메시지전달방식, 즉 문서로 할 것인지 아니면 口頭로 할 것인지에 대해서도 Madison의 자문을 구했다고 한다. John C. Fitzpatrick, *George Washington Himself: A Commonsense Biography Written from His Manuscripts*, Greenwood Publishing Group, 1975, p.30 참조.

100) *Ibid.*

101) Gottfried Dietze, *op.cit.*, pp.57-60 참조.

102) *Annals of Congress*, 1st Cong., June 25, 1789, pp.592-93. 그러나 결국 이 법안은 약간의 수정을 거쳐 통과되었는데, 그 주요내용을 살펴보면 재무 장관으로 하여금 그의 직무와 관련된 사항이나 양원의원들이 문의한 사항에 대하여 문서 혹은 口頭로 그에 관한 보고를 하거나 정보

  Hamilton의 지나친 입법과정개입으로 야기된 행정부와 의회 간의 갈등은 제3대 대통령 Jefferson의 첫 번째 임기 중에 점차 완화되었다. 이러한 관계개선은 다음과 같은 두 가지 사실에 직접적으로 기인한다. 첫째, 대통령당선 이전부터 Jefferson은 대통령후보지명을 위한 당원집회(caucus)를 계기로 여러 당원들의 지지를 확보했고, 이들은 곧 Jefferson의 당선 후 의회 내 지지 세력으로 이어졌다. 둘째, Jefferson은 대륙회의시절부터 의회의원들과 많은 인간적 유대관계를 형성하였으며, 나아가 1797년부터 1801년까지 부통령職을 수행함에 따라 Jefferson과 의회와의 유대관계는 더욱 깊어지게 되었다.103) 그 결과 Jefferson은 대통령에 취임한 후에도 의회와의 원만한 관계하에 자신이 주도한 법안을 별다른 마찰 없이 의회에 전할 수 있었다.

  하지만 이러한 의회와의 밀접한 유대관계는 Jefferson 행정부 이후까지 지속되지는 못했다. 그 원인으로는 다음과 같은 두 가지 사실을 들 수 있을 것이다. 첫째, Jefferson과 경쟁관계에 있었던 연방파(Federalist party)가 몰락한 후에 그의 민주당도 점차 분열되는 모습을 보였다. 둘째, James Madison을 비롯한 그의 후임자들은 Jefferson과는 달리 정당을 결속시키고 행정부와 의회와의 협조체제를 유지하는 데에 필요한 정치적 수완과 개인적 자질을 결여하고 있었다.

  한편 행정부와 의회의 구조적인 변화 역시 의회에 대한 대통령의 영향력을 감소시키는 하나의 원인이 되었다. 즉 행정부서는 그 규모와 권

  를 제공할 수 있도록 하였다. 결국 이 법으로 인해 재무 장관은 행정부장관임과 동시에 '의회의 기관'으로도 활동할 수 있게 되었고, 그 결과 행정부와 의회 간의 거리는 더욱 좁혀질 것으로 예상되었다. Gottfried Dietze, *op.cit.*, p.118.

103) 그는 부통령 재직기간 중 상당부분을 상원의장으로서의 헌법적 의무, 특히 상원규칙(Senate rule)을 제정하는 데에 전념하였고 이 과정에서 의회의원들과 더욱 깊은 유대관계를 맺게 되었고 서로 간의 정치적 견해를 공유하게 되었다. James Sterling Young, *The Washington Community, 1800-1828*, Columbia University Press, 1986, pp.16, 162 참조.

한, 그리고 업무의 복잡성이 증가하여 과거와는 달리 대통령의 직접적인 통제가 어려워졌으며, 의회 역시 19세기 초반에 현재와 같은 상임위원회체제로 그 기본적인 구조가 변화되기 시작하였다. 이러한 의회의 구조적 변화는 의회권력의 중심이 과거의 주요 의회지도자들로부터 '작은 의회'(little legislature)라 불리는 상임위원회로 이동하였음을 의미하는 것이었다. 결과적으로 Jefferson 이후의 대통령들은 행정부와 의회 내의 여러 소규모의 독립적인 권력들과 마주쳐야만 했다.

3. 南北戰爭 以後의 行政府와 議會와의 關係

(1) 1864∼1921: 關係改善의 勞力

남북전쟁 이후, 행정부와 의회와의 관계를 더욱 발전시키기 위한 여러 가지 방안들이 제시되었다. 대표적으로 1864년, 前하원의원 George Pendleton은 '행정각부 장관의 하원 본회의 출석'을 골자로 하는 법안을 제출한 바 있다. 이 법안에 따르면, 행정각부 장관들은 하원 본회의에 출석하여 그들 부서의 업무를 설명하고, 의원들은 행정각부 장관에 대하여 그 소관업무에 대해 질문할 수 있었다. 이 법안의 일차적인 목적은 물론 행정부의 책임성과 투명성을 제고하고자 함이었고, 나아가 이 법안을 제출한 Pendleton은 이로 인해 의회는 행정부서로부터 더욱 많은 정보를 얻게 될 것이라고 생각했다. 그러나 이 법안에 대해서는 이로 인해 행정부는 의회보다 우위의 기관으로 자리 잡게 될 것이라는 비판이 강력하게 제기되었다.[104]

구체적으로 「Pendleton 법안」의 반대론자들은 비록 이 법안은 의회가 행정각부의 정책을 철저하게 검증할 기회를 제공하지만, 그럼에도 불구

---

104) Stephen Horn, *The Cabinet and Congress*, Columbia University Press, 1960, pp.55-59.

하고 이 법안은 행정부로 하여금 의회의 전체입법과정을 지배하게 하는 계기가 될 것이라고 주장하였다. 더욱이 반대론자들은 만일 행정각부 장관이 의회출석을 거부할 경우, 이러한 사유를 탄핵 소추사유로 보기는 힘들다는 점에서 의회는 과연 어떠한 제재를 가할 수 있는 지에 대해서도 의문을 제기하였다. 또 그들은 입법과정에서의 행정부의 보이지 않는 로비가 이 법안으로 인해 근절될 수 있다는 Pendleton의 주장에 대해서도 회의적인 입장을 나타냈다. 이와 같이 이 법안에 대한 찬반론은 법안의 심의과정에서 날카롭게 대립되었고, 결국 의회차원에서 더 이상의 논의는 이루어지지 못했다.105)

그러나 대통령의 입법관여에 대한 의회의 경계는 Theodore Roosevelt 행정부시절에 이르러 한층 완화되었다. 예컨대 1906년을 전후하여 일부 의원들은 「Hepburn 법」을 통하여 이전까지 대통령이 누려오던 열차무상 이용특권을 박탈하려 한 바 있다. 그러나 의회는 또 다른 일부의원들이 중심이 되어 대통령의 위와 같은 특권을 박탈하기는커녕, 오히려 대통령의 여행경비를 연간 2만5천 불까지 확대하는 법안을 통과시켰다.106)

이러한 분위기로 인해 예전에 논의되었던 「Pendleton 案」이 다시 표면화되었다. 하지만 이번에는 이전과는 달리 입법과정에 있어서 행정부의 영향력을 확대시키는 것이 그 주요목적이었다. 특히 James W. Garner는 내각구성원이 양원에 출석하는 것 외에, 대통령의 법률안제출을 허용하고, 대통령의 법률안을 다른 법안보다 우선순위에 둠으로써 대통령의 권한을 확대해야 한다고 주장했다.107) 그 후에도 행정부공무원들

---

105) 한편 이 법안의 주도자였던 Pendleton은 1879년에 Ohio州 상원의원으로 의회에 복귀하자마자 다시 이 법안을 제출하였고, 약 2년 후에 상원 특별소위원회(Senate select committee)는 이를 본회의에 보고하였다. 그러나 최종적인 표결에 이르지는 못했다. *Ibid.*, pp.63-71, 78-92.

106) 34 Stat. 454 (1906).

107) James W. Garner, "Executive Participation in Legislation as a Means of Increasing Legislative Efficiency", *proceedings of the annual meeting of*

의 의회출석을 골자로 하는 案들이 여러 가지 방면에서 제시되어 왔다. 예컨대 前상원의원 Estes Kefauver는 행정각부 장관들이 정기적으로 의회에 출석하여 의원들의 질문에 답변하는 '질문기간제'(Question Period)를 도입할 것을 주장한 바 있고, 1978년 前하원의원 Lee Hamilton은 국가방위와 외교에 관한 행정부와 의회의 협조과정의 일환으로 '질문시간'(Question Hour)을 두어 행정부 고위공무원들로 하여금 수시로 의회에 출석토록 할 것을 제안하기도 하였다.108)

행정부와 의회와의 거리를 좁힌다는 측면에서 이러한 주장에는 일면 논리적이고도 명백한 타당성이 있다. 하지만 이러한 주장은 현실적으로 검증된 것이 아니라 어디까지나 이론적으로 그렇다는 점에서 의회 내의 결정적인 지지를 받지 못하고 있다. 어쨌든 이상의 논의에서 알 수 있듯이 행정각부장관이 의회에 출석한다는 사고는 '권력의 분할'을 근간으로 하는 미국의 정치체제에서도 결코 낯설지는 않다.

(2) 1921~1998: 行政府와 議會 關係의 制度化

행정부와 의회와의 관계는 1921년에 예산국(Budget Bureau)이 창설됨에 따라 어느 정도 제도화된 길로 접어들게 되었고, 이것은 결과적으로 대통령의 입법관여를 이전에 비해 더욱 강화시키는 계기가 되었다. 구체적으로 초대 예산국장 Charles G. Dawes는 「1921년 예산회계법」(Budget and Accounting Act of 1921) 제206조109)에 따라 행정부로부터

---

the *American Political Science Association*, Dec. 30, 1913-Jan 1, 1914, pp.183-84(*http://pro.harvard.edu*에서 採錄).

108) Stephen Horn, *op.cit.*, pp.136-75; Lee H. Hamiliton/Micheal H. Van Dusen, "Making the Separation of Powers Work", *Foreign Affairs* 57 (1978), pp.17, 37-38.

109) 이 조항은 양원의 요구가 없는 한, 행정기관은 그들의 예산요구안을 의회에 직접 제출할 수 없음을 규정하고 있다.

의회로 가게 되는 법안들의 통제절차를 마련했다. 비록 예산회계법 제206조는 예산국의 심사대상을 행정부서의 예산관련사항에 제한하였지만, Daws는 모든 입법의 요구나 권고는 결국 국고로부터의 지출과 밀접한 관계가 있다는 판단하에 그것이 의회에 제출되기 전에 미리 행정부자체 내의 심사, 특히 대통령의 검토를 거치는 것이 필요하다고 생각하였다. 결국 몇 년 후, 이러한 예산국의 심사정책은 체계적으로 시행되었다.110)

이러한 예산국의 통합심사절차(central clearance)는 백악관소속 법무담당실(Office of the General Counsel)의 협조하에 예산국 입법조사국(legislative reference division)의 전문가집단과 여러 행정기관소속의 예산심의관(budget examiner)들에 의해 수행되었다. 그리고 시간이 지나면서 예산국의 통합심사절차는 다음과 같은 세 가지 주요기능을 담당하게 되었다. 첫째, 의회로 가게 되는 행정부서의 案이 대통령의 정책과 일치하는 지의 여부를 심사하고, 둘째, 의회의 법안에 대한 각 행정부서 간의 입장을 조율하며, 셋째, 의회가 移送한 법안에 대통령이 서명을 할 것인지 아니면 거부를 할 것인지에 대해 조언을 한다. 한편 예산국은 재무부로부터 백악관비서실(Executive Office of the President)로 이관되었던 1939년까지, 앞으로 발하게 될 대통령의 행정명령과 성명을 검토하고 행정부공무원의 의회위원회출석증언(testimony)을 사전에 심사하기도 하였다.111)

---

110) Dawes의 이러한 정책은 예산국이 독자적으로 추진했던 것으로도 이해될 수 있지만, 사실 행정부 사전심사제도의 필요성은 의회로부터 처음 제기되었다. 즉 하원 세출위원회는 행정부서의 세출요구에 대한 심사제도가 전혀 존재하지 않음을 지적해왔고, Illinois州 공화당 하원의원 Martin Madden은 행정부서 예산요구안의 조정절차가 결여됨에 따라 사후에 행정부서가 의회위원회에게 세출항목 변경권을 요구하는 경우가 허다했음을 강조하였다. Stephen J. Wayne, *The Legislative Presidency*, Harper & Low, 1978, pp.96-97.

111) John H. Reese, "The Role of the Bureau of the Budget in the Legislative

이러한 점에서 예산국은 법안의 정치적인 측면에 대한 판단은 백악관에게 맡기면서 그 행정적인 측면에 대해서는 객관적이고도 분석적인 평가를 수행했다고 볼 수 있다. 그러나 예산국의 영향력은 Kennedy, Johnson 행정부를 거치면서 예산국과 백악관보좌관들과의 갈등으로 인해 상당부분 저하될 수밖에 없었다. 그 결과 예산국의 통합심사절차는 대통령이 별다른 관심을 두지 않는 사소한 입법항목을 다루는 심사절차로 전락하였고, 그 결과 주요 입법항목의 검토는 백악관에서 이루어지게 되었다.112) 결국 1970년, 예산국은 관리예산국(OMB)으로 대체되었고, 새로 창설된 관리예산국은 이전의 예산국과는 달리 직업공무원보다는 정치적 인사로 구성되었다. 이것은 관리예산국이 객관성과 전문성에 기초해 운영되는 것이 아니라 보다 정치적으로 운영되리라는 점을 암시하는 것이었다.113)

IV. 行政府의 議會擔當機關 組織과 行政府와 議會와의 關係

1. 序 言

2차대전 이전의 여러 대통령들은 의회와의 접촉에 있어서 백악관이나 기타 행정부 내의 개인적 보좌관들을 활용하였다. 그러나 앞에서 설명한대로 1921년의 예산국 창설로 인해 행정부와 의회와의 관계는 어느 정도 제도화되었다.

Process", *Journal of Public Law* 15 (1966), pp.77-78.

112) Roberts S. Gilmour, "Central Legislative Clearance: A Revised Perspective", *Public Administration Review* 31 (1971), p.150 참조.

113) Stephen J. Wayne, *op.cit.*, pp.72-91 참조.

그 후 예산국은 1939년에 창설된 백악관비서실로 편입되었고, 백악
관비서실에는 예산국 외에 의회와의 접촉을 위한 기타 기구도 설치되
었다. 백악관비서실의 일부 보좌관들은 행정부가 의회, 개별적인 의회
의원, 행정부서와 행정기관의 책임자들, 언론, 일반국민들과 가깝고도
원만한 관계를 유지하게 하는 것을 그 임무로 하고 있었다. 이러한 대
통령보좌관들로 인해 행정부와 의회와의 관계는 어느 정도 원활해질
것으로 예상되었다.

2. 行政部署의 議會擔當機關

미국의 행정부서들은 건국 이후부터 지금까지 사실상 입법에 관여해
왔지만 본격적으로 그들 부서 내에 의회담당기관을 창설한 것은 1930
년대 이후부터이다. 즉 1930년 이후, 행정각부는 필요한 경우마다 입법
을 감독하는 기관을 그들 조직 내에 설치하였다. 예컨대 재무부는 1934
년에 의회담당국(legislative division)을 설치하였는데, 이 기관은 재무부
의 입법안을 기초하고, 법안이 의회에 제출된 후에 그 진행상황을 감독
하며, 법안에 대한 의회위원회의 수정요구에 대해 의회공무원들과 협의
하에 그 수정안을 준비하는 것을 주요업무로 하였다.114)

또 1942년, 진주만습격을 받은 2개월 후 現국방부의 전신인 육군성
(War Department)은 그 참모조직(general staff)을 개편하였는데, 그 과정
중에 육군성은 육군최초의 의회담당국(legislative liaison division)을 설
치하였다. 이어 「1950년 육군조직법」(Army Organization Act of 1950)

---

114) Edwin E. Witte, "Administrative Agencies and Statute Lawmaking",
Public Administration Review 2 (1942), p.116. 한편 이러한 현상에 대해
Stroke는 이는 전통적인 미국의 정치과정을 근본적으로 뒤흔드는 것
이라며 격렬히 비판하였다. 자세한 것은 Harold W. Stroke, "Executive
Leadership and the Growth of Propaganda", *American Political Science
Review* 35 (1941).

은 의회담당국을 감독하고, 육군참모총장(Secretary of the Army)에게 직접 보고를 하는 민간인 법률담당관을 두도록 했다. 이렇게 행정부서 내에 의회담당국을 설치하는 관행은 다른 행정부서로까지 계속 확대되었다.115)

3. 白堊館의 議會擔當機關

(1) 初期의 議會擔當機關(1941-1969)

2차대전이라는 국가비상사태를 맞아, 대통령의 입법정책을 조정하는 업무는 백악관과 예산국, 그리고 전시동원청(Office of War Mobilization and Reconversion)이 공동으로 수행하였다. 그러나 Roosevelt 사후인 1945년에 Truman 대통령은 이러한 분산된 업무를 예산국에 통합시켰고, 이어 1949년에는 백악관 내 소규모의 의회담당기관을 창설하고 그곳에 2명의 보좌관을 임명하였다.116) 그러나 중요사안에 대한 의회와의 접촉이 주로 Truman 본인 또는 백악관보좌관들에 의해 비공식적으로 이루어짐에 따라 이 기관은 점차 유명무실하게 되었다. 예컨대 의회담당보좌관들은 대통령보좌관회의에 참석은 하였지만 거의 발언의 기회는 갖지 못했으며, 자신들이 專權을 갖고 대통령을 위하여 중요사안에 대해 의회와 협상을 하는 것이 아니라 단순히 대통령의 의사를 전달하는 기능만을 담당하였다.117)

이후 Eisenhower 행정부에서는 백악관 고위보좌관들이 의회담당업무

---

115) Maura E. Heaphy, "Executive Legislative Liaison", *Presidential Studies Quarterly* (1975), p.42.

116) 한편 이들 2명의 보좌관들은 정치인으로나 의회공무원으로서의 경험이 거의 전무하였다.

117) Thomas p. Murphy, "Congressional Liaison: The NASA Case", *Western Politics Quarterly* 25 (1972), p.233.

를 수행하였다. 이들은 처음에 3명으로 출발하였으나, 의회담당업무의 중요성이 커짐에 따라 1961년에 이르러서는 11명으로 증원되었다. 초기의 의회담당보좌관들의 활동은 권력분립원칙은 존중되어야 하고, 입법 관련문제는 원칙적으로 의회의 고유권한이라는 Eisenhower의 정치철학으로 인해 상당히 제한적으로 이루어졌다. 하지만 Eisenhower는 시간이 지나면서 그가 속한 공화당의 기본정책, 즉 입법에 적극적으로 관여한다는 정책에 구속되지 않을 수 없었고, 결국 그는 의회에 대해 1954년 한해에만도 무려 232건의 입법요구를 하였다.118)

다음으로 Kennedy 행정부의 의회담당참모진은 Larry O'Brien을 책임자로 한 6명의 백악관 정규직원으로 구성되었다. 이들의 임무는 다음과 같은 두 가지 이유에서 다른 행정부의 의회담당참모진들의 그것보다 더욱 중요했다고 볼 수 있다. 첫째, 적극적 리더쉽을 표방한 Kennedy 행정부는 그에 걸맞은 광범위한 입법정책을 가지고 있었다. 둘째, 대통령선거에서 근소한 차이로 승리한 Kennedy는 의회와의 적극적이고도 긴밀한 관계를 필요로 하였다. 여기서 한 가지 흥미로운 점은 Kennedy 행정부의 의회담당참모진은 의회 관련 업무를 여러 기관으로 분산시켰다는 것이다. 예컨대 세출관련부분은 여전히 예산국의 소관으로 남겨두었고, 대외문제와 관련된 문제는 대통령의 대외문제자문위원들과 국무부장관, 그리고 국무부 의회담당차관(assistant secretary for congressional relation)에게 위임하였다. 하지만 '대외원조'와 같은 문제에 있어서는 의회담당참모진이 직접 개입하였다.119)

한편 Kennedy의 후임자 Johnson 역시 그 취임 초기부터 의회담당업무의 중요성을 인식하고 각 행정부서와 행정기관은 의회와 일상적인

---

118) Dwight D. Eisenhower, *Mandate For Change*, Doubleday & Company, 1963, p.298.

119) G. Russell Pipe, "Congressional Liaison: The Executive branch Consolidates Its Relations with Congress", *Public Administration Review* 26 (1966), pp.14-21.

관계를 유지해야 함을 강조하였다.120)

(2) 以後 行政府의 議會擔當機關

Nixon은 기본적으로 그의 전임자 Johnson과 마찬가지로 상·하원의
원과 부통령을 지내는 등 상당한 의회경험을 가진 대통령이었다. 그러
나 그는 의회담당참모진을 조직함에 있어서 대체적으로 對의회강경노
선을 주장하는 인사들을 기용하였고, 그 결과 이전의 어떤 대통령보다
도 의회와 불편한 관계를 유지하였다.121)

Nixon의 후임자인 Ford는 의회담당기관과 관계없이 기본적으로 의회
와의 관계를 원만하게 유지할만한 개인적 자질을 갖추고 있었다. 구체
적으로 그는 25년간 하원의원으로 활동하였고, 그 기간 중의 상당부분
을 공화당 원내총무職을 수행하였다. 이러한 경험으로부터 Ford는 타협
정치(give and take politics)에 익숙해 있었고, 이는 곧 그의 대통령취임
으로 인해 행정부와 의회와의 관계가 많이 개선될 것이라는 기대를 낳
았다. 실제로 Ford는 의회에 대해 적대적이었던 Nixon과는 다르게 자신
은 헌법상 기본원칙에 구속되는 대통령이라는 점을 전제한 후, 자신은
의회와 협동적 관계를 구축해나갈 것이라는 점을 임기 내내 강조하였
다. 그 결과 Ford 행정부시절의 행정부와 의회와의 관계는 상당히 개선
되었다.

Ford의 후임자인 Jimmy Carter는 연방정부에서의 경험이 부족한 인
사들을 의회담당참모로 기용하였고, 이것은 행정부와 의회와의 관계를
악화시키는 원인이 되었다. 하지만 그 외에 이전의 Nixon 행정부의 독
선적 태도로 인해 의회에는 행정부를 경계하는 분위기가 팽배해져 있

---

120) *Ibid.*, pp.22-25.

121) Akhil Reed Amar, "Nixon's Shadow", 83 *Minn. L. Rev.* 1405 (1999),
    pp.1409-13 참조.

었다는 점, 그리고 민주당 전당대회(Democratic National Convention)에 파견할 대의원선출절차가 변경되어 Carter와 같이 의회의 지지도가 낮은 인물이 대통령후보로 지명되었다는 점 또한 의회와의 관계악화에 원인이 되었다. 결국 이러한 여러 가지 요인들로 인해 Carter는 취임 초부터 의회와 불안한 관계를 유지할 수밖에 없었다.122)

1981년에 출범한 Reagan 행정부는 풍부한 의회경험을 가지고 있는 인사들을 의회담당참모로 기용하였는데, 이것은 취임 첫해에 있었던 Reagan 대통령과 의회와의 밀월관계에 결정적인 밑거름이 되었다.123) 그러나 1982년 말, 행정부의 예산정책이 실패하여 대규모의 적자가 예상되고, 그에 따라 전반적으로 경제가 침체되었으며, 총선결과 공화당이 하원의 26석을 잃게 됨에 따라 Reagan 행정부와 의회와의 관계는 이전에 비해 급격히 악화되었다.124) 나아가 1986년의 이란-콘트라사건으로

---

122) M. Abernathy et. al., *The Carter Years: The President and Policy Making*, Palgrave, 1984, pp.128-40 참조.

123) 예컨대 1981년, Reagan은 조세감면과 사회복지지출을 억제하는 것을 골자로 하는 법안의 입법화를 추진한 바 있다(이에 대해 자세한 것은 본서 pp.196-200 참조). 이 과정에서 그는 의회와의 우호관계를 바탕으로 그가 동원할 수 있는 모든 수단을 총동원하였다. 예컨대 의회 내 보수적 성향의 의원들을 결집시키려는 의도에서 14명의 민주당 하원의원들을 Camp David 오찬에 초청하기도 하였으며, Washington 외부에 있는 보수적 성향의 의원들을 의회의 표결에 참가시키기 위해 자신의 전용기를 급파하기도 하였다. 이상 Thomas O. Mcgarity, "Regulatory Reform in the Reagan Era", 45 *Md. L. Rev.* 253 (1986), pp.257-60 참조.

124) 한편 양원의 공화당의원들 조차 대통령과 일정한 거리를 두기 시작한 것도 바로 이 시기부터였다. 그러나 백악관은 이러한 공화당의원들의 입장변화에 대해 강력하게 대응하였다. 예컨대 Reagan의 방위정책을 비판했던 Iowa州 상원의원 Charles Grassley에 대해 백악관은 만일 이러한 비판이 계속된다면 다음 상원의원선거에서 Reagan이 Iowa州를 방문하는 일은 없을 것이라고 한 바 있다. James R. Dickinson, "Breaking Rules, Fly High: Iowa's Grassley Seems to Cross Reagan with Immunity", *Washington Post*, Mar 25, 1985, p.5.

인해 Reagan의 정치적 입지는 더욱 좁아졌다. 결국 이 사건으로 인해 행정부와 의회와의 관계는 돌이킬 수 없을 정도로 멀어지게 되었고, Reagan은 엄청난 정치적 부담 속에 그 임기를 마칠 수밖에 없었다.125)

1988년에 출범한 Bush 행정부는 Reagan 행정부와 마찬가지로 의회담당참모진을 이에 관한 전문성 있는 인사들로 구성하였다. 나아가 Bush는 그의 내각을 연방정부에서 활동한 경험이 있는 인사들로 구성하였으며, 특히 그 중 대다수를 의원경험이 있는 인사들을 임명하였다. 그 외에도 Bush는 다음과 같은 여러 가지 요인으로 인해 비교적 의회와 안정적인 관계를 유지해나갈 수 있었다. 첫째, 의회의 초당파적 성향의 의원들이 규칙적으로 백악관의 토론에 참석하여 Bush와 중요한 국정현안에 대해 논의하였다. 이것은 이전 행정부에게서는 찾아볼 수 없는 모습이었다. 둘째, Bush는 기자회견을 통해 언론과 가까운 거리를 유지하였고, 의원들과의 개인적인 접촉도 게을리 하지 않았다. 셋째, Bush가 하원의원과 상원의장을 지내는 동안 의회 내에 그를 지지하는 세력이 자연스럽게 형성되었다. 한편 1990년 8월, 이라크가 쿠웨이트를 침공하자 Bush는 의회의 授權없이 이라크에 대한 군사조치가 가능하다고 함으로써 의회와 대립하는 듯했지만, 본래 의회주의자로서의 성향이 강했던 Bush는 그 이듬해 1월, 이에 관한 의회의 입법적 조치를 촉구하고 의회는 이에 관한 입법을 통과시킴으로써 그들 간의 심각한 대립은 발생하지 않았다.126)

다음으로 Clinton 행정부는 의회와 민간부문에까지 풍부한 경험을 가지고 있었던 Howard Paster를 의회담당기구의 책임자로 임명하였다. 그러나 그를 제외한 나머지 백악관보좌관들이 대체적으로 경험이 부

---

125) 이란-콘트라사건에 대해 자세한 것은 본서 pp.309-11 참조.

126) Burns. H. Weston, "The Gulf Crisis In International and Foreign Relation Law, Continued: Security Council Resolution 678 and Persian Gulf Decision Making: Precarious Legitimacy", 85 *American Journal International Law* 516 (1991), pp.517-21.

족했다는 점, 그리고 이러한 상황에서 의료개혁과 북미자유무역협정
(NAFTA)과 같은 매우 이례적이면서도 중대한 입법정책이 추진되었다
는 점 등으로 인하여 Clinton 취임 첫해의 입법정책은 순탄치 않았다.
더욱이 1994년 총선에서 공화당이 승리하여 새로운 입법정책의 주도권
이 백악관에서 의회로 넘어감에 따라 백악관의 의회에 대한 영향력은
상당히 약화될 수밖에 없었다.127)

V. 行政府 立法關與의 限界: 행정부로비

1. 序 言

미국에서 논의되는 행정부 입법관여의 한계는 일반적으로 '행정부로
비의 제한'을 의미한다. 행정부로비란 행정부가 대중에게 자신의 정책
을 홍보하여 여론의 지지를 이끌어 내고 이를 바탕으로 의회에게 압력
을 행사하는 일체의 행위를 말한다. 행정부로비에 대한 규제의 필요성
은 의회에 비해 상대적으로 대중과의 접촉이 용이하고 더욱 많은 정보
를 가지고 있는 행정부가 행정부로비를 통하여 의회의 입법권을 위협
할 수 있다는 데에 있다. 심한 경우에 행정부는 여론을 조작하여 이를
입법관여수단으로 삼기도 한다. 이러한 행정부로비에 대해 의회는 1913
년, 세출법안에 다음과 같은 규정을 둠으로써 행정부로비를 법적으로
통제하기에 이른다.

   "명시적 규정이 없는 한, 이 세출법안이나 그 외의 다른 법안에
   의해 세출의결 된 자금을 행정부 정책홍보요원(publicity expert)의
   보수로 충당할 수 없다."128)

127) Burt Solomon, "Bill Who?" *National Journal*, Apr. 15, 1995, pp.910-14.

위의 입법은 공화당 하원의원 Frederick Gillett가 공무원인사위원회
(Civil Service Commission)의 농무부 정책홍보요원 채용공고의 문제점
을 지적하며 본격적으로 추진한 것이었다. 한편 하원 세출위원회위원장
Fitzgerald도 현행 합중국공무원에는 정부의 특정부서의 활동을 홍보하
는 것을 그 유일한 업무로 하는 자가 포함되지 않는다며 Gillett와 입장
을 같이 하였다.129)

그러나 이 세출법안이 통과되자 각 행정기관들은 정책홍보기관은 그
대로 두되, 그 명칭만을 달리하는 편법을 쓰기 시작했다. 예컨대 위
의 규정을 회피하기 위하여 일부 행정기관들은 정책홍보요원(publicity
expert)이란 명칭대신에 '정보책임자'(director of information), '수석교육
관'(chief educational officer), '정보조사감독관'(supervisor of information
research)이란 명칭을 사용하였다.130) 한편 현재 연방 법률로 되어 있는
위의 규정131)은 행정부 정책홍보를 공식적으로 인정하고, 그에 대한 자
금지원을 허용하는 여러 다른 법률들에 의해 그 의미가 많이 퇴색되었
다. 또 Fitzgerald의 위와 같은 엄격한 입장과는 다르게 오늘날의 의회
는 일반적으로 각 행정기관의 정책홍보에 대해 세출을 허용하고 있다.

한편 의회는 행정부로비와 관련하여 1919년에 「세출자금로비법」
(Lobbying with Appropriated Money Act)132)을 제정하였는데, 이 법률
은 행정부로비규제에 있어서 중요한 의미를 갖는다. 구체적으로 이 법
은 의회의 授權이 없는 한, 행정부공무원이 모든 법안이나 세출법안에
대한 의원의 표결이나 기타 의원의 의사결정에 영향을 주기 위하여, 의

---

128) 38 Stat. 212.

129) 50 *Congressional Record* 4409 (1913).

130) Joseph E. Murphy, "The Duty of the Government to Make the Law
Known", 51 *Fordham L. Rev.* 255 (1982), p.260.

131) 5 U. S. C. 3107.

132) 18 U. S. C. 1913.

원들을 대상으로 개인적 편의(personal service)를 제공하거나, 행정부서의 정책을 홍보(advertisement)하거나, 또는 전신, 전화, 우편, 복사물 등을 교부하는데 있어서 세출자금을 사용하는 것을 일체 금지하고 있다. 이는 법안이나 세출법안이 의회에 제출되기 前인지 後인지를 불문한다. 그러나 이 법은 ① '적법한 공식적 채널'을 통하여 '의원이 요구한' 행정부공무원과 의원과의 접촉이나 ② 행정부공무원이 공무를 효율적으로 수행하기 위해 그가 적절하다고 생각하는 법안이나 세출법안을 의회에 요구하는 것은 그 예외로 하고 있다.

한편 종래에 의회는 「1919년 세출자금로비법」 외에 여러 가지 법률을 통하여 행정부로비나 정책홍보(public relation)를 제한해왔지만,133) 일부학자들은 이러한 법적 제한을 일종의 현실성이 결여된 '法的 擬制'(legal fiction)로 보고 있다.134) 그러나 이러한 법률들로 인해 행정부로비가 어느 정도 완화되어 왔다는 점은 일반적으로 부인하기 힘들다.

2. 행정부로비制限立法의 限界

행정부로비제한입법이 아무리 행정부로비를 제한하는 데에 효과가 있다 하더라도, 그것은 다음과 같은 한계를 가지고 있다. 첫째, 이것은 '개념적 한계'로서 과연 무엇이 정책홍보(publicity)에 해당되는가가 불분명하다는 점이다. 둘째, 이것은 개념적 한계보다 더욱 본질적인 이른바 '정책적 한계'로서 행정부로비는 그 폐해가 크기는 하지만 어느 정도 허용될 필요성이 있다는 점이다. 이러한 사실은 행정부로비의 직접

---

133) 대표적인 예로는 1949년 농무부 세출법과 내무부 세출법(63 Stat. 342, 765), 1995년 통상부, 법무부, 국무부 세출법(108 Stat. 173, sec. 601), 국방부 세출법(108 Stat. 2616, sec. 8001) 등을 들 수 있을 것이다.

134) 이에 관한 대표적인 문헌은 Thomas G. Walker, "Statutory Restraints on Administration Lobbying — 'Legal Fiction'", *Journal of Public Law* 19 (1970).

적 당사자인 의회의원들도 인정하고 있다. 나아가 행정부로비에 대한
규제에 찬성하는 의원들조차 전반적인 입법과정은 행정부가 가지고 있
는 원활한 정보의 흐름에 의존한다는 인식하에, 행정부로비에 대한 극
단적인 비판은 자제하고 있는 실정이다. 이러한 관점에서 심지어 과거
에는 행정부 고위공무원이 의회에게 그들의 업무를 설명하는 것을 오
히려 장려하는 법안이 통과된 경우도 있었다. 예컨대 「1978년 공무원제
도개혁법」(Civil Service Reform Act of 1978)은 의회나 의원에게 청원
(petition)하고, 양원이나 그 위원회, 그리고 의원들에게 정보를 제공할
연방공무원의 권리는 그 행사가 개인적인지 아니면 집단적인지를 불문
하고 침해되거나 부인될 수 없음을 규정한 바 있다.135)

행정부로비제한입법의 세 번째 한계는 헌법적 한계이다. 즉 연방헌법
제1조 3항은 '대통령은 합중국에 대한 정보를 의회에 보고하고, 필요하
거나 적절하다고 판단되는 시책의 심의를 의회에 권고하여야 한다'고
규정함으로써 대통령이 자신의 입법정책을 의회에 전달할 수 있는 기
회를 헌법적으로 보장하고 있다.136) 대통령의 입법권고권이 헌법적으로
보장되는 이상 법률로써 행정부로비를 통제하는 데에는 일정한 한계가
따를 수밖에 없다.

한편 행정부로비의 통제와 관련하여 주의해야 할 점은 위에서 설명
한대로 「1919년 세출자금로비법」이 행정부공무원과 의원과의 대화를
전적으로 금하고 있지는 않다는 점이다. 즉 '적법한 공식적 채널'을 통

---

135) 92 Stat. 1217, sec. 7211 (1978).

136) 나아가 대통령이나 행정부 고위공무원은 기자회견이나 언론매체를 통
하여 자신의 개인적 정견을 밝힐 수 있는데, 이것 역시 행정부로비제
한의 한계라고 볼 수 있다. 미국의 행정부고위 공무원들이 언론매체를
통해 자신의 정책을 홍보하는 것을 얼마나 중요하게 생각하는지는
1980년, 당시 부통령이었던 Mondale의 다음과 같은 발언에 잘 나타나
있다. "나에게 저녁뉴스에 등장할 권리와 법률안거부권이 있고 그 중
하나를 포기해야 한다면, 나는 미련 없이 법률안거부권을 포기할 것
이다." *Washington Post*, Oct. 10, 1980, p.A3.

한 행정부공무원과 의원과의 접촉을 허용하고 있는 것에서 알 수 있듯이 이 법은 행정부공무원과 의원과의 접촉 자체를 통제하는 것보다는 未濟立法案(pending legislation)에 대한 행정부공무원들의 부당한 영향력 행사를 통제하는 것을 그 일차적인 목적으로 하고 있다. 구체적으로 이 법의 정확한 취지는 행정부공무원들이 그 지위를 이용하여 未濟立法案에 대한 대중들의 의사에 일정한 영향력을 행사하는 것을 제한함으로써, 행정부가 압력이나 위협, 그리고 기타 수단에 의해 조작한 여론으로부터 의회를 보호하자는 데에 있다.[137]

3. 행정부로비에 대한 具體的 事例와 그 評價

대통령의 입법관여의 한계라고 볼 수 있는 행정부로비로 인해 과거로부터 행정부와 의회는 끊임없이 대립해왔다. 이하에서는 그 대표적인 사례를 주요 행정부별로 개관하기로 한다.

Truman 행정부시절이었던 1948년, 하원 정책홍보선전소위원회(House Subcommittee on Publicity and Propaganda)는 불법적이고 부적절한 행정부로비로 심의된 사항들을 발표한 바 있다. 이때 同소위원회는 前例가 없을 정도로 수많은 정보가 행정기관으로부터 유포되었고, 이중 상당수는 순전히 기관홍보적인 것으로 대중에게 영향력을 행사하여 의회에게 압력을 가하기 위해 고안된 것이라고 주장하였다. 同소위원회는 특히 행정부의 국가의료보험안(proposal for national health insurance) 홍보를 위한 의료연수회(health work- shop) 개최행위를 행정부로비행위로 문제 삼았다.[138] 하지만 同소위원회는 행정부의 합법적인 정보업무

---

137) 이러한 취지에서 의회부속기관인 회계검사원(General Accounting Office: GAO)은 이전의 예산국과 마찬가지로 형식과 실질 면에서 기관홍보적인 행정기관의 출판물에 대해 부정적인 시각을 가지고 이와 관련된 예산집행을 엄격히 감독해왔다.

138) H. Rept. 2474, 80th Cong., 2d sess., 1948, pp.2-4.

와 행정부로비 간의 명확한 구별이 어렵고, 행정부공무원들의 권리와 행정부의 합법적인 정보업무를 침해하지 않는 범위 내에서 행정부로비를 규제하기는 사실상 힘들다고 판단하여 이를 통제하기 위한 법적 조치를 취하지는 않았다.139)

Kennedy 행정부시절에 행정부로비가 문제된 대표적인 예로는 1961년, Kennedy 행정부가 미국전역을 순회하며 백악관회의를 개최함에 있어서, 백악관이 대통령에 대한 지지의사를 전달시키기 위해 백악관회의가 열리는 지역주민들에게 엽서를 배포한 사건을 들 수 있다. 이에 공화당 하원의원 Ancher Nelsen을 중심으로 한 일부 의회의원들은 이러한 행정부의 행위는 국민들을 상대로 백악관의 정책을 선전하는 것이라며 강력히 비판하였다. 그러나 「1919년 세출자금로비법」에 비추어 볼 때, 위와 같은 Kennedy 행정부의 행위를 행정부로비로 인정하기에는 현실적으로 많은 무리가 있었다. 왜냐하면 행정부로비로 인정되는 행위에 대해 형벌까지 부과하고 있는 이 법의 구체적인 시행은 당연히 법무부의 판단에 좌우될 수밖에 없었는데, 자신이 직접 백악관회의에 참석하였던 법무부장관이 위와 같은 백악관의 행위를 행정부로비로 판단할 가능성은 사실상 거의 없었기 때문이다.140)

Nixon 행정부시절에 문제되었던 행정부로비사건은 대표적으로 1973년, 예산심의과정에서 백악관이 의회를 비방하는 문건을 작성한 사건을 들 수 있다. 이 문건에는 민주당이 지배하는 의회의 과도한 예산증액을 풍자하기 위하여 'buck-passing Congress', 'the credit-card Congress' 와 같은 표현이 포함되어 있었다. 이에 두 명의 상원의원은 회계검사원(GAO)에게 이러한 백악관의 행위가 「세출자금로비법」에 위반되는지를 문의하였다. 이에 회계검사원은 「1919년 세출자금로비법」은 일정한 형

---

139) *Ibid.*, pp.7-9.

140) Willard C. Richan, *Lobbying for Social Change(Haworth Social Administration)*, Haworth Press, 1996, p.276.

벌규정을 포함하고 있다는 점에서 그 구체적인 시행은 법무부의 소관
이며, 따라서 자신에게는 위와 같은 문건을 작성한 행위가 「세출자금로
비법」에 위반되는지 여부를 결정할 권한이 없다고 결론지었다.141) 그러
나 이후 한 시민단체는 위와 같은 행정부의 행위는 「세출자금로비법」
에 위반된다는 소송을 제기하였고, 이에 백악관공무원들은 법정진술
(affidavit)을 통하여 위의 문건들은 이미 파기를 위해 회수되었다고 진
술하였다. 결국 이 사건은 소송요건결여(mootness)로 각하되었다.142)

Carter 행정부시절에 문제된 행정부로비로는 전략무기감축협정(SALT
II arms control treaty)의 홍보에 행정부가 막대한 세출자금을 투입한 사
건을 들 수 있다. 결국 이 사건은 일부 상·하원의원들과 전미보수연합
회(American Conservative Union)에 의해 소송으로까지 확대되었다. 그
러나 이들이 원고로서 당사자적격법리(standing doctrine)에 따른 구체적
손해를 입증하지 못함에 따라 연방법원은 이들의 주장을 기각하였다.143)

Reagan 행정부시절에는 주로 방위기금(defense funds)과 관련한 행정
부로비가 문제되었다. 그 대표적인 예로는 Lockheed社 로비의혹사건을
들 수 있다. 구체적으로 이 사건은 스스로 행하면 불법이 되는 일정한
유형의 로비를 미공군이 민간계약업자(Lockheed社)로 하여금 대행하게
한 사건이다. 한편 이를 포착한 회계검사원(GAO)은 모든 행정기관에
대하여 행정기관 스스로가 적법하게 수행할 수 없는 로비행위를 그 민
간계약자에게 대행시키지 말 것을 권고하였다. 당시 이 사건은 행정부
와 계약을 체결한 민간계약업자들이 연방기금을 의회에 대한 로비자금

---

141) 그러나 회계검사원은 이러한 백악관의 문건작성행위가 未濟立法案에
   대해 영향력을 행사할 목적으로 세출자금을 지출하는 것을 금지하고
   있는 세출법에는 위반된다고 판단하였다.

142) *Public Citizen, Inc. v. Clawson*, Civil Action No. 759-73 (D. D. C. July
   30, 1973).

143) *American Conservative Union v. Carter*, Civil Action No. 79-2495 (D.
   D. C. Dec. 14, 1979).

으로 사용하는 것을 어떻게 통제하느냐와 관련하여 사회적으로 크게 문제되었다. 그러나 일부에서는 이러한 계약업자들의 로비행위를 전적으로 금하는 것도 다른 한편으로 수정헌법 제1조상의 표현의 자유를 지나치게 제한하는 것이라는 점을 지적하였다. 그럼에도 불구하고 관리예산국은 1983년에 행정부와 계약을 체결한 민간계약업자들의 지나친 로비행위를 제한하는 지침을 발하였다.144)

그 외에 Reagan 행정부에서 문제되었던 행정부로비사건을 들자면 1987년에 있었던 다음과 같은 두 가지 사건을 들 수 있을 것이다. 첫 번째 사건은 국무부 내 대민외교국(Office for Public Diplomacy)이 니카라과의 콘트라반군에 대한 자금지원확대를 정당화하기 위한 홍보의 일환으로 이에 관한 정보문건을 작성, 이를 일반국민과 의회에게 유포시킨 사건이었다. 한편 회계검사원은 이러한 대민외교국의 행위는 의회의 授權없이 기관 홍보를 위해 세출자금을 투입한 행위로서 행정부로비제한입법에 위배되는 행위라고 결정하였다.145) 두 번째 사건은 핵실험금지법안의 의회통과를 저지하기 위하여 에너지부(Department of Energy)가 일반기업과 핵무기과학자들로 하여금 로비를 수행하게 한 사건이다. 이에 회계검사원은 이러한 에너지부의 행위 역시 로비를 제한하는 연방규칙에 위반된다고 발표하였다.146)

행정부로비는 이후 Clinton 행정부까지 계속적으로 문제되었다. 그 대표적인 예로는 1995년, 내무부 산하 야생동물보호국(U. S. Fish & Wildlife Service) 소속공무원 Edward Perry가 환경단체가 주관하는 기자회견에 참석하여 의회에 계류 중인 수질청정법(Clean Water Act) 개

144) Senate Committee on Governmental Affairs, *Uniform Lobbying Cost Principles Act of 1984*(hearings), 98th Cong., 2d sess., 1984.

145) Toby Eglund, "Bush's Latin America Czar Rides High", *http://www.thegully.com/essays/US/politics/020124_otto_reich.html.*

146) R. Jeffrey Smith, "DOE Violated Rules on Lobbying, GAO Says", *Washington Post*, Oct. 8, 1987, p.A58.

정안을 비판한 사건을 들 수 있다. 당시 이러한 Perry의 행위에 대해 의회의원들은 이는 「1919년 세출자금로비법」과 기타 연방 법률에 위배되는 행위라고 주장하였다. 한편 이러한 주장에 대해 내무부는 Perry의 기자회견행위는 법적으로 아무 문제가 없다고 결론지었지만, 그 산하의 야생동물보호국은 의회에 계류 중인 법안에 대한 토론을 목적으로 소속공무원들이 이익단체가 주관하는 기자회견에 참석하는 것과 관련한 여러 가지 지침사항147)을 발표하였다. 한편 회계검사원은 그 보고서를 통하여 Perry의 이러한 행위는 「국내세출회계법」(Interior appropriation act for fiscal) 제303조148)에 위반된다고 판단하였고, Perry의 행위에 대한 내무부의 위와 같은 입장은 국내세출회계법 제303조의 제정취지를 간과한 것이라고 결론지었다. 결국 내무부는 이듬해인 1996년, 소속공무원의 의회에 대한 로비행위를 금지하는 새로운 지침을 발하였다.149) 한편 1996년 말, 의회는 행정부로비규제를 이전에 비해 좀더 강화하는 법안을 통과시켰다.150)

---

147) 이를 간단히 요약하자면 개최되는 기자회견의 성격이 중립적이지 않을 경우, 그곳에 참석하는 공무원의 발언은 정보나 교육을 위한 것으로 해석되지 않고, 이익단체의 일방적 이익을 위한 것으로 추정된다는 것이다.

148) '입법행위가 종료되지 않은 입법안에 대해 대중들에게 영향을 줄 목적으로 일정한 행위를 하거나 유인물을 배포하거나 또는 출판물을 제작하는 데에 이 법에서의 세출자금을 일체 사용할 수 없다.'

149) Ted Williams, "Wetlands message got dry-docked", *Wall Street Journal*, Feb 1, 1996, p.A19; Casey Dinges, "Environmental issues in the new Congress", *Civil Engineering*, Jun 1995; Vol. 65, Iss. 6, p.106; John H Jr Cushman, "House and science panels clash on wetlands' fate", *New York Times*, Apr 7, 1995, p.A30.

150) 이 법의 핵심규정(110 Stat. 3009-362, sec. 631 (1996))은 다음과 같다. '이 법이나 그 외의 나머지 법률에 의해 세출의결 된 자금은…… 다음과 같은 행정기관의 활동에 사용될 수 없다. 첫째, 행정부의 정책을 홍보(publicity)하거나 선전(propaganda)하는 행위. 둘째, 의회에 계류 중인 법안에 대해 영향을 미칠 목적으로 영상물, TV · 라디오를 통한 광고물, 출판물, 소형인쇄물 등을 제작 · 배포 · 활용하는 행위. 단 이들을

이상의 사례에서 보듯이 미국에서의 행정부로비규제는 그 부단한 노력에도 불구하고 일정한 한계를 드러내왔다. 그 원인으로는 앞에서 언급한 개념적, 정책적, 헌법적 한계 외에 다음과 같은 두 가지 사유를 들 수 있을 것이다. 첫째, 행정부로비제한입법의 시행을 책임지고 있는 기관이 다름 아닌 '법무부'라는 점이다. 즉 행정부소속기관인 법무부에게 행정부로비의 철저한 규제를 기대하는 것 자체가 어느 정도 무리이며, 실제로 법무부는 「1919년 세출자금로비법」상 행정부로비를 대중의 지지를 이끌어 내기 위한 행정부의 '끈질긴 유혹'(gross solicitation)으로 봄으로써 행정부로비를 상당히 제한적으로 해석하고 있다. 이러한 관점에서 본다면 이 법에 대한 집행권을 회계검사원에게 이전하는 것이 행정부로비를 규제하는 데에 좀더 효율적이라고 생각된다. 둘째, 종래에 법원은 행정부로비의 개념과 범위를 정의하는데 있어서 의회나 대통령의 입장을 지나치게 존중해왔는데, 법원의 이러한 사법소극적인 입장 역시 행정부로비의 규제를 어렵게 하는 하나의 원인이 되어왔다고 볼 수 있다.

VI. 小 結

엽관주의(spoils system)가 지배하던 미국의 건국초기[151]에도 대통령

의회에게 직접 제출하는 것은 그 예외로 한다.'

151) 미국에서는 건국초기부터 인사제도의 엽관주의적 운영이 정당한 것으로 인식되어 왔다. 특히 1801년, 제3대 대통령 T. Jefferson은 그의 제1차 임기 동안에 대통령임명직의 25%를 자파당원인 민주공화당원들로 교체하였다. 이리하여 정당에 대한 공헌도가 관직임명의 기준이 되는 엽관주의가 미국에서 널리 행하여지기 시작하였다. 1820년, 제5대 대통령인 J. Monroe 시대에는 관직의 임기를 대통령의 그것과 같이 4년으로 하는 '임기4년법'이 제정됨으로써 엽관주의적 인사행정이 제도화되었다. 이러한 엽관주의적 인사행정은 1829년에 취임한 제7대 대통령

의 지나친 입법관여는 국론을 분열시키고 의회와 행정부와의 관계를 악화시킨 주요원인으로 간주되었다. 또한 그 이후에 공무원제도가 개혁되고 모든 사회적인 재화와 용역이 각종 계획(program)에 의해 분배되는 복지국가(welfare state)가 출현함에 따라 백악관은 그 이전까지 누려오던 기득권중 상당부분을 상실하게 되었다. 더욱이 소속정당의원의 재선에 대한 백악관의 영향력이 감소함에 따라 의원들의 대부분은 대통령의 의사에 구속됨이 없이 그들의 소신대로 표결에 임하고 있다.

이러한 점으로 미루어 볼 때, 결국 현재의 미국대통령은 과거와는 달리 의회와 협상에 임하고 의회를 설득해야 하는 입장에 놓여 있다고 할 수 있다. 따라서 자신의 정책을 관철하기 위하여 의회 내의 동조세력을 구축하는 것은 대통령의 정치적 성공을 위한 필수조건이라고 볼 수 있다.

한편 대통령의 의회에 대한 영향력은 의회구조의 변화와 밀접한 관련이 있는 듯 보인다. 즉 1970년대에 의회는 그 권력의 중심이 위원회(committee)에서 상·하원소위원회(subcommittee)로 분산되기 시작하였고,[152] 이러한 의회분권화는 당시 Ford, Carter 행정부의 입법정책을 좌

A. Jackson 시대에 와서 본격화되기 시작하였다. 그는 엽관주의를 민주주의의 실천적인 정치원리로 생각하였으며, 1829년 12월, 그의 연두교서를 통해 "모든 관직의 내용은 누구나 용이하게 그 임무를 수행할 수 있을 정도로 간단 명백하며, 또 그렇게 하도록 창설된 것이다. 나는 공직을 오랫동안 보유하는 것은 그 경험에 의하여 얻은 것 이상으로 상실하는 것이 많다는 것을 의심치 않는다"고 하였다. 이러한 그의 관직觀으로 엽관주의는 연방정부뿐만 아니라 州정부와 지방자치단체까지도 널리 적용되었고, 공인된 조직의 정치원리로 받아들여졌다. 이러한 엽관주의적 인사행정은 1845년, 제8대 대통령에 취임한 J. K. Polk 시대부터 남북전쟁이 끝난 1865년까지의 약 20년 동안이 가장 철저하게 성행하였던 시기였다. 이후 미국의 엽관주의적 인사행정은 많은 개혁운동을 통하여 실적주의의 확립을 모색하기 시작하였다. Joel D. Schwartz, "Book Review: Liberty, Democracy, and The Origins of American Bureaucracy the Roots of American Bureaucracy, 1830-1900 by William E. Nelson", 97 *Harv. L. Rev.* 815 (1984), pp.817-25 참조.

절시킨 주요 원인이 된다는 것이다. 구체적으로 과거의 대통령들은 그들의 입법적 목표를 성취하기 위해 영향력 있는 소수의 위원회지도자들만 상대하면 그만이었지만 Ford와 Carter는 의회분권화로 인하여 그만큼 설득해야 할 상대가 많아졌다는 것이다. 하지만 의회구조가 분권화되기 전인 건국초기에도 여러 대통령들이 추진했던 입법안이 소수의 유력 위원회위원장들의 비협조적 태도로 인해 종종 좌절된 바 있다는 점에서 이러한 논리는 타당하다고 볼 수 없다. 결국 의회분권화는 행정부와 의회 간의 다양한 대화의 채널을 가져온다는 점에서 그들 간의 관계에 더욱 긍정적인 요인으로 작용하리라 본다.

　다음으로 행정부와 의회와의 관계는 행정부와 의회를 지배하는 정당이 각각 분리되는 이른바 '분할정부'(divided government)현상과도 관계가 있는 듯 보인다. 즉 분할정부체제하에서는 국정정체(deadlock)로 인해 정부의 효율적 운영이 어려워지고, 바로 여기에 대통령제의 구조적 한계가 나타나게 된다고 생각되기 쉽다. 그러나 1981년에 분할정부체제로 출발한 Reagan 행정부는 그해 행정부의 입법목표를 무난히 달성했던 반면, 민주당이 양원을 장악한 상태에서 출발한 Carter 행정부는 오히려 의회와의 불편한 관계로 인해 그 임기 말까지 국정운영에 상당한 어려움을 겪었다. 또 출범직후 2년간을 민주당이 지배하는 의회와 보낸 Clinton 행정부 역시 당시 최우선적 입법목표였던 의료개혁법안을 끝내 통과시키지 못했다.

　결론적으로 대통령의 효과적인 입법관여의 成敗는 의회분권화나 분할정부와 같은 외적 조건보다도 자신의 지지 세력을 광범위하게 결집하고, 새롭게 변화된 정치 환경에 적용할 수 있는 대통령의 능력에 달려있다고 보는 것이 보다 타당하지 않을까 한다.

---

152) 1970년대 미의회의 분권화에 관해서는 전반적으로 다음을 참조. 박찬표, "美國의 議會改革過程 分析", *http://www.nanet.go.kr/nal/3/3-1-1/leg96102.htm.*

제2절 議會의 執行關與

Ⅰ. 序 言

일반적으로 대통령제하에서 의회가 집행에 과도하게 관여하는 것은 권력분립원칙상 바람직하지 못한 현상이라고 평가된다. 이러한 관점으로부터 과거의 여러 대통령들은 의회의 과도한 집행관여를 항상 비판적인 시각으로 평가해왔다. 예컨대 Woodrow Wilson은 의회가 행정부소관인 집행의 세부사항까지 적극적으로 개입하려함으로써 국가의 모든 실질적인 권력을 장악해왔다고 주장한 바 있으며, 그 자신이 25년이나 의회의 원으로 재직한 바 있는 Ford도 의회가 공동집행권자(co-administrator)가 되려 한다면 이는 그 일차적 역할, 즉 입법권자로서의 역할로부터 과도하게 벗어나는 것이라는 점을 의회에 경고한 바 있다.153)

한편 의회의 지나친 집행관여의 표본으로는 집행의 세부사항까지 법률에 규정하는 것, 사적 법안(private bill)의 통과, 행정부의 행위를 제한·감독하기 위하여 세출법안에 부가조항(riders)을 첨부하는 것, 행정부서의 인사정책(personnel policy)에 법적 제한을 두는 것, 의회거부권(legislative veto)의 행사, 위원회보고서(committee report)를 통하여 일정한 지침을 내리는 것, 의회조사권(investigation)의 남용, 민원해결(casework)을 위해 중앙·지방정부에게 압력을 행사하는 것, 현재 행정부서가 수행하는 규제와 동일한 규제를 그 소관으로 하는 독립규제위원회를 창설하는 것 등을 들 수 있다. 이러한 의회의 집행 관여는 미국헌법이 의회의 일차적인 임무를 입법에 제한하고, 집행은 대통령에게 위

---

153) Woodrow Wilson, *op.cit.*, p.45; John Robert Greene, *The Presidency of Gerald R. Ford*, Kansas University Press, 1995, p.37.

임하였다는 점에서 분명 대통령의 권한을 침해하고 권력분립이라는 미
국의 가장 기본적인 헌법체제를 위협하는 측면도 없지 아니하다. 또 이
는 공공행정의 계층구조를 파괴하고 행정기관의 기능을 마비시킬 가능
성도 있다.

한편 1986년 *Bowsher v. Synar*[154])에서 연방대법원은 연방헌법규정에
비추어 볼 때, 행정부에 대한 감독에 있어서 의회가 적극적인 역할을 수
행한다고 보기는 힘들다고 판시한 바 있다. 또 일단 의회가 입법을 통하
여 어떠한 결단을 내린 이상 그 역할은 종료되고, 이후에 의회가 그 법
률의 집행을 통제할 수 있는 방법은 간접적인 방법, 즉 새로운 법률을
제정하는 방법밖에 없다고 하였다.155) 결국 이 판결대로라면 우리가 알
고 있는 미국의회의 행정부통제수단들, 예컨대 청문회(hearing), 위원회
조사(committee investigation), 회계검사원(GAO)의 연구보고서, 의원과
행정부공무원과의 비공식적 접촉, 위원회소환장(committee subpoenas),
의회모독처벌권(contempt power), 그 외의 행정부에 대한 각종 非法的
통제(nonstatutory control) 등이 모두 위헌이 될 것이다.

그러나 의회가 집행의 세부사항들을 통제하지 않고 광범위한 입법정
책을 수립한다는 것은 사실상 불가능하다. 이러한 점에서 '의회의 기능
은 광범위한 정책수립에 제한되고, 집행의 세부사항은 전적으로 행정부
의 소관'이라는 식의 원론적 해석은 의회를 유명무실한 기관으로 만들
자는 것과 다르다고 할 수 없다. 결국 행정부의 집행에는 항상 의회의
견제를 필요로 하게 되며, 의회 스스로도 그 기능을 광범위한 정책수립
에 제한할 수 없다.

---

154) 478 U. S. 714 (1986).

155) *Ibid.*, at 734.

Ⅱ. 議會의 執行關與의 正當性

미국헌법제정과정에서 헌법제정자들은 새로운 국가체제는 왕정이 아닌 공화정으로 한다는 원칙을 세워놓고 구체적인 연방집행부 구성방식에 대해 논의하기 시작하였다. 당시 대다수의 各州代表들은 집행부는 의회에 의하여 선출되어야 하고, 그것은 의회의 의사를 단순히 집행하는 기관이어야 한다는 전제하에 의회에게 철저하게 종속되는 집행부를 구성할 것을 제안하였다.156) 그러나 James Wilson, James Madison과 같은 일부 대표들은 여러 州의회의 권력남용을 상기시키며 의회의 권력 비대화에 따른 위험성을 경고하였고, 의회의 집행기관으로서 집행부를 둔다면 이는 집행의 책임소재를 불분명하게 하는 것이라며 독자적인 집행부를 설치할 것을 주장하였다.157) 또한 이들이 독립된 집행부를 둘 것을 주장한 데에는 입법·행정·사법권이 집중되었던 대륙회의가 행정적 책임성과 효율성의 결여로 인해 별다른 성과를 거두지 못했다는 점에도 원인이 있었다.158) 결국 이들의 주장대로 새로운 공화국은 강력하고 독자적인 집행부를 두게 된다.159)

이러한 역사적인 측면에서 살펴볼 때, 의회가 집행에 관여하는 것은 집행부를 이원적인 체제로 운영하는 것이며 이는 헌법제정자들이 단호히 거부한 바라고 볼 수도 있을 것이다. 그러나 대륙회의가 집행의 세부사항에 지나치게 관여했다는 점을 지적하며 독자적인 집행부의 설치

---

156) 대표적으로 이러한 주장을 한 자는 Roger Sherman이다. 즉 그는 헌법제정회의 당시 집행부는 의회의 의사(the will of Legislature)를 현실로 옮기는 기구에 불과하다고 주장하였다. Max Farrand ed., *op.cit.*, pp.182-85 참조.

157) *Ibid.*

158) Louis Fisher, *President and Congress*, pp.253-61.

159) Cronin, "The Origins of the American Presidency", *This Constitution*, Fall 1986(No.12), pp.11-18(李相敦, 前揭論文, p.270에서 재인용).

를 주장한 헌법제정자들조차 헌법제정당시에 '입법적 사항'과 '집행적 사항'을 명확히 구별하지는 않았으며, 나아가 그들은 오늘날의 행정부 권력비대화현상을 전혀 예상하지 못했다는 점에서 의회의 집행관여가 헌법제정자들의 의사에 전적으로 위배된다고 보기는 힘들다.[160]

한편 현실적인 측면에서도 행정기관은 의회의 영향으로부터 전적으로 자유롭지 못하다. 이것은 행정기관의 성립과 존속이 의회에 의해 좌우된다는 점에 직접적으로 기인한다. 즉 행정기관은 의회의 법률에 의해 창설되며, 행정기관책임자의 권한은 법률이 정한 바에 따르게 된다. 이러한 점에서 의회는 국익과 관련되는 경우, 행정기관에게 이에 관한 정보나 설명을 요구할 수 있으며 필요하다면 새로운 입법을 제정함으로써 그 소관사항에 얼마든지 관여할 수 있는 것이다. 미국에서 행정기관에 대한 의회의 간섭이 어느 정도였는지는 1854년, 당시 법무부장관이었던 Caleb Cushing의 다음과 같은 발언에 잘 나타나 있다.

"법률을 무기로 집행권을 분할시키는 의회의 행위는 그 정도가 지나쳐서 행정부를 파괴할 정도에 이르렀으며, 삼권분립체제를 영국과 같은 의회독재체제로 변형시키는 정도에 이르렀다."[161]

집행사항이 행정부의 전유물이 될 수 없다는 사실은 오늘날의 미국의 행정절차를 보아도 명확히 알 수 있다. 나아가 오늘날 미국의 행정절차에는 의회뿐만 아니라 사인도 광범위하게 관여하고 있다. 예컨대 「1946년 행정절차법」은 규칙제정에 있어서 공개적인 '고지'(notice)와 '논평'(comment)을 의무화했고, 재결절차(adjudicatory proceedings)에 있어서 당사자참여를 보장하고 있다. 또한 이 법은 행정사건의 이해관계

---

160) Max Farrand ed., *op.cit.*, pp.201-03.

161) Susan Low Bloch, "The Early Role of the Attorney General in our Constitutional Scheme: In the Beginning There was Pragmatism", 1989 *Duke Law Journal* 561 (1989), pp.619-20.

인이 관련법집행에 대해 연방행정기관에게 조언을 하는 것까지 허용하고 있다. 한편 「1976년 정보자유법」(Freedom of Information Act) 역시 일반시민이나 이해관계인이 행정절차에 참여하는 것을 폭넓게 보장하고 있다.162)

한편 행정절차에는 의회, 私人뿐만 아니라 사법부도 관여한다. 즉 사법부는 행정기관의 정책결정이 법률에 위배되는지 여부와 절차적 공정성(procedural fairness)에 부합하는 지 여부, 그리고 헌법에 합치되는지 여부를 심사한다.163)

위와 같이 오늘날의 집행에는 행정부뿐만 아니라 一般私人이나 사법부도 광범위하게 관여하고 있다. 그러므로 행정부를 견제하는데 있어서 一般私人이나 사법부보다 더 가까운 거리에 있는 의회가 집행에 관여하는 것은 논리적으로 당연하다고 볼 수 있다. 따라서 의회가 행정부의 정책이 법률의 목적에 위반된다고 판단하는 경우, 의원들이 의회에서 자신들의 견해를 표명하거나 위원회청문회에서 질문을 하거나 또는 행정부공무원들과 직접적인 접촉을 하는 것은 어느 정도 정당하다고 할수 있다. 이러한 점에서 의회의 입법기능은 행정기관을 창설하는 법률을 통과시키는 것에 그치는 것이 아니라, 자신이 창설한 행정기관의 집행을 사후에 적절히 감독함으로써 잘못된 집행행위를 바로잡고 법률의

---

162) Steven p. Croley, "Symposium on the 50th Anniversary of the APA: The Administrative Procedure Act and Regulatory Reform: A Reconciliation", 10 *Administrative Law Journal American University* 35 (1996), pp.35-38; Paul M. Wintersrds, "Note: Revitalizing the Sanctions Provision of the Freedom of Information Act Amendments of 1974", 84 *Georgetown Law Journal* 617 (1996), pp.619-22 참조. 한편 그 밖에 「1946년 행정절차법」을 자세히 소개한 국내문헌으로는 李相敦, "美國의 聯邦行政節次法", 「行政節次法比較研究」, 中央大學校 法學研究所, 1986.

163) 그러나 사법부의 행정절차에 대한 지나친 개입은 의회와 행정부의 정책결정기능을 마비시킨다는 비판도 제기되고 있다. Nathan Glazer, "Should Judges Administer Social Services?" *Public Interest* 50 (1978), p.64.

흠결을 보완하는 것까지 포함한다고 볼 수 있다.

결론적으로 의회는 그 본래의 권한인 입법권와 더불어 행정부견제권
도 가지고 있다고 보아야 한다. 왜냐하면 행정부에 대한 견제 없이 입
법권을 효과적으로 행사한다는 것은 불가능하기 때문이다. 또한 법률은
행정부의 집행이 정기적으로 의회의 견제를 받을 때만이 완전한 규범
으로 자리 잡을 수 있다.

Ⅲ. 議會의 對行政府統制 手段

1. 序 言

의회는 헌법상 여러 명시적·묵시적 권한을 근거로 집행에 관여한다.
즉 의회는 ① 행정기관을 창설하고, ② 그 권한과 존속, 그리고 관계공
무원들의 보수를 정하며, ③ 행정부의 인사정책에 관여하고, ④ 정책조
언자로서 행정절차에 참여하기도 한다. 그 밖에도 의회는 의회조사권,
세출의결권, 사적 법안의 통과, 민원해결과 여러 非法的 수단을 통하여
집행에 관여한다. 한편 의회에게 의회거부권을 인정할 것인가가 문제되
는데, 만일 인정한다면 이것은 가장 강력한 행정부통제수단 중의 하나
라고 볼 수 있다.

2. 行政府人事政策 關與

(1) 一般論

현재 미연방 법률에는 행정부인사에 관한 여러 가지 규정이 있다. 즉
연방 법률 제5장(정부조직과 연방공무원)은 ① 공무원시험과 선발, ②

부서배치(replacement), ③ 연수, ④ 성과등급(performance ratings), ⑤
보상, ⑥ 직급분류, ⑦ 공무원의 권리, ⑧ 연방공무원의 정치활동제한
등을 규정하고 있다. 따라서 의회는 이러한 법률규정에 의하여 행정부
인사에 관여할 수 있다.164)

그 밖에 의회는 행정부서를 창설하고, 대통령이 그 공무원을 임명함
에 있어서 '상원의 권고와 동의'를 조건으로 요구할 수 있다. 또 하급
공무원들에 대한 임명권을 각부장관들에게 위임할 수 있으며,165) 공무
원해임의 특정사유와 정직·면직에 따르는 절차적 보호 장치를 규정할
수 있다. 나아가 의회는 사실상 대통령의 독점적 권한이라고 볼 수 있
는 공무원지명까지 통제할 수 있다. 즉 의회는 고유권한인 입법권을 통
하여 피지명자의 자격을 규정하고, 대통령이 지명전에 반드시 고려해야
하는 피지명자의 자질을 매우 세부적으로 항목화 할 수 있다.166)

하지만 행정부인사에 관여함에 있어서 의회의 가장 강력한 무기는
바로 상원의 '임명동의절차'이다.167) 임명동의절차에서 가장 핵심적인

---

164) Joseph p. Harris, *Congressional Control of Administration*, Greenwood
publishing group, 1980, pp.180 이하.

165) 연방헌법 제2조 2항 2호.

166) 한편 연방지방법원 법관, 법무부장관, 삼군사령관(marshals) 지명의 경우,
아이러니컬하게도 상원이 피지명자를 결정하고, 대통령이 그러한 지명
에 '권고와 동의'를 하는 것이 관례로 되어왔다. Louis Fisher,
Constitutional Conflicts between Congress and the President, p.30.

167) 구체적으로 의회는 상원임명동의절차를 통하여 대통령의 지명을 무력화
시킬 수 있으며, 대통령이 지명한 인사에 대한 임명동의의 대가로 대통령
에게 무엇인가를 요구할 수 있다. 예컨대 1972년, Nixon은 그의 백악관보
좌관 Peter Flaigan의 상원 법사위원회 증언을 방해하기 위하여 행정부특
권을 주장한 바 있는데, 이때 상원의원 Sam Ervin은 상원 법사위원회에
게 Flaigan이 증언할 때까지 Nixon이 법무부장관으로 지명한 Richard
Kleindienst의 임명동의절차를 연기할 것을 요청하였고 이에 당황한
Nixon은 Flaigan의 증언을 어쩔 수 없이 수용하였다. 또 Bush 행정부시
절에 국무부는 상원의원 Jesse Helms의 1986년 칠레방문과 관련된 통신
기록을 공개하기를 거부한 바 있는데, 이에 Helms는 대통령이 Guyana대

부분을 차지하는 것은 물론 임명동의를 위한 청문회, 즉 인사청문회
(Confirmation Hearing)로서 이것은 고위공무원 피지명자의 업무수행능
력, 정치지도자로서의 도덕적 권위, 국민대표자로서의 정치 감각, 시대
적 변화와 사회집단현상에 대한 정책조망력, 인선 자체에 대한 국민적
합의와 승인 등을 보다 적극적으로 검증하는 데에 그 목적을 두고 있
다.168) 이러한 목적으로 인해 인사청문회는 궁극적으로 의회가 행정부
의 인사정책을 통제하고 감시하는 제도로서 기능하게 된다.169) 인사청
문회의 헌법적 근거는 연방헌법 제2조 2항 2호170)이고, 여기에 따라 상
원 의사규칙 제26조, 제31조, 각 상임위원회 의사규칙 등에 그 구체적
인 절차를 규정하고 있다. 대체적으로 인사청문회는 ① 신원조사 및 당
사자 면담→ ② 주요 의회지도자의 협의→ ③ 대통령의 지명 및 임명

사로 지명한 인사의 상원임명동의를 저지하기 위한 온갖 노력을 기울였다.
그 결과 임명동의절차는 무려 17개월간이나 정지되었고, 마침내 국무부는
Helms에게 관계기록을 공개하였다. Robert C. Randolph/Daniel C. Smith,
"Executive Privilege and the Constitutional Right of Inquiry", *Harvard
Journal on Legislation* 10 (1973), p.621; 梁 建, 「美國憲法과 對外問題」,
三英社, 1979, p.56; Al Kamen, "Ambassador to Guyana Is Appointed after
17-Month Standoff", *Washington Post*, Nov. 29, 1991, p.A40.

168) 이하의 서술은 주로 최연호/박종희, "인사청문회법의 입법방향에 관한
고찰", *http://www. assembly.re.kr/html/10/7.htm*에 의존하였다.

169) 인사청문회는 逆으로 이것을 통과한 고위공무원의 권위를 제고하는 역
할을 하기도 한다. 즉 의회의 청문회라는 공개적이고 다원적인 검증을
거친 인사인 만큼 그것을 통과한 고위공무원은 국민으로부터 능력과
전력에 개한 신뢰를 얻게 된다. 또한 인사청문회는 대통령의 피지명자
인선을 좀더 신중하게 하고 그 결과 대통령의 공무원임명에 대한 사회
적 승인의 정도를 제고하는 역할을 하기도 한다.

170) '…… 대통령은 대사, 밖의 공사 및 영사, 연방대법원 대법관 그리고
그 임명에 관하여 本 憲法에 특별규정이 없으나, 이후에 법률로써 정
해지는 그 밖의 모든 합중국공무원을 지명하여 상원의 권고와 동의를
얻어 임명한다. 다만 연방의회는 적당하다고 인정되는 하급공무원 임
명권을 법률에 의하여 대통령에게 단독으로 또는 법원에게 또는 각 행
정부서 장관에게 부여할 수 있다.'

동의안 제출→ ④ 본회의 보고 및 상임위원회 회부→ ⑤ 상임위원회의 예비조사→ ⑥ 상임위원회의 인사청문회 개최→ ⑦ 상임위원회의 임명 동의안 의결 및 본회의 보고→ ⑧ 상원 본회의 처리→ ⑨ 대통령에게 인준동의안 처리결과 통지 등의 절차를 거친다.

상원의 임명동의대상이 되는 고위공무원은 대사·각료·영사·대법관 및 기타 법률에 의하여 규정된 인사로서 구체적으로는 행정부의 장·차관 등 462명(14개 부처 322명, 독립규제위원회 등 32개 기관 140명), 사법부의 대법관 등 판사 매년 약 60여 명, 대사 등 외교관 매년 약 12명, 군인 소장급 이상 433명 등이다. 그러나 이 임명동의대상이 되는 고위공무원이 모두 인사청문회절차를 거쳐서 임명되는 것은 아니다. 행정부의 경우는 대체로 상위직 4번째 서열(Secretary, Deputy Secretary, Under Secretary, Assistant Secretary)까지만 인사청문회를 거쳐 임명되고 있고, 군 고위직의 경우에는 임명동의대상자 433명 중 24명만이 인사청문회를 거쳐 임명되고 있다.[171]

인사청문회와 관련하여 한 가지 흥미로운 점은 의원들이 피지명자의 학식과 정책을 검증하는 과정에서 피지명자가 상원에게 여러 가지 '공약'을 제시하기도 한다는 것이다. 예컨대 취임 후, 자신이 계획한 정책에 대한 정보를 여러 상원위원회에게 통지하는 것을 일상화하겠다든지 아니면 심지어 특정정책에 있어서는 여러 상원위원회의 사전승인을 받

---

171) 상원이 인사청문회에서 가장 엄격한 기준을 적용하는 인사는 단연 연방대법원 대법관직에 지명된 자이다. 이는 연방대법원은 사법심사를 통하여 행정부의 정책수행을 견제하는 위치에 있으며 또한 종종 대통령과 의회 간의 분쟁을 조정하는 역할을 해왔기 때문이다. 이와 같은 연방대법원의 성격으로 인해 대통령의 대법관 후보지명은 전통적으로 대통령의 정치적 성향을 반영해왔고, 상원의 임명동의권은 여기에 제동을 거는 정치적 의미를 지닌 것이었다. 실제로 1789년부터 1989년까지의 지난 2세기 동안 대법관 피지명자에 대해 상원이 임명동의를 거부한 경우는 28회나 되었고, 이것은 대법관 피지명자의 약 5분의 1에 해당하는 숫자이다.

겠다는 것 등이 바로 그것이다.

한편 의회의 행정부인사정책 관여와 관련하여 종래에 의회와 행정부가 날카롭게 대립해온 문제 중의 하나는 바로 행정부의 의도적인 행정부공무원 감축이었다. 이것은 일반적으로 행정부가 우회적으로 支出留止를 하기 위해 행해진다. 이 문제를 아래에서 자세히 살펴본다.

(2) 行政府公務員人力의 統制

비합리적인 행정부의 공무원인력수급조절은 행정부가 의회가 의결한 세출자금을 제대로 사용하지 못하게 되는 원인이 된다. 즉 행정부공무원인력의 수준을 결정하는 관리예산국(OMB)이 그 수준을 과다하게 낮춤으로써 결과적으로 행정부서의 각종사업을 수행할 인력이 부족하게 되는 현상이 초래되는 것이다.

그간 의회의 여러 위원회들은 관리예산국(OMB)이 대통령예산안에 대한 의회의 예산증액에 따르는 행정부의 추가적인 집행을 회피하기 위하여 행정부공무원인력상한정책을 시행해온 것을 지적하고 이를 시정할 것을 요구해왔다. 예컨대 의회가 행정부계획에 대한 세출자금의 규모를 확대하는 경우, 행정부는 정상적인 절차, 즉 「1974년 지출유지통제법」상의 支出留保나 폐지가 아닌 관리예산국(OMB)의 공무원인력상한정책으로 인해 자금의 지출을 막을 수 있게 되는 것이다. 관리예산국(OMB)이 이러한 공무원인력상한정책을 지속할 수 있었던 요인으로는 두 가지를 들 수 있다. 첫 번째는 실질적으로 '정규직' 공무원의 업무를 담당하는 '임시직'공무원을 대폭 확대해왔다는 점이다. 그러나 임시직공무원채용의 확대는 정규직공무원신규채용에 있어서 여러 가지 문제점을 낳게 되고, 근로자 복지상의 여러 가지 윤리적인 문제점들을 노출하게 되며, 업무인계절차와 직업훈련이 불필요하게 반복된다는 점에서 결코 바람직하다고 보기는 힘들다. 또 공무원의 전반적인 수준이 저하되고 공무원집단 내에 '정규직'과 '임시직'이라는 계층이 형성되어 상호 간의 위화감이 조성될 가능성이 있는 것도 사실이다. 두 번째는 행정기관이 그 소속공무원들에게 가급적 예산을 많이 필요로 하는 사업을 수행할 것을 요구하여 공무원신규채용에 따르는 재정적 부담을 줄이려 해왔다는 점이다. 그간 여러 행정부서들은 회계연도가 종료되기 직전에 대량의 공무원들을 해고하고, 연초에 그들을 재고용하는 관행을 반복함으로써 관리예산국의 이러한 공무원인력상한정책을 준수해왔다.

위와 같은 인위적인 공무원인력상한정책을 규제하기 위하여 하원 세출위원회는 그 위원회보고서를 통하여 각 행정부서가 보유하여야 할 적정공무원인력의 수준을 획정하고, 만일 행정부서가 이를 준수하지 못할 경우에는 同위원회에 보고하도록 하였다.172) 또한 상원 세출위원회는 행정부서가 공무원인력수급을 제한함으로써 그 세출자금사용을 억제하려는 경우에는 그것을 지출유지통제법상의 支出留止로 간주하여 의회에 보고하도록 하였다.173)

위에서 보듯이 행정부공무원인력에 대한 의회의 통제는 일반적으로 非法的인 차원에서 이루어지고 있다. 그러나 의회는 농업세출에 대해서는 그 세출법안에 공무원인력상한정책을 금지시키는 규정을 첨부함으로써 사실상 법적인 통제를 가하고 있다. 예컨대 「1977년 농업세출법안」은 이 법에서 책정하고 있는 농무부산하 행정부서의 정규직공무원인력174)을 감축시키기 위해 同法上 세출자금을 일체 사용할 수 없다는 점을 규정한 한 바 있다.175)

---

172) H. Rept. 1218, 94th Cong., 1st sess., 1976, pp.4-5.

173) S. Rept. 276, 95th Cong., 1st sess., 1977, p.35.

174) 농민주택국(Farmers Home Administration) 7400명, 농업보호국(agricultural stabilization and conservation service) 2473명, 토양보호국(Soil Conservation) 13955명.

175) 91 Stat. 828, sec. 609 (1977).

한편 의회가 행정부공무원수급과 그 임금에 대해 법적 통제를 가하는 것은 헌법적 측면에서 행정부권한을 침해하는 것이 아닌가하는 문제가 제기될 수 있다. 그러나 미국의 의회는 행정부계획의 수권기관이며 국민세금의 효율적 집행을 감독하는 기관이라는 점에서 이러한 의회의 통제를 위헌이라고 보기는 힘들다. 결국 공무원인력상한정책이 행정부의 支出留止의 수단으로 기능하는 경우에 의회가 이를 통제하는 것은 당연하다고 볼 수 있다.

하지만 의회의 행정부공무원인력통제가 항상 효과적으로 이루어진 것은 아니다. 이것은 이에 관한 의회의 정책이 일관적이지 못했다는 점에 직접적으로 기인한다. 예컨대 의회의 행정부공무원인력통제가 절정이었던 1978년, 관리예산국장으로 지명되어 상원 행정위원회(Senate Governmental Affairs Committee)에 출석한 James T. McIntyre는 자신이 관리예산국장으로 취임하면 의회가 수권한 계획을 집행하지 않을 목적으로 공무원인력상한정책을 추진하는 일은 없을 것이라고 한 바 있다. 그러나 그 해 말에 통과된 「1978년 공무원제도개혁법」으로 인해 관리예산국(OMB)은 공무원감축정책을 위한 법적 근거를 확보하게 되어 다시 행정부공무원 감축정책을 추진할 수 있었다.

그 후 행정부는 계속적으로 공무원을 감축하려는 노력을 하였고, 결국 이 문제는 소송으로까지 확대되었다. 이에 관한 대표적인 사건으로는 1981년, Reagan 행정부가 연방공무원신규채용을 동결한 사건을 들 수 있다. 이를 구체적으로 살펴보면, 행정개혁의 일환으로 행정부공무원들의 규모를 축소하려 했던 Reagan은 1981년 1월 20일 취임하자마자 자신의 대통령당선 다음날인 1980년 11월 5일로부터 자신의 취임일까지 연방공무원으로 선발된 자들의 신규채용을 동결한다는 것을 내용으로 하는 행정명령을 발하였다. 그 결과 이 행정명령은 연방공무원채용을 위해 자신의 직업을 포기한 자들을 비롯한 약 2만 여명의 사람들에게 영향을 주었다. 이에 연방항소법원은 이러한 자들의 대부분은 '경력직공무원'(employee)이 아니라 해고에 있어서의 절차적 보호요건이 적용되지 않는 '임명직공무원'(appointee)에 불과하다는 점에서 Reagan의 행정명령은 정당하다고 판시하였다.176)

그러나 의회는 위와 같은 사정에도 불구하고 최근까지 의회가 수권한 계획을 집행하지 않을 목적으로 행정부가 공무원인력상한정책을 추진하는 것을 지속적으로 규제해오고 있다. 예컨대 「1992년 농업세출법안」은 5개 행정부서의 공무원인력하한을 획정하고 있다.177) 한편 Clinton 행정부는 1993년 국가행정평가위원회(National Performance Review)178)의 보고서를 통하여 의회의 이러한 공무원인력감원규제는 '효율적인 정부'를 위해 향후 5년에 걸쳐 약 25만 2천 명의 연방공무원을 감축하려는 Clinton 행정부의 정책적 목표를 사실상 좌절시키는 것이라고 비판하였다. 이에 의회는 이러한 행정부의 주장을 받아들여 대부분의 공무원인력하한규제를 철폐하였으나,179) Clinton 행정부가 위의 행정개혁의 일환으

---

176) *National Treasury Employees Union v. Reagan*, 663 F. 2d 239 (D. C. Cir. 1981).

177) 105 Stat 913, sec. 724 (1991).

178) 국민의 행정에 대한 기대와 수요가 다양해지고 증가됨에 따라 보다 적은 인력과 비용을 투입하여 보다 나은 서비스를 제공하는 것이 중요한 과제로 대두되고 있다. 이러한 현상은 미국의 경우도 예외는 아니어서 Clinton 행정부 등장 이후 행정능률의 향상과 對국민서비스 개선을 위하여 정부조직이나 기능을 재조정·재정립 하려는 노력을 적극적으로 전개하고 있다. 이러한 노력의 일환으로 Clinton 행정부시절에 창설되었던 것이 바로 국가행정평가위원회이다. 이 위원회는 행정을 '국민에 대한 서비스의 전달'로 새롭게 규정하고 국민의 수요와 기대에 부합하는 행정서비스의 제공을 위하여 정부의 기능을 재검토하고 그 개선을 위한 권고사항을 제시하였다. 그리고 연방정부의 각 부서 또는 시스템 별로 구체적인 실천방안을 수립하여 집행을 유도하기도 하였다. 여기에 대해서는 전반적으로 한국전산원, "포커스: 정보기술을 통한 리엔지니어링", 「정보화동향분석」 2권 23호, 한국전산원, 1995를 참조.

179) "Administration Asks Congress to Ease Way for Personnel Cuts", *Washington Post*, Sept. 7, 1993, p.A27.

로 보훈병원(veteran's hospital)의 연방공무원인력까지 삭감하려 하자 의
회는 이를 법적으로 제한하였다.180)

3. 政策助言者로서의 執行關與

연방헌법은 의회의원이 연방직에 취임하는 것을 명시적으로 금하고
있다.181) 바로 이 겸직금지조항(The compatibility Clause)은 미국헌법상
권력분립원칙을 가장 분명하게 보여주는 조항이라고 할 수 있다. 그러
나 의회의원들은 이러한 겸직금지조항에도 불구하고 일정한 법률에 의
거하여 '행정부구성원의 자격'으로 집행에 관여해왔다. 예컨대 「1962년
무역확장법」(Trade Expansion Act of 1962)은 모든 외국과의 무역협상
前에 대통령은 하원 조세위원회(tax committee)소속 의원 네 명을 미무
역대표위원으로 선발해야 한다는 것을 규정하고 있었고, 또 이 법에 따
라 10명의 의원들은 대통령에 의해 미무역대표단의 공식자문위원으로
각종 국제회의나 무역협정협상에 파견되었다.182)

또한 의회는 행정부의 집행을 감독하기 위해 여러 독립위원회
(independent commission)를 창설하고 그 위원 및 위원장을 자신이 직접
임명하기도 하는데, 이것 역시 의회가 정책조언자로서 집행에 관여하게
되는 경우라고 볼 수 있다. 예컨대 의회는 1976년, 헬싱키협정상의 인

---

180) Albert J. Kliman and Louis Fisher, "Budget Reform Proposals in the
NPR Report" *Public Budgeting and Finance* 15 (1995), p.34; 108 Stat.
4680-81, sec. 1101-02 (1994).

181) 연방헌법 제1조 6항 2호.

182) 나아가 여러 무역관련법률에 포함된 소위 '신속절차'(fast track)로 인하
여 의회의원들은 무역협상절차에 밀접하게 관여하게 되고, 그 결과 대통
령의 시행초안(draft implementing bill)은 신속하게 의회를 통과할 수 있
게 된다. Theresa Wilson, "Note: Who Controls International Trade?
Congressional Delegation of the Foreign Commerce Power", 47 *Drake L.
Rev.* 141 (1998), pp.167-69.

권규정 준수여부를 감독하기 위해 유럽안보협력위원회(Commission on Security and Cooperation in Europe)를 창설하고, 12명의 의회의원을 유럽안보협력위원회 위원으로, 또 하원의장의 지명에 의해 하원의원 중의 1인을 그 위원장으로 선발하였다. 183)

한편 1985년에 개편된 유럽안보협력위원회는 종래와 같이 행정부출신 위원과 의회출신 위원의 혼합 체제를 유지하였으나, 과거와는 달리 그 위원장을 상원과 하원에서 번갈아 가며 배출하고 있다.184)

4. 議會調査權

(1) 議會調査權

미국의회의 강력한 행정부통제수단인 의회조사권은 사실 연방헌법에 명시적으로 규정된 의회의 권한은 아니다. 하지만 의회조사권은 의회가 탄핵 소추심판권과 같은 準사법적(quasi-judicial) 권한을 효과적으로 행사하기 위하여 불가피하게 인정되어야 할 권한이라고 볼 수 있다.185) 1957년, 연방대법원은 *Watkins v. United States*186)에서 의회조사권을 부패와 무능이 드러난 연방정부에 대한 광범위한 조사라고 정의한 바 있다. 심지어 의회의 집행관여를 부정적으로 평가하는 입장에서도 의회의 기능을 단지 정책을 법률로 제정하는 기능으로 한정하지는 않는다.187)

---

183) 반면 대통령은 국무부, 국방부, 통상부로부터 선발된 3명을 유럽안보협력위원회 위원으로 임명할 수 있었다. 90 Stat. 661 (1976).

184) 22 U. S. C. 3003(c).

185) Laurence H. Tribe, *American Constitutional Law*, 3rd ed., vol. 1, Foundation Press, 2000, p.791.

186) 354 U. S. 178 (1957).

187) Joseph p. Harris, *op.cit.*, pp.1-3.

이러한 관점에 따른다면, 의회는 여러 정책들이 어떻게 집행되었는지, 또 그러한 정책들의 시행으로 일정한 효과가 있었는지, 만일 효과가 없었다면 의회가 취할 수 있는 적절한 조치는 무엇인지에 대해 조사하고 감독해야할 권한과 의무가 있다고 볼 수 있다.

일반적으로 의회조사권은 행정부의 활동에 대해 조사를 하고 증언을 듣고 증거를 제출케 하는 것을 그 중심적인 내용으로 한다.188) 그간 하원은 '조사결의'(resolutions of inquiry)를 통해 의회조사권을 적극적으로 행사해왔다. 하원의원은 의회위원회에게 행정부에 대한 정보요구권을 부여하는 결의안(resolution)을 제출할 수 있고, 제출된 결의안은 1주안에 하원에 보고 되어야 한다. 그 후 조사와 관련된 행정부공무원들은 직접적으로 또는 대통령을 통하여 조사결의안에 대해 일정한 입장을 밝히게 되는데, 만일 그들이 의회의 일정한 서류의 제출요구를 거부한다면 의회위원회는 증거자료제출명령(subpoenas for document)을 발하거나 증언을 위해 증인을 강제 소환할 수 있다.189) 의회의 증거자료제출명령이나 罰則附證言命令(subpoena)에도 불구하고 계속해서 자료제출이나 증언을 거부하는 경우, 의회는 그 고유권한을 수호하는 차원에서 의회모독처벌권을 발동할 수 있다.190)

그러나 의회조사권을 의회의 절대적 권한이라고 볼 수는 없으며, 의회가 그것을 행사하는 데에는 일정한 한계가 있다. 의회조사권의 한계는 일반적으로 행정기관에 대한 조사보다는 私人에 대한 조사에서 더 잘 나타난다. 이것은 私人에게는 수정헌법 제1조상의 표현과 결사의 자유(free speech and association), 제14조상의 부당한 체포와 수색으로부

---

188) 梁 建, 「美國憲法과 對外問題」, p.52.

189) 한편 연방대법원은 적법한 의회조사에 따른 증거자료제출명령은 입법권의 필수불가결적인 요소라고 판시한 바 있다. *Eastland v. United States Serviceman's Fund*, 421 U. S. 491, 505 (1975).

190) *Anderson v. Dunn*, 6 Wheat. 204, 228 (1821).

터 자유, 제5조상의 자기에게 불리한 진술을 거부할 자유, 제6조상의 적법절차 등이 보장된다는 점에 직접적으로 기인한다.191) 따라서 私人에 대한 위원회청문회의 정당성과 필요성은 행정기관에 대한 그것보다 더욱 강하게 인정되어야 하며, 청문회에서의 질문도 의회조사의 목적과 직접적인 관련이 있어야 한다.

그러나 행정기관에 대한 의회조사에는 이러한 한계들이 철저하게 지켜질 필요는 없다. 왜냐하면 의회는 국민들의 종속기관으로서 그들의 기본권을 철저히 보장하여야 할 헌법적 의무를 지는데 반해, 의회와 동위기관인 행정기관에 대해서는 이러한 의무가 존재하지 않기 때문이다. 즉 행정기관은 의회와 마찬가지로 기본권보장의 '객체'가 아니라 기본권보장의 '주체'라는 점에서 의회조사의 한계가 완화되는 것이다. 의회조사에 대해 행정부, 특히 대통령은 아래에서 보듯이 의회조사를 회피하기 위하여 행정부특권을 주장할 수 있지만, 역사적으로 볼 때 주장된 예도 별로 없을 뿐만 아니라 주장되었다 하더라도 Watergate 사건에서 알 수 있듯이 큰 효과를 거두지는 못했다.192) 예컨대 1986년, Reagan은 Nixon 행정부시절 법무부에서 근무했던 William Rehnquist 現대법관이 당시에 작성한 기록을 상원에 제출하기를 거부하면서 행정부특권을 주장한 바 있으나, 그의 이러한 행정부특권 주장으로 인해 Rehnquist 대법관의 대법원장 임명동의와 Antonin Scalia의 대법관 임명동의가 지연되자 이를 철회하고 그 기록을 상원에 제출한 바 있다.193)

그러나 그간 법원은 의회가 행정기관에 대한 조사를 함에 있어서 지

---

191) 이 점에 대해 자세한 것은 梁 建, "美國憲法上 議會의 國政調査權", 「憲法研究」, 法文社, 1995, pp.569-78 참조.

192) 이점에 관하여 자세한 것은 Louis Fisher, *Constitutional Conflicts between Congress and the President*, pp.181-95 참조.

193) Stephen Wermiel, "Rehnquist Nomination as Chief Justice To Go to Senate; Panel Also Clears Scalia", *Wall Street Journal*, New York, N. Y. ; Aug 15, 1986; Eastern edition; pp.1-4 참조.

켜야 할 몇 가지 한계가 있음을 밝혀왔다. 대표적으로 의회는 현재 진행 중인 행정기관의 재결절차(adjudicatory proceeding)에 관여할 수 없다. 왜냐하면 이러한 영역에 대한 의회조사는 행정기관의 '입법적 기능'에 대한 것이 아니고 '사법적 기능'에 대한 것이기 때문이다.194)

(2) 議會調査權과 行政府特權과의 關係

1) 序 言

의회가 아무리 의회조사권을 통하여 행정부의 집행을 견제하려한다 하더라도, 만일 행정부가 여기에 대해 소극적인 자세를 취한다면 그것의 실효성은 저하될 수밖에 없다. 미국의 경우에도 의회의 조사활동에 대해 행정부가 항상 협력해온 것은 아니며, 특히 의회가 대통령이나 그 소속기관에게 일정한 정보나 문서의 제출을 요구하는 경우에 대통령은 이른바 '행정부특권'을 내세워 이를 거부하는 예가 종래에 적지 않았다. 일반적으로 행정부특권이론(doctrine of executive privilege)이란 의회나 법원이 대통령에 대해 행정부가 보유하고 있는 문서 또는 정보의 제출을 요구하는 경우, 대통령은 이를 거부할 수 있다는 이론을 말한다. 물론 연방헌법상 명시적으로 행정부특권을 인정한 조항은 찾아볼 수 없으나, 이 특권은 연방헌법상 권력분립의 규정에서 유래하는 것이며 또한 대통령의 헌법상 의무의 수행을 위해 필요불가결한 권한이라고 주장되어 왔다. 종래에 행정부특권이 주장된 경우는 대체적으로 외교 군사적 문제, 수사 중이거나 재판 중인 사건의 기록이나 문서, 그리고 행정부 내부에 있어서의 의견교환에 관한 정보 등 세 가지 영역으로 집약될 수 있다.195) 이하에서는 행정부특권이 문제되었던 사례들을

194) *Pillsbury Co. v. FTC*, 354 F. 2d 952, 964(5th Cir. 1966).

195) Dorsen/Shattuck, "Executive Privilege, the Congress, and the Courts", 18

연방대법원과 그 하급심 판례들을 중심으로 검토하고자 한다.

2) 聯邦大法院 判例196)

① *United States v. Nixon*197)

이 사건은 1974년의 Watergate 사건을 둘러싼 대통령과 의회와의 대립이 법정으로까지 비화된 사건이다. 이 사건에서 Nixon 대통령은 Watergate 사건을 조사하는 의회나 특별검사에게 사건관련 테이프들과 기타 기록들을 제출하기를 거부하면서 행정부특권을 주장하였다. 우선 연방대법원은 '행정부특권'이라는 대통령의 권한이 헌법적으로 인정될 수 있는지 여부에 대해 판단하였다. 그 결과 연방대법원은 입법·행정·사법부의 최고기관성과 이들의 헌법상 권한의 성격을 근거로, '조건부' 행정부특권은 헌법적으로 인정될 수 있다고 판시하였다.

그러나 연방대법원은 특권을 행사하는 것은 행정부의 절대적 자유영역에 속하므로, 이에 대한 사법심사는 있을 수 없다는 Nixon 대통령의 주장까지 받아들이지는 않았다. 이 점에 대해 법정의견을 대표한 Burger 대법원장은 다음과 같이 말하고 있다.

> "무엇이 법인가를 말하는 것은 행정부와 공유할 수 없는 사법부의 당연한 권한이자 의무이다198)…… (절대적 행정부특권을 인정하는 것은) 三府 간의 헌법적 균형을 파괴하는 것이며, 연방헌법 제3

Ohio State L. J. (1974), p.14(梁 建, 「美國憲法과 對外問題」, p.55 n.154 에서 재인용).

196) 이 부분은 盧琡鎬/姜勝植, "美國憲法上 大統領과 議會의 權力關係", 「지역발전연구」 제4호, 한국지역발전학회, 2002, pp.114-16을 전반적으로 참조.

197) 418 U. S. 683 (1974).

198) *Ibid.*, at 703(*Marbury v. Madison*, 5 U. S. 137, 177 (1803) 원용).

조가 부여하고 있는 사법부의 헌법상 권한을 중대하게 침해하는 것
이다."199)

이러한 논리하에 **Burger** 대법원장은 문제된 행정부특권의 위헌여부
는 그것을 인정함으로써 얻게 되는 이익과 그것을 부인함으로써 얻게
되는 이익을 비교형량 하여 결정해야 한다고 함으로써, 행정부특권에
대한 위헌심사에는 원칙적으로 이익형량기준이 적용된다고 판시하였다.
결국 연방대법원은 이 사건에서 문제된 행정부특권에 대해 이익형량기
준을 적용하면서 다음과 같이 결론지었다.

"형사재판상 증거자료제출명령에 대해 대통령이 주장하는 행정부
특권의 근거가 비밀을 유지함으로써 오게 되는 일반적인 이익에 불
과하다면, 이는 형사사법의 공정한 운영에 있어서의 적법절차라는
이익보다 결코 더 중요하다고 할 수 없다. 따라서 현재 진행 중인
형사재판에서의 명확하고도 구체적인 증거의 필요성은 대통령의 행
정부특권보다 우선되어야 한다."200)201)

② *Nixon v. Administrator of Gen. Servs*202)

행정부특권이 문제되었던 또 다른 연방대법원판례는 1977년의 *Nixon*

---

199) *United States v. Nixon*, 418 U. S. at 707.

200) *Ibid.*, at. 713. 그러나 연방대법원은 어떤 증거자료가 공개되고, 공표되
어야 하는가를 결정함에 있어서 대통령을 '평범한 개인'으로 다룰 것이
아니라, 사법의 공정한 운영과 부합하는 한도 내에서 대통령의 비밀을
최대한 보호하여야 한다는 점을 강조했다. *Ibid.*, at. 715.

201) Jerome A. Barron/C. Thomas Dienes, *Constitutional Law in a nutshell*,
4th ed., West Group, 1999, pp.158-60; Kermit L. Hall, ed., *The Oxford
Guide To United States Supreme Court Decisions*, Oxford University
Press, 1999, pp.218-20.

202) 433 U. S. 425 (1977).

*v. Administrator of Gen. Servs*이다. 이 사건은 일반인들에게 Nixon 행정부기간 동안의 여러 비밀문서와 테이프기록, 그리고 기타자료들에 대한 접근을 허용하고 있었던 연방 법률203)이 문제된 사건이다. 이 사건에서 전직대통령 Nixon은 이 법률로 인해 자신의 행정부특권이 침해되었다고 주장하였다.

법정의견을 대표한 Brennan 대법관은 먼저 전직대통령도 행정부특권을 주장할 수 있는지를 검토하고, 그 결과 전직대통령도 행정부특권을 주장할 수 있다고 판시하였다. 하지만 이러한 결론에도 불구하고 Brennan 대법관은 다음과 같은 두 가지 근거하에 이 사건에서 주장된 Nixon의 행정부특권을 인정하지 않았다. 첫째, Brennan 대법관은 이 법률은 행정부의 고유기능을 침해한다는 Nixon의 주장에 대해 그 후임자들인 Ford와 Carter가 전혀 공감하고 있지 않다는 점에 주목하였다. 즉 그는 Nixon의 후임자들이 이 법률로 인해 행정부기능이 침해되지 않는다고 판단하는 이상, 전직대통령이 이 법률에 대해 행정부특권을 주장할 근거는 그만큼 좁아진다고 판단하였다. 이러한 관점에서 Brennan 대법관은 전직대통령도 행정부특권을 주장할 수는 있지만, 그 범위는 극히 제한적으로 해석되어야 한다고 판시하였다.

다음으로 Brennan 대법관은 이 법률이 Nixon의 자료를 선별적으로 공개할 것을 규정하고 있다는 점에 주목하였다. 즉 그는 전면적 공개가 아닌 선별적 공개는 행정부특권이 침해될 가능성을 그 만큼 감소시킨다고 보았다. 비록 자료를 선별하기 위해서는 누군가가 그 전체의 자료를 검토해야 한다는 점에서 행정부특권에 대한 침해가 이루어진다고 볼 수도 있지만, 이 점에 대해 Brennan 대법관은 자료의 선별은 행정부 내의 전문적 식견을 가진 소수의 행정부공무원들이 담당한다는 점에서 Nixon의 행정부특권에 대한 침해는 아주 제한적으로 이루어지는 것에 불과하다

---

203) 이 법률은 「대통령 기록 및 자료에 관한 법률」(Presidential Recordings and Materials Act: 44 U. S. C. 2107)이었다.

고 보았다. 나아가 그는 이러한 제한적인 침해조차도 자료를 공개함에
따르는 이익, 즉 정보공개에 따르는 합법적 정부보장과 공개된 자료의
역사적인 활용이라는 이익에 의해 정당화된다고 판시하였다.204)205)

3) 그 밖의 主要 行政府特權事件

위와 같은 사건 외에도 행정부특권은 Nixon 행정부이후에도 꾸준히
문제되었는데, 그 중 일부는 법정으로까지 확대되기도 하였다. 그 주요
사건을 행정부별로 개관하자면 다음과 같다.

① Carter 行政府: *United States v. AT&T*

1976년, California州 민주당소속 하원의원 John Moss는 그가 소속된
하원 소위원회206)를 통하여 미국통신(AT&T)으로 하여금 국가안보를
이유로 한 행정부 도청에 관한 정보를 공개할 것을 요구했다. 한편 법
무부는 미국통신이 의회의 증거자료제출명령(subpoena)에 따르는 것은
중요정보를 공개적으로 노출하는 것이고, 이는 국가안보에 역효과를 미
칠 수 있다고 주장하며, 미국통신의 자료제출금지명령을 구하는 소송을
제기하였다. 이에 연방지방법원은 다음과 같은 판시를 통해 법무부의
주장을 인용하였다.

---

204) *Nixon v. Administrator of Gen. Servs*, 433 U. S. at 452-53.

205) Jerome A. Barron/C. Thomas Dienes, *op.cit*, pp.160-61; John E. Nowak/
Ronald D. Rotunda, *Constitutional Law*, 5th ed., West Group, 1995,
pp.239-41 참조.

206) 그는 당시 州間通商과 국제무역에 관한 하원 감독조사 소위원회(House
Subcommittee on Oversight and Investigations on Interstate and Foreign
Commerce) 의장이었다.

"정보공개의 위험성과 국가안보의 필요성에 대한 최종결정은 헌법으로부터 이러한 영역에서 일차적으로 기능하도록 권한을 위임받은 국가기관에 의해 이루어져야 한다. 국가안보와 외교와 같은 영역에서 이러한 역할을 수행하는 기관은 행정부이다."207)

그러나 약 5개월 후, 대선에서 민주당후보 Carter가 당선되고 의회 역시 민주당이 장악하게 되자 의회와 행정부는 사법적 강제 없이 자발적으로 이 문제를 해결할 기회를 맞게 되었다. 이러한 상황에서 사법부 또한 종전의 입장을 변경하여 중립적 자세로 전환하게 되었다. 즉 연방항소법원은 행정부와 의회에게 그들의 문제를 법정 밖에서 해결할 것을 권고하며 연방지방법원 판결을 파기 환송하였다. 연방항소법원은 대통령과 의회 간의 자발적 타협이야말로 그들의 본질적인 요구와 양자간의 헌법적 균형에 가장 잘 부합한다고 판단하였다.208)

하지만 법무부와 의회 소위원회는 이러한 판결에도 불구하고 계속해서 연방항소법원이 이 문제를 판단해줄 것을 요구하였고, 결국 이듬해 다시 同항소법원이 이 사건을 심리하게 되었다. 먼저 이 사건의 법정의견을 대표한 Harold Leventhal 판사는 의회와 행정부 간의 이러한 분쟁은 원칙적으로 '정치문제'(political question)에 해당되지 않는다고 보았다. 즉 그는 행정부와 의회와의 분쟁에 그들의 헌법상 권한이 대립되어 있는 경우, 사법부가 이러한 분쟁에 대해 무조건적으로 판단을 자제하는 것은 올바른 문제해결에 도움이 되지 않는다고 판단하였다. Leventhal 판사에 따르면 이러한 분쟁에 있어서는 의회와 행정부 중 어느 기관도 최종결정권을 가지지 못하며, 그들이 자발적인 문제해결에 어려움을 겪는 경우에는 원활한 국정운영을 위하여 법원이 여기에 개입할 수도 있다는 것이다.209)

---

207) *United States v. AT&T*, 419 F. supp. 454, 461 (D. D. C. 1976).

208) *United States v. AT&T*, 551 F. 2d 384, 394 (D. C. Cir. 1976).

그러나 Leventhal 판사 역시 전년도 항소법원 판결과 마찬가지로 양
자 간의 대립되는 관점을 해결할 만한 중간적 입장을 모색해야 한다는
점을 강조하며 서로 간의 타협을 강력히 권고하였다. 구체적으로 그는
헌법제정자들이 '권력의 분할'과 '견제와 균형'을 동시에 추구하는 헌법
을 채택함에 있어서, 그들은 의회와 행정부에게 적극적인 타협의 정신
을 기대했다고 설명했다. 즉 이러한 정신이야말로 미국의 정치체제
를 가장 효율적으로 기능하게 하는 원동력이 된다는 것이다. 또한
Leventhal 판사는 헌법은 묵시적으로 갈등관계에 있는 의회와 행정부에
게 그들의 요구를 현실적으로 평가해 봄으로써 최적의 타협점을 찾을
것을 요구하고 있다는 점을 강조하고, 따라서 양자는 스스로 극단적인
대립을 자제해야 한다고 판시하였다.210) 이처럼 연방항소법원이 두 차
례나 이 문제에 대한 사법적 판단을 자제하자 법무부와 하원 소위원회
는 결국 타협을 모색할 수밖에 없었고, 타협이 이루어 진 후인 1978년
12월 21일에 이 사건은 각하되었다.211)

② Reagan 行政府: *United States v. House of Represen-tatives*

Reagan 행정부시절에 있었던 행정부특권을 둘러싼 논쟁은 위의
Cater 행정부시절에 문제된 그것과 유사하게 전개되었다. 1982년, 하
원 공공사업위원회(House Public Works Committee)의 감독소위원회
(oversight subcommittee)는 환경청(Environmental Protection Agency:

209) *United States v. AT&T*, 567 F. 2d 121, 126 (D. C. Cir. 1977).

210) *Ibid.*, at 127.

211) 이 판결에 대해 자세한 것은 Bruce E. Fein, "National Security and the First Amendment: Article: Access To Classified Information: Constitutional And Statutory Dimension", 26 *Wm and Mary L. Rev.* 805 (1985), pp.835-40 참조.

EPA)으로부터 일정한 자료의 제출을 요구한 바 있다. 이러한 자료제출 요구는 환경청의 Superfund program 시행에 대한 의회조사의 일환으로 이루어진 것이었다. 한편 Superfund program은 원래 의회에 의해 계획된 것으로서 유독성폐기물 처리장소를 정화하고 유독성폐기물을 불법적으로 처리하는 회사들을 고발하는 데에 16억 불을 투입하는 것을 그 내용으로 하고 있었다. 이러한 의회조사의 배경에는 주요화학회사들이 쓰레기처리비용에 대한 그들의 총분담액을 납부하지 않아 그 미납부액을 납세자들이 부담하고 있다는 점에 대한 의혹이 있었다.

하지만 Reagan 행정부는 환경청장 Anne Gorsuch를 통하여 현재 진행 중인 소송관련 자료들의 제출을 거부하였고, 이에 공공사업위원회는 259:105의 표결로 Gorsuch에게 의회모독죄 소환장(contempt citation)을 발부하였다. 이러한 의회의 조치에 대해 Reagan 행정부는 즉각적으로 이는 의회에게 정보제공을 거부할 수 있는 행정부특권을 위헌적으로 침해하는 행위라고 주장하며 법원에 소송을 제기하였다. 하지만 1983년, 연방지방법원은 사법부가 행정부와 의회 간의 분쟁에 개입하는 것은 가능한 한 모든 대안들이 검토된 후에 있을 수 있다는 판단하에 이를 각하하였다. 이러한 판시와 더불어 연방지방법원은 분쟁을 겪고 있는 양당사자는 '대결'이 아닌 '타협'에 모든 노력을 다할 것을 권고하였다.212) 이러한 연방지방법원의 판결이 있자 Reagan 행정부는 그 자료들을 의회에 공개하는 데에 합의하였다.

③ Clinton 行政府: Travelgate事件, Whitewater事件

Bush 행정부시절에는 이렇다 할 행정부특권에 관한 분쟁은 없었다. 그러나 1992년에 민주당후보 Clinton이 대통령에 당선되고, 1994년 총

---

212) *United States v. House of Representatives*, 556 F. supp. 150 (D. D. C. 1983).

선결과 공화당이 의회를 지배하게 되자 의회와 행정부는 행정부특권을
둘러싼 수많은 갈등을 겪게 된다. 예컨대 1994년 총선 후, 하원 정부개
혁감독위원회(House Committee on Government Reform and Oversight)
는 7인의 여행국(Travel Office) 공무원들에 대한 백악관의 해고조치를
면밀히 조사하기 시작하였다. 하지만 Clinton 행정부는 관련 자료를 늦
게 제출하는 등의 비협조적 태도를 보였고, 이러한 행정부의 태도
에 당황한 의회는 정부개혁감독위원회에게 특별권한을 부여하는 결
의(resolution)를 통과시켰다. 이 결의에 따르면 정부개혁감독위원회 위
원장은 그 소속위원들에게 관련 증인에 대한 진술(affidavit)과 증언
(deposition)을 확보할 것을 지시할 수 있었다. 단 이러한 위원장의 지시
는 同위원회 민주당지도자와의 협의를 거쳐야 하며, 증인의 증언이나
진술은 증인에 대한 통지(notice)와 소환절차(subpoena)에 따라 그 선서
하에 이루어져야 했다. 이러한 절차로 인해 정부개혁감독위원회 위원들
은 약 50여명의 잠재적 증인들로부터의 증언을 확보할 수 있었고, 그
결과 의회조사는 원활히 수행되었다. 하지만 그 후 행정부는 이른바
'Travelgate'라 불리는 이 사건에서 행정부특권을 이유로 의회에 대해
여러 가지 관련문서의 제출을 거부하였고, 이에 同위원회는 27:19의 표
결로 백악관변호인(White House Counsel) Jack Quinn을 의회모독죄로
처벌할 것을 의결하여 양자는 극단적으로 대립하게 되었다. 그러나 이
문제가 하원 본회의에 상정되기 전, 양자 간의 합의에 의해 결국 행정
부는 문제의 자료들을 同위원회에게 제출하였다.213)

　　Clinton 행정부에서 행정부특권이 문제된 또 다른 실례는 1995년, 상
원 Whitewater사건 조사위원회(Senate Whitewater Committee)의 자료제
출명령에 대해 Clinton 행정부가 이를 거부한 사건이다. 한편 同위원회

---

213) "Panel Moves to Gain Travel Office Files", *New York Times*, May 10,
　　1996, p.A26; "White House Gives Committee More Papers in Dismissal
　　Case", *New York Times*, May 31, 1996, p.A20.

가 제출을 요구한 문건들은 백악관변호인사무국(White House Counsel's Office)에서 작성된 것이었는데, 백악관 측은 변호인과 의뢰인 간의 특권이라는 측면에서 이러한 문건들은 보호되어야 한다고 주장하였다.214) 그러나 同위원회는 Clinton과 백악관변호인과의 관계는 단순히 사적 법률문제를 다루기 위한 관계가 아니라 정부업무를 다루기 위한 '공적 관계'라는 점을 주장하며, 자료제출명령의 집행을 위해 소송을 제기하기로 결정하였다. 의회가 이와 같이 적극적인 태도를 보이자 결국 행정부는 그 문건들을 공개할 수밖에 없었다.215)216)

---

214) 구체적으로 Clinton 대통령은 대통령과 그의 각료, 주치의, 변호인과는 비공개적 의견을 교환할 권리가 있다는 전제하에, 자신이 변호인과 의뢰인 간의 특권을 잃어버리게 되는 역사상 최초의 대통령이 되어서는 안 된다고 주장하였다. "Legal Experts Uncertain on Prospects of Clinton Privilege Claim", *Washington Post*, Dec. 14, 1994, p.A14; "Compromise on Notes Rejected", *Washington Post*, Dec. 15, 1995, p.A2.

215) 한편 이 사건의 항소심에서 법원은 백악관은 그들이 변호인과 의뢰인 간의 특권에 의해 보호된다고 주장하는 문건들을 공개해야 한다고 판결한 바 있다. 하지만 이 사건은 행정부에 의해 연방대법원에 상고되었고, 연방대법원이 항소심판결에 대한 심리를 하던 도중 행정부는 위와 같은 자료공개결정을 하게 되었다. 이에 따라 1997년, 연방대법원은 항소심판결에 대한 심리를 중지하였고, 마침내 그 문건들은 Kenneth Starr 독립검찰관에게 넘겨졌다. "WhiteWater Notes Being Surrendered", *Washington Post*, Sept, Dec. 22, 1995, p.A1.

216) Clinton 행정부는 Whitegate 사건 이후에도 몇 차례에 걸쳐 의회의 자료제출요구를 거부하였다. 예컨대 그는 행정부특권을 이유로 이란으로부터 보스니아 이슬람교도들로의 무기수송을 묵인하는 것을 내용으로 하는 행정부내부보고서와 마약정책집행에 핵심인물이었던 미연방수사국(FBI) 국장 Louise Freeh의 비망록 등에 대한 공개를 거부하였다. "Congress Is Denied Report on Bosnia", *New York Times*, Apr. 17, 1996, p.A1; "White House Claims Privilege on Drug Memo", *Washington Post*, Oct. 2, 1996, p.A15.

4) 整 理

이상에서 검토한 여러 행정부특권관련 분쟁들을 살펴볼 때, 여기에는 다음과 같은 세 가지 이해관계가 헌법적으로 충돌되어 있음을 확인할 수 있다. 즉 사법부는 사법절차의 완전성을 수호하기 위하여 일정한 증거를 필요로 할 것이고, 행정부는 일정한 영역에 대해 기밀을 유지할 필요가 있을 것이며, 의회는 그 헌법상 의무를 수행하기 위해 행정부로부터 일정한 정보를 필요로 할 것이다. 만일 행정부특권을 헌법적으로 인정한다면, 그 범위는 이러한 세 가지 이해관계가 교차하는 지점에서 결정되어야 할 것이다. 헌법이론적으로도 연방헌법상 三府는 동위기관이고, 각자의 고유권한과 독립성을 수호한다는 점에서 三府 중 어느 하나의 이익만이 절대시되는 것은 인정될 수 없다. 이러한 관점에서 본다면, 행정부특권 분쟁을 해결함에 있어서는 三府 간의 타협이 매우 중요한 조건으로 등장하게 된다. 하지만 이러한 분쟁에 사법부의 이해관계가 반영되는 경우는 극히 드물다고 볼 수 있다. 왜냐하면 사법부는 성질상 매우 수동적인 기관이라는 점에서 사법부가 분쟁해결의 최종적인 중재자로 등장하는 경우는 매우 제한적일 수밖에 없기 때문이다. 따라서 종래와 마찬가지로 앞으로도 행정부특권을 둘러싼 분쟁의 대부분은 의회와 행정부 간의 정치적 타협에 의해 해결될 가능성이 높다고 볼 수 있다.

5. 歲出議決權을 통한 執行關與

(1) 一般論

의회가 세출의결권을 통하여 집행에 관여한다는 것은 의회가 자신의 헌법상 고유권한인 재정권(power of the purse)을 통해 행정부의 각종 계획을 감독하고 통제한다는 것을 말한다. 그 대표적인 유형으로는 각종 세출법안 마지막부분에 특정부분에 대한 세출제한이나 부가조항(rider) 등을 포함하는 일반조항(General Provision)을 두는 것을 들 수 있다. 예컨대 1985년, 의회는 법률구조공단(Legal Services Corporation)의 권한남용을 견제하고자 위 기관의 다음 해 세출법안에 여러 가지 부가조항을 첨부한 바 있다.217)

또한 의회는 회계검사원(GAO) 감사(audit)를 통해 행정부공무원들의 세출자금사용에 대해 일정한 책임을 묻기도 한다. 구체적으로 회계검사원은 세출사용을 불허할 권한이 있으므로 세출사용이 금지된 영역에 세출을 사용한 행정부공무원에 대해 '부당한 공무집행'의 책임을 물을 수 있다. 예컨대 1974년, 회계검사원은 조세포탈혐의로 부통령職을 물러난 Spiro Agnew의 경호업무에 세출이 사용되는 것을 제한하기 위하여 이 권한을 행사한 바 있다.218)

의회의 세출의결권에 대한 헌법상 제한은 거의 없다고 볼 수 있다. 이는 구체적으로 사법부는 '특단의 사정'이 없는 한 의회의 세출의결권 행사를 제한할 수 없음을 의미한다.219) 하지만 이러한 원칙은 역으로 '특단의 사정'이 있는 경우에는 의회의 세출의결권도 제한될 수 있음을 뜻한다. 그렇다면 여기서 말하는 특단의 사정이란 구체적으로 무엇을 의미하는가? 그 대표적인 예로는 의회가 세출의결권행사를 통하여 헌

---

217) 99 Stat. 1162-65 (1985). 구체적으로 살펴보면 다음과 같다. '첫째, 연방·州·지방정부에 대한 로비자금으로써 세출자금을 사용할 수 없다. 둘째, 일정한 조건이 충족되지 않는 한, 외국인에 대한 법률구조를 하는 데에 세출자금을 사용할 수 없다. 셋째, 특정공공정책을 홍보하거나 정치적 행위를 장려하는 것을 목적으로 한 연수계획을 수행·후원하는 데에 세출자금을 사용할 수 없다. 넷째, 그 밖의 세출법에서 금한 일정한 행위를 하는 데에 세출자금을 사용할 수 없다.'

218) *http://www.montco-pa.com/docs/news/observer/archive/Obs091599/html/national_3.html.*

219) *Califano v. Westcott*, 443 U. S. 76 (1979).

법이 보장하고 있는 권리를 침해하는 것을 들 수 있을 것이다.220) 이러
한 세출의결권의 한계와 관련하여 연방대법원은 1946년, *United States*
*v. Lovett*221)에서 '반국가사범'(subversive)으로 확인된 3명의 연방공무원
들에 대해 보수지급을 금하고 있었던 세출법상 조항을 연방헌법222)이
명시적으로 금하고 있는 私權剝奪法(bill of attainder)으로 보고 위헌으
로 결정하였다.223)

한편 재정권행사를 통한 의회의 집행 관여는 授權과 세출(authori-
zation and appropriation)절차224)에 국한되지 않는다. 즉 의회는 행정부
공무원들의 재량권남용을 방지하기 위하여 사후에 그들의 세출사용을
감독할 수 있어야 한다. 이는 주로 세출자금전용(Reprogramming), 연말
구매(year end buying), 적자소비, 支出留止(impoundment), 잔고이월
(carry-over balances) 등과 같은 행정부의 재정행위에 대해 의회가 법적,
非法的으로 통제할 필요성이 있다는 것을 뜻한다.225) 이하에서는 이들
중 종래에 가장 문제가 되어왔던 행정부의 지출유지와 세출자금전용에

---

220) 예컨대 의회는 연방헌법이 금지하고 있는 바와 같이 연방법원법관들의
보수를 감경하기 위해 세출의결권을 행사할 수 없다. *United States v.
Will*, 449 U. S. 200 (1980); *Booth v. United States*, 291 U. S. 339
(1934); *O'Donoghue v. United States*, 289 U. S. 516 (1933).

221) 328 U. S. 303 (1946).

222) 연방헌법 제1조 9항 3호.

223) Kermit L. Hall, ed., *op.cit.*, p.167.

224) 세출예산의 심의, 의결과정은 授權과 세출의결로 이루어진다. 우선 의
회는 행정기관이 특정계획을 수행하는 것을 授權하는 법률, 즉 授權法
(authorization act)을 제정하고, 이를 거친 세출예산안은 이차적으로 授
權된 계획에 대한 구체적인 세출액을 정하는 세출법(appropriation act)
에 의하여 확정된다. 梁 建, 「美國憲法과 對外問題」, p.27 참조.

225) Roy E. Brownell Ⅱ, "The Constitutional Status of the President's Im-
poundment of National Security Funds", 12 *Seton Hall Const. L. J.* 1,
Fall (2001), pp.28-35 참조.

대한 의회의 통제를 좀더 자세히 살펴보기로 한다.

(2) 支出留止에 대한 統制

1974년 이전의 여러 행정부는 세출의결 된 자금의 사용을 거부하는 이른바 '支出留止'(Impoundment)를 행한 바 있다. 당시 행정부는 이러한 支出留止의 정당성의 근거로 법률이나 '대통령에게는 의무적 지출을 거부할 수 있는 고유권한(inherent power)이 있다'는 논거를 들었다. 이러한 행정부의 지출유지로 인해 의회와 행정부는 종종 대립하였지만, 이럴 때마다 그들은 정치적 타협을 이루어냈기 때문에 이 문제가 사법적 분쟁으로 발전되지는 않았다.226)

그러나 Nixon 행정부에 이르러 물가의 상승과 조세의 증가를 막기 위해 支出留止를 하는 것은 대통령의 헌법상 '절대적 권한'이고, 따라서 支出留止는 법률적 근거 없이도 행사될 수 있다는 행정부의 주장이 제기됨에 따라 이러한 타협적 관계는 종지부를 찍었다.227) 결국 이러한 판단하에 Nixon은 支出留止를 대규모로 남발하였고, 이에 따라 세출의 결권으로 인해 의회가 점하고 있는 예산절차상의 對행정부 우위권은 크게 위협받게 되었다. 또 행정부의 각종 계획은 대규모로 축소되거나 종료되었다. 이에 의회는 연방법원에 소송을 제기하고 이러한 행정부의 태도에 대해 문제점을 공감하는 판결을 얻기도 하였지만, 소송절차의 장기화로 인해 의회가 명한 행정부계획의 관철은 사실상 흐지부지 끝나고 말았다.228)

---

226) Loretta Hagopian Garrison, "NOTE: Who Decides? The Struggle for Control over the Federal Government's Spending Power", 38 *Case W. Res.* 66 (1988), pp.72-73 참조.

227) G. Gunther, *Constitutional Law: Case and Materials*, 9th ed., 1975, p.416(梁 建, 「美國憲法과 對外問題」, p.39에서 재인용)

상황이 이렇게 되자 의회는 자신의 헌법상 권한을 수호하고, 전례가 없었던 이러한 대통령의 支出留止를 통제하기 위해 「1974년 지출유지 통제법」(Impoundment Control Act of 1974)을 제정하였다. 이 법은 먼저 대통령이 세출의결 된 자금의 지출을 단순히 '留保'(defer)하려고 하는 경우에는 양원 중의 어느 一院만의 단순결의229)로 이를 거부할 수 있는 반면 세출의결 된 일정한 계획을 '폐지'(terminate)하려고 하는 경우에는 의회의 명시적 수권이 필요하다는 점을 규정하였다. 즉 이는 종전의 세출의결을 취소시키는 새로운 법률을 제정하는 경우에 한하여 가능하며, 의회가 45일 이내에 이러한 조치를 취하지 않는 경우, 대통령은 의무적으로 세출의결자금을 지출하여야 한다. 이와 같은 의회의 통제를 위해 이 법은 첫째, 대통령에 대하여 그가 지출유지를 하고자

---

228) Louis Fisher, "Symposium Congress: Does It Abdicate It's Power?: War and Spending Prerogatives: Stage of Congressional Abdication", 19 *St. Louis U. Pub. L. Rev.* 7 (2000), p.37.

229) 단순결의(Simple Resolution), 동지결의(Concurrent Resolution), 합동결의 (Joint Resolution)는 법안(Bill)과 더불어 미국의회에서 심의되는 의안의 종류이다. 법안은 입법을 위한 가장 보편적인 형태의 의안으로서 공법안(Public Bill)과 私的 法案(Private Bill)으로 구별된다. 먼저 합동결의는 법안과 그 성격상 전혀 차이가 없는 의회의 결의로서 주로 현행법의 일부 미비점을 개정하거나 신속히 처리해야 할 입법사안이 있을 때 사용하는 방법이다. 형식상으로 결의에 前文을 포함시키고 있는 점이 법안과의 유일한 차이점이다. 이에 반해 단순결의와 동지결의는 법적 구속력이 인정되지 않는 의회의 결의이다. 먼저 단순결의는 상원과 하원 중 일원에 의해 통과된 결의를 뜻한다. 이는 결의를 통과시킨 일원의 의견을 표명하는 것으로 주로 그 일원에 적용되는 규칙이나 운영에 관한 사항을 정하기 위한 의안이다. 동지결의는 일원이 통과시킨 결의를 나머지 일원이 동조하는 형식의 결의를 말한다. 결과적으로 동지결의는 양원의 운영에 관한 공통사항을 결정하기 위한 의안으로서의 성격을 갖는다. 단순결의나 동지결의는 모두 법적 구속력을 가지지 않기 때문에 양원 의결 후 대통령에게 이송될 필요가 없으며 그 효력은 의회임기 중에만 적용된다. 유병곤, "미국하원의 입법과정(2)", 「국회보」 제401호, 국회사무처, 2000, pp.92-93; *Black's Law Dictionary*, 7th ed., West Group, p.1313.

하는 경우에 이를 의무적으로 의회에 보고하도록 하고, 둘째, 대통령의
보고 없이 행해지는 支出留止가 있는 경우에 회계검사원장(Comptroller
General)으로 하여금 이를 의회에 보고하도록 하였다. 또한 이 법은 회
계검사원장에게 이 법의 집행에 따르는 提訴權을 부여하였다.230)

하지만 이 법은 대통령의 지출유지 자체를 부정한 것은 아니었으며
대통령의 지출유지에는 단지 의회의 심사가 따른다는 것을 규정하고
있었다는 점에서 과거 지출유지를 둘러싼 행정부와 의회의 갈등을 조
정하기 위한 타협으로서의 성격도 가지고 있다. 그러나 이러한 타협은
양원 중 一院만의 거부권행사는 위헌이라고 판결한 1983년의 *INS v.*
*Chadha*로 인해 그 근거를 상실하게 되었다. 즉 이 판결로 인해 同法上
대통령이 지출을 단순히 '留保'하려고 하는 경우에 양원 중의 어느 일
원만의 단순결의(simple resolution)로 이를 거부할 수 있게 한 부분은
더 이상 효력을 갖지 못하게 되었다.231) 그러나 이러한 사정에도 불구
하고 당시 관리예산국(OMB) 국장이었던 David Stockman은 의회와의
관계를 원만하게 할 목적으로 양원 세출위원회에게 Reagan 행정부는
의회의 통제로부터 자유롭게 된 支出留保權을 무절제하게 행사하지 않
겠다는 정치적 약속을 하였다.232)

하지만 1985년 David Stockman이 관리예산국을 떠나게 됨에 따라
Reagan 행정부는 이전과는 달리 매우 적극적으로 지출을 留保하는 조
치를 취하게 된다. 이것은 부분적으로 「1985년 그램루드만법」상의 적자
목표를 준수하기 위함이었다. 예컨대 1987회계연도 행정부예산안은 상
당액의 지출을 留保하고 있었는데, 이중에서도 가장 많은 액의 지출이
留保된 행정부계획은 주택계획(housing program)이었다. 이에 여러 의회

---

230) 梁 建, 「美國憲法과 對外問題」, pp.39-40.

231) Loretta Hagopian Garrison, *op.cit.*, pp.72-73 참조.

232) Bernstein, Peter W., "David Stockman: No More Big Budget Cuts",
     Fortune, Feb. 6, 1984, p.53.

의원과 도시지역거주자는 「1974년 지출유지통제법」상 대통령의 支出留保權은 위헌적 권한이라고 주장하며 소송을 제기하였다. 그들은 원래 「1974년 지출유지통제법」상 대통령의 支出留保는 '양원 중 一院만의 거부'에 의해서만 통제될 수 있도록 하였는데, 一院만의 거부가 *Chadha* 판결에서 위헌으로 결정되었으므로 그에 따라 대통령의 支出留保權도 폐지되어야 한다고 주장하였다. 이러한 주장에 대해 연방지방법원은 첫째, 이 법의 입법동기를 살펴볼 때, 의회가 '一院만의 거부'라는 통제장치를 두지 않았더라도 대통령에게 支出留保權을 부여했었을 것이라고 보기는 힘들고, 둘째, 의회의 통제장치 없이 대통령에게 지출유지권을 인정하는 것은 사실상 항목별거부권(line-item veto)을 인정하는 것과 다름없다는 논거하에 「1974년 지출유지통제법」상 대통령의 지출유보권의 효력은 더 이상 지속될 수 없다고 판시하였다.233)

그러나 1980년대 계속해서 연방적자가 증가함에 따라 이를 해결하기 위해 대통령에게는 더욱 광범위한 지출통제권한이 주어져야 한다는 분위기가 형성됨에 따라, 결국 1996년에 이르러 대통령에게 개별적 지출과 조세감면조치의 취소권을 부여하는 항목별거부권법(Line Item Veto Act of 1996)234)이 제정되었다.

---

233) *New Haven v. United States*, 634 F. supp. 1449, 1458 (D. D. C. 1986). 이러한 연방지방법원 판결은 연방항소법원에서도 확인되었다. *New Haven v. United States*, 634 F. 2d 900 (D. C. Cir. 1987). 이 판결을 계기로 의회는 1987년에 입법을 통하여 대통령의 지출유보의 범위를 일상적인 관리행위로 제한하였다. 101 Stat. 785, sec. 206 (1987).

234) 그러나 이 법은 1998년 *Clinton v. City of New York* 118 S. Ct. 2091 (1998)에서 위헌으로 결정되었다. 이 문제에 대해서는 후에 자세히 설명한다.

(3) 歲出資金轉用에 대한 統制

의회가 행하는 대부분의 세출의결은 한 행정부서의 임금·운영경비 등을 모두 포함하는 광범위한 카테고리에서 이루어진다. 이러한 점으로 인해 행정부서는 세출위원회에 제출한 목적과 다른 목적에 자금을 지출하기도 하는데 이러한 현상을 일반적으로 세출자금전용(Reprogramming) 이라고 할 수 있다.235)

이러한 행정부서의 세출자금전용은 행정부서가 의회에 제출하는 예산정당화문건(bud- get justification)236)상의 지출항목에 의해 어느 정도 억제될 수 있다. 즉 원칙적으로 행정부서는 예산정당화문건에서 명시된 목적을 위해 세출자금을 사용하여야 한다. 그러나 회계년도가 진행됨에 따라 행정부공무원들은 예측할 수 없었던 사업의 개발, 공무원 임금률 변동, 물가변동, 세출의결 후에 제정된 입법 등으로 인해 예산정당화문건상의 지출항목을 준수하는 것이 사실상 불가능하며 바람직하지도 않다는 것을 깨닫게 된다. 이러한 사정을 감안하여 의회는 행정부서가 동일 계정 내에서 자금을 한 사업이나 행위로부터 다른 사업이나 행위로 이전시키는 행위를 사실상 인정할 수밖에 없게 된다.

한편 행정부서의 세출자금전용은 의회가 세출계정항목을 통합하기 시작했던 1949년 이후 대폭적으로 증가하게 되고 행정부공무원들은 이전에 비해 더욱 자유롭게 세출자금을 전용하였다. 이러한 행정부서의

---

235) Congressional Research Service 著 김민전 譯, 「미국의 연방예산과정」, 국회사무처 법제예산실 예산정책자료 제97-01호, 1997, pp.231-32 참조.

236) 예산정당화문건이란 대통령의 예산안 제출 시 대통령의 세출요구를 정당화하기 위하여 각 행정부서가 상·하원 세출위원회에 제출하는 자료를 말한다. 예산정당화문건은 대통령 예산안에 제시된 것 보다 훨씬 상세한 정보를 포함하고 있으며, 세출위원회 소위원회의 대통령예산안에 대한 공청회에서 각 부처가 행하는 진술을 뒷받침하는 자료로 사용된다. *Ibid.*, p.164.

행위를 규제하기 위하여 의회는 세출소위원회별로 다양한 세출자금전
용 통제절차를 마련하였는데, 이것은 주로 일정한 경우에 소관 세출소
위원회의 사전승인을 얻거나 중요 세출자금전용의 경우, 이에 대한 사
전통보를 요구하는 것이었다.237)

   위와 같은 세출자금전용에 대한 의회의 통제는 시간이 갈수록 좀더
조직적으로 체계화되어 갔다. 예컨대 양원 세출위원회는 세출자금전용
의 정도가 가장 심한 국방부의 세출전용을 규제하기 위하여 일차적으
로 국방부로 하여금 중요 세출자금전용을 세출위원회에게 통지할 것을
요구하였고, 그 다음 단계로 1년간 2회에 걸쳐 보고서를 작성할 것을
요구하였다. 이러한 요구가 있은 지 몇 년 후, 세출위원회는 통제의 정
도를 높여 일정한 세출자금전용에 대한 세출위원회의 사전승인을 요구
하였으며, 국방부가 세출자금전용을 하기 위해 사전에 승인을 얻거나
통지를 해야 하는 의회기관으로서 세출위원회 외에 양원 군사위원회
(Armed Services Committee)를 추가적으로 지정하게 된다. 이와 같은
국방부 세출자금전용에 대한 통제는 다른 행정부서의 그것에 대한 통
제로까지 확대되었다. 비록 이러한 통제들이 법적 효력을 갖는 것은 아
니었지만, 행정부서들은 소관 의회위원회와의 관계를 고려하여 가급적
이러한 의회의 통제를 따를 수밖에 없었다. 왜냐하면 행정부서들이 의
회의 이러한 통제를 무시하고 세출자금전용을 강행한다면 의회의 법적
통제가 뒤따르기 때문이다.

   한편 세출자금전용에 있어서 가장 의회를 자극하는 것은 바로 의회
에게 의회가 이전에 거부한 행정부계획에 대한 세출자금을 요구하고
다른 세출자금을 여기에 전용시키는 경우이다. 이러한 방법으로 세출자
금을 전용하는 대표적인 행정부서도 역시 국방부였는데, 「1974년 방위
세출법안」에 처음으로 이를 금지하는 규정이 등장한 이래 해마다 이러
한 규정은 반복돼오고 있다.238)

---

237) *Ibid.*, p.232.

6. 私的 法案

私的 法案(Private Bill)은 일반적으로 개인에게 특정한 권리 또는 이익을 부여하는 법률안을 말한다.239) 하지만 이러한 본래의 목적과는 다르게 의회의원들은 私的 法案을 행정부의 무능과 권리침해를 시정하려는 목적으로 의회에 제출하기도 한다. 이러한 관점에서 본다면, 私的 法案은 집행에 관여하는 의회의 또 다른 수단이라고 할 수 있다. 私的 法案은 과거 남북전쟁 후 당시 연금청(Pension Bureau)에 의해 수혜를 거절당한 시민들을 위해 집중적으로 제출된 바 있다. 이에 당시 대통령이었던 Grover Cleveland는 이러한 법안들에 대해 거부권을 행사하며 노골적으로 불만을 나타내었다. 그러나 私的 法案은 49대 의회(1885-1887)로부터 59대 의회(1905-07)에 이르기까지 계속적으로 그 제출건수가 증가하게 된다.

그러나 무분별하게 제출되는 私的 法案을 규제하기 위하여 「1946년 입법개편법」(Legislative Reorganization Act of 1946)은 의회가 포괄적 성격의 청구권·연금과 관련이 있는 모든 私的 法案이나 결의안(resolution)을 심의하는 것과, 모든 법안·결의안을 일정한 사항240)을 인정하거나 명령하는 방향으로 수정하는 것을 금지하였다.241)

한편 1949년과 1955년 사이, 이민(immigration)과 관련한 입법이 급증하게 되자 私的 法案은 각 의회마다 평균 100건 이상이 제정되었다.

---

238) Louis Fisher, *President and Congress*, pp.75-80.

239) 임종훈/박수철/임송학/박장호/이신우, "立法過程論", *http://www.assembly.-re.kr/intro3_2.htm.*

240) 첫째, 재산상 손해, 연방불법행위청구권법(Federal Tort Claims Act)상 訴因이 될 수 있는 개인적 상해나 사망, 법률이나 조약에 근거를 두지 않은 연금. 둘째, 선박의 항해가 가능한 수로에 교량을 건설하는 것. 셋째, 육해군병적기록의 수정.

241) 2 U. S. C. 190(g).

그러나 그 후인 1971년과 1997년 사이에 私的 法案의 제정은 각 의회마다 평균 100건 정도로 과거에 비해 급격히 줄어드는 모습을 보여주고 있다. '私的 法案의 제출' 자체의 빈도도 계속해서 줄어들고 있고 최근의 의회에서는 제출된 사적 법안 중 불과 몇 십 개만이 법률로 제정되었다.

여기에서 유의할 점은 私的 法案이 행정부의 집행을 견제하는 효과가 있다는 것은 그것이 반드시 법률로 제정되어야 함을 의미하지는 않는다는 점이다. 다시 말해 私的 法案은 그 자체로도 집행에 일정한 영향을 미칠 수 있다. 예컨대 상·하원의원들이 이민과 관련한 私的 法案을 제출하고 양원의 법사위원회(Judiciary committee)가 이민귀화국(Immigration and Naturalization Service)에게 일정한 보고서를 요구했을 경우, 외국인에 대한 국외추방은 이 법안에 대한 의회의 처리가 종료할 때까지 보류된다. 이러한 절차는 1983년에 연방대법원이 외국인추방과 관련한 판결인 *INS. v. Chadha*[242])에서 의회거부(legislative veto)를 위헌으로 결정한 이후에도 현재까지 지속되고 있다. 이러한 관점에서 볼 때, 비록 그 남용의 위험성이 크기는 하지만 私的 法案은 의회로 하여금 '과거의 입법적 오류'와 '현재의 집행상 오류'를 동시에 교정하게 하는 효과를 갖는다고 볼 수 있다.

7. 民願解決을 통한 執行關與

의회의원들은 민원을 해결하는 과정에서 집행상의 문제점들을 알게되고 이를 시정하려한다는 점에서 의원의 민원해결(Casework)은 의회가 집행에 관여하게 되는 또 다른 수단이라고 볼 수 있다. 한편 의원의 민원해결은 의원으로 하여금 입법권자로서 국가중대사를 제쳐두고 민원

---

242) 462 U. S. 919 (1983).

인의 심부름에 매달리게 한다는 점에서는 부정적이라고 볼 수 있지만,243) 의원의 재선에 영향을 미친다는 점은 별론으로 하더라도 이를 통해 의원이 법률의 현실적 집행에 눈을 뜨게 된다는 점은 일반적으로 부인하기 힘들다. 즉 민원을 해결하는 과정에서 의원들은 여러 정보를 통하여 瑕疵있는 행정기관의 절차를 개선하고 법률을 더욱 완전하게 보완할 기회를 갖게 된다.

그러나 일부에서는 의원의 민원해결을 의원들과 행정부공무원들이 서로 반목하게 되는 원인으로 보고 있다. 즉 행정부공무원들은 의원들의 민원해결을 '전체적 국익'과 상반되는 '부분적 사익'을 옹호하는 것으로 비판하며, 이에 대해 의원들은 행정부공무원들이 지극히 자의적이고 형식적인 행정절차를 고집한다는 점을 지적한다.244)

의원의 민원해결에는 분명 이러한 부작용이 나타날 수 있다. 하지만 일반적으로 이는 극히 사소한 부분이며 대부분의 행정부공무원들은 의원의 민원해결의 순기능, 즉 이 과정을 통해 행정절차에 대한 국민들의 솔직한 의견이 전달된다는 점을 인정하고 있다.245) 한편 행정부의 입장에서도 의원의 민원해결과정을 통해 그 하위부서들의 집행을 감독하고, 행정부계획이나 규제상의 문제점을 확인할 기회를 갖는다. 이러한 취지에서 행정부 내의 의회담당기구들의 상당수가 의원의 민원해결을 돕는 것을 그 목적으로 운영되고 있다. 나아가 원호부(Department of Veterans' Affairs), 사회보장청(Social Security Administration), 인사 관리처(Office of Personnel Management)와 같은 민원과 밀접한 관련이 있는 행정기관들은 아예 상·하원의사당 내에 독자적인 사무국을 운영하

---

243) Ronald M. Levin, "Congressional Ethics and Constituent Advocacy in an Age of Mistrust", 95 *Mich. L. Rev.* 1 (1996), p.8 참조.

244) Morris p. Florina, *Congress: Keystone of the Washington Establishment*, 2nd ed., 1989, pp.35-36, 42-43(*Ibid.*, pp.22-27에서 재인용).

245) Ronald M. Levin, *op.cit.*, p.29.

고 있다.246)

8. 議會拒否

(1) 序 言

의회가 갖는 여러 가지 행정부통제수단 중에 가장 강력한 수단은 아마도 의회거부(Legislative Veto)일 것이다. 의회거부는 일반적으로 의회가 법률에서 일정기간 동안 행정부의 집행을 유보하고 이 기간 동안 그러한 행정부의 행위를 승인할 것인가 아니면 거부할 것인가를 의회가 독자적으로 결정하는 형식으로 이루어진다. 의회거부는 일반적으로 법률에 규정된다는 점에서 그것은 강력한 법적 통제라고 볼 수 있다. 이러한 의회거부는 일원만의 단독거부, 즉 단순결의나 양원이 공동으로 참여하는 동지결의, 그리고 위원회 거부나 그 위원장의 거부와 같은 형식으로 행해진다. 한편 의회거부는 1930년대에 최초로 고안 되었고, 그것이 활성화된 것은 1970년대였다. 그러나 1983년에 연방대법원은 유명한 *INS v. Chadha*에서 의회거부는 연방헌법상 대통령에 대한 法律案移送條項247)과 양원제조항248)에 위배된다고 함으로써 이를 위헌으로 결정하였다.

---

246) Robert Klonoff, "The Congressman as Mediator between Citizen and Government Agencies: Problems and Prospects", *Harvard Journal on Legislation* 16 (1979), p.701.

247) 연방헌법 제1조 7항 3호.

248) 연방헌법 제1조 1항과 7항.

(2) 議會拒否의 起源

일반적으로 의회거부는 의회가 일방적으로 행정부를 통제하기 위한 제도로 알려져 있지만, 사실 그것은 의회와 행정부 간의 이해관계를 조정하기 위한 타협안으로서 출발한 것이었다. 즉 대통령은 자신에게 의회가 좀더 광범위한 권한을 위임해줄 것을 요구하였고, 의회는 그러한 권한위임에 따른 통제를 또 다른 법률의 제정 없이 하고자 했던 것이다. 이러한 양자 간의 합의는 「1932년 정부개편법」(Reorganization Act)에 구체적으로 나타나게 되는데, 이 법은 당시 대통령이었던 Hoover에게 정부개편에 대한 행정명령발포권을 부여하고, 그의 정부개편안이 의회에 제출된 후 60일 내에 양원 중 일원의 반대가 없다면 그것에 대해 법률의 효력을 부여하였다. 비록 훗날 의회거부는 행정부의 권한을 부당하게 침해하는 것으로 인정되어 연방대법원에 의해 위헌으로 결정되었지만, 당시 대통령이었던 Hoover는 이로 인해 일정한 대가, 즉 '사실상의 입법권'을 얻게 된다.

이러한 「정부개편법」상의 입법절차는 확실히 연방헌법에서 규정하고 있는 정상적인 입법절차, 즉 의회가 법안을 통과시키고, 그것을 대통령에게 移送하는 것과는 근본적으로 차이가 있었다. 즉 의회거부절차로 인해 이번에는 대통령이 법률안을 제출하고 의회가 그것에 대한 거부 여부를 결정하게 되었다.

한편 당시에도 이러한 비정상적인 입법절차에 대해 그것의 위헌성을 주장하는 목소리가 전혀 없었던 것은 아니다. 예컨대 당시 Hoover 내각의 법무부장관이었던 William Mitchell은 정부개편법상 의회거부제도의 합헌성에 의문을 나타내며 이는 대통령의 집행권을 부당하게 침해하는 것이라고 주장하였다.249) 결국 이러한 비판론과 새롭게 대통령에 당선된 Roosevelt에 대한 여론의 지지 등을 고려하여 1933년, 의회는

---

249) 37 Op. Att'y Gen. 56 (1933).

Roosevelt에게 의회거부의 적용을 받지 않는 정부개편권을 부여하였고, 그는 이후 2년간 이러한 절대권한을 행사하였다.250) 한편 1937년, Roosevelt는 의회에 대해 자신에게 다시 정부개편권을 위임해줄 것을 요구하였고 의회가 사후에 이를 통제하고자 한다면 양원의 합동결의에 의거해야 한다고 주장하였다. 이렇게 그가 위임된 권한에 대한 의회의 통제방법으로 합동결의를 주장한 것은 단순결의나 동지결의와는 다르게 합동결의는 법률과 같이 대통령에게 移送되어야 하므로 사실상 그가 의회의 거부권행사를 회피할 수 있는 길을 열어두고자 함이었다. 이에 상원은 그의 이러한 주장을 수용하는 법안을 통과시켰지만 하원은 대통령이 합동결의안에 대해 거부권을 행사할 수도 있고, 거부권을 행사한 경우에 이를 재의결하기 위한 의회정족수에 부담을 느낀 나머지 상원과는 달리 이를 부결시켰다. 상황이 이렇게 되자 Roosevelt는 자신에게 위임된 권한에 대한 의회의 통제방법으로서 동지결의를 인정하였고251) 나아가 1949년에는 단순결까지 인정하였다.252)

결국 대통령의 정부개편권(Reorganization Authority)을 둘러싼 논쟁에서 출발하기 시작한 의회거부는 이상에서 살펴 본대로 명백히 대통령의 이해관계에도 부합하는 제도였다고 볼 수 있다. 즉 대통령이 통상적인 입법절차에 따라 자신의 입법정책을 추진한다면 의회가 대통령에게 불리한 방향으로 이를 수정하거나 부결시킬 가능성이 상존하게 되는 반면 의회거부절차에 따를 때에는 일정기간 내에 의회의 거부가 없다면 대통령의 案은 자동적으로 법률로 확정되며, 의회에 의해 수정될 우려도 없다.

---

250) 47 Stat. 1518, sec. 403(c) (1933); 48 Stat. 16 (1933).

251) 53 Stat. 561 (1939).

252) 63 Stat. 203 (1949); 이상 Louis Fisher, *Constitutional Conflicts between Congress and the President*, pp.142-43 참조.

(3) 議會拒否의 發展

위와 같이 1930년대 「정부개편법」에 처음으로 등장한 의회거부권은
그 후 여러 분야에서 본격적인 의회의 對행정부통제수단으로 기능하게
된다. 예컨대 1940년, 외국인추방과 관련한 입법에서는 노동부장관에게
외국인추방중지명령권을 부여함과 동시에 그러한 노동부장관의 결정은
의회거부의 대상이 된다는 규정이 포함된 바 있고,253) 「1941년 무기대
여법」(Lend Lease Act)은 일정기간 대통령에게 무기 등의 제조, 판매,
대여, 기타 처분에 관한 행정협정체결권을 부여하면서, 이 권한은 의회
의 동지결의로 종료된다고 규정하여 의회거부권을 명문으로 인정한 바
있다.254)

한편 의회거부권 중에 위원회거부권(Committee Veto)은 1867년에 처
음 행사되었다.255) 그 후 1920-30년대를 거치면서 이에 대한 위헌론이
강력하게 제기되었지만, 1940년대의 전시체제로 말미암아 위원회거부권
은 현실적으로 불가피한 제도로 자리 잡았다. 즉 전시상황으로 인해
의회가 과거와 같이 행정부의 공공사업계획이나 방위계획을 수권하
는 법률을 일일이 제정할 수는 없었던 것이다. 예컨대 토지의 수
용・임차를 내용으로 하는 행정부계획안은 양원 海事委員會(Naval
Affairs Committee)의 사전승인을 얻어야 했고, 이러한 통제장치하에 의
회는 특정 행정부계획에 대한 구체적인 수권 없이 행정부에게 포괄적

---

253) Harvey C. Mandfield, "The Legislative Veto and the Deportation of
Aliens", *Public Administration Review* 1 (1940), p.281.

254) 55 Stat. 32 (1941)(梁 建, 「美國憲法과 對外問題」, pp.44-45에서 재인
용). 한편 당시 대통령이었던 Roosevelt는 이 법률의 합헌성에 대해 의
문을 가지고 있었으나 현실적으로 이를 묵인할 수밖에 없었다고 한다.
Robert H. Jackson, "A Presidential Legal Opinion", *Harv. L. Rev.* 66
(1953), p.1353.

255) 14 Stat. 469 (1867).

권한을 위임하는 법률을 통과시킬 수 있었다.

그러나 1950년대 Eisenhower 대통령은 이러한 위원회거부의 합헌성을 강하게 의심하였고, 이러한 그의 입장에 따라 당시 법무부장관이었던 Herbert Brownell 역시 위원회거부권은 행정부의 권한을 부당하게 침해하는 위헌적인 제도라고 주장하였다.256) 이에 의회는 위원회거부와는 다른 통제절차를 마련하였으나, 통제효과라는 측면에서 볼 때 이는 실질적으로 그 전과 같은 것이었다. 즉 의회는 세출의결권을 통하여 위와 같은 통제효과를 거두려하였다. 구체적으로 의회는 Eisenhower 행정부시절에 행정부가 일정한 부동산계약을 체결함에 있어서 양원 공공사업위원회(Public Works Committee)가 이를 우선적으로 승인하지 않는 한, 의회는 위의 계약을 위한 세출의결을 할 수 없다는 법안을 통과시켰다. 이에 Eisenhower는 세출의결권은 의회의 고유권한이라는 점을 인정하고 위 법안에 서명할 수밖에 없었다.257)

결국 이러한 위원회거부권의 두 가지 형태 중 위헌의 소지가 적은 것은 당연히 後者라고 할 수 있다. 왜냐하면 前者의 경우, 그것은 행정부의 집행을 직접적으로 좌우한다는 점에서 권력분립원칙에 위반될 여지가 있지만, 後者의 경우에는 의회가 자신의 고유권한을 합리적으로 행사하기 위한 방법을 규정한 것에 불과하기 때문이다.

한편 위원회거부는 Carter 행정부시절에는 주로 대외원조와 관련하여 문제되었다. 이에 관한 대표적인 예는 국제개발청(Agency for International Development: AID)의 예산전용을 의회가 규제하려 했던 사건을 들 수 있다. 당시 국제개발청은 의회와 지속적인 갈등관계에 있었는데, 이는 국제개발청이 의회와의 협의도 없이 외국에 대한 경제적

---

256) 41 Op. Att'y Gen. 300 (1957).

257) 이와 유사한 법안은 1972년 Nixon 행정부시절에도 통과된 바 있다. 이
때 Nixon 역시 이를 의회의 정당한 권한행사라고 보아 거부권을 행사
하지는 않았다. 이상 Joseph p. Harris, *op.cit.*, pp.230-31.

원조를 군사적 원조로 전환시킨 것에서 비롯되었다. 이에 국제개발청을 관할하는 상원 세출소위원회 위원장이었던 Daniel Inouye는 국제개발청 장으로 지명된 John Gilligan에게 국제개발청이 의회가 인정하지 않은 목적을 위해 세출자금을 사용하기 위해서는 반드시 양원 세출위원회소 속 대외활동소위원회의 사전승인을 얻을 것을 요구하였다. 이러한 의회 의 요구에 대해 Gilligan은 의회와의 관계를 개선할 목적으로 이를 전 격적으로 수용하고 이에 관한 합의서작성에 동의하였다.

그러나 당시 행정부의 일각에서는 이러한 대외활동소위원회의 집행 관여의 적법성에 의문을 제기하였는데, 특히 법무부는 이에 대해 명시 적인 반대의 의사표시를 하였다. 하지만 이러한 사정에도 불구하고 의 회는 「1978년 대외원조세출법안」 115조258)를 통하여 이를 법률로 통과 시켰다.

한편 「1974년 지출유지통제법」도 양원 중 일원만의 결의, 즉 단순결 의에 의해 대통령의 지출‘留保’가 통제된다는 점에서 의회거부가 구체 화된 법률이라고 볼 수 있다. 하지만 「지출유지통제법」상 의회거부는 사실 행정부의 이해관계에도 부합되는 것이었다. 즉 당시 대통령이었던 Nixon은 이 법의 제정 전에 자신의 支出留止가 연방하급심 차원에서 여러 차례 문제되어 사법부로부터 항상 불리한 판결만을 받게 된 상황 에서, 일정한 통제가 있기는 하지만 자신에게 명시적으로 支出留止權을 부여하는 이 법을 거부할 이유가 없었다. 이러한 점으로 인해 그의 후 임자인 Ford와 Carter도 전혀 이에 대해 헌법적인 문제제기를 하지 않 았다.259) 결국 「지출유지통제법」상의 의회거부는 의회와 행정부 간의

---

258) ‘양원 세출위원회의 문서에 의한 사전승인이 없다면 이 법이 인정하는 세출자금의 어떠한 부분도 의회가 세출의결하지 않은 세출계정에 구속 될 수 없다.’ 91 Stat. 1235, sec. 115 (1977).

259) 그러나 앞에서 언급한대로 Reagan 행정부의 무분별한 支出留保權행사 로 인해 지출유지에 대한 의회와 행정부 간의 타협적 관계는 이전과 달리 흔들리게 되었다.

타협이었다고 평가할 수 있다.260)

의회거부가 문제되는 또 다른 영역은 바로 규칙에 대한 의회거부이다. 이것은 1970년대 행정부의 각종 자의적 규칙에 대한 여론의 비판이 거세짐에 따라 의회가 규칙통제의 일환으로 고안해낸 것이다. 하지만 의회는 모든 규칙에 적용되는 포괄적 의회거부제도를 마련하지는 않았다. 그 대신 각 행정기관의 규칙 중 규제의 필요성이 있는 것을 선별하여 개별적으로 이에 대해 통제를 하는 방식을 취했다.261) 그 실례로 의회는 전직대통령 Nixon의 자료와 관련한 1974년 공공시설청(General Service Administration)규칙에 대해 단순결의에 의한 의회거부권을 개별적 법률에 규정한 바 있고, 연방도로교통안전국(NH TSA: National Highway Traffic Safety Administration)의 승객제한규칙(passenger restraint rule)에 대해 동지결의에 의한 의회거부권을 규정한 바 있으며, 연방선거위원회(Federal Election Commission)규칙에 대해 단순결의에 의한 의회거부권을 규정한 바 있다.262) 또 1978년에는 연방에너지규제위원회(Federal Energy Regulatory Commission: FERC)의 增分原價規則(incremental pricing regulation)에 대해 단순결의에 의한 의회거부권을 규정하였고, 1980년에는 연방통상위원회(Federal Trade Commission)규칙에 대해서는 동지결의에 의한 의회거부권을 규정하고 이를 2년 후에 갱신한 바 있다.263)

---

260) 한편 「1973년 전쟁권결의」와 「1974년 무기판매법」에서 규정하고 있는 의회거부도 지출유지통제법과 마찬가지로 행정부와 의회 간의 타협으로서의 성격이 강하다고 할 수 있다. 이에 대해서는 본서 pp.295-99, 316-19 참조.

261) Louis Fisher, *Constitutional Conflicts between Congress and the President*, p.148 참조.

262) GSA: 88 Stat. 1697, sec. 104(b) (1974); NHTSA: 88 Stat. 1482, sec. 109 (1974); FEC: 88 Stat. 1287, sec. 209 (1974), 90 Stat. 486, sec 110 (1976).

158

결국 규칙에 대한 의회거부는 그 이전의 의회거부가 행정부와 의회 간의 타협적 성격을 띠었던 것과는 다르게 그들 간의 본격적인 대립을 야기하는 것이었다.

(4) 議會拒否에 대한 司法的 判斷

1) *INS v. Chadha*[264]

1970년대에 접어들면서 의회거부는 중요한 헌법문제로 법원에 등장하기 시작하였다. 하지만 이 시기에 법원은 의회거부가 문제된 특정법률규정을 해석하는데 그침으로써 의회거부자체에 대한 헌법적 판단을 내리지는 않았다.[265] 하지만 이러한 법원의 소극적 입장은 연방항소법원이 1982년에 연방에너지규제위원회(FERC)규칙에 대한 의회거부(단순결의)와 주택도시개발부(Department of Housing and Urban Development: HUD) 개편안(reorganization)에 대한 의회거부(위원회거부), 그리고 연방통상위원회(Federal Trade Commission)규칙에 대한 의회거부(동지결의)를 위헌으로 판결하면서 이전과는 달라지게 되었다. 이러한 판결들의 공통적인 위헌논거는 의회거부는 입법을 함에 있어서 준수해야 할 기본적인 입법과정을 무시하는 제도이고, 따라서 그 종류와 성질을 불문하고 위헌이라는 것이었다.[266] 특히 연방항소법원은 *Comsumer Energy*

---

263) FERC: 92 Stat. 3372, sec. 202(c) (1978); FTC: 94 Stat. 393, sec. 21(a) (1980), 96 Stat. 1870 (1982).

264) 462 U. S. 919 (1983).

265) *Buckley v. valeo*, 424 U. S. 1, 140 n. 176, 284-86 (1976); *Clark v. Valeo*, 559 F. 2d 642 (D. C. Cir. 1977), aff'd sub nom. *Clark v. Kimmitt*, 431 U. S. 950 (1977); *Atkins v. United States*, 556 F. 2d 1028, 1063-65(Ct. Cl. 1977), *cert. denied*, 424 U. S. 1009 (1978); *Chadha v. INS*, 634 F. 2d 408, 433(9th Cir. 1980).

*Council of America v. FERC*에서 의회거부권으로 인해 의회는 그 행정
부감독권을 남용하여 행정부와 집행권을 사실상 공유하게 되는데, 이는
권력분립원칙의 근본적인 목적에 위반된다는 점을 지적하였다.267)

한편 연방대법원 차원에서 의회거부권에 대한 헌법적 판단이 이루어
진 판결은 *INS v. Chadha*였다. 이 사건은 배경은 다음과 같다. 東印度
人 Chadha는 그의 학생비자(visa) 체류기간이 경과하여 국외로 추방될
위기에 놓여 있었다. 그러나 1974년에 Chadha는 국외추방에 따르는 생
활의 어려움을 들어「이민 및 국적법」(Immigration and Nationality Act)
상의 규정을 근거로 법무부장관의 추방중지명령을 청구하였고, 마침내
그 허가를 얻게 되었다. 그러나 이 법은 상원이나 하원에게 단순결의로
법무부장관의 결정을 거부할 수 있는 권한을 부여하고 있었다. 이에 하
원은 법무부장관의 추방중지명령을 거부하는 결의안을 통과시켰고, 결
국 1976년에 Chadha는 최종적으로 추방명령을 받았다.268)

이 문제에 대해 1980년, 연방항소법원은「이민 및 국적법」상 의회거
부절차는 행정부의 '법률을 올바르게 집행할 권한'(power to execute the
laws faithfully)과 사법부의 '사건성과 분쟁성'(cases and controversies)을
결정할 권한을 침해한다는 점에서 위헌이라고 판결하였다.269) 이 사건

---

266) *Comsumer Energy Council of America v. FERC*, 673 F. 2d 425 (D. C.
   Cir. 1982); *Consumers Union, Inc. v. FTC*, 691 F. 2d 575 (D. C. Cir.
   1982); *AFGE v. Pierce*, 697 F. 2d 303 (D. C. Cir. 1982).

267) *Comsumer Energy Council of America v. FERC*, at 474.

268) *INS v. Chadha*, 462 U. S. at 919.「이민 및 국적법」상 주목할 점은 외
   국인추방중지절차에 있어서의 행정부와 의회의 권한에 있어서 약간의
   불평등요소를 포함하고 있었다는 것이다. 즉 외국인추방의 중지를 명하
   기 위해 법무부장관은 의회에게 상세한 사실관계와 관련법규를 제출해
   야 했던 반면, 의회가 법무부장관의 추방중지명령을 거부함에 있어서는
   양원 법사위원회가 법무부장관에게 의회거부권행사의 근거에 대해 전
   혀 설명할 필요가 없었고 심지어 의회 본회의에서 조차 의회거부권행
   사의 이유를 밝힐 필요가 없었다.

은 연방대법원에 상고되었고 1983년, 연방대법원은 7:2로 「이민 및 국적법」상의 의회거부는 두 가지 헌법조항, 즉 移送條項(연방헌법 제1조 7항 3호)[270]과 양원제조항(연방헌법 제1조 1항과 7항)을 침해한다는 점에서 위헌이라고 판결하여 위의 항소법원판결을 확인하였다. 이 판결에서 주목할 점은 '의회거부'라는 제도 자체가 위헌으로 판단되었고, 이로 인해 사실상 모든 유형의 의회거부가 위헌으로 판단되었다는 것이다.

법정의견을 대표한 Burger 대법원장은 먼저 移送條項은 ① 대통령의 법률안거부권과 마찬가지로 '압제적이고, 선견지명이 없거나(improvident), 부적절한' 입법을 방지하고, ② 입법과정에서 '국가의 장래'(national perspective)를 더욱 폭넓게 고려하기 위하여 헌법제정자들이 고안한 것이라는 전제로부터 출발하였다. 다음으로 그는 양원제조항은 移送條項과 마찬가지로 어떠한 입법이 의회의원들에 의해 신중하고도 완벽하게 심의되지 않았다면, 그 입법은 제정될 수 없다는 것을 보장하기 위하여 채택된 것이라 하고, 따라서 입법권은 양원에서 충분한 연구와 토론의 기회를 가진 후에 행사되어야 한다는 점을 강조했다. 또한 양원 사이의 권력분할은 '의회독재'(legislative despotism)를 방지하고, '공공이익보다 특별이익이 우선되는 것'을 경계했던 헌법제정자들의 의사를 반영한 것이며, 의회대표에 대해 여러 크고 작은 州들의 관심을 반영하고 있는 것이라고 판시했다. 결국 그는 입법권은 '양원 공동참여하에 정밀하게 고안된 절차'(single, finely wrought procedure)에 의거하여 행사되어야 합헌이라고 판시하였다.[271]

그렇다면 이 사건에서의 하원의 거부행위가 移送條項이나 양원제조

---

269) *Chadha v. INS*, 634 F. 2d 408, (9th Cir. 1980).

270) '상원과 하원의 동의를 필요로 하는 모든 명령·결의 또는 표결(휴회의 결의를 제외함)은 합중국의 대통령에게 移送되어야 하며…….'

271) *INS v. Chadha*, 462 U. S. at 952-60.

항의 적용을 받으려면 일단 그 거부행위를 '입법권'의 행사였다고 볼수 있어야 한다. 이 점에 대해 Burger 대법원장은 하원의 거부행위는 법적 권리와 의무, 그리고 대인관계(relations of persons)의 변화를 가져온다는 점에서 입법권의 행사로 볼 수 있다고 설명하였다.272) 결국 Burger 대법원장은 하원의 거부행위는 '입법권의 행사'였기 때문에 그것은 移送條項과 양원제조항의 적용을 받으며, 그 결과 이 사건에서의 의회거부는 위헌이라고 판단하였다.273) 한편 Burger 대법원장은 행정부에게 추방명령을 중지시킬 수 있는 권한을 위임한 이 법의 나머지 부분은 「이민 및 국적법」상의 의회거부규정의 위헌여부에 상관없이 유효한 법률로 존속한다고 결론지으면서 법무장관의 추방중지명령은 그대로 유효하다고 판시하였다.274) 결국 의회가 법무부장관의 국외추방중지명령을 무효화하기 위해서는 의회거부권을 행사할 것이 아니라 국외추방을 요구하는 새로운 입법을 하여야만 한다는 것이 다수의견의 결론이었다.

한편 White 대법관은 반대의견을 통하여 의회의 딜레마, 즉 앞날을예측할 수 없는 현재상황에서 미래의 행위를 규율하는 법률을 제정해야 한다는 것과 그 입법기능을 행정부나 여러 독립기관들에게 내주어야 한다는 딜레마를 극복하는데 있어서 의회거부는 매우 유용한 제도가 될 수 있음을 강조하였다. 그는 의회로부터 위임받은 권한을 행사함에 따라 나타나게 되는 행정부나 독립기관들의 권한확대를 견제하기위하여 의회거부는 불가피하다고 판단했다. 결국 White 대법관은 연방헌법 제1조 7항에 내재되어 있는 문제는 이 사건에서의 쟁점이 될 수없고, 의회의 입법권자로서의 역할을 보존하고, 더욱 효과적인 권력분

---

272) *Ibid.*

273) Jessica Korn, *The Power Of Separation: American Constitutionalism and the Myth of the Legislative Veto*, Princeton University Press, 1996, p.34.

274) *INS v. Chadha*, 462 U. S. at 935.

립을 위해 고안된 의회거부는 연방헌법 제1조나 권력분립원칙을 침해하지 않는다고 판단하였다.275)

Rehnquist 대법관은 「이민 및 국적법」의 입법취지를 고려할 때, 의회가 의회거부권을 보유하지 않은 채 법무부장관에게 추방중지명령권을 부여했을 것이라고 보기는 힘들다고 함으로써 의회거부를 위헌으로 판결하는 한, 법무부장관의 추방중지명령권도 인정될 수 없다고 주장하였다. 결국 그는 권한위임규정과 분리하여 의회거부규정만을 위헌으로 결정한 다수의견에 반대하였다.276)

2) *Chadha* 判決에 대한 評價

의회거부를 전체적으로 위헌으로 판단한 *Chadha* 판결의 다수의견은 다음과 같은 여러 가지 문제점을 내포하고 있다.277)

첫째, 다수의견은 「이민 및 국적법」상 권한위임규정과 분리하여 의회거부규정만을 위헌으로 결정하는 것은 가능하다고 판단했는데, 이는 분명 의회거부의 타협적 성격을 간과한 견해였다. 앞에서도 언급했듯이 의회거부는 시행초기부터 행정부와 의회 간의 타협으로 출발한 것이었지, 의회가 일방적으로 행정부를 통제하기 위해 고안해낸 것은 아니었다. 따라서 다수의견과 같은 해석은 행정부의 독주를 가능하게 하여 권력분립원칙을 침해하는 결과를 낳게 된다.

둘째, 다수의견은 의회거부제도를 정치과정을 좀더 효율적으로 운영하기 위해 고안된 제도라고 전제하고, 효율성이 헌법보다 우위에 있을 수는 없다는 논리를 전개하고 있다. 즉 효율성이 민주정부의 일차적인

---

275) *INS v. Chadha*, 462 U. S. at 974.

276) *Ibid.*, at 1002.

277) 이하 Louis Fisher, *Constitutional Conflicts between Congress and the President*, pp.153-55 참조.

목적이 될 수는 없고 이는 Philadelphia 헌법제정회의의 여러 기록과 여러 학자들의 견해에서도 확인된다는 것이다.278) 하지만 이러한 다수의 견의 논거는 미국의 헌정사를 제대로 이해하지 못한 결과라고 볼 수 있다. 즉 Philadelphia 헌법제정회의이전의 '대륙회의'시절의 경험으로 인해 헌법제정자들은 좀더 효율적인 정부를 구성하기 위해 지속적인 노력을 기울였다.

셋째, 다수의견은 法律案移送條項은 대통령의 권한에 대한 의회의 부당한 침해를 배제하기 위한 수단으로 정의하고, 법률안거부권은 '압제적이고, 선견지명이 없거나(improvident), 부적절한' 입법을 방지하고, 입법과정에서 '국가의 장래'(national perspective)를 더욱 폭넓게 고려하기 위하여 헌법제정자들이 고안한 것이라는 견해를 제시하였다.279) 그렇다면 이러한 다수의견의 논거는 의회거부는 대통령의 법률안거부절차를 회피함으로써 행정부의 독자적 권한을 침해하고 잘못된 입법을 초래하게 된다는 것인데 이는 명백한 오류라고 할 수밖에 없다. 즉 의회거부절차는 이미 사전에 대통령이 의회에게 제출한 案에 대해서만 적용되므로 그 案의 구성과 내용에 대한 전적인 권한은 대통령에게 유보되어 있는 것이며, 의회가 이를 수정할 수는 없는 것이다. 다시 말해 의회는 대통령의 案에 대해 단순히 可否만을 결정할 수 있는 것이다. 따라서 의회가 의회거부권을 행사한다는 것은 잘못된 입법을 초래하는 것이 아니라 상황을 원래대로 환원하는 것에 지나지 않는다.

넷째, 다수의견은 입법권은 '양원 공동참여하에 정밀하게 고안된 절차'(single, finely wrought procedure)에 의거하여 행사되어야 한다는 것이 헌법제정자들의 의도였다고 설명한 후, 단순결의에 의한 의회거부는 이러한 절차에 위반된다고 판단하였다.280) 하지만 현실적으로 의회가

---

278) *INS v. Chadha*, 462 U. S. at 944, 958-59.

279) *Ibid.*, at 947-48.

280) *Ibid.*, at 951, 959.

언제나 이러한 절차에 따르는 것은 현대국가의 다양성과 복잡성을 고려할 때 바람직하지도 않으며 가능하지도 않다. 이러한 측면에서 의회는 의회거부 외에도 다른 '간이입법절차'(shortcut)를 고안하고 이를 일상적으로 운용해오고 있다. 예컨대 의회가 세출법안에 부가조항(riders)을 첨부하거나 또는 위원회심사를 생략하고 법안을 통과시키는 경우가 바로 여기에 해당한다. 따라서 유독 단순결의에 의한 의회거부만을 '양원 공동참여하에 정밀하게 고안된 절차'에 위반되는 것으로 보는 것은 설득력이 없다.

다섯째, 다수의견은 본 사건에서의 의회거부행위가 개인의 법적 권리와 의무의 변화를 가져온다는 점에서 이는 의회가 입법권을 행사한 경우라고 볼 수 있고, 따라서 그것은 移送條項과 양원제조항의 적용을 받아야 한다고 판단하고 있다. 그러나 移送條項과 양원제조항의 적용을 받지 않고 개인의 법적 지위에 영향을 미치는 의회의 행위는 의회거부 외에도 얼마든지 찾아볼 수 있다는 점에서 다수의견의 이러한 견해는 타당성이 없다. 예컨대 의회조사에 있어서 의회위원회는 증인을 소환하고, 자료의 제출을 명하며, 조사에 대해 협력을 거부하는 자에 대해서는 의회모독죄로 처벌할 권한을 가지는데 이러한 의회의 권한을 헌법적으로 인정한 기관은 바로 연방대법원 자신이었다.281)

여섯째, 다수의견은 연방헌법은 의회가 연방헌법 제1조에서 규정하고 있는 것 이외의 방법으로 법률을 수정하거나 폐기하는 것을 금지하고 있다고 전제하고 의회거부는 이러한 헌법의 취지에 위반된다고 판시하였다. 그러나 「이민 및 국적법」상 어떠한 부분도 이 법에서의 의회거부로 인해 수정되거나 폐기되지는 않았다. 오히려 이 법의 수정은 연방대법원이 이 법에서의 의회거부를 위헌으로 결정하여 그 효력을 정지하고 의회거부규정을 제외한 나머지 부분을 유효하게 존속시킴으로써 이

---

281) *Eastland v. United States Servicemen's Fund*, 421 U. S. 491, 505 (1975); *Anderson v. Dunn*, 6 Wheat. 204 (1821).

루어졌다고 보는 것이 타당하다.

마지막으로 다수의견은 의회의 입법권의 행사는 헌법상 요건, 즉 양원제조항과 移送條項을 준수하여야 한다고 판시하였는데, 이는 대통령의 행정명령발포나 사실상 법적 효력을 갖는 성명(proclamation)발표와 비교해볼 때 결코 균형적인 해석이라고 보기 힘들다. 왜냐하면 의회의 의회거부나 대통령의 행정명령, 성명은 모두 일방적인 법률의 제정을 의미하는데 유독 의회에 대해서만 일정한 제한을 가하는 것은 부당하기 때문이다.

(5) Chadha 判決 以後의 議會拒否

1) 議會拒否의 存續

의회거부가 아무리 위헌으로 결정되었다 하더라도 의회거부제도가 내포하고 있는 행정부와 의회 간의 타협적 성격은 오늘날에도 의의를 갖는다. 다시 말해 의회거부는 1930년대에 행정부와 의회의 현실적 필요로 인해 고안된 것이었으며, 이러한 필요성은 오늘날에도 여전히 지속되고 있다. 즉 현재에도 여전히 행정부공무원들은 의회로부터 좀더 많은 권한의 위임을 원하는 반면, 의회는 새로운 법률의 제정 없이 행정부에 대한 통제를 하고자 한다.282) 이러한 취지에서 의회는 Chadha 판결이 위헌으로 결정된 이후에도 의회거부조항이 포함된 법률안을 계속적으로 통과시켰고,283) 대통령 역시 이에 대해 대체적으로 법률안거

---

282) Louis Fisher, "The Legislative Veto: Invalidated, It Survives", *Law and Contemporary Problems* 56 (1993), p.268.

283) 예컨대 의회는 1996년도 재무부와 미연방우체국(Postal Service)의 세출법에 공공시설청(GSA)이 공용건물을 건설함에 있어서 그 건축비용의 10%를 초과하여 세출을 사용하고자 하는 경우에는 양원 세출위원회의 사전승인을 얻어야 함을 규정한 바 있다. 109 Stat. 482, 484-85 (1995).

부권을 행사하지 않았다.284)285)

한편 위와 같이 직접적으로 법률에 규정되는 경우도 있지만 *Chadha* 판결 이후의 의회거부는 점차적으로 법적 구속력이 없는 행정부와 의 회 간의 단순한 합의(agreement)에 의거하는 경향을 보이고 있다. 그 대 표적인 실례로는 Bush 행정부시절, 국무부장관과 양원위원회 간의 의 회거부에 대한 비공식적 합의를 들 수 있다. 이 사건은 Bush 행정부가 의회에 대하여 니카라과 콘트라반군의 지원을 위한 세출자금을 요구한 것이 발단이 되었는데, 이러한 행정부의 요구에 대해 의회는 이란-콘 트라사건을 떠올리며 거부의사를 밝혔다. 이에 당시 국무부장관이었던 Baker는 의회와 콘트라반군의 지원을 위해 의회는 세출의결을 하되 그 일부는 유보하고, 그 유보자금의 지출은 의회의 4개 위원회와 일부 의 회지도자들의 승인하에 이루어지게 한다는 것에 합의하였다. 한편 당시 백악관변호인(White House Counsel) C. Boyden과 전직 연방법원판사 Robert H. Bork는 이러한 합의는 *Chadha* 판결이 금지하고 있는 의회거 부에 해당되어 위헌이라고 주장하였으나, *Chadha* 판결은 '법률'에 규정 되어 있는 의회거부만을 위헌으로 결정한 판결이라는 점에서 이들의 주장은 설득력이 없었다.286) 따라서 비공식적 합의에 포함되어 있는 의

---

284) 좀더 구체적으로 살펴보면 *Chadha* 판결 직후부터 1996년 말까지 통과 된 각종 법률에는 무려 400여개의 의회거부조항이 삽입되었다.

285) 그러나 Reagan과 같은 대통령은 이러한 관행에 대해 종종 문제를 제기 하였다. 예컨대 의회는 주택도시개발부(HUD)와 여러 독립기관들의 「 1985년 세출법안」에 8개의 의회거부조항을 삽입한 바 있는데, 이 조항 들의 전반적인 취지는 일정한 조치를 취하기 전, 이들 기관은 의회위원 회의 사전승인을 얻어야 한다는 것이었다. 이에 대해 Reagan은 이와 같은 의회의 행위는 *Chadha* 판결에 정면으로 위배되는 것이며, 따라서 행정부는 이러한 조항들을 법적으로 준수할 의무가 없다고 주장하였다. 하지만 Reagan은 이에 대해 법률안거부권을 행사하지는 않았다. *Public Papers of the Presidents*, 1984(Ⅱ), pp.1056-57 참조.

286) *Washington Post*, Mar. 26, 1989, p.A5.

회거부는 헌법적으로 가능하다고 볼 수 있다.287)

요컨대 행정부와 의회는 그들 간의 이해관계로 인해 앞으로 계속해서 의회거부를 지속시킬 것이며, *Chadha* 판결을 감안하여 법률보다는 비공식적인 채널을 적극적으로 활용할 가능성이 크다. 한 가지 유의할 점은 의회거부가 법적 구속력이 없는 비공식적 합의의 형태로 이루어진다고 해서 행정부가 이를 무시할 수는 없다는 것이다. 왜냐하면 행정부가 이를 무시한다면 의회는 그 세출의결권과 입법권을 통하여 행정부를 더욱 강력하게 통제할 것이기 때문이다. 이러한 관점에서 본다면 의회거부에 대한 행정부와 의회 간의 비공식적 합의는 사실상 강제적 효력을 갖는다고 볼 수 있다.288)

2) 議會拒否의 代案

오늘날 행정부와 의회는 *Chadha* 판결을 시대착오적 판결로 이해하고 이를 회피하기 위해 여러 가지 노력을 해왔음은 앞에서 살펴본 바와 같다. 이러한 사실로부터 의회거부의 대안으로 다음과 같은 案들이 제시될 수 있다.289)

첫째, 의회거부의 효과는 행정부로 하여금 그 계획을 의회 위원회에게 사전통지하게 함으로써 얻을 수 있다. 이와 같은 '통지제도'는 연방대법원이 합헌으로 결정한 '보고와 유예'(report and wait)제도290)에 해당

---

287) 연방지방법원도 이러한 관점에서 Baker와 의회 간의 합의에 대한 위헌 소송을 각하한 바 있다. *Burton v. Baker*, 723 F. supp. 1550 (D. D. C. 1990).

288) Louis Fisher, "The Legislative Veto: Invalidated, It Survives", p.273.

289) 이하 Frederick M. Kasiser, "Congressional Action to Overturn Agency Rules: Alternatives to 'Legislative Veto'", 32 *Administration Law Review* 667 (1980) 참조.

290) '보고와 유예'제도란 행정부가 일정한 계획을 의회에 보고하고 만일 의

되므로 헌법적으로 별다른 문제를 야기하지 않는 반면, 그 효과는 사실상 위원회의 '사전승인'과 동일하다. 왜냐하면 행정기관이 그 계획을 의회에 통지하는 것을 거부한다면, 의회는 차기 再授權法案(reauthorization bill)이나 세출법안 등을 통하여 행정부에게 일정한 불이익을 가할 것이기 때문이다.

둘째, 의회거부의 효과는 간접적으로 상원과 하원의 규칙을 통해서도 얻을 수 있다. 예컨대 양원은 '그 수권위원회가 결의를 통해 찬성하지 않는다면 행정부의 특정계획을 위한 세출의결을 할 수 없다'는 규칙을 제정할 수 있을 것이다. 이러한 양원의 규칙은 전적으로 의회내부의 규율과 관련되며, 행정부에 대해 무엇인가를 요구하는 것이 아니라는 점에서 위헌의 소지가 거의 없다고 볼 수 있다. 이러한 점에서 위와 같은 수권위원회의 거부는 Chadha 판결에서 위헌으로 선언된 의회거부와 기능적으로 동일한 역할을 한다고 볼 수 있다.

셋째, 의회는 세출법안에 행정부의 특정계획에 대해 세출자금의 사용을 금하는 이른바 부가조항(riders)을 첨부할 수 있는데, 이러한 부가조항을 통해서도 의회거부의 효과를 얻을 수 있다. 대통령은 일반적으로 수권법이나 세출법에 대해서도 거부권을 행사할 수 있으나, 대통령에게는 항목별거부(item veto)가 인정되지 않기 때문에 수용하기 힘든 조건이 첨부되는 경우에도 이를 거부하지 못하게 되므로[291] 부가조항의 실질적 효과는 양원의 동지결의에 해당된다고 볼 수 있다. 만일 양원의

회가 보고 된 행정부의 계획에 반대한다면 그 효력을 정지하는 법률을 통과시키는 제도를 말한다. 이 제도가 헌법적으로 문제가 없다는 것은 행정부계획의 효력을 정지시키는 의회의 법률은 양원을 통과해야하고 대통령에게 移送된다는 점에서 연방헌법상 양원제조항과 移送條項의 요건이 충족되기 때문이다. 연방대법원도 *Sibbach v. Wilson & Co.*, 312 U. S. 1 (1941)에서 이 제도를 합헌으로 결정한 바 있다. John E. Nowak/ Ronald D. Rotunda, *op.cit.*, p.279.

291) 梁 建, 「美國憲法과 對外問題」, p.32.

합의가 존재한다면 많은 경우에 있어서 부가조항은 단순결의의 기능을
할 수도 있다.

마지막으로 의회는 의회거부의 형식으로 '단순결의'나 '동지결의'가
아닌 '합동결의'(joint resolution)를 채택할 수도 있다. *Chadha* 판결에
비추어 볼 때, 연방대법원이 양원제조항과 移送條項 위반을 이유로 위
헌으로 결정한 것은 단순결의와 동지결의에 해당되기 때문에 법률제정
과 동일한 절차를 거치는 합동결의는 위헌으로 볼 수 없다. 실제로 의
회는 1984년에 *Chadha* 판결을 준수하기 위한 차원에서 합동결의에 의
한 의회거부를 채택한 바 있다.292) 의회가 합동결의에 의한 의회거부권
을 행사할 경우, 어떠한 형식의 합동결의인가에 따라 의회와 대통령에
게 미치는 효과가 달라지게 된다. 반대의 합동결의의 경우, 의회는 적
극적으로 행동하여야 하고 대통령에 의해 그것이 거부되기 쉽다는 점
에서 그것은 일반적으로 의회에게 불리하다. 다음으로 찬성의 합동결의
의 경우에는 일반적으로 정해진 기일 내에 그것을 얻어내야 하는 대통
령에게 불리하다고 할 수 있다. 즉 단순결의에 의한 의회거부의 경우,
대통령은 자신의 계획에 반대하는 一院만을 상대로 반대를 철회할 것
을 설득하면 그만이었지만, 의회거부가 합동결의에 의할 때는 양원을
모두 상대하여 적극적으로 자신의 계획에 대한 지지를 이끌어내야 한
다는 것이다. 따라서 찬성의 합동결의의 경우에는 양원모두의 찬성의
의사표시가 필요하므로 만일 어느 一院이 그 지지를 철회하거나 아무
런 행동을 취하지 않는다면, 결과적으로 단순결의에 의한 의회거부와
동일한 효과를 갖게 된다. 하지만 이는 아무리 그 결과적인 효과가 같
다고 하더라도 이전의 단순결의에 의한 의회거부와는 무시할 수 없는
차이가 있다. 즉 後者의 경우에는 일원의 적극적인 반대의 의사표시가
필요한 반면 前者의 경우에는 단순한 부작위로 충분하다.293) 이러한 점

---

292) 98 Stat. 3192 (1984).

293) Louis Fisher, "Judicial Misjudgments about the Lawmaking Process:

에서 합동결의에 의한 의회거부는 결코 행정부에게 유리한 제도가 아
니다.

9. 其他 非法的 統制手段

위와 같은 수단들 외에도 의회는 행정부를 견제하기 위하여 여러 가
지 非法的 수단들을 활용하기도 한다. 그 대표적인 예로는 단순결의나
동지결의를 들 수 있다. 이러한 결의들은 법률의 효력을 갖지 않기 때
문에 대통령에게 移送되지도 않고, 그 결과 대통령의 법률안거부권의
대상이 되지도 않는다. 그러나 앞에서 보았듯이 *Chadha* 판결에서 연방
대법원은 양원 중, 일원만의 거부권행사는 移送條項(연방헌법 제1조 7
항 3호)과 양원제조항(연방헌법 제1조 1항과 7항)에 위배된다고 함으로
써 사건에서 문제된 단순결의를 위헌으로 결정하였다. 하지만 이러한
사정에도 불구하고 단순결의나 동지결의는 행정부를 통제하기 위한 의
회의 효과적인 수단으로 기능해오고 있다.

의회는 이 밖에도 위원회보고서, 청문회과정에서 의원이 발한 지침
(instruction), 행정부공무원에 대한 의원의 서신, 의회위원회와 행정기관
간의 합의 등과 같은 非法的 수단을 통하여 행정부를 견제한다. 이러한
非法的 수단에 의한 행정부통제는 의회와 행정부 간의 자율적 통제를
제고하여 그들 간의 마찰을 최소화할 수 있다는 점에서 가장 바람직한
행정부통제방식이라고 할 수 있다. 하지만 다음의 두 가지 사례에서 보
듯이 非法的 수단에 의한 통제에는 일정한 한계가 있다. 1975년, 양원
조정위원회(conference committee)는 그 보고서를 통하여 해군에게 공군
이 선정한 항공기를 해군의 전투기로서 제작할 것을 지시한 바 있는데,
이 때 해군은 이와 같은 조정위원회보고서에 따르지 않고 다른 기종을

Legislative Veto Case", *Public Administration Review* 45 (1985),
pp.705-11.

해군전투기로 선정하였다. 이에 회계검사원장은 명백한 법적 규정이 없
는 한, 의회보고서는 행정기관을 구속하지 못한다는 결정을 내렸다. 즉
非法的 수단에 의한 통제는 문자 그대로 법적 구속력이 있는 것은 아
니며 다만 여러 가지 현실적인 이유에서 행정기관이 자발적으로 따르
는 것에 불과하다는 것이다.294) 의회의 非法的 통제의 한계는 테네시밸
리개발공사(Tennessee Valley Authority)의 댐건설과 관련된 사례에서도
잘 나타나고 있다. 이 사건은 테네시밸리개발공사가 환경파괴의 가능성
이 있는 댐을 완공해야 하는 지가 문제된 사건으로서, 당시 의회는 양
원 세출위원회보고서를 통하여 댐공사를 완료할 것을 촉구하였고 댐공
사 반대론자들은 이러한 공사는 「멸종위기야생동물보호법」(Endangered
Species Act)에 위반된다고 주장하였다. 이에 연방대법원은 일반적으로
의회의 보고서가 법률보다 우선할 수는 없다는 점을 강조하고, 이 사건
과 같은 경우에 있어서는 더욱 그러하다고 판시한 바 있다.295)

  하지만 대부분의 경우, 미국의 행정기관은 위와 같은 의회의 非法的
통제를 자발적으로 준수하는 모습을 보여주고 있다. 그 이유는 이러한
의회의 통제에 따르는 것이 그들 기관에게 실질적으로 이롭기 때문이
다. 즉 의회의 非法的 통제를 준수하는 행정기관은 이를 준수하지 않음
으로써 오게 되는 예산상의 불이익이나 앞으로 부과될 여러 가지 법적
규제를 사전에 예방할 수 있을 것이다.

10. 議會의 行政府統制의 限界

  위에서 살펴본 대로 행정부를 의회가 통제하는 데에는 여러 가지 정
당성이 있다. 그러나 올바른 국정을 위한 행정부통제의 정도를 넘어 의
회가 행정부감독권을 남용하는 것은 어떠한 이유에서든 허용될 수 없

---

294) 55 Comp. Gen. 812 (1976).

295) *TVA v. Hill*, 437 U. S. 153 (1978).

다. 이것이 문제되는 대표적인 경우는 바로 의원이 '개인적 사익'을 위하여 행정부감독권과 입법권을 행사하는 경우이다.

이러한 의원의 행위는 대체적으로 2개의 연방 법률에 의해 규제된다. 첫 번째는 공무원이 공무의 대가로 어떠한 금품을 받거나 요구하는 것을 금지하고 있는 뇌물금지법(The bribery statute)이고,[296] 두 번째는 연방정부와 관계되는 공무에 있어서 공무원이 합중국을 우선하여 私人을 대리하고 이에 대한 대가를 받거나 요구하는 것을 금지하는 사익우선금지법(The conflict of interest statute)이다.[297] 한편 이러한 법률의 위반여부가 문제되는 경우에 있어서도 일정한 조건하에 의원은 의원면책특권조항의 보호를 받을 수 있다.

그러나 사법부는 의원은 행정부와의 관계가 문제되는 모든 경우에 있어서 의원면책특권을 무조건적으로 주장할 수 없다는 점을 분명히 해왔다. 이와 관련된 사례로는 우선 前하원의원 Thomas Johnson이 특정 금융회사에 대한 법무부조사를 무마시키기 위하여 법무부에 대해 일정한 압력을 행사했던 사건을 들 수 있다. 결국 그는 이러한 그의 행위에 대한 대가로 2만 불을 수수한 혐의로 기소되었고, 법원은 사익우선금지법 위반의 유죄판결을 내렸다.[298] 또 다른 사건으로는 前하원의원 Joshua Eilberg가 일정한 대가를 수수하고 Philadelphia 병원에 대한 연방기금지원을 방조하려한 혐의로 기소된 사건을 들 수 있다. 이에 연방법원이 이 사건에서의 Eilberg의 행위는 의원면책특권조항의 보호를 받을 수 없다고 판시하자 그는 사익우선금지법 위반사실에 대해 유죄시인을 하였다.[299]

한편 집행에 부당하게 관여한 의원은 위와 같은 형사책임과는 별개

---

296) 18 U. S. C. 201.

297) 18 U. S. C. 203.

298) *United States v. Johnson*, 383 U. S. 169 (1966).

299) *United States v. Eilberg*, 465 F. supp. 1080(E. D. Pa. 1979).

로 다른 여러 가지 책임을 지게 된다. 예컨대 의원면책특권조항에 의해
면책된 의원이라 하더라도 일정한 경우에 그는 의회내부로부터의 징계
는 받을 수 있다. 한편 의원의 행정부통제행위와 면책특권과의 관계에
있어서 종래에 문제되어온 것은 바로 '행정부비리의 언론공표'이다. 하
지만 행정부비리의 언론공표는 1979년의 *Hutchinson* 판결300)로 인해
더 이상 면책특권의 적용을 받기가 어려워졌다. 이 사건은 미국예산의
파수꾼으로 불리는 William Proxmire 前상원의원이 소위 '황금양털상'
(Golden Fleece Award)을 제정하여 매달 가장 낭비가 심한 정부기관과
사업에 이 상을 수여한 것이 문제된 사건이었다. 이 사건의 원고
Hutchinson은 Proxmire의 보도 자료와 '황금양털상'의 수상을 홍보하는
의회보와 Proxmire의 TV 출연으로 인해 자신의 명예가 훼손되었다고
주장하였다. 이에 하급심은 보도 자료의 경우 본회의에서의 발언과 실
질적으로 동일한 것이므로 의원면책특권의 대상이 되고, 의회보는 의회
의 국정홍보수단이라는 점에서 역시 의원면책특권의 대상이 되며, TV
출연의 경우에는 수정헌법 제1조에 의해 보호된다고 판시하였다. 그러
나 연방대법원은 의원면책특권의 범위를 매우 제한적으로 해석하여 본
사건에서의 보도 자료와 의회보는 헌법상 정당한 입법기능에 속한다고
보기 어려우므로 의원면책특권에 의해 보호되지 못한다고 판시하였다.
결국 이러한 연방대법원의 견해에 따른다면 예산 낭비와 같은 행정부
비리에 대한 의회의 공표는 오로지 의회회의록(congressional record)이
나 위원회청문회와 같은 공적 채널을 통해서만 가능하게 된다.301)

---

300) *Hutchinson v. Proxmire*, 443 U. S. 111 (1979).

301) Richard D. Batchelder, Jr., "Note: Chastain v. Sundquist: A Narrow
Reading of The Doctrine of Legislative Immunity", 75 *Cornell L. Rev.*
384 (1990), pp.391-92 참조.

Ⅳ. 小 結

앞에서 살펴본 대로 오늘날 미국의회는 행정부통제에 있어서 상당한 정도의 적극주의를 표방하고 있다. 그 결과 의회는 행정부통제를 좀더 과학적, 효율적으로 하기 위한 여러 가지 물적·인적 수단들을 기초로 매우 광범위하게 집행에 관여하고 있다.302) 따라서 앞으로 대통령이 집행에 관여하는 의회를 무시하거나 무시하려 한다면, 그는 계속해서 수많은 정치적 어려움에 봉착하게 될 것이다. 예컨대 대통령이 자의적으로 대통령의 예산안에 대한 의회의 예산증액을 부정하고 그 세출자금의 사용을 거부하거나 의회가 수권한 계획을 축소한다면, 의회는 행정부의 예산집행에 대한 재량권을 크게 제한하는 새로운 법률을 제정할 것이다.

그렇다면 특히 1970년대 이후에 두드러지게 나타나고 있는 의회적극주의를 어떻게 평가해야 하는가? 이 문제에 대해서는 다음과 같이 이를 부정적으로 평가하는 시각이 존재하고 있다. 이러한 입장은 의회의 과도한 집행관여로 인해 행정부와 의회의 권력이 융합되고 이로 인해 불필요한 각종계획과 규제(regulation)가 나타나게 되며, 그 결과 효율적인 국정수행이 어려워진다고 주장한다. 한편 이러한 부작용의 원인으로서 이들은 현직의원들의 재선욕구를 들고 있다.303)

---

302) 한편 의회의 행정부통제방식도 오늘날 행정부와 의회의 규모가 크게 확대됨에 따라 상당부분 변화하고 있다. 예컨대 전통적인 의회와 행정부 간의 합의방식이었던 '구두합의'(oral agreement)는 오늘날 거의 문서에 의한 합의, 특히 의회위원회보고서(committee report)로 대체되고 있다.

303) 이러한 관점에서 Arnold 교수는 의원들은 의회의 집행관여를 단순히 자신들의 재선을 위한 홍보수단으로 이해하게 되며, 그 결과 의원들은 의회가 거의 관여할 여지가 없는 행정부계획에 대해서는 무관심하거나 별 다른 이유 없이 반대하고 있다는 점을 지적하고 있다. R. Douglas Arnold, *Congress and the Bureaucracy*, Yale University Press, 1980,

　물론 위와 같은 주장에는 어느 정도 타당성이 있고 이를 입증하는 증거도 광범위하게 존재하고 있다. 하지만 이러한 주장은 대체적으로 그간의 미국의 정치현실과 일치하지 않는다는 점에서 타당하다고 볼 수 없다. 즉 의회의 집행관여를 사실상 제한하는 각종 제도들이 확대되어왔고, 그에 따라 행정부의 권한도 더욱 확대되어온 것이 미국의 그간의 정치현실이었다. 영구수권과 영구세출, 각종 자격사업(entitlement)[304] 등이 갈수록 증가하는 추세에 있다는 점이 그 대표적인 예가 될 것이다. 따라서 위의 주장보다는 오히려 의회가 행정부의 무절제한 권한행사를 적절한 견제 없이 방치해왔다는 비판이 제기되어야 한다. 이러한 사실은 이란－콘트라사건으로 대변되는 1980년대 미국의 정치현실과 각종 정치의혹으로 점철된 90년대 Clinton 행정부시절을 돌이켜보아도 쉽게 확인될 수 있다.

---

pp.281-84.

304) 자격사업이란 특정 자격이 있는 수혜자(일반적으로 사람을 그 대상으로 하나 경우에 따라서는 정부도 그 대상이 될 수 있다)에게 연방정부로부터 지급받을 수 있는 법적 권리를 부여하는 사업을 말한다. Congressional Research Service 著 김민전 譯, 前揭書, p.6.

제4장 豫算節次에 있어서의 權力分立

제1절 全般的 概觀

미국헌법은 세출의결권과 조세징수권을 의회에게 부여하고 있다.[1] 이는 곧 재정에 관한 절대적 권한이 헌법상 '의회'에게 유보되어 있음을 의미한다고 볼 수 있다. 그러나 그간의 여러 가지 정치적, 역사적인 이유로 인해 이러한 원칙은 상당부분 변질되어 왔다. 즉 원칙적으로 의회가 가지고 있는 예산에 관한 권한 중 상당부분은 그간 '행정부'에 의해 행사되어 왔다.

1789년부터 1921년까지 미연방정부에는 어떤 통합적인 예산제도, 다시 말해 총지출과 총세입을 결부시키는 체계적이고도 포괄적인 예산제도가 없었다. 즉 이 시기의 각 행정기관은 소위 추계서(Book of Estimates)라는 문서를 통하여 개별적으로 그들의 예산요구액을 제출했을 뿐이다.[2] 이러한 포괄적 예산제도의 결여, 그리고 전쟁과 국가경제의 확대에 따른 연방지출의 증가는 필연적으로 엄청난 규모의 연방적자로 이어졌다. 이러한 문제들을 해결하기 위하여 제정된 법률이 바로 「1921년 예산회계법」(Budget and Accounting Act of 1921)이다. 이 법의 주요골자는 대통령은 예산안을 편성하고 그것을 의회에 제출할 권한을 갖되 의회는 단순과반수(simple majority vote)로 그러한 대통령의 예산안을 수정할 권한을 가진다는 것이었다.[3]

---

1) 연방헌법 제1조 8항 1호, 9항 7호.

2) Congressional Research Service 著 김민전 譯, 前揭書, pp.52-53 참조.

3) 위와 같은 점에서 1921년 예산회계법은 예산에 관한한 의회가 행정부에

예산회계법 이후에 제정된 예산에 관한 주요입법으로는 「1974년 의
회예산 및 지출유지통제법」(Congressional Budget and Impoundment
Control Act of 1974)4)을 들 수 있다. 이 법은 대통령의 예산안제출권
을 더욱 제한하여 의회의 예산에 관한 고유권한을 강화하는 것이 목적
이었다. 하지만 이후에 살펴보듯이 이 법에 규정된 예산절차는 예산에
관한 책임소재를 과거에 비해 불분명하게 하였다는 비판이 제기되고
있다. 「1974년 의회예산법」 이후 제정된 주요예산입법으로는 「1985년
그램루드만법」(Gramm-Rudman-Hollings Act of 1985)을 들 수 있다. 이
법은 점진적인 적자감축을 목표로 의회와 행정부에게 연방지출에 관한
일정한 의무를 부과하는 것이었다. 하지만 1986년에 이 법의 핵심이라
고 볼 수 있는 몇 가지 예산통제절차가 연방대법원에서 위헌으로 결정
되었고, 그 결과 행정부와 의회는 연방적자를 통제하기 위한 다른 방안
을 모색하지 않을 수 없었다. 이러한 과정을 거쳐 「1985년 그램루드만
법」은 1987년에 부분적으로 개정되었고 결국 「1990년 예산집행법」
(Budget Enforcement Act of 1990)으로 대체되었다. 하지만 이러한 법
률의 변화로 연방적자가 통제되지는 않았으며, 그 결과 1993년과 96,
97년에 추가적인 입법이 뒤따르게 되었다. 이중 특히 1996년에 제정된
「항목별거부권법」(Line Item Veto Act)은 권력분립적 측면에서 많은 논
란을 야기하게 된다.

현재 미국의 예산절차는 「1974년 의회예산법」을 그 기본적인 골격으
로 하고 있다. 이 법에 따라 예산절차는 대통령의 예산안제출→의회의
예산결의안 작성 및 통과→수권법・세출법・세입입법제정→예산조정
등 크게 4가지 단계로 정리될 수 있다. 그러나 1980년대 들어 연방적
자문제가 국가적 과제로 등장함에 따라 이를 해결하기 위해 위에서 언

게 종속되는 의원내각제式 예산절차와는 다르다. 이는 후에 자세히 설명
한다.

4) 이하에서는 경우에 따라 「1974년 의회예산법」으로 略稱한다.

급한 여러 가지 입법이 제정되면서 예산절차는 부분적으로 수정을 겪으며 복잡한 형태를 나타내게 되었다.

제2절 聯邦豫算節次의 歷史的 變遷

Ⅰ. 19世紀 以前까지의 聯邦豫算節次

연방헌법 제1조 9항 7호는 '모든 국고금은 법률에 의한 세출의결에 의하지 아니하고는 지출될 수 없다'5)고 하여 정부자금의 사용요건으로서 '연방의회의 세출의결'이 절대적으로 필요하다는 점을 분명히 하고 있다. 하지만 연방헌법은 이러한 추상적인 원칙만을 밝히고 있을 뿐, 그 구체적인 절차로서 의회의 세출위원회를 언급하거나 세출의결(appropriation)과 수권(authorization)을 구별하고 있지도 않다. 이러한 추상적인 헌법규정으로 인해 의회가 전문적인 세출위원회를 설치한 것은 남북전쟁 이후였으며, 그 이전에는 양원의 특정 위원회가 세출의결과 세입에 관한 법안을 담당하였다.6)

우선 하원은 1789년에 10명의 위원으로 구성되는 세입위원회(Ways and Means Committee)를 설치하고 이 위원회에게 세출과 세입을 보고하도록 하였다. 하원 세입위원회는 의회가 재무부를 창설하자 얼마 후 일시적으로 폐지되기도 하였으나 Hamilton의 재무부장관 재직말년인

---

5) 그 원문은 다음과 같다. "No Money shall be drawn from the Treasury, but in Consequence of Appropriations made by Law."

6) 이 위원회들은 세출, 세입뿐만 아니라 각종 조세와 관세, 그리고 금융과 통화까지도 담당하였다. Louis Fisher, *Presidential Spending Power*, Princeton University Press, 1975, pp.9-10 참조.

1794년에 다시 부활되었다. 한편 상원의 경우, 상설위원회로서 재정위원회가 설치되던 1816년 이전까지는 각종 특별위원회가 세출에 관한 법안을 담당하였다.7) 한편 이 시기의 각 행정기관들은 '추계서'를 통하여 그들의 예산요구액을 의회에 제출하였다. 여기서 주의할 점은 원칙적으로 대통령이나 재무부장관에게는 행정기관들의 추계서에 법적으로 관여할 권한이 없었다는 점이다.8)

의회가 예산에 관하여 주도적 권한을 행사하던 이 시기에는 풍부한 관세수입을 바탕으로 연방지출이 적정한 수준으로 이루어짐에 따라 별다른 재정적 어려움은 없었다. 하지만 남북전쟁으로 인해 연방지출이 급격히 증가하게 되자 상원의 재정위원회와 하원의 세입위원회에 모든 권한이 집중되어 있던 종래의 연방예산절차는 그 한계에 부딪치게 되었다. 이에 하원은 1865년에 세입위원회의 권한을 세입법안의 제출로 한정하고 그것이 종래에 행사해왔던 나머지 권한들을 새롭게 설치된 세출위원회와 금융통화위원회에게 분할하여 이전시켰다. 상원 역시 2년 후에 하원과 유사한 예산절차개편방안을 채택하게 되었다. 나아가 점차적으로 각종 수권위원회에게 세출상한액을 보고할 권한이 부여됨에 따라 의회의 예산구조는 이후 수십 년간 더욱 세분화되었다.9)

---

7) *Ibid.*, pp.12-13 참조.

8) 하지만 John Quincy Adams, Martin Van Buren, John Tyler, James K. Polk, James Buchanan, Ulysse S. Grant, Crover Cleveland와 같은 대통령들은 행정기관들의 예산추계서가 의회에 제출되기 전에 그 내용에 대해 관여를 하고 심지어 그것을 수정하기까지 하였다. 예컨대 대통령에 당선되기 전, 하원 세입위원회 위원장을 지낸 Polk 대통령은 자신의 경험을 바탕으로 행정기관들의 예산추계서에 적극적으로 관여한 바 있다. *Ibid.*, pp.17-18.

9) *Ibid.*, pp.20-24 참조.

Ⅱ. 豫算案編成을 둘러싼 行政府와 議會의 對立

적정선을 유지하던 연방지출은 남북전쟁, 각종 연금법안 제정, 미국·스페인 전쟁, 파나마운하건설 등으로 인해 이전에 비해 크게 증가하게 되었다.10) 이러한 재정적 어려움을 극복하기 위하여 T. Roosevelt 대통령은 1905년에 키프위원회(Keep Commission)를 창설하여 이 위원회에게 좀더 경제적이고도 효율적인 행정방안을 권고하도록 한 바 있고, 같은 해 의회는 회계연도 중 특정시점에서의 과도한 지출로 인해 적자가 발생하거나 그 회계연도 업무를 완수하는 데에 추가적인 예산을 필요로 하는 상황을 방지하기 위하여 행정기관은 세출자금을 월별로 할당하거나 혹은 특별할당금(allotment)을 준비해야 한다는 법안을 통과시키기도 하였다.11) 나아가 의회는 1909년에 입법을 통하여 재무부장관이 다음 회계연도에 예상되는 세입예산을 견적하는 것을 의무화하고 만일 적자가 예상되는 경우, 재무부장관으로 하여금 세출의 삭감을 의회에 권고하도록 하였다. 또 재무부장관이 적자가 예상되나 세출의 삭감이 사실상 불가능하다고 판단한 경우, 이 법은 재무부장관으로 하여금 적자를 만회하기 위해 새로운 조세를 부과하거나 공채를 발행할 것을 의회에게 권고하도록 하였다.12) 한편 1909년 당시 대통령이었던 Taft는 행정각부의 長으로 하여금 자신의 기관의 예산수준을 가급적 최저한도로 유지할 것을 명하고, 행정명령 제1142호13)를 통하여 각 행정

---

10) 예컨대 1866년부터 1894년까지 지속된 연방흑자는 이후 6년간 적자로 돌아서게 된다.

11) 33 Stat. 1257, sec. 4 (1905).

12) 35 Stat. 1027, sec. 7 (1909).

13) 구체적으로 이 행정명령은 하위 행정기관의 공무원이 자신이 속한 행정각부의 장관의 동의 없이 의회에 대하여 입법이나 세출의결을 요구하는 것을 금지하였다.

기관들에 대한 통제를 더욱 강화하였다.

한편 1910년에 Taft 대통령은 의회가 세출의결 한 10만 불을 근거로 더욱 효과적인 정부경제활동을 연구하고자 '경제 및 효율성위원회'(Commission on Economy and Efficiency)를 창설하였다. 이후 이 위원회는 2년에 걸쳐 행정각부의 재정적 운영에 관한 포괄적인 보고서14)를 발표하였는데, 1912년, Taft 대통령은 이 위원회의 연방예산에 관한 案을 의회에 제출하였다. 이 案의 핵심적인 골자는 첫째, 행정각부예산안에 대한 심사권을 대통령이 보유하고, 둘째, 대통령은 이러한 행정각부의 예산안들을 전체적으로 조정할 권한을 가지며, 셋째, 이러한 대통령의 통합예산안은 의회의 세입·세출결정의 근거가 된다는 것이었다. 그러나 연방의 재정적 상황이 점차 개선되고 Taft의 재선가능성이 희박해짐에 따라 의회는 법률을 통하여 행정각부의 공무원들로 하여금 종래와 같이 '스스로' 그 예산안을 준비하고 이를 '의회에게만' 제출토록 함으로써 위와 같은 Taft의 시도에 대해 본격적인 통제를 하게 된다.15) 이러한 의회의 조치의 배경에는 예산안편성은 헌법이 의회에게 독점적으로 부여한 지출권한(spending power)의 일부라는 사고가 짙게 깔려 있었다. 하지만 Taft 대통령은 의회와는 다르게 예산안편성을 순수한 행정적 사항으로 보았는데, 이러한 사고는 다음과 같은 그의 주장에 잘 나타나 있다.

"헌법상 집행권은 대통령에게 유보되어 있고 행정각부장관과 그 대리인으로서의 하위공무원들은 대통령에 대해 책임을 진다. 따라서 대통령은 의회에 대해 적절한 조치를 권고하고 연방의 현재상황과 그 개선방안을 조언해야 한다는 (연방헌법 제3조상의) 헌법상

---

14) 구체적으로 이 위원회는 보고서를 통하여 모든 행정기관의 예산을 지출대상, 즉 품목별로 편성할 수 있도록 품목별 計定을 제시하여 주었다. 朴暎熙, 「財務行政論」, 茶山出版社, 1990, p.113.

15) 37 Stat. 415 (1912).

의무를 수행함에 있어서 이들의 도움을 받을 수 있다…… 만일 대
통령에게 정부운영방식이나 그에 따르는 결과에 책임이 있다면, 의
회가 대통령의 목적에 비추어 보아 충분하다는 판단하에 제공하는
'의회로부터의 정보'에 대통령이 구속될 수 없음은 자명하다. 나는
대통령이 예산안을 제출하는 것은 극히 당연하고, 의회는 이를 금
지할 수 없다고 생각한다."16)

이러한 기본적 입장에 따라 Taft 대통령은 계속해서 행정부예산안을
준비하고 이를 의회에 제출하였으나 의회는 이에 대해 전혀 주의를 기
울이지 않았다.17) 하지만 대통령이 예산안을 편성·제출하고자 하는
Taft 대통령의 노력은 다음에서 설명하는 「1921년 예산회계법」에서 그
결실을 맺게 된다.

Ⅲ. 1921年 豫算會計法

1. 制定背景

남북전쟁이 예산에 관한 의회위원회의 구조에 획기적인 변화를 가져
왔듯이, 제1차세계대전 역시 연방예산절차에 있어서의 큰 변화를 가져
왔다. 제1차세계대전을 전후하여 전쟁 전에 7억 불에 머물렀던 연방적
자는 1918년에 127억 불, 1919년에 185억 불로 증가하게 되었고, 1916
년에 약 10억 불에 머물렀던 연방부채도 1919년에 약 250억 불로 늘어
나게 되었다. 상황이 이렇게 되자 의회는 이러한 문제들을 해결하기 위

---

16) Frederick A. Cleveland, "The Federal Budget", *Proceedings of the
Academy of Political Science* 3 (1912-13), p.167(Louis Fisher, *Constitutional
Conflicts between Congress and the President*, pp.199-200에서 재인용).

17) 이상 Louis Fisher, *Constitutional Conflicts between Congress and the
President*, pp.199-200 참조.

하여 좀더 현대화된 예산절차가 필요하다는 것과 재정에 있어서 행정
부에게 좀더 많은 권한이 필요하다는 점을 점차적으로 깨닫게 되었다.

이에 1919년, 하원은 예산특별위원회(Select Committee on the
Budget)를 창설하여 헌법적 한계를 넘지 않는 범위 내에서 현실적으로
실현가능한 예산절차를 고안하기 위해 노력하였다. 그리고 이러한 목적
을 달성하기 위해서는 첫째, 예산안이 통합적으로 편성되어야 하고, 둘
째, 그러한 예산안에 대해서는 의회의 조치가 뒤따라야 하며, 셋째, 예
산집행에는 일정한 감시와 통제가 있어야 한다는 점을 알게 되었다. 이
러한 요건 중 첫 번째와 세 번째 요건은 법률의 제정을 필요로 하는
것이었고 두 번째 요건은 양원의 규칙변경만으로도 가능한 것이었다.
한편 예산특별위원회는 당시 시행되던 예산절차상의 여러 가지 문제점
을 발견하였는데 이를 구체적으로 열거하자면 다음과 같다.

① 지출이 세입에 따라 결정되지 않는다.
② 의회는 대통령에게 신중하고도 정밀한 재정적 프로그램을 수립
  할 것을 요구하지 않았다.
③ 의회에 제출되는 행정기관의 예산추계서는 각 행정기관의 개별
  적 요구사항만을 담고 있다. 따라서 연방의 필요에 따라 이들을
  전체적으로 조정하고 이들 중 중복되는 예산을 삭제하기 위한
  상급행정기관의 심사과정이 필요하다.
④ 체계적인 연구에 의해 작성되지 않은 행정기관의 예산추계서로
  인해 의회의 소관위원회들은 상당한 시간을 각 행정기관의 비현
  실적인 사업계획을 심사하는 데에 투자하고 있다. 이러한 행정
  기관의 비현실적인 사업으로 인해 재정낭비가 발생하는데 이 점
  에 대해 행정기관은 책임을 지지 않는다.[18]

결국 예산특별위원회의 이와 같은 연구결과를 바탕으로 의회는 좀

---

18) Louis Fisher, *Constitutional Conflicts between Congress and the President*,
   p.200; Louis Fisher, *Presidential Spending Power*, pp.45-50 참조.

더 효율적인 예산절차를 확립하기 위해 「1921년 예산회계법」을 제정
하였다.

2. 主要內容

「1921년 예산회계법」19)의 주요골자는 바로 대통령이 행정부예산안을
편성하고 이를 의회에 제출할 수 있게 했다는 점이다. 즉 이 법은 대통
령에게 각 행정기관의 예산안을 심사·수정·조정할 권한을 부여하고,
이러한 과정을 거친 예산안을 의회에 직접 제출할 수 있게 하였다. 하
지만 대통령에게 예산안제출권이 부여됨에 따라 대통령이 예산안편성
에 있어서 주도권을 갖게 된 것은 아니다. 즉 同法上 예산안을 '최초
로' 편성·제출하는 기관은 분명 '행정부'이지만 이 법은 대통령이 제
출한 예산안을 의회가 세부적으로 검토하고 위원회나 본회의에서 단순
과반수표결에 의하여 이를 증액하거나 삭감할 수 있도록 하였다.20) 그
결과 행정부예산안의 효력은 그것이 편성되고 의회에 제출될 때까지로
엄격히 제한되었다.21)

한편 「1921년 예산회계법」은 재무부 내에 예산국을 창설하고 대통령
에게 예산국장 임명권을 부여하였다.22) 예산국에게는 각 행정기관의 예
산추계서를 종합하여 이를 조정·수정하며 필요에 따라 그 예산추계액
을 증액하거나 삭감할 권한이 부여되었는데, 다만 여기에는 일정한 예
외가 있다. 즉 권력분립원칙상 연방대법원의 예산추계서에 대해서는 예
산국의 수정이 일체 금지되며 따라서 그것은 아무런 변동 없이 대통령

---

19) 42 Stat. 20 (1921).

20) 42 Stat. 23.

21) Neal Devins, "Essay: Budget Reform And The Balance of Powers", 31
Wm and Mary L. Rev. 993 (1990), pp.1000-1001 참조.

22) 42 Stat. 22 (1921).

의 예산안에 포함된다.23)

3. 評 價

(1) 大統領의 豫算案編成과 提出

「1921년 예산회계법」은 대통령에게 예산안을 편성하고 이를 제출할 권한을 부여함과 동시에 의회에게는 대통령의 예산안을 수정할 권한을 부여하였다. 이것은 예산절차상의 모든 권한이 행정부에게 집중되고, 행정부예산안에 대한 의회의 증액이 제한되는 의원내각제式 예산절차24)와는 본질적으로 다르다. 이러한 점에서 결과적으로 「1921년 예산회계법」은 의원내각제式 예산절차를 명백히 거부하였다고 볼 수 있는

---

23) 하지만 현재에는 연방의회와 연방대법원 외에 독립규제위원회인 연방준비제도이사회와 국제무역위원회를 비롯한 일정한 기관의 예산추계서에 대해서도 관리예산국(OMB: 예산국의 後身)의 심사가 금지되고 있다. OMB Circular No. A-11 §11.2, June 1995. 이상 Louis Fisher, *Constitutional Conflicts between Congress and the President*, p.200 참조.

24) 그 대표적인 것이 바로 영국의 예산절차이다. 영국은 '행정부우위형' 예산절차의 전형으로서 영국의회는 미국의회처럼 직접 예산을 편성하지 않으며, 또한 행정부가 제출한 예산을 수정함으로써 예산내용에 실제적 영향력을 행사하지도 않는다. 하지만 이러한 사실이 곧 영국의회의 예산심의과정이 무의미하다거나 의회의 재정통제권이 취약함을 의미하지는 않는다. 의회는 예산안에 대한 심의와 논쟁을 통해 국가의 세입 및 공공지출에 대한 정보를 국민에 제공하며, 또한 야당에 대해 정부의 재정정책과 집행내용을 비판하고 대안을 제시할 수 있는 기회를 마련해 주고 있다. 즉 영국의회는 예산의 구체적 수정이나 계수조정 등 미시적 예산결정보다는 국가의 재정정책을 검토·비판하며 대안을 제시하는 거시적 예산결정을 중심으로 예산심의를 수행하고 있다. 특히 영국의회는 강력하고 실질적인 회계검사권을 행사하고 있다. 이 점에서 영국의회는 '예산의 결정'이라는 사전통제적인 측면에서 보다는 사후통제인 집행감사에서 강력한 권한을 행사한다고 평가받고 있다. 박찬표, "국회의 예산·결산 심의기능 강화방안", *http://www.nanet.go.kr/nal/3/3-1-2/issu-175.htm#4.*

데, 사실 이 법이 제정되기 이전에 예산절차를 의원내각제式으로 개편
하자는 주장이 전혀 없었던 것은 아니다. 예컨대 1915년, 하원 세출위
원회위원장 John J. Fitzgerald는 의회의 재정권은 제한되어야 한다는
전제하에 행정각부장관의 요청, 의원 2/3 이상의 표결, 연방부채(의회의
부채를 포함한다)에 대한 변제와 같은 사정이 없다면 의회는 어떠한 자
금도 세출의결 할 수 없다고 주장한 바 있고,25) 또 이 법에 대한 심의
가 한창이던 1920년, Wilson 행정부에서 재무부장관을 역임한 David
Houston은 재무부장관의 요청이나 의회2/3 이상의 표결이 없는 한, 의
회는 대통령의 예산안에 대한 증액을 할 수 없다고 주장한 바 있다.26)

하지만 이들의 주장보다도 더욱 주목해야 할 것은 당시 예산개혁에
관한 전문가이자 예산회계법 제정에 큰 영향을 미쳤던 Charles Wallace
Collins의 견해이다. 그는 기본적으로 연방정부의 예산절차로는 내각제
국가인 영국의 그것이 가장 적합하다는 생각을 가지고 있었다. 그는 연
방정부의 예산구조가 영국의 그것과 유사하다는 전제하에 영국의 경우,
이미 오래 전에 의회는 재정입법에 있어서의 주도권을 행정부에게 양보
해온 결과 행정부의 예산안은 의회의 수정 없이 통과되는 것이 일반적
이라는 점에 주목하였다. 이러한 관점으로부터 Collins는 미국에서의 예
산개혁도 의회가 재정입법에 있어서의 주도권을 포기하고 이를 행정부
에게 양보하는 방향으로 이루어져야 하며, 그 결과 미국의 대통령은 재
정에 있어서 영국의 수상과 동등한 권한을 가져야 한다고 주장하였다.27)

---

25) John J. Fitzgerald, Budget Systems, 62 *Municipal Research* 299, 312, 322,
327, 340 (1915)(Louis Fisher, "Symposium: War and Spending Power", 43
St. Louis L. J. 931 (1999), p.943에서 재인용).

26) David Houston, *Eight Years with Wilson's Cabinet* 88 (1926)(Louis Fisher,
"Symposium: War and Spending Power", p.944에서 재인용).

27) Charles Wallace Collins, Constitutional Aspects of a National Budget
System, 25 *Yale L. J.* 376 (1916), pp.330, 377(Louis Fisher, "Symposium:
War and Spending Power", p.944에서 재인용).

예산회계법이 대통령에게 예산안제출권을 부여한 데에는 Collins의
위와 같은 주장이 어느 정도 영향을 미쳤음은 일반적으로 부인하기 힘
들다. 하지만 예산회계법상 대통령의 권한은 예산안을 편성하고 이를
의회에 제출할 권한으로 한정되며, 일단 대통령이 예산안을 제출한 후
에는 그것에 대한 증액, 삭감의 권한은 전적으로 '의회'가 가진다는 점
에서 Collins의 주장이 예산회계법에 전적으로 수용되지는 않았다. 이러
한 관점에서 본다면, 「1921년 예산회계법」상 대통령과 의회의 권한은
어느 정도 균형관계를 이루고 있었다고 볼 수 있다.28)

(2) 歲出委員會의 權限强化

「1921년 예산회계법」으로 인해 나타나게 된 예산절차상의 또 다른
중요한 변화는 바로 양원 세출위원회의 권한이 강화되었다는 점이다.
즉 예산회계법이 대통령에게 예산안제출권을 부여함으로써 예산절차에
있어서의 행정부의 권한을 통합·강화하자, 이에 대응하기 위하여 의회
역시 예산에 관한 통제를 세출위원회로 단일화하였다. 구체적으로 하원
은 1920년에 이 법이 통과되자마자 그 모든 세출의결기능을 세출위원회
로 통합시켰고, 상원 역시 1922년에 이와 유사한 조직개편을 하였다.29)
하지만 이러한 세출위원회의 권한강화는 각 상임위원회, 즉 수권위원
회의 이른바 사전지출(backdoor spending)로 인해 상당부분 그 의미가
퇴색되지 않을 수 없었다. 사전지출이란 의회 예산과정이 수권법과 세
출법에 의해 순차적으로 이루어지지 아니하고, 세출법 심의절차가 생략
되거나 혹은 형식적으로 진행되면서 예산지출이 허용되는 경우를 말한
다. 사전지출은 크게 세 가지 형태로 나눌 수 있다. 첫 번째 형태는 정
부기관의 차입권한(borrowing authority)으로서 이는 정부기관의 재정적

---

28) Neal Devins, *op.cit.*, p.1000.

29) Congressional Research Service 著 김민전 譯, 前揭書, p.8 참조.

채무부담과 차입한 자금에 대한 상환을 허용하는 것을 말한다. 예컨대 의회가 공사설립을 승인하고 공채를 통해 재원을 조달하는 것이 여기에 속한다. 두 번째 형태는 계약권한(contact authority)으로서 이 권한에 의거하여 정부기관은 그들의 자금이 세출의결되기 전에 일정한 계약상 의무를 부담할 수 있다. 예컨대 의회가 새로운 법을 제정하면서 정부기관에게 법집행에 요구되는 다년간의 계약을 체결하도록 승인하는 경우가 여기에 속한다. 위의 두 가지 사전지출은 수권위원회에서 결정되는데 세출위원회에서는 이에 소요되는 비용을 예산으로 확정할 수밖에 없게 된다. 사전지출의 마지막 형태는 자격사업(entitlement program)으로서 이것 역시 수권법의 특수한 경우라고 볼 수 있다. 자격사업은 학교급식사업, 제대군인연금, 사회보장혜택 등으로 구성되어 있는데, 이들은 사업의 성격상 매년 세출법에 의해 자금을 충당하기가 힘들다. 즉 법으로 자격요건이 제시되어 있기 때문에 정부기관이나 개인이 이 요건에 해당될 경우 예산지출을 승인해야 한다는 것이다. 이것은 일종의 항구적 세출법으로 세출위원회는 관련법에 대한 자금지출을 제한하거나 삭감할 수 없다.30)

한편 근래에 들어서도 사전지출은 자격사업을 중심으로 과거에 비해 급격히 증가하고 있으며, 이로 인해 세출위원회의 세출의결권은 사실상 점점 더 제한되고 있다.

(3) 行政府의 支出留止

「1921년 예산회계법」 제정 이후, 예산절차에 있어서 나타나게 된 주목할 만한 현상으로는 행정부의 支出留止(impoundment)를 들 수 있다.

---

30) 金承泰, "美國의 議會豫算 改革에 관한 研究", 「慶熙大 行政問題研究」 제7권 제1호, 2000, 경희대학교 행정문제연구소, p.65. 한편 金承泰 교수는 사전지출(backdoor spending)을 원문에 충실하여 '막후지출'로 번역하고 있다.

支出留止에 대해서는 앞에서도 자세히 설명한 바31) 있기 때문에 여기
에서는 간단한 언급만을 하고자 한다. 앞에서도 살펴본 바와 같이 支出
留止가 절정에 달하게 된 시기는 바로 Nixon 행정부시절이었다. 즉
Nixon은 지출유지가 대통령의 헌법상 권한이라는 논리하에 대규모의
지출유지를 남발하였고, 이는 곧 지출상한(spending ceiling)을 둘러싼
의회와의 대립과 새로운 예산절차법의 제정을 암시하는 것이었다. 1972
년, Nixon은 의회에 대하여 1973회계연도예산의 한도를 2500억 불로
할 것과 이를 준수하기 위하여 그에게 지출항목삭감에 관한 재량권을
요구한 바 있다.32) 이러한 요구에 대해 의회는 Nixon이 요구한 권한은
지나치게 광범위하다는 판단하에 이를 거부하였고, 이러한 행정부와 의
회의 대립은 「1974년 의회예산 및 지출유지통제법」 제정의 결정적인
계기가 되었다.

Ⅳ. 1974年 議會豫算 및 支出留止統制法

1. 制定背景 및 主要內容

「1921년 예산회계법」으로 인해 행정부에게 예산안제출권이 부여됨에
따라 예산에 관한 대통령의 권한은 강화되었지만, 이를 견제하기 위한

---

31) 본서 pp.138-41 참조.

32) Nixon이 위와 같이 지출항목삭감에 대한 재량권을 요구한 배경에는 급
격한 연방적자의 증가가 있었다. 당시 Nixon은 지출지향적인 의회의 예
산절차를 연방적자증가의 원인으로 보고, 의회의 반대에도 불구하고 주
택, 농업, 수질개선사업을 중심으로 그에 관한 상당부분의 지출을 계속
적으로 거부하였다. 하지만 이 시기의 연방적자증가는 의회의 지출지향
적인 예산절차보다는 사전지출의 증가에 그 원인이 있었다고 보는 견해
도 있다. Louis Fisher, *Presidential Spending Power*, pp.175-93 참조.

의회예산과정은 1800년대 중반 양원에 설립된 세출위원회를 중심으로 큰 변화 없이 개별적인 수권과 세출절차에 의존하고 있었다. 그 후 1960년대 말부터 예산지출에 관한 통제가 중요한 정책과제로 제기됨에 따라 의회는 이를 해결하기 위해 여러 가지 노력을 하였지만, 의회규율이 확립되어 있지 않은 기존의 절차로는 아무런 효과를 거둘 수 없었다. 더욱이 당시 Nixon 대통령은 의회의 비체계적이며 무책임한 예산심의절차를 비난하면서 의회가 승인한 예산에 대해 지출유지를 남발하는 사태를 초래하였다. 이에 의회는 자신의 헌법상 고유권한인 재정권이 위협받고 있다는 판단하에 「1974년 의회예산 및 지출유지통제법」33)을 제정하여 의회예산개혁을 단행하였다.34) 이 법의 목적은 예산과정에서 의회의 역할을 강화하고 예산심의에 집권적 절차를 도입하며 대통령의 지출유지를 억제하는 데에 있다.35) 이를 위해 이 법은 크게 두 부분으로 구성되어 있는데 첫 번째 부분은 순수하게 예산절차에 관한 부분이고, 두 번째 부분은 행정부의 지출유지에 대한 통제절차를 다루고 있다.36) 後者는 앞에서도 자세히 다룬 바 있으므로37) 여기서는 前者의 주요내용만을 설명하고자 한다.

우선적으로 이 법은 양원에 예산위원회(Budget Committee)를 설치하여 일년에 두 차례에 걸쳐 예산결의안(budget resolution)을 작성하고 이를 본회의에 보고하도록 하였다.38) 예산결의안은 의회가 과거와는 달리 부문별 예산심의를 통합·조정하기 위하여 도입한 제도로서, 그것은 크

---

33) 88 Stat. 297 (1974).

34) 金承泰, 前揭論文, p.66.

35) 88 Stat. 333-334, 337-338 (1974).

36) 「의회예산 및 지출유지통제법」(Congressional Budget and Impoundment Control Act)이란 명칭도 이러한 이유에서 붙여진 것이다.

37) 본서 pp.138-41 참조.

38) 88 Stat. 299-302 (1974).

게 총예산권한(total budget authority)39)과 총예산지출, 흑자와 적자, 공공부채로 구성되는 재정총계부분과 총예산권한과 총예산지출을 20개의 기능별 범주(국방, 에너지, 농업 등)로 체계화한 부분으로 구성된다.40) 제1차 예산결의안은 매년 5월 15일까지 통과되도록 하였는데, 이것은 법적 구속력이 없는 것으로서 의회가 세출법안 및 기타 예산관련입법안을 심의하기 위한 단순한 가이드 역할을 한다. 9월 15일까지 통과되어야 하는 제2차 예산결의안은 세출의 상한과 세입의 하한을 확정하는 것으로서 법적 구속력을 갖는다. 만일 두 번째 예산결의안에서의 예산총액과 세출, 조세, 각종 자격사업에 관한 법안이 서로 불일치할 경우에는 예산조정(reconciliation)을 하게 되는데, 예산조정은 해당법안에 대한 조정명령을 내리는 조정법안을 통하여 이루어지게 된다.41) 예산조정은 대체적으로 지출을 줄이고 수입을 증대하는 방향으로 이루어진다.42)

그 밖에도 「1974년 의회예산법」은 예산절차에 있어서 많은 변화를 가져왔는데, 그 중 주목할 만한 변화로서는 다음의 네 가지를 들 수 있다. 첫째, 예산에 관한 의회의 전문성을 높이기 위하여 의회예산국(Congressional Budget Office: CBO)이 신설되었고,43) 둘째, 회계연도 내에 모든 세출법안이 통과될 수 있는 시간을 확보하고 잠정결의안(continuing resolution)이 채택되는 것을 방지하기 위해 회계연도 개시일

---

39) 예산권한이란 각 기관이 사업을 수행하기 위해 채무부담(obligation)을 할 수 있는 권한을 말한다. 유수빈, "美國政府의 財政危機에 관한 研究", 碩士學位論文, 서울大學校 大學院, 1996, p.30.

40) 박찬표, 前揭論文, *http://www.nanet.go.kr/nal/3/3-1-2/issu-175.htm#4.*

41) 88 Stat. 306-308, 310-312 (1974); 金承泰, 前揭論文, p.68 참조.

42) 1974년 제정당시 이 법은 예산조정을 9월 25일까지 심의·완료하도록 하였지만, 80년대 들어 각종 자격사업을 축소하는 데에 예산조정절차가 적극적으로 활용됨에 따라 그 심의·완료시기를 봄으로 앞당기게 되었다. 이 점에 대해서는 후에 자세히 설명한다.

43) 88 Stat. 302-305 (1974).

이 7월 1일에서 10월 1일로 변경되었으며, 셋째, 사전지출에 대해 일정한 제한이 부과되었고, 넷째, 수권위원회의 수권법안보고 마감시한이 새롭게 규정되었다.44)

결국 「1974년 의회예산법」은 의회의 예산심의과정을 이전에 비해 더욱 통합·체계화하기 위한 의회의 노력으로 볼 수 있다.

《표 3》 1974년 의회예산법상 의회 예산심의일정(1975년도)45)

주 요 사 항	최 종 일 자
대통령, 예산안제출	의원개원 후 15일 내
위원회, 예산위원회에 제안서제출	3월 15일
의회예산국, 예산위원회에 보고	4월 1일
예산위원회, 제1차 예산결의안 제출	4월 15일
의회, 제1차 예산결의안 의결	5월 15일
수권위원회, 수권법안보고 완료	5월 15일
의회, 모든 세출법안 통과	노동절 후 7일 내
의회, 제2차 예산결의안 의결	9월 15일
의회, 예산조정법안 통과	9월 25일
회계연도 개시	10월 1일

---

44) 88 Stat. 320-29.

45) Lance T. LeLoup, "Budget Process", in Donald C. Bacon, Roger H. Davidson, and Morton Keller ed., *The Encyclopedia of the United States Congress*, Sumon & Schuster, 1995, p.215(金承泰, 前揭論文, p.68에서 용어를 수정하여 轉載함).

2. 評 價

(1) 立法目的의 二重性

「1974년 의회예산 및 지출유지통제법」은 이 법의 명칭이 말해주듯 두 가지 모순적인 목적을 동시에 추구하는 것으로 보인다. 즉 의회는 이 법을 통하여 급격히 증가하는 연방적자를 통제함과 동시에 逆으로 연방적자의 감축효과를 가지고 있는 행정부의 支出留止까지 통제하고 자 했던 것이다. 의회가 행정부의 支出留止를 통제하고자 했던 배경에 는 Nixon 행정부와 의회와의 지출상한을 둘러싼 대립이 있었음은 앞에 서 살펴본 바와 같다. 그렇다면 왜 이러한 모순적인 입법이 나오게 되 었는가? 이 문제는 일단 支出留止統制와 관련한 의회의 그간의 입장을 살펴보면 해답을 찾을 수 있다.

의회는 「1974년 의회예산법」 제정 이전에도 대통령의 支出留止를 통 제할 필요성을 절감하고 있었지만 전적으로 이를 통제하기 위한 단행 법률을 제정하지는 않았다. 그 이유는 바로 의회가 연방적자의 감축효 과가 있는 행정부의 支出留止를 통제한다면 의회에 대해 '지출을 부추 긴다'는 여론의 비판이 제기될 것이 분명했기 때문이었다. 즉 일반유권 자들은 支出留止를 통제하고자 하는 의회의 노력을 의회가 국가예산을 무절제하게 낭비하려는 것으로 해석할 것이다. 따라서 의회의원들의 입 장에서는 支出留止를 통제하기 위한 단행 법률을 제정하는 것보다는 지출에 관한 의회의 통제를 강화하는 법률에 支出留止의 통제에 관한 규정을 결부시키는 것이 자신들에게는 정치적으로 더욱 안전하다고 생 각될 수 있다. 바로 이러한 의도에서 의회는 「1974년 의회예산 및 지출 유지통제법」을 제1장(title)부터 제4장까지는 의회예산절차로, 이 법의 마지막 장인 제5장은 支出留止에 대한 통제절차로 구성한 것이다. 이러 한 사실은 하원 예산위원회위원장을 역임한 바 있는 Bob Giaimo의 발언에서도 확인되는데, 그는 「1974년 의회예산 및 지출유지통제법」으로 인해 의회는 무절제한 지출성향을 억제하게 된 반면 대통령은 지출유 지를 포기하게 되었다는 점에서 그것의 기본적인 성격은 계약(contract) 이라고 술회한 바 있다.46)

(2) 議會豫算過程의 遲延과 聯邦赤子의 慢性的 增加

「1974년 의회예산 및 지출유지통제법」은 예산결정에 있어서 의회의 역할을 강화시켰고 예산총규모에 대한 의회의 관심을 증가시켰으며 사 전지출을 제한하는 데에 나름대로 기여를 하였다. 그 가운데 가장 큰 성과로 지적될 수 있는 것은 의회예산국의 역할로서, 의회예산국은 예 산 및 경제에 관련된 비당파적이며 전문적인 정보를 자체적으로 생산 하여 이를 신속히 제공함으로써 의회로 하여금 신뢰할 수 있는 정보의 접근과 활용을 용이하게 했다.47) 그러나 이러한 성과에도 불구하고, 의 회 예산심의절차에 있어서의 효율성은 이 법이 제정된 1974년 이전보 다 오히려 그 이후에 현격하게 저하되었다. 그 대표적인 문제점으로는 다음의 두 가지를 들 수 있다. 첫째, 의회는 시간이 지나면서 예산과정 에서 요구되는 질서나 일정을 준수하지 못함에 따라 습관적으로 세출 법안이나 예산결의안의 채택을 지연시켰다.48) 즉 1974년 이후의 예산 절차에서는 세출법안이 법정기한 내에 제정되지 못하고 심지어 전혀 제정되지 않는 경우도 종종 발생하게 되었다. 이 법이 제정되기 전인 1974년 이전에는 의회가 연차세출법안을 통과시키지 않고 일회계연도 가 지나가는 경우는 매우 이례적인 현상이었으나 현재에는 이러한 현 상이 관례가 되어버렸다. 그 실례로서 1968회계연도부터 1975회계연도

---

46) "Congress Must Get Serious", *Washington Post*, June 4, 1982, p.A19.

47) 金承泰, 前揭論文, p.68 참조.

48) *Ibid*.

까지는 세출법안의 제정이 지연됨에 따라 먼저 잠정결의안이 채택되고 그 후에 세출법안이 제정된 경우는 단 두 차례에 불과했으나, 1976회계연도에서 1985회계연도까지는 이러한 경우가 27회로 급증하였다.49) 심지어 1986, 87회계연도에는 일회계연도 동안 단 하나의 세출법안도 통과되지 못했다. 나아가 의회는 제1, 2차 예산결의안도 법정기한 내에 통과시키지 못했고 특히 제2차 예산결의안의 경우, 1983회계연도부터는 아예 채택조차 하지 않았다.50) 제2차 예산결의안이 채택되지 않음에 따라 제1차 예산결의안이 그것을 자동적으로 대체하게 되며 따라서 제1차 예산결의안이 법적 구속력을 갖는 예산결의안으로 기능하게 된다.

---

49) H. Rept. 1152, Pt. 1, 98th Cong., 2d sess, 1984, p.43.

50) 이러한 현상이 반복되자 의회는 1987회계연도부터 제2차 예산결의안제 도를 폐지하였다. 《표 4》 참조.

《표 4》 의회의 예산결의안 채택일자51)

회계연도	제1차 예산결의안 (법정시한 5월 15일)	제2차 예산결의안 (법정시한 9월 15일)
1976	5월 14일	12월 12일
1977	5월 13일	9월 16일
1978	5월 17일	9월 15일
1979	5월 17일	9월 23일
1980	5월 24일	11월 28일
1981	6월 12일	11월 20일
1982	5월 21일	12월 10일52)
1983	6월 23일	채택 안 됨53)
1984	6월 23일	채택 안 됨
1985	10월 1일	채택 안 됨
1986	8월 1일 (4월 15일로 법정시한변경)54)	채택 안 됨
1987	6월 27일	
1988	6월 24일	
1989	6월 6일	
1990	5월 18일	
1991	10월 9일	
1992	5월 22일	
1993	5월 21일	
1994	4월 1일	
1995	5월 12일	
1996	6월 29일	
1997	6월 13일	
1998	6월 5일	

51) Louis Fisher, *The Politics of Shared Power: Congress and the Executive*, p.231에서 轉載함.

52) 이 때의 제2차 예산결의안은 제1차 예산결의안상의 내용을 그대로 확인한 것에 불과였다.

53) 1983회계연도에서 1986회계연도까지는 제2차 예산결의안제도가 아직 폐지되지 않은 시기로서 이 기간에는 의회가 자의적으로 그것을 채택하지 않은 것으로 볼 수 있다. 따라서 이 회계연도기간에는 「1974년 예산회

둘째, 「1974년 의회예산법」 시행 이후에 연방적자는 그 이전에 비해
더욱 증가하였다. 예컨대 1966회계연도에서 1975회계연도까지 총 10년
간의 연방적자는 일회계연도당 평균 212억 불에 머물렀으나 1976회계
연도에서 1996회계연도까지의 일회계연도당 평균연방적자는 1570억 불
로 급증하였다.

《표 5》 연방적자추이[55]

회계연도	연방적자 (단위: 10억 불)	회계연도	연방적자 (단위: 10억 불)
1960	+0.3	1980	73.8
1961	3.3	1981	78.9
1962	7.1	1982	127.9
1963	4.8	1983	207.8
1964	5.9	1984	185.4
1965	1.4	1985	212.3
1966	3.7	1986	221.2
1967	8.6	1987	149.8
1968	25.2	1988	155.2
1969	+3.2	1989	152.4
1970	2.8	1990	221.2
1971	23.0	1991	269.3
1972	23.4	1992	290.4
1973	14.9	1993	255.0
1974	6.1	1994	203.1
1975	53.2	1995	163.9
1976	73.7	1996	107.3
1977	53.7	1997	22
1978	59.2		
1979	40.7		

계법」 규정에 의거하여 제1차 예산결의안이 제2차 예산결의안을 10월 1
일에 자동적으로 대체하였다.

54) 1985년에 제정된 그램루드만법은 제1차 예산결의안채택의 법정시한을 4
월 15일로 변경하였고, 제2차 예산결의안제도를 폐지하였다.

연방적자증가와 관련하여 한 가지 지적되어야 할 점은 바로 대통령의 예산안과 의회의 예산결의안에 나타난 지출과 세입의 수치가 실제의 그것과는 많은 거리가 있다는 점이다. 일반적으로 실제에서 나타난 지출, 세입과 비교해볼 때, 대통령과 의회는 그 예산안과 예산결의안에서 지출을 과소평가하고 세입을 과대평가하는 경향이 있다. 이러한 그들의 비현실적인 예산평가는 연방적자를 더욱 누적시키는 결과를 낳는다. 예컨대 1981회계연도 제2차 예산결의안은 연방적자의 규모를 274억 불로 예상했으나 실제 연방적자액은 789억 불이었다. 또 1982회계연도 제2차 예산결의안은 376.5억 불의 연방적자를 예상했으나 실제 적자액은 무려 1279억 불이었다. 1983회계연도 역시 1039억 불의 적자가 예상되었으나 실제로는 2078억 불의 적자가 발생하였다. 이러한 연방적자 과소평가현상은 최근까지도 계속되고 있다(《표 7》 참조).

그렇다면 의회예산과정이 지연되고 연방적자가 만성적으로 증가하였다는 점에 비추어 볼 때, 예산절차개혁안으로서의 「1974년 의회예산법」은 실패한 입법이라고 볼 수 있는가? 이러한 문제제기에 대해 이 법의 시행초기에는 비록 결과가 좋지 않더라도 제도자체를 검증할 시간적 여유가 필요하다는 견해가 지배적이었다. 하지만 시간이 지나도 연방적자가 감소되지 않자 그 다음으로는 이 법에서의 '예산절차'(process)가 문제가 아니라 여러 가지 국내외적 상황이 좋지 못하다는 주장이 의회를 중심으로 제기되었다. 그러나 의회 스스로가 연방적자를 줄이고자 예산절차를 1974년과 1985년에 개편하였다는 점, 그리고 예산절차는 여러 가지 국내외적 상황을 고려하여 고안 되어야 하고 이러한 상황들에 대해 효과적으로 대처해야 한다는 점에서 위와 같은 주장은 설득력이 없다.56)

---

55) Congressional Budget Office; Department of Commerce, Bureau of Economic(*http://www.gov/showdoc.cfm?index=1820&sequence=11*에서 轉載함).

56) Louis Fisher, *The Politics of Shared Power: Congress and the Executive,*

(3) 權力分立的 評價

1) 序 言

「1974년 의회예산법」은 행정부와 의회와의 관계에 있어서 두 가지 중요한 점을 시사하고 있다. 첫 번째는 예산결의안을 통한 의회의 통합적 예산심의과정은 경우에 따라 대통령이 예산절차를 지배하는 수단으로 변질될 수 있다는 점이다. 이하에서 살펴보겠지만 이러한 현상은 1981년에 발생한 바 있다. 두 번째는 첫 번째와 반대되는 현상으로서 예산결의안을 통한 의회의 통합적 예산심의는 대체적으로 행정부예산안에 대한 대통령의 책임을 감소시킨다는 점이다.

2) 議會의 統合的 豫算審議過程을 통한 大統領의 權限擴大

일반적으로 예산결의안은 통합적이고도 체계적인 의회예산심의의 핵심으로 여겨진다. 「1974년 의회예산법」은 의회의원들이 종래와 같이 개별적인 세출법안이나 기타 예산관련입법에 대해 표결할 때보다 '예산총액'에 대해 표결할 때에 그들에게 더욱 높은 책임이 부과된다는 가정하에 제정된 입법이다. 예산절차에 있어서 의회의 책임성을 제고하려는 의회예산법의 이러한 취지는 사실 「1921년 예산회계법」의 그것과 많은 관련이 있다. 즉 「1921년 예산회계법」은 각 행정부서의 예산안을 대통령이 통합적으로 편성하고 그것을 의회에 제출케 함으로써 예산절차에 있어서의 대통령의 책임을 제고하려 하였다.

그러나 「1921년 예산회계법」의 위와 같은 목적을 '의회'에 대해 적용하려한 「1974년 의회예산법」의 의도는 결과적으로 제대로 실현되지 못했다. 이것은 전적으로 행정부와 의회 간의 제도적 성질의 차이에 기

pp.230-31.

인한다.57) 구체적으로 행정부는 대통령을 정점으로 한 획일적 조직인 반면 의회는 본질적으로 합의체기관으로서 여기에는 대통령과 같은 중심기관이 존재하지 않는다. 또 행정부에는 대통령을 보좌하는 여러 예산관련기구가 있지만 의회에는 의회예산국(CBO)을 제외하고는 이렇다할 전문적 예산기구가 존재하지 않는다. 이후에 살펴보듯이 의회의 통합적 예산심의과정이 대통령의 예산절차지배의 도구로 악용된 배경에는 이러한 기본적 한계가 자리 잡고 있었다.

의회예산법이 제정되던 1974년 당시에는 의회의 예산결의안이 행정부의 정책적 목표를 달성하는 수단이 되리라고 예상한 사람은 아무도 없었다. 그러나 1981년에 이르러 이러한 가정은 현실로 나타나게 되었다. 즉 1981년, Reagan은 의회의 예산심의과정을 장악함으로써 국내사업에 대한 지출을 삭감하고 국방비지출을 대폭적으로 증가시키며 조세를 크게 인하할 수 있었다.58)

그렇다면 1981년의 이러한 상황은 전적으로 「1974년 의회예산법」상의 예산절차로 인해 가능했다고 볼 수 있는가? 이 점에 대해 前職 의회예산국장 Rudolph Penner는 1981년 Reagan 행정부의 예산정책은 아마도 1974년 이전의 전통적인 예산절차에 따랐더라면 성공하기 어려웠을 것이라는 추정을 하고 있다. 즉 개별적인 수권과 세출의결절차에 의존하는 의회예산심의과정에서는 대통령이 자신의 예산정책을 관철하기 위하여 의회 내의 각 수권, 세출위원회들과 그 소위원회들을 상대로 일일이 설득작업을 하여야 한다는 것이다.59) Allen Schick 역시 이러한 시각에서 다음과 같은 설명을 하고 있다.

---

57) Louis Fisher, "Symposium: War and Spending Power", p.986 참조.

58) *Ibid*., p.989.

59) Rudolph G. Penner, "An Appraisal of the Congressional Budget Process", in Allen Schick ed., *Crisis in the Budget Process*, American Enterprise Institute, 1985, p.72 참조.

"의회는 종래에 주기적으로 나타난 대통령과의 예산분쟁에 있어
서 우위를 점하여 왔다. 이것은 문제를 세분화하고 그것에 대한 종
합적 판단을 회피하려는 의회의 제도적 특성에 기인한다. 1974년에
새로운 예산절차가 도입되기 전까지 의회는 대통령의 예산안에 대
해서도 이와 같은 개별적 행동을 취해왔다. 즉 세출법안은 12개 이
상으로 분할되었고, 조세법안은 지출수준과는 무관하게 제정되었으
며, 의회는 예산총액에 대한 표결권을 가지지 않았다. 이러한 예산
절차로 인해 의회의원들은 세출법안이나 기타 지출법안에 대한 심
의·표결을 통해 예산을 가능한 한 절약하면서도 대통령의 예산안
에 대해서는 지지의 의사표시를 할 수 있었던 것이다."60)

위와 같은 Schick의 설명은 결국 예산절차에 있어서 의회의 통합적
예산심의를 가능하게 하려는 목적에서 도입한 예산결의안제도가 오히
려 대통령의 권한확대도구로 전락할 수 있다는 점과 대통령의 예산절
차상 권한을 축소하기 위해서는 아이러니컬하게 과거와 같은 分節的
예산절차가 더욱 효과적이라는 점을 시사하고 있다.61) 이러한 점에 비
추어 볼 때, 1981년에 지출과 조세에 관한 기본정책인 예산결의안을 실
질적으로 장악한 Reagan 행정부가 국방비지출을 증가하고 조세를 인하
하며 각종 자격사업과 국내지출을 줄이기 위해 예산조정과정을 적극적
으로 활용하였다는 것도 그리 놀랄만한 일은 아니다.62)

---

60) Allen Schick, "How the Budget Was Won and Lost", in Norman J.
   Ornstein ed., *president and Congress: Assessing Reagan's First Year*,
   American Enterprise Institute, 1982, p.25.

61) Louis Fisher, *Constitutional Conflicts between Congress and the President*,
   p.208.

62) 1981년부터 85년까지 관리예산국(OMB)장으로 재직한 바 있는 David
   Stockman은 1981년의 상황을 다음과 같이 설명하고 있다. "1981년 당시
   의회의 헌법상 고유권한은 사실상 그 효력이 정지되어야 했다. Reagan
   행정부의 경제정책에 관한 입법을 함에 있어서 의회는 단순한 通法府에
   불과했다. 소위 세계에서 가장 신중한 집단이라 불리던 미국의 의회는
   1981년에 백악관의 단순한 행정적 수단으로 전락되어야 했다." David A.

그렇다면 Reagan은 어떻게 의회의 예산심의과정을 장악하게 되었는가? 이것에 대한 기본적 요건은 1981년을 전후한 정치적 상황으로 인해 이미 어느 정도 확보되어 있었다. 1980년, 의회선거결과 공화당은 상원에서 과반수를 얻게 되었고, 당시 Reagan에 대한 여론의 높은 지지율은 공화당 내의 결속력을 강하게 하는 요인이 되었다. 반면 민주당이 지배하게 된 하원에서도 공화당은 그 소속의원들과 'Boll Weevils'라 불리는 남부의 보수적 민주당의원들과의 연대를 통해 사실상 과반수를 점하게 되었다. 1981년, 소위 'Gramm-Latta Ⅰ'63)이라 불리는 예산결의안이 하원에서 채택된 것도 바로 위와 같은 연대로 인해 가능했던 것이었다. 'Gramm-Latta Ⅰ'은 Reagan 행정부의 예산정책, 즉 국방비지출증가, 국내사업축소, 대폭적인 조세인하를 그대로 반영하는 것이었다.64) 'Gramm-Latta Ⅰ'으로 상징되는 Reagan 행정부의 예산정책승리는 곧 바로 'Gramm-Latta Ⅱ'로 이어졌다. 'Gramm-Latta Ⅱ'는 사회복지사업의 혜택수준과 그 수혜대상자의 기준을 변경하려는 예산조정법안이었다. 그런데 이 법안은 이 법안에 모든 지출축소항목이 포괄적으로 포함되어 있었다는 점이 그 특징이었는데 이것은 Reagan 행정부에게 결정적으로 유리한 것이었다. 즉 의원입장에서는 설사 자신이 반대하는 항목이 일부 있을 지라도 법안의 포괄적인 성격으로 인해 결국에 가서는 그것에 대해 찬성할 수밖에 없었다. 또한 이 예산조정법안은 주로 관리예산국과 기타 나머지 행정부서에서 기초된 것으로서 그 항

Stockman, *The Triumph of Politics*, Harper & Row, 1986, p.159.

63) 이 명칭은 당시 예산결의안을 주도한 Texas州 민주당 하원의원 Phil Gramm 과 Ohio州 공화당 하원의원 Del Latta의 이름을 따서 붙여진 것이다.

64) 하지만 Reagan 행정부의 이러한 예산정책은 조세의 인하가 지출의 감소로 이어지지 않음에 따라 대규모의 연방적자를 초래하고 말았다. 이러한 사실을 두고 David Stockman은 급격한 예산정책의 변화에는 철저한 분석과 연구가 선행되어야 하는데, Reagan 행정부는 이를 소홀히 했다는 점을 지적하고 있다. David A. Stockman, *op.cit*, p.91.

목이 매우 포괄적이고 복잡하며 기술적으로 매우 전문적인 부분을 포함하고 있었다.65) 따라서 이에 관한 전문성을 결여하고 있는 대부분의 의원들은 대통령에 대한 막연한 신뢰하에 이 법안에 대해 찬성표를 던질 수밖에 없었다.66)

결론적으로 의회는 「1974년 의회예산법」으로 인해 의회예산국의 전문적 도움을 받을 수 있었고 예산결의안을 통해 예산에 관한 독자적 판단을 할 수도 있었지만, 그 제도상의 맹점으로 인하여 예산절차에 있어서 행정부에게 완전히 종속되는 결과를 초래하고 말았다. 바로 이것이 「1974년 의회예산법」의 한계였다.

3) 大統領豫算案과 豫算決議案과의 關係

비록 1981년에 의회의 예산심의과정이 행정부에 의해 완전히 이용되는 상황이 발생하기는 하였지만, 「1974년 의회예산법」상의 예산결의안을 통한 의회의 예산심의는 상대적으로 대통령이 제출하는 예산안의 비중을 크게 감소시켰다. 1974년 이전에는 통합적 예산안으로 대통령의 예산안만이 있었을 뿐이다. 따라서 이 때까지의 의회의 예산안심의는 대통령의 예산안을 토대로 각 수권위원회와 세출위원회가 개별적인 조치를 취하는 형식으로 이루어졌다. 이와 같은 예산과정에서 연방지출 감축에 관한 합동위원회(Joint Committee on Reduction of Federal Expenditures)는 지출규모점검보고서(scorekeeping reports)를 작성하여 이를 정기적으로 의회에 배포하였다. 이 보고서를 통하여 의원들은 대통령의 예산안에 비추어 자신들이 어떤 입법 활동을 해야 하는 지를 판단하였다. 결국 이러한 예산절차에서는 대통령의 예산안에 대한 비중이 다른 어떤 것보다 높을 수밖에 없었다.

---

65) 127 *Congressional Record* 6292 (1981).

66) Jean Peters, "Reconciliation 1982: What Happened?" *PS* 14, 1981, p.732.

하지만 「1974년 의회예산법」은 위와 같은 예산절차를 근본적으로 개편하였다. 즉 대통령의 예산안 외에 의회의 제1, 2차 예산결의안도 통합적 예산안으로 기능하게 한 것이다. 나아가 대통령의 예산안은 단순한 권고서에 불과하고 의회의 예산결의안이 의회예산과정의 핵심적인 지위를 차지하게 되자 대통령예산안의 중요성은 점점 더 격하될 수밖에 없었다.67) 예컨대 1983년, 세출법안 심의과정에서의 前職 하원의장 Jim Wright의 발언은 이러한 사실을 단적으로 보여주고 있다.

"이 세출법안의 規模는 예산안의 범위를 초과하지 않는다……(여기서 말하는) 예산안은 의회의 예산결의안이다. 이 規模는 지난 1월 대통령이 의회에 제출했던 예산안의 범위를 초과하고 있다. 그러나 대통령의 예산안은 예산안이 아니다. 예산안은 의회가 작성하는 것이지 대통령이 작성하는 것이 아니다."68)

한편 여기서 한 가지 흥미로운 점은 대통령의 예산안을 의도적으로 격하하는 위와 같은 의회의 입장에 대해 대통령은 그다지 거부감을 갖지 않는다는 것이다. 예컨대 1985년, Reagan은 당해 여러 세출법안에 대해 이러한 법안들이 의회의 예산결의안의 범위 내에 있다면, 비록 그것이 대통령예산안의 범위를 초과한다 하더라도 자신은 기꺼이 이를 받아들일 것이라고 한 바 있다.69) 이러한 대통령의 아이러니컬한 입장은 과연 무엇을 의미하는가? 이것은 결국 연방적자증가의 책임을 의도적으로 회피해보려는 대통령의 계산에서 비롯된다고 볼 수 있다. 즉 연방적자가 급격히 증가하는 시점에서 대통령예산안의 영향력이 감소된

---

67) Louis Fisher, *Constitutional Conflicts between Congress and the President*, p.208.

68) 129 *Congressional Record* 25417 (1983).

69) *Weekly Compilation of Presidential Documents* 21, Nov. 15, 1983, p.1411; Louis Fisher, *Constitutional Conflicts between Congress and the President*, pp.208-09.

다는 사실은 대통령에게 정치적으로 매우 유리할 수 있다.70) 대통령예
산안의 비중이 감소함에 따라 연방예산을 편성해야 할 책임은 의회로
넘어가게 된다. 그러나 이러한 책임의 이전은 예산편성에 대한 책임을
독임제기관인 '대통령'보다 본질적으로 분권적 합의제기관인 '의회'에게
물어야 한다는 점에서 그다지 바람직하다고 보기 힘들다. 여기서 「1974
년 의회예산법」의 또 다른 한계가 드러난다.

V. 1985年 그램루드만홀링스法

1. 制定背景 및 主要內容

1981년 이후 급격히 불어나기 시작한 예산적자는 그 규모가 국내총
생산의 5% 이상을 차지할 만큼 급증하여 더 이상 방관할 수 없는 수
준에 이르고,71) Reagan 행정부가 이를 해결하기 위한 건설적 대안을
제시하지 못하자 의회는 1985년에 「그램루드만홀링스법」72)을 제정하게
되었다. 「그램루드만법」은 첫째, 「1974년 의회예산법」으로는 연방적자
의 대폭적인 증가를 통제할 수 없고, 둘째, 대통령과 의회와의 교착상
태에서 연방적자를 효과적으로 통제하기 위해서는 보다 강력한 법적
조치가 필요하며, 셋째, 예산절차에 있어서 행정부에게 더 많은 권한을

---

70) 이러한 점을 우려하여 前職 공화당 하원의원 Barber Conable은 의회는 예
　　산결의안으로 인해 그것이 없었더라면 책임지지 않았을 부분까지 책임지
　　고 있다는 점을 지적한 바 있다. 124 *Congressional Record* 12082 (1978).

71) 金承泰, 前揭論文, p.69.

72) 99 Stat. 1037 (1985). 그램루드만홀링스라는 이 법의 명칭(Gramm-Rudman-
　　Hollings: GRH)은 제안자의 이름을 따서 붙여진 속칭이다. 원래 정식명칭은
　　「균형예산 및 긴급적자통제법」(Balanced Budget and Emergency Deficit
　　Control Act)이다. 이하에서는 경우에 따라 「그램루드만법」으로 略稱한다.

위임하는 것은 더 이상 용납될 수 없다는 메시지를 담고 있었다.

「그램루드만법」의 핵심은 바로 1991회계연도까지 단계적으로 연방적자의 폭을 줄여나가기 위해 매년 준수해야 할 적자한도목표를 설정한다는 것이다. 즉 5년 동안 각 회계연도마다 최대한 허용할 수 있는 적자한도목표를 1986년에 1720억 불, 1987년에 1440억 불, 1988년에 1080억 불, 1989년에 720억 불, 1990년에 360억 불로 설정하고 1991년부터는 균형예산을 이룬다는 것이다.[73] 이를 위해 이 법은 대통령의 예산안과 의회의 예산결의안은 적자한도목표를 준수하는 범위 내에서 편성·채택될 것을 요구하고, 만일 특정회계연도의 예상적자규모가 적자한도목표로부터 100억 불을 초과하는 경우에는 강제관리절차(sequestration process)에 따라 예상적자와 적자한도목표와의 차이를 방위예산과 非방위예산항목에서 각각 절반씩 자동적으로 삭감되도록 하였다.[74] 단 사회보장, 의료 등과 같은 사회복지사업은 삭감대상에서 제외시켰다.[75]

한편 이 법은 회계검사원장으로 하여금 강제관리절차에서 주도적 역할을 담당하도록 하였는데, 이는 다음 항목에서 보듯이 '권력분립적' 측면에서 매우 주목할 만한 점이었다. 구체적으로 이 법은 다음 회계연도 예상적자액의 추계를 관리예산국(OMB)과 의회예산국(CBO)이 담당하도록 하고, 이 기관들의 추계에 의한 적자예상치가 재정적자 목표액보다 100억 불 이상 상회할 경우, 이 기관들로 하여금 적자한도목표를 준수하기 위한 각 사업별 예산삭감에 관한 보고서를 작성, 이를 회계검사원장에게 제출하도록 했다. 또 이 법에 따르면 보고서를 검토한 후, 회계검사원장은 그가 필요하다고 생각하는 부문의 예산삭감을 대통령에게 보고하고, 대통령은 이러한 회계검사원장의 보고에 절대적으

---

73) Lance T. LeLoup, *op.cit.*, pp.219-20(金承泰, 前揭論文, p.70에서 재인용).

74) 유수빈, 前揭論文, p.43 참조.

75) 99 Stat. 1063-92 (1985).

로 구속된다. 즉 대통령은 회계검사원장 보고서에 대한 수정 없이 강제
관리명령을 발하고, 전체연방정부에 대해 그에 관한 지출삭감을 명하여
야 한다.76)

---

76) Louis Fisher, "Symposium: War and Spending Power", p.993 참조. 한편 의
회는 이러한 강제관리절차가 위헌의 소지가 있다는 점을 인정하고, 만일
후에 법원이 이를 위헌으로 결정할 것에 대비하여 이 법에 다른 대체절차
(fallback procedure)를 규정하였다. 이러한 대체절차에 따르면 관리예산국
과 의회예산국의 보고서는 적자감축에 관한 임시합동위원회(Temporary
Joint Committee on Deficit Reduction)에 제출된다. 이 위원회는 의회 내 특
별설치기구로서 양원 예산위원회 위원의 전원이 참여한다. 그 후 이 위원
회는 강제관리법안을 기초하여 본회의에 보고하며, 본회의에서의 표결결
과에 따라 대통령에게 이를 移送할 것인지 여부가 결정된다. Kevin T.
Abikoff, "The Role Of The Comptroller General In Light Of Bowsher v.
Synar", 87 *Colum. L. Rev.* 1539 (1987), p.1541 n.25.

《표 6》 1985년 그램루드만법상 의회 예산심의일정[77]

주 요 사 항	최 종 일 자
대통령, 예산안 제출	1월 3일후(月)
의회예산국(CBO), 의회에 보고	2월 15일
위원회, 예산위원회에 검토 및 추계보고서 제출	2월 25일
상원 예산위원회, 예산결의안 보고	4월 1일
의회, 예산결의안 통과	4월 15일
하원 세출위원회, 세출법안 보고	6월 10일
의회, 조정법안 통과	6월 15일
하원, 모든 세출법안 통과	6월 30일
관리예산국(OMB)과 의회예산국(CBO), 경제, 세입, 지출 적자의 초기 전망 작성	8월 15일
관리예산국(OMB)과 의회예산국(CBO), 회계검사원(GAO)에 강제관리 시안 제출	8월 20일
회계검사원(GAO), 대통령에게 적자와 강제관리 보고서 제출	8월 25일
대통령, 강제관리 명령 발동	9월 1일
회계연도 개시와 함께 강제관리 명령 발효	10월 1일
관리예산국(OMB)과 의회예산국(CBO), 이후의 의회의 행동에 따라 수정된 전망제출	10월 5일 10월 10일
회계검사원(GAO), 대통령에게 수정된 강제관리 보고서 제출	10월 15일
최종 강제관리 명령 효력 발생	
회계검사원(GAO), 강제관리명령에 대한 순응보고서 발간	11월 15일

---

77) Lance T. LeLoup, *op.cit.*, p.220(金承泰, 前揭論文, p.71에서 轉載함).

2. 評 價

(1) *Bowsher v. Synar*[78]

위에서 살펴보았듯이 「1985년 그램루드만법」은 회계검사원장이 작성하는 예산삭감에 관한 보고서에 절대적인 효력을 부여하고 있다. 그렇다면 이것은 의회가 이 법을 통하여 '회계검사원장'이라는 '의회의 기관'에게 집행권을 부여했다고 볼 수 있는가? 권력분립과 직접적인 관련이 있는 이 문제는 결국 연방대법원 소송으로까지 확대되었다. 연방대법원은 우선 이 법상 회계검사원장은 실질적으로 법률을 시행하고 해석할 수 있는 지위에 있었다는 점에서 그는 이 법으로부터 집행권을 부여받고 있다고 전제하였다. 이러한 전제로부터 출발하여 연방대법원은 그램루드만법상의 강제관리규정은 의회에 의해 해임되는 기관에게 집행권을 부여하고 있다는 점에서 권력분립원칙에 위배된다고 판시하였다.

그러나 회계검사원장의 임명·해임절차를 좀더 입체적으로 살펴본다면 이러한 연방대법원의 판단은 타당하다고 볼 수 없다. 즉 회계검사원장의 임명은 대통령이 상원의 권고와 동의를 얻어 하도록 되어 있으며, 그 해임은 의회의 탄핵이나 합동결의에 의하도록 되어 있다. 이러한 인사절차에 비추어 볼 때, 회계검사원장이 의회의 기관이라고 해서 반드시 그가 의회의 뜻에 전적으로 종속된다고 보기는 힘들다. 특히 회계검사원장의 해임, 그 중 합동결의에 의한 해임은 법률과 마찬가지로 그 서명을 위해 반드시 대통령에게 移送되어야 한다는 점을 감안한다면 이러한 관점은 더욱 명확해진다. 하지만 연방대법원은 이러한 점은 도외시한 채, 의회와 회계검사원장의 관계는 실질적으로 매우 밀접하다는 점을 근거로 의회가 자신의 기관에게 집행권을 부여한 것은 권력분립

---

78) 478 U. S. 714 (1986).

원칙에 위반된다고 판단하였다.79)

(2) 赤子限度目標를 통한 均衡豫算達成의 虛構性

앞에서 살펴 본대로 그램루드만법의 일차적인 목표는 매년 적자한도 목표를 설정하여 일정한 시점에서 균형예산을 달성한다는 것이었다. 하지만 이러한 목표는 결과적으로 행정부와 의회의 무책임을 낳았고, 단기적인 적자삭감이라는 목표달성을 위해 장기적인 예산운용의 건전성을 마비시켰다.80) 즉 일회계연도 적자목표액 준수를 강제함으로써 예산회계상 여러 가지 문제점이 나타나게 되었다. 예컨대, 특정회계연도의 지출을 전년도나 다음연도로 이전시킨다든지 혹은 장기적인 관점에서의 손실을 감수하고 특정회계연도 세입을 급격히 증가시키는 현상이 발생하게 되었다. 또한 이 법은 가장 최근까지의 추계를 반영하고 있는 적자한도목표액을 기다리는 결과, 연차세출법안이 제 시기에 통과되는 것을 매우 어렵게 하였으며, 그 결과 잠정결의안에 의존하여 예산이 운용되는 사례가 빈발하게 되었다. 이러한 예산과정으로 인해 예산에 있어서의 중요한 정책결정은 '예산영수회담'(budget summit)에서 이루어지는 경우가 많았는데, 예산영수회담을 통한 예산정책결정은 의회의 독자적인 판단이 배제된다는 점에서 그리 바람직하다고 보기는 힘들다.81)

한편 「1985년 그램루드만법」은 연방적자에 대한 대통령과 의회의 정

---

79) Jerome A. Barron/C. Thomas Dienes, *op.cit.*, pp.149-50; Louis Fisher, *Constitutional Conflicts between Congress and the President*, p.210; Kevin T. Abikoff, *op.cit.*, p.1541 참조. 그 결과 「2차 그램루드만법」은 회계검사원대신 관리예산국(OMB)이 이 업무를 담당하도록 하였다. 金承泰, 前揭論文, p.72.

80) 유수빈, 前揭論文, p.51.

81) Raphael Thelwell, "Gram-Rudman-Hollings Four Years Later: A Dangerous Illusion", *Public Administration Review* 50 (1990), p.197 참조.

치적 책임을 매우 약화시켰다. 이 법에 따른다면 대통령의 경우, 이 법이 규정하고 있는 적자한도목표액을 준수하는 범위에서 예산안을 작성하고, 의회도 이와 마찬가지의 예산결의안을 작성하면 그 일차적인 의무가 종결된다. 이로 인해 대통령과 의회는 적자감축을 위한 면밀한 검토와 판단을 주저하게 되며, 그들이 예상한 적자액이 실제의 그것을 초과하는 경우에도 그들은 법적 의무를 다하였다고 생각하게 된다. 이러한 시각은 의회의원들로부터도 직접 확인되고 있는데, 대표적으로 1989년, 당시 상원 예산위원회위원장을 역임하고 있었던 Jim Sasser의 다음과 같은 발언은 특히 주목할 만하다.

"우리는 지금까지 2가지의 예산자료를 준비해왔다…… 첫 번째는 그램루드만법을 의식한 예산자료이다. 이 자료는 연방적자상황이 호전되어 간다는 것을 보여주기 위한 대외홍보용이다. 그리고 두 번째는 실제연방적자액과 관련한 예산자료이다. 첫 번째 자료로 인해 우리는 실제연방적자를 감축하기 위한 실질적인 노력을 게을리 하게 된다."[82]

이와 비슷한 취지에서 1990년, 하원 예산위원회에서 활동한 바 있는 Marty Russo도 대통령과 의회가 연방적자에 대해 당시 얼마나 안일한 입장을 가졌는지에 대해 다음과 같이 설명하고 있다.

"대통령이 제출한 예산안을 살펴보면, 그것은 매우 낙관적인 경제전망하에 그램루드만법상의 적자한도목표액을 준수하기 위한 예산감축안을 제시하고 있다. 한편 의회는 이러한 대통령의 예산안을 비현실적인 것으로 비판하면서도 어떤 이유에서인지 이를 예산결의안 작성에 활용한다."[83]

---

82) Senate Committees on Governmental Affairs and the Budget, *Budget Reform Proposals*(joint hearings), 101st Cong., 1st sess., 1989, p.2.

83) House Committee on the Budget, *Budget Process Reform*(hearings), 101st

그렇다면 왜 의회는 이러한 대통령의 예산안을 그것이 비현실적인 것임을 알면서도 받아들였던 것일까? 이것은 결국 비현실적인 대통령의 예산안보다 실제적자액을 반영하여 예산결의안을 작성하게 되면 그 예상적자규모가 크게 늘어날 것이고, 이는 대외적으로 의회가 지출을 조장하는 것처럼 보일 우려가 있기 때문이다. 이러한 관점에서 볼 때, 비현실적인 대통령의 예산안은 의회의 예산결의안마저도 비현실적인 것으로 만들게 한다.[84]

이상과 같은 이유에서 「1985년 그램루드만법」은 연방적자를 통제하는 데에 실패하게 되었고, 그 결과 1987년에 「2차 그램루드만법」 (Gramm-Rudman Ⅱ)[85]이 제정되었다. 「2차 그램루드만법」은 연도별 적자목표를 수정하고 균형예산의 시기를 1991년에서 1993년으로 연장하였다. 하지만 당시 연방적자의 증가폭을 감안한다면 아래 《표 7》에서 보듯이 이러한 적자목표 역시 비현실적인 것이었다.

Cong., 2d sess., 1991, p.1.

84) Louis Fisher, "Symposium: War and Spending Power", p.992-93 참조.

85) 101 Stat. 754 (1987).

《표 7》 1, 2차 그램루드만법상의 적자한도목표액과 실제적자액
(단위: 10억 불)[86]

회계연도	1985년 1차 그램루드만법	1987년 2차 그램루드만법	1990년 예산집행법	실제적자액
1986	171.9			221.2
1987	144			149.8
1988	108	144		155.2
1989	72	136		152.4
1990	36	100		221.2
1991	0	64	327	269.3
1992		28	317	290.4
1993		0	236	255.0
1994			102	203.1
1995			83	163.9

(3) 1990年 豫算執行法 制定

두 차례에 걸쳐 제정된 그램루드만법이 연방적자를 통제하는 데에 실패하자 대통령과 의회는 다른 수단을 검토하지 않을 수 없었다. 예컨대 「2차 그램루드만법」상 1991년도 적자한도목표액은 640억 불이었으나, 1990년에 예상된 적자액은 무려 1500억 불이었다. 이러한 제도상의 문제점이 나타나게 되자 대통령과 의회는 비현실적인 적자한도목표액을 포기하고, 지출에 대한 통제를 강화하는 방안을 모색하게 되었다. 그 결과로 제정된 것이 바로 「1990년 예산집행법」[87]이었다. 이것은 회계연도별 적자목표를 설정하여 일정시점에서 균형예산을 이룬다는 비

---

86) 이 표는 Howard E. Shuman,, *Politics and Budget: The Struggle between the President and the Congress,* 1992, pp.331(유수빈, 前揭論文, p.48)에서의 표와 Louis Fisher, *The Politics of Shared Power: Congress and the Executive,* p.240에서의 표를 근거로 작성되었다.

87) 104 Stat. 1388 (1990).

현실적인 가정을 버리고, 보다 현실적으로 향후 5년간 5000억 불의 연방적자를 감축하는 것을 목표로 하고 있었다.

지출에 대한 통제를 강화하기 위해 예산집행법은 재량적 지출, 비재량적 지출, 세입을 구별하여 이에 대한 개별적 통제를 하고, 재량적 지출은 다시 국내사업, 국제사업, 국방사업 등 3개의 범주로 구분하고 각각에 대해 지출상한을 설정했다. 이러한 재량적 지출의 범주별 지출상한은 1991년부터 1993년까지 적용되며 나머지 2개년도에는 이들을 통합한 지출상한이 적용된다. 지출상한이 초과되는 것을 방지하기 위하여 예산집행법은 재량적 사업의 경우, 일회계연도 동안 몇 차례에 걸쳐 강제관리를 허용하고, 비재량적 사업과 세입의 경우에는 한 차례의 강제관리를 허용했다. 또 이 법은 행정부와 의회에게 지출상한의 대상에서 제외되는 긴급자금(emergency funding)을 지정할 권한을 부여했다.[88)]

---

88) 104 Stat. 1388, 1388-1573.

《표 8》 1990년 예산집행법상 의회 예산심의일정(1998년도)[89]

주 요 사 항	최 종 일 자
의회예산국(CBO), 강제관리 예비보고서 발간	대통령의 다음해 예산안 제출 5일전
대통령, 의회에 1998 회계연도 예산안 제출 관리예산국(OBM), 강제관리 예비보고서 발간	1월 첫째 월요일과 2월 첫째 월요일 사이(2/3/97까지)
모든 위원회, 예산위원회에 「검토 및 추계보고서」 제출	대통령 예산안 제출 6주 이내 (3/17/97까지)
의회, 1998회계연도를 위한 예산결의안 심의완료	4월 15일까지
하원, 예산결의안이 채택되지 않았더라도 1998 회계연도 세출법안 심의 가능	5월 15일
하원, 1998회계연도 모든 세출예산법안 채택 재량적 지출에 대한 회기 내 강제관리명령 발동 마지막 날	6월 30일까지
재량적 지출에 대한 회고 강제관리명령 발동 첫날	7월 1일
의회예산국(CBO), 강제관리 중간보고서 발간	8월 15일
관리예산국(OBM), 강제관리 중간보고서 발간	8월 20일
재량적 지출에 대한 회고 강제관리명령 발동 마지막 날	9월 20일
회계연도 개시	10월 1일
의회예산국(CBO), 강제관리 최종보고서 발간	회기종료 10일 후
관리예산국(OBM), 강제관리 최종보고서 발간	회기종료 15일 후
대통령, 필요할 경우 모든 부처에 즉시 효력을 발생하는 강제관리명령 발동	

제도적인 관점에서 볼 때, 예산집행법은 행정부의 권한을 이전에 비해 강화하고 있는 것으로 보인다. 우선 입법의 비용을 추계하고, 지출 규모를 점검(scorekeeping)[90]하는 관리예산국의 기능이 과거 그램루드만 법상의 그것에 비해 현저하게 확대되었다. 두 번째로 재량적 사업의 범주별 지출상한의 설정으로 인해 국방비에 대한 의회의 관여가 이전보다 어려워졌다. 즉 의회는 냉전이후 국방비를 과감하게 삭감하려는 입장을 취해왔으나, 예산집행법은 재량적 사업을 세 가지 범주로 엄격하게 구분함으로써 종래와 같이 의회가 국방비를 삭감하고 그 삭감액을 국제사업이나 국내사업으로 전환시키는 것을 불가능하게 하고 있다. 이것은 결국 의회가 예산상 정책적 우선순위를 변경할 수 없다는 것을 뜻하게 되고, 그것은 곧 의회의 헌법상 고유권한이 크게 제한되고 있음을 의미한다. 마지막으로 지출상한대상의 예외가 되는 긴급자금을 지정함에 있어서도 대통령은 의회에 비해 우월한 지위를 점하고 있다.[91]

결론적으로 예산집행법은 회계연도별 적자한도목표액을 통해 적자를 해소한다는 과거의 경직된 방법론을 탈피하여, 의회가 예산구조의 특성을 인식하고 재량적 지출, 의무적 지출, 세입으로 나누어 이에 대한 엄격한 통제를 통해 적자문제를 해결하려고 한다는 점에서 보다 신축적이고 현실적인 방안이라고 평가할 수 있다.[92] 1993년, Clinton 행정부는 적자를 통제하기 위해 세입을 증대하고 지출을 감축시키는 것을 내용으로 하는 '5개년 재정적자목표액 일괄 감축동의안'을 제안하게 되었고, 이를 기점으로 연방적자는 서서히 감소하기 시작하였으며 마침내

---

89) Stanley E Collender, *The Guide to the Federal Budget Fiscal 1998*, Maryland Rowman & Littlefield Publishers, Inc, 1997, p.37(金承泰, 前揭論文, p.75에서 轉載함).

90) 이것은 지출을 통제하는 데에 결정적으로 중요한 역할을 한다.

91) Louis Fisher, *The Politics of Shared Power: Congress and the Executive*, p.240.

92) 金承泰, 前揭論文, p.74.

1998회계연도에 재정은 흑자로 돌아서게 되었다.93)

제3절 項目別拒否權

I. 槪 觀

지출과 적자를 통제함에 있어서 의회 내부의 예산절차가 별다른 효과를 보이지 못하자 의회는 의회예산절차 외의 다른 적자통제수단을 검토하기 시작하였다. 그 대표적인 예가 「그램루드만법」상의 강제관리절차였음은 앞에서 설명한 바와 같다. 바로 이러한 연방적자통제수단의 대안으로 논의된 것 중의 하나가 이른바 '항목별거부권'(line item veto) 으로서, 이것은 대체적으로 세출법안 내의 개별적 항목에 대해 대통령이 거부권을 행사하는 것을 말한다. 하지만 항목별거부권에 대한 논의는 이때가 처음은 아니었으며 역사적으로 그것은 1876년 이후 수차례에 걸쳐 헌법개정안으로 등장해왔다. 그러나 1984년 이전에 그것이 의회본회의차원에서 논의된 경우는 단 한차례(1938년)있었는데, 이때 하원은 대통령에게 항목별거부권을 부여하는 법률을 통과시킨 바 있다.94) 1984년 이후에는 대통령에게 항목별거부권을 부여하려는 움직임이 의회에서 본격적으로 나타나기 시작하였다. 그 대표적인 예로는 1984년,

---

93) Louis Fisher, "Symposium: War and Spending Power", p.993.

94) 당시 하원이 통과시킨 법률은 세출법개정안이었다. 이 법률은 60일 내에 의회의 승인을 얻는 것을 조건으로, 대통령에게 전체 혹은 부분적으로 특정세출항목을 폐지하거나 그것에 대해 감액할 권한을 부여하였다. 하지만 이 법안이 최종적으로 통과되는 과정에서 항목별거부권은 삭제되었다. 52 Stat. 410; 83 *Congressional Record* 355-56 (1938).

당시 상원의원이었던 Mack Mattingly가 대통령에게 항목별거부권을 부
여하는 법안을 제출했던 사실을 들 수 있다. 당시 그의 이러한 법안에
대해 상원은 토론을 벌이고 청문회를 개최하는 등 큰 관심을 보였지만,
결국 상원은 이 법안이 사실상 연방헌법을 개정하는 것이라는 점을 들
어 이를 부결시키고 말았다.95) 하지만 이후에도 대통령에게 항목별거부
권을 부여하는 것을 내용으로 하는 헌법개정안은 매회기마다 끊임없이
제출되었다. 그렇다면 이러한 반대의 분위기와 그것이 가지고 있는 위
헌성에도 불구하고 항목별거부권이 적자통제수단의 대안으로 계속 거
론된 이유는 무엇인가? 이것은 전적으로 당시의 특수한 정치적 상황,
즉 *Synar* 판결에서 그램루드만법상의 강제관리절차가 위헌으로 결정되
고, 대통령과 의회는 만성적인 교착상태에 있었다는 상황에 기인한다.
이러한 상황에서 Reagan 행정부는 항목별거부권을 쟁취하기 위한 본격
적인 시도를 하게 된다. 비록 Reagan 이전의 대통령들도 대통령에게
항목별거부권이 인정되어야 한다고 주장해왔지만, Reagan의 그것에 대
한 집념은 특히 대단했다. 이러한 그의 집념은 1986년 대통령연두교서
에 잘 나타나 있는데, 여기서 그는 의회에게 43개州 주지사가 가지고
있는 항목별거부권을 자신에게도 부여할 것을 호소하였다.96) 항목별거
부권을 향한 이러한 여러 행정부의 집념은 결국 「1996년 항목별거부권
법」 제정을 통해 그 결실을 보게 된다.

---

95) 당시 그가 제안한 항목별거부권의 내용을 살펴보면, 대통령은 특정세출
항목에 대한 거부권을 갖되, 의회는 양원의 단순과반수 표결로 대통령의
항목별거부권 행사를 저지할 수 있다. 여기서 한 가지 특이한 점은 연방
헌법 제1조 7항이 요구하는 양원 2/3를 항목별거부권 행사의 저지를 위
한 정족수로 요구하지 않았다는 점이다. Louis Fisher, "Constitutional
Interpretation by Members of Congress", 63 *N. C. L. Rev.* 707 (1985),
pp.719-22 참조.

96) *Weekly Compilation of Presidential Documents* 22, Feb. 4, 1986, pp.135-36.

Ⅱ. 1996年 項目別拒否權法

1. 制定沿革

앞에서 설명한대로 대통령에게 항목별거부권을 부여하고자 하는 움직임은 Reagan 행정부에 이르러 절정을 맞이하게 되었고, 이후 여러 건의 다양한 법안이 의회에 제출되었다. 그러나 당시에 실제로 그것이 입법화되지는 못했다. 하지만 이후에도 연방적자는 계속 증가하게 되었고 마침내 1990년대 중반에 이르러 '적자감축'이 국가적인 과제로 대두됨에 따라 공화당은 '미국과의 계약'(Contract With America)[97]이라는 강령을 채택하여 항목별거부권의 연방도입을 적극 추진하게 되었다.[98] 이러한 분위기에서 1995년 2월, 하원은 이른바 '항목별거부권 법안'(item veto bill)을 통과시켰다. 이때 하원이 통과시킨 법안은 「1974년 의회예산 및 지출유지통제법」상의 대통령의 지출유지권을 부분적으로 강화한 것으로 볼 수 있다. 즉 「1974년 의회예산법」에 따르면 대통령은 세출의 결 된 일정한 사업의 취소(cancellation)를 제안할 수 있되, 만일 의회가 45일 이내에 이를 승인하지 않으면 대통령은 의무적으로 세출자금을 지출하여야 한다. 이에 반해 '항목별거부권 법안'은 대통령의 사업취소 제안을 일단 법률로 확정하되, 의회는 20일 내에 새로운 법률이나 합동결의로 이에 반대할 수 있음을 규정하고 있다. 이 때 이러한 의회의 불승인법률이나 합동결의는 대통령에게 移送되어야 하며, 대통령이 이에 대해 거부권을 행사할 경우, 의회는 양원 2/3로 이를 재의결할 수 있다.

---

97) 이것은 공화당이 1994년 의회선거공약으로 제시한 것이다. 즉 이 강령은 작은 정부, 균형예산, 사회보장제도의 전면조정, 세금감면, 의원연임제한 등 미국 유권자들의 공감을 얻는 정책들이 포함돼 있었다. 바로 이러한 내용 중의 하나가 적자감축을 위한 항목별거부권도입이었다.

98) 崔哲榮, "美國의 Line Item Veto Act 硏究", 「美國憲法硏究」 제13호, 美國憲法學會, 2002, p.248 참조.

결국 後者는 前者에 비해 대통령의 지출취소권을 강화하고 있는 것으로 볼 수 있다.

하지만 이러한 '취소권의 강화'(enhanced rescission)는 진정한 의미의 항목별거부권이라고 보기는 힘들다. 왜냐하면 여기서의 지출취소권은 대통령이 자신에게 移送된 법안 중의 특정한 규정을 취소하는 것과는 거리가 멀기 때문이다. 즉 여기서 대통령의 서명이나 거부의 대상이 되는 것은 '법안전체'이며, 일단 법안전체에 대한 승인 후에 비로소 대통령은 특정사업에 대한 취소를 제안할 수 있는 것이다. 바로 이러한 점이 州에서 주지사에게 인정되고 있는 항목별거부권과의 차이점이다.99)

한편 상원에서는 항목별거부권의 방식으로 위와 같은 방식이 아닌 이른바 '분리등록절차'(separate enrollment)를 채택하였다. 분리등록절차는 현재 총 13개의 세출법안을 약 1만 여개의 小법안으로 분리하여 이를 대통령에게 移送하는 절차이다. 분리등록절차는 분명 대통령에게 폭넓은 선택의 기회를 제공함으로써 그의 법률안거부권을 강화하는 것으로 이해할 수 있다. 하지만 대통령은 각 小법안의 '전체'에 대해 서명을 하거나 거부권을 행사한다는 점에서 이것 역시 진정한 의미의 항목별거부권이라고 보기는 힘들다.100)

어쨌든 위와 같이 의견대립을 보이던 양원은 1996년, 마침내 '하원안'을 항목별거부권의 방식으로 채택하는 데에 합의하여 항목별거부권법(Line Item Veto Act)을 통과시켰고, Clinton 대통령은 같은 해 4월 9일 여기에 서명하였다. 한편 이 법은 그 효력을 1997년 1월 1일부터 발하였는데, 이것은 大選기간인 1996년에 Clinton이 항목별거부권을 행사하는 것을 막아보려는 공화당의 입장이 반영된 것으로 풀이할 수 있다.

---

99) Louis Fisher, *Constitutional Conflicts between Congress and the President*, pp.139-40 참조.

100) *Ibid.*

2. 主要內容

1996년에 최종적으로 통과된 항목별거부권법의 주요내용을 살펴보면 우선 이 법은 대통령에게 확정된 법률상의 일부 규정들을 '전체적으로 취소'(cancel in whole) 할 수 있는 권한을 부여하였다.101) 즉 대통령은 이 법에 의거하여 ① 재량적 예산권한(discretionary budget authority)에 해당하는 지출총액, ② 새로운 직접적 지출항목, 즉 자격사업과 같은 비재량적 지출, ③ 조세감면 등과 관련한 규정에 대해 취소권을 행사할 수 있다.102) 하지만 이러한 규정들을 무효로 하기 전에 대통령은 다음의 세 가지를 결정하여야 한다. 즉 그 취소로 인해 첫째, 연방예산의 적자가 감소될 것인지 여부, 둘째, 기본적인 정부의 기능이 손상되는지 여부, 셋째, 국가이익에 害가되는 지의 여부.103) 또한 이 법은 더욱 신중하고도 효과적인 취소권행사를 위해 대통령으로 하여금 취소대상을 포함하고 있는 법률의 제정경위, 구조, 목적과 그 근거자료 등을 검토하게 하고 있으며,104) 대통령의 위 규정들에 대한 취소결정은 그 결정으로부터 5일 이내에 의회에게 통지되어야 한다.105)

의회에 대한 통지 후, 대통령의 취소권행사는 의회가 이에 대해 반대를 하지 않는 한 효력을 갖게 된다. 그러나 의회가 이를 반대한다면,

---

101) 구체적으로 이 법은 대통령으로 하여금 지출과 조세에 관한 법률규정을 취소하기 '전'에 이들을 포함하고 있는 법안이나 합동결의를 '법률'로 확정하게 하고 있다. 2 U. S. C. 691(a). 따라서 이러한 절차는 연방헌법 제1조 7항에 규정되어 있는 입법절차의 예외에 해당된다고 볼 수 있는데, 결국 이 문제는 아래에서 설명할 *Clinton v. City of New York* 에서 중요쟁점으로 부각된다.

102) 2 U. S. C. 691(a).

103) 2 U. S. C. 691(a)(A).

104) 2 U. S. C. 691(b).

105) 2 U. S. C. 691(a)(B).

의회는 불승인법안(disapproval bill)을 기초하여 이를 대통령에게 移送한다.106) 그 후의 절차는 연방헌법이 규정하고 있는 일반적인 입법절차와 동일하다. 즉 대통령은 자신의 원칙적인 법률안거부권에 의거하여 의회의 불승인법안에 대해 거부권을 행사할 수 있으며, 의회 역시 양원 2/3 이상의 찬성으로 이를 재의결할 수 있다.107)

한편 이 법상 대통령의 항목별거부권의 대상은 '법안'이나 '합동결의'에 제시되어 있는 지출액에 제한된다고 보기는 힘들다. 왜냐하면 앞에서 설명한대로 연방세출법안은 총액별 세출의결을 원칙으로 하고, 따라서 여기에는 대통령이 취소권을 행사할 '항목'이 사실상 존재하지 않는 경우가 대부분이기 때문이다. 따라서 이 법은 의회보고서를 비롯한 각종 입법 자료에 제시되어 있는 세부적 항목도 취소권행사의 대상으로 하고 있다. 결국 이 법상 대통령의 항목별거부권은 의회의 위원회보고서 등에 특정되어 있는 항목의 세분화 정도에 따라 그 실질적인 범위가 결정된다고 볼 수 있다.

위와 같은 법률의 내용으로 볼 때, 이 법상 대통령의 항목별거부권은 州에서 주지사에게 부여되고 있는 그것과는 많은 차이를 보이고 있으며, 그것은 전통적인 입법과정을 대통령에게 유리한 방향으로 수정한 것에 불과하다고 평가할 수 있다.

3. 項目別拒否權法에 대한 司法的 判斷

(1) 序 言

「1996년 항목별거부권법」의 제정과정에서 이 법의 통과에 적극적으로 반대한 Robert C. Byrd 등 의회의원들은 이 법의 합헌성을 문제 삼

---

106) 2 U. S. C. 691(b)(a), 691e(6).

107) 연방헌법 제1조 7항 3호.

는 소송을 제기하였다. 이에 1997년, 연방지방법원은 대통령이 법안전
체에 대해 서명한 후, 5일 내에 그 일부에 대해 취소권을 행사하는 것
은 연방헌법이 규정하고 있는 입법절차에 위반된다고 판결하였다. 아래
에서 그 판결 중의 일부를 인용해본다.

> "대통령의 일방적인 항목별거부는 사실상 제정법을 폐지하는 효
> 과를 가지고 있다. 그 결과 대통령이 서명한 법안은 국가의 법률이
> 되지 못한다. 이것은 정확히 (연방헌법 제1조 7항) 移送條項의 취지
> 에 위반되는 것이다."108)

그러나 Clinton 행정부는 공화당의원들의 지지 속에서 연방대법원에
상고하였고, 연방대법원은 의회의원들에게는 이 사건에서의 원고적격이
없다는 점을 근거로 하급심판결을 파기 환송하였다.109)

(2) *Clinton v. City of New York*110)

1) 事件背景

Raines 판결에서 항목별거부권의 합헌성에 대한 판단이 이루어지지
못함에 따라, Clinton 대통령은 계속해서 항목별거부권을 행사하였다. 이
러한 과정에서 Clinton 대통령은 「1997년 균형예산법」(Balanced Budget
Act of 1997) 제4722조 (c)와 「1997년 납세자구조법」(Taxpayer Relief
Act of 1997) 제968조에 대해 취소권을 행사하였다. 前者는 새로운 직접
적 지출항목에 대한 것이었고 後者는 조세감면에 관한 것이었다. 이에
항목별거부권법은 위헌이며 따라서 당해 두 가지 항목에 대한 대통령의

---

108) *Byrd v. Raines*, 956 F. supp. 25, 35 (D. D. C. 1997).

109) *Raines v. Byrd*, 521 U. S. 811 (1997).

110) 118 S. Ct. 2091 (1998).

취소는 위헌이라는 소송이 개별적으로 제기되었다. 첫 번째 소송은 뉴욕시, 2개의 병원협회, 한 개의 병원, 그리고 보건보험고용자를 대표하는 두 개의 노동조합에 의해 제기되었고, 두 번째 소송은 감자농업조합과 이 조합소속의 한 개인에 의해 제기되었다. Washington D. C. 연방지방법원은 이 두 가지 사건을 병합심리한 후, 첫째, 각 사건에 있어서 최소한 하나의 원고는 연방헌법 제3조상의 원고적격을 가지고 있으며, 둘째, 항목별거부권법은 연방헌법 제1조 7항 2호상의 移送條項과 권력분립원칙을 침해하였다고 판시하였다.111) 이에 Clinton 행정부는 연방대법원에 상고하였다.

2) 判決要旨

① 多數意見

Stevens 대법관이 대표한 다수의견은 이 사건의 당사자적격에 대해 판단을 한 후에 본안판단에 들어갔다. 우선 다수의견은 항목별거부권법 자체를 분석함에 있어서 이 법이 대통령에게 부여하고 있는 권한은 지나치게 광범위하다는 점을 지적하였다.112) 즉 이 법은 대통령에게 법안을 법률로 확정한 후, 세 가지 유형의 조항들을 '전체적으로 취소'(cancel in whole)할 권한을 부여하고 있는데 이러한 권한은 상당히 포괄적이라는 것이다. 이러한 점에 주목하여 다수의견은 이 사건에서 대통령이 행사한 취소권은 분명 이 법에 근거하였다고 볼 수 있지만, 대통령의 이러한 취소권행사는 의회가 제정한 두 가지 법률(「1997년 균형예산법」, 「1997년 납세자구조법」)을 사실상 수정하는 것이고, 따라

---

111) *City of New York v. Clinton*, 985 F. supp. 168, 177-81 (1998). 崔哲榮, 前揭論文, p.264.

112) *Clinton v. City of New York*, 118 S. Ct. at 2102.

서 이러한 법률의 수정은 연방헌법 제1조 7항에 규정되어 있는 입법절차에 위반된다고 판시하였다.113) 결국 현행 연방헌법상 대통령의 법률 수정이나 폐지는 절대적으로 허용되지 않는다는 것이 다수의견의 판단이었다.

다음으로 다수의견은 항목별거부권법은 헌법제정자들이 규정한 법률안거부절차를 위헌적으로 침해하고 있다는 점을 지적하였다.114) 즉 연방헌법상 대통령에게 인정되는 법률안거부 방식은 '법안전체'에 대해 거부권을 행사하고 이를 의회에 환부하는 것인데, 항목별거부권법상 대통령의 거부권 행사절차는 이것과 일치하지 않는다는 것이다.115) 이상과 같은 점을 논거로 다수의견은 항목별거부권법은 입법절차를 규정하고 있는 연방헌법 제1조 7항 移送條項(Presentment Clause)에 위반된다고 판시하였다.

한편 이 사건에서 Clinton 행정부는 두 가지 근거를 들어 항목별거부권법의 합헌성을 주장하였다. 첫째, Clinton 행정부는 이 사건에서 문제된 대통령의 취소권행사는 기존의 입법을 수정하거나 폐기하는 것이 아니라, 의회의 법률(항목별거부권법)에서 인정하고 있는 대통령의 재량권을 행사한 것에 불과하다고 주장하였다. 행정부의 이러한 주장은 과거의 연방대법원 판례, 즉 *Field v. Clark*116)에 근거한 것이었는데, 이에 대해

---

113) *Ibid.*

114) *Ibid.*, at 2103.

115) *Ibid.*

116) 143 U. S. 649(1892). 이 판결에서 연방대법원은 대통령에게 免税停止權을 부여한 「1890년 관세법」(Tariff Act of 1890)을 합헌으로 결정하였다. 「1890년 관세법」은 '이 법에 다른 특별한 규정이 없는 한' 약 300여 가지 수입품에 대하여 수입세를 면제할 수 있음을 규정하였다. 그러나 이 법은 그 예외조항으로 합중국의 면세혜택을 받는 국가가 불합리하고도 불평등하게 합중국농산물에 대하여 수입세를 부과하는 경우에 기존의 면세혜택을 정지할 것을 규정하고 그에 대한 사실 확인 및 免税停止決定權을 대통령에게 부여하였다. 바로 이러한 대통령의 免税

다수의견은 항목별거부권법상 대통령의 항목취소권과 *Field* 판결에서 합헌으로 인정된 대통령의 免稅停止權(power to suspend tariff exemptions)은 그 성격이 다르다는 점을 들어 이를 받아들이지 않았다.117)

다음으로 Clinton 행정부는 전통적으로 대통령에게는 支出留止權이 인정되어 왔고, 항목별거부권법은 이러한 支出留止權을 대통령에게 부여한 것에 불과하다고 주장하였다.118) 그러나 이러한 주장에 대해 다수의견은 항목별거부권법은 대통령이 일방적으로 기존 입법의 문언 및 실질적 내용을 수정하는 것을 허용한다는 점에서 그것과 대통령의 支出留止를 인정해온 종래의 법률들과는 성격이 다르다고 판시하였다.119)

② Kennedy 大法官의 同調意見

Kennedy 대법관은 그의 동조의견을 통하여 다수의견이 판단하지 않은 항목별거부권법과 권력분립원칙과의 관계에 대해 주목할 만한 의견을 제시하였다. 즉 그는 연방헌법의 여러 가지 목적 중의 하나는 권력의 집중을 방지하는 데에 있다는 전제하에,120) 입법·행정·사법부 중 한 기관이 전체 정치과정을 독점적으로 지배하는 것은 허용될 수 없다고 주장하였다. 이를 뒷받침하기 위해 그는 연방주의자논집 중 입법권과 집행권이 동일인물이나 하나의 기관에게 집중된다면 자유란 존재하

停止權의 위헌 여부가 연방대법원에서 문제된 것이다.

117) 그 대표적인 차이점으로서 다수의견은 前者의 경우, 대통령의 취소권행사 여부는 전적으로 대통령의 재량에 따르는 것이지만, 後者의 경우에는 특정한 사실이 발생하면 대통령은 반드시 免稅停止權을 행사해야 한다는 점을 들고 있다. *City of New York v. Clinton*, 118 S. Ct. at 2105-06.

118) *Ibid.*, at 2106.

119) *Ibid.*, at 2106-07.

120) *Clinton v. City of New York*, 118 S. Ct. at 2109.

지 않는다는 Madison의 주장을 인용하기도 하였다.121) 이러한 관점으로
부터 그는 항목별거부권법은 헌법이 명시적으로 입법부에게 유보한 권
한을 '행정부'에게 부여하고 있다는 점에서 위헌이라고 결론지었다.122)

③ 反對意見

ⓐ Scalia 大法官의 反對意見

Scalia 대법관은 이 사건에서 문제된 항목별거부권법은 다음과 같은
이유에서 移送條項에 위배되지 않는다고 주장하였다. 먼저 그는 의회의
위임이 없는 상태에서 대통령이 일방적으로 법률에 대해 취소권을 행
사하는 것은 移送條項(연방헌법 제1조 7항)에 비추어볼 때 당연히 위헌
이 되지만, 이 사건에서의 대통령의 항목별거부권은 의회의 명시적 위
임하에 행사된 것이라는 점에서 합헌이라고 주장하였다.123) 이러한 시
각에서 그는 항목별거부권법의 移送條項 위배여부가 이 사건에 있어서
의 핵심적인 쟁점은 될 수는 없으며, 의회가 대통령에게 항목별거부권
을 부여하는 것이 합헌적인 권한위임에 해당되는지의 여부가 중요쟁점
으로 부각되어야 한다고 주장하였다.124)

이러한 관점으로부터 그는 의회가 항목별거부권을 통하여 대통령에게
위임한 항목취소권은 사실상 과거로부터 의회가 대통령에게 위임해온

---

121) *Ibid.*

122) 즉 Kennedy 대법관은 이 법으로 인해 나타나게 되는 분명한 점은 대통
령의 권한이 강화된다는 것이고, 이러한 대통령의 권한강화는 헌법제정
자들의 의도에 위배되는 것이라고 주장하였다. 따라서 그는 대통령의
권한강화가 의회의 자발적인 의사에 따른 것이라는 점도 이러한 관점
에서 볼 때에는 별 다른 중요성을 가지지 못한다고 하였다. *Ibid.*

123) *Ibid.*, at 2115.

124) *Ibid.*, at 2116.

권한이었고, 연방법원 역시 이를 합헌으로 인정해왔다고 주장하였다. 이러한 주장을 뒷받침하기 위해 그는 초대의회시절부터 대통령에게는 세출자금지출 거부권이 인정되어 왔다는 점, 1809년에 의회가 법률을 통하여 영국이나 프랑스가 미합중국에 대하여 선전포고를 할 경우, 대통령에게 이들 국가들에 대한 관세혜택 취소권을 부여한 점, 그리고 *Field* 판결에서 연방대법원이 대통령의 免稅停止權을 합헌으로 인정한 점 등을 언급하였다.125) 결국 Scalia 대법관은 이 사건에서 문제된 대통령의 항목취소권을 종래에 대통령에게 인정되어왔던 支出留止權과 사실상 같은 것으로 이해하고, 이를 의회의 합헌적인 권한위임으로 보았다.126)

ⓑ Breyer 大法官의 反對意見

Breyer 대법관 역시 Scalia 대법관과 마찬가지로 이 사건에서의 핵심적 쟁점을 의회의 권한위임문제로 이해하였다. 이러한 관점에서 Breyer 대법관은 다음과 같은 세 가지 문제를 제기하였다. 첫째, 의회는 대통령에게 위임할 수 없는 권한을 위임하였는지 여부, 둘째, 대통령에 대한 의회의 권한위임으로 인해 의회의 헌법상 고유권한이 침해되었는지 여부, 셋째, 의회는 대통령에게 지나치게 광범위한 권한을 위임하여 그 결과 위임불가원칙(nondelegation doctrine)이 침해되었는지 여부.127) 결국 Breyer 대법관은 이러한 세 가지 기준에 비추어 볼 때, 이 사건에서의 권한위임은 전체적으로 합헌이라고 주장하였다.

---

125) *Ibid.*, at 2115-17.

126) 이에 대해 Scalia 대법관은 다음과 같은 설명을 하고 있다. "의회가 대통령에게 지출항목을 취소할 권한을 부여하는 것과 특정항목에 지출되는 세출자금을 결정함에 있어서 의회가 대통령에게 재량권을 부여하는 것은 사실상 동일하다. 따라서 양자를 구별하려는 노력은 사실상 아무런 가치도 없다." *Ibid.*, at 2116.

127) *Ibid.*, at 2123.

구체적으로 Breyer 대법관은 종래에 연방대법원이 어떤 권한위임을 위헌으로 결정한 경우, 그 근거로서 권한위임으로 인하여 한 기관의 권한이 나머지 기관의 그것에 비하여 지나치게 확대되었다는 점을 들어 왔음에 주목하였다.[128] 따라서 그는 이 사건에서의 권한위임도 이러한 기준에 의거하여 위헌여부를 결정해야 한다고 하였다. 그 결과 Breyer 대법관은 이 사건에서 의회는 항목별거부권법상 대통령의 항목취소권을 부인하는 법률조항을 재차 포함시킬 수 있었고, 후속 세출법안에 단순과반수의 표결로 대통령에 의해 취소된 항목을 다시 포함시킬 수 있었다는 점에서,[129] 이 법으로 인해 대통령의 권한이 의회의 그것에 비해 지나치게 확대되었다고 보기는 힘들다고 주장하였다.[130]

나아가 Breyer 대법관은 권한위임의 기본적 요건, 즉 구체적이고도 합리적인 기준하에 권한위임이 이루어졌는지에 대해서도 항목별거부권법은 다음과 같은 세 가지 측면에서 이러한 요건을 충족하였다고 주장하였다. 첫째, 절차적인 측면에서 이 법은 더욱 신중하고도 효과적인 취소권행사를 위해 대통령으로 하여금 취소대상을 포함하고 있는 법률의 제정경위, 구조, 목적과 그 근거자료 등을 검토하게 하고 있다.[131] 둘째, 입법목적 차원에서 이 법은 낭비적인 지출과 불필요한 稅制上 혜택을 제거하는 것을 목적으로 한다.[132] 셋째, 내용적인 측면에서 이 법은 대통령의 항목취소로 인해 본질적인 정부기능과 국가이익에 역효과가 발생하지 않을 것을 요구하고 있다.[133]

---

128) *Ibid.*, at 2124. 이러한 취지에서 권한위임이 위헌으로 결정된 사례는 *Buckley v. Valeo*, 424 U. S. 1 (1976); *Bowsher v. Synar*, 478 U. S. 714 (1986).

129) 2 U. S. C. 691-692.

130) *City of New York v. Clinton*, 118 S. Ct. at 2124.

131) *Ibid.*, at 2125.

132) *Ibid.*

결론적으로 Breyer 대법관은 항목별거부권법은 의회의 합헌적인 권한위임이라고 평가하고 따라서 그것은 권력분립원칙에 위배되지 않는다고 주장하였다.

4. 評 價

Clinton 판결에서 연방대법원이 나타내고자 했던 바는 결국 아무리 훌륭한 의도를 가진 법률이라 하더라도, 그것은 헌법이 규정하고 있는 입법절차에 위반되어서는 안 된다는 것이었다. 즉 이 사건에서 문제된 항목별거부권법의 경우, 그것이 아무리 연방적자를 통제하기 위해 제정된 것이라 하더라도 그것은 移送條項(연방헌법 제1조 7항)이 제시하고 있는 입법절차를 위반하였기 때문에 위헌적 법률이 된다는 것이다. 移送條項을 면밀히 검토해보면, 그것은 양원을 통과한 법안에 대해 대통령이 대응할 수 있는 세 가지 방법을 규정하고 있다.

"하원과 상원을 통과한 모든 법률안은 법률로 확정되기에 전에 대통령에게 移送되어야 한다. 대통령이 이를 승인하는 경우에는 여기에 서명하며, 승인하지 아니하는 경우에는 이의서를 첨부하여 이 법률안을 발의한 議院으로 환부해야 한다. 법률안을 환부 받은 의원은 이의의 대략을 의사록에 기록한 후 이 법률안을 다시 심의해야 한다. 다시 심의한 결과, 그 議院의 議員 3분의 2 이상의 찬성으로 가결한 때에는 이 議院은 이 법률안을 대통령의 이의서와 함께 다른 議院으로 移送해야 한다. 다른 議院에서 이 법률안을 재심하여 議員 3분의 2 이상의 찬성으로 가결한 때에는 이 법률안은 법률로 확정된다. 이 모든 경우에서 양원의 표결은 지명에 대한 贊否聲名에 의하여 결정하며, 그 법률안에 대한 찬성자와 반대자의 성명을 각 院의 의사록에 기재해야 한다. 법률안이 대통령에게 移送된

---

133) *Ibid.*

후 10일 이내(일요일은 제외)에 의회로 환부되지 아니할 때에는 그 법률안은 대통령이 이에 서명한 경우와 마찬가지로 법률로 확정된다. 다만, 연방의회가 휴회하여 이 법률안을 환부할 수 없는 경우에는 법률로 확정되지 아니한다."134)

결국 대통령은 양원을 통과한 법안에 대해 ① 서명 ② 환부거부 ③ 보류거부 중의 하나만을 행사할 수 있으며, 세 가지 중 어떠한 수단을 선택하든 지간에 그는 '법안전체'를 대상으로 그의 선택권을 행사하여야 한다. 이와 같은 관점에서 볼 때, 항목별거부권은 대통령이 '법안의 일부'에 대해서만 거부권을 행사하는 것을 허용함에 따라 결과적으로 위의 세 가지 외의 선택권을 인정하고 있는 것이다.135) 따라서 이것은 '법률'이 '헌법'을 수정하는 경우에 해당되는 것으로서 전형적인 위헌법률이 된다. 결론적으로 이 부분에 대한 다수의견의 판단은 타당하다고 볼 수 있다.

한편 다수의견은 연방지방법원에서 항목별거부권법의 위헌논거로 제시되었던 두 가지 논거 중의 하나, 즉 항목별거부권이 대통령과 의회와의 권한관계에 미치는 영향에 대해서는 판단하지 않았다. 항목별거부권은 의회의 헌법상 고유권한인 재정권을 행정부에게 이전시킴으로써 대통령과 의회의 권한관계에 본질적인 변화를 초래한다고 볼 수 있으나,136) 이에 대해 다수의견은 항목별거부권이 移送條項에 위반된다고 판단되는 이상 그것의 권력분립원칙 침해여부까지 판단하는 것은 불필요하다는 입장을 밝혔다.137) 또한 다수의견은 대통령의 항목별거부권에 대한 역사적·이론적 평가나 항목별거부권법상의 항목거부절차에 대한

---

134) 연방헌법 제1조 7항 2호.

135) Robert C. Byrd, "The Control of the Purse and the Line Item Veto Act", 35 *Harv. J. on Legis.* 297 (1998), p.320 참조.

136) 이 문제에 관한 대표적인 문헌은 *Ibid.*

137) *City of New York v. Clinton*, 118 S. Ct. at 2108.

실체적 평가도 하지 않았다. 따라서 다수의견이 판단하지 않은 이러한
부분과 반대의견에서 제기되었던 몇 가지 주요쟁점을 목차를 바꿔 자
세히 서술하기로 한다.

Ⅲ. '州'에서의 項目別拒否權과 그것의 聯邦으로의 導入

1. 問題의 提起

항목별거부권은 원래 州에서 발전되어온 것으로 그것을 연방에 도입
하는 데에는 몇 가지 문제점이 따른다. 우선 항목별거부권은 州의 독특
한 문화와 결부되어 있다는 점에서 양자를 분리하여 고찰하는 것은 여
러 가지 측면에서 적절치 못하다. 첫째, 州헌법과 연방헌법은 기본적인
구조가 완전히 다르다. 특히 행정부와 의회와의 권한관계에 있어서 이
러한 차이점은 뚜렷하게 발견된다. 둘째, 실질적으로 州의 예산절차와
연방의 예산절차는 다르다. 즉 州의회의 세출법안은 주지사가 항목별거
부권을 행사하는 데에 용이하게 구성되어 있는 반면 연방의회의 그것
은 항목별거부권의 행사대상이 되는 '항목'(item)을 거의 포함하고 있지
않다. 셋째, 州법원은 경험적으로 항목별거부권의 개념과 범위에 관한
여러 가지 문제점들을 다루어 왔지만 연방법원은 그러하지 못하다.138)
이하에서는 州에서의 시행경험을 바탕으로 항목별거부권과 관련한 여
러 가지 쟁점들을 살펴보고, 그것을 연방으로 도입할 수 있는 지 여부
를 검토하기로 한다.

---

138) Louis Fisher/Neal Devins, "How Successfully Can the States' Item Veto be
    Transferred to the President?" 75 *Geo. L. J.* 159 (1986), p.62.

2. 項目別拒否權의 概念

일반적으로 항목별거부권은 특정한 개념으로 이해되어왔으나 사실 그것의 개념은 매우 多義的이다. 우선 항목별거부권의 가장 기본적인 형태는 세출법안 내의 개별항목에 대해 거부권을 행사하는 것이다. 그렇다면 이러한 기본적 형태의 항목별거부권에서 그 대상이 되는 '항목'은 어떻게 정의되어야 하는가? 일단 특정항목의 세출액수가 여기에 포함된다는 점에 대해서는 별다른 의문이 없다. 그러나 종래의 州에서의 관행을 살펴보면 일부 州의 경우, 주지사가 세출의 '조건'으로서의 성격을 갖는 법률규정에 대해서도 거부권을 행사해왔음을 발견할 수 있다.139) 결국 州에서는 세출액수와 세출조건이 모두 항목별거부권의 대상으로 인정되어왔다고 볼 수 있다. 하지만 아래에서 보듯이 後者는 前者에 비하여 더욱 논란의 대상이 되는 것으로 보인다. 두 번째 형태의 항목별거부권은 개별항목에 대해 감액조정권을 행사하는 것이다. 이러한 감액조정권은 현재 10개州의 헌법에 명시적으로 규정되어 있다.140) 하지만 감액조정권에 대한 헌법규정이 없는 州의 경우, 일부 州에서는 법원의 판결을 통하여 주지사의 감액조정권을 인정하고 있다.141) 항목

---

139) 이러한 항목별거부권이 문제된 州법원판례로는 *Karcher v. Kean*, 97 N. J. 483, 504-07, 479 A.2d 403, 414-1 (1984); *Elmhurst Convalescent Center v. Bates*, 46 Ohio p.2d 206, 211, 348 N. E. 2d 151, 155 (1975). 이러한 판결들에서 州법원은 세출법상의 일반적인 조건, 제한 등은 항목별거부권의 대상이 된다고 판시하였다.

140) Alaska州 헌법 제2조 15항, California州 헌법 제4조 10항, Hawaii州 헌법 제3조 17항, Illinois州 헌법 제4조 9항(d), Massachusetts州 헌법 제90조 4항(수정헌법 제63조 5항), Montana州 헌법 제4조 26항, Nebraska州 헌법 제4조 15항, New Jersey州 헌법 제5조 1항 15호, Tennessee州 헌법 제3조 18항, West Virginia州 헌법 제6조 51항 11호.

141) 대표적으로 Pennsylvania州가 여기에 속한다. *Commonwealth v. Barnett*, 199 Pa. 161, 48 A. 976 (1901). 이 판결에서 州법원은 감액조정권은 州헌법상 주지사의 묵시적 권한에 속한다는 전제하에 1100만 불의 세출자금 중, 1000만

별거부권의 세 번째 형태는 이른바 '수정거부권'(amendatory veto power)으로서, 이것은 주지사가 법안승인의 조건으로서 법안을 의회에게 환부하고 그것에 대한 수정제의를 하는 것을 말한다. 이때 주지사는 법안을 의회에 환부하면서 그 수정안을 제출할 수 있다. 한편 주지사가 요구하는 수정의 대상은 州에 따라 상이하다. 예컨대 South Dakota州는 州헌법에서 수정거부권의 대상을 절차적이고 기술적인 규정에 한정하고 있으며,142) Illinois州에서는 관행적으로 주지사가 중요정책과 관계된 규정에 대해 수정거부권을 행사하고 있다.143)

주지사의 항목별거부권은 법원의 판결과 州에서의 관행에 따라 더욱 복잡한 형태를 띠게 된다. 항목별거부권을 인정하고 있는 州의 법원들은 항목별거부권이 의회의 의사를 침해할 수 있는지의 여부, 그리고 침해한다면 어느 정도까지 허용되는지에 대해 매우 다양한 입장을 취하고 있다. 따라서 항목별거부권으로 인한 행정부와 의회와의 갈등에 있어서 법원이 어떠한 역할을 해야 하는지에 대해서는 종래에 많은 논의가 진행되어왔으며, 州의회는 매우 교묘한 입법적 기술을 동원하여 주지사의 항목별거부권을 제한해오고 있다. 그 결과, 各州의 헌법이나 법률에 규정되어 있는 항목별거부권의 내용이 유사하다 하더라도 그 행사의 실제관행은 州마다 매우 다르게 나타날 수밖에 없다.

한편 역대 행정부 중 항목별거부권을 가장 적극적으로 주장했던 Reagan 행정부는 그것을 매우 광범위하게 해석했다. 즉 Reagan 행정부는 항목별거부권은 대통령에게 인정되어야 할 핵심적 권한이라는 전제하에 항목별거부권의 대상은 세출법안에 첨부되어 있는 부가조항(riders)까지 확대되어야 한다고 주장하였다.144)

불만을 승인한 주지사의 행위를 합헌으로 인정하였다.

142) South Dakota州 헌법 제4조 4항.

143) Louis Fisher/Neal Devins, *op.cit.*, pp.166-67.

144) *Office Of Management And Budget, Economic Policy Study* No.12, 1983, p.59.

이상에서 보듯이 항목별거부권은 결코 一義的인 개념은 아니며 그것은 상황에 따라 매우 여러 가지 형태로 나타날 수 있다.

3. 州法院에서의 項目別拒否權

州에서의 항목별거부권에 관한 중요쟁점 중의 하나는 州의회의 권한을 침해하지 않는 범위에서 주지사에게 어느 정도의 항목별거부권을 인정해야 하는가이다. 이 문제는 주지사가 세출자금은 그대로 유보한 채, 그러한 세출의 '조건'에 대해서만 거부권을 행사하는 경우에 구체적으로 나타나게 된다. 즉 '세출'과 '세출조건'을 분리하여 後者에 대해서만 항목별거부권을 행사하는 것이다. 그렇다면 주지사는 이와 같이 조건부세출을 절대적 세출로 전환할 수 있는가? 아니면 양자를 하나의 항목으로 보아 이것에 대해 거부권을 행사하여야 하는가? 이러한 딜레마는 지난 100여 년간 州법원에서 문제되어 왔으나 이에 관한 정확한 기준은 아직 제시되지 못한 듯하다.

이 문제를 심사함에 있어서 州법원은 두 가지의 접근방법을 채택해 왔다. 첫 번째는 州의회의 고유권한을 보호하는 차원에서 문제된 항목별거부권이나 그 행사방식을 위헌으로 결정하는 것이고, 두 번째는 주지사의 항목별거부권은 州정부권한의 일부라는 근거하에 그것을 보존해야 한다고 결정하는 것이다. 예컨대 New Mexico州 州법원은 前者에 무게를 두고 州의회의 입법절차의 존엄성을 강조하는 반면,[145] Wisconsin州 州법원은 後者에 비중을 두고 주지사와 州의회 간의 대등한 권한관계를 강조하는 입장[146]을 취하고 있다. 나머지 州법원들 역시 이들 두 가지 접근방법 중의 하나에 의거하여 항목별거부권에 관한 분쟁을 판단하고 있는 것으로 보인다.

---

145) 대표적인 판례는 *State ex rel. Sego v. Kirkpatrick*, 86 N. M. 359 (1974).

146) 대표적으로 *State ex rel. Kleczka v. Conta*, 264 N. W. 2d 539(Wis. 1978).

먼저 항목별거부권에 관한 분쟁에 있어서 첫 번째 접근방법에 의거한 州법원판례로는 1898년 Mississippi州 州법원의 판례를 들 수 있다. 즉 1898년, Mississippi 州법원은 주지사는 자신이 부당하다고 판단하는 세출조건에 대하여 거부권을 행사할 수 없으며, 주지사에게 이러한 권한을 부여하는 것은 의회의 동의 없이 새로운 법률을 제정하는 것이라고 판시한 바 있다. 이 판결의 주요부분을 인용하자면 아래와 같다.

"모든 共和政에 있어서 행정부는 제한적이고 소극적(destructive)인 입법기능을 수행할 뿐이며 창설적인 입법기능을 수행할 수 없다. 만일 주지사가 (법안 중의 일부를) 선별하거나 분리할 권한을 가진다면, 주지사가 갖는 권한의 한계는 어디까지인가? 즉 그는 법안의 일부조항에 대해 거부권을 행사할 수 있는가 아니면 특정조항이나 특정조항의 문구에 대해 거부권을 행사할 수 있는가? …… 의회의 반대에도 불구하고 주지사에게 조건부세출을 절대적 세출로 전환할 권한을 부여할 수 있는가? 이러한 권한을 주지사에게 인정하는 것은 의회의 동의 없이, 나아가 의회의 반대에도 불구하고 행정부가 입법권을 행사하는 것을 허용하는 것이다."147)

그러나 州의회가 세출법안에 부가한 조건이 적절한지의 여부, 항목별거부권의 성격이 적극적 입법인지 혹은 소극적인지의 여부, 주지사가 州의회의 의사를 왜곡해가며 항목별거부권을 행사했는지의 여부 등은 위 판결이후에도 끊임없이 州법원에서 문제되었다. 하지만 일정한 경우에 州법원은 위의 Mississippi州 州법원판례와 같이 州의회의 고유권한을 보호하는 방향으로 이러한 문제를 해결하였다.

예컨대 과거 Illinois州 주지사는 2개년 세출법안 내의 '연간(per annum) 2천5백 불'이라는 문구 중, '연간'이라는 부분에 대해 거부권을 행사한 바 있다. 이것은 결과적으로 '총 5천 불'의 세출자금을 '총 2천5

147) *State v. Holder*, 76 Miss. 158, 181 (1898).

238

백 불'로 감액한 것으로, 이러한 항목별거부권 행사는 사실상 자신에게 인정되지 않던 감액조정권을 행사한 것이라고 볼 수 있다. 이에 Illinois 州 州법원은 주지사는 항목 중의 일부분에 대해 거부권을 행사할 수 없다는 전제하에 그가 州의회의 명시적인 수권 없이 감액조정권을 행사하는 것은 州의회의 권한을 침해하는 것이라고 판시하였다.148) 또 주지사가 '25억 불 공채허가'(bond authorization)라는 문구 중, 숫자 '2'에 대해 거부권을 행사한 것을 위헌으로 판단한 州법원판례도 이와 비슷한 성격의 판례로 볼 수 있다.149)

하지만 州법원이 항목별거부권과 관련한 분쟁의 모든 경우에 있어서 위와 같이 판결한 것은 아니며, 경우에 따라 명시적으로 주지사의 항목별거부권을 우위에 두는 판결을 하기도 하였다. 이러한 사례는 주로 州의회의 항목별거부권 제한과 관련하여 문제되었다. 예컨대 California州 州의회는 세출법안에 州검사관(state controller)은 州교육부장관의 요청에 따라 세출자금을 사업 간에 전용할 수 있다는 규정을 삽입한 바 있는데, 이는 명백히 주지사의 항목별거부권을 제한하기 위함이었다. 왜냐하면 이 규정으로 인해 항목별 세출액수의 실질적인 결정권이 '주지사'로부터 주지사의 하위기관인 '州검사관'에게로 이전되었기 때문이다. 이에 주지사는 이 규정에 대해 거부권을 행사하였고, California州 州법원은 이 규정은 간접적으로 州의 지출통제권을 주지사에게 부여하고 있는 州헌법 수정조항을 침해한다는 점을 근거로 주지사의 항목별거부권 행사를 합헌으로 결정하였다.150)

한편 그간 여러 州법원들은 문제된 항목별거부권의 위헌성을 판단하기 위한 여러 가지 심사기준을 고안해왔다. 종래 州법원판례에 등장했던 심사기준을 살펴보면 먼저 주지사의 항목별거부권 행사가 단지 소

---

148) *Fergus v. Russel*, 270 Ill. 304, 348 (1915).

149) *State ex rel. Kleczka v. Conta*, 264 N. W. 2d 539, 557(Wis. 1978).

150) *Wood v. Riley*, 192 Cal. 293 (1923).

극적(negative)인 성격을 가지고 있다면 그는 법안 중의 일부에 대해 거
부권을 행사할 수 있다는 이론이 제시되어 왔다.151) 이에 반해 항목별
거부권은 州의회가 처음 의도한 바와는 다른 결과를 발생시킨다는 점
에서 그것은 본질적으로 적극적(affirmative)인 성격을 갖는다는 州법원
판례도 제시되어 있다.152) 이러한 여러 가지 州법원판례들을 종합하여
보면 결국 소극적 성격을 갖는 항목별거부권은 합헌이 되고, 적극적 성
격을 갖는 항목별거부권은 위헌이 된다는 결론에 이르게 된다. 그렇다
면 '적극적 성격'의 항목별거부권과 '소극적 성격'의 항목별거부권은 어
떻게 구별되는가? 이러한 의문에 대해서는 1940년의 Virginia 州법원판
례153)가 일정한 시사를 하고 있는데, 이 판결에서 Virginia 州법원은 항
목별거부권에 대한 위헌심사기준으로서 '거부권행사로 인해 분리되는
항목과 다른 법률규정과의 관련성'을 든 바 있다. 즉 법안의 다른 법률
규정과 밀접한 관련이 있는 항목의 경우, 그것에 대한 거부권행사는 적
극적 성격을 갖게 되고, 그 반대의 경우에는 소극적 성격을 갖게 된다
는 것이다. 하지만 이러한 심사기준은 지나치게 추상적이고 주관적이라
는 점에서 항목별거부권에 대한 위헌심사기준으로 적당하다고 볼 수
없다.154)

---

151) *Fairfield v. Foster*, 29 Ariz. 146 (1923); *Cascade Tel. Co. v. State Tax
Comm'n*, 176 Wash. 616 (1934).

152) *Washington Ass'n of Apartment Ass'ns v. Evans*, 88 Wash. 2d 563 (1977).

153) *Commonwealth v. Dodson*, 176 Va. 281 (1940).

154) 이러한 관점으로부터 일부 州법원들은 '소극적 성격'의 항목별거부권과
'적극적 성격'의 항목별거부권을 구별하여 이를 위헌심사기준으로 적용
하는 데에 매우 회의적인 입장을 보이고 있다. *State ex rel. Kleczka v.
Conta*, 264 N. W. 2d 539, 557(Wis. 1978); *Washington Fed'n of State
Employees v. State*, 100 Wash. 2d 536 (1984). 한편 州법원에서 이러한 심사
기준에 대한 회의론이 대두되자 여러 주지사들은 더욱 지능적이고도 교묘
하게 항목별거부권을 행사해오고 있으며, 일부 州법원에서는 이를 합헌으
로 인정하고 있다. 예컨대 전통적으로 주지사의 항목별거부권에 대해 호의

이상에서 보듯이 항목별거부권의 주요쟁점에 관하여 各州의 법원은 매우 날카로운 대립을 보이고 있다. 하지만 항목별거부권의 위헌심사에 있어서 반드시 검토해야 할 쟁점들, 예컨대 주지사에 의해 거부된 항목이 의회의 의사와 불가분의 관계에 있는지, 또 항목별거부권과 권력분립원칙을 양립시키기 위하여 문제된 항목별거부권을 제한적으로 해석할 것인지 아니면 광범위하게 해석할 것인지를 판단하는 데에는 불가피하게 법원의 주관적 판단이 개입된다는 점에서 위와 같은 결론은 어떻게 보면 당연하다고도 볼 수 있다. 바로 이러한 법원의 주관적 판단으로 인해 앞으로 항목별거부권에 대한 일관된 원칙이 州법원에서 정립되리라고 기대하기는 힘들다. 이러한 점은 逆으로 항목별거부권을 정의함에 있어서 앞으로 州법원이 이전과 같이 중요한 역할을 하리라는 것을 의미한다. 결국 항목별거부권 제도를 시행한 지 100여년이 지난 州에서조차 그것에 대한 기본적 개념 및 위헌심사기준은 아직 정립되어 있지 못하며, 이러한 상황에서 그것을 연방에 도입하여 연방법원에게 이러한 문제들의 해결을 기대한다는 것은 이론적 환상에 불과하다고 생각한다.

4. '州'歲出法과 '聯邦'歲出法의 構造的 差異點

일반적으로 州의 세출법은 매우 세부적으로 항목화 되어 있다. 따라서 이것은 명백히 주지사의 항목별거부권 행사를 매우 용이하게 하는

적인 입장을 가지고 있었던 Wisconsin州 州대법원은 1988년에 법안의 문구나 숫자 등에 대한 주지사의 거부를 합헌으로 인정한 바 있다(*State ex rel. Wisc. Senate v. Thompson*, 424 N. W. 2d 385(Wis. 1988)). 하지만 이러한 州대법원의 판결에 대해 Wisconsin州는 1990년에 州헌법을 개정하여 '세출법안의 일부를 승인함에 있어서, 주지사는 등록된 법안의 개별적인 문구를 거부함으로써 새로운 문구를 창설할 수 없다'는 헌법조항을 두게 되었다. Wisconsin州 헌법 제5조 10항 1호(c). Louis Fisher/Neal Devins, *op.cit.*, pp.170-73.

요소라고 볼 수 있다. 반면 연방세출법은 총액별(lump sum) 세출의결을 원칙으로 함에 따라 세부적인 계획이나 활동은 대통령에게 移送되는 세출법안에 포함되지 않는다. 즉 이러한 구체적인 항목들은 법적 구속력이 없는 위원회보고서 등에 기재되는 것이 일반적이다. 따라서 연방 행정기관들은 그들의 의회소관위원회와 마찰을 빚지 않는 한, 총액별 세출자금을 배분함에 있어서 실질적인 재량권을 갖게 된다.155)

이러한 현재 연방세출법체계하에서 대통령에게 항목별거부권을 부여한다는 것은 어떠한 의미를 갖게 되는가? 결론부터 말하자면 현재 연방세출법안에는 세부적인 항목들이 포함되어 있지 않다는 점에서 별다른 의미를 가지지 못한다고 볼 수 있다. 예컨대 1996년도 에너지 및 수자원개발 세출법안은 미공병단(the Corps of Engineers)의 총건설 세출자금으로 8억 4백만 불을 총괄적으로 규정하였을 뿐, 그 구체적인 계획들에 대해서는 일체 언급이 없었다. 이러한 구체적인 계획들은 위원회 보고서나 행정기관의 예산정당화문건에 규정되어 있다.156) 결국 이 세출법안에서의 유일한 '항목'은 '8억 4백만 불'이라는 총괄적 세출자금이 유일하다.

한편 Reagan의 1988년 대통령연두교서를 살펴보면, 그는 세출법안에는 총괄적 금액만이 제시되고 그 구체적인 계획들은 의회 위원회보고서에 규정된다는 위와 같은 사실을 제대로 인식하지 못했던 것으로 보인다. 당시 그는 연두교서를 통하여 그가 전년도 12월에 서명한 잠정결의안으로부터 'cranberry research', 'blueberry research', 'crawfish에 관한 연구', '야생식물의 상업화'와 같은 예산 낭비적 사업들을 제거하기 위하여 자신에게 항목별거부권이 필요하다는 것을 역설한 바 있다.157)

---

155) Louis Fisher, *Constitutional Conflicts between Congress and the President*, p.137 참조.

156) 109 Stat. 403 (1995); H. Rept. No. 293, 104th Cong., 1st sess., 1995, pp.34-38.

157) *Public Papers of the Presidents*, 1988(I), p.86.

하지만 이러한 Reagan의 요구는 결코 정당하다고 볼 수 없다. 왜냐하면 그가 제거해야 한다고 주장했던 위의 네 가지 사업은 그가 서명했던 잠정결의안이 아니라 양원 협의보고서(conference report)에 규정되어 있었고, 따라서 만일 당시에 Reagan에게 항목별거부권이 인정되었다 하더라도 그는 이러한 사업들에 대해 거부권을 행사할 수는 없었기 때문이다. 즉 항목별거부권은 세출법안을 대상으로 하는 것이지 의회보고서를 대상으로 하는 것은 아니다. 결국 항목화 되지도 않은 세출법안에 대하여 항목별거부권을 인정하자는 것은 그 기초적인 전제부터 잘못되었다고 볼 수 있다.

그렇다면 만일 연방세출법안을 州세출법안과 같이 매우 세부적으로 항목화한다면 어떠한 결과가 발생할 것인가? 여기에는 다음과 같은 두 가지 문제점을 예상해볼 수 있다. 첫째, 연방세출법안의 세부적인 항목화는 의회의 정치적 무책임을 더욱 가중시킬 것이다. 일반적으로 의원들은 유권자들의 요구를 만족시키기 위하여 아무리 그것이 바람직하지 못한 요구라 할지라도 그것을 세출법안에 포함시키려는 성향을 가지고 있다. 그러나 만일 이때 세출법안이 세부적으로 항목화 되고 대통령에게 항목별거부권이 인정되는 상황이라면 의원들의 이러한 성향은 더욱 적극적으로 나타나게 될 것이다. 왜냐하면 바람직하지 못한 항목의 경우, 대통령이 이에 대해 거부권을 행사하리라는 기대하에 의원 각자는 서로 간의 합의로 자신들의 재선에 영향을 줄 수 있는 유권자들의 요구를 가급적 세출법안에 반영시키려 할 것이기 때문이다. 그 후 이러한 요구가 대통령의 항목별거부권에 의하여 좌절된다면 의원들은 자신들은 유권자들의 요구를 수용하기 위해 최선을 다했다는 점을 주장하게 될 것이다. 이러한 관점에서 볼 때, 연방세출법안을 세부적으로 항목화하고 대통령에게 항복별거부권을 부여하는 것은 종래에 의회의 문제점으로 지적되어 왔던 정치적 담합(log-rolling)현상을 더욱 부추길 것이며, 그에 따라 의원들의 정치적 무책임도 더욱 심각해질 것이다.158)

둘째, 연방세출법안의 세부적인 항목화는 현재 연방행정기관이 가지고 있는 세출자금 배분에 있어서의 재량권을 박탈하는 결과를 가져오게 될 것이다. 즉 세출의 항목화로 인해 모든 정부사업은 법률에 규정되고, 이는 행정기관이 사정변경이나 대중의 요구의 변화에 따라 세출자금을 융통성 있게 활용하는 것을 불가능하게 한다. 따라서 아무리 사소한 세출변경이라 할지라도 행정기관은 이를 위해 의회에게 법률개정을 요구할 수밖에 없다. 결국 이러한 세출변경의 과도한 경직성은 행정부와 의회의 불필요한 업무를 가중시킨다는 점에서 그리 바람직하다고 보기는 힘들다.159)

Ⅳ. 項目別拒否權과 權力分立

1. 一般論

만일 대통령에게 항목별거부권을 부여한다면, 대통령과 의회와의 권한관계에 중대한 변화가 초래되리라는 점은 그리 어렵지 않게 예상할수 있다. 이러한 점은 주지사의 항목별거부권이 그의 정치적 목표를 달성하는 데에 유용한 도구로 활용되었다는 州에서의 경험을 살펴보아도 명확히 나타난다. 예컨대 역대 대통령 중 가장 적극적으로 항목별거부권을 주장한 Reagan은 자신의 California州 주지사시절에 항목별거부권을 이와 같은 목적으로 적극 활용한 바 있다.160)

---

158) Louis Fisher/Neal Devins, *op.cit.*, p.190.

159) Louis Fisher, *Constitutional Conflicts between Congress and the President*, p.137 참조.

160) H. Griffin, *The Politics of the Budgetary Process in California, 1965-1971*, 1976, pp.255-68(Louis Fisher/Neal Devins, *op.cit.*, p.191에서 재인용).

　항목별거부권의 찬성론자들은 대통령에게 항목별거부권을 부여하는
것은 대통령과 의회와의 권한관계를 대등하게 조정하는 것이라는 전제
하에 항목별거부권으로 인한 권한관계의 변화를 바람직한 것으로 보고
있다. 반면 반대론자들은 항목별거부권은 대통령과 의회와의 권한관계
에 중대한 불균형을 초래한다고 주장하고 있다. 아래에서 이들의 입장
을 구체적으로 살펴보기로 한다.

　　"헌법제정자들이 대통령에게 부여한 법률안거부권은 지금까지 상
　당부분 그 효력을 상실해왔다. 이러한 관점에서 볼 때, 헌법제정자
　들에게도 항목별거부권은 그들이 원래 의도했던 법률안거부권의 효
　력을 회복시키는 수단으로 이해될 것이다."161)

　　"대통령에게 항목별거부권을 인정하는 것은 현재 권력의 중심기
　관인 대통령에게 또 다른 실질적 권한을 부여하는 것이다…… 이것
　은 제왕적 대통령제를 묵인하는 것이며…… 권력의 집중을 제한하
　고 균형적 권력관계를 위해 신중하게 고안된 우리의 정부형태를 근
　본적으로 뒤흔드는 것이다."162)

　하지만 찬성론자들의 주장은 다음과 같은 이유에서 타당하다고 볼 수
없다. 비록 대통령의 법률안거부권은 의회의 포괄적 세출법안(omnibus
appropriation bill)으로 인해 상당부분 그 효력을 상실해왔으나, 현대의
미국대통령들은 법률안거부권 외에 입법과정에 개입할 수 있는 여러 가
지 강력한 수단들을 보유하고 있다. 이것은 과거 헌법제정자들이 전혀
예상하지 못했던 현상이다. 즉 현대의 미국대통령들은 백악관비서실
(Executive Office of the President)의 여러 인적·물적 자원을 동원할 제

---

161) Best, "The Item Veto: Would the Founders Approve?" 14 *Pres. Stud. Q.* 183
　　(1984), p.188.

162) M. Edwards, "A Conservative's Case Against the Line Item Veto",
　　Washington Post, Feb. 8, 1984, p.A19.

도적 능력을 갖추고 있으며, 이를 통해 의회의 입법과정에 적극적으로 개입하고 있다. 이러한 상황에서 대통령에게 항목별거부권마저 부여하는 것은 입법과정에서의 대통령의 역할을 더욱 강화하는 것이며, 나아가 의회의 고유권한을 침해할 가능성을 높이는 것이라고 볼 수 있다.

2. 項目別拒否權과 豫算節次上 大統領과 議會와의 權限關係

다음으로 위의 문제보다는 좀더 세부적인 문제로 항목별거부권은 '예산절차에 있어서의' 대통령과 의회와의 권한관계에 심각한 불균형을 초래하게 될 것이다.163) 즉 항목별거부권으로 인해 '예산절차'에 있어서의 대통령의 권한은 의회의 그것에 비해 상대적으로 확대될 수밖에 없다. 원칙적으로 대통령예산안제도를 처음으로 도입한 「1921년 예산회계법」에 의하면 대통령의 예산안은 하나의 '案'에 불과하며, 따라서 의회는 여기에 전혀 구속되지 않을 뿐만 아니라 필요하다면 그것을 증액·삭감할 수 있다. 이후 의회는 의회자체의 정책적 우선순위를 반영한 세출법안을 기초하여 이에 대한 서명이나 거부권행사를 위해 대통령에게 移送한다. 하지만 대통령에게 항목별거부권을 부여한다면 이러한 대통령과 의회의 예산절차상 균형관계는 무너지게 될 것이다. 즉 항목별거

---

163) 한편 대통령에게 항목별거부권을 부여하는 것이 설득력을 얻으려면 기존의 예산절차에서 대통령의 권한이 의회에 비해 상대적으로 크게 약화되어 있어야 한다는 전제가 성립되어야 한다. 그러나 예산에 미치는 영향력이라는 관점에서 볼 때, 현재 미국의 대통령의 영향력이 의회의 그것에 비해 덜하다고 보기는 힘들다. 이것은 대통령예산안의 경우만을 보더라도 뚜렷이 나타난다. 비록 법적으로는 하나의 권고안에 불과하지만, 정치적인 측면에서 대통령예산안은 막강한 영향력을 가진다. 이는 대통령의 정당이 의회를 지배하는 경우에 더욱 극명해진다. 이러한 상황에서 대통령에게 항목별거부권까지 부여한다면 사실상 그는 예산절차를 독점적으로 지배하게 될 것이다. Aaron D. Zibart, "Eulogizing the Line Item Veto Act: Clinton v. City of New York and the Wisdom of Presidential Legislating", 88 *Ky. L. J.* 505 (1999), p.519 참조.

부권을 보유하고 있는 대통령은 의회의 세출법안으로부터 의회가 증액
하거나 그 규모를 확대한 각종 사업에 대해 거부권을 행사할 것이며,
이것은 '양원 2/3'라는 법률안재의결 요건으로 인해 사실상 의회에서
저지되기가 힘들 것이다.164) 그 결과 세출법안은 '의회'가 아닌 '대통
령'의 정책적 우선순위를 반영하게 될 것이며, 이것은 기존의 예산절차
를 완전히 부정하는 것이라고 평가할 수 있다.165)

3. 項目別拒否權과 權限委任, 支出留止와의 關係

(1) 項目別拒否權을 合憲的 權限委任으로 볼 수 있는가?

Clinton 판결에서 반대의견을 제출한 일부 대법관들은 대통령에게 항
목별거부권을 부여하는 것은 합헌적인 권한위임에 해당된다고 주장하
고 있다. 이 문제를 분석하기 위해서는 몇 가지 기본적인 검토가 필요
하다. 우선 헌법적인 측면에서 연방헌법은 입법권은 의회에게 부여하고
집행권은 대통령에게 부여하고 있다.166) 하지만 현실적으로 합의체기관
이자 분권적 구조를 가지고 있는 의회가 입법에 관한 모든 사항을 총

---

164) 대통령의 항목별거부권 행사가 의회에서 저지되기가 힘들다는 것은 대체
    적으로 다음과 같은 두 가지 점에 기인한다고 볼 수 있다. 첫 번째는 앞
    에서 언급한대로 항목별거부권 행사의 재의결에는 '2/3'라는 가중된 의
    원정족수가 필요하다는 점이고, 두 번째는 대통령의 항목별거부권 행사
    에 있어서 의회의 재의결대상은 '법안전체'가 아니라는 점이다. 즉 '법안
    전체'가 아닌 '특정항목'만이 재의결의 대상이 됨에 따라 이것과 직접적
    인 관계가 없는 의원들은 여기에 대해 무관심할 수밖에 없다. 따라서 특
    정항목에 대한 재의결을 위해 양원 의원 '2/3'가 합의한다는 것은 사실상
    불가능하다고 볼 수 있다. Aaron D. Zibart, op.cit., p.523 참조.

165) Louis Fisher, Constitutional Conflicts between Congress and the President,
    p.139 참조.

166) 연방헌법 제1, 2조 참조.

괄한다는 것은 사실상 불가능하다. 따라서 의회는 자의적 또는 타의적
으로 일정한 정책결정권을 의회자체, 혹은 의회 외부기관에게 위임한
다.167) 의회의 권한위임은 만일 그것이 기술적, 과학적 분야를 대상으
로 하는 것이라면 이러한 분야에서의 정책결정에는 전문적 지식이 요
구된다는 점에서 합리적으로 평가될 수 있다. 그러나 종래의 관행을 살
펴보면 의회는 위와 같은 사유가 없음에도 불구하고 경솔하게 자신의
권한을 행정기관이나 독립규제위원회, 심지어 대통령에게 직접적으로
위임해왔다.168) 한편 법원은 문제된 권한위임의 합헌성 여부를 판단함
에 있어서 두 가지를 중점적으로 고려해왔다. 즉 법원은 권한위임의 합
헌요건으로서 첫째, 권한을 부여받는 기관이 정책을 결정할 때 준수하
여야 할 일정한 기준이 의회로부터 제시되고 둘째, 그러한 권한위임이
특정상황에서 통제될 수 없거나 지나치게 과도하지 않을 것을 요구해
왔다.169)

그러나 연방대법원이 합헌적 권한위임과 위헌적 권한위임을 항상 명
확하게 구별해온 것은 아니다.170) 이 점에 대해 Heclo는 최소한 현재
연방대법원은 권한위임의 합헌성 여부를 심사함에 있어서 더 이상 엄
격한 기준을 적용하고 있지 않다는 점을 지적한다.171) 이러한 그의 견

---

167) Hugo Helco, "What Has Happened to the Separation of Powers?" in
Bradford p. Wilson/Peter W. Schramm ed., *Separation of Powers and
Good Government*, Rowman & Littlefield Pub., 1994, p.138.

168) *Ibid.*

169) Paul R. Q. Wolfson, "Is a Presidential Item Veto Constitutional?" 96
Yale L. J. 838 (1987), p.846 n.44.

170) *Ibid.*, p.848.

171) 나아가 Helco는 *INS v. Chadha*, 462 U. S. 919 (1983)와 *Morrison v.
Olson*, 487 U. S. 654 (1988), *Mistretta v. United States*, 488 U. S. 361
(1989)을 비교하고 後者를 그의 주장의 근거로서 강조하고 있다. 즉 後
者의 판결들은 행정부와 의회와의 권력의 공유를 심사함에 있어서 연방
대법원이 점차적으로 엄격한 형식주의를 버리고 있다는 증거로 볼 수

248

해에 따른다면 사법부가 항목별거부권을 합리적인 권한위임으로 보고, 이를 합헌으로 인정할 가능성은 높을 것이다. 또한 '대통령의 권한은 고정된 것이 아니라 의회의 협조 여부에 따라 유동적으로 변하게 된다'172)는 *Youngstown* 판결에서의 Jackson 대법관의 동조의견은 연방대법원이 항목별거부권의 합헌성을 인정함에 있어서 유력한 근거가 될 수도 있다.173)

그러나 항목별거부권은 대통령으로 하여금 항목취소권을 통하여 세출법안 일부의 삭제를 허용하고, 이를 통해 사실상 대통령의 독자적인 입법권 행사를 허용하는 것이라는 점에서 합헌적인 권한위임에 해당된다고 볼 수 없다.174) 이러한 권한위임방식은 원칙적인 권한위임방식, 즉 대통령으로 하여금 특정한 상황을 분석하게 하고, '의회가 제시한 지침'에 따라 그것에 대한 대응을 허용하는 것과는 본질적으로 다르다.175) 결론적으로 항목별거부권은 대통령에게 그가 반대하는 세출항목을 일방적으로 취소할 권한을 부여하고, 이러한 과정을 통하여 의회의 정책적 목표를 대통령의 그것으로 대체시킨다는 점에서 합헌적인 권한위임과는 거리가 멀다고 볼 수 있다.

있다는 것이다. Hugo Helco, *op.cit.*, p.142.

172) *Youngstown Co. v. Sawyer*, 343 U. S. 579, 592 (1952).

173) Aaron D. Zibart, *op.cit.*, p.516. 실제로 *Clinton* 판결에서 Breyer 대법관은 항목별거부권을 합헌적인 권한위임으로 인정하는 논거로서 이러한 Jackson 대법관의 동조의견을 들고 있다. *City of New York v. Clinton*, 118 S. Ct. at 2120.

174) Catherine M. Lee, "The Constitutionality of the Line Item Veto Act of 1996: Three Potential Sources for Presidential Line Item Veto Power", 25 *Hastings Const. L. Q.* 119 (1997), p.143.

175) *Clinton* 판결에서의 다수의견은 바로 이러한 관점에서 항목별거부권법상 대통령의 항목취소권과 *Field* 판결에서 합헌으로 인정된 대통령의 免稅停止權(power to suspend tariff exemptions)을 구별하였다.

(2) 大統領의 支出留止權을 項目別拒否權의 憲法的 根據라고 볼 수 있는가?

일반적으로 대통령의 支出留止는 대통령의 헌법상 권한이라기보다는 실질적으로 대통령의 헌법상 권한의 남용으로 이해되어 왔다.176) 1803년, Jefferson 대통령으로부터 시작하여 支出留止의 남용이 문제된 Nixon 행정부에 이르기까지 대통령의 支出留止權은 행정부를 거듭할수록 그 행사의 빈도나 범위에 있어서 더욱 확대되어왔다.177) 그러나 이러한 관행이 Nixon 행정부이후 완전히 사라진 것은 아니며, 그 이후까지 지속되었음은 앞에서 살펴본 바와 같다.178)

한편 *Clinton* 판결에서 반대의견을 제출한 Scalia 대법관은 항목별거부권은 전통적으로 대통령에게 인정되어온 支出留止權을 부분적으로 수정하거나 그 범위를 확대한 것에 불과하다고 주장하고 있다.179) 즉 그는 대통령의 支出留止와 항목별거부권은 실질적으로 동일한 효과를 가지고 있다는 점에 주목하고 支出留止를 항목별거부권의 헌법적 근거로 들고 있는 것이다. 사실 支出留止와 항목별거부권은 대통령이 예산상황을 조사하고, 그 결과 세출자금의 지출을 사실상 거부한다는 점에 있어서는 공통된다고 볼 수 있다. 하지만 支出留止를 항목별거부권의 근거로 이해하는 이러한 입장은 支出留止 자체에 대해서도 아직까지 그 합헌성논란이 계속되고 있다는 점에서 타당하다고 볼 수 없다. 구체적으로 대통령의 支出留止는 헌법상 근거를 가지고 있는 것은 아니기 때문에 그것은 언제든지 사법부와 여론의 통제를 받을 수 있다. 따라서

---

176) Otis H. Stephens/Gregory J. Rathjen, *The Supreme Court and the Allocation of Constitutional Power*, W. H. Freeman & Co., 1980, p.275.

177) *Ibid.*

178) 본서 pp.138-41 참조.

179) *City of New York v. Clinton*, 118 S. Ct. at 2116.

대통령이 현재까지 支出留止를 해올 수 있었던 진정한 이유는 그것이
헌법적으로 보장되었기 때문이 아니라 의회가 관례적으로 이를 묵인해
왔기 때문이라고 보는 것이 정확하다. 결론적으로 헌법적 근거 없이 의
회의 묵인하에 인정되어 왔던 支出留止權을 항목별거부권의 근거로 주
장하는 것은 설득력이 없다.180)

4. 項目別拒否權과 議會의 部分的 利益 代表性과의 關係

항목별거부권의 찬성론자들은 '부분적 이익'을 대표하는 의회가 국가
전체의 예산문제를 다루는 데에 있어서는 일정한 한계가 있을 수밖에
없으며, 따라서 '전체적 이익'을 대표하는 대통령이 항목별거부권을 통
하여 여기에 관여해야 한다고 주장한다. 따라서 이들은 의회가 이러한
부분적 이익을 고려하는 차원에서 연방헌법 제1조 7항, 즉 移送條項을
남용하여 입법권을 행사해왔다고 주장한다. 이러한 관점에서 Spitzer는
다음과 같은 설명을 하고 있다.

  "종래에 의회는 입법을 강제적으로 추진하고 대통령의 법률안 거
  부권행사를 회피하려는 목적에서 법안에 부가조항(riders)이나 기타
  이질적인 Amendment를 첨부해왔다. 이러한 사실은 대통령에게 항목
  별거부권을 인정해야 할 가장 큰 이유가 된다. 이러한 의회의 관행
  은 18세기 당시 헌법제정자들이 전혀 예상하지 못했던 것이다."181)

Spitzer의 지적대로 의회는 이른바 정치적 담합(log-rolling)이나 선심
성 공약(pork-barreling)을 통하여 세출법안에 의원들 자신의 지출항목들
을 대폭적으로 포함시키려는 성향을 가지고 있고, 그 결과 세출법안은

---

180) Aaron D. Zibart, *op.cit.*, pp.517-18 참조.

181) Robert J. Spitzer, *The Presidential Veto: Touchstone of the Presidency*,
    State Univ. of New York Press, 1988, p.124.

양적으로 매우 팽창하게 된다. 의원들이 세출법안에 포함시키는 지출항
목들은 명백히 '지역적'(local)이고, 이것은 의원들 상호 간의 정치적 담
합을 야기한다. 이러한 과정을 거친 세출법안은 그 내용에 있어서 매우
잡다하고 포괄적인 성격을 갖게 되나 대통령에게는 하나의 세출법안으
로 移送된다.182)

한편 찬성론자들은 위와 같은 현상의 주요 원인으로 1960년대 이후
특별이익집단의 활동이나 사적 로비가 의회를 대상으로 극성을 부려오
고 있다는 점을 지적한다. 이들 집단은 대체적으로 의원의 선거자금의
상당부분을 공급함으로써 의원과 유대를 형성하게 되는데, 이러한 의원
의 선거자금모금행위는 의원으로서의 본래 직무와는 아무런 관계가 없
다는 점에서 문제가 심각하다고 볼 수 있다. 한편 의원입장에서는 선거
자금공급의 대가로서 이들 집단의 입장을 반영하는 입법을 의원상호
간의 묵시적 합의하에 추진하게 되고, 그 결과 의회의 입법과정에는 이
기주의가 팽배하게 된다.183) 바로 이러한 점에 주목하여 찬성론자들은
이와 같은 상황에서 의회가 일관적이고도 논리적인 예산계획을 수립하
는 것은 사실상 불가능하다고 주장한다. 결국 찬성론자들의 견해에 따
른다면 부분적 이익을 대표하려는 이러한 성향은 의회의 본질적인 한
계이며, 이로 인해 국가의 예산은 갈수록 증가할 수밖에 없다고 볼 수
있다.184)

그렇다면 의회는 이러한 한계를 가지고 있으므로 대통령에게 항목별
거부권을 부여하여 예산을 통제해야 한다는 위와 같은 주장이 설득력
을 얻기 위해서는 또 하나의 중요한 사실, 즉 대통령은 이러한 한계로

---

182) Diane Michele Krasnow, "The Imbalance of Power and the Presidential
Veto: A Case for the Item Veto", 14 *Harv. J. L & Pub. Pol'y* 583
(1991), p.584 n.6.

183) Hugo Helco, *op.cit.*, pp.131, 146 참조.

184) Michael J. Gerhardt, "The Bottom Line on the Line-Item Veto Act of
1996, 6", *Cornell J. L. & Pub. Pol'y* 233 (1997), p.235 참조.

부터 완전히 자유롭다는 것이 입증되어야 한다.

대통령은 '전체국익'을 대표하고, 의회는 '부분적 이익'을 대표하는 성향이 강하다는 점은 일반적으로 부인하기 힘들다. 이러한 점은 연방대법원판결에서도 확인되고 있는데, 종래에 연방대법원은 전체인민에 의해 선출된 대통령은 의회에 비해 국민적 대표성이 강하다는 점을 지적해왔다.185) 하지만 주의할 점은 이러한 사실이 결코 대통령이 '부분적 이익'으로부터 완전히 자유롭다는 것을 의미하지는 않는다는 것이다. 즉 대통령역시 다음과 같은 세 가지 이유에서 '부분적 이익'에 관심을 기울이게 된다. 첫째, 의회와 마찬가지로 대통령 역시 선거에 의해 선출되는 기관이기 때문에 대통령은 유권자들의 현실적인 욕구에 민감하게 반응할 수밖에 없다. 둘째, 대통령職의 成敗는 의회와 어떠한 관계를 유지하느냐에 따라 직접적으로 좌우되는데, 의회는 본질적으로 지역의 이익을 중시하는 기관이다. 따라서 대통령은 의회의 지지를 얻기 위해 의회의 관심사인 '지역적 이익'에 주목하게 될 것이다. 셋째, 각종 이익집단들은 그 활동의 범위를 종래의 '의회'에서 점차적으로 '백악관'으로까지 확대해오고 있다.186)

이러한 논거들에 따른다면, 대통령 역시 의회와 마찬가지로 '부분적 이익'과 밀접한 관련을 가지고 있다고 볼 수 있다. 따라서 '부분적 이익'을 대표하는 것을 의회만의 고유한 특성으로 이해하고, 이러한 의회의 특성으로부터 나오게 되는 예산상의 문제점을 대통령의 항목별거부권으로 해결하려는 견해는 올바르다고 할 수 없다.

---

185) *Myers v. United States*, 272 U. S. 52, 123 (1926); *INS v. Chadha*, 462 U. S. 919, 2783 (1982).

186) Aaron D. Zibart, *op.cit.*, pp.522-23 참조.

제4절 小 結

지금까지의 논의를 바탕으로 이하에서는 미국의 주요예산절차에서 나타난 대통령과 의회의 권한관계를 종합적으로 정리해보고자 한다.

먼저 「1921년 예산회계법」은 대통령에게 예산안 편성·제출권을 부여하고, 의회에게는 단순과반수의 표결로 대통령의 예산안을 자유롭게 수정할 권한을 부여하였다. 이것은 결국 대통령에게 예산안편성에 관한 책임을 인정하되, 대통령이 거부권을 행사하지 않는 한, 세출에 관한 최종적인 권한은 의회에게 부여한 것으로 볼 수 있다. 이러한 예산절차에서는 의회의 헌법상 고유권한인 재정권이 행정부에 의해 침해된다거나, 그 반대로 의회가 예산절차를 독점적으로 지배한다고 보기 힘들다. 이러한 관점에서 볼 때, 「1921년 예산회계법」상 대통령과 의회의 권한은 상호균형을 이루고 있다고 평가할 수 있다.

다음으로 「1974년 의회예산 및 지출유지통제법」은 대통령의 지출유지에 대한 통제를 강화하고, 의회에 예산위원회와 의회예산국(CBO)을 설치했으며, 예산결의안제도를 도입하였다. 이러한 일련의 조치들은 예산절차에 있어서의 의회의 권한을 강화하기 위한 것으로 이해될 수 있다. 그러나 이 법으로 인하여 「1921년 예산회계법」이 확립한 대통령과 의회와의 균형관계에 근본적인 변화가 나타났다고 보기는 힘들다. 그 근거로는 첫째, 「1974년 의회예산법」하에서도 대통령은 여전히 예산안 편성·제출권을 가지고 있고, 둘째, 의회는 대통령예산안의 실질적 내용에 대해 통제를 가하지 않았으며, 셋째, 의회의 예산결의안은 오로지 의회 내부에서만 법적 구속력이 인정되었다는 점을 들 수 있다. 결국 「1974년 의회예산법」하에서도 행정부와 의회의 헌법상 고유권한은 상호 간에 비교적 존중되고 있다고 평가할 수 있다.

「1985, 87 그램루드만법」과 「1990년 예산집행법」은 대통령과 의회와의 권한관계에 있어서 다소 특이한 형태의 입법이었다고 볼 수 있다. 즉 이 법률들은 예산절차에 있어서의 주도권을 의회에게 부여하지 않았으며 그렇다고 해서 이를 대통령에게 부여하지도 않았다. 여기에서는 '의회'도 '대통령'도 아닌 제3의 기관, 즉 회계검사원장이나 관리예산국장에게 예산절차상의 주도권이 부여되었다.

한편 「1996년 항목별거부권법」은 「1921년 예산회계법」과 「1974년 의회예산법」에서 나타난 대통령과 의회와의 균형관계를 근본적으로 뒤흔든 입법이었다. 즉 이 법은 대통령에게 항목별거부권을 부여함으로써 의도적으로 의회의 권한을 대통령에게 이전시키고 있다. 구체적으로 대통령에게 항목별거부권이 인정됨으로써 대통령의 예산안은 예산절차에 있어서 사실상 최고의 영향력을 갖게 된다. 왜냐하면 대통령이 요구하지 않은 항목을 의회가 추가할 경우, 이러한 항목에 대해 대통령은 항목별거부권을 행사할 것이기 때문이다. 나아가 이러한 목적 외에도 대통령은 일반입법이나 인사, 조약체결 등 의회의 동의나 승인을 필요로 하는 사항에 있어서도 의회의 협조를 이끌어내기 위한 수단으로 항목별거부권을 행사할 것이다. 이와 같은 관점에서 본다면 항목별거부권은 Tribe 교수의 지적대로 헌법상 재정권자인 의회를 단순한 대통령의 경제보좌관으로 전락시키는 것이며, 따라서 그것은 권력분립을 침해하는 위헌적인 제도[187]로 이해되어야 한다.

---

187) Laurence H. Tribe, *op.cit.*, pp.750-51.

제5장 對外問題에 있어서의 權力分立

제1절 問題의 提起

지난 20세기 동안, 대통령의 권한확대를 중시하는 입장에서는 대외문제에 있어서 행정부는 독자적으로 행동한다는 점을 매우 강조해왔다. 그들은 비록 독점적인 정도는 아니더라도 헌법은 외교, 군사와과 같은 대외관계에 있어서 그 책임을 일차적으로 대통령에게 부여하고 있다고 주장해왔다.1) 그러나 미국헌법은 대외관계에 관한 권한을 국가의 '三府' 중 어느 하나에 우선적으로 부여하고 있지 않다. 즉 미국헌법은 그것을 의회, 대통령, 또는 대통령과 상원이 협력하여 행사하도록 하고 있다. 이러한 점은 헌법제정자들이 너무나 많은 권력이 한 곳에 집중되는 것을 경계하여 외교권을 포함한 국가권력을 분산시켰다는 사실에 그 기초를 두고 있다.

또한 위의 논자들은 대외관계에 관한 권한의 분할은 18세기 상황에서는 나름대로 타당성을 가질지 몰라도 20세기 상황에서는 시대착오적이라는 점을 지적하고 이로 인해 일관적인 외교정책의 수립이 어려워진다는 점을 강조하고 있다. 그러나 대외문제에 있어서 의회와 여론으로부터 전혀 통제를 받지 않은 채 대통령이 독주를 하는 상황에서도 외교정책의 일관성은 확보되지 못한다는 점에서 이러한 그들의 주장은 타당하지 않다. 그렇다면 결국 외교정책의 일관성을 유지하는 길은 외교문제를 두고 의회와 대통령이 상호 협력하는 것이라고 볼 수 있다.

---

1) 이러한 입장을 자세히 소개한 문헌으로는 梁 建, 「美國憲法과 對外問題」, pp.15-20 참조.

한편 위에서도 언급했듯이 미국헌법은 대외관계에 관한 권한을 철저하게 분할하고 있다. 예컨대 전쟁선포권은 의회에 부여하되[2] 군통수권은 대통령에게 부여하고 있다.[3] 또 대통령에게 군통수권을 부여하되, 군대를 모집·유지하고 해군을 조직하며 군대에 관한 각종 규칙을 제정할 권한은 의회에게 부여하고 있다.[4] 한편 미국헌법은 의회에게 그 헌법상 고유권한으로서 '財政權'을 부여하고 이에 따라 외국과의 통상을 규제할 권한을 부여하고 있다.[5] 국가 간의 통상마찰은 전쟁을 야기할 수도 있다는 점에서 이러한 의회의 대외통상규제권은 그 의미가 매우 크다고 볼 수 있다.

이에 반해 대통령은 '상원의 권고와 동의하'에 조약을 체결하고 대사를 임명할 권한을 가진다.[6] 하지만 조약의 시행에는 일정한 세출자금을 필요로 한다는 점에서 하원은 실질적인 조약의 효력범위를 결정하는 역할을 한다. 이러한 점으로 미루어 볼 때, 미국의 대외관계에 있어서 대통령이 독주한다는 것은 현실적 이유는 별론으로 하더라도 헌법

---

2) 연방헌법 제1조 8항 11호.

3) 연방헌법 제2조 2항 1호.

4) 연방헌법 제1조 8항 14호.

5) 연방헌법 제1조 8항 3호.

6) 연방헌법 제2조 2항 2호. 한편 대통령의 대사임명권에는 외국정부승인권까지 포함된다고 해석하는 것이 일반적이다. 그 결과 외국정부승인권 역시 대통령의 독점적 권한에 속한다고 볼 수 있을 것이다. 그러나 대통령이 그의 국가승인행위로 인해 전쟁이 발생할 가능성이 있다고 판단한 경우에는 이 문제를 의회에게 위임한 경우도 몇 차례 있었다. 한편 법원은 어느 정치조직을 외국정부로 인정할 것인가에 대한 대통령의 판단을 '정치문제'(political question)로 보고 이를 사법심사의 대상으로부터 제외시키고 있다(*Guaranty Trust Co. v. Ubited States*, 304 U. S. 126 (1938)). 최근에 대통령이 외국정부승인권을 행사한 대표적인 예로는 1991년, 소련으로부터 독립을 선언한 많은 舊소련연방의 독립국가들에 대한 Bush 행정부의 승인을 들 수 있다. 이상 梁 建, 「美國憲法과 對外問題」, p.18; Louis Fisher, *Presidential War Power*, University Press of Kansas, 1995, p.30.

이론적으로는 명백히 위헌이 된다. 오히려 미국헌법은 대외관계에 있어서 대통령보다 의회에게 더 많은 권한을 부여하고 있는 것으로 보이기도 한다. 따라서 결국 대외문제에 있어서의 成敗는 의회와 대통령과의 협력 여부와 그 정도에 달려있다고 볼 수 있다.

제2절 對外問題 一般論: 對外問題와 國內問題의 關係

I. 序 言

대외문제에 관한 권력분립을 검토함에 있어서 가장 중요한 사안으로 대두되는 문제는 바로 그것이 과연 국내문제에 있어서의 권력분립과 차이가 있는지, 또 그러하다면 어떠한 차이가 있는지를 검토하는 것이다. 이 문제는 바로 1936년 *United States v. Curtiss-Wright*[7])에서 본격적으로 논의된 바 있는데, 당시 이 판결의 법정의견을 대표한 Sutherland 대법관은 "사안의 유래와 속성상 국내문제와 대외문제는 다르다"[8])는 유명한 판시를 한 바 있다. 이러한 그의 입장에 따른다면 국내영역과는 다르게 외교영역에 대한 입법권은 '의회'가 아닌 '대통령'에게 부여되어야 하고, 대통령의 이러한 입법권행사는 재량적이며 법적 제한으로부터도 자유롭게 됨을 의미하게 된다. 이하에서 이 판결을 자세히 분석해보기로 한다.

---

7) 299 U. S. 304 (1936).

8) *Ibid*., at 315.

Ⅱ. *Curtiss-Wright* 判決과 그에 대한 批判的 分析

1. 事件槪要 및 判決要旨

Curtiss-Wright 사건은 군수판매에 대하여 대통령에게 광범위한 권한을 위임한 의회의 합동결의(joint resolution)가 문제가 된 사건이었다. 이 결의에 따르면 대통령이 남아프리카 국가들에 대한 무기나 군수품 판매로 인해 그들의 국내적 폭력사태가 야기될 우려가 있다고 판단할 경우, 그는 이러한 물품의 판매를 금지할 수 있었다. 한편 이 합동결의에 의거하여 당시 대통령이었던 Roosevelt는 성명(proclamation)을 통해 이 지역에 대한 무기 및 군수품의 판매를 전면적으로 금지하였고 Curtiss-Wright Export社는 이러한 대통령의 금지조치를 위반한 혐의로 기소되었다. 법정에서 위 회사는 의회가 그 합동결의를 통하여 본질적인 의회의 결정사항을 대통령의 자유재량사항으로 위임한 것은 입법권을 과도하게 위임한 것이므로 위의 합동결의와 그에 따른 대통령의 성명은 위헌이라고 주장하였다.[9]

위의 사건개요를 분석해볼 때, 이 사건에서 의회가 대통령에게 위임한 권한은 성질상 명백히 입법권이었다고 판단된다. 그렇다면 결국 이 사건의 쟁점은 의회는 대외문제에 관한 자신의 입법권을 대통령에게 광범위하게 위임할 수 있는지의 여부였다고 볼 수 있다. 따라서 이 사건에서 연방대법원은 단지 대외문제에 대한 입법권의 경우, 국내문제에 대한 그것과는 다르게 의회는 대통령에게 폭넓은 권한위임을 할 수 있는지에 대해 판단하면 그만이었다. 하지만 이 판결의 법정의견을 대표한 Sutherland 대법관은 이러한 권한위임문제에 대한 판단을 넘어 헌법상 근거가 없는 수많은 대통령의 권한까지 장황한 傍論(obiter dicta)을 통해 언급하였다.[10] 결국 그는 역사적 사실에 바탕을 두고 연방정부는

---

9) Kermit L. Hall, ed., *op.cit.*, p.69 참조.

헌법규정의 존재여부와 상관없이 국가의 대외주권을 가지며, 대통령은 대외영역에 있어서 연방정부의 유일한 기관으로 행동한다고 판시하였다. 이러한 그의 판시내용은 대외문제와 국내문제는 다르다는 전제하에 의회의 입법권위임에 대한 일반적인 제한원칙은 대외영역에서는 적용될 수 없다는 것이었다.

2. 判決의 分析

(1) 大統領은 對外領域에 있어서 國家의 '唯一한 機關'으로 行動하는가?

일단 Sutherland 대법관의 판시내용 중 우선적으로 검토되어야 할 부분은 과연 대통령이 대외영역에 있어서 유일한 기관으로 활동하는지의 여부이다. 사실 이러한 그의 주장은 1800년, 당시에는 하원의원이었던 John Marshall이 하원에서 행한 발언 중의 일부11)를 인용한 것이다. 그렇다면 당시 Marshall이 어떠한 의도로 이러한 발언을 했는지를 살펴보

---

10) Sutherland 대법관의 이러한 '대외문제에 있어서의 대통령권한확대론'은 이전에 그가 상원의원으로 활동하던 시절에 가지고 있었던 개인적 소신에 직접적인 근거를 두고 있는 것으로 보인다. 즉 상원의원시절에 그는 미국인들의 권리를 더욱 확고하게 하기 위해서는 강력한 외교가 필요하다는 소신을 가지고 있었으며, 심지어 강력한 정도를 넘어 전투적인 (belligerently) 외교가 필요하다고까지 한 바 있다. Joel Francis Paschal, *Mr. Justice Sutherland: a Man Against the State*, Princeton University Press, 1951, p.93(Samuel R. Olken, "Book Review: Historical Revisionism and Constitutional Change: Understanding The New Deal Court", 88 *Va. L. Rev.* 265 (2002), p.290 n.82에서 재인용).

11) "대통령은 외교관계에 있어서 국가의 유일한 기관(sole organ)이며, 외국과의 관계에 있어서 전적으로 국가를 대표한다." *United States v. Curtiss-Wright*, 299 U. S. at 315; L. Henkin, *Foreign Affairs and the Constitution*, 1972, p.30 참조(梁 建, 「美國憲法과 對外問題」, p.15에서 재인용)

는 것이 중요하다. 우선 Sutherland 대법관이 *Curtiss-Wright* 판결에서
이러한 Marshall의 발언을 인용한 이유는 아마도 대외관계에 있어서 대
통령의 권한은 확대된다는 점을 강조하기 위해서였을 것이다. 그러나
Marshall이 이러한 발언을 했던 1800년 당시 하원본회의를 전체적으로
검토해볼 때, Marshall은 법률과 조약에 의해 정책이 수립된 이후 대통
령은 단지 그것을 집행한다는 점을 주장한 것에 불과했다는 점을 알
수 있다.12) 즉 당시 Marshall은 대외관계에 있어서 의회와 대통령의 협
력을 강조했던 것이지 결코 대통령의 일방적 독주를 주장했던 것은 아
니었다. 이를 좀더 구체적으로 살펴보면 다음과 같다.

1800년, 하원은 영국으로 살인범을 인도하겠다는 John Adams 대통
령의 결정에 대해 토론을 벌인 바 있다. 이 토론과정에서 일부 의원들
은 Adams 대통령의 이러한 결정은 이미 이 사건이 법원에 계류 중이
라는 점에서 명백히 사법부의 권한을 침해하는 것이고 따라서 그를 탄
핵해야 한다고 주장하였다. 이때 Marshall은 대통령에게는 영국과의 조
약을 집행할 권한이 있다는 점을 지적하며, 다음과 같은 주장을 통해
Adams 대통령을 옹호하였다.

> "이 사건은 그 본질에 있어서 한 국가가 다른 국가에 대해 무엇
> 인가를 요구하는 문제이다. 즉 이 사건의 당사자는 두 개의 국가이
> 다. 국가 간의 분쟁의 경우, 그들은 이를 법적 소송으로 해결할 수
> 없으며 법원 역시 이러한 문제에 대한 판단권이 없다. 따라서 국가
> 간의 분쟁은 사법부의 관할이 아니다.
> 대통령은 외교관계에 있어서 국가의 유일한 기관(sole organ)이며,
> 외국과의 관계에 있어서 전적으로 국가를 대표한다. 따라서 국가
> 간의 요구사항은 상대방국가의 대통령을 통해서만이 접수되고 해결
> 될 수 있는 것이다.

---

12) Henkin은 Marshall의 위와 같은 발언은 문리적으로만 보면 대통령이 대
외적으로 국가를 대표하여 커뮤니케이션 한다는 의미에 국한된다고 보
고 있다. *Ibid.*

대통령은 집행의 최고책임자이다. 그 결과 그는 국군통수권자이
다. 따라서 군대가 수행하는 모든 행위는 반드시 대통령을 통하여
이루어져야 한다.

대통령에게는 법률을 집행할 의무가 있다. 조약이 법률로 선언된 경
우 그에게는 조약을 집행할 의무가 생기는데, 이 때 조약을 집행하는
데에 필요한 여러 가지 수단은 대통령에게 독점적으로 귀속된다."13)

결국 위와 같은 Marshall의 발언은 대외문제에 있어서 그 정책수립권
은 의회와 대통령이 공동으로 행사하고 그 집행권만을 대통령이 행사
한다는 관점에 입각하고 있음을 알 수 있다. 다시 말해 Marshall은 의
회와 대통령이 공동으로 외교정책을 수립하고 대통령은 그것을 구체적
으로 집행하는데 있어서 '유일한 기관'으로 행동한다는 점을 강조했던
것이다. 따라서 Marshall의 발언의 전체적인 취지를 무시하고 그 일부
만을 강조했던 Sutherland 대법관의 견해는 타당하다고 할 수 없다.14)
한편 1952년의 *Youngstown Co. v. Sawyer*15)에서 대통령과 의회와의 권
한관계에 대해 매우 주목할 만한 견해16)를 밝힌 Jackson 대법관은
Curtiss-Wright 판결은 대통령이 의회의 승인하에 행동할 경우, 그는 자

---

13) 10 *Annals of Congress* 613 (1800).

14) Louis Fisher, *Presidential War Power*, pp.60-61 참조.

15) 343 U. S. 579 (1952).

16) 그의 주장의 요지는 '대통령의 권한'은 고정된 것이 아니라 의회의 협조
   여부에 따라 유동적으로 변하게 된다는 것이다. "대통령이 의회의 승인
   하에 행동할 경우, 그의 헌법상 권한은 최대한이 된다. 반면 의회의 반
   대를 무릅쓰고 행동할 경우, 그의 권한은 최소한이 된다. 또 의회의 명
   시적인 승인이나 반대가 없는 상태에서 행동할 경우, 대통령은 그 자신
   의 독자적인 권한에만 의거할 수 있지만 그는 의회와 그가 권한을 공유
   하고, 兩者 사이의 권한관계가 불분명한 중간영역(zone of twilight)에서
   행동하게 된다. 이러한 중간영역에서는 법률의 추상적인 논제가 아니라
   사건의 긴급성과 현재의 해결가능성(contemporary imponderables)이 권력
   분립의 의미를 결정하게 된다." *Ibid.*, at 635-37.

신의 권한을 최대한으로 행사할 수 있다는 것을 암시하는 판결이라고
평가한 바 있다.17)

(2) 美國의 對外主權은 獨立直後 聯邦政府로 直接 移轉되었는가?

다음으로 *Curtiss-Wright* 판결에서 Sutherland 대법관은 '사안의 유래
와 속성상 국내문제와 대외문제는 다르다'는 판시를 하고 이것에 대한
역사적인 논증을 시도하였다. 즉 그는 1776년, 미국이 영국으로부터 독
립하던 순간 외교권은 영국국왕으로부터 植民州들에게 개별적으로 이
전된 것이 아니라 직접 미합중국(United States of America)이라는 통합
식민지정부에게 이전되었다고 설명하였다. 이러한 그의 설명은 미국이
독립한 후에 그 외교권은 직접적으로 연방정부에게 이전되었다는 전제
하에 외교권을 연방정부 중의 행정부와 직접 연결시키려는 시도로 볼
수 있다. 그러나 다음과 같은 세 가지 이유에서 이러한 그의 주장은 역
사적인 허구에 불과하다고 볼 수 있다. 첫째, 미국이 영국으로부터 독
립했던 1776년에는 미국 내에 개별행정부나 대통령이 전혀 존재하지
않았다. 즉 당시 연방차원에서 존재했던 유일한 기관은 오로지 입
법·행정·사법을 모두 담당하던 대륙회의(Continental Congress)뿐이었
다. 둘째, 대륙회의시절의 各州는 독립된 주권국가로 운영되었으며 그
들은 연방의 일개 구성원은 아니었다. 예컨대 영국으로부터 독립 후에
植民州들은 그 주권행사의 표현으로 조약을 체결하고 채무를 부담하며
군대를 모집하였다. 또 州間의 통상을 규제하고 관세를 부과하며 독립

---

17) *Ibid.*, at 579, 636 n.2 (1952). 한편 Jackson 대법관의 이러한 긍정적인 평
   가와는 다르게 1981년 연방항소법원은 한 판결을 통하여 Sutherland 대법
   관의 견해를 부분적으로 부인한 바 있다. "대통령이 미국의 외교관계에
   있어서 유일한 기관이라는 사실이 그는 외교와 관련된 모든 문제에 대해
   절대적인 권한을 행사할 수 있음을 의미하는 것이라면 우리는 이러한 논
   리를 단호히 거부한다." *American Intern. Group v. Islamic Republic of
   Iran*, 657 F. 2d 430, 438 n.6 (D. C. Cir. 1981).

적인 군사작전을 수행하기도 하였다.18) 이러한 점에 비추어 볼 때, 미국의 독립과 더불어 생기게 된 국가의 대외주권이 실질적 주권국가였던 州를 거치지 않았다는 논리는 허구에 불과하다.19) 셋째, 위와 같은 Sutherland 대법관의 견해는 외교권을 대통령과 의회에게 분할하고 있는 미국헌법규정과 일치되지 않는다. 이러한 여러 가지 관점에서 본다면 미국의 독립과 더불어 생긴 외교권은 植民州들을 거쳐 연방의 행정부와 의회에게 공동으로 귀속되었다고 보는 것이 타당하다.

Ⅲ. Curtiss-Wright 判決의 意義와 '對外問題・國內問題 區別論'의 近來的 動向

위와 같은 여러 가지 논리적 모순에도 불구하고 Curtiss-Wright 판결은 현대의 연방대법원에도 적지 않은 영향을 미치고 있다. 이러한 Curtiss-Wright 판결의 영향력은 특히 대외문제에 있어서의 의회의 권한위임이 문제되었을 때 더욱 두드러지게 나타나고 있다. 예컨대 일반적으로 의회의 광범위한 권한위임에 반대하는 입장으로 평가되어온 Rehnquist 대법관조차 대외문제에 있어서의 의회의 권한위임에 대해서는 국내문제에 있어서의 그것보다 더욱 완화된 심사기준을 적용하고 있다. 즉 그는 의회가 국제적 위기를 극복하기 위해 대통령에게 권한을 위임하는 경우에는 그 위임법률에 구체적 범위를 정할 필요는 없다고

---

18) Charles A. Lofgren, "United States v. Curtiss-Wright Export Corporation: An Historical Assessment", *Yale Law Journal* 83 (1973), p.1.

19) 한편 연방대법원은 이와는 다른 사건에서 대륙회의시절의 州는 영국으로부터의 독립 직후 主權을 취득했다는 점을 인정한 바 있다. 이러한 점에서도 *Curtiss-Wright* 판결에서의 Sutherland 대법관의 다수의견은 설득력이 없다. *United States v. California*, 332 U. S. 19 (1947); *Texas v. White*, 74 U. S. 700 (1869).

주장하고, 그 근거로서 국제관계의 경우 의회가 그 세부적인 사항까지 예상하기는 힘들다는 점을 들고 있다.20) 이러한 맥락에서 그는 군사에 관한 의회의 권한위임에 있어서도 의회는 더욱 광범위한 권한을 대통령에게 위임할 수 있다는 입장을 밝히기도 하였다.21) 여하튼 연방대법원은 그간의 여러 판결에서 대외문제에 있어서 의회가 대통령에게 광범위한 권한을 위임하는 것을 정당화하기 위해 *Curtiss-Wright* 판결을 인용해왔으며22) 심지어 이를 일반적인 대통령권한의 확대를 뒷받침하기 위한 근거로까지 삼아 왔다.23)

한편 Sutherland 대법관의 '대외문제·국내문제 구별론'은 현대에 들어서까지 일부학자들에게 영향을 미치고 있다. 즉 Sutherland 대법관의 이러한 주장에 공감하는 학자들은 국내문제와 대외문제에 적용되는 집행권은 그 성격이 서로 다르다는 점을 강조한다. 예컨대 이러한 입장의 대표자라고 할 수 있는 Aaron Wildavsky는 1966년에 자신의 논문을 통하여 대외문제의 경우, 대통령과 의회 중 대통령이 정책적 우선권을 행사할 가능성이 높다는 점을 주장한 바 있다. 그 근거로서 그는 1948년과 1964년 사이의 미국의 대통령들은 '대외문제'에 관한 의회와의 권력투쟁에 있어서는 의회보다 우위에 있었던 반면 '국내문제'에 관한 그것에 있어서는 사정이 달랐다는 점을 지적하고 있다.24)

---

20) *Dames & Moore v. Reagan*, 453 U. S. 654, 669, 678 (1981).

21) *Rostker v. Goldberg*, 453 U. S. 57, 66 (1981).

22) *Ex parte Endo*, 323 U. S. 283 (1944); *Zemel v. Rusk*, 381 U. S. 1 (1965); *Goldwater v. Carter*, 444 U. S. 996 (1979).

23) 연방대법원은 그간 대통령권한의 확대를 주장하기 위하여 대통령에게는 독자적(independent) 권한이 있다든가 또는 헌법상 묵시적(implied)인 권한이 있다는 표현을 사용해왔다. '대통령의 고유권한'(inherent power)이라는 개념도 여기에 속한다고 볼 수 있다. 바로 *Curtiss-Wright* 판결은 이러한 표현들을 뒷받침하는 근거로 기능해온 것이다. *United States v. Pink*, 315 U. S. 203 (1942); *Knauff v. Shaughnessy*, 338 U. S. 537 (1950); *United States v. Mazurie*, 419 U. S. 544 (1975).

그러나 이러한 Wildavsky의 주장은 Donald Peppers가 지적하듯이 1964년 이후에 있어서는 타당하다고 볼 수 없다. 즉 Peppers는 Johnson, Nixon 행정부를 거치면서 대통령의 대외문제에 대한 권한의 범위와 국내문제에 대한 그것과의 갭은 현격히 좁혀졌다고 주장한다. 즉 앞선 Wildavsky는 당시의 냉전체제를 직접적인 이유로 대외문제에 있어서 대통령의 권한은 확대된다고 주장하였지만, 그 후 점차적으로 냉전의 분위기가 가라앉고 「1973년 전쟁권결의」(War Powers Resolution of 1973)의 통과에서 보듯이 의회가 대외문제에 있어서 적극주의를 표방함에 따라 대통령의 대외문제에 관한 권한을 특별히 보아야 할 이유가 없어졌다는 것이다.25) 이러한 Peppers의 지적이 올바르다는 점은 그다지 긴 설명을 필요로 하지 않을 것이다. 나아가 현실적인 측면에서도 1964년 이후의 시기는 그 이전과는 다르게 대외문제와 국내문제가 서로 통합되는 양상을 보여주고 있다. 예컨대 미국달러의 가치가 해외에서 평가 절하되자 그때마다 미국 내의 물가는 상승한 바 있으며, 1973년과 74년 사이 아랍의 석유파동으로 인해 미국은 자국 내의 석유수급에 상당한 어려움을 겪은 바 있다. 또 舊소련에 대한 농산품수출은 미국 내의 농업종사자의 생활에 상당한 영향을 미쳤다. 이러한 점은 Carter 대통령이 이를 전면금지하자 여러 농업관련회사와 농작물재배자들은 그들의 생활에 어려움을 겪었고, 결국 1981년에 Reagan은 이를 다시 허용할 수밖에 없었다는 사실에 잘 나타나 있다.26)

---

24) Aaron Wildavsky, "The Two Presidencies", in Aaron Wildavsky ed., *Perspectives on the Presidency*, Little Brown, 1975, pp.448-61 참조.

25) Donald Peppers, "The Two Presidencies': Eight Years Later", in Aaron Wildavsky ed., *Perspectives on the Presidency*, pp.462-71; George C. Edwards Ⅲ, "The Two Presidencies: A Reevaluation", *American Politics Quarterly* 14 (1986), p.247 참조.

26) 미국 내의 일부학자들은 이와 같은 대외문제와 국내문제의 통합현상을 'intermestic'이라 부르고 있다. 이것은 그 이전에는 없었던 단어이다. 이

끝으로 한 가지 흥미로운 점은 1960년 이전의 미국의 대통령들은 자신의 대외적 권한을 확대하기 위해 국내문제와 대외문제의 구별을 강조했던 반면 그 이후의 대통령들은 이를 위해 종종 양자 간의 통합을 강조하고 있다는 것이다. 예컨대 Nixon 행정부시절의 행정부공무원들은 미국 내의 체제 전복 행위와 미국의 대외관계는 일정한 관계에 있다는 점을 근거로 외국대리기관(foreign agent)27)과 이와 관련이 있는 국내단체 모두에 도청장치를 설치한 바 있는데,28) 이것은 결국 국내문제와 대외문제는 구별이 어려울 정도로 밀접한 관계에 있다는 점을 행정부 스스로 인정한 것으로 볼 수 있다. 또한 Bush는 외국과의 무역협정을 위한 자신의 국외순방이 국내적으로 강한 반대에 부딪히자 국내정책과 외교정책은 결코 분리될 수 없음을 강조하고 외국과의 무역협정은 결국 미국의 수출에 긍정적 영향을 미칠 것이라고 한 바 있다.29) Bush의 후임자인 Clinton 역시 더 이상 대외적인 것과 국내적인 것을 구별하는 명확한 경계는 존재하지 않는다고 하여 대외문제와 국내문제는 결부되어 있다는 입장을 밝힌 바 있다.30)

상 Bayless Manning, "The Congress, the Executive and Intermestic Affairs: Three Proposals", *Foreign Affairs* 55 (1977), p.306 참조.

27) 이것은 외국 정부의 공무원, 고용인(employee, servant), 대리인(proxy), 대표자(delegate, representative) 모두를 망라한 개념이다. 통상산업부(통상무역실), 「美國의 경제스파이법 현황 및 정책적 시사점」, 통상무역연구자료 98-3, 통상산업부, 1998, *http://www.mocie.go.kr/data/policy/gen eral/download/%ED%86%B5%EC%83%8198-3.htm* 참조.

28) 그러나 이러한 Nixon 행정부의 조치는 법적으로 문제되었다. 여기에 대한 판례는 *United States v. Hoffman*, 334 F. supp. 504, 506 (D. D. C. 1971).

29) *Public Papers of the Presidents*, 1991(Ⅱ), p.1629.

30) *Public Papers of the Presidents*, 1993(Ⅱ), p.2.

제3절 條約締結權

I. 條約交涉節次

1. 問題의 提起

일반적으로 조약의 체결은 교섭→조약문의 채택→서명→조약체결동의의 절차를 거친다.31) 여기서 조약체결동의의 경우, 그것이 의회의 독점적 권한에 속함은 별 의문이 없으나 조약의 교섭과 조약문채택에 있어서의 대통령과 의회의 권한관계에 대해서는 여러 가지로 불분명한점이 많다. 이 문제에 대해서는 우선적으로 '조약교섭권은 대통령의 독점적 권한'이라는 주장이 제기된 바 있다. 이러한 입장의 대표자로는 Sutherland 前연방대법원 대법관과 Edward S. Corwin을 들 수 있는데 그들은 다음과 같이 말하고 있다.

"상원은 조약의 교섭단계에 관여할 수 없으며 하원 역시 조약교섭에 있어서는 어떠한 권한도 없다."32)
"외국과의 조약을 교섭함에 있어서 대통령은 독점적 권한을 가진다."33)

하지만 이러한 이들의 해석은 다음에서 보듯이 미국헌법의 문언과

---

31) 張孝相, 前揭書, pp.267-71 참조.

32) *United States v. Curtiss-Wright*, 299 U. S. at 319.

33) Edward S. Corwin, *The President: Office and Powers* 1787-1957, New York University Press, 1957, pp.212-12(Louis Fisher, *Constitutional Conflicts between Congress and the President*, p.226에서 재인용)

헌법제정자들의 의도, 그리고 실제정치상황에 부합하지 않는다.

2. 條約交涉에 대한 憲法規定과 憲法制定者들의 意圖

우선 미국헌법은 조약교섭에 있어서 대통령에게 독점적 권한을 부여하고 있지 않다. 즉 미국헌법 제2조 2항 2호는 '대통령은 상원의 권고와 동의하에 조약을 체결할 권한을 가진다'고 규정하고 있을 뿐, 특별히 조약의 교섭에 대해 언급하고 있지는 않다. 만일 미국헌법이 조약교섭에 있어서 대통령에게 독점적 권한을 부여하고 있는 것으로 해석되기 위해서는 그 규정형식이 임명권조항(Appointments Clause)과 같아야 한다. 즉 임명권조항은 공무원지명권을 대통령에게 독점적으로 부여하고 피지명자의 임명동의를 상원이 담당하도록 하고 있다.[34] 따라서 조약교섭권은 공무원지명권과는 다르게 그것을 대통령의 독점적 권한으로 인정하는 헌법규정이 존재하지 않으므로, 조약교섭권을 대통령의 독점적 권한이라고 해석하는 것은 미국헌법상 위헌적 해석이 된다.

다음으로 '조약교섭권은 대통령의 독점적 권한'이라는 주장은 헌법제정자들의 의도에 부합하지 않는다. 대표적으로 Washington은 그의 대통령재임 중에 '헌법은 조약에 관해 입법부와 행정부가 서로 협력할 것을 명하고 있다'는 소신을 가지고 있었다. 이러한 소신에 따라 그는 상원에 대해 조약에 관해 자신과 상원이 구두로 의사를 교환하는 것은 절대적으로 필요하다고 생각하였다. 그가 '문서'가 아닌 '구두'에 의한 의사교환을 주장한 것은 조약의 경우, 그것은 상당히 다양한 문제들을 내포하고 있다는 점에서 직접적인 토론과 심의를 절대적으로 필요로 했기 때문이었다.[35] 당시 Washington이 구상한 조약에 있어서의 상원과

---

34) 연방헌법 제2조 2항 2호. '대통령은 대사, 기타의 외교사절, 영사, 연방대법원 대법관 그리고 이 헌법에 특별한 규정이 없고 법률에 의하여 정할 기타의 모든 합중국공무원을 지명하여 상원의 권고와 동의를 얻어 임명한다.'

의 협력방안은 조약안(treaty proposition)을 의회에 移送함에 있어서 상
원이 그것에 대해 단순히 可否의 결정만을 하는 것이 아니라 그 내용
에 대해 일정한 사항을 권고하고 심지어 그것을 수정할 수도 있다는
것이었다.36)

　그러나 Washington의 이러한 시도는 1789년 8월에 있었던 인디언조
약(Indian Treaty)에 관한 그와 상원과의 회담이 처음이자 마지막이 되
었다.37) 하지만 이 사건으로 인해 조약에 관한 Washington과 상원과의
대화가 완전히 단절된 것은 아니며, 다만 '구두'에 의한 의사교환이 '문
서'에 의한 그것으로 대체되었을 뿐이다. 그 후 상원은 교섭대표의 임
명을 승인하기도 하였고, 심지어 교섭대표의 협상전략에 일정한 조언을
하기도 하였다.38)

3. 實際政治狀況에서의 條約交涉節次

　한편 조약교섭권은 대통령의 독점적 권한에 속한다는 주장은 실제
정치상황과도 거리가 먼 주장이다. 즉 조약의 교섭단계에서의 의회의
협조 여부는 그 이후의 조약체결동의절차와도 밀접한 관련이 있다는
점에서 현실적으로 대통령과 상원이 조약교섭권을 공유하는 경우가 종
종 발생하고 있다.39) 이러한 의회의 조약교섭에 대한 관여는 비교적 이

---

35) John C. Fitzpatrick, *op.cit.*, p.30 참조.

36) *Ibid.*, p.378.

37) 당시 인디언조약교섭에 대한 상원의원들과의 면담에 있어서 Washington
　은 이러한 접촉방식의 한계를 절감하였다고 한다. 이에 대해 자세한 것
　은 William MacLay et. al. ed., *op.cit.*, pp.122-26 참조.

38) Thomas M. Franck/Edward Weisband, *Foreign Policy by Congress*, Oxford
　University Press, 1995, p.136.

39) Louis Fisher, "Congressional Participation in the Treaty Process", *U. Pa.
　L. Rev.* 137 (1989), pp.1511-22 참조.

른 시기부터 나타났는데, 그 대표적인 예로는 1945년, 50개국 대표들이 국제연합헌장(U. N. Charter)의 세부적 사항을 마련하기 위해 샌프란시스코에서 '국제기구에 관한 연합국회의'를 개최하였을 때, 당시 미국의 8명의 대표 중 4명이 의회의원들이었다는 점을 들 수 있을 것이다. 또 2차세계대전 직후인 1947년에 전후처리차원에서 이탈리아와 그 위성국가들을 상대로 체결된 평화조약의 경우, 이 조약의 교섭단계에서 상원의원 Connally와 Vandenberg는 국무부장관 James F. Byrnes와 200회 이상의 회담을 가진 바 있다.40)

이상에서 보듯 그간 의회는 조약의 교섭절차에 현실적으로 적지 않은 관여를 해왔다. 그렇다면 이러한 의회의 조약교섭절차 관여에 대해 행정부는 어떠한 반응을 보여 왔는가? 이러한 물음에 대한 해답은 前국무부장관 Dean Acheson의 다음과 같은 발언에 들어있는 것으로 보인다.

"논리적으로는 조약체결절차를 대통령에 의한 교섭절차와 상원의 동의절차로 구별할 수 있다. 그러나 생각이 있는 사람이라면 분명 그는 조약교섭과정에서 조약체결동의기관인 의회의원들과 상의할 것이다. 왜냐하면 의회의원들과 조약교섭에 대해 상의하지 않았다는 사실은 곧 그가 매우 위험한 상황에 처하여 공직을 물러날 수도 있다는 것을 의미하기 때문이다…… 1949년, 북대서양조약의 교섭과정에서 나와 당시 상원의원이었던 Connally와 Vandenberg는 거의 모든 시간을 함께 보냈고, 나아가 역시 상원의원이었던 Walter George는 이 조약의 규정들 중 하나를 실질적으로 자신이 직접 작성하기까지 했다."41)

---

40) Francis O. Wilcox, *Congress, the Executive, and Foreign Policy*, Harper & Row, 1971, p.52(Louis Fisher, *The Politics of Shared Power: Congress and the Executive*, p.184에서 재인용)

41) Senate Judiciary Committee, Executive Privilege: *The Withholding of Information from the Executive*(hearing), 92d Cong., 1st sess., 1971, pp.262-64.

이러한 배경하에 근래에 들어서는 의회의원들이 조약의 교섭과정에 공식적으로 관여하는 경우가 비일비재해졌다. 예컨대 美·蘇 간의 핵군축을 위해 1977년과 78년 사이에 이루어진 전략무기제한회담(SALT: The Strategic Arms Limitation Talks)에 있어서 26명의 상원의원들은 미국 측 교섭대표단의 '공식적' 자문위원으로 활동하기 위해 제네바로 건너간 바 있다.42) 또한 의회의원들이 국제연합총회(U. N. General Assembly)의 미국의 대표단으로 파견되고 있는 것도 의회가 조약교섭에 공식적으로 관여하는 예가 될 것이다.

결국 의회가 조약의 교섭과정에 관여하는 것은 이론적으로나 실제적으로나 정당하다고 볼 수 있다. 따라서 대통령이 조약교섭과정에서 의회, 특히 상원을 고의적으로 배제한다면 그에게는 상당한 정치적 위기가 찾아올 수 있다.43) 반면 조약교섭과정에서 대통령과 의회가 협력한다면 위와는 정반대의 결과가 나타날 것이다.44)

나아가 오늘날 미국의 의회는 일정한 영역에서 '법률적 근거 하'에 대통령의 조약체결에 직접적인 개입을 하고 있다. 대표적으로 미국의 여러 무역관련 법률들은 의회에게 외국과의 무역협상과정에 직접적으로 개입할 수 있는 권한을 부여하고 있다. 즉 앞에서도 언급하였듯이 최근에 미국에서는 외국과의 무역협정의 시행은 신속절차(fast track)에 의거하는 것이 관례가 되어 왔는데, 이것은 바로 의회가 조약체결절차에 직접적으로 개입하는 것을 입증한다고 볼 수 있을 것이다.

---

42) I. M. Destler, "Executive-Congressional Conflict in Foreign Policy: Explaining It, Coping with It", in Lawrence C. Dodd/Bruce Oppenheimer ed., *Congress Reconsidered*, Congressional Quarterly Press, 1981, p.310.

43) 이러한 경우의 대표적인 예로는 Woodrow Wilson 대통령시절에 체결되었던 베르사이유조약을 들 수 있을 것이다.

44) 이러한 경우의 대표적인 예는 Clinton 대통령시절에 체결된 북미자유무역협정(NAFTA)을 들 수 있다.

Ⅱ. 條約締結節次에 있어서의 下院

조약의 체결에 있어서는 원칙적으로 대통령과 상원이 독점적 권한을
갖지만 만일 그러한 조약이 그 시행에 있어서 일정한 자금을 필요로
한다면 조약체결과정에서의 하원의 관여가 불가피해진다. 미국의 헌정
사를 돌이켜 볼 때, 조약이나 행정협정과 같은 국제협약이 대외통상과
관세에 관한 하원의 권한이나 그 재정권에 영향을 미치는 경우, 하원은
자신만의 헌법상 고유권한을 적극적으로 주장해왔다. 이러한 현상은 미
국의 건국 초부터 나타났다고 볼 수 있는데, 예컨대 1796년, 대통령
Washington은 하원에 대해 Jay 조약45)이 체결되었음을 통지하였고, 이
에 하원은 이 조약 시행에 있어서의 자신의 헌법적 권한에 대해 장황
한 토론을 벌인 바 있다. 당시 하원의원이었던 Edward Livingston은 조
약체결절차에 있어서 하원은 일정한 재량권(discretionary power)을 가지
고 있다고 주장한 바 있고,46) Albert Gallatin은 통상규제권과 같은 의
회의 헌법상 권한은 대통령과 상원의 조약체결권과 충돌할 수 있다는
점을 지적하고 이러한 경우 하원은 대통령과 상원이 체결한 조약을 받
아들일 의무가 없다고 주장하였다.47) 그러나 결국 하원은 조약체결에
있어서 하원의 권한은 일정한 한계가 있다는 근거하에 54 : 37의 결의
로 Jay 조약을 채택하였다. 그러나 그것을 채택함에 있어서 다음과 같
은 점을 분명히 하였다.

---

45) 이것은 1794년 11월 19일에 영국과 미국 간에 체결된 우호·통상·항해
　　조약으로서 당시 국무부장관이었던 John Jay의 이름을 본떠서 'Jay
　　Treaty'라고 불려왔다. 張孝相, 前揭書, p.392.

46) *Annals of Congress*, 4th Cong., 1st sess., 1796, pp.426-28.

47) *Ibid.*, pp.437, 466-74.

"(하원이 조약체결에 있어서 권한을 갖지는 못하지만) 조약이 헌
법상 의회의 권한에 속하는 사항을 규율하는 경우, 그것의 집행은
의회의 법률에 의거하여야 한다. 그리고 위와 같은 경우에 그러한
조약의 發效가 적절한 지 여부를 심의하는 것은 하원의 헌법상 권
한이자 의무이다……"48)

이러한 기본적 입장하에 그간 하원은 종종 그 시행에 세출자금을 필
요로 하는 여러 조약들에 대해 협력을 거부해왔다. 그 대표적인 예로는
1853년, 멕시코 정부와의 Gadsden Purchase조약과 1867년, 러시아 정부
와의 Alaskan Purchase조약을 들 수 있을 것이다. 한편 1880년, 하원은
외국의 수입품에 대해 적용되는 관세율을 정하는 통상조약의 은 그것
의 교섭단계부터 헌법에 위반되는 것이며, 하원의 가장 기본적인 헌법
상 고유권한 중의 하나를 침해하는 것이라는 점을 명시적으로 밝힌 바
있다. 이러한 입장에 따라 하원은 자신의 외교적 통상과 관세에 관한
헌법상 고유권한을 보호하는 차원에서 조약절차가 아닌 통상의 법적
절차에 의거하여 이 문제를 해결해오고 있다. 즉 의회는 대통령에게 외
국과의 호혜통상협정(reciprocal trade agreements) 교섭권을 위임하는 법
률을 제정해오고 있다.49)

한편 대통령이 조약체결동의에 필요한 상원의원 2/3를 확보하지 못
했다면 그는 다른 방법으로 양원의 '법률'이나 '합동결의'에 의한 상원
의 동의를 생각할 수 있다. 물론 後者의 방법에 의거한다면 양원에서
각각 과반수의 지지를 얻으면 족하다. 예컨대 John Tyler 대통령은 상
원이 Texas 합병을 위한 조약의 동의를 거부하자 하원에 대해 협조를
구했고, 그 결과 양원에서의 과반수의 지지로 Texas는 미연방에 합병되
었다.50) 1898년의 Hawaii 합병조약과 1954년의 미국과 캐나다 간의 St.

---

48) *Ibid.*, pp.771-81.

49) Louis Fisher, *President and Congress*, pp.133-35.

Lawrence Seaway플랜 역시 '상원의 동의' 이외의 방법으로 체결된 조약들이다. 즉 상원으로부터의 동의가 거부된 후, 前者는 양원의 합동결의에 의해 後者는 일반 법률에 의해 효력을 발생하게 되었다.51)

나아가 하원은 경우에 따라 그 헌법상 고유권한을 행사하여 조약의 내용과 효력을 실질적으로 좌우하기도 한다. 그 대표적인 예로는 1976년에 체결된 Spanish Bases 조약을 들 수 있을 것이다. 당시 Ford 행정부는 이 조약에는 자동적인 수권(authorization)과 세출의결(appropriation)이 따르는 것이므로 상원 대외관계위원회(Committee on Foreign Relations)와 하원 외교위원회(Committee on Foreign Affairs)는 여기에 관여할 수 없다고 주장하였다. 이러한 주장에 대해 상원은 그 권고동의 결의안(Resolution of Advice and Consent)을 통하여 이 조약의 시행에 따라 투입되는 자금의 총액은 사전수권(prior authorization)과 연간 세출의결(annual appropriation)절차를 포함한 의회의 통상적 절차를 거쳐야 한다는 점을 분명히 하였다. 이에 따라 양원은 이 조약의 시행에 필요한 세출자금을 부여하는 법률을 제정하였다.52) 이것은 결국 하원의 협조가 없다면 조약이 실질적으로 효력을 발할 수 없다는 것을 의미한다.

이후 Spanish Bases 조약은 1982년에 행정협정으로 대체되었지만 스페인에게 일정한 원조를 하기 전에 의회의 통상의 입법과정을 거쳐야 한다는 점에는 변함이 없었다. 즉 대체된 행정협정 역시 일정한 방위시설의 원조는 미합중국 안보원조입법에 포함된 연간 수권과 세출의결절차를 거칠 것을 규정하고 있었다.53) 이 사례에서 보듯이 비록 하원에게

---

50) 9 stat. 1 (1845).

51) 68 Stat. 92 (1954).

52) 90 Stat. 765, sec. 507 (1976); 90 Stat. 2498 (1976).

53) "Agreement on Friendship, Defense, and Cooperation between the United States and the Kingdom of Spain", *Complementary Agreement Three, Article 2*, July 2, 1982.

는 조약체결에 대한 형식적 권한은 없지만 일정한 유형의 조약은 사실 상 하원에 의해 그 효력과 내용이 좌우되기도 한다.

Ⅲ. 條約의 終了와 解釋

1. 條約의 終了

미국헌법은 조약의 체결에 대해서는 명문의 규정을 두고 있지만 조약의 종료에 대해서는 아무런 규정을 두고 있지 않다. 이러한 점으로 인해 미국에서의 조약은 어떠한 일반적 원칙에 의해 종료되어오지는 않았으며, 대체적으로 법률이나 상원의 결의, 새로운 조약, 의회의 사전 수권을 얻지 않은 대통령의 일방적 행위 등에 의해 종료되어 왔다.[54] 이중 문제가 되는 조약의 종료는 단연 대통령의 일방적 조약종료로서, 이 문제는 1978년에 Carter 대통령이 대만과의 방위조약을 일방적으로 폐기하겠다는 발표를 함에 따라 본격적인 헌법문제로 대두되었다. 한편 同조약 제10조는 어느 일방의 체결국이 타방에게 폐기의 통지를 한 1년 후에 조약이 종료된다는 점을 규정하고 있었다.

이 문제에 대해 당시 상원에서는 同조약을 폐기시키기 위해서는 상원의 승인이나 양원의 승인을 얻어야 한다는 案이 강력하게 대두되었다. 그러나 위의 두 가지 案 중 어떠한 것도 최종적인 표결에 이르지는 못했다.[55] 그러나 당시 상원의원이었던 Goldwater는 Carter의 위와 같은 일방적 조약종료행위는 위헌이라는 점을 지적하며 소송을 제기하였다. 하지만 연방항소법원은 의회는 대통령의 일방적 조약종료행위를 방

---

54) *Digest of United States Practice in International Law*, 1978, pp.734-65.

55) Louis Fisher, *Constitutional Conflicts between Congress and the President*, pp.243-44.

지하기 위하여 입법권을 행사할 수 있었음에도 불구하고 이 사건에서의 의회는 그 강력한 수단을 스스로 행사하지 않았다는 점을 근거로 Goldwater의 주장을 기각하였다.56)

이 사건은 결국 연방대법원에 상고되었는데 연방대법원 역시 연방항소법원의 판단과 결과적으로 그다지 다르지 않았다. 다만 대법관들 간의 여러 가지 반대의견과 동조의견이 있었는데 우선 Powell 대법관은 이 사건은 사법적으로 판단하기에 아직 성숙(ripe)되지 않았다는 입장을 표명하였다. 이러한 전제하에 그는 첫째, 대통령과 의회 간의 극단적 대치상황이 오기 전에 사법부가 그들 간의 갈등을 사법적으로 해결하는 것은 부적절하고, 둘째, 이 사건에서 의회가 대통령의 일방적 조약종료행위를 통제하기 위한 案을 통과시키지 않았다는 사실은 결국 의회가 대통령과 대립하지 않겠다는 것이므로 이러한 상황에서 사법부가 개입하는 것은 적절하지 않다고 주장하였다. 한편 Rehnquist 대법관은 이 문제를 사법부가 판단할 수 없는 정치문제(political question)로 보았으며, Brennan 대법관은 이와 같은 Rehnquist의 견해에 반대하며 대통령의 조약종료권은 그의 외국정부를 승인할 헌법상 권한으로부터 파생되는 권한이라고 주장하였다.57)

Goldwater 판결에서 나타난 위와 같은 다양한 견해에 비추어볼 때, 현재시점에서 연방대법원이 대통령의 일방적 조약종료에 대해 앞으로 어떠한 입장을 나타낼 것인지를 예측하는 것은 쉽지 않다. 결국 대통령의 일방적 조약종료행위의 통제는 이에 대해 의회가 그 고유권한인 입법권을 어느 정도 적극적으로 행사할 것인지의 여부에 따라 앞으로의 결과가 달라지리라고 생각한다.

---

56) *Goldwater v. Carter*, 617 F. 2d 697 (D. C. Cir. 1979).

57) *Goldwater v. Carter*, 444 U. S. 996, 998 (1979).

2. 條約의 解釋

미국에서의 조약과 관련한 또 다른 논쟁은 바로 대통령의 조약해석을 둘러싼 논쟁이다. 일반적으로 미국에서의 조약해석은 일차적으로 행정부의 권한이라고 볼 수 있다. 하지만 행정부외에 연방법원 역시 조약을 해석할 권한을 가지고 있고, 경우에 따라 연방법원은 행정부가 행한 조약의 해석을 거부할 수도 있다.58) 하지만 그간의 미국의 여러 대통령들은 조약의 해석에 대해 의회나 법원의 통제 없이 자의적으로 조약을 '재해석'(reinterpretation)해 왔으며, 그 결과 조약의 의미가 원래 상원이 동의했을 당시의 그것으로부터 상당부분 변질되기도 하였다.

이 문제가 본격적으로 논의된 시기는 바로 Reagan 행정부시절이었다. 1983년, Reagan 행정부는 일명 'Star Wars'라 불렸던 전략방위계획(Strategic Defence Initiative)을 추진한 바 있는데, 당시 여러 의회의원들은 이 계획에 따른 위성배치와 그 구체적 실험은 1972년에 소련과 체결한 미사일방어망제한(Antiballistic Missile: ABM)협정과 배치된다는 입장을 밝힌 바 있다. 하지만 Reagan 행정부는 미사일방어망제한협정을 광범위하게 해석하여 전략방위계획의 수행범위를 넓게 보고, 이러한 광범위한 조약의 해석은 조약체결당시의 기록에 의해 정당화된다고 주장하였다. 하지만 조약체결당시의 기록은 의회에 공개되지 않았고 행정부내의 기밀자료로 분류되어 있었으므로 의회는 행정부에 대해 그 자료의 공개를 강력하게 요구하였다.59) 이러한 의회의 요구에 대해 Reagan은 결국 미사일방어망제한협정의 원칙적 해석을 주장하는 의회의 입장을 따라 전략방위계획의 범위를 그 '연구와 개발'에 한정하고 위 조약체결

---

58) *Rainbow Nav., Inc. v. Department of Navy*, 699 F. supp. 339 (D. D. C. 1988); *Rainbow Nav., Inc. v. Department of Navy*, 686 F. supp. 354 (D. D. C. 1988).

59) Abraham D. Sofaer, "The ABM Treaty and the Strategic Defence Initiative", *Harv. L. Rev.* 99 (1986), p.1972.

당시의 기록을 의회에 공개하기로 합의하였다.

　나아가 의회는 대통령의 자의적 조약해석을 법적으로 통제하기 위하여 1988년에 통과된 '중거리핵전력폐기조약'(Intermediate-Range Nuclear Forces Treaty: INF Treaty) 개정안에서 조약해석의 원칙, 즉 조약은 상원이 그것에 대한 권고와 동의를 할 당시에 상원과 대통령 간에 형성되었던 '공동양해사항'(common understanding)에 따라 해석되어야 한다는 점을 명시적으로 규정하였다. 한편 여기서 말하는 '상식적 합의'란 조약의 문언, 의회의 조약체결동의결의안, 조약체결에 관하여 대통령과 행정부공무원들이 상원에게 전달하는 유권적 의견(authoritative representation)만을 포함하는 것이다.60)

Ⅳ. 行政協定

　위와 같은 상원의 동의를 필요로 하는 조약(treaty) 외에 여러 대통령들은 외국과의 교섭에 있어서 이른바 '행정협정'(executive agreements)을 체결해왔다. 행정협정은 일반적으로 헌법상 조약체결에 관한 상원의 권고·동의절차를 거치지는 않지만 의회의 수권하에 체결된다는 점에 그 특징이 있다. 예컨대 1792년, 의회는 법률을 통하여 우정국장에게 외국의 우정국장과 우편물운송에 관한 협정을 체결할 권한을 부여한 바 있다.61) 비록 이러한 권한에 의거하여 체결된 협정들은 엄격하게 본다면 연방대법원이 말하는 조약의 '권위'(dignity)62)를 결여한 국제협정

---

60) 134 *Congressional Record* 12593, 12655 (1988).

61) 1 Stat. 239(1792).

62) *Altman & Co. v. United States*, 224 U. S. 583, 600-601 (1912). 한편 *United States v. Pink*에서 Douglas 대법관은 행정협정을 조약에 준하는 권위(similar dignity)를 가지고 있는 국제협정으로 보았다. *United States*

이지만 어쨌든 이들은 당시의 정당한 국제협정들로 인정되고 있다. 한 편 의회의 수권 외에 행정협정체결의 근거가 되는 것은 바로 조약이다. 즉 조약의 시행을 위해 행정부공무원들은 외국과 그 세부적인 시행협 정을 체결해야만 한다.

그러나 그간 미국에서의 행정협정체결의 실제를 살펴보면 의회의 수 권이나 조약에 근거하지 않고 대통령이 일방적으로 행정협정을 체결해 온 예가 비일비재했음을 확인할 수 있다. 이러한 유형의 행정협정에 대 해 연방대법원은 대통령이 그것을 외국정부승인권과 같은 헌법상 묵시 적 권한에 의거하여 체결한 경우라면 그것은 합헌이라고 결정해왔지 만,63) 헌법이론적인 관점에서 행정협정이 의회가 제정한 법률에 저촉될 수 없다는 점은 일반적으로 부인하기 힘들다. 따라서 대통령이 일방적 으로 체결한 행정협정이 헌법상 의회에게 위임된 영역(예컨대 외국과의 통상)에 관한 실정법에 저촉되거나64) 개인의 기본권을 침해한다면65) 그것은 헌법적으로 인정될 수 없다.

대통령의 독자적 권한에 의거한 행정협정이 문제된 대표적인 예로는 월남전과 관련한 Johnson 행정부의 비밀행정협정체결을 들 수 있다. 이 러한 비밀행정협정은 1969년과 70년에 있었던 상원 대외관계위원회의

---

v. *Pink*, 315 U. S. 203, 230 (1942).

63) *United States v. Belmont*, 301 U. S. 324 (1937); *United States v. Pink*, 315 U. S. 203 (1941). 이러한 대통령의 독자적 권한에 의거한 행정협정 을 합헌으로 인정한 판결로는 *Dames & Moore v. Reagan*, 453 U. S. 654 (1981); *Japan Whaling Assn. v. American Cetacean Soc.*, 478 U. S. 221 (1986).

64) *United States v. Guy W. Capps, Inc.*, 204 F. 2d 655, 660(4th Cir. 1953), *aff'd on other grounds*, 348 U. S. 296 (1955).

65) 행정협정이 수정헌법 제5조상의 재산권의 정당한 보상이나 제6조상의 배심에 의해 재판을 받을 권리를 침해한다는 이유로 위헌으로 결정된 예는 *Seery v. United States*, 127 F. supp. 601(Ct. Cl. 1955); *Reid v. Covert*, 354 U. S. 1 (1957).

청문회에서 그 체결사실이 밝혀지게 되었는데, 이것은 Johnson 행정부가 월남전에 대한 지지의사를 표명하는 국가들에 대하여 일정한 경제적 지원을 약속하는 것을 그 내용으로 하고 있었다. 이러한 비밀행정협정체결에 대해 1972년, 당시 의회는 입법을 통하여 행정부로 하여금 미합중국정부가 당사자가 되는 모든 국제협정(단 조약은 제외한다)의 내용을 체결 이후 60일 내에 의회에게 보고할 것을 요구하였다. 하지만 이러한 의회의 노력에도 불구하고 행정부는 종종 이러한 행정협정을 그 체결로부터 60일 이후에 의회에 보고하거나 심지어 전혀 보고하지 않았는데, 이는 각 행정부서와 기관들이 자신들과 관련된 행정협정을 국무부에 뒤늦게 보고하는 것이 주요 원인이었다. 이에 의회는 1977년, 모든 행정부서와 기관은 어떠한 국제협정이라도 그 체결직후 20일 내에 그 내용을 담은 문건을 국무부에게 전달할 것을 요구하는 법률을 제정하였다.66)

대통령의 독자적 행정협정체결에 대한 위와 같은 의회의 통제에도 불구하고 행정협정체결에 있어서 행정부가 의회를 회피할 수 있는 방법은 여전히 존재하고 있다. 그 첫 번째 회피수단은 이른바 '개별적 정책성명'(parallel policy statements)으로서 그 실례는 제1차 전략무기제한협정(SALT Ⅰ) 효력의 종료와 관련하여 찾아볼 수 있다. 즉 제1차 전략무기제한협정의 종료 10일 전인 1977년 9월 23일, 미국과 소련은 각각의 성명을 통하여 그들은 제1차 전략무기제한협정 상의 무기제한한도를 계속해서 유지할 것임을 밝힌 바 있다. 이러한 양국의 성명은 실질적인 관점에서는 분명 국가 간의 국제협정이었지만, 당시 미국의 국무부는 양국의 성명이 개별적이고도 일방적으로 발표되었다는 점을 들어 이러한 성명은 국제협정에 해당되지 않으며 따라서 의회에 보고할 필요가 없다고 주장하였다.67) 두 번째 회피수단은 행정협정의 성격을

---

66) 86 Stat. 619 (1972); 1 U. S. C. 112b (1988); 91 Stat. 224, sec. 5 (1977).

법적 구속력이 없는 '정치적 합의'(political agreement)로 전환시키는 것
이다. 그 대표적인 예는 1994년, 북한의 핵무기개발방지를 목적으로
Clinton 행정부가 북한과 체결한 북미기본합의문에서 찾을 수 있는데,
이는 북한이 흑연감속로와 그 관련시설을 경수로로 대체함에 있어서
미국은 경제적 지원을 한다는 것을 그 내용으로 하는 것이었다. 이 합
의문의 의회보고여부가 문제되자 Clinton 행정부는 북미기본합의문은
법적 구속력이 없는 단순한 정치적 합의문서에 불과하므로 이를 의회
에 보고할 필요가 없다고 주장하였다. 그 결과 1994년에 체결된 북미기
본합의문은 미국 내에서 법적 구속력이 없는 단순한 도의적 합의문서
로 평가되고 있다.68)

제4절 戰爭權

I. 序 言

헌법제정자들의 의도에 따른다면 원래 미국헌법상 전쟁권은 행정부
보다 대의기관인 의회가 주도적으로 행사하도록 되어 있지만, 20세기
이후의 헌정의 실제에서 그 상황은 완전히 역전되어왔다. 즉 헌정의 실
제에서 군통수권자인 대통령은 언제든지 대외군사조치를 취할 수 있는
잠재적 권한을 가지고 있고 이러한 대통령의 잠재적 권한은 지난 20세
기 초·중반부터 본격적으로 행사되어 왔다. 구체적으로 Truman 행정
부가 의회를 무시한 채 일방적으로 한국전쟁에 개입한 이후, 미국대통

---

67) Thomas M. Franck/Edward Weisband, *op.cit.*, pp.152-54.

68) 141 *Congressional Record* 4050-53 (1995).

령의 전쟁권은 헌법제정자들이 의도한 원래의 전쟁권분할구도를 파괴
할 정도로 확대되어 왔다.

Ⅱ. 理論的 槪觀

1776년, 미국이 영국으로부터 독립하였을 때에 당시 주요정치이론가
들은 국가의 외교권과 전쟁권을 전적으로 행정부에게 속하는 것으로
보았다. 심지어 국왕의 권력을 제한하기 위하여 의회로 하여금 재정권
을 장악하게 한 1640년대의 영국청교도혁명 직후에도 조약체결권, 대사
임명권, 전쟁권 등은 집행부의 권한으로 인정하는 것이 일반적인 시각
이었다.

한편 명예혁명 직후 영국의 정치체제를 정당화하고 변호한 Locke는
그의 市民政府二論(Two Treatises on Civil Government)을 통하여 국가
의 권력을 입법권과 집행권, 그리고 동맹권(federative power)으로 구별
하였다. 여기서 그가 말하는 동맹권이란 전쟁·강화·동맹·외국과의
교섭 등 외교권을 의미한다. Locke는 동맹권을 전적으로 집행부의 권한
으로 보았으며, 집행권과 동맹권을 각기 다른 자들에게 귀속시킨다면
사회적 혼란과 무질서가 야기될 것으로 보았다.69) 또 미국의 헌법제정
자들에게 사상적으로 큰 영향을 미친 영국의 법학자 W. Blackstone도
국가의 외교권은 전적으로 집행부의 권한에 속한다고 보았다. 즉 그는
국왕은 대사파견·접수권, 조약·동맹체결권, 전쟁·강화결정권, 통화주
조권, 拿捕免許狀(letters of marque and reprisal)發付權, 군대지휘권, 육
해군모병·통제권, 대외무역에 있어서의 국가대표권 등을 가진다고 주
장하였다.70)

---

69) John Locke 著 이극찬 譯, 「시민정부론」, 연세대학교 출판부, 1988, p.64.

하지만 미국의 경우에는 그 독립 시부터 위와 같은 영국의 이론적 전통은 단절되었다. 즉 독립선언 직후 새롭게 창설된 연방정부에는 어떠한 단일행정부도 존재하지 않았으며 대륙회의라는 기구가 국가의 모든 권력을 행사하였다. 훗날 헌법제정자들이 신헌법의 기초를 위해 Philadelphia 헌법제정회의에 모였을 때에도 그들은 Locke가 말하는 동맹권, 그리고 Blackstone이 말하는 국왕대권(royal prerogative) 중 상당부분을 의회에게 독점적으로 부여하거나 의회와 대통령에게 분할하여 부여하였다. 이와 같은 영국과 미국 간의 차이점은 연방주의자논집 제69호에 실려 있는 Hamilton의 논문에서도 확인되는데, 여기서 그는 미국의 대통령은 의회와 조약체결권을 공유하는데 반해 영국국왕은 이를 독점적으로 행사한다는 점을 부각시키고 있다.[71) 그 제도적 정당성에 관해 Hamilton은 미국의 대통령이 영국국왕에 비해 개인의 자유에 덜 위협적인 존재라는 점을 들고, 양자가 가지고 있는 권한들의 차이점 중 특히 영국국왕은 육해군모병·통제권, 전쟁선포권까지 가지고 있다는 점을 강조하고 있다.[72) 어쨌든 미국헌법은 영국적 전통과는 다르게 위와 같은 권한들을 의회에게 독점적으로 부여하고 있다. 이외에도 미국헌법은 외교에 관한 중요권한들을 의회에게 부여하고 있는데, 구체적으로 열거하자면 조세·관세징수권, 공동방위권, 전쟁선포권, 지상 및 해상에서의 拿捕에 관한 규칙제정권, 拿捕免許狀發付權, 육해군모집·유지권, 육해군통수·규제권, 민병소집권, 민병대의 편성·무장·훈련에 관한 규칙제정권 등이 여기에 해당한다.[73)

한편 현재 연방헌법은 의회에게 전쟁을 '선언하는'(declare war) 권한

---

70) John C. Yoo, "Exchange: War Powers: War and the Constitutional Text", 69 *U. Chi. L. Rev.* 1639 (2002), pp.1649-51 참조.

71) Gottfried Dietze, *op.cit.*, p.450.

72) *Ibid.*

73) 연방헌법 제1조 8항.

을 부여하고 있다. 하지만 헌법제정회의에 제출된 헌법초안에 따르면 의회는 전쟁을 '하는'(make war) 권한을 행사하도록 되어 있었으며, 이후 헌법제정회의 토의과정을 거치면서 표현이 현재와 같이 수정된 것이다. '전쟁을 하는'(make war) 권한이라는 표현에 가장 적극적으로 문제를 제기한 자는 바로 Charles Pinckney로서, 그는 통상적 입법절차로 긴급 상황을 극복하기에는 여러 가지로 부적절하다고 주장하였다. 이러한 그의 주장에 호응하여 Madison과 Elbridge는 '전쟁을 하는'(make war) 이란 표현을 '전쟁을 선언하는'(declare war) 이란 표현으로 대체할 것을 제안하였고, 결국 이러한 그들의 제안이 받아들여진 것이다.74)

결국 헌법제정자들은 '타국의 침략으로부터' 국가를 방위하는 권한은 대통령이 보유하되 '타국을 침략하는' 전쟁의 결정권은 의회에게 유보하였다고 볼 수 있다. 이와 같은 사실을 정당화하는 취지에서 헌법제정회의 당시 James Wilson은 견제와 균형이라는 권력구조는 전쟁을 촉발하는 것이 아니라 오히려 전쟁으로부터 국가를 보위하기 위한 권력구조임을 강조하였으며, 유사한 취지에서 Madison 역시 다음과 같은 주장을 하였다.

"전쟁을 수행(conduct)하는 자는 본질적으로 전쟁의 개시·지속·종결여부에 대해 적절하고도 신중한 판단을 할 수 없다. 그가 이러한 문제에 대해 판단을 할 수 없다는 것은 자유정부(free government)의 대원칙이다. 이것은 자유정부에서는 돈지갑과 칼자루가 분리된다든지 또는 법률제정권과 법률 집행권이 분리된다는 것과 마찬가지 논리이다."75)

---

74) *Records of the Federal Convention*, vol. 2, (Farrand ed. 1911), pp.318-9, quoted in p. Brest, *Processes of Constitutional Decisionmaking*, 1975, pp.429-30(梁 建, 「美國憲法과 對外問題」, pp.72-73에서 재인용).

75) Max Farrand ed., *op.cit.*, pp.318-23 참조.

결국 이러한 Madison의 주장은 당시 다른 헌법제정자들로부터 광범위한 공감을 얻게 되었고, 그 결과 돈지갑과 칼자루가 행정부나 의회 한 곳에 집중되는 것을 경계하였던 헌법제정자들의 사고는 전쟁권에 대해서도 그대로 적용되었다고 볼 수 있다.

Ⅲ. 戰爭權行使의 實例

1. 韓國戰爭 以前까지의 實際의 慣行

앞에서도 설명한 바와 같이 미국헌법상 전쟁선포권은 의회에게 부여되어 있지만, 의회가 그것을 행사한 예는 역사적으로 5차례[76]밖에 없었다. 그러나 실제로 지난 200여 년간 미국은 무수히 많은 대외전쟁을 치러왔다. 그렇다면 결국 의회가 전쟁선포권을 행사한 다섯 차례의 전쟁을 제외한 나머지 전쟁들은 의회에 의해 선포되지도 않은 채 개시되었다고 볼 수 있는데 그렇다면 이러한 사실은 과연 무엇을 의미하는가? 한 가지 유의할 점은 이러한 전쟁들은 공통적으로 의회의 승인하에 수행된 전쟁들이었다는 점이다. 그 대표적인 예로는 1798년부터 1800년 사이에 있었던 미국과 프랑스 간의 準전시상태(quasi-war)를 들 수 있다. 즉 이 전쟁은 최초개시시점에서 의회에 의해 공식적으로 선포되지는 않았지만, 그 후 의회가 국가전체를 전시체제에 돌입하게 하는 법률을 통과시킴에 따라 사실상 의회의 승인하에 수행되었다.

한편 연방대법원은 이러한 선포되지 않은 전쟁들에 대해 그 적법성을 인정하는 입장을 견지해왔다. 예컨대 위의 프랑스와의 準전시사태가 문제된 1800년의 *Bas v. Tingy*[77])에서 연방대법원은 행정부는 의회의 전

---

76) 제2차 영미전쟁(The War of 1812), 미국·멕시코전쟁(Mexican War), 미국·스페인전쟁, 제1·2차세계대전.

쟁선포 없이도 제한적(limited)이고도 부분적인(partial) 전쟁을 수행할 수 있다고 판시한 바 있으며, 1년 후인 1801년에는 프랑스와의 전쟁은 의회의 법률적 수권하에 행해졌다는 점을 강조하며 다음과 같은 판시를 한 바 있다.

　　"미국헌법상 전쟁에 관한 전반적 권한은 의회에게 있는데, 의회가 이러한 권한을 행사하였는지를 판단하는 데에는 의회가 문제된 전쟁을 인정하는 법률을 제정하였는지의 여부가 최종적 기준이 될 수 있다."78)

　이러한 연방대법원의 입장은 결국 법률이 인정한 전쟁은 합헌적인 전쟁이며, 의회가 법률로 인정하였다면 행정부는 이후에 별도의 의회의 전쟁선포 없이도 전쟁을 수행할 수 있다는 취지로 해석할 수 있다.79)

　의회의 전쟁선포 없이 대통령이 일방적으로 전쟁을 개시한 또 다른 예로는 1846년, Polk 대통령이 텍사스와 멕시코 국경지역의 분쟁지역을 점령하려했던 이른 바 '미국·멕시코전쟁'을 들 수 있다. 그의 이러한 조치는 필연적으로 양국군대의 군사적 충돌을 발생시켰고, Polk 대통령은 이로부터 몇 주후 의회에게 전시상태가 발생하였음을 보고하였다. 이에 의회는 결국 멕시코와의 전쟁을 선포하게 되었지만, 1848년, 하원은 이 전쟁은 Polk 대통령에 의해 위헌적이고도 불필요하게 개시되었다는 점을 들어 행정부를 강력하게 비판하였다. 여기서 한 가지 아이러니컬한 점은 당시 하원의원으로서 대통령의 자의적 전쟁개시행위를 신랄하게 비판하였던 A. Lincoln이 막상 자신이 대통령이 되자 이러한 위헌적 관행을 되풀이하였다는 것이다. 즉 그의 재임기간에 발생한 남북

---

77) 4 U. S. 37 (1800).

78) *Talbot v. seeman*, 5 U. S. 1, 28 (1801).

79) 이상 Barry M. Blechman/Stephen S. Kaplan, *Force Without War*, The Brookings Institution, 1978, pp.37-53 참조.

전쟁 기간 중, 그는 의회의 일차적 수권 없이 군대를 투입하였다. 구체적으로 그는 의회의 휴회기간이었던 1861년 4월, 州민병대(state militia)를 소집하고, 인신보호영장(habeas corpus)제도를 정지하며, 반란을 일으킨 州의 경계를 폐쇄하는 성명을 발표하였다. 하지만 Lincoln은 그의 이러한 조치가 대통령의 정당한 권한에 의거한 것이라고 주장하지는 않았다. 즉 그는 자신이 이러한 조치를 취하기 위해서는 의회의 승인이 필요하며, 의회의 승인이 없는 이상 그것은 법적으로 문제가 있다는 점을 누구보다도 잘 알고 있었다. 결국 그는 이러한 조치들은 불가피했다는 점을 역설한 후,80) 의회에게 이에 대한 사후승인을 구했고 결국 의회는 장황한 토론 끝에 이를 인정하는 법률81)을 통과시켰다.82)

한편 Lincoln이 취한 위의 조치들 중 가장 논쟁이 되었던 것은 단연 인신보호영장제도 정지조치였다. 연방헌법 제1조 9항은 '인신보호영장에 관한 특권은 반란 또는 침략이 발생했을 때 공공의 안전상 필요한 경우가 아니면 정지될 수 없다'는 점을 규정하고 그 정지권한을 의회에게 부여하고 있다. 이러한 헌법규정으로 인해 Lincoln 스스로도 자신의 인신보호영장제도 정지조치가 위헌임을 인정하지 않을 수 없었다. 하지만 그럼에도 불구하고 1861년 4월, 그는 의회에게 남북전쟁이라는 국가비상사태를 맞아 대통령이 연방헌법 제1조와 2조의 권한을 모두 행사하는 것은 현실적으로 불가피한 일이었음을 역설하였다. 바로 이러한 이유에서 그는 의회에게 자신의 조치에 대한 사후승인을 요청하게 된 것이

---

80) "합법적인 것이든 불법적인 것이든 지간에 나의 이러한 조치들은 대중의 요구와 공적 필요에 의해 취해진 것이며, 따라서 지금 나는 의회가 이러한 조치들에 대해 동의하리라 믿는다."

81) 이 법률의 취지는 이미 행해진 대통령의 모든 행위, 성명, 명령 등을 마치 그것들이 의회의 사전 수권하에 행해진 것으로 간주하고, 그 모두를 합법화하고자 하는 것이었다. 12 Stat. 326 (1861).

82) 이상 Roy p. Basler, *The Collected Works of Abraham Lincoln*, 1848-1865/Supplement Two, Rutgers University Press, 1990, pp.67-80 참조.

다.83) 이러한 Lincoln의 요구에 대해 의회는 2년 후인 1863년에 Lincoln
에게 인신보호영장제도 정지권한을 부여하는 법률을 통과시켰다.84)

Polk 대통령의 경우와 비교해볼 때 Lincoln 대통령의 그것은 상당히
독특하다고 볼 수 있다. 즉 Mexico라는 '외국'과의 전쟁에 임하여 전쟁
권을 행사한 Polk 대통령과는 달리 Lincoln은 '국내'의 반란을 진압하기
위해 병력을 사용했던 것이다. 미국역사상 Lincoln과 같은 상황에 놓였
던 대통령은 없었다. 결국 그는 이러한 예외적 상황에서 그가 필요하다
고 생각하는 긴급조치들을 취했고, 여기에 필요한 법적 승인을 사후에
의회에게 요청했던 것이다. 어쨌든 이 시기의 전쟁권행사는 의회가 전
쟁선포권을 가진다는 헌법규정이 원칙적으로 준수되었다고 보기는 힘
들다. 하지만 대통령이 전쟁에 관한 의회의 권한을 전적으로 무시한 것
은 아니며, 그가 일방적으로 전쟁을 개시한 경우에도 사후에 이에 대한
법률적 수권이나 동의를 얻음으로써 전쟁권에 관한 의회와 대통령의
권력분할은 나름대로 이루어졌다고 평가할 수 있다.

2. 韓國戰爭 以後의 實際의 慣行

(1) 序 言

행정부우위현상이 가속화된 20세기, 미국헌법상 전쟁권은 더 이상 의
회와 행정부의 공유물이 아닌 대통령의 전유물이 되어왔음은 주지의 사

---

83) *Ibid.*, pp.82-83.

84) 12 Stat. 755 (1863). 한편 Lincoln의 인신보호영장 정지조치는 Taney 대
법원장에 의해 문제가 제기된 바 있다. 즉 Taney 대법원장은 남북전쟁당
시 연방탈퇴운동을 한 혐의로 체포·기소된 Merryman의 신병을 자신에
게 인도하라는 영장을 軍에게 발부하였다. 하지만 軍이 이러한 그의 요
구를 거부하고 의회마저 Lincoln의 인신보호영장제도 정지조치를 사후에
승인하자 Taney 대법원장의 이러한 노력은 좌절되고 말았다. Roy p.
Basler, *op.cit.*, pp.82-83.

실이다. 대표적으로 한국전쟁이 그러했으며 월남전 또한 그러했다. 한국
전쟁은 1950년 6월에 Truman 대통령이 한국전쟁에 미국의 병력을 투입
한 사건이며, 월남전은 Kennedy, Johnson 행정부가 베트남에 병력을 투
입하고 그 규모를 점차 확대시킨 사건이다. 특히 미국의 월남전개입은
국내적으로 상당한 정치적 분열을 초래하였고, 그 결과 Johnson 대통령
은 再選을 포기할 수밖에 없었다. 또 이 사건은 「1973년에 전쟁권결의」
(War Powers Resolution) 채택의 결정적인 원인이 되기도 하였다.

(2) 韓國戰爭

1950년 6월 27일, 당시 대통령이었던 Truman은 미국전역에 국제연합
안전보장이사회(U. N. Security Council)가 그 결의안(resolution)을 시행
함에 있어서 그 소속회원국들 모두에게 일정한 군사적 지원을 요구하
였음을 발표하였다. 이 결의안은 북한은 적대행위를 즉각 중지하고 38
선 이북으로 철수할 것을 요구하는 것을 그 내용으로 하고 있었다. 이
에 따라 미국은 남한에 일차적으로 공군과 해군을 투입하였고 후에 육
군까지 파견하였다. 하지만 이 과정에서의 문제는 Truman이 해외파병
에 관하여 의회로부터 전혀 수권을 받은 바가 없다는 점이었다. 그렇다
면 국제연합안전보장이사회 결의안은 대통령이 침략전쟁을 독자적으로
개시·수행하기 위한 충분한 근거가 된다고 볼 수 있는가?

국제연합헌장(U. N. Charter) 제43조는 병력의 행사에 관한 절차를
규정하고 있다. 구체적으로 이 조항은 모든 회원국은 안전보장이사회와
체결한 특별협정(special agreements)에 따라 병력의 수 및 종류, 그 준
비정도 및 일반적 배치와 제공될 편의 및 원조의 성격을 결정하고, 또
한 특별협정은 서명회원국에 의하여 각자의 헌법상 절차에 따라 체결
되어야 함을 규정하고 있다. 한편 미국의회는 1945년에 「국제연합가입
법」(U. N. Participation Act)을 제정하여 위와 같은 규정을 준수할 것을

확인한 바 있고, 이 법 6조는 국제연합헌장상 병력행사에 관한 특별합의는 세출법이나 합동결의에 의한 의회의 승인을 받아야 함을 규정하고 있다. 결국 「국제연합가입법」은 '의회의 승인'을 해외파병의 필수적 요건으로 규정하고 있음을 알 수 있다.[85]

한편 군대의 해외파견에 의회의 승인이 필요하다는 점은 국제연합가입법 제정과정에서 하원 외교위원회에 출석한 국무부장관 D. Acheson의 다음과 같은 증언을 통해서도 확인된다.

"대통령은 의회의 승인을 얻은 후에 비로소 미국이 파견하기로 한 군대를 안전보장이사회에 지원할 의무를 진다…… 대통령은 의회가 승인한 특별합의의 내용 이상으로 병력을 지원할 권한이 없다."[86]

"의회는 병력행사에 관한 특별합의의 승인여부에 대한 전반적 결정권을 가지고 있다."[87]

한편 대통령의 전쟁권에 대한 법적 제한은 1949년의 국제연합가입법 개정을 통해 더욱 강화되었다. 즉 同개정법은 외국과의 합동군사작전 (cooperative action)의 경우에 대통령은 독자적으로 국제연합에 군대를 파견할 수 있음을 규정하였지만, 대통령이 군대를 파견한 경우에 그가 취할 수 있는 군사적 재량권의 범위를 대폭 축소하였다.[88]

---

85) Michael J. Glennon, "Constitution and Chapter Ⅶ of the United Nations Charter", *American Journal of International Law* 85 (1991), pp.75-77 참조.

86) House Committee on Foreign Affairs, *Participation by the United States in the United Nations Organization* (Hearings), 79th Cong., 1st Sess. (1945), p.23(Louis Fisher, "The korean War: On What Legal Basis Did Truman Act", 89 *A. J. I. L.* 21 (1995), p.31에서 재인용).

87) *Ibid.*

88) 同개정법은 국제연합에 파견된 군대에 대한 대통령의 군사조치를 다음

그러나 위와 같은 명백한 법률규정에도 불구하고 Truman은 국제연합의 비호 아래 어떠한 의회의 승인도 얻지 않은 채 한국전쟁에 군대를 투입하였다. 나아가 그가 국제연합안전보장이사회의 결의에 따라 행동하였다는 점에 대해서도 의문이 제기되었다. 즉 1950년 6월 25일에 통과된 그 첫 번째 결의안을 살펴보면 그것은 단지 북한에 대하여 적대행위를 중지하고 38선 이북으로 철수할 것을 요구했을 뿐, 회원국들에 대하여 군사적 지원을 요구하지는 않았다. 군사적 지원을 요구한 안전보장이사회의 결의는 이틀 후인 6월 27일에 이루어졌는데 이때는 이미 Truman이 미국의 공군과 해군의 한국파병을 명령한 후였다. 이러한 사실에도 불구하고 6월 29일, 당시 국무부장관이었던 Acheson은 한국전쟁과 관련한 미국의 모든 행위는 국제연합의 후원하에 행해진 것이며, Truman의 파병결정은 6월 25일과 27일에 있었던 안전보장이사회의 결의에 따라 이루어진 것이라는 발표를 하였다.[89]

과 같은 세 가지 요건하에 엄격히 제한하고 있다. 첫째, 파견된 군대는 오로지 관찰자(observer)와 호위자(guard)로서만 기능할 것. 둘째, 파견된 군대는 오로지 비전투적 입장에서 그들의 임무를 수행할 것. 셋째, 파병의 규모는 천 명을 초과하지 않을 것. 63 Stat. 734, 735-36 (1949).

89) *Department of State Bulletin* 23(July 10, 1950), p.43, 46(Louis Fisher, "The korean War: On What Legal Basis Did Truman Act", p.33에서 재인용). 하지만 Acheson의 이러한 발표는 앞에서 설명한대로 Truman의 파병결정이 안전보장이사회가 북한에 대한 군사조치를 결의하기 하루 전인 6월 26일에 이루어졌다는 점에서 사실이라고 할 수 없다. 이러한 점을 인식해서 인지 훗날 Acheson은 당시 미국이 취한 군사조치 중 일부는 사실상 6월 27일 안전보장이사회 결의에 앞서 이루어 졌다는 점을 시인한 바 있다. 한편 Truman은 퇴임 후에 한국전쟁 당시 국제연합의 후원이 없었더라도 파병결정을 했을 것이냐는 질문에 대해 당연히 그리 했을 것이라고 한 바 있다. Edwin C. Hoyt, "The United States Reaction to the Korean Attack: A Study of the Principles of the United Nations Charter as a Factor in American Policy-Making", 55 *A. J. I. L.* 45 (1961), p.53; Merle Miller, *Plain Speaking: An Oral Biography of Harry S. Truman*, 1973, p.276(이상 Louis Fisher, "The korean War: On What Legal Basis Did Truman Act", p.33에서 재인용).

결국 Truman의 한국전쟁파병은 안전보장이사회와 어떠한 특별합의
도 체결되지 않은 채 이루어졌다는 점에서 국제연합가입법과 의회를
무시한 조치였다고 평가할 수 있다. 하지만 국제적 위기 시에 안전보장
이사회와의 특별합의 없이 대통령이 파병을 결정하는 관행은 한국전쟁
이후에도 지속되고 있다. 또 의회의 헌법상 고유권한을 수호하고 대통
령의 무분별한 전쟁권행사를 통제하기 위해 제정되어온 여러 가지 입
법들도 Truman과 그 이후의 대통령들에 의해 사실상 그 규범력을 상실
해왔다고 볼 수 있다.

한편 Truman의 한국전쟁파병조치에 대한 통제는 '의회'가 아닌 '연
방대법원'에 의해 이루어졌다. 즉 Truman은 1952년에 한국전쟁수행을
용이하게 하는 차원에서 통상부장관으로 하여금 제철소를 강제적으로
인수·경영하게 하는 행정명령90)을 발하였는데 이것이 법적으로 문제
가 된 것이다. 이 사건에서 법무부는 사법부가 대통령을 통제할 수는
없으며 대통령은 오로지 탄핵이나 선거에 의해서만 통제될 수 있다고
주장하였다. 하지만 법무부의 이러한 헌법해석은 연방지방법원과 연방
대법원에서 받아들여지지 않았고, 결국 연방대법원은 6:3으로 Truman
의 제철소 강제인수·경영조치를 위헌으로 결정하였다.91)

---

90) Executive Order 10340.

91) 이 판결을 요약하자면 다음과 같다. 우선 자신의 행정명령은 법률의 위임
이 아닌 연방헌법 제2조가 규정하고 있는 대통령의 권한에 근거를 두고
있다는 Truman의 주장에 대해 법정의견을 대표한 Black 대법관은 연방헌
법 2조상의 대통령의 법률 집행감독권은 법률이 올바르게 집행되는 지를
감독하는 권한에 불과하므로 대통령이 이러한 권한을 가진다는 사실이
곧 그가 입법권자임을 의미한다고 볼 수는 없다고 하였다. 또 위 행정명
령은 군통수권자(Commander in Chief)로서 적절한 조치였다는 Truman의
주장에 대해서도 Black 대법관은 대통령의 군통수권(또는 외교권)을 국내
적 생산의 중단을 방지하기 위하여 사유재산을 강제적으로 인수·경영하
는 대통령의 '절대적 권한'(ultimate power)으로 확대해석할 수는 없으며,
이러한 절대적 권한을 행사하는 자는 입법권자이지 군통수권자가 아니라
하고 입법권자인 의회는 파업을 막는 방법으로 강제인수·경영조치를 인

(3) 韓國戰爭 以後 戰爭權決議 採擇 以前까지의 實例

Truman의 후임자로 대통령職에 취임한 Dwight D. Eisenhower는 Truman의 한국전쟁파병조치를 대통령이 그 권한을 남용한 경우로 이해하였다. 그는 대통령이 의회와 협력하여 행동하는 경우에 국가의 헌법질서는 확고해진다는 신념하에 특정지역에 군대를 투입하기 전, 의회로부터 이에 관한 법률적 수권을 얻기 위해 노력하였다. 예컨대 1955년, 중공이 Formosa지역을 위협했을 때, 그리고 1957년, 공산주의자들이 중동지역을 위협했을 때 그는 의회로부터 파병에 관한 법률적 수권을 얻은 바 있다.[92]

한편 Eisenhower의 후임자였던 John F. Kennedy는 그의 전임자와는 다른 입장을 가지고 있었다. 예컨대 1962년의 쿠바미사일사건을 맞아 소련과 대치했을 때, 그는 의회와 아무런 협의 없이 자신의 헌법적 권한에만 의거하여 이 사건을 처리하려 했었다. 당시 그는 소련이 쿠바에 미사일을 배치하는 것을 방지하기 위하여 군통수권자인 대통령은 필요한 모든 조치를 취할 권한이 있음을 주장하였다. 이에 의회는 1962년에 「쿠바결의」(Cuba resolution)를 통과시켰고, 이는 외관상으로 Eisenhower 행정부시절에 의회가 대통령에게 부여한 해외파병에 관한 법률적 수권과 유사한 듯 했다. 그러나 「1962년 쿠바결의」는 실질적으로 대통령의 행위에 대해 의회가 법률적 수권을 부여하는 것은 아니었으며, 그것은 단지 의회의 의견(the sentiment of Congress)에 불과했다.[93]

정한 바 없다고 하였다. *Youngstown Co. v. Sawyer* 343 U. S. at 583-602.

92) Jane E. Stromseth, "Book Review: Understanding Constitutional War Powers Today: Why Methodology Matters Presidential War Power. By Louis Fisher", 106 *Yale L. J.* 845 (1996), pp.869-70 참조. 한편 Stromseth 는 이때 의회가 Eisenhower에게 부여한 수권의 범위가 지나치게 넓었다는 점을 지적하고 있다. *Ibid.*, p.870.

93) "OMB Objection Raises House Panel's Hackles", *Washington Post*, Aug.

이와 같은 일련의 과정에서 발생한 중대한 사건이 바로 1964년, 양원의 합동결의로 통과된 이른바 통킹만결의(Gulf of Tonkin Resolution)였다. 이 결의는 통킹만에서 북베트남의 공격을 받은 미국이 북베트남의 연안기지를 의회의 수권 없이 폭격한 사건을 사후에 승인하는 것으로서, 실제에 있어서 의회는 이 결의를 통하여 대통령에게 사실상 무제한한 전쟁권을 부여하게 된다. 다음에서 인용하는 통킹만결의 제1, 2항은 이러한 사실을 단적으로 보여주고 있다.

"합중국군대에 대한 무력공격을 격퇴하고 앞으로의 공격을 방지하기 위하여 대통령은 필요한 모든 조치를 취할 수 있으며 의회는 이를 전적으로 지지한다"(제1항).

"합중국은…… 대통령의 결정을 따라 무력의 행사를 포함한 필요한 모든 조치를 취할 준비가 되어 있다"(제2항).

하지만 이는 명백히 의회가 경솔하게 자신의 헌법상 고유권한을 대통령에게 위임한 것이라고 볼 수 있다.94) 결국 미국의 권력분립체제를 근본적으로 뒤흔들었던 통킹만결의를 시점으로 한 월남전은 이후 미국에게 많은 인적·물적 피해를 가져왔으며, 그 결과 4년 후 Johnson 대통령은 再選을 포기할 수밖에 없었다.

13, 1987, p.A13.

94) 103 Stat. 1219, sec. 514 (1989). 이상 梁 建, 「美國憲法과 對外問題」, p.75; Michael Foley and John E. Owens, *op.cit.*, p.370 참조.

(4) 戰爭權決議

1) 制定背景과 基本的 內容

점차적으로 확대된 월남전은 전쟁권행사에 있어서 대통령과 의회의 적절한 역할이 과연 무엇인지에 대한 국가적 논쟁을 불러 일으켰다. 의회에서도 청문회를 통하여 월남전에 대한 대통령과 의회 간의 상반되는 입장을 조정하기 위해 필요한 방안을 모색하였다. 이러한 경로를 통하여 의회는 '긴급사태'의 경우, 대통령이 의회의 사전수권 없이 군대를 투입하는 데에는 나름대로의 헌법적 정당성이 있을 수 있음을 인정하였다. 하지만 상·하 양원은 이러한 상황을 법률로 구체화하려 하였고 그 구체적 방안들이 의회 내에서 논의되기 시작하였다.95) 이러한 배경하에 이루어진 성과가 바로 「1973년 전쟁권결의」(War Powers Resolution of 1973)이다.96)

전쟁권결의는 기본적으로 크게 세 부분, 즉 ① 대통령의 의회와의 협의(consultation), ② 대통령의 의회에 대한 보고(report), ③ 대통령의 군사조치에 대한 의회의 통제로 구성되어 있다.97) 전쟁권결의의 기본적

---

95) Louis Fisher, "The Legislative Veto: Invalidated, It Survives", p.273 참조.

96) 전쟁권결의의 전반적 내용을 더욱 자세히 기술하고 있는 문헌은 梁 建, 「美國憲法과 對外問題」, p.77 이하.

97) 그 주요 原文은 다음과 같다.

PURPOSE AND POLICY

SEC. 2. (a) It is the purpose of this joint resolution to fulfill the intent of the framers of the Constitution of the United States and insure that the collective judgement of both the Congress and the President will apply to the introduction of United States Armed Forces into hostilities, or into situations where imminent involvement in hostilities is clearly indicate by the circumstances, and to the continued use of such forces in hostilities or in such situations.

(b) Under article I, section 8, of the Constitution, it is specifically provided that the Congress shall have the power to make all laws necessary and proper for carrying into execution, not only its own powers but also all other powers vested by the Constitution in the Government of the United States, or in any department or officer thereoF.

(c) The constitutional powers of the President as Commander-in-Chief to introduce United States Armed Forces into hostilities, or into situations where imminent involvement in hostilities is clearly indicated by the circumstances, are exercised only pursuant to (1) a declaration of war, (2) specific statutory authorization, or (3) a national emergency created by attack upon the United States, its territories or possessions, or its armed forces.

CONSULTATION

SEC. 3. The President in every possible instance shall consult with Congress before introducing United States Armed Forces into hostilities or into situation where imminent involvement in hostilities is clearly indicated by the circumstances, and after every such introduction shall consult regularly with the Congress until United States Armed Forces are no longer engaged in hostilities or have been removed from such situations.

REPORTING

SEC. 4. (a) In the absence of a declaration of war, in any case in which United States Armed Forces are introduced —

(1) into hostilities or into situations where imminent involvement in hostilities is clearly indicated by the circumstances;

(2) into the territory, airspace or waters of a foreign nation, while equipped for combat, except for deployments which relate solely to supply, replacement, repair, or training of such forces; or

(3) in numbers which substantially enlarge United States Armed Forces equipped for combat already located in a foreign nation; the president shall submit within 48 hours to the Speaker of the House of Representatives and to the President pro tempore of the Senate a report, in writing, setting forth —

(A) the circumstances necessitating the introduction of United States Armed Forces;

(B) the constitutional and legislative authority under which such introduction took place; and

(C) the estimated scope and duration of the hostilities or involvement.

(b) The President shall provide such other information as the Congress may request in the fulfillment of its constitutional responsibilities with respect to committing the Nation to war and to the use of United States Armed Forces abroad.

(c) Whenever United States Armed Forces are introduced into hostilities or into any situation described in subsection (a) of this section, the President shall, so long as such armed forces continue to be engaged in such hostilities or situation, report to the Congress periodically on the status of such hostilities or situation as well as on the scope and duration of such hostilities or situation, but in no event shall he report to the Congress less often than once every six months.

CONGRESSIONAL ACTION

SEC. 5. (a) Each report submitted pursuant to section 4(a)(1) shall be transmitted to the Speaker of the House of Representatives and to the President pro tempore of the Senate on the same calendar day. Each report so transmitted shall be referred to the Committee on Foreign Affairs of the House of Representatives and to the Committee on Foreign Relations of the Senate for appropriate action. If, when the report is transmitted, the Congress has adjourned sine die or has adjourned for any period in excess of three calendar days, the Speaker of the House of Representatives and the President pro tempore of the Senate, if they deem it advisable (or if petitioned by at least 30 percent of the membership of their respective Houses) shall jointly request the President to convene Congress in order that it may consider the report and take appropriate action pursuant to this section.

(b) Within sixty calendar days after a report is submitted or is required to be submitted pursuant to section 4(a)(1), whichever is earlier, the President shall terminate any use of Untied States Armed Forces with respect to which such report was submitted (or required to be submitted), unless the Congress (1) has declared war or has enacted a specific authorization for such use of United States Armed Forces, (2) has extended by law such sixty-day period, or (3) is physically unable to meet as a result of an armed attack upon the United States. Such sixty-day period shall be extended for not more than an

인 목적은 同決의 제2절 (a)에 명시되어 있듯이 의회와 대통령의 '공동
판단'(collective judgement)하에 합중국군대를 적대행위가 발생하고 있
는 상황에 투입하는 데에 있다. 한편 同決의 제3절에서는 대통령은 가
능한 모든 경우에 있어서 적대행위나 또는 주위사정으로 보아 적대행
위에의 돌입이 명백한 상황에서 합중국군대를 투입하기 전에 의회와
협의(consult)를 하여야 하며, 투입한 후에도 합중국군대가 더 이상 개
입하지 않거나 그러한 상황으로부터 철수할 때까지 의회와 정기적으로
협의해야한다는 점을 명시하고 있다. 하지만 이 규정으로 볼 때, 협의
의 시기와 방법에 대해서는 대통령이 실질적인 재량권을 가지고 있음
이 분명하다.

  또한 전쟁권결의는 제4절에서 적대행위에 군대가 투입된 이후 대통
령은 48시간 이내에 의회에게 이를 보고할 것을 요구하고 있다. 하지만
이 규정상 보고가 요구되는 상황이 정확히 어떠한 상황인지, 또 어떠한
종류의 보고가 요구되는 지는 상당히 불분명하다. 또 제5절은 대통령의
보고 후 의회가 이를 통제할 수 있는 수단을 규정하고 있다. 예컨대 원
칙적으로 대통령은 보고서가 제출된 후 또는 제출될 것이 요구되는 후
60일 이내에(먼저 도달하는 날짜를 기준으로 한다) 군사조치를 종료하
여야 하는데 여기에는 다음과 같은 세 가지 예외가 있다. 첫째, 의회가
전쟁을 선포하거나 개별적 수권법을 제정하는 경우. 둘째, 법률로 위와
같은 60일의 기간을 연장하는 경우. 셋째, 합중국에 대한 무력공격의

---

additional thirty days if the President determines and certifies to the Congress
in writing that unavoidable military necessity respecting the safety of United
States Armed Forces requires the continued use of such armed forces in the
course of bringing about a prompt removal of such forces.
(c) Notwithstanding subsection (b), at any time that United States Armed
Forces are engaged in hostilities outside the territory of the United States, its
possessions and territories without a declaration of war or specific statutory
authorization, such forces shall be removed by the President if the Congress
so directs by concurrent resolution.

결과 회의소집이 물리적으로 불가능한 경우.98) 한편 합중국군대의 안전에 관한 불가피한 군사적 필요성이 있는 경우, 대통령은 추가적으로 30일의 기간을 연장할 수 있다.99) 결국 보고 후 60일 혹은 90일 내에 의회의 승인을 얻지 못하면 대통령의 군사조치는 종료된다. 또한 의회는 위와 같은 방법 외에 60일 혹은 90일이라는 제한을 받지 않고 언제든지 동지결의에 의거하여 대통령의 군사조치를 종료시킬 수 있다.100)

2) 評 價

전쟁권결의와 관련한 문제점 중 하나는 우선 제4절 '의회에 대한 보고' 규정이 제대로 지켜지지 않는다는 점이다. 제4절, 특히 (a)(1)에 따르면 대통령이 적대행위나 또는 주위사정으로 보아 적대행위에의 돌입이 명백한 상황에서 합중국군대를 투입한 후 48시간 이내에 의회에게 이를 보고하도록 규정하고 있지만 이후의 관행을 살펴보면 이 규정은 거의 무시되어 왔음을 알 수 있다. 따라서 의회에 제때 보고가 되지 않음으로 인해 대통령의 군사조치 종료시한인 60-90일의 起算도 제대로 이루어지지 않게 된다. 이 규정이 충실히 준수되어 60-90일 요건에 대한 起算이 제대로 이루어진 경우는 단 두 차례 있었다. 첫 번째는 캄보디아인들에게 피랍된 미국상선 **Mayaguez**를 구출하기 위해 **Ford** 대통령이 군대를 투입한 사건으로서, 이때 Ford는 군대 투입 48시간 이내에 의회에 이를 보고를 하였다. 하지만 Ford가 의회에 보고한 시점은 이미 군사작전이 종료된 후였다. 60-90일 요건에 대한 起算이 이루어진 두 번째 사례는 1983년 10월 12일에 채택되었던 「레바논결의」(Lebanon Resolution)에서 찾아볼 수 있는데, 이 결의에는 1983년 8월 29일자로 전쟁권결의 제4절

---

98) 전쟁권결의 제5절 (b).

99) *Ibid*.

100) 전쟁권결의 제5절 (c).

상의 보고가 이루어졌음을 명시하고 있다. 하지만 이 결의는 Reagan 대통령에게 18개월간 레바논에서 군사조치를 취할 수 있는 권한을 부여하여 60-90일 요건은 사실상 무의미한 요건이 되었다.101)

한편 앞에서도 언급한 바와 같이 전쟁권결의는 의회에게 60-90일이라는 제한을 받지 않고 언제든지 동지결의로 대통령의 군사조치를 종료시킬 수 있는 권한을 부여하고 있다. 이러한 동지결의는 바로 *Chadha* 판결에서 문제된 의회거부의 일종으로, 이 판결에서 연방대법원은 개인의 법적 권리·의무나 의회 외부에서의 대인관계에 영향을 미치는 의회의 조치는 첫째, 양원의 공동참여하에 이루어져야 하고 둘째, 그러한 조치는 대통령에게 移送되어야 합헌이라고 판시하였다. 이러한 *Chadha* 판결에 따른다면 동지결의는 두 번째 요건을 충족하지 못하기 때문에 위헌이 된다. 그렇다면 전쟁권결의상의 동지결의도 이와 같은 이유에서 위헌으로 보아야 하는가? 결론부터 언급하자면 다음과 같은 이유에서 전쟁권결의상의 동지결의는 위헌으로 볼 수 없다고 생각된다. 우선 헌법적인 관점에서 '의회거부'(legislative veto)라는 용어는 의회가 행정부에게 권한을 위임함과 동시에 여기에 수반되는 조건을 뜻하는 것으로 보아야 한다. 예컨대 대통령에게 정부개편권을 위임함과 동시에 그 조건으로 일원만의 단순거부권을 규정하는 것 혹은 연방통상위원회에게 규칙제정권을 위임하면서 그 조건으로 양원의 동지결의권을 규정하는 것 등이 바로 의회거부의 전형적인 예에 해당될 것이다. 바로 *Chadha* 판결에서 위헌으로 결정된 의회거부는 이러한 성격의 의회거부였던 것이다. 반면 전쟁권결의상의 의회의 동지결의권은 대통령에게 일정한 권한을 위임하는 조건으로서의 성질을 갖지 않는다. 즉 전쟁권결의에는 어떠한 의회의 권한위임도 존재하지 않는다. 따라서 '전쟁권은 의회의 독점적 권한에 속하고 의회는 전쟁권결의를 통하여 이

---

101) 97 Stat. 805 (1983). Louis Fisher, *Constitutional Conflicts between Congress and the President*, pp.282-83.

를 대통령에게 위임하였으며, 그 조건으로 동지결의권을 규정하였다'는 式의 해석은 잘못된 해석이라고 볼 수 있다. 바로 이러한 점을 법적으로 뒷받침하는 규정이 바로 전쟁권결의 제8절 (d)이다. 이 규정은 다음과 같이 되어 있다.102)

(d) 이 합동결의(전쟁권결의)의 어떠한 내용도

(1) 의회 또는 대통령의 헌법상 권한이나 현존하는 조약의 조항을 변경하고자 하는 것은 아니며;

(2) 대통령에게 어떠한 권한을 부여하는 것으로 해석되어서는 안된다. (여기서 말하는 어떠한 권한은) 적대행위나 또는 주위 사정으로 보아 적대행위에의 급박한 돌입이 명백한 상황에 합중국군대를 투입할 수 있는 권한으로서 이는 합동결의(전쟁권결의)가 없었더라면 대통령에게 부여되지 않았을 권한을 말한다.

결국 *Chadha* 판결에서 위헌으로 결정된 의회거부와 전쟁권결의상의 의회거부는 본질적으로 성격이 다른 것으로 보아야 한다.

다른 한편으로 동지결의는 대통령의 군사조치를 통제하는 데에 큰 효용성을 가지고 있다는 점에서도 나름대로의 정당성을 가지고 있다.

---

102) 그 原文은 다음과 같다.

INTERPRETATION OF JOINT RESOLUTION
⋮

(d) Nothing in this joint resolution —
(1) is intended to alter the constitutional authority of the Congress or of the President, or the provision of existing treaties; or
(2) shall be construed as granting any authority to the President with respect to the introduction of United States Armed Forces into hostilities or into situations wherein involvement in hostilities is clearly indicated by the circumstances which authority he would not have had in the absence of this joint resolution.

즉 대통령이 어떠한 전쟁을 수행함에 있어서 양원의 과반수가 동지결의를 통하여 이를 반대하는 상황이라면 그는 이 전쟁을 무모하게 지속하기보다는 종료시킬 확률이 높을 것이다. 만일 이러한 상황에서 대통령이 *Chadha* 판결을 근거로 의회의 동지결의는 법적 구속력이 없고 따라서 자신은 이를 준수할 의무가 없다는 주장을 한다면 이는 곧 의회 과반수의 반대에도 불구하고 전쟁을 수행하겠다는 것을 대내외적으로 홍보하는 것이 될 것이다. 이러한 대통령의 행동은 헌법적인 문제는 별론으로 하더라도 최소한 정치적으로 자신에게 유리하지 못하다. 반면 *Chadha* 판결을 원칙적으로 준수하는 차원에서 전쟁권결의상의 동지결의를 합동결의로 대체한다면 어떠한 결과가 발생할 것인가? 이러한 경우 대통령의 군사조치종료를 요구하는 의회의 합동결의는 그 요건상 대통령에게 移送될 것이고 대통령은 이에 대해 거부권을 행사할 수 있을 것이다. 만일 이때 의회가 양원의 2/3를 확보하지 못하여 대통령의 거부권행사를 무효로 하지 못한다면 결과적으로 대통령은 양원의 1/3 이상 과반수이하의 지지만으로 전쟁을 지속하게 될 것이다. 그렇다면 이러한 현상을 과연 올바르다고 평가할 수 있는가? 우선 '행정부와 의회의 상호 협력'을 미국헌법의 기본정신이라고 본다면 의회 내 소수의 지지만을 얻은 채 대통령이 전쟁을 수행하는 것은 이러한 헌법정신에 정면으로 위배된다고 볼 수 있고, 다음으로 이러한 상황에서 수행되는 전쟁이 얼마나 효율적인 결과를 낳을지도 의문이다. 결론적으로 전쟁권결의에 규정된 의회의 동지결의는 대통령의 전쟁권을 통제하는 적절한 수단이라고 할 수 있다.103)

한편 전쟁권결의는 대통령이 의회의 수권 없이 독자적으로 전투를 개시한 후 60-90일 이내에 의회가 선전포고 또는 개별적 수권법을 제정하지 않는 한 대통령의 전투수행을 자동적으로 종료시키고 있다. 이

---

103) Louis Fisher, *Constitutional Conflicts between Congress and the President*, pp.284-85 참조.

는 곧 역설적으로 이 기간 동안에는 대통령에게 군사조치에 관한 재량
권이 부여됨을 의미한다. 이것은 대통령의 전쟁권을 통제하겠다는 원래
의 목적과 상반되는 것으로서 전쟁권결의의 맹점으로 지적되고 있
다.104) 따라서 이러한 맹점을 치유하기 위하여 의회가 자신의 헌법상
고유권한, 예컨대 세출의결권 등을 적극적으로 활용하는 것이 필요하다
고 볼 수 있다.

(5) 걸프戰

대통령의 전쟁권행사가 문제된 또 다른 사건은 바로 Bush 행정부시
절에 있었던 걸프전(Persian Gulf War)이다. 이 사건은 1990년 8월 2일,
이라크의 Hussein 대통령이 쿠웨이트를 침공함에 따라 Bush 대통령이
사우디아라비아에 군대를 투입하면서 본격적으로 개시되었다. 당시 미
국의 군사조치의 성격은 더 이상의 이라크침공을 방지한다는 측면에서
순수하게 '방어적'(defensive)이었지만, 11월에 들어 Bush는 병력의 규모
를 두 배로 증강하였고 이러한 병력규모는 충분히 전쟁의 성격을 '공격
적'(offensive)으로 전환시킬 만한 것이었다. 바로 이 시점에서 헌법적인
문제가 대두되었다. 즉 의회의 사전수권 없이 대통령은 '방어적' 성격
의 전쟁을 '공격적' 성격의 전쟁으로 전환시킬 수 있는가?

당시 Bush는 일차적으로 의회의 승인을 구하지 않고 다른 우방의 협
조를 구하거나 국제연합 안전보장이사회에 대하여 Hussein에 대한 무력
행사를 승인해줄 것을 요청하는 데에 그의 노력을 집중하고 있었다. 그
리고 1990년 11월 29일, 안전보장이사회는 이라크에 대한 응징을 그
내용으로 하는 결의안을 채택하고, 이를 시행하는 차원에서 그 소속회
원국들이 군대를 포함한 모든 필요한 수단을 사용할 수 있음을 승인하

---

104) G. Gunther/K. M. Sullivan, *Constitutional Law: Case and Materials*, 13th
    ed., 1997, pp.374-75.

였다. 여기서 유의할 점은 이 결의가 미국에게 군대를 투입할 것을 요구하지는 않았다는 점이다. 따라서 군대 투입의 결정은 미국의 헌법절차에 따라 이루어질 사안이었다.105)

한편 당시 분위기를 살펴보면 먼저 행정부는 대통령이 의회의 승인을 받을 필요가 없다는 입장을 가지고 있었고,106) 의회는 대통령이 의회의 승인하에 걸프전을 수행해야 한다는 입장을 가지고 있었다. 결국 이 문제는 행정부의 걸프전 수행을 헌법적으로 문제 삼는 54명의 의원들에 의해 소송으로까지 발전하였다. 이 소송에서 법무부는 행정부의 종전의 입장을 대변하여 대통령은 의회의 수권 없이 걸프전을 수행할 수 있음을 주장하였다. 이에 12월 13일, 연방지방법원은 이 사건은 사법부가 판단하기에 아직 성숙되지 않았다는 점을 근거로 이를 각하하였다. 하지만 연방지방법원은 사건을 각하함과 동시에 법무부의 주장을 강력하게 비판하면서 다음과 같은 판시를 하였다.

"특정 군사조치가 '공격적' 성격을 갖는지의 여부를 결정함에 있어서 대통령이 이에 관한 전적인 권한을 가지고 있다면, 의회의 전쟁선포권 행사여부는 행정부의 결정에 의해 좌우될 것이다. 이와 같은 헌법해석은 헌법의 명시적 규정에 위배되는 해석이며, 따라서 이러한 해석은 인정될 수 없다."107)

---

105) Eileen Burgin, "Rethinking The Role of The War Powers Resolution: Congress and The Persian Gulf War", 21 *J. Legis.* 23 (1995), pp.27-28 참조.

106) 예컨대 당시 국방부장관이었던 D. Cheney는 12월 3일, 상원 군사위원회에서의 증언을 통하여 Bush 대통령은 이라크를 공격하기에 앞서 의회에게 어떠한 특별한 수권도 요구하지 않았음을 밝힌 바 있다. Senate Committee on Armed Services, *Crisis in the Persian Gulf Region: U. S. Policy Options and Implications*(Hearings), 101st Cong., 2d Sess. (1990), p.701(Nelson Lund, "Lawyers and the Defense of the Presidency", *B. Y. U. L. Rev.* 17 (1995), p.62 n.100에서 재인용).

107) *Dellums v. Bush*, 752 F. supp. 1141, 1145 (D. D. C. 1990).

결국 사법부까지도 위와 같이 비판적 입장을 나타내자 1991년 1월 8일, Bush는 의회에 대해 입법을 통하여 걸프전에 관한 자신의 정책을 지지해줄 것을 요청하였다. 하지만 그는 다음날 기자회견에서 걸프전수행에 관한 의회의 결의가 필요하느냐는 기자들의 질문에 대해 자신은 의회의 그것이 필요하다고 생각하지는 않으며, 자신에게는 국제연합의 결의안을 전폭적으로 시행할 권한이 있다는 답변을 하였다.108) 어쨌든 의회는 장황한 토론 끝에 1월 12일, 법률109)을 통하여 Bush 행정부의 이라크에 대한 '공격적' 군사조치를 허용하였고, 이것으로 이라크공격을 둘러싸고 발생하였던 헌법적인 문제는 일단락되었다. 이틀 후 Bush는 이 법안에 서명하였는데, 서명을 하면서 그는 또 다시 의회의 수권이 없더라도 자신은 이라크에 대한 군사조치를 할 수 있다는 종전의 입장을 되풀이하였다. 이러한 그의 주장을 구체적으로 인용해본다.

"나는 의회지도자들을 처음 만났을 때부터 다음과 같은 나의 입장을 분명히 하였다. 비록 (걸프전수행에 관하여) 내가 의회에 대해 지지를 요청했고 이 법안에 대해 서명을 한다고 해서 행정부가 가지고 있었던 종전인 입장, 즉 합중국의 필수적 이익을 위해 대통령은 군대를 동원할 수 있고 전쟁권결의는 위헌이라는 입장에 어떠한 변화가 있는 것은 아니다."110)

어쨌든 이 법안으로 인해 Bush는 자신은 불필요하다고 주장한 걸프전수행에 관한 의회의 수권을 얻게 되었다. 하지만 다음과 같은 두 가지 측면에서 Bush의 위와 같은 주장은 타당하다고 할 수 없다. 먼저 정치적인 측면에서 의회의 수권 없이 행정부가 막대한 자금과 수많은 인명손실을 수반하는 대규모의 전쟁을 개시·수행하는 것은 민주주의

---

108) *Public Papers of Presidents*, 1991(Ⅰ), p.20.

109) 105 Stat. 3 (1991).

110) *Public Papers of Presidents*, 1991(Ⅰ), p.40.

원리를 정면으로 부정하는 것이다. 다음으로 법적인 측면에서 의회의 수권 없이 '방어적' 성격의 전쟁을 '공격적' 성격의 전쟁으로 전환시킨 Bush 행정부의 행위는 첫째, '방어적' 전쟁의 결정권은 의회에게, '공격적' 전쟁의 결정권은 대통령에게 부여하였던 헌법제정자의 의도에 정면으로 위배되는 것이고, 둘째, 군대 투입 전 의회와의 협의와 투입 후 48시간 이내의 의회에 대한 보고를 요구하고 있는 전쟁권결의 제3, 4절을 위반하는 것이다. 당시 Bush 대통령은 이러한 문제들을 정당화하는 차원에서 안전보장이사회의 결의가 있었음을 강조하였으나 안전보장이사회의 결의와 의회의 수권은 다르다는 점에서 그의 주장은 전혀 설득력을 가질 수 없다. 다시 말해 국제연합헌장은 전쟁과 평화에 관한 특정국가 의회의 헌법상 권한을 무력화할 수 없다.

(6) Clinton 行政府의 對外軍事措置

Bush의 후임자로 대통령으로 취임한 Clinton은 그의 첫 번째 임기동안 여러 차례의 대외군사조치를 취한 바 있는데, 그 역시 Bush와 마찬가지로 군대를 투입하기 전 의회에 이에 관한 수권을 요구하거나 실제로 그것을 얻은 바는 없었다. 즉 Clinton도 해외파병의 근거로서 의회의 수권보다는 국제연합 안전보장이사회의 결의나 심지어 북대서양위원회(North Atlantic Council)의 표결을 더욱 중요시하였다.

Clinton의 첫 번째 대외군사조치는 1993년 6월에 있었던 이라크에 대한 공습조치로서, 이는 전직대통령 Bush의 쿠웨이트 방문도중에 발생하였던 그에 대한 암살기도의 보복차원에서 행해진 것이었다. 당시 Clinton은 국제연합헌장 제51조상의 자위권을 언급하며 이러한 암살기도를 전세계의 미국인과 미국에 대한 공격으로 간주하였다.[111] 이러한 Clinton의 입장에 대해 당시 학계와 백악관은 극단적으로 다른 평가를 하였는데,

111) *Public Papers of Presidents*, 1993(I), pp.938, 940.

먼저 학계에서는 2개월 전에 있었던 암살기도에 대한 응징을 자위권행사라고 주장하는 것은 지나친 논리적 비약이라는 평가가 일반적이었던 반면112) 백악관에서는 이라크폭격은 Clinton을 강력하고도 결단력 있는 지도자로 평가하게 할 만한 타당한 조치였다는 반응을 보였다.113)

Clinton의 두 번째 대외군사조치는 소말리아 파병조치였다. 이 사건의 발단은 우선 전직대통령 Bush가 자신의 퇴임직전에 소말리아에서의 기아현상확대를 방지하려는 국제사회의 노력의 일환으로 군대를 소말리아에 파병한 것에서 비롯되었다. 그러나 그 후 1993년 6월에 23명의 파키스탄 평화유지군이 소말리아의 정치지도자 M. F. Aideed에 의해 살해되자 미국은 이에 대한 보복차원에서 본격적인 군사작전에 돌입하게 되었다. 하지만 미국의 목적은 계획대로 수행되지 못했고 미군의 인명피해만 속출하게 되자 의회와 여론은 점차적으로 Clinton의 군사조치에 반감을 가지게 되었다. 그 결과 의회는 세출법을 통하여 소말리아에서의 군사조치기간을 대통령이 연장요청하고 의회가 이에 대해 명시적인 수권을 하지 않는 한, 1994년 3월 31일 이후 어떠한 자금도 소말리아에서의 군사조치에 사용될 수 없음을 분명히 하였다.114) 이러한 의회의 압력하에 Clinton은 결국 소말리아에서 군대를 철수시키고 말았다.

Clinton 행정부시절에 문제된 또 다른 대외군사조치는 아이티(Haiti) 침공사건이었다. 1993년과 94년에 걸쳐 Clinton은 아이티에서 쿠데타로 집권한 군사정부를 축출하고 그들에 의해 강제 퇴임된 Aristide를 대통령職에 복귀시키기 위하여 그곳에 군대를 투입할 것임을 대내외적으로 선언하였다. 이와 동시에 쿠데타로 집권한 군사정부에게 자발적으로 물

---

112) Michael Ratner/Jules Lobel, "Bombing Baghdad: Illegal Reprisal or Self-Defence?" *Legal Times*, July 5, 1993, p.24.

113) Ruth Marcus/Daniel Williams, "Show of Strength Offers Benefits for Clinton", *Washington Post*, June 28, 1993, p.A1.

114) 108 Stat. 1475-77, sec 8151 (1993).

러날 것을 요구하였다. 그러나 아이티의 군사정부는 이러한 요구를 단호히 거부하였고 이에 국제연합 안전보장이사회는 1993년 7월 31일, 아이티의 군사정부를 축출하기 위하여 모든 회원국들을 소집하고 그들은 이러한 목적을 위하여 필요한 모든 수단을 동원할 수 있다는 결의안을 채택하였다. 이 결의안은 곧 미국이 주도하는 아이티침공의 결정적인 계기가 되었고 8월 3일, Clinton은 기자회견을 통하여 이와 같은 대외군사조치를 취함에 앞서 의회의 수권을 얻는 것은 헌법적으로 불필요하다고 주장하였다.115)

이어 9월 15일, Clinton은 전국적으로 방송된 대국민발표에서 7월 31일의 국제연합결의를 언급하며 자신은 아이티를 침공할 군사적 준비를 완료하였고, '의회'가 아닌 '국제연합'의 의사를 집행하기 위하여 자신이 다국적군을 지휘할 것임을 발표하였다.116) 한편 당시 의회의원의 과반수와 여론은 모두 아이티침공에 대해 비판적인 입장이었으나 Clinton은 이에 대해 전혀 개의치 않았으며, 이러한 침공이 적법한 것인지 또 의회가 인정한 것인지 그리고 헌법적으로 인정되는지 여부에 대해서도 전혀 주의를 기울이지 않았다.

하지만 미국의 아이티침공은 아이티의 군부지도자들과 Clinton이 특사로 파견한 전직대통령 Carter와의 합의, 즉 군사정부의 퇴진과 Aristide의 복귀를 내용으로 하는 합의에 따라 사실상 무의미하게 종결되었다. 이러한 일련의 과정에 있어서 한 가지 아쉬운 점은 '아이티에 병력을 투입함에 있어서 대통령은 의회의 수권을 필요로 하지 않는다'는 Clinton의 주장에 대해 의회가 상당히 소극적인 자세를 취했다는 점이다. 즉 의회는 이러한 시각에서 아이티를 침공한 Clinton의 행위에 대해 단순히 비판적 입장만을 취했을 뿐, 이를 법적으로 통제하려는 적

---

115) *Public Papers of Presidents*, 1994(Ⅱ), p.1419. 이러한 그의 주장은 그의 전임자들이 일관적으로 주장해온 바이기도 하다.

116) *Ibid.*, p.1559.

극적인 조치를 취하지 않았다.117)

아이티사태 이후에 있었던 Clinton 행정부의 주요 대외군사조치로는 보스니아내전 개입을 들 수 있다. 보스니아는 역사적으로 세르비아계, 크로아티아계, 회교도 간의 분열이 극심했던 국가로, 이들 간의 내전이 발발하자 국제연합과 북대서양조약기구(North Atlantic Treaty Organization)는 물자보급과 비행금지구역제 시행을 지원하기 위해 보스니아내전에 개입하였다. 한편 Clinton은 내전초기에는 위와 같은 국제연합과 북대서양조약기구의 '비군사적' 활동에 보조를 맞추었지만, 점차적으로 보스니아사태가 악화되어가자 군대를 투입하는 방안을 검토하기 시작하였다. 이와 관련하여 그는 1993년, 모든 공습조치를 취하기 전, 자신은 의회로부터 이에 관한 수권을 얻어야 한다는 입장을 밝히기도 하였지만,118) 의회가 자신의 군사작전권을 제한하는 법률을 제정하는 것에 대해서는 명백히 거부의사를 표시하였다.119)

결국 Clinton은 1994년, 의회의 수권 없이 세르비아민병대에 대한 공습을 결정하였다. 한 가지 유의할 점은 이 결정은 '국제연합 안전보장이사회'의 결의에 따른 것이었다는 점이다. 이러한 상황을 정당화하는 차원에서 Clinton은 세르비아민병대에 대한 공습결정은 이 사건에서 국제연합 안전보장이사회의 결의를 집행하는 북대서양조약기구 회원국들 간의 공통적인 합의라는 점을 강조하였다.120) 즉 그는 공습의 정당성의

---

117) 한편 1994년에 의회는 법률을 통하여 합중국군대를 아이티에 투입하기 전, 대통령은 의회에게 이에 대한 수권을 요청해야하고 이를 얻어야만 한다는 점을 밝혔지만, 이 법률은 이미 아이티에서의 군사조치가 사실상 종결된 이후에 제정되었다는 점에서 별다른 의미가 없다. 108 Stat. 4358, sec 1(b) (1994).

118) *Public Papers of Presidents*, 1993(Ⅰ), p.594; *Public Papers of Presidents*, 1993(Ⅱ), pp.1455, 1781.

119) *Public Papers of Presidents*, 1993(Ⅱ), pp.1763-64, 1768, 1770.

120) *Public Papers of Presidents*, 1994(Ⅰ), p.186.

310

근거로 '의회의 수권'이 아닌 '북대서양조약기구 회원국들의 동의'를 들었던 것이다.

이후 1994년 2월, 북대서양조약기구의 공습이 개시되고 이어 4월, 8월, 11월에 추가적인 공습이 감행되었다. 한편 95년 상반기동안에는 북대서양조약기구의 제한된 범위의 공습만이 있었으나, 7월에 국제연합이 지정한 안전지대(safe area)를 세르비아군이 침범함에 따라 전쟁은 대규모로 확대되었다. 결국 8월에는 전쟁이 개시된 이래 가장 대규모 공습이 감행되었다.

그러나 여기서 한 가지 지적해야 할 점은 이러한 일련의 과정에서 Clinton이 전쟁에 관한 수권을 지속적으로 요청한 기관은 '미국의 의회'가 아닌 '국제연합'이나 '북대서양위원회'였다는 점이다. 그 자신도 의회와 국민들에 대해 북대서양위원회가 여러 군사조치를 승인하였다는 점과 세르비아군에 대한 공습은 국제연합의 결의하에 이루어졌다는 점을 강조하곤 하였다.121) 보스니아에 지상군을 투입할 때에도 그는 의회에 대해 이를 승인하고 지지해줄 것을 요청하기는 하였지만 법적인 수권을 요구하지는 않았다. 결국 그는 1995년, 의회의 수권 없이 2만 명이라는 대규모의 지상군을 보스니아에 투입하였으며 점차적으로 그 규모를 확대시켰다.

결론적으로 걸프전에서 형성된 대통령과 의회와의 묵시적 합의, 즉 장기간의 전쟁수행을 위해서는 대통령과 의회 간에 일정한 타협이 있어야 한다는 합의는 Clinton 행정부에 와서 근본적으로 흔들리게 되었으며, 그 결과 의회는 Clinton 행정부의 주요 대외군사조치를 효과적으로 통제하지 못했다.

---

121) *Weekly Compilation of Presidential Documents* 31, Sep.1, 1995, pp.1473, 1474; *Weekly Compilation of Presidential Documents* 31, Sep.12, 1995, p.1553.

(7) 整 理

헌법제정자들의 원래의 의도는 권력분립체제하에서 대통령과 의회는 서로 견제를 하되, 각자의 헌법상 고유권한은 상호 존중하도록 하는 것이었다. 이러한 헌법제정자들의 의도는 그간 헌정의 실제를 살펴볼 때 여러 가지 측면에서 성공적으로 실현되어 왔다고 평가할 수 있지만 유독 대통령의 대외군사조치라는 영역에 있어서만은 그들의 의도가 제대로 실현되어오지 못했다. 즉 종래의 여러 대통령들은 군사조치는 행정부의 고유권한이고 따라서 여기에는 의회나 사법부가 관여할 수 없다는 논리를 주장해왔다. 하지만 이러한 논리는 우선 의회의 권한을 침해하고 나아가 대의기관인 의회를 통해 실현되는 민주주의적 가치를 침해하며, 그 결과 정부에 대한 국민의 통제를 어렵게 한다는 점에서 결코 타당하다고 볼 수 없다.

제5절 政治的 秘密工作

Ⅰ. 序 言

대통령의 대외정책을 의회가 통제함에 있어서 종종 문제가 되는 것이 바로 '정치적 비밀공작'(covert operation)이다. 미국에서 정치적 비밀공작이 문제된 대표적인 사건으로는 1986년의 이란－콘트라사건을 들 수 있다. 이 사건은 Reagan 행정부가 수년간 미국인들을 인질로 억류한 바 있는 이란에게 무기를 판매하고 그 대금으로 니카라과의 콘트라반군에게 무기를 지원한 사건이다. 정치적 비밀공작의 전형으로 평가되는 이 사건은 우선 Reagan 행정부의 기본정책에 위반되고, 나아가 1980년에 제정된 「정보통제법」(Intelligence Oversight Act)에도 명백히 위반되는 것이었다. 이에 의회는 1991년, 정보활동에 관한 수권법안(intelligence authorization bill)을 통하여 정치적 비밀공작에 대한 새로운 통제를 시도하게 되었다.

Ⅱ. 政治的 秘密工作에 대한 法的 統制

1970년대 Watergate 사건을 비롯한 여러 정치적 스캔들에 중앙정보국(CIA)이 연루되자 의회는 중앙정보국의 활동에 대한 수권과 심사를 위해 상·하원에 정보위원회를 설치하였다. 이어 의회는 1980년에 대통령이 자신의 권한을 남용하여 정치적 비밀공작에 관여하는 것을 통제하려는 목적에서 정보통제법을 제정하였는데, 이 법은 중앙정보국장을 비롯한 모든 정보업무관련 행정부서책임자로 하여금 그들 기관의 모든 정보활동을 양원 정보위원회에게 '빠짐없이', 그리고 '제때'(fully and currently) 통지할 것을 요구하였다. 또한 이 법은 중대한 국익과 관련되는 예외적 상황을 맞아 위와 같은 사전통지의 제한이 반드시 필요한 경우, 대통령은 사전통지의 범위를 8명의 의회인사로 제한할 수 있고, 만일 대통령이 위와 같은 정보를 의회에 통지하지 않은 경우, 그는 양원 정보위원회에게 위의 정보를 '적절한 시기'에 '빠짐없이' 통지해야 하고, 그 이전에 통지하지 않은 것에 대해 설명을 해야 한다는 점을 규정하였다. 그러나 이란－콘트라사건의 경우, 관련정보가 8인의 의회인사에게 통지되지 않았고, 사건발생 10개월 후 레바논과 미국의 일간지에서 이 사실이 폭로되기 전까지 의회의 어느 누구도 이를 알지 못했다는 점에서 위와 같은 규정들은 철저히 무시되었다.

한편 이란－콘트라사건이 발생하기 전에 Reagan과 의회는 수년간에 걸쳐 니카라과내전에 대한 정책을 둘러싸고 대립하였는데, 당시 행정부는 의회에게 콘트라반군에 대한 군사적 지원을 강력하게 주장하였고 이에 의회는 여러 가지 법적 제한이 수반된 일정한 경제적 지원을 허용하였다. 하지만 의회와 행정부 간의 갈등은 여전히 지속되었고 결국 의회는 행정부가 콘트라반군을 지원하는 것은 타당하지 못하다는 판단 하에 1984년, 「Boland Amendment」를 통하여 이를 전면적으로 금지하였다.122) 그러나 아래에서 보듯이 「Boland Amendment」 규정은 Reagan 행정부의 이중적 태도로 인해 전혀 그 효력을 발휘할 수 없었다.

Ⅲ. 이란-콘트라事件

중동정책에 관하여 과거 Reagan 행정부는 자국민과 그 우방들에게 미국은 이란-이라크전쟁에 중립적이며 양 국가에게 무기를 판매하는 것에 대해 반대한다는 입장을 지속적으로 밝힌 바 있다. 또 인질송환을 위하여 테러리스트들에게 무기를 지원하는 것은 물론 그들에 대한 조금의 양보도 단호하게 거부한다는 입장을 밝히기도 했다. 이러한 행정부의 입장에 따라 1984년, 「Boland Amendment」가 채택된 이후 행정부공무원들은 의회위원회에서의 증언을 통하여 행정부는 「Boland Amendment」를 철저히 준수할 것이며, 콘트라반군을 지원하기 위해 외국정부나 민간에게 어떠한 자금도 요구하지 않을 것임을 약속하였다.123) Reagan 역

---

122) 구체적으로 1984년 10월에 제정된 'Boland Amendment'는 어떠한 세출 자금도 콘트라반군에 대한 직간접적인 원조를 위해 사용될 수 없음을 규정하고 있다. 이 규정은 1986년 10월까지 효력이 지속되었다. 이상 David J. Scheffer, "Current Development: U. S. Law and The Iran-Contra Affair", 81 *A. J. I. L.* 696 (1987), pp.706-14 참조.

123) Senate Committee on Foreign Relations, *Security and Development Assistance*(hearing), 99th Cong, 1st sess. (1985), pp.908-10; House Committee on Appropriation, *Department of Defence Appropriations for 1986*(Part 2)(hearing), 99th Cong., 1st sess. (1985), p.1092.

시 「Boland Amendment」를 포함하고 있는 법안에 서명할 때 아무런 문제제기를 하지 않았다. 즉 그의 서명메세지 어느 부분에도 「Boland Amendment」 규정이 자신의 헌법상 권한을 침해한다는 주장은 들어있지 않았다. 따라서 법무부나 백악관도 이 규정의 합헌성을 전혀 문제 삼지 않았다.

하지만 Reagan과 그 행정부공무원들이 이러한 입장을 밝히던 그 순간, 다른 일부의 행정부공무원들은 콘트라반군에 대한 군사적 지원을 위해 외국정부와 민간으로부터 자금을 요청하는 데에 열중하고 있었다. 또한 그 순간에 Reagan 행정부는 이란에 대해 무기를 수출하고 그 대가로서 미국인인질의 송환을 시도하고 있었다. 그러나 1986년 11월, 이 사건은 언론에 의해 처음으로 폭로되었다.

이란-콘트라사건이 폭로된 후, 그 진상을 밝히기 위한 노력은 세 방향으로 전개되었다. 첫 번째는 86년 12월 1일에 구성된 특별조사위원회(Special Review Board)의 조사활동이었다. 특별조사위원회는 이듬해 발표한 보고서를 통하여 이 사건을 '책임정부'라는 민주주의의 기본원리가 철저하게 부정된 사건으로 정의하고, 그 근거로서 첫째, 백악관 소속 국가안보회의(NSC)가 국방부·국무부와 같은 기관들의 승인하에 이 사건을 핵심적으로 조종하였고, 둘째, 이란으로의 무기 수출은 이 기관들이 이전부터 분명하게 밝혀왔던 미국의 여러 외교정책, 예컨대 이란-이라크전쟁에서의 중립정책, 이란에 대한 무기판매금지정책, 테러관련국과 이란에 대한 고립정책, 인질석방을 위한 테러범들과의 협상불가정책 등을 위반하였다는 점을 들었다.124)

다음은 독립검찰관을 통한 수사였다. 독립검찰관에 의한 수사는 5년간에 걸쳐 진행되었는데, 그 결과 이 사건의 핵심인물이라고 볼 수 있는 民·官界의 여러 인사가 기소되거나 유죄판결 혹은 유죄를 시인하게 되었다. 이 때 밝혀진 官界의 인사로는 전직 안보담당보좌관, 전직

---

124) David J. Scheffer, *op.cit.*, pp.697-98 참조.

중앙정보국공무원, 전직 국무부차관 등이 포함되어 있었다. 이들 외에
전직 국가안보회의 보좌관이자 해군중령이었던 O. L. North는 세 가지
중죄혐의, 즉 의회조사방해, 정부문서파기, 불법적 뇌물(gratuity)수수 등
의 혐의로 유죄판결을 받았고, 또 다른 전직 국가안보회의 보좌관 J.
M. Poindexter는 위증, 의회조사방해, North와의 공모 등의 혐의로 유죄
판결을 받았다.125)

사건진상을 파악하기 위한 세 번째 조치는 의회조사였다. 이에 따라
의회는 1987년, 여러 차례에 걸쳐 양원합동청문회(joint hearing)를 개최
하고 그 최종보고서를 그해 11월에 발표하였다. 결국 이 최종보고서의
상당부분은 아래에서 보듯이 1991년에 법률로 제정되었다.

Ⅳ. 政治的 秘密工作에 대한 統制의 强化

「1980년 정보통제법」에 따르면 대통령은 공개적으로 정치적 비밀공
작의 필요성에 대한 확인(finding)을 해야 할 의무가 있다. 이러한 규정
에 따라 이란-콘트라사건의 과정 중에 Reagan 대통령은 이 사건은 불
가피했다는 '구두확인'(oral finding)과 중앙정보국이 과거에 행한 사실
을 소급적으로 인정하려는 확인을 공개적으로 밝힌 바 있다. 그러나 이
사건에 대한 특별조사위원회의 보고서가 발표되자 1987년 3월 31일,
Reagan은 국가안보결정지침(National Security Decision Directives) 266
호를 통하여 안전보장회의 인사가 정치적 비밀공작을 수행하는 것을
금지하였다. 계속해서 그는 구두확인이 불가피한 긴급 상황을 제외하고

---

125) 하지만 이들의 유죄판결은 의회에서의 이들의 증언에 North의 경우는 부
분적 면책특권, Poindexter의 경우는 면책특권이 부여되었다는 점을 근거
로 항소심에서 파기되었다. Ronald F. Wright, "Congressional Use of
Immunity Grants After Iran-Contra", 80 *Minn. L. Rev.* 407 (1995), pp.424-25
참조.

대통령은 정치적 비밀공작의 필요성에 대해 '서면확인'(written finding) 을 하여야 하며, 이에 대한 소급적 확인을 할 수 없다는 국가안보결정 지침 286호를 발하였다.

한편 의회 역시 이 사건에 대한 의회조사의 최종보고서를 통하여 위 와 같은 대통령의 서면확인 의무화와 소급적 확인의 금지를 적극 제안 하였다. 나아가 「1980년 정보통제법」상의 '적절한 시기의 통지'(timely notice)와 같은 불분명한 요건에 대해서도 이를 좀더 명확하게 개정할 것과 특정한 예외적 상황을 제외하고 대통령은 정치적 비밀공작의 시 작 전에 이를 의회에게 통지할 것을 요구했다. 결국 1988년, 대통령은 정치적 비밀공작 발생 후 48시간 이내에 의회에게 이를 통지해야 한다 는 것을 골자로 하는 법안이 의회에 제출되었다. 하지만 이 법안에 대 해 행정부는 이는 대통령의 헌법상 권한을 침해한다며 강력히 반발하 였고[126] 그 결과 하원에서 부결되고 말았다.

이러한 분위기에서 1989년에 대통령으로 취임한 Bush는 의회와 비공 식적 타협을 통하여 이 문제를 해결하려 하였다. 즉 그는 상원 정보위 원회위원장 David L. Boren과의 비공식적 접촉을 통하여 자신은 원칙 적으로 '거의 모든 경우에 있어서' 양원 정보위원회에게 정치적 비밀공 작을 사전에 통지할 것이며, 이것이 불가능한 예외적 상황이 발생한 경 우에는 최소한 수일 내에 이를 통지할 것임을 약속하였다. 하지만 의회 는 이러한 대통령의 약속을 법률로 규정하려 하였고 이러한 의회의 입 장은 1991년, 정보활동에 관한 수권법안에서 구체적으로 나타나게 된 다. 이 법안은 「1980년 정보통제법」을 개정한 것으로서 첫째, 정치적 비밀공작에 관한 대통령의 확인은 서면확인이어야 하고, 둘째, 그것은 소급적 확인이 아니어야 하며, 셋째, 그것은 헌법이나 연방 법률에 위 배되는 행위를 승인하는 것이 아니어야 하고, 넷째, 그것은 정치적 비

---

126) Senate Select Committee on Intelligence, *Oversight Legislation*(hearing), 100th Cong., 2d sess. (1987), pp.81-86.

밀공작과 관련되어 있는 외국정부를 비롯한 제3자를 명시해야 한다는 것을 그 주요골자로 하고 있다. 여기서 이러한 대통령의 확인은 양원의 정보위원회에게 제출되어야 함은 물론이다.127)

V. 政治的 秘密工作의 問題點

이란-콘트라사건을 살펴볼 때, 헌법적으로 가장 문제되는 행정부의 행위 중의 하나는 바로 대통령이 의회의 세출자금이 아닌 민간이나 외국정부의 자금, 즉 '의회가 세출의결하지 않은 자금'을 자신의 외교정책을 수행하기 위한 자금원으로 사용하였다는 점이다. 즉 콘트라반군에 대한 지속적인 군사적 지원을 위하여 Reagan 행정부의 공무원들은 민간이나 사우디아라비아를 비롯한 외국정부로부터 자금을 구하였다. 이러한 행정부의 행위를 두고 의회청문회 당시 이란-콘트라사건의 핵심 인물이었던 Poindexter와 North는 「Boland Amendment」가 세출의결 된 자금에 한하여 적용된다는 점에서 이러한 자금조달행위는 「Boland Amendment」에 위반되지 않으며 따라서 이는 전적으로 합헌이라고 주장한 바 있다.128)

하지만 이러한 이들의 주장은 다음과 같은 이유에서 타당하다고 볼 수 없다. 우선 헌법적인 측면에서 살펴볼 때, 헌법제정자들은 대통령의 칼자루와 의회의 돈지갑이 한 곳에 집중되는 것을 의도적으로 방지하려 하였다. 즉 그들은 전쟁의 수행과 전쟁을 위한 재원조달이 대통령과

---

127) 105 Stat. 441-45 (1991). Catherine F. Sheehan, "Note: Opening the Govern-ment's Electronic Mail: Public Access To National Security Council Records", 35 *B. C. L. Rev.* 1145 (1994), pp.1159-60 참조.

128) Iran-Contra Committees, *Iran-Contra Investigation*(joint hearings), 100th Cong., 1st sess. (vol. 100-8, p.158 and vol. 100-7, Part Ⅱ, p.37)(Louis Fisher, *Constitutional Conflicts between Congress and the President*, pp.221-22에서 재인용).

318

의회 중 하나에게 집중되는 것을 경계하였던 것이다. 예컨대 앞에서도 언급한 바와 같이 연방주의자논집 제69호에서 Hamilton은 미국의 대통령이 영국의 국왕에 비해 덜 위협적인 존재라는 점에 대한 근거로 영국의 국왕은 육해군모병·통제권뿐만 아니라 전쟁선포권까지 보유하고 있다는 점을 들고 있다.129) 이에 반해 미국헌법은 영국국왕의 위와 같은 권한들을 의회에게 독점적으로 부여하고 있다. Hamilton과 마찬가지로 Madison 역시 전쟁을 수행(conduct)하는 자는 본질적으로 전쟁의 개시·지속·종결여부에 대해 적절하고도 신중한 판단을 할 수 없다는 전제하에 대통령에게 전쟁에 관한 모든 권한이 집중되는 것은 바람직하지 못하다는 입장을 가지고 있었다.130)

이러한 헌법이론적 측면 외에도 대통령이 외교정책을 수행함에 있어서 의회가 세출의결하지 않은 자금을 사용하는 것은 여러 가지 측면에서 부작용을 낳는다. 예컨대 이란-콘트라사건에서와 같이 행정부가 외교정책을 수행하기 위해 외국정부의 자금을 사용한다면 그것은 곧 행정부의 부패를 낳게 된다. 즉 자금을 지원한 외국정부는 그 대가로서 행정부공무원들에게 무기판매나 외교적 지원, 또는 군사적 지원이나 무역협상에 있어서의 일정한 양보를 요구하게 될 것이다. 이러한 상황이 된다면 국가의 정책은 의회의 입법하에 주도되는 것이 아니라 위와 같은 음성적 거래에 의해 좌우될 것이다.

한편 의회는 이와 같은 국가간 대가성거래(quid pro quo)를 금지하는 법안을 이란-콘트라사건이 발생하기 전에 이미 통과시킨 바 있다. 즉 의회는 1985년, 「Pell Amendment」를 통하여 니카라과좌익정권에 대해 폭동·기타 저항행위를 하는 집단이나 개인에게 직간접적인 지원을 할 목적으로 외교적·군사적 지원을 하는 것을 일체 금지하였는데, 이 법안의 목적은 미국의 자금을 얻는 단체나 개인이 그 조건으로 콘트라반

---

129) Gottfried Dietze, *op.cit.*, p.450.

130) Max Farrand ed., *op.cit.*, pp.318-23 참조.

군을 지원하는 것을 방지하기 위함이었다.131)

이러한 배경하에 의회는 이란-콘트라사건이 폭로된 이후인 1989년에 대외지원수권법안(foreign assistance authorization bill)을 통하여 모든 국가간 대가성거래를 금지하였다. 하지만 이 법안에 대해 당시 대통령이었던 Bush는 첫째, 이 법안이 국가간 대가성거래를 처벌하기 위한 수단으로 두고 있는 형벌조항들은 지나치게 불명확하다는 점과 둘째, 이 법안은 헌법이 보장하고 있는 행정부의 외교권을 지나치게 침해하고 있다는 점을 들어 거부권을 행사하였다.132)

한편 의회는 같은 해, 대외활동세출법안(foreign operations appropriations bill)에서는 합중국법률에 위반되는 외교·군사정책을 추진할 목적으로 이 법안에 의해 세출의결 된 자금을 사용하는 것을 금지하였다. 한편 이 법안은 위의 대외지원수권법안과는 달리 어떠한 형벌조항도 두고 있지 않았다. 그럼에도 불구하고 Bush는 이 법안의 불명확한 규정들로 인해 미국의 외교가 위축될 우려가 있다는 점을 이유로 또다시 거부권을 행사하였다.133)

하지만 같은 해, Bush 행정부와 의회는 의회가 위 법안을 부분적으로 수정하고, 이에 대해 대통령은 거부권을 행사하지 않는다는 데에 합의하였다. 그러나 수정된 법안의 목적 역시 법적 제한을 회피하기 위한 국가간 대가성거래를 규제하려는 것임에는 변함이 없었다. 이 수정된 법안은 대외활동을 위한 세출자금이 외국정부(그 기능을 수행하는 기관을 포함한다)나 외국인 또는 미국인이 합중국법률에 비추어 합중국이나 합중국공무원 또는 합중국고용직공무원(United States employee)에 의한 수행이 명백히 금지되는 행위를 하는 것에 대한 대가로 사용될 수 없음을 규정하였다.134) 또한 이 법안은 의회가 이를 통해 외국정부에 대

---

131) 99 Stat. 254, sec. 722(d) (1985).

132) *Public Papers of Presidents*, 1989(II), pp.1567-69.

133) *Ibid.*, p.1546.

한 행정부의 성명발표나 일정한 견해표명을 제한하려는 것은 아니라는 점도 아울러 밝혔다. 이 법안에 대한 서명메세지에서 Bush는 자신은 이 법안이 제한적으로 해석되어야 한다는 소신을 가지고 있다고 하였지만, 이 법안이 국가간 대가성거래를 그 규제대상으로 한다는 점에 대해서는 아무런 이의를 제기하지 않았다. Bush 자신도 밝혔듯이 여기서 말하는 국가간 대가성거래란 외국정부가 합중국법률에 비추어 합중국 공무원에 의한 수행이 명백히 금지되는 원조를 第三國에게 하고 그 대가로 합중국의 자금을 얻게 되는 거래135)를 말한다.

결론적으로 정치적 비밀공작은 그 수행과 이를 위한 재원조달이 행정부에 의해 음성적으로 이루어진다는 점에서 돈지갑과 칼자루가 한 곳에 집중되는 것을 경계했던 헌법제정자들의 의도에 정면으로 반하는 것이라고 볼 수 있다. 의회의 세출자금에 의해 추진되는 외교행위만이 헌법적으로 정당성을 얻는다는 것도 바로 이러한 이유에서이다.136)

제 6 절 武器販賣政策

헌법적인 관점에서 국민의 대표기관인 의회가 전쟁을 포함한 모든 외교문제에 관여하여 이에 대해 토론하고 이를 승인하는 것은 지극히 당연하다고 볼 수 있다. 또한 현실적인 관점에서도 전쟁을 성공적으로 수행하기 위하여 대통령은 의회의 지지와 협조를 필요로 한다. 이러한 시각에서 前국무부장관 H. Kissinger는 1975년에 월남전이 종결될 즈음

134) 103 Stat. 1251, sec. 582 (1989).

135) *Public Papers of Presidents*, 1989(Ⅱ), p.1573.

136) Louis Fisher, *Constitutional Conflicts between Congress and the President*, pp.219-24 참조.

다음과 같은 발언을 한 바 있다.

　"모든 국가행위는 오로지 행정부와 의회가 상호 존중하는 바탕위
에서 행해져야 한다. 외교에 있어서의 행정부 독주현상을 두고 지
난 십년간 지속되어 왔던 미국 내의 논쟁은 이제 끝났다. 의회가
행정부·사법부와 대등한 기관이라는 점은 오늘날 모든 국가정책을
수행함에 있어서 지배적인 사실이다. 행정부는 의회가 국정참여의
실체가 되어야 하며 이를 위한 감각도 지녀야 한다는 사실을 받아
들여야 한다. 따라서 외교정책 역시 행정부와 의회의 공동참여하에
이루어져야 한다."137)

　일반적으로 대통령이 전쟁, 대외원조, 조약, 외교통상, 관세, 군비지
출, 무기판매 등과 같은 대외정책을 자신의 의지대로 추진하기 위해서
는 의회 내의 지지 세력을 확보하여야 한다. 이는 곧 의회와의 끊임없
는 타협이 필요하다는 것으로서 이러한 점은 대표적으로 미국행정부의
무기판매정책에 관한 그간의 실례에서 잘 나타나고 있다.

　국제정세에 비추어볼 때, 중동지역과 같은 지역에 미국의 무기가 유
입된다는 사실은 일반적으로 이 지역에서의 세력간 균형을 파괴하고
그 군사적 분쟁에 미국이 휘말릴 가능성이 높아진다는 것을 의미한다
고 볼 수 있다. 이러한 사정으로 인해 그간 의회는 타국에 대한 무기판
매에 대해 매우 적극적으로 관여해왔다. 예컨대 의회는 1974년에 통과
된 「대외무기판매법」(Foreign Military Sales Act)을 통하여 일정금액이
상의 방위장비판매를 위한 청약서(letter of offer)의 경우, 대통령은 청
약서를 발하기 전에 그 판매에 관한 구체적인 확인서를 의회에 제출하
고, 만일 의회가 이를 수령한 후 30일 내에 그 판매안에 반대하는 동지

---

137) Department of State Bulletin 1871, 72(May 5, 1975), p.562(Malvina
　　Halberstam, "The Jerusalem Embassy Act", 19 *Fordham Int'l L. J.*
　　1379 (1996), p.1391에서 재인용).

결의를 채택한 경우에 대통령은 청약서를 발할 수 없음을 규정한 바 있다.138)

하지만 의회가 이 법률규정을 근거로 실제로 의회거부를 행한 바는 없었다. 그러나 행정부의 무기판매정책이 지나치다고 판단한 경우, 의회는 수차례에 걸쳐 의회거부권을 행사하겠다고 위협하였고, 그때마다 대통령은 의회와의 타협에 의해 무기판매의 범위를 제한하지 않을 수 없었다. 예컨대 1978년, Carter 대통령은 무기판매에 대한 의회거부에 반대한다는 입장을 밝힌 바 있는데, 이때 법무부장관이었던 Griffin Bell 과 백악관 국내문제보좌관(domestic adviser) Stuart Eizenstst는 이러한 Cater의 발표가 의회의 동지결의를 통한 의회거부가 있는 경우에도 행정부는 무기판매를 강행하겠다는 것을 의미하는 것인가를 묻는 질문에 대해 다음과 같은 답변을 하였다. 아래에서 인용하는 이들의 답변은 대외정책에 있어서의 행정부와 의회의 상호 존중이 얼마나 중요한 것인지를 권력분립적 측면에서 잘 설명해주고 있다.

"Carter는 의회거부를 법적 구속력이 있는 것으로 보지 않는다…… 하지만 우리가 여러 州의 상호 존중하에 연방을 이루고 있듯이 행정부와 의회도 상호 간에 존중을 하여야 한다. 이러한 상호 존중의 정신에 따른다면 행정부는 얼마든지 의회거부를 준수할 수 있고 그것을 준수함에 따르는 어떠한 부작용도 없을 것이다. 행정부는 가능한 한 모든 경우에 있어서 의회와 불필요하게 대립할 필요가 없다."139)

"전쟁권결의와 같이 의회가 관여하는 것이 정당하다고 생각되는

---

138) 梁 建, 「美國憲法과 對外問題」, pp.45-46 참조.

139) Office of the White House Press Secretary, *Briefing by Attorney General Griffin B. Bell, Stuart E. Eizensstat, Assistant to President for Domestic Affairs and Policy, and John Harmon, Office of Legal Counsel*, June 21, 1978, p.4.

일정한 영역의 경우, 상호 존중의 정신에 따라 행정부는 이 영역에 대
한 의회의 판단을 법적으로 문제 삼지 않을 것이다. 왜냐하면 우리가
생각하기에 이 문제는 가장 우선적인 관심사가 되기 때문이다."140)

한편 1983년에 *Chadha* 판결에서 '동지결의'에 의한 의회거부가 위헌
으로 결정되자 의회는 1986년에 「대외무기판매법」을 개정하여 '동지결
의'에 의한 의회거부를 '합동결의'에 의한 의회거부로 대체할 수밖에
없었다.141) 이러한 상황에서 1986년, Reagan 대통령은 사우디아라비아
에게 3억5천4백 불 상당의 미사일을 판매한다는 案을 의회에 제출하였
고, 이에 의회는 양원의 2/3 이상의 '합동결의'를 통하여 이를 거부하였
다. 이렇게 되자 행정부와 의회는 Reagan이 위 합동결의에 대해 거부
권을 행사하되, 그는 사우디아라비아에 대한 200대의 스팅어미사일
(Stinger Missile)판매를 반대한다는 의회의 입장에 따르기로 합의하였
다. 이러한 합의에 따라 Reagan이 거부권을 행사한 의회거부는 상원에
서 34:66이라는 근소한 차이로 재의결되지 않았다.

이상에서 살펴 본 바와 같이 미국의 의회는 무기판매정책에 대해서
는 행정부를 지속적으로 견제해왔고, 이것은 곧 대외정책에 관한 의회
의 위상이 과거에 비해 어느 정도 제고되는 데에 일정한 기여를 하였
다. 이러한 의회의 제고된 위상은 미국을 방문하는 외국의 정치지도자
가 과거에는 대통령이나 행정부 고위공무원만을 접촉하였으나 최근에
는 의회위원회나 의회의원과 실질적인 문제에 대해 직접적인 접촉을
해오고 있다는 점에서도 확인할 수 있다. 예컨대 1975년에 미국을 방문
한 요르단의 Hussein 국왕은 요르단에 대한 미사일판매와 관련하여 상

---

140) *Ibid*.

141) 100 Stat. 9 (1986). 앞에서도 여러 차례 언급한 바와 같이 합동결의는
Chadha 판결에서 연방대법원이 의회거부의 합헌요건으로 제시한 두
가지 요건, 즉 의회거부는 양원이 공동으로 참여해야 하고 대통령에게
移送되어야 한다는 요건을 모두 충족하는 의회거부이다.

원의원 전체와 영향력 있는 50여명의 하원의원에게 서신을 전달한 바 있으며, 1978년에 訪美한 인도의 Desai 수상은 양원의 여러 위원회들을 방문하여 Carter 대통령이 인도에게 농축핵연료(enriched nuclear fuel)를 판매하는 데에 의회가 협조해줄 것을 요청하기도 하였다.142)

제7절 小 結

일반적으로 입법과정에서 바람직하지 못한 요소로 지적되는 지역주의(localism)와 이익집단의 압력 등을 고려한다면, 의회가 대외문제에 관여하는 데에도 일정한 부작용이 나타날 수 있다. 하지만 아무리 훌륭한 행정부의 대외정책이라 하여도 그것은 그것을 뒷받침할 정당성과 자금을 필요로 한다는 점에서 자국내 의회와 여론의 지지를 얻어야만 한다.

일반적으로 행정부가 자신의 대외정책을 수행함에 있어서 의회와 여론의 반대에 직면할 경우에 행정부는 시간과 노력이 든다고 하여 이들을 무시하기보다는 설득함으로써 일정한 이익을 얻을 수 있다. 만일 대통령이 대외정책은 국가전체의 운명을 결정짓는다는 명분하에 자신의 대외정책에 관여하려 하는 의회와 여론을 부분적이고 편파적인 세력으로 폄하한다면 그는 의회와 국민들로부터 고립되어 상당한 정치적 위기에 몰릴 가능성이 크다. 이러한 관점에서 의회의원과 국무부를 두루 경험한 Patsy T. Mink는 다음과 같이 주장하고 있는데, 이러한 그의 견

---

142) 위의 두 가지 사례에서 행정부는 외국의 정치지도자들과 의회와의 접촉을 적극 지지하였는데, 이는 의회가 이들 국가들에 대한 미사일이나 농축핵연료의 판매에 반대하는 것을 이들 간의 접촉을 통해 사전에 방지할 수 있다는 계산에서였다. Thomas M. Franck/Edward Weisband, *op.cit.*, pp.113-14, 183-84 참조.

해는 많은 시사점을 던져주고 있다.

"많은 국무부와 백악관 공무원들이 가지고 있는 사고, 즉 훌륭한 외교정책은 반드시 국내의 정치적 압력이나 유권자들의 이익을 초월해야 한다는 사고는 상당히 어리석은 것이다. 정치란 이러한 이익들을 무시하는 것이 아니라 이를 절충하고 敎化하는 기술이다"143)

한편 현재 미국의 의회는 행정부의 대외정책이나 안보정책을 심사할 수 있는 강력한 인적 · 물적 수단을 갖추고 있는 것으로 보인다. 즉 의회공무원들은 물론이고 양원의 각종위원회, 회계검사원, 의회조사국(Congressional Research Service), 의회예산국(Congressional Budget Office) 등이 여기에 해당한다고 볼 수 있다. 따라서 현재 의회는 이러한 수단들을 동원하여 항상 행정부의 대외정책을 감독하고 있으며 과거와 같이 특별한 시기에 한하여 임시적으로 이를 감독하고 있지는 않다. 이러한 점에 비추어 볼 때, 앞으로는 의회가 대외문제는 행정부의 독점적 영역에 속하며, 이 영역에 있어서는 행정부가 의회에 비해 전문성을 가진다는 행정부의 주장을 과거와 같이 무조건적으로 수용하지는 않을 것이다.

다음으로 의회의 대외정책관여와 행정부의 일관적인 외교정책 간에는 어떤 함수관계가 있는지를 살펴보기로 한다. 일반적으로 의회가 행정부의 대외정책에 지속적으로 관여한다면 행정부의 일관적인 대외정책수립은 어려워진다고 생각하기 쉽다. 하지만 이러한 시각은 우선 행정부 내에도 대외정책에 관한 각 기관 간의 입장차이가 분명히 나타난다는 점에서도 극히 비현실적이다. 예컨대 1989년, Bush 행정부는 일본

---

143) Mink, Patsy T., "Institutional Perspectives: Misunderstandings, Myths, and Misperceptions: How Congress and the State Department See Each Other", in Thomas M. Franck ed., *The Tethered Presidency*, New York University Press, 1981, p.74.

을 불공정 무역국가(unfair trader)로 보고 이에 대해 제재를 가할 것인 지를 두고 논란을 벌인 바 있는데, 당시 미무역대표부, 통상부, 농무부 는 일본에 대한 강력한 제재를 주장한 반면 국방부, 관리예산국, 백악 관소속 경제자문위원회는 이에 대해 반대하는 입장을 취한 바 있다.144)

나아가 행정부의 일관적인 대외정책을 어렵게 하는 또 다른 중요한 요인은 '의회'가 아니라 행정부의 '人事'이다. 예컨대 새로운 행정부가 처음 組閣을 할 때, 대외정책관련 주요요직에 논공행상차원에서 외교에 관한 전문성이나 감각도 없는 정치적 인사를 임명한다면, 그 새로운 행 정부가 아무리 일관적인 대외정책을 표방한다 하더라도 이는 실패로 끝날 가능성이 크다. 왜냐하면 이러한 정치적 인사가 항상 변화하는 국 제정세에 능동적으로 대처하고 국내외적 압력을 넘나들어야 하는 외교 문제를 능숙하게 처리할 것이라고 보기는 힘들기 때문이다. 이와 같은 관점에서 본다면 행정부의 人事와 관계없이 항상 국제관계를 주시해온 의회가 이러한 복잡한 대외관계를 다루는 데에 있어서 더 일관적인 시 각을 갖게 된다고도 볼 수 있다.

대외문제에 있어서의 권력분립과 관련하여 마지막으로 지적해야 할 점은 외교정책을 행정부가 독점한다는 것은 곧바로 정치적 부패로 이 어지게 된다는 점이다. 이러한 점은 이란-콘트라사건에서 쉽게 확인될 수 있는데, 이러한 부패는 주로 정치적으로 임명된 인사들의 대통령에 대한 잘못된 충성심에서 비롯된다고 볼 수 있다. 외교적 전문성이 결여 된 이들은 장기적인 안목에서 정책을 결정하기보다는 目前의 결과를 추구하는 경향이 강하다는 점에서 헌법절차를 비롯한 국법질서를 무시 하게 되고, 그 결과 권력분립체제를 근간으로 하는 국가에서 무엇보다 도 중요한 요소인 의회와 대통령 간의 신뢰관계를 무너뜨리게 된다.

---

144) "Bush Hears Debate on Japan Trade", *Washington Post*, May 23, 1989, p.C1.

제6장 行政府公務員·獨立規制委員會와 權力分立

제1절 行政府公務員과 權力分立

Ⅰ. 序 言

미국에서의 대통령과 의회는 행정부공무원에 대한 통제권을 확보하기 위해 지난 200여 년간 지속적으로 대립해왔다. 이는 대통령과 의회의 헌법상 권한들로 인해 초래되는 문제로서 그들 모두 행정부공무원에 대한 통제권을 주장하기에 충분한 헌법적 권한을 가지고 있다. 이러한 점에서 행정부공무원은 미국의 권력분립에 있어서 중요한 변수로 작용한다고 있다고 볼 수 있다.

헌법적인 측면에서 행정부공무원과 대통령·의회와의 관계를 살펴보면, 우선 대통령은 수직적 계층구조를 갖는 단일행정부의 최고책임자이므로 행정기관의 운영과 활동을 지휘·감독할 권한을 가진다.[1] 이러한 점에서 행정부공무원은 대통령이 그 헌법상 의무인 '법률을 올바르게 집행할(execute the laws faithfully) 의무'를 수행하는 데에 그의 기관으로 활동한다. 반면 의회의 경우, 연방헌법은 의회에게 행정부공무원이 자신의 헌법상 권한을 행사하는데 필요하고도 적절한 일체의 법률을 제정할 권한을 부여하고 있다.[2] 이러한 헌법적 근거로부터 의회는 행

---

1) 연방헌법 제2조 1항 1호. '집행권은 미합중국대통령(President of the United States of America)에 속한다……'

2) 연방헌법 제1조 8항 18호. '위에 기술한 권한들과 이 헌법이 합중국정부

정기관을 창설하고 법률 집행의 구체적인 방법을 제시할 권한을 갖는
다. 결국 의회의 권한에 초점을 맞춘다면 행정부공무원은 그가 속한 수
직적 단일행정부의 통제로부터 벗어나 의회의 통제를 받게 된다.

그렇다면 문제는 결국 대통령과 의회의 행정부공무원 통제권에 대한
이와 같은 헌법적 모순을 어떻게 조화롭게 해석하느냐로 귀결된다. 만
일 행정부공무원 통제권에 대한 대통령과 의회의 헌법상 권한 중에 어
느 일방만을 우선시한다면 이는 헌법제정자들이 우려하던 '한 기관으로
의 권력집중' 현상을 초래하게 될 것이다. 비록 초대 연방의회에서 이
러한 행정부공무원 통제권의 문제, 그 중 특히 행정부서창설과 관련한
일정한 선례가 확립되었지만 아직도 많은 부분은 대통령과 의회의 정
치적 역학관계에 의존하고 있으며 그들 중 누가 행정부공무원을 통제
하느냐는 여전히 불확실하다.3)

II. 行政部署의 創設

1. 序 言

연방헌법은 대통령에게 소관직무사항에 관하여 각 행정부서장관의

또는 그 부처 또는 그 공무원에게 부여한 모든 기타 권한을 행사하는
데 필요하고 적절한 모든 법률을 제정한다.'
3) 한편 David B. Truman은 행정부공무원 통제권에 대한 이러한 대통령과
   의회와의 갈등은 결국 그들이 헌법상 동위기관이라는 점에서 기인하므로
   그 해결은 비공식적, 非法的으로 해결될 것이라고 주장한다. 따라서 이러
   한 불확실한 상태하에서는 각종 이익집단이 활동할 여지가 생기게 되고,
   이들은 이러한 상황을 이용하여 일정한 이익을 보게 될 것이라는 흥미로
   운 주장을 펴고 있다. David B. Truman, *The Governmental Process:
   Political Interests and Public Opinion*, Institute of Governmental Studies
   Press, 1993, p.401.

문서에 의한 견해를 요구할 권한을 부여하고 있다.4) 그러나 이러한 헌
법적 근거에도 불구하고 대통령과 행정부서가 정확히 어떠한 관계에
있는지는 역사적으로 명확히 규명되어 오지 않았다. 즉 행정부공무원이
위 헌법조항의 취지대로 대통령의 헌법적 의무를 수행하는데 있어서
단순히 대통령을 보좌하는 집단에 불과했는지, 아니면 역으로 의회의
의사를 충실히 집행하는 기관이었는지에 대해서는 쉽게 결론을 내리기
힘들다.5)

　행정부서 창설에 관한 논의는 1789년, 초대 의회에서 최초로 이루어
졌는데, 이때 하원의원이었던 Elias Boudinot는 하원에서 행정부서 창설
에 관한 일반적인 원칙이 제시되어야 함을 지적한 바 있다. 그는 국가
체제가 삼권이 분립되는 체제로 변화됨에 따라 연맹규약(Articles of
Confederation)하에서의 행정부서는 새로운 헌법에 의해 구성되는 행정
부서의 모델이 될 수 없다고 주장하였다.6) 그러나 외교, 재정, 전쟁, 海
事(marine affairs)에 관한 단일 행정부서를 두었던 대륙회의 시절의 전
통은 새롭게 창설되는 행정부서와 완전히 단절되지는 않았다. 이는 대
륙회의 시절의 단일 행정부서 구성원이 새롭게 창설된 행정부서에 계
속 참여했다는 점에서도 확인될 수 있다. 예컨대 대륙회의 시절인 1784
년에 취임하여 대륙회의가 종료될 때까지 외무성장관으로 활약한 John
Jay는 1790년 Jefferson이 새로운 국무부장관으로 취임할 때까지
Washington 행정부의 국무부장관職을 수행했다. 또 1785년에 전쟁성장
관으로 선출된 Henry Knox는 새로운 행정부가 들어선 이후인 1794년까

---

4) 연방헌법 제2조 2항 1호.

5) 이 점에 관하여 초대대통령 Washington과 초대의회 상원의원이었던 William
　Maclay는 대통령이 그의 헌법적 의무를 홀로 수행한다는 것은 사실상 불
　가능하며 따라서 그가 할 수 있는 모든 것은 행정부공무원들에게 명령을
　내리는 것이라 하여 행정부공무원은 대통령의 기관임을 주장한 바 있다.
　William MacLay et. al. ed., *op.cit.*, p.243.

6) *Annals of Congress*, 1st Cong., May 19, 1789, p.383.

지 계속해서 그 직을 수행하였다. 따라서 외교와 국방에 관한 행정부서는 그것에 대한 대륙회의 시절의 전통이 새로운 행정부창설 이후에도 그대로 이어졌다고 평가할 수 있다.

한편 재정에 관한 행정부서는 대륙회의 시절부터 위의 행정부서들과는 성격이 크게 달랐다. 이는 당시 대륙회의가 외교나 전쟁은 순수하게 행정적인 사항이라고 이해하고 이에 대한 관여는 비교적 자제했던 반면, 재정에 대해서는 폭넓게 관여했다는 점에 직접적으로 기인한다. 예컨대 대륙회의에서의 의결기관인 연합의회(Congress)는 Robert Morris를 재정감독관(superintendent of finance)으로 임명했으나 Morris에게 그의 하위기관에 대한 전반적인 통제권을 부여하지는 않았다. 예컨대 해임의 경우, 그는 무능력·직무태만·부정부패(dishonesty)·기타 부적격사유가 존재할 경우에 한하여 그의 하급공무원을 해임할 수 있었고, 해임한 후에도 연합의회에게 해임의 사실과 이유를 보고해야 하였다. 또한 공무원임명에 있어서도 연합의회는 재무성공무원들에 대한 임명권을 Morris에게 부여하지 않았다. 요컨대 연합의회는 재무성이라는 단일행정기관을 설치하였지만, 재무성공무원의 해임과 임명절차에 폭넓게 관여함으로써 그것을 적극적으로 통제하려 하였다.7)

결론적으로 이러한 역사적인 측면에서도 나타나듯이 외교나 국방 등과 관련한 행정기관은 '행정부기관'으로서의 성격이 강했고, 재정과 관련된 행정기관의 경우에는 '의회기관'으로서의 성격도 뚜렷하였다고 볼 수 있다.

---

7) 심지어 연합의회는 후에 재무성을 폐지하고 이전의 재무위원회(the Board of Treasury)를 부활시키기도 하였다. Louis Fisher, *President and Congress*, p.75.

2. 行政各部長官의 性格

1789년, 의회는 행정부서를 창설하면서 과연 행정부서를 1인의 책임하에 둘 것인가 아니면 위원회제를 도입하여 합의제로 운영되게 할 것인가에 대해 많은 논의를 하였고, 그 결과 前者를 선택하였다. 비록 당시 일부에서는 앞으로 행정부서는 의회보다도 더욱 많은 권한을 행사하는 기관이 될 것이라는 점을 이유로 이러한 의회의 결정에 반대하기도 하였지만, 대륙회의시절 위원회제도는 여러 가지 폐단을 낳았다는 점, 그리고 의회가 행정각부장관의 권한을 법률로 통제할 수 있다는 점에 대해 의원들 간의 공감대가 형성됨에 따라 결국 의회는 행정부서를 1인의 책임하에 두기로 결정하였다.[8]

한편 위에서 언급한대로 의회는 곧 국무부(Department of State)로 개칭된 외교부(Department of Foreign Affairs)의 장관과 現국방부의 전신인 전쟁부(Department of War)의 장관은 대륙회의 시절의 전통을 반영하여 순수한 '행정부'의 공무원으로 파악하였다. 이러한 사실은 당시 하원의원이었던 John Vining의 다음과 같은 발언에 잘 나타나 있다.

"외교부와 전쟁부는 대통령의 고유권한 범위 내에 있고 따라서 대통령은 이들 행정부서에 대한 책임이 있다."[9]

결국 이러한 의회의 입장은 외교부와 전쟁부의 창설법률에 구체적으로 나타나게 되었다. 예컨대 1789년, 당시 외교부창설법률을 살펴보면 외교부장관에게는 대통령이 그에게 위임하거나 명령한 의무를 수행할 의무가 있음이 명시되어 있다. 이러한 사정은 전쟁부도 마찬가지였다.[10]

---

8) *Annals of Congress*, 1st Cong., May 20, 1789, pp.384-96.

9) *Ibid.*, June 17, 1789, p.512.

10) 1 Stat. 28-29, 49-50.

그러나 앞에서 살펴 본대로 재무부(Department of Treasury)의 경우, 의회는 대륙회의 시절과 같이 이를 부분적으로 '의회의 기관'으로 파악 하였다. 따라서 1789년에 제정된 재무부창설법률은 내용적으로 전쟁부 나 외교부의 그것과는 실질적으로 많은 차이가 있었다. 예컨대 이 법은 외교부, 전쟁부의 창설법률과는 달리 재무부에게 '행정부서'(executive department)라는 명칭을 부여하지 않았고, 재무부장관은 '대통령을 위해 의무를 수행한다'는 규정을 두지 않았다. 반면 이 법은 재무부장관은 의회가 재무부에게 위임한 모든 사항에 관한 정보를 직접 출석하거나 문서로써 하원에 제출·보고하여야 한다는 규정을 통하여 재무부는 직·간접적으로 의회의 통제를 받는다는 점을 명시하였다.11)

하지만 재무부장관은 부분적으로 대통령뿐만 아니라 의회의 기관으 로도 행동하리라는 의회의 예상과는 달리 정치현실에서 재무부장관은 전적으로 대통령의 기관으로 행동하였다. 예컨대 Washington 행정부의 재무부장관 Hamilton이 대통령과 의회 중에 누구를 위해 그 직을 수행 하였는지는 구체적인 설명을 필요로 하지 않을 것이다.12) 이에 의회는 약 40년 후인 Jackson 행정부시절에 이르러 재무부장관을 다시 그 통제 하에 두려는 시도를 하게 된다. 이러한 시도는 연방은행이나 州은행에 정부자금을 예치할 수 있는 권한을 대통령이 아닌 재무부장관에게 위 임함으로 이루어졌다. 하지만 이러한 의회의 조치에 대해 Jackson은 대 통령의 기관이 아닌 의회의 기관으로 행동하는 두 명의 재무부장관을 해임하였다. 이에 의회는 헌법은 대통령에게 공무원해임권을 부여하지 않았다는 점을 근거로 이에 대해 강력히 반발하였지만, Jackson은 재무 부장관은 순수한 '행정부공무원'이며 따라서 그 해임은 전적으로 대통 령에 의해 좌우되는 것이라고 주장하였다.13)

---

11) 1 Stat. 65-67.

12) William MacLay et. al. ed., *op.cit.*, p.376 참조.

13) Joel D. Schwartz, *op.cit.*, p.820.

3. '中立的' 機關

(1) 財務部監査官과 會計檢査院

역사적으로 미국에서는 법적으로는 행정부나 의회의 기관에 속하나 사실상 '중립적 기관'(Hybrid Agency)으로 볼 수 있는 기관들에 대한 논쟁이 지속되어 왔다. 그 대표적인 예로는 최초 재무부창설당시 의회가 재무부의 기관으로 설치한 재무부감사관(Comptroller)의 법적 지위에 대한 논쟁을 들 수 있다. 초대 의회가 재무부를 창설했던 당시에 대통령의 외교 · 전쟁 · 재무부장관에 대한 해임권을 적극적으로 주장했던 Madison도 재무부감사관職은 부분적으로 사법적 역할을 수행한다는 점에서 그것은 대통령의 통제로부터 독립되어야 함을 강조한 바 있다.14) Madison의 이러한 주장은 대륙회의 시절인 1781년에 연합의회가 최초로 재무부에 재무부감사관職을 두고 그에게 공공회계결산권과 모든 재정과 관련된 분쟁에 있어서 당사자의 진술을 공개적으로 청문하고 이에 관한 최종적인 결정권을 부여했던 사실에 근거를 두고 있었다.15)

이러한 사실의 연장선상에서 의회는 1795년, 재무부감사관에게 재정관련 분쟁에 대한 최종결정권을 부여하는 법률을 제정하고 1820년에는 그 결정에 따른 집행권까지 부여하였다.16) 그러나 결국 재무부감사관의 이러한 권한의 행사는 적법절차(due process of law)위반이라는 주장이 제기되었고, 마침내 소송으로까지 확대되었다. 이 사건은 뉴욕항 세관원으로 근무하던 Samuel Swartout가 개인적인 목적을 위하여 관세의 상당부분을 횡령한 것이 발단이 되었다.17) 이에 재무부감사관은 위의

---

14) *Annals of Congress*, 1st Cong., June 27, 1789, pp.611-12.

15) Louis Fisher, *Constitutional Conflicts between Congress and the President*, p.54.

16) 1 Stat. 441-42(1795); 3 Stat. 592 (1820).

334

「1820년 법률」에 의거하여 재무부조사관(Agent of Treasury)에게 정부의 국고부족에 관한 인증서를 발행하고, 그 후 재무부조사관은 Swartout의 재산에 대해 압류영장(warrant of distress)을 발부하였다. 이 법은 재무부조사관에게 압류영장을 집행할 권한을 부여하고 있었으므로 그는 국고부족액을 징수하기 위하여 사건의 관할지역으로 들어가 Stwartout의 재산을 경매에 붙인다는 공고문을 게재하였다.

이러한 재무부감사관과 조사관의 행위에 대해 Stwartout는 「1820년 법률」은 행정부공무원들에게 사법적 권한을 부여하고 있다는 점에서 위헌이라고 주장하였다. 그러나 연방대법원은 비록 이러한 행정부공무원들이 Stwartout에 대해 취한 조치는 사법적 권한의 행사였다고 볼 여지가 있지만, 대체적으로 이 법은 적법절차에 위배되지 않는다고 판결하였다.

한편 재무부감사관의 모든 권한은 「1921년 예산회계법」으로 인해 새롭게 창설된 회계검사원으로 이전되었다. 따라서 회계검사원(GAO) 역시 특히 회계검사원장(Comptroller General)의 지위와 권한과 관련하여 그 성격이 문제되는 기관이다. 한 가지 특이한 점은 同法上 회계검사원은 의회의 기관으로 규정되었다는 점이다.[18] 이에 1937년, Roosevelt 행정부의 대통령행정관리위원회(President's Committee on Administrative Management)[19]는 회계검사원이 행정부의 지출에 관여하는 것은 행정부

---

17) *Murray's Lessee v. Hoboken Land and Improvement Co.*, 18 How. 272 (1856).

18) 42 Stat. 24, sec. 304 (1921).

19) 이 위원회는 Roosevelt의 첫 번째 임기 중의 혼란스러웠던 개혁활동들을 반성·정돈하고 보다 질서 있는 개혁을 추구하려는 목표에서 첫 번째 임기의 마지막 해(1936년)에 구성한 위원회이다. 위원장으로 활동한 Louis Brownlow의 이름을 따서 'Brownlow위원회'라고 부르기도 하는 이 위원회는 1937년의 보고서에서 대통령의 관리 기능 강화, 조직개편, 인사·예산기능의 개선, 실적주의 적용의 확대 등을 권고하였다. 인사·예산·기획 등에 관한 대통령의 관리능력을 강화하기 위해 백악관의 참모

의 본질적 기능에 대한 침해라는 점을 지적하며, 회계검사원의 일부 기능을 다시 재무부로 환원할 것을 권고하였다.20) 비록 회계검사원이 회계를 감사하는 것은 분명 의회의 기관으로서의 기능을 수행하는 것이지만, 행정부공무원들의 임금을 승인한다든가 또는 행정부에게 회계의 원칙과 기준을 제시하는 것은 확실히 집행적 권한을 행사하는 것이었다.21)

이러한 회계검사원의 이중적 성격으로 인해 회계검사원장이 과연 행정부의 기관인가 아니면 의회의 기관인가에 대한 논쟁은 최근까지 지속되어왔다. 그 실례로는 「1984년 계약경쟁법」(Competition in Contracting Act of 1984)을 둘러싼 대통령과 의회와의 갈등을 들 수 있다. 이 사건은 이 법이 회계검사원장에게 입찰과정을 거친 계약의 留保權을 부여한 것이 발단이 되었다. 이에 당시 대통령이었던 **Reagan**은 이 법에 서명을 하기는 했지만, 이러한 입찰거부절차는 의회의 기관인 회계검사원장에게 헌법상 행정부에게 독점적으로 귀속되는 권한을 부여하는 것이라는 점에서 위헌이라고 주장하였다. 이러한 취지에서 그는 법무부장관에게 이 법을 합헌적으로 준수하는 방법을 모든 행정기관에게 고지할 것을 명했고, 이에 법무부는 이러한 입찰거부규정은 위헌이며 따라서 모든 행정기관은 이를 준수하지 않을 것이라는 점을 의회에게 통지하였다. 법무부가 입찰거부규정을 위헌으로 본 근거는 이것은 결국 *Chadha* 판결에서 위헌으로 결정된 의회거부에 해당된다는 점이었다.22) 결국 이러

조직을 확충하고 인사행정기구·예산기구 등이 대통령에게 보다 충실한 관리 도구를 제공할 수 있도록 개편하는 것, 잡다한 형태로 증설된 기구들을 部編制로 통폐합하는 것, 대통령에게 조직개편권을 위임하는 것, 실적주의 인사제도를 확충하는 것 등이 주요 권고사항으로 꼽히고 있다. Frederick C. Mosher, *Basic Documents of American Public Administration, 1776-1950*, New York: Holmes & Meier, 1983, pp.106-109(吳錫泓, 前揭 論文, *http://mskim.netian.com/ahg. htm.*에서 재인용).

20) Louis Fisher, *President and Congress*, pp.41-42.

21) *United States ex rel. Brookfield Const. Co., Inc v. Stewart*, 234 F. supp. 94, 99-100 (D. D. C. 1964) aff'd, 339 F. 2d 754 (D. C. Cir. 1964).

한 일련의 과정을 거치면서 Reagan은 사실상 항목별거부권(item veto)을
행사할 수 있었다.

한편 이러한 행정부의 행위에 대해 연방지방법원은 同法上 입찰거부
규정으로 인해 회계검사원장은 입법적 권한뿐만 아니라 집행적 권한도
가지게 된다고 하였지만 입찰거부규정은 사실상 의회거부조항이라는
행정부의 주장에 대해서는 입찰거부절차에 있어서 의회의 영향력은 철
저하게 배제된다는 점을 들어 이를 받아들이지 않았다.23) 또 대통령은
자신이 서명한 법률 중 위헌적인 일부규정을 고의적으로 준수하지 않
을 수 있다는 행정부의 주장에 대해서도 법률의 위헌여부를 결정하는
것은 사법부의 고유권한이며 헌법은 대통령에게 '법률이 올바르게 집행
되도록 감독'할 권한만을 부여하고 있다는 점을 들어 역시 이를 받아들
이지 않았다.24)

이러한 연방지방법원의 판결은 1986년에 이 판결의 항소심인 제3순
회항소법원에서도 그대로 확인되었다. 한편 항소심판결에서 주목할 점
은 바로 항소심이 회계검사원장을 행정부기관으로서의 성격과 의회기

---

22) George M. Coburn, "The New Bid Protest Remedies Created by the Com-
petition in Contracting Act of 1984", *National Contract Management
Journal* 19 (1985), pp.47-55 참조.

23) *Ameron Inc. v. U. S. Army Corps of Engineers*, 607 F. supp. 962, 973
(D. N. J. 1985).

24) *Ameron Inc. v. U. S. Army Corps of Engineers*, 607 F. supp. 750, 755
(D. N. J. 1985). 한편 이러한 행정부의 '입찰거부규정' 집행거부에 대해
하원 법사위원회는 법무부의 지시, 즉 모든 행정부서는 계약경쟁법상 입
찰거부규정을 준수하여서는 안 된다는 지시가 철회될 것을 요구하였고,
나아가 이러한 요구가 받아들여지지 않는다면 법무부장관실(Office of
Attorney General)에 대한 세출자금을 일체 공급하지 않겠다고 선언하였
다. 의회가 이와 같이 강경한 입장을 보이자 결국 법무부장관 Edwin
Meese는 모든 행정기관에게 위 항소법원판결을 준수하라는 지시를 내렸
다. Myron Struck, "Meese Averts Showdown on GAO Contract Power",
Washington Post, June 5, 1985, p.A21.

관으로서의 성격을 모두 가지고 있는 독립적 기관으로 보았다는 점이
다.25) 즉 항소심은 회계검사원장은 연방헌법 제2조 2항에 따라 상원의
권고와 동의하에 대통령에 의해 임명된다는 점에서 단순한 의회의 기
관은 아니며, 그가 행정부의 기관이 아니라는 사실이 곧 그는 의회의
기관이라는 것을 의미하지는 않는다고 판시하였다.26)

한편 이 판결에서 Edward Becker 판사는 판결의 결론에는 동조하였
지만 '회계검사원장은 독립기관'이라는 다수의견에는 반대하였는데, 이
러한 그의 견해는 앞으로 전개될 독립규제위원회제도의 합헌성여부와
관련하여 특히 주목할 만하다. 즉 그는 헌법은 입법・행정・사법부를
그 국가권력기관으로 하는 '三權分立'체제를 채택하였기 때문에 이들
외의 다른 국가기관을 창설하는 것은 허용되지 않는다고 주장하였다.
따라서 그는 다수의견과 같은 해석은 입법・행정・사법부 외에 또 다
른 권력기관을 창설하여 '四權分立'체제를 인정하게 되는 잘못된 헌법
해석이며, 따라서 회계검사원장은 의회의 기관으로 보는 것이 타당하다
고 주장하였다. 결국 그는 이 문제의 핵심은 의회의 기관인 회계검사원
장이 집행적, 準사법적 성격을 갖는 입찰거부권을 행사하여 행정부나
사법부의 권한을 중대하게 침해하였는지의 여부라고 전제하고, 이 사건
에서의 회계검사원장의 입찰거부권행사는 집행권이나 사법권, 그리고
개인의 기본권을 침해하지 않았다고 결론지었다.27)

한 가지 흥미로운 점은 위의 항소심판결이 있은 직후에 연방대법원
이 같은 날에 이와 유사한 사건에 대한 두 가지 판결을 선고했다는 것
이다. 첫 번째 판결은 *Bowsher v. Synar*28)로서 이 판결에서 연방대법원

---

25) *Ameron Inc. v. U. S. Army Corps of Engineers*, 787 F. 2d 875, 878(3d
   Cir. 1986).

26) *Ibid.*, at 885.

27) *Ibid.*, at 892.

28) 478 U. S. 714 (1986).

338

은 연방적자를 통제하기 위해 회계검사원장에게 집행권을 부여한 「그 램루드만법」 규정을 위헌으로 결정하였다. 연방대법원이 이를 위헌으로 본 근거는 의회의 합동결의에 의해 해임될 수 있는 회계검사원장은 분명 의회의 기관이고, 따라서 이러한 회계검사원장에게 집행권을 부여하는 것은 헌법상 권력분립원칙에 위반된다는 것이었다. 두 번째 판결은 *Commodity Futures Trading Comm'n v. Schor*[29]로 여기에서 연방대법원은 상품선물거래위원회(Commodity Futures Trading Commission)가 재판권과 유사한 '재결권'을 갖는 것에 대해 그것은 사법부의 권한과 기능을 크게 침해하지 않는다는 점에서 헌법에 위반된다고 볼 수 없다고 판시하였다. 결국 위의 두 가지 판결 중 첫 번째 판결은 헌법의 문언과 엄격한 권력분립원칙의 원칙적 준수에 큰 비중을 두는 형식주의적 접근법을 채택한 판결이라고 볼 수 있고, 두 번째 판결은 '견제와 균형'과 양 기관 사이의 상호 의존성을 부각시키는 기능주의적 접근법에 의거한 판결이라고 볼 수 있다.[30]

하지만 항소심은 위 항소심판결의 재심에서 이러한 이중적인 연방대법원의 판례들 중 後者에 의거하여 연방계약에 있어서의 회계검사원장의 역할은 전적으로 정당하다고 함으로써 원래의 입장을 재확인하였다.[31]

---

29) 478 U. S. 833 (1986).

30) 권력분립해석론으로서의 형식주의와 기능주의에 대해서는 제7장에서 상세히 설명한다.

31) *Ameron Inc. v. U. S. Army Corps of Engineers*, 809 F. 2d 979(3d Cir. 1986). 이러한 회계검사원장의 권한은 2년 후인 *Lear Siegler, Inc., Energy Products Div. v. Lehman*, 842 F. 2d 1102(9th Cir. 1988)에서도 합헌으로 인정되었다. 즉 이 판결에서 제9순회항소법원은 「1984년 계약 경쟁법」 중, 대통령이 회계검사원장의 입찰거부권에 대한 규정만을 준수하지 않겠다는 것은 사실상 항목별거부권(item veto)을 행사하는 것이고, 이는 헌법상 인정되지 않는 대통령의 권한이라고 판시하였다.

(2) 郵政局과 美聯邦遞信廳

한편 회계검사원 외에 미국에서의 체신기관도 '중립적 기관'으로 평가되어온 것 중의 하나이다. 1789년, 의회는 그 재정에 관한 고유권한을 행사하는 차원에서 우정국(Post Office)을 창설하였는데, 한 가지 특이한 점은 의회가 이를 보통의 행정부서와는 다른 기관으로 이해하려 했다는 점이다. 즉 당시 의회가 제정한 우정국창설법률은 비록 우정국장(Postmaster General)은 그 직무를 수행함에 있어서 대통령의 지시에 따른다는 규정을 두고 있었지만, 우정국을 행정부서(executive department)로 稱하지는 않았다.32) 한편 의회는 1790년에 우편도로지정권을 대통령이나 우정국장에게 위임할 것인가 아니면 의회자신이 보유할 것인가에 대해 격론을 벌인 바 있다. 하지만 논의가 진행되면서 대통령이나 우정국장에게 그것을 위임하자는 주장에 대해서는 대통령이나 우정국장이 우편도로지정권을 가지게 된다면 세입이 행정부에게 집중되는 결과를 가져올 것이고, 이는 지갑(purse)과 칼(sword)이 동시에 행정부에게 귀속되는 것을 의미하게 되어 결국은 인민의 자유가 파멸될 것이라는 비판이 유력하게 제기되었다. 나아가 비판론자들은 대통령이나 우정국장에 대한 우편도로지정권의 위임은 헌법이 우편도로 건설권을 명시적으로 의회에게 부여하고 있다는 점33)에서도 위헌이라고 주장하였다.34) 결국 1792년, 의회는 우편도로지명권은 그 자신이 보유하되 건설계약업자의 지명과 계약체결은 우정국장에게 위임하는 것을 내용으로 하는 법률을 통과시켰다. 또한 이 법은 우정국장은 대통령의 지시에 구속된다는 규정도 삭제하였다.35) 이러한 일련의 과정들을 통하여 우정국의 재정적 독

---

32) 1 Stat. 70(1789).

33) 연방헌법 제1조 8항 7호.

34) Gottfried Dietze, *op.cit.*, pp.77-78.

35) 1 Stat. 232-234(1792).

립은 확보되었고, 이는 우정국이 좀더 독립적인 기관으로 탈바꿈하게 하는 계기가 되었다.

우정국의 독립성이 강화되어가자 우정국은 행정부와 의회의 새로운 권력투쟁의 장으로 등장하였다. 심지어 우정국을 둘러싼 이러한 권력투쟁은 행정부 내에서도 발생하였다. 예컨대 당시 국무장관인 Jefferson은 그의 정치적 라이벌인 재무부장관 Hamilton과의 권력투쟁에서 유리한 고지를 점하기 위하여 우정국을 국무부산하에 두기 위해 총력을 기울였다.36) 그러나 역설적으로 우정국을 둘러싼 이러한 복잡한 권력투쟁으로 인해 우정국의 독립성이 상대적으로 제고되었다고 보는 것도 가능하다.

하지만 이러한 우정국의 독립성은 1836년, 의회가 그 재정적 자치권을 박탈하는 법률을 제정함에 따라 점차적으로 상실되어 갔다. 즉 이 법은 이전에 우정국에 귀속되던 모든 세입을 의회의 세출의결을 조건으로 하여 재무부로 이전시켰다. 또한 Jackson 행정부가 출범하면서 우정국은 우정부(Postal Service Department)로 개편되고 우정부국장은 그 내각의 일원으로 포함되었다. 한편 연방대법원 역시 이러한 경향을 반영하듯 1935년 *Humphrey's Executor v. United States*37)에서 우정장관은 행정부구성원의 하나에 불과하므로 대통령의 독점적이고도 절대적인 해임권의 대상이 된다고 판시하였다.

그러나 이러한 체신기관의 행정부종속화 현상은 1970년, 의회가 「우편재조직법」(Postal Reorganization Act)을 제정하여 우정부를 전면 폐지하고, 그 대체기관으로 독립기관인 미연방체신청(U. S. Postal Service)을 창설함에 따라 종지부를 찍었다.38) 즉 미연방체신청은 그 이사회(Board of Governors) 이사들이 상원의 권고와 동의하에 대통령에 의해

---

36) Henry Adams and Earl Harbert, ed., *op.cit.*, p.57.

37) 295 U. S. 602, 627 (1935).

38) 84 Stat. 720 sec. 201 (1970); 39 U. S. C. 201 (1994).

임명된다는 점을 제외하고는 대체적으로 비정치적이면서도 독립적인 성격을 갖는 기관이었다.

한편 Bush 대통령은 자신의 공무원해임권과 임시임명권(recess appointment power)39)을 통하여 그 임기 말에 미연방체신청에 대한 통제권을 확보하려는 시도를 한 바 있다. 이 사건은 우편료결정위원회 (Postal Rate Commission)와 미연방체신청 간의 소송이 발단이 되었는데, Bush는 이 소송을 취하시키기 위하여 이에 반대하는 미연방체신청 이사를 해임할 것이라고 협박하였다. 이어 그는 이사회에서 자신에게 유리한 표결을 유도하기 위하여 임시임명권 행사를 통해 임기종료 후에도 계속해서 그 직을 보유하고 있는 이사들을 퇴진시켰다. 그러나 미연방체신청의 9명의 이사들은 그 표결(5：4)로 Bush의 소송철회요구를 거부하였다. 결국 이 문제는 소송으로까지 확대되었고, 그 결과 연방지방법원은 미연방체신청 이사의 留任에 관한 연방 법률40)을 근거로 당시 상황에서 Bush가 임시임명권을 행사할 사유는 전혀 존재하지 않았다고 판시하였다.41)

4. 行政府組織의 改編

헌법이론적인 측면에서 의회는 입법권을 통하여 행정부서를 창설하

---

39) 연방헌법 제2조 2항 3호(대통령은 상원의 휴회 중에 생기는 모든 결원을 임명에 의하여 충원하는 권한을 가진다. 다만, 그 임명은 의회의 다음 회기가 만료될 때에 효력을 상실한다).

40) 39 U. S. C. 202(b)(미연방체신청 이사는 그 후임자가 정식으로 취임할 때까지 그 직을 임기 후에도 정당하게 보유한다).

41) *Mail Order Ass'n v. U. S. Postal Service*, 986 F. 2d 509 (D. C. Cir. 1993); *Mackie v. Clinton*, 827 F. supp. 56 (D. D. C. 1993); *Mackie v. Bush*, 809 F. supp. 144 (D. D. C. 1993). Neal Devins, "Tempest in an Envelope: Reflections on the Bush White House's Failed Takeover of the U. S. Postal Service", 41 *UCLA L. Rev.* 1035 (1994), pp.1041-48 참조.

342

고, 그 기능과 권한을 설정·이전하며, 사후에 행정부서를 폐지할 권한을 갖는다. 미국의 의회는 의회가 이러한 권한을 대통령에게 위임하기 시작한 1930년대 이전까지 행정부서의 개편을 전적으로 주도했다.

위와 같이 행정부서개편의 주도권이 의회에서 행정부로 이전된 시기는 1930년대 초반이었는데, 이는 구체적으로 의회가 1932년에 「정부개편법」(Reorganization Act)을 제정함으로써 이루어졌다. 즉 「1932년 정부개편법」에 따르면 대통령은 행정명령을 통해 정부개편안을 의회에 제출하고, 의회는 60일 내에 양원 중 一院의 단순결의로 이를 거부할 수 있었다. 이것은 사실상 대통령에게 정부개편권을 부여하는 것으로 당시 대통령이었던 Hoover는 이 법에 근거하여 1932년 말에 약 58개의 정부활동을 통합하는 것을 내용으로 하는 11개의 행정명령을 발하였다. 그러나 당시 총선에서의 공화당의 압도적인 패배로 인하여 하원은 민주당이 장악하게 되었고, 민주당이 지배하는 하원은 임기가 얼마 남지 않은 Hoover의 정부개편안을 승인하려 하지 않았다. 즉 하원은 Hoover의 후임자이자 민주당소속 대통령당선자였던 Roosevelt에게 정부개편권을 위임하고자 했던 것이다. 결국 하원은 Hoover의 11개 정부개편안을 모두 거부하였다.42)

한편 Roosevelt가 취임한 이후인 1933년, 의회는 그에게 의회거부의 적용을 받지 않는 정부개편권을 위임하였다.43) 이는 대공황으로 인해 행정부의 적극적 역할이 요구되는 시점에서 의회가 정부개편절차에 관여하는 것은 여러 가지로 부적절하다는 판단에 의한 것으로 보인다. 이러한 의회의 분위기는 당시 상원의원 Arthur Vandenberg의 다음과 같은 발언에 잘 나타나 있다.

---

42) Misty Ventura, "The Legislative Veto: A Move Away From Separation of Powers or a Tool to Ensure Nondelegation?" 49 *SMU L. Rev.* 401 (1996), pp.404-05.

43) 47 Stat. 1518, sec. 403(c) (1933).

"우리는 현실을 정확히 직시하여야 한다. 우리는 지금 행정기구를 개편하고 대폭적으로 축소할 필요성이 있다. 우리는 지금까지 의회거부를 조건으로 한 대통령의 정부개편권으로는 조금의 발전도 이루지 못했음을 목격해왔다"44)

한편 이로부터 약 4년 후인 1937년에 Roosevelt는 다시 정부개편권의 위임을 의회에게 요구하였다. 이러한 Roosevelt의 요구는 이른바 '대법원개혁안'(Court Packing Plan)45)이라 불리는 연방대법원 대법관 증원계획과도 밀접한 관련이 있었으나, 이는 대통령의 독재체제를 확고히 하기 위한 수단에 불과하다는 비판적 여론에 직면하게 되었다. 또 이때의 재위임요구에서 그는 의회거부의 방식으로 단순결의나 동지결의가 아닌 '합동결의'를 주장하였다. 이에 상원은 1938년, 의회가 정부개편안을 거부하기 위해서는 일반 법률이나 합동결의에 의해야 한다는 것을 골자로 하는 정부개편법안을 통과시켰다. 결국 상원이 통과시킨 정부개편안이 채택하고 있는 의회거부방식, 즉 일반 법률이나 합동결의는 대통령에게 移送되어야 한다는 점에서 Roosevelt에게 유리한 것으로 평가되었다. 이에 따라 Roosevelt는 對의회발표를 통하여 대통령에게 移送되지 않는 의회의 결의는 더 이상 의회거부의 방식으로 채택될 수 없으며, 그것은 단순한 의회의 의견으로 법률에 의거하여 행해지는 행정부의 행위를 무효로 하지 못한다고 주장하였다.46)

---

44) 76 *Congressional Record* 2587 (1933).

45) 이는 당시 행정부가 주도한 New Deal 입법이 연방대법원에서 연속적으로 위헌 결정되자 위기의식을 느낀 Roosevelt가 자구책으로 발표한 案이다. 그 구체적인 내용은 만일 70세가 되는 대법관이 은퇴하지 않는 경우, 대통령은 70세가 넘는 대법관 수만큼 대법관을 추가 임명하겠다는 것이었다. 그러나 이 案은 결국 좌절되었다. Becker et. al. ed., *The Impact of Supreme Court Decisions*, 1973, pp.39-42(李相敦, 「美國의 憲法과 聯邦大法院」, 學研社, 1983, p.41에서 재인용)

46) 83 *Congressional Record* 4487 (1938).

그러나 며칠 후 하원이 이 정부개편안에 대해 적극적인 반대를 하자 Roosevelt는 종전의 입장을 변경하여 하원의 '동지결의'에 의한 의회거부案을 수용하게 되고, 1949년에는 더욱 광범위한 정부개편권의 위임을 조건으로 단순결의에 의한 의회거부까지도 수용하였다.

이후 의회는 Roosevelt 이후의 행정부에 대해서도 계속해서 단순결의에 의한 의회거부를 조건으로 한 정부개편권을 위임하였다. 그러나 연방대법원이 1983년의 *Chadha* 판결에서 동지결의나 단순결의에 의한 의회거부를 위헌으로 판결하자 의회는 모든 정부개편안은 90일 내에 '합동결의'에 의한 의회의 승인을 받아야 한다는 것을 내용으로 하는 법안을 통과시켰다. 그러나 합동결의에 의한 의회거부는 정해진 기간 내에 양원의 승인을 얻어야 한다는 점에 정치적 부담을 느낀 Reagan은 결국 더 이상 의회에 대해 정부개편권의 위임을 요구하지 않았다. 따라서 현재 미국대통령이 의회로부터 정부개편권을 위임받기 위해서는 반드시 보통의 입법과정을 거친 일반 법률에 의거하여야 한다.

Ⅲ. 行政府公務員에 대한 統制

일반적으로 의회는 행정부서와 기관을 창설한 이후에도 공무원임명절차에 관여하거나 공무원해임절차에 있어서 일정한 제한이나 조건을 부과함으로써 계속적으로 행정부공무원을 통제할 수 있다. 또 의회가 공무원제도를 확립·개편하고, 행정부서장관에게 일정한 의무사항을 부과하는 것도 의회가 행정부공무원을 통제하는 방법이라고 볼 수 있다.

1. 公務員의 任命

미국에서의 대통령과 의회가 행정부공무원의 통제를 목적으로 행사하는 대표적인 권한은 바로 공무원임명권이다. 우선 미국헌법상 공무원 임명권은 일차적으로 대통령이 행사한다. 1960년, 당시 Kennedy 대통 령의 보좌관이었던 James M. Landis는 대통령에게 다음과 같은 보고를 통하여 행정부공무원 통제와 행정부운영에 있어서 공무원임명권이 갖 는 중요한 의미를 강조한 바 있다.

"행정부의 성공을 위한 핵심적인 조건은 유능한 행정부공무원을 선발하는 일이다. 유능한 행정부공무원은 잘못된 법도 제 기능을 다하게 하는 반면 무능한 행정부공무원은 훌륭한 법도 제 기능을 다하지 못하게 한다."47)

하지만 대통령의 공무원임명권은 다음에서 보듯이 의회에 의해 상당 히 제한되어 왔다. 알려진 대로 공무원임명의 첫 번째 절차라고 볼 수 있는 공무원지명은 대통령의 독점적 권한에 속한다. 하지만 헌법이론적 인 측면에서 볼 때, 의회는 관직을 창설함에 있어서 그 직을 수행할 피 지명자의 매우 세부적인 요건과 자격을 규정할 수 있다. 이러한 점에서 대통령의 공무원지명권은 의회로부터 절대적으로 자유로운 권한이라고 볼 수 없다. 나아가 실제적인 측면에서도 미국의 대통령은 의회가 추천 하는 인사를 지명해야 할 정치적 의무를 종종 부담하고 있으며, 의회 외에도 미국변호사협회(American Bar Association), 농업관련단체, 노동 조합과 같은 이익단체의 의견에 따라 피지명자를 선발하기도 한다. 이 러한 요소 외에 헌법상 피지명자에 대한 '상원의 권고와 동의'48)와 이

---

47) Senate Committee on the Judiciary, *Report on Regulatory Agencies to the President-Elect*, 86th Cong., 2d sess., 1960, p.66(John F. Duffy, "Symposium Overview: Part Ⅲ: A New Role for the FCC and State Agencies in A Competitive Environment?: The FCC and the Patent System: Progressive Ideals, Jacksonian Realism, and the Technology of Regulation", 71 *U. Colo. L. Rev.* 1071 (2000), p.1116에서 재인용).

48) 연방헌법 제2조 2항 2호.

346

른바 '상원에 대한 예우'(senatorial courtesy)49)도 대통령의 공무원지명권을 제한하는 요소이다.50)

한편 의회는 연방헌법 제1조 8항 18호51)에 의거하여 대통령의 공무원임명을 일정한 범위로 제한하는 법률을 제정할 수 있다.52) 하지만 이 것으로써 의회가 직접 공무원임명권을 행사할 수는 없다.53) 이러한 헌법적 한계에도 불구하고 의회는 1974년에 법률을 통하여 상품선물거래위원회(Commodity Futures Trading Commission) 위원장지명권을 '상원의 권고와 동의하'에 同위원회에게 부여하려 함으로써 우회적인 방법으로 자신이 직접 공무원을 임명하려고 한 바 있다.54) 이에 당시 대통령이었던 Ford는 이러한 임명절차는 헌법이 인정하지 않는 방법에 의해 행정부공무원을 임명하는 절차로서 심각한 헌법적 문제를 야기한다고 주장하였다. 결국 의회는 1978년에 Ford의 주장을 수용하는 차원에서 위의 법률을 개정하여 상품선물거래위원회 위원장임명권은 독점적으로

---

49) 이는 미국 상원의 관습으로 피지명자와 같은 출신州의 상원의원, 또는 대통령이 속한 정당의 선배 상원의원이 반대할 경우, 상원이 대통령이 지명한 인사에 대한 임명동의를 거부하는 것을 말한다. 따라서 대통령은 이러한 결과를 방지하기 위하여 피지명자의 선발에 위와 같은 상원의원들의 의견을 존중하게 된다. *Black's Law Dictionary*, p.1366 참조.

50) Michael J. Gerhardt, "Toward A Comprehensive Understanding of The Federal Appointments Process", 21 *Harv. J. L. & Pub. Pol'y* 467 (1998), pp.511-12, 27-28 참조.

51) '위에 기술한 권한들과 이 헌법이 합중국정부 또는 그 부처 또는 그 공무원에게 부여한 모든 기타 권한을 행사하는 데 필요하고 적절한 모든 법률을 제정한다.'

52) Willam W. Van Alstyne, "The Role of Congress in Determining Incidental Powers of the President and the Federal Courts: A Comment on the Horizontal Effect of the Sweeping Clause", *Law and Contemporary Review* 40 (1976), p.102.

53) *United States v. Ferreira*, 54 U. S. 39, 50-51 (1852).

54) 88 Stat. 1390, sec. 5 (1974).

同위원회에게 귀속되며, 상원은 여기에 일체 관여할 수 없음을 분명히 하였다.55)

사실 이러한 의회의 입장변경은 위의 사건보다 2년 전에 있었던 연방대법원판결에 직접적으로 기인한 것으로 보인다. 이 판결은 연방선거위원회(Federal Election Commission) 위원들의 임명절차가 문제가 된 사건이었는데,56) 이 임명절차에 따르면 대통령이 지명하는 2명을 포함한 총 6명의 연방선거위원회 위원들은 '양원'의 임명동의를 받아야 했다. 이에 연방항소법원은 이러한 절차는 연방헌법 제1조 8항 18호에 근거한 의회의 헌법적 권한의 행사로서 전적으로 정당하다고 판시하였으나,57) 연방대법원은 연방선거위원회의 경우, 입법기능보다는 집행기능을 담당하는 기관이라는 점에서 의회가 그 위원들에 대한 임명권을 행사하는 것은 적절하지 못하다고 판시하였다. 즉 연방선거위원회는 입법기능 외에도 강제집행권(enforcement power)과 訴追權(prosecutorial power)을 가지고 있는데, 이는 집행기능에 해당되는 것으로서 의회의 권한이라기보다는 '법률을 올바르게 집행'할 의무가 있는 대통령의 권한이라는 것이다. 따라서 연방대법원은 집행기능은 원칙적으로 행정부에게 귀속된다는 전제하에, 同위원회 위원선출에 있어서 의회가 선택할 수 있는 두 가지 방법을 제시하였다. 즉 의회가 연방선거위원회 위원을 '상급공무원'으로 판단한다면 同위원회 위원의 지명권을 '상원의 권고와 동의하'에 대통령에게 행사하게 하고, 반면 '하급공무원'으로 판단할 경우에는 대통령에게 단독으로 또는 법원이나 행정각부장관에게 전적으로 위임하는 방식을 선택해야 한다는 것이다.58) 결국 이러한 연방대법원의 판시에 따라 의회는 연방선거위원회 위원선출방식으로 前者를

---

55) 92 Stat. 865 (1978).

56) *Buckley v. Valeo*, 424 U. S. 1 (1976).

57) *Buckley v. Valeo*, 519 F. 2d 821 (D. C. Cir. 1975).

58) 연방헌법 제2조 2항 2호.

선택하였다.

여기서 한 가지 흥미로운 점은 위의 연방대법원판결을 逆으로 해석할 경우, 의회는 법률의 강제집행권이나 訴追權을 가지지 않는 행정부서 인사에는 관여할 수 있다는 것이다. 예컨대 Reagan 대통령과 의회는 1957년 이후에 조사기관으로 자리잡아온 민권위원회(Civil Rights Commission)에 대한 통제권을 확보하기 위해 서로 대립한 바 있었다. 민권위원회는 인권침해에 대한 사실을 확인하고 그 대책을 대통령과 의회에 권고하는 권한만을 가지고 있을 뿐, 그 구제를 위한 강제집행권은 가지고 있지 않다. 이 문제에 대해 결국 의회는 1983년, 민권위원회 위원들의 임명권을 대통령과 의회가 공동으로 행사한다는 것을 내용으로 하는 법안을 통과시켰는데, 이 법안에 따르면 총 8명의 위원들 중 대통령이 4인을, 그리고 의회가 4인을 임명하도록 되어 있었다.59)

2. 公務員의 解任

(1) 公務員解任權에 대한 憲法制定者들의 論議: 이른바 '1789 年의 決定'(The Decision of 1789)

초대 연방의회의원들 중 일부는 헌법상 행정부공무원의 해임은 '탄핵절차'(impeachment process)에 따르는 수밖에 없다고 생각하였다. 반면 다른 일부에서는 상원의 경우, 대통령의 공무원임명절차에 관여하고 있으므로 해임절차에도 관여할 헌법적 권한이 있다고 주장하였다. 그러나 당시 공무원해임에 대한 이러한 논의는 다음의 두 가지 입장으로 정리되었다. 첫 번째 입장은 대통령은 행정부공무원을 자유롭게 해임할 '헌법적 권한'이 있다는 것이었고, 두 번째 입장은 행정부서를 창설한 기관은 다름 아닌 의회이기 때문에 의회는 해임의 요건 등을 법정함으

---

59) 97 Stat. 1301 (1983).

로써 공무원해임에 적극적으로 관여할 수 있다는 것이었다.60)

첫 번째 입장의 대표자로는 앞에서 살펴본 바와 같이 Madison을 들 수 있다. 그는 대통령에게 공무원해임에 대한 완전한 자유재량권을 부여할 것을 주장하였는데, 그 근거로는 공무원해임권은 헌법이 묵시적으로 인정하는 대통령의 권한이며 헌법은 공무원해임권을 의회에게 위임하지 않았다는 점을 들었다. 이러한 관점으로부터 그는 의회가 법률을 통해 대통령의 공무원해임권을 제한하는 것은 대통령의 고유권한을 침해하고 행정부의 단일성을 파괴하게 된다고 주장하였다. 한편 그는 상원의 경우, 공무원임명절차에 헌법적으로 관여하고 있으므로 그 해임절차에 대한 관여도 헌법적으로 인정된다는 주장에 대해서도 반대하였는데, 그 이유로는 상원의 공무원임명절차 관여는 '집행권은 대통령에게 속한다'는 일반원칙의 예외에 불과하다는 점을 들었다. Madison은 대통령의 공무원해임권은 '법률을 올바르게 집행할' 대통령의 의무61)로부터 도출된다고 이해하였다. 즉 대통령은 이러한 그의 헌법적 의무를 수행하기 위하여, 부패하고 무능하며 신뢰할 수 없는 행정부공무원을 해임할 수 있다는 것이다.62) 한편 Madison과 마찬가지로 공무원해임권은 대통령의 독점적 권한이라고 주장한 Goodhue는 상원이 공무원임명절차에 관여하는 것은 피지명자의 각종 기록에 대해 상원이 대통령보다 정통할 수 있다는 점에 그 정당성이 있지만, 공무원해임의 경우에는 그 근거가 되는 그의 재직 중 공직수행능력에 대해 의회보다 대통령이 정통하다는 점에서 의회가 공무원해임에 관여하는 것은 정당성이 없다고 주장하였다.63)

---

60) Kent Greenfield, "Original Penumbras: Constitutional Interpretation in the First Year", 26 *Conn. L. Rev.* 79 (1993), pp.83-84.

61) 연방헌법 제2조 3항.

62) Kent Greenfield, *op.cit.*, pp.89-91.

63) *Annals of Congress*, 1st Cong., June 17, 1789, p.496, 500, 534.

한편 공무원해임에 있어서 의회가 관여할 것을 주장한 입장의 대표
자로는 Roger Sherman을 들 수 있을 것이다. 다음에서 그의 견해를 구
체적으로 살펴보기로 한다.

"행정부공무원은 의회의 창조물에 불과하기 때문에 그는 의회의
여러 가지 제한을 받는다. 이러한 취지에서 행정부공무원에게 의회
가 적절하다고 판단한 권한과 임기를 부여하는 것은 당연하다. 행
정부공무원의 임기를 '올바른 공직수행'(good behavior)기간으로 하
든 아니면 1년으로 하든 그것은 전적으로 의회의 자유이다. 또 하
원은 '직무의 태만'을 해임요건으로 하고 그에 대한 구체적인 판단
권을 갖는데, 이는 상원이나 대통령으로부터 독립된 하원의 고유권
한이다."64)

결국 위와 같은 헌법제정자들의 논쟁은 1789년, 외교부창설법률에
'위에서 말한 장관이 대통령에 의해 해임되려는 경우'(whenever the
said principal officer shall be removed from office by the President of
the United States)라는 문구가 삽입됨에 따라 대통령의 공무원해임권을
인정하는 방향으로 결론이 나게 되었다. 하지만 이러한 대통령의 공무
원해임권이 헌법상 묵시적으로 인정되는 권한인지, 아니면 의회가 그것
을 대통령에게 명시적으로 위임한 것인지는 이 문구만으로는 여전히
불확실하다. 하지만 헌법제정자들이 공무원해임권의 일차적인 행사자로
'의회'보다는 '대통령'을 염두에 두었다는 점은 거의 분명해 보인다.

(2) 以後의 論議와 公務員解任權의 制限

헌법제정자들의 이러한 애매모호한 결론으로 인하여, 종래에 공무원
해임권의 성격을 명확히 규명하기 위한 여러 가지 논의가 진행되어 왔

---

64) *Ibid.*, p.492.

다. 이 문제에 대해 *Myers v. United States*[65])에서 Taft 대법원장은 헌법 제정자들이 '1789년의 결정'을 통해 대통령에 의해 임명되는 공무원의 해임권을 대통령에게 독점적으로 부여했다는 점은 조금도 의심할 바 없이 확실하다고 한 바 있다. 하지만 이러한 그의 해석은 '1789년의 결정'이 있었던 당시에 의회에서 이 문제에 대해 여러 가지 의견이 있었다는 점을 간과한 것이었다.

또한 '1789년의 결정'은 성질상 대통령의 기관이라고 볼 수 있는 외교부장관의 해임권에 대한 것이었다는 점에서도 Taft 대법원장의 해석은 설득력이 없다. 즉 성질상 자신의 기관에 대해 인정되었던 대통령의 해임권을 모든 행정부공무원에 대한 해임권으로 확대해석할 수는 없는 것이다. 결국 문제의 핵심은 해임되는 행정부공무원의 '직무상 성격'에 있다고 보는 것이 가장 정확하지 않을까 한다. 이러한 지적은 '1789년의 결정'의 과정에서도 명확히 나타나고 있다. 즉 당시 재무부의 재무부감사관의 성격에 대해 Thedore Sedwick는 이 기관은 '의회의 기관'으로서의 성격이 강하다는 견해를 밝힌 바 있으며, Madison은 재무부감사관은 사법권과 집행권이 혼재된 권한을 가지고 있다는 점에서 그를 전적으로 행정부공무원으로 분류하기는 어렵고 따라서 대통령이 재무부감사관의 해임권을 행사하는 것은 부적절하다고 보았다. 결국 Madison 역시 대통령에게 공무원해임권을 그 행정부공무원의 직무상 성격을 불문하고 무조건적으로 인정하려 했다고 보기는 힘들다.[66])

위와 같은 논리에 따른다면 공무원해임권은 원칙적으로 대통령의 권한이라고 할 수 있다. 그렇다면 이러한 대통령의 권한은 절대적 권한이라고 볼 수 있는가? 그렇지 않다. 우선 대통령의 공무원해임권은 우선

---

65) 272 U. S. 52, 293 (1926).

66) Jonathan L. EnTin, "The Removal Power and the Federal Deficit: Form, Substance, and Administrative Independence", 75 *Kentucky Law Journal* 699 (1986), p.792.

의회가 제정하는 법률에 의하여 제한된다. 그 대표적인 방법은 법률에 '직무태만', '무능', '불법행위' 등과 같은 해고사유를 명시적으로 규정하는 것이다. 이러한 '해고사유의 *法定*'은 과거 연방대법원에서도 합헌으로 인정된 바 있다.67) 대통령의 공무원해임권을 제한하는 또 다른 요소는 개인의 기본권이다. 즉 자의적인 해고로부터 공무원을 보호하는 여러 절차법과 사법부의 판결 역시 대통령의 공무원해임권을 제한하는 역할을 한다.68)

3. 公務員制度와 權力分立

(1) 大統領의 行政府公務員 支配를 위한 努力

미국에서 행정부공무원에 대한 대통령의 영향력을 제한하는 또 다른 요소는 바로 공무원제도(civil service system)이다. 즉 공무원제도는 공무원선발에 있어서 일정한 요건을 필요로 한다는 것과 해고나 停職에 있어서 공무원은 절차적 보호를 받는다는 것을 그 중심적 내용으로 하고 있으므로 이러한 범위에서 대통령의 행정부공무원에 대한 영향력은 감소하게 된다.69)

그러나 전통적인 엽관주의가 청산된 20세기 이후70)에도 미국의 여러

---

67) *Shurtleff v. United States*, 189 U. S. 311 (1903).

68) 5 U. S. C. 7501-14 (1994); *Peters v. Hobby*, 349 U. S. 331 (1955); *Vitarelli v. Seaton*, 359 U. S. 535 (1959); *Cafeteria Workers v. McElroy*, 367 U. S. 886 (1961).

69) 5 U. S. C. 7503, 7513, 7532 (1994).

70) 미국 관료제의 특성이었던 엽관주의의 청산과 정통적 관료제의 확립을 위한 초창기적 노력 가운데 획기적인 것은 「1883년 공무원법」(Civil Service Act) 제정이라고 볼 수 있다. 「Pendleton법」이라고도 하는 이 법률은 독립성이 강한 공무원인사위원회(Civil Service Commission)의

대통령들은 행정부공무원을 장악하기 위한 시도를 끊임없이 되풀이 해 왔다. 그 대표적인 예로는 1937년, Roosevelt 행정부의 대통령행정관리위원회(President's Committee on Administrative Management)의 행정개혁안을 들 수 있는데, 이 안은 공무원인사위원회(Civil Service Commission)를 백악관비서실의 일부인 공무원담당국(Civil Service Administration)산하로 편입시키고 공무원담당국에는 1인의 국장을 둔다는 것이었다. 또 공무원담당국장은 상원의 권고와 동의하에 대통령이 임명하게 하였다. 이는 공무원담당국장으로 하여금 대통령의 의사에 직접적으로 영향을 받게 하고, 공무원인사와 관련된 모든 문제에 있어서 대통령의 참모로 활동하게 하려는 것이었다.71)

그러나 의회는 이러한 Roosevelt의 공무원제도개혁에 대해 이는 이전의 엽관제를 전면적으로 부활시켜 공무원의 전문성과 실적주의를 파괴하려는 것이라며 강력하게 반발하였다. 하지만 행정부공무원을 장악하려는 대통령의 시도가 이보다 더욱 본격적으로 나타난 때는 Nixon 행정부시절로서, 당시 Nixon은 기본적으로 직업공무원에게 자신의 정책을 철저히 따를 것을 요구하였다. 예컨대 1972년, 백악관비서실은 Nixon의 재선에 대한 행정부서와의 협조체제를 강화하려는 의도에서 그것에 관한 종합계획을 수립한 바 있다. 이 계획의 골자는 Nixon 행정부의 정치철학과 대통령에 대한 충성도를 직업공무원들의 해임과 유임의 기준으로 하자는 것과 공무원인사위원회의 체계적인 계획하에 각종 공무원인사절차를 교묘히 조작하자는 것이었다. 그 결과, 당시에는 '직업공무원' 선발에 있어서도 Nixon과 정치적으로 가까운 인사가 특혜를 받는 경우가 상당히 많았다.72)

─────────────

설치, 공개경쟁채용시험의 실시, 공무원의 정치적 중립 등을 규정함으로써 실적주의 인사행정제도의 기반을 닦아 놓았다. 吳錫泓, 前揭論文, http://mskim.netian.com/ahg. htm.

71) H. Knott Jack and Miller Gary J., *Reforming Bureaucracy: The Politics of Institutional Choice*, Prentice-Hall, 1987, pp.86-88 참조.

354

(2) 1978年 公務員制度改革法

실적주의 공무원제도가 1883년 「Pendleton법」에서 도입된 이래 가장
큰 인사제도개혁은 1978년에 제정된 「공무원제도개혁법」(Civil Service
Reform Act of 1978)을 통해 이루어졌다. 우선 이 법은 종래의 공무원인
사위원회를 폐지하고 새로운 중앙인사기구로 인사 관리처(Office of
Personnel Management: OPM)를 설치하였다. 한 가지 주목할 점은 인사
관리처처는 과거의 공무원인사위원회에 비해 독립성이 크게 제고되어 있
다는 점이다. 즉 인사 관리처 창설법률에 따르면 인사 관리처는 '행정부
내의 독립기관'이며 인사 관리처장의 임기는 4년으로 法定되어 있다.[73]

한편 이 법은 국가정책결정능력을 향상시키기 위해 새롭게 고위공무
원단(Senior Executive Service: SES)을 창설하였다.[74] 이러한 고위공무

---

72) *Ibid.*, pp.140-45 참조.

73) 하지만 각종 입법 자료들을 살펴볼 때 인사 관리처장이 대통령의 기관
이라는 점은 일반적으로 부인하기 힘들다. H. Rept. 1403, 95th Cong.,
2d sess., 1978, p.6; S. Rept. 969, 95th Cong., 2d sess., 1978, p.5.

74) 구체적으로 고위공무원단은 행정의 전문화로 인한 정책결정의 전문성을
향상하기 위하여 창설되었으며, 정무직 중 상원의 동의가 필요 없는 직위
와 일반직공무원(GS) 16-18(실·국장급) 중 관리감독적 직위를 통합하여 구
성되었다. 1998년 12월 현재 고위고무원단의 전체 직위는 7,698개로서 크
게 準사법적 업무, 교정·계약·행정 등 정치적 중립성과 공정성이 요구
되는 경력필요직위(Career Reserved Position)와 그렇지 않은 일반적 직위
(General Position)로 나누어지며 각각 50%씩 그 비율이 규정되어 있다. 고
위공무원단에 임명될 수 있는 공무원은 경력직공무원, 비경력직공무원, 임
시직공무원이 있는데 비경력직과 임시직공무원은 일반직위에만 임용이
가능하며 경력직공무원의 경우 모든 고위공무원단 직위에 임용될 수 있
다. 또한 고위공무원단 내 비경력직공무원의 수는 전체 고위공무원단 공
무원 수의 10%(기관별로는 25%), 임시직공무원의 경우에는 5% 수준을 넘
지 못하도록 하고 있다. 1997년 9월 현재 전체 고위공무원단 공무원은
6,885명으로 이 중 경력직공무원이 6,105명(88.7%), 비경력직공무원이 659
명(9.6%), 임시직공무원이 121명(1.8%)이다. 職群이나 職列의 구분 없이
통합·관리되는 고위공무원단 공무원은 비경력직과 임시직의 경우 신분보

원단은 특정 행정부서와 기관에 속하지 않으며 행정부전체를 대상으로 행정상 필요에 따라 활동한다. 이러한 관점에서 본다면 헌법적으로 고위공무원단은 대통령의 기관으로 볼 수 있으며, 실제로 대통령은 고위공무원단에 대한 직무재배치권(reassignment)을 통하여 그들을 직접 통제할 수 있다. 그러나 현실적으로 대통령의 직무재배치권을 통한 고위공무원단 통제는 오히려 대통령에게 부작용만을 초래한다는 점에서 대통령의 고위공무원단 통제에는 일정한 한계가 있다. 즉 정책결정과정에서 관계법령과 정책 등에 대한 실질적인 정보를 제공하는 것이 고위공무원단의 가장 중요한 임무인데, '직무재배치'라는 인사상 불이익을 받은 고위공무원단 공무원이 새롭게 발령받은 행정부서에서 이러한 그의 임무를 제대로 수행하리라고 기대하기는 사실상 힘들다고 볼 수 있다.75)

한편 고위공무원단의 독립성은 의회의 세출의결권에 의해서도 보호되고 있다. 즉 고위공무원단은 각 행정기관별로 차이는 있지만 약 90%의 경력직직위와 10%의 정무직직위로 구성되는데, 의회는 '경력직' 고위공무원단을 행정부의 부당한 처우로부터 보호하고 있다. 예컨대 1992년도 재무부와 미연방체신청 세출법은 세출자금이 경력직 고위공무원단의 직무재배치나 부서전출시, 그의 보수를 감경하거나 직위를 강등시키기 위한 수단으로 사용되는 것을 금지한 바 있으며,76) 역시 그해 주

장이 안 되며 경력직의 경우에도 다른 일반직공무원보다 신분보장이 약한 편이다. 이들은 근무성적평가 결과 5년간 최하등급을 2회 받거나 3년간 하위 2개 등급을 2회 받을 경우 면직 조치된다. 이정민, "개방형직위제도의 의의와 주요 운영방향", *http://www.csc.go.kr/journal/1999d/ba%EC%9D%B4%EC%A0%95%EB%AF%BC.html*

75) 이러한 점은 1983년에 직업공무원 2000명을 대상으로 이루어진 설문조사에서도 그대로 나타나고 있다. 즉 조사대상자의 15%만이 고위공무원단의 직무재배치가 행정관리와 조직의 효율성에 도움이 된다고 응답하였으며 그 60%는 사실상 전혀 그렇지 않다고 응답하였다. William J. Lanouette, "SES-From Civil Service showpiece to Incipient Failure in Two Years", *National Journal*, July 18, 1981, p.1296.

택도시개발부(Department of Housing and Urban Development: HUD) 세출법은 1992년도 주택도시개발부의 공무원신규채용인원을 15명으로 제한하면서 '경력직 고위공무원단'은 여기에서 제외한 한 바 있다.77)

1978년 공무원제도개혁법의 또 다른 특징은 연방공무원의 불만사항을 접수·조사하여 일정한 처분을 내리는 기관으로서 실적주의보호위원회(Merit Systems Protection Board: MSPB)를 창설하고 여기에 강한 독립성을 부여하였다는 점이다. 실적주의보호위원회의 독립성은 우선 3명의 위원을 두되 동일정당에 소속되어 있는 위원을 2명으로 제한하고, 3명의 위원 모두에게 7년의 임기를 보장하였다는 점에서 나타나고 있다. 또한 이 위원회의 예산요구서와 입법권고안이 대통령과 의회에 동시에 제출되어야 한다는 점도 실적주의보호위원회의 독립성을 제고하기 위한 제도적 장치라고 볼 수 있다.

그러나 무엇보다도 실적주의보호위원회의 독립성을 가장 분명하게 보여주는 요소는 이 위원회에 설치된 특별조사국(Office of the Special Counsel)일 것이다. 특별조사국은 연방 공무원들이 인사상 보복이나 불이익을 두려워하지 않고 공익을 위해 내부의 부정이라도 거침없이 보고할 수 있도록 하는 기관이다.78) 특히 특별조사국의 특별조사관은 실적주의보호위원회와도 독립되어 있는 기관이다. 이러한 점은 1980년, 실적주의보호위원회 위원장과 특별조사관 간의 법적 분쟁까지 있었다는 사실에서 잘 나타나고 있다. 이 사건은 특별조사관이 실적주의보호위원회의 일련의 지시사항을 따르지 않은 것이 문제된 사건으로서 미국역사상

---

76) 105 Stat. 866, sec. 526 (1991).

77) 105 Stat. 756 (1991).

78) B. D. Fong, US law, whistleblower protection and the Office of the Special Counsel. In G. Vinten (Ed.), *Whistleblowing-Subversion or corporate citizenship?* St. Martin's Press, pp.63-64(박홍식, "내부고발정책의 발전: 각국의 태도를 중심으로", *http://post.cau.ac.kr/~parkh/buco1.htm* 에서 재인용).

동일한 연방기관에 속해있는 구성원 간의 최초의 소송이었다.79) 하지만 당시 임시직무대리로 활동하고 있었던 특별조사관이 정규특별조사관으로 대체됨에 따라 이 사건은 다음 해에 각하되고 말았다.80)

(3) Clinton 行政府 國家行政評價委員會의 行政改革案

Clinton 행정부가 창설한 국가행정평가위원회(National Performance Review)는 나름대로 국가행정을 쇄신하고 행정의 효율성을 제고하기 위한 것으로 평가될 수 있다. 하지만 이것을 '권력분립적' 측면에서 본다면 이것 역시 기존의 직업공무업원제도를 위협하여 행정부공무원에 대한 영향력을 확대하기 위한 대통령의 노력이었다고 볼 수 있다.

국가행정평가위원회는 1993년, 그 보고서를 통하여 향후 5년 내에 연방공무원을 25만2천 명을 줄이고 그에 따른 비용을 절감할 것임을 발표하였다.81) 그러나 공무원감원을 통해 행정개혁을 이룬다는 위보고서의 취지에는 충분히 공감이 가지만 '공무원감원'이 진정으로 '행정개혁'을 위한 것인 지에 대해서는 위 보고서의 몇 가지 부분에서 의심이 간다. 첫째, 위 보고서에는 당시 미국의 행정위기가 공무원집단의 무능함과 안일함에 의해 초래된 것이 아니라 행정상의 여러 가지 불합리한 제도로부터 초래되었음을 지적하고 있다.82) 그럼에도 불구하고 위 보고서는 직업공무원들이 그들의 직무능력과 관계없이 평생 동안 신분보장을 받고 있다는 점을 비판하며, 그들은 행정의 생산성향상, 국민에 대

---

79) "MSPB Carries Special Counsel Battle to Court", *Federal Times*, Dec. 8, 1980, p.1.

80) *MSPB v. Eastwood*, 516 F. supp. 1297 (D. D. C. 1981).

81) *From Red Tape to Results: Document Overview*, Report of the National Performance Review, Sept. 7, 1993(*http://acts.poly.edu/cd/npr/npintro.htm*에서 採錄).

82) *Ibid.*

한 봉사, 세금절약 등은 뒷전으로 한 채 오로지 자신의 무사안일만을 추구한다는 점을 지적하고 있다.83) 둘째, 위 보고서는 창조적, 혁신적 행정의 사례를 여러 가지 인용하고 있지만 사실 이러한 사례들은 연방의 직업공무원들에 의해 수행된 것이었다. 셋째, 위 보고서가 밝히고 있는 25만 2천 명의 감원예정공무원은 전적으로 직업공무원들이었다. 즉 위 보고서 어디에도 최근 급속히 증가하고 있는 정무직공무원들에 대한 감원계획은 포함되어 있지 않았다.84)

결국 위 보고서의 계획대로라면 '잠시 동안' 공무원으로 근무하는 정무직공무원이 '평생 동안' 근무하는 직업공무원들을 통제하는 결과를 초래하게 되어 행정부공무원에 대한 대통령의 영향력은 극대화될 수 있다. 이는 결국 '엽관제로의 복귀'를 의미하게 되어 공무원의 정치적 중립성을 위태롭게 하고 행정의 일관성에도 적지 않은 문제점을 초래한다. 이러한 점에서 볼 때, 국가행정평가위원회의 공무원감축계획은 '권력분립적' 측면에서는 긍정적 평가를 내리기 힘들다.85)

4. 行政各部長官의 兩面性

일반적으로 행정각부장관은 전형적인 대통령의 기관으로 분류된다. 하지만 행정각부장관에게는 의회가 법률을 통하여 그들에게 지시한 사항을 준수하여야 할 법적 의무가 있다. 이러한 점은 역사적으로도 확인되고 있다. 즉 헌법제정 후, 최초로 행정부서를 창설할 당시에 순수하게 행정적 성격을 갖는 행정부서로 인정되던 외교부나 전쟁부조차 대

---

83) *Ibid.*

84) *Ibid.*

85) James D. Carroll, "The Rhetoric of Reform and Political Reality in the National Performance Review", *Public Administration Review* 55 (1995), p.306 참조.

통령의 기관으로는 물론이고 부분적으로 '의회의 기관'으로도 운영된 바 있다.

이러한 행정부서장관의 양면성에 대한 논의가 최초로 표면화된 사건은 유명한 *Marbury v. Madison*86)이었다. 이 사건에서 퇴임직전의 John Adams 대통령은 사법부를 자신의 연방파로 구성하기 위하여 여러 판사직에 자파인사들을 대거 지명했고, 마침내 상원의 권고와 동의를 얻어 그 임명장에 서명을 하였다. 그러나 정권교체 후 Jefferson 행정부의 국무장관이었던 Madison은 미합중국관인까지 찍혀 있는 이러한 적법한 임명장을 일부 피지명자들에게 교부하지 않았다. 이에 판사임명예정자였던 Marbury 등은 국무장관 Madison을 상대로 그들의 임명장을 전달해줄 것을 청구하는 소송을 연방대법원에 제기하였다. 바로 이 사건을 심리함에 있어서 연방대법원의 법정의견을 대표한 Marshall 대법원장은 행정각부장관의 양면성을 최초로 언급하고, 두 가지 지위를 명확히 구별하였다. 즉 Marshall 대법원장은 행정각부장관의 지위를 '합중국공무원'(public ministerial officer of United States)으로서의 지위와 '행정부공무원'(executive official)으로서의 지위로 구별하고 '합중국공무원'으로서의 행정각부장관의 의무는 합중국과 그 국민에게까지 확대되며 따라서이 지위에서 그는 의회가 법률을 통하여 지시한 사항에 구속된다고 하였다. 반면 '행정부공무원'으로서의 그의 의무는 대통령에게로 한정된다고 설명하였다. 결국 Marshall 대법원장은 이 사건에서의 국무장관 Madison은 명백히 '합중국공무원'으로서 행동하는 것이라고 전제한 후, 그에게는 '대통령의 지시'가 아닌 '법률'을 준수할 의무가 있다고 판시하였다.87)

행정각부장관의 지위에 대한 Marshall의 이러한 구별론은 1838년, *Kendall v. United States*88)에서 다시 등장하였다. 이 사건은 Jackson 행

---

86) 5 U. S. 137 (1803).

87) *Ibid.*, at 157, 162.

정부의 우정장관(postmaster general)이었던 Amos Kendall이 그의 선임자
와 우편용역계약을 체결한 계약자에게 자신과는 무관한 계약이라며 그
보수의 지급을 거절한 것이 문제된 사건이다. 이에 연방항소법원은
Kendall에게 우편용역계약자에 대해 보수를 지급하라는 판결을 내렸고,
의회는 이에 관한 법률을 제정하였다. 결국 이 사건은 상고되었고, 상
고심인 연방대법원은 우정장관의 보수지급행위는 순수한 '합중국공무
원'으로서의 행위에 해당된다는 점에서 그에게는 어떠한 재량권도 인정
되지 않는다는 전제하에 우정장관은 보수지급을 명하는 의회의 법률을
준수하여야 한다고 판결하였다. 또한 연방대법원은 헌법상 집행권은 대
통령에게 부여되지만 이것이 곧 행정부의 모든 공무원들은 오로지 대
통령의 지시에만 구속된다는 것을 의미하지는 않는다고 하였다. 이러한
논리의 연장선상에서 연방대법원은 만일 의회가 행정부공무원의 헌법
상 권한을 침해하지 않는 범위 내에서 행정부공무원에게 일정한 의무
를 부과할 수 없다면, 이것은 권력분립적으로 상당히 위험하다는 점을
지적하였다. 결국 연방대법원은 이 사건에서 우정장관이 준수하여야 할
것은 '대통령의 지시'가 아니라 '법률'이라고 결론지었다.

그 후 행정부서장관의 양면성은 이론적으로 더욱 체계화되었는데, 이
는 1854년, 당시 법무부장관의 다음과 같은 발언에 잘 나타나 있다.

  "법률이 특정 행정부서장관이 수행해야 할 의무를 명시하고, 그
  의무수행의 구체적인 방법까지 제시하고 있는 경우라면 여기에 대
  통령의 재량권이 인정될 여지는 없다. 그러나 법률이 행정부에서
  수행되어야 할 의무만을 명시하고 그 의무수행의 주체와 방법에 대

---

88) 37 U. S. 522 (1838). 이 밖의 사건에서 문제가 된 행정각부장관의 행위
    를 '합중국공무원'의 행위로 판단한 연방대법원판례는 *United States v.
    Schurz*, 102 U. S. 378 (1880); *Butterworth v. Hoe*, 112 U. S. 50 (1884);
    United States v. Price, 116 U. S. 43 (1885); *United States v. Louisville*,
    169 U. S. 249 (1898).

해서는 침묵하고 있는 경우라면 이것은 법률이 대통령에게 재량권
을 부여한 것으로 보아야 한다."[89]

한편 법원은 요구되는 행정부행위가 성질상 일정한 판단권이나 재량
권을 필요로 하는 것일 경우에는 전통적으로 대통령이나 행정부공무원
들을 존중하는 입장을 취해왔다. 즉 행정부서장관이 '합중국공무원'으
로서가 아니라 '행정부공무원'으로서 행동할 경우에는 법원으로부터 상
당한 정도의 존중을 받아왔다.[90]

근래에 들어 법원이 행정부서장관의 양면성을 자주 거론한 시기는
Nixon 행정부시절이었다. 이때에는 주로 Nixon 행정부의 '支出留止'와
관련하여 행정부서장관의 지위가 문제되었는데, 당시 지출유지와 관련
된 연이은 판결에서 사법부는 세출자금의 사용은 '합중국공무원'으로서
의 행위에 해당되므로 이 영역에 있어서 행정부는 일정한 판단권이나
재량권을 가질 수 없음을 확인한 바 있다.

한편 행정부서장관의 지위가 문제된 종래의 판결들 중에는 행정부서
장관이 '행정부공무원'으로서 일정한 재량권을 갖는 경우에도 여기에는
일정한 한계가 있음을 지적한 판결이 몇 가지 있었는데 이들은 상당히
주목할 만 하다. 예컨대 1972년, Minnesota州의 15개 郡이 긴급농업자
금융자를 받을 자격이 있다는 당시 농무부장관 Earl Butz의 발표에 대
해 연방법원은 농업자금융자의 대상자를 지정하는 것은 농무부장관의
재량권에 속하지만, 일단 대상자가 지정된 후 농업자금융자의 신청을
접수하고 그 후속절차를 진행시키는 것은 농무부의 의무사항이라고 판
시하였다.[91] 요컨대 행정부서장관의 재량권이 그 한계를 일탈한 경우,

---

89) 6 Op. Att'y Gen. 326, 341 (1854).

90) *Decatur v. Paulding*, 39 U. S. 497 (1840); *Reeside v. Walker*, 52 U. S.
   272(1850); *United States v. Guthrie*, 58 U. S. 284(1854); *Panama Canal
   Co. v. Grace Line Inc.*, 367 U. S. 309 (1958).

91) *Berends v. Butz*, 357 F. supp. 143 (D.Minn. 1973). 행정부서장관의 재량

그는 '행정부공무원'으로서가 아니라 '합중국공무원'으로서 행동하는 것
으로 간주되므로 그는 의회의 법률에 엄격히 구속된다.92)

Ⅳ. 行政府公務員 統制의 限界

1. 序 言

연방헌법 제2조 3항은 대통령에게 법률의 올바른 집행 여부에 대한
감독권을 부여하고 있는데,93) 바로 이 조항이 대통령의 행정부공무원
통제의 헌법적 근거라고 볼 수 있다. 이러한 헌법적 근거에도 불구하고
미국의 대통령이 행정부서소관사항에 관여하는 데에는 여러 가지 정책
적·법적 한계가 존재한다. 우선 정책적으로 대통령의 행정부서소관사
항에 대한 관여는 그가 행정부서장관의 정책결정을 통제할 법적 권한
이 있는 경우에도 가급적 이를 자제하는 것이 합리적인 국정운영에 도
움이 되는 경우가 많다.94) 사실 헌법이론적으로 대통령이 행정부서장관
의 직무수행에 관여하고 장관에게 자신의 정책과 지시에 따를 것을 요

권과 그 한계에 대해서는 Bruce Ledwitz, "The Uncertain Power of the
President to Execute the Laws", *Tenn. L. Rev.* 46 (1979), pp.787-93 참조.

92) 이러한 점은 대통령의 경우에도 마찬가지이다. 즉 대통령이 순수한 '합
중국공무원'으로서 행동하는 경우, 그는 결코 의회의 법률로부터 자유롭
다고 할 수 없다. 이러한 논거에서 1974년, 연방항소법원은 연방공무원
보수에 관한 법률의 집행을 거부하는 것은 대통령이 '합중국공무원'으로
서 행동하는 경우에 해당하므로, 이에 대해 대통령은 재량권을 행사할
수 없고 의회의 법률을 준수해야 한다고 판시하였다. *National Treasury
Employees Union v. Nixon*, 492 F. 2d 587 (D. C. Cir. 1974).

93) '…… 대통령은 대사와 그 밖의 외교사절을 접수하며, 법률이 올바르게
집행되도록 유의하며, 또 합중국의 모든 공무원에게 직무를 위임한다.'

94) 10 Op. Att'y Gen. 526 (1863).

구할 수 있다는 점은 분명하지만, 현실적으로 대통령이 모든 행정부서의 업무에 일일이 관여하고 이에 대해 지시를 내린다는 것은 불가능할 뿐만 아니라 바람직하지도 않다. 결국 이러한 정책적인 측면에서 대통령은 행정의 전문성과 일관성을 위해 행정부서의 정책결정을 존중해야 할 필요성이 있다.

2. 行政府公務員 統制의 法的 制限

위와 같은 정책적 한계 외에도 대통령의 행정부공무원 통제에는 일정한 법적 제한이 따른다. 이러한 점으로부터 종래의 법무부장관들 중 일부는 일정한 경우, 대통령은 행정부서의 결정에 관여할 '법적' 권한이 없다는 점을 공개적으로 확인해왔다. 예컨대 James Monroe 행정부 시절 법무부장관이었던 William Wirt는 대통령이 자신에게 재무부감사관의 결정을 변경할 권한이 있는지를 물었을 때, 당시 다음과 같은 답변을 하였는데 이는 대통령의 행정부공무원 통제의 법적 한계를 적절히 설명하는 견해라고 볼 수 있다.

> "내가 생각할 때 대통령에게는 재무부감사관의 결정을 변경할 권한이 없다…… 만일 법률이 어떠한 의무를 '특정인'이 수행할 것을 요구하는 경우, 그는 그 의무수행에 구속되며 다른 자가 이를 수행하는 것은 법률에 위반되는 것이다. 만일 대통령이 이를 수행한다면, 그는 그의 헌법상 의무인 '법률을 올바르게 집행할 의무'를 다하지 않는 것이 되는 것은 물론이고 그 스스로가 법률을 위반하는 것이다."[95]

결국 위에서 보듯이 행정부공무원이 법률이 명령하는 의무를 수행하는 경우, 여기에 대한 대통령의 관여는 법적으로 제한된다고 볼 수 있다.

---

95) 1 Op. Att'y Gen. 624, 625 (1823).

이러한 논의의 연장선상에서 행정부서 내의 準사법적 기관의 독립성이 중요한 문제로 대두된다. 행정부 내의 準사법적 기관은 미국건국 초부터 논란의 대상이 되어왔는데, 헌법제정 직후 재무부소속 재무부감사관의 성격을 둘러싼 논쟁이 이를 뒷받침하고 있다. 하지만 의회는 점차적으로 이러한 행정부의 準사법적 기능 중의 일부를 소위 '입법법원'(legislative court)[96]으로 이전시키거나 그 후 다시 연방헌법 제3조상의 '헌법법원'으로 이전시켰다. 이러한 의회의 조치의 목적은 물론 그 독립성, 특히 행정부로부터의 독립성을 제고하기 위함이었다.

예컨대 1890년, 의회는 재무부 내에 세관원과 감정평가업자의 행위를 심사하기 위한 감정평가위원회(Board of General Appraisers)를 창설하였다. 비록 이 위원회의 결정에 대해서는 연방법원에 항소를 제기할 수 있었지만 이것은 재무부 내에서 확정적인 효력을 갖는 것이었다. 한편 의회는 1926년, 이 위원회를 대체하는 연방관세법원(U. S. Customs Court)을 창설하였는데 이 법원의 구성원과 관할사항은 이전의 감정평가위원회와 동일하였으며 '입법법원'으로 창설되었다는 점이 그 특징이었다. 나아가 의회는 1956년에 이 법원을 '헌법법원'으로 승격하였으며, 1980년에는 이를 연방국제무역법원(Court of International Trade)으로 대체하였다.[97]

---

96) 이는 의회가 연방헌법 제1조상의 의무를 효과적으로 수행하기 위해 '헌법'이 아닌 '법률'에 의거하여 설치한 특수법원을 말한다. '입법법원'의 법관은 行狀이 선량하더라도 그 임기가 종신으로 보장되는 것은 아니며, 오히려 일정기간의 임기에 한해 임명되고, 그의 보수는 감액될 수도 있다는 점에서 연방헌법 제3조상의 '헌법법원' 법관과 구별된다. 나아가 정당한 이유가 있는 한 대통령은 이들 법관을 해임할 수도 있다. 예컨대 현 연방상사법원(U. S. Court of Federal Claims)의 전신인 청구법원(Court of Claims), 현 연방국제무역법원(Court of International Trade)의 전신인 관세법원(Customs Court), 관세 및 특허항소법원(Court of Customs and Patent Appeals) 등이 여기에 속한다. C. H. Pritchett 著, 梁承斗/崔良秀 共譯, 「美國憲法制度論」, 博英社, 1975, pp.142-43; 法務部, 「美國의 司法制度」, 法務部, 2001, pp.38-41 참조.

행정부의 準사법적 기능이 사법부로 이전된 또 다른 예로는 조세법원(Tax Court)을 들 수 있다. 의회는 1924년, 재무부 내에 조세분쟁위원회(Board of Tax Appeals)를 창설하고 그 위원장에게 위원회조직에 관한 권한을 부여하였다. 이러한 측면에서 본다면 의회는 법률을 통하여 이 위원회의 성격을 '행정부 내의 독립적 기관'으로 정의하였다고 볼 수 있다. 이후 의회는 1942년에 이 위원회의 명칭을 연방조세법원(Tax Court of United States)으로 개명하고, 1969년에는 이를 '입법법원'의 지위로 승격시켰다.98)

한편 대통령의 행정부공무원에 대한 통제가 법적으로 제한되어야 하는 또 다른 영역은 바로 '행정절차'이다. 일반적으로 행정부서 내의 행정법심판관(administrative law judges: ALJs)99)와 같이 재결권을 행사하는 행정부공무원에게는 독립성이 보장되고 있으므로,100) 행정각부장관

---

97) 26 Stat. 131, 136-38, sec. 12-15 (1890); 44 Stat. 669 (1926); 70 Stat. 532 (1956); 94 Stat. 1727 (1980).

98) 43 Stat. 336-38 (1924); 56 Stat. 957 (1942); 83 Stat. 730 (1969).

99) 이것은 우리나라 행정절차법상의 청문주재자와 같은 개념이다. 다만 행정절차상의 청문주재자를 선정하는 방식은 첫째, 당해 행정청의 구성원을 임명하거나, 둘째, 특별한 지식과 경험을 가진 외부인사를 임명하는 방식을 생각할 수 있다. 바로 미국에서의 행정법심판관은 後者의 방식에 따라 임명된 청문주재자이다. 金香基, "行政節次에 관한 硏究-聽聞節次를 중심으로-", 「公法硏究」 제27집 제2호, 韓國公法學會, 1999, pp.359-60 참조.

100) 행정법심판관들의 소속행정부서로부터의 독립성은 대표적으로 그 인사절차에서 나타나고 있다. 즉 이들은 인사 관리처(OPM)의 청문을 거쳐 임명되고, 임명된 후에는 정당한 사유'(good cause)가 있는 경우에 한하여 파면된다. 특히 이들의 임명에 있어서 행정부서는 인사 관리처의 후보명단으로부터 선정하여야 하며 이들의 보수 역시 인사 관리처가 정하는 바에 따른다. 따라서 행정법심판관들은 비록 그가 근무하는 장소는 그가 임명된 행정부서이지만 보수와 임기 등의 신분상 지위는 공무원규제위원회의 규제를 받는다는 점에서 소속행정부서로부터 독립되어 있다. 李相敦, "美國의 聯邦行政節次法", p.135 참조.

이나 대통령 그리고 의회는 이들의 결정에 개입하지 못한다.101)

행정절차의 독립에 있어서 제기되는 특수한 문제는 바로 '일방적 접촉'(ex parte contacts)이다. 일방적 접촉이란 행정절차에 있어서 모든 당사자에게 통지함이 없이 행해지는 구두 또는 서면상의 접촉으로서 공식기록이 남겨지지 않는 것을 말한다.102) 특히 문제되는 일방적 접촉은 대통령의 측근들이 '규칙제정절차'에 관여하는 일방적 접촉이다.103) 물론 이러한 일방적 접촉을 대통령의 정책을 집행하고 행정부의 행위를 조정하려는 관리예산국(OMB)과 백악관의 노력으로 볼 수도 있겠지만, 이것은 위와 같은 대통령의 측근기관들이 산업계나 州공무원으로부터 사적으로 수집한 정보를 규칙제정을 담당하는 행정부공무원에게 비공개적으로 전달할 기회를 제공한다는 점에 그 문제의 심각성이 있다. 이러한 문제제기에 대해 1979년, 법무부는 대통령측근들이 규칙제정공무원들과 일방적 접촉을 하려는 행정부 외부집단들의 대리인으로 기능하지 않는 한, 어떠한 법률규정도 제안된 규칙에 대한 '논평기간'(comment) 후에 이루어지는 행정부공무원들 간의 의사전달을 금지하고 있지 않다고 주장한 바 있다.104)

하지만 이러한 법무부의 견해는 그간 행정절차를 무시하고 오로지 대통령의 입장에서만 활동한다는 평가를 받아온 대통령 측근기관들을 지나치게 신뢰하는 견해라고 볼 수밖에 없다. 따라서 비록 재결절차와

---

101) 재결절차에 대한 의회의 개입이 문제된 사건으로는 D. C. *Federation of Civic Associations v. Volpe*, 459 F. 2d 1231 (D. C. Cir. 1971), *cert. denied*, 405 U. S. 1030 (1972).

102) Paul R. Verkuil, "Jawboning Administrative Agencies: Ex Parte Contacts by the White House", 80 *Colum. L. Rev.* 943 (1980), pp.970-75.

103) *Ibid.*, p.943. 한편 규칙제정절차에 대한 대통령의 직접적인 개입은 대통령은 행정부의 수반이라는 점과 그에게는 행정부특권이 있다는 점 등으로 인해 헌법적으로 인정되고 있는 듯 하다. *Ibid.*, pp.978-82.

104) *Legal Times of Washington*, Jan. 29, 1979, p.32.

같은 정도는 아니지만 규칙제정절차에 있어서도 공개성과 공정성의 원칙은 반드시 준수되어야 한다.

V. 大統領의 側近機關과 權力分立

1. 序 言

위에서 살펴본 바와 같이 미국의 대통령은 행정부공무원을 통제함에 있어서 여러 가지 한계에 직면하고 있다. 이를 극복하기 위하여 대통령은 직업공무원들을 통제하기 위한 수단으로 자신의 측근기관들을 활용한다. 이러한 점에서 정무직공무원의 일차적인 인선기준은 그가 직업공무원들을 얼마나 효율적으로 통제할 수 있는가라고 볼 수 있다. 결국 대통령과 직업공무원 간의 이러한 미묘한 갈등으로 인해 미국에서의 권력분립은 대통령과 의회 간의 권력분립보다 대통령과 직업공무원 간의 그것이 경우에 따라 더욱 큰 문제로 대두되기도 한다.[105]

2. 內 閣

(1) 閣僚와 白堊館輔佐官과의 相互關係

대통령이 새로 취임할 경우, 그는 일반적으로 직업공무원들의 자신에 대한 충성도에 대해 의문을 갖게 되며, 심지어 자신의 최측근이라고 볼 수 있는 각료를 불신하기도 한다. 예컨대 1972년, 재선에 성공한 Nixon

---

105) 이러한 견해는 Lyndon Johnson 행정부에서 익명을 요구한 한 고위공무원의 견해이다. Thomas E. Cronin, *The State of the Presidency*, 3rd ed., Little Brown & Co., 1990, p.232.

은 "각료가 그 지위에 오래 있게 되다보면 그는 현상유지에만 관심을 갖게 되는 것이 보통이며, 그 결과 각료가 행정부공무원들을 지휘하기 보다는 행정부공무원들이 각료를 지휘하게 된다"106)고 한 바 있고, Carter는 1979년에 그의 각료전원에게 사직서를 제출할 것을 요구한 바 있다.

각료와 더불어 대통령의 측근기관이라고 할 수 있는 백악관보좌관들 은 일반적으로 각료집단을 정치적으로 민감한 사안을 처리하는데 있어 서 자신들과 달리 융통성이 없으며, 모든 것을 교과서的으로 해결하려 하는 집단으로 평가하고 있다.107) 또한 그들은 각료들의 경우, 의회와 각종 이익단체, 그리고 독립규제위원회 공무원들과 접촉할 기회가 백악 관보좌관들에 비해 많다는 점에서, 대통령에게 정치적으로 치명적일 수 있는 정보를 쉽게 유출한다고 생각한다. 결국 백악관보좌관들에 따르면 각료는 대통령의 정치적 요구에 대해 상당히 둔감하다는 것이다. 나아 가 백악관보좌관들은 대통령의 업무는 여러 행정부서의 소관사항에 걸 쳐있는 경우가 허다하기 때문에, 이러한 경우 어느 한 각료가 그에 관 한 종합적이고도 포괄적인 보고를 하는 것은 사실상 불가능하다고 보 고 있다.108)

백악관보좌관들의 이러한 지적을 바탕으로 Carter는 행정부정보의 유 출을 막기 위해 '절대로 정보를 유출하지 않겠다'는 고위공무원들의 각 서를 받기도 하였으며,109) Reagan은 1985년에 상위국가기밀정보를 다 루는 행정부공무원들은 정기적으로 거짓말탐지기조사를 받을 것을 요 구하기까지 하였다.110)

---

106) *Public Papers of the Presidents*, 1972, pp.1150.

107) Bradley H. Patterson, Jr., *The President's Cabinet: Issues and Questions*, American Society for Public Administration, 1976, pp.52-53.

108) *Ibid.*, pp.52-67.

109) "Carter Given Oaths on 'Leaks'", *Washington Post*, July 16, 1980, p.A1.

한편 각료들 또한 백악관보좌관들에 대해 나름대로의 불만을 가지고 있는 듯 하다. 각료들은 대표적으로 일부 백악관보좌관들의 경우, 너무나도 비현실적인 정책을 추진하고 있는데 이는 그들이 의회의 통제로부터 벗어나 있기 때문이라는 점을 지적한다. 이러한 지적은 위에서 살펴본 '각료들은 융통성이 없고 너무나도 외부의 눈치를 본다'는 백악관보좌진의 비판과 관련이 있다. 다시 말해 각료들의 경우, 백악관보좌진에 비해 상대적으로 의회와의 접촉이 많은 관계로 행정부서의 정책은 의회의 철저한 검증하에 시행되고, 그 결과 대통령의 요구에 대한 신속한 대응이 어려운 반면 백악관의 경우는 그렇지 않다는 것이다. 따라서 의회의 통제하에 움직이는 행정부공무원들이 상대적으로 외부로부터 자유로운 백악관보좌진의 위와 같은 비판에 대해 갖고 있는 불만은 어찌 보면 당연한 것이다. 나아가 이러한 불만이 원인이 되어 각료들은 '각료는 대통령의 정치적 요구에 대해 상당히 둔감하다'는 백악관보좌관들의 비판을 무시하고 있으며, 오히려 각료가 백악관보좌관들보다 대통령의 정치적 요구에 대해 더욱 민감하게 반응한다고 주장하고 있다. 그 근거로서 각료들은 행정부공무원들의 경우, 정기적으로 州와 지방의 공무원, 사적 단체, 지역의 각종 언론 등과 접촉을 통해 각계각층의 여론을 수렴할 수 있는 기회를 가진다는 점을 들고 있다.[111]

(2) 政務職公務員과 職業公務員 間의 關係

위에서 살펴본 대로 같은 대통령의 측근기관에 속하는 행정부서와

---

110) 하지만 그의 이러한 시도는 각료들의 반발로 무산되었다. 특히 당시 국무부장관이었던 George Shultz는 내가 이 정부를 떠나야 할 때는 바로 내가 의심을 받는 순간이라며 Reagan의 이러한 시도에 대해 강력히 반발하였다. "President Sharply Restricts Polygraph Tests for Officials", *Washington Post*, Dec. 21, 1985, pp.A1, A8.

111) Bradley H. Patterson, Jr., *op.cit.*, pp.70-72.

백악관보좌관들 간에 갈등관계가 존재하듯이, 같은 행정부서에 속하는 정무직공무원과 직업공무원 간에도 일정한 갈등관계가 존재하고 있다. 최근 미국의 행정부 내에는 고위공무원단(SES)을 비롯한 비경력직공무원들이 급격히 증가해왔는데, 이들의 종래의 활동에 비추어본다면 다음과 같은 몇 가지 문제점을 지적할 수 있다. 첫째, 기본적으로 비경력직공무원들은 정치적으로 임명되는 경우가 많으므로 그들은 행정부서의 정책보다는 대통령에게 충성을 하는 성향을 가지고 있다. 둘째, 빈번한 인수인계절차로 경험이 부족한 정책결정자들을 양산하게 된다. 셋째, 정책심의과정에서 오랜 기간 그 분야에서 활동한 직업공무원들을 배제할 가능성이 있다. 넷째, 비일관적이고 비효율적인 행정이 이루어질 가능성이 있다. 다섯째, 직업공무원의 윤리의식에 부정적인 영향을 미칠 가능성이 있다.112)

결국 비경력직공무원이 앞으로도 계속적으로 증가한다면, 이로 인해 의회는 입법을 하되 그것이 올바르게 집행될 것인지에 대해서는 확신을 하지 못하게 되고, 국민에 대한 공무원의 봉사의 질이 저하되며, 그 결과 정부에 대한 불신은 극도에 달하게 될 것이다.

(3) '一級內閣'과 '二級內閣'

Thomas Cronin은 내각의 지위를 대통령과의 거리에 따라 두 가지로 구분하여 설명하고 있다. 그가 설명하는 첫 번째 내각은 대통령에게 광범위한 국가정책에 관한 정보와 조언을 제공하는 이른 바 '일급내

---

112) James Pfiffner는 이러한 비경력직공무원 증가에 따르는 위험성을 다음과 같은 말로 압축하여 설명하고 있다. "비경력직공무원의 경우, 실수를 하기에는 충분한 시간을 가지고 있지만 그러한 실수로부터 무엇인가를 배우기에는 너무나 짧은 시간을 가지고 있다." James Pfiffner, "Political Appointees and Career Executives: The Democracy-Bureaucracy Nexus in the Third Country", *Public Administration Review* 47 (1987), p.57.

각'(inner cabinet)으로서 이들은 백악관의 이해관계와 목적을 위해 활동한다. 국무부, 국방부, 재무부, 법무부 등이 여기에 속한다. 다음은 '이급내각'(outer cabinet)으로서 이것은 대통령의 목적보다는 자신의 부서의 특수하고도 독자적인 목적을 지향한다. 농무부, 내무부, 노동부 등 기타의 행정부서가 여기에 속한다.113) 이러한 Cronin의 분류에 따른다면 '일급내각'은 대체적으로 대통령과 가깝고, '이급내각'의 경우 '일급내각'에 비해 상대적으로 의회나 이익단체 등과 접촉할 기회가 많다는 점에서 대통령뿐만 아니라 의회, 이익단체 등과도 가까운 거리를 유지한다고 할 수 있다.

Cronin의 이러한 분류가 내각의 속성을 파악하는 데에 유용한 것임에는 틀림없지만 이로부터 몇 가지 예외가 인정되어야 한다. 첫째, '이급내각'으로 분류되는 행정부서 중에서도 대통령의 영향력으로부터 더욱 벗어나 있는 행정부서가 존재한다는 점이다. 소위 '민원행정부서'(clientele departments)라 불리는 농무부와 노동부는 그 성격상 백악관의 영향력으로부터 벗어날 수 있는 여지가 상당히 많으며 특수한 집단의 이익을 고려해야 한다. 둘째, '일급내각'의 각료라 할지라도 그가 언제나 대통령과 가까운 거리에서 대통령의 신뢰를 받는 것은 아니라는 점이다. 예컨대 Nixon 행정부 시절에 법무부장관이었던 Elliot Richardson, Carter 행정부 시절에 각각 재무부장관과 국무부장관이었던 Micheal Blumental과 Cyrus Vance는 여기에 해당되는 대표적인 인물로서, 이들은 모두 백악관과 심한 마찰을 빚고 공직을 떠난 각료들이다. 또 Reagan 행정부초기에 국무부장관이었던 Alexander Haig는 백악관보좌관들과 매우 불편한 관계를 유지한 결과, 장관취임 후 1년이 조금 지나 경질되고 George Shultz가 새로운 국무부장관으로 취임하게 되었다. Nixon 행정부의 국무부장관이었던 William Rogers도 이러한 경우에 속하는데, 그는 당시 대통령의 안보담당보좌관이었던 Henry Kissinger와의 불화로 인해 재임기간 내내 아웃

---

113) Thomas E. Cronin, *op.cit.*, pp.276-86.

사이더로 남을 수밖에 없었다. 결국 이러한 점으로 볼 때, Nixon을 비롯한 여러 대통령들은 자신의 측근기관으로 '일급내각'보다는 백악관보좌관진을 더욱 신뢰한 것으로 보이며, 특히 외교문제에 있어서는 위의 여러 사례에서 보듯이 국무부장관보다 백악관보좌관들의 보고에 더욱 주의를 기울였다고 볼 수 있다.114)

셋째, '일급내각'이 아무리 대통령에게 광범위한 국가정책에 대한 정보와 조언을 제공하는 역할을 한다 하더라도 자신의 행정부서의 본래의 목적을 전적으로 무시할 수는 없다는 점이다. 예컨대 Clinton 행정부시절, 미연방수사국(Federal Bureau of Investigation: FBI)은 영부인 힐러리의 백악관직원 부당해임건인 'Travelgate', 백악관의 미연방수사국 비밀자료 불법인수건인 'Filegate' 등의 수사과정에서 백악관과 지나친 유착관계를 형성한 것에 대해 많은 비판을 받은 바 있다.115) 이 문제가 확대되자 1997년, 법무부는 백악관과의 접촉에 있어서 미연방수사국장의 판단은 부적절했다는 발표를 하였다.116) 한편 같은 1997년에 미연방수사국은 중국정부가 대통령 및 의회선거자금을 통해 미국의 정책결정과정에 영향력을 행사하려 했는지를 조사한 바 있는데, 이 때 미연방수사국은 백악관공무원들의 연루가능성을 이유로 그 조사 자료를 백

114) Graham Allison/Peter Szanton, *Remaking Foreign Policy: The Organization Connection*, Basic Books, 1976, pp.120-40.

115) *Investigation Into The White House and Department of Justice on Security of FBI Background Investigation Files*, report by the House Committee on Government Reform and Oversight, H. Rept. No. 104-862, 104th Cong, 2d sess., 1996; *Investigation of The White House Travel Office Firings and Related Matters*, report by the House Committee on Government Reform and Oversight, H. Rept. No. 104-849, 104th Cong., 2d sess. 1996.

116) "Report Says F. B. I. Aide Acted Unwisely in Files Case", *New York Times*, Mar. 29, 1997, p.11; "Justice Department Criticizes Shapiro for 'poor Judgement'", *Washington Post*, Mar. 29, 1997, p.A6.

악관에 공개하기를 거부하였다. 이에 **Clinton**은 중국과의 외교정책을
수립하는 데에 이 자료들이 필수적이라는 점을 강조하며 그 공개의 거
부에 대해 우려하였으나 다른 한편으로 그는 법무부와 같은 행정부서
는 경우에 따라 수행해야 할 의무가 상충될 수 있다는 점을 인정하였
다. 이러한 그의 발언을 다음에서 인용해본다.

> "지금 법무부에게는 두 가지 의무가 상충되고 있다. 첫째는 국가
> 안보를 강화·보호하는 데에 필요한 자료를 국무부에게 공개해야
> 할 의무이고, 두 번째는 완벽한 범죄수사를 수행해야 할 의무이다.
> 결국 법무부장관은 이러한 상충하는 의무를 하나하나 신중하게 수
> 행해나가야 한다"117)

결국 이러한 **Clinton**의 권고에 의해 미연방수사국장 **Louis J. Freech**
는 **Clinton**의 국가안보보좌관에게 제한된 범위에서 간단한 브리핑을 하
기로 합의하였다.118) 결론적으로 위에서 살펴본 두 가지 사례들은 모두
'일급내각'에 대한 대통령의 영향력행사에도 일정한 한계가 있음을 잘
보여주고 있다.

끝으로 한 가지 아이러니컬한 점은 대통령선거나 총선 시, '일급내
각'의 각료들은 그들과 같은 대통령의 측근기관인 백악관보좌관들이나
'이급내각'의 각료들과는 다르게 선거운동과정에서 배제되고 있다는 것
이다. 예컨대 **Reagan** 행정부의 초대 법무부장관이었던 **William French
Smith**는 **Reagan**의 재선을 돕기 위해 1984년, 그 직을 사임한 바 있
다.119) 이것은 결국 현재 법무부장관職에 있는 자가 선거운동에 참여한

---

117) *Weekly Compilation of Presidential Documents* 33, Mar. 26, 1997, p.413.

118) "Freech Briefs Clinton Aide on China Probe", *Washington Post*, May 1,
1997, p.A6.

119) "Attorney General Smith Resigns", *Facts on File World News Digest*,
Jan. 27, 1984, p.45 E1.

다는 것은 사실상 불가능하다는 것을 나타내는 것으로, 이 역시 '일급 내각' 각료들의 대통령에 대한 충성의 한계를 나타내는 것이라고 볼 수 있다.

3. 特別檢事制度

(1) 序 言

원칙적으로 수사권과 공소권은 행정부, 그 중 법무부의 소관사항이라고 할 수 있다. 그러나 행정부의 부패와 비리를 행정부 자신이 수사하여 공소를 제기한다는 것은 여러 가지 측면에서 부작용을 낳을 수 있다. 이러한 부작용을 막기 위하여 미국에서 활용되고 있는 제도가 바로 특별검사제도이다. 이러한 측면에서 특별검사제도는 대통령의 행정부공무원 통제의 한계를 보여주는 또 다른 영역이라고 볼 수 있다. 미국에서 특별검사제도에 관한 본격적인 논의가 이루어진 시점은 물론 Watergate 사건부터였다.

(2) 特別檢事制度의 確立

Watergate 사건이 폭로된 직후, 당시 법무부장관이었던 John Mitchell 이 사임하고 의회에는 역사상 최초로 법무부에게 독립기관의 지위를 부여하고 그것을 백악관의 영향력으로부터 독립시키기 위한 법안이 제출된 바 있는데, 바로 이 사건을 특별검사제도 법제화의 본격적인 출발점으로 볼 수 있을 것이다. 한편 당시 사적 단체였던 변호사위원회 (committee of attorney)는 역사적인 측면에서 법무부가 행사하는 권한의 대부분은 순수한 집행권이라고 보기는 힘들고, 따라서 이러한 권한은 대통령에게 독점적으로 귀속될 수 없다고 주장하였다. 구체적으로

변호사위원회는 법무부장관이 '정부의 소송대리인으로서의 역할'보다
'대통령자문기관으로서의 역할'이 더욱 중요시 되었던 건국초기에도 법
무부장관이 행사하는 권한의 상당부분은 準사법적 권한의 성질을 갖는
것이었고, 이후 법무부장관은 법집행의 여러 영역에서 그의 권한을 크
게 확대해왔다고 주장하였다. 이러한 점을 근거로 변호사위원회는 의회
가 법무부장관의 대통령자문기관으로서의 정치적 역할은 그대로 두고,
수사권과 공소권과 같은 準사법적 권한만을 독립기관에게 부여하는 것
은 가능하다고 결론지었다.120)

  이러한 사회적 분위기에 따라 1973년, Nixon은 Watergate 사건과 전
년의 대통령선거과정에서의 범죄를 수사하기 위한 특별검사職을 법무
부 내에 설치하는 것에 동의하였다. 이에 법무부는 다음과 같은 규칙을
제정하기에 이른다.

  "법무부장관은 특별검사의 결정이나 활동에 대해 간섭하거나 이
  에 반대할 수 없다. 특별검사는 그 직무수행에 대하여 법무부장관
  과 협의하거나 그에게 통지할 수 있지만, 이것은 의무적인 것은 아
  니며 그 협의·통지의 여부 및 범위의 결정은 전적으로 특별검사의
  의사에 따른다. 특별검사는 그의 책임으로 인한 '특별한 부적격사
  유'(extraordinary impropriety)가 없다면 해임되지 않는다."121)

  하지만 이러한 Nixon의 입장은 그로부터 1년 후, 특별검사 Archibald
Cox를 해임함에 따라 급변하게 된다.122) 이때의 정황을 잠시 살펴보면,

---

120) The Record, Association of the Bar of the City of New York, No.5-6,
    29 (1974), p.492.

121) 38 *Federal Register* 14688 (1973).

122) 당시 Cox가 해임된 배경을 소개하면 다음과 같다. Watergate 사건의
    특별검사로서 Cox는 Nixon에게 대통령의 녹음기록과 기타자료들을 제
    출할 것을 계속적으로 요구하였고, Nixon이 행정부특권을 근거로 이를
    계속 거부함에 따라 결국 이 사건은 법원으로 가게 되었다. 이 사건에서

Cox의 해임은 새롭게 법무부장관으로 취임한 Robert Bork에 의해 이루
어졌는데, 이는 최초로 Cox의 해임을 지시받았던 Richardson 前법무부
장관이 사임했기 때문이었다. 또 이때 Cox의 해임을 반대한 법무차관
William Ruckelshaus도 해임되었다. 이에 Cox의 해임의 정당성을 다투
는 소송이 제기되었지만, 연방지방법원은 Cox가 법무부규칙을 위반했
다는 점은 명확하므로 그의 해임은 정당하다고 판시하였다.123) 하지만
이러한 Cox, Richardson, Ruckelshaus의 사임과 해임은 의회가 Nixon에
대한 탄핵을 결심하게 하는 결정적인 계기가 되었다. 결국 의회의 대통
령탄핵안 승인과 Nixon의 자료제출거부를 위헌으로 결정한 *United
States v. Nixon*124)으로 인해 Nixon은 그의 범죄에 결정적인 증거가 되
는 자료들을 공개할 수밖에 없었고, 끝내 사임하고 말았다.

Watergate 사건 이후, 특별검사제도가 법률상 제도로 자리 잡게 된
계기는 「1978년 정부윤리법」(Ethics Act of 1978) 제정이었다. 즉 이 법
은 법무부 내에 법원이 임명하는 독립특별검사를 두고 고위공직자의
범죄에 대한 수사를 그 임무로 규정하였다. 여기서 특별검사의 수사대
상이 되는 고위공직자의 범위는 대통령, 부통령과 백악관비서실, 법무
부, 중앙정보국(CIA), 국세청(Internal Revenue Service) 등의 고위공직자
들이었다. 또한 이 법은 특별검사에게 수사와 기소에 관한 전권을 부여
하는 한편, 특별검사의 해임요건을 강화함으로써 특별검사의 독립성을
종전에 비해 더욱 강하게 보장하였다. 즉 이 법은 탄핵과 유죄판결에
의한 해임 외에 '특별한 부적격사유', '신체·정신장애', '기타 직무수행

Cox는 승소하였고 이에 Nixon은 그 요약본을 제출하겠다는 협상안을 제
시하였다. 하지만 Cox가 이를 거부함에 따라 Nixon은 법무장관
Richardson에게 Cox의 해임을 지시한 것이다. 李憲煥, "美國特別檢事制
의 現狀과 將來", 「世界憲法硏究」 제4호, 國際憲法學會 韓國學會, 1999,
p.285.

123) *Nader v. Bork*, 366 F. supp. 104 (D. C. Cir. 1973).

124) 418 U. S. 683 (1974).

을 방해하는 실질적인 이유'가 있는 경우에 한하여 특별검사를 해임할 수 있게 하였다. 여기서 주목할 점은 탄핵과 유죄판결에 의한 해임의 경우를 제외한 나머지 특별검사의 해임의 경우, 그것은 오로지 법무부장관에 의해서만 가능하다는 점이다.125)

Carter 행정부는 이러한 정부윤리법을 Watergate 사건으로 실추된 법무부에 대한 신뢰를 회복하기 위한 수단으로 보고 그 입법과정에서부터 적극 지지하였다. 하지만 특별검사제의 법제화를 다른 측면에서 보면, 이것은 법무부에 대한 불신을 반영하는 것으로 볼 수 있다. 이러한 점에 근거를 두고 당시 이 법의 법안토론과정에서 일부 의원들은 만일 법무부가 그 행정부범죄에 대한 수사를 믿을 수 없을 정도로 신뢰를 상실했다면, 그 다음은 법무부 내에 특별검사를 임명하는 번거로운 절차를 밟을 것이 아니라 바로 의회의 탄핵에 의해야 한다는 주장을 제기하기도 하였다.126) 이러한 관점에서 볼 때, 특별검사제는 법무부수사와 의회의 탄핵의 중간에 위치하는 제도라고 볼 수 있다.

(3) 特別檢事制의 實際와 變化

「1978년 정부윤리법」에 의거하여 특별검사가 임명된 최초의 사건은 Carter의 수석보좌관 Hamilton Jordan의 코카인복용사건이었다. 그러나 1980년, Jordan은 무혐의로 처리되었다. 또 다른 사건은 Carter의 백악관보좌관 Timothy Kraft가 위의 Jordon과 마찬가지로 마약복용혐의를 받은 사건이었는데 역시 그도 무혐의로 처리되었다. 하지만 이러한 일련의 사건을 해결하는 과정에서 특별검사제는 적지 않은 문제점을 노출하였다. 가장 큰 문제점으로 지적된 것들은 그 수사기간이 지나치게 장기적이라는 것과 조사대상자의 소송비용에 따른 재정적 부담이 너무

---

125) 92 Stat. 1869, sec. 594, 596 (1978).

126) H. Rept. 1307, 95th Cong., 2d sess., 1978, p.22.

크다는 것이었다. 이러한 현실적인 문제점 외에, 특별검사제는 헌법적
으로도 문제가 있다는 주장도 제기되었다. 예컨대 Reagan 행정부의 초
대 법무부장관 William French Smith는 특별검사제는 대통령에 의해 임
명되지 않고 대통령에 대해 책임도 지지 않는 자가 집행권을 행사하게
한다는 점에서 위헌이라고 주장하였다.127) 또한「1978년 정부윤리법」은
극소수의 증거만 가지고도 법무부의 예비조사를 가능하게 하고 있다는
지적도 제기되었다.128)

　　이러한 비판들이 제기되자 의회는 1983년에 정부윤리법을 개정하였
다. 개정된 주요내용을 살펴보면 먼저 '특별검사'(special prosecutor)라
는 명칭이 '독립검찰관'(independent counsel)으로 바뀌었고, 다음으로
독립검찰관의 권한남용을 방지하려는 차원에서 법무부장관에게 더욱
광범위한 재량권을 부여하였다. 또 개정된 법률에서는 조사대상자가 기
소되지 않은 경우, 그 소송비용을 조사대상자에게 상환하도록 하였으며
독립검찰관의 해임요건으로서 기존의 '특별한 부적격사유'(extraordinary
impropriety)를 '정당한 사유'(good cause)로 변경하였다.129)

---

127) "Attorney General Questions Prosecutor Law", *Washington Post*, Apr. 21,
　　1981, p.A3; "Attorney General Urges Repeal of Prosecutor Act",
　　Washington Post, May 22, 1981, p.A4.

128)「1978년 정부윤리법」상 특별검사의 임명은 법무부장관의 청구하에 법
　　원에 의해 이루어지도록 되어 있었다. 그런데 법무부장관은 특별검사
　　의 신청 전에 일정한 예비조사를 하고 그 결과에 따라 특별검사신청의
　　여부를 결정해야 했다. 그런데 여기서 설명하는 문제점은 그 예비조사
　　의 기준이 너무 완화되어 있다는 것이다. 즉「1978년 정부윤리법」은
　　'입수된 정보의 특수성'만을 기준으로 예비조사의 여부를 결정하도록
　　하고 있었다. 이러한 지적을 감안하여 1983년의 개정 정부윤리법에서
　　는 이러한 요건에 더하여 '고발자의 신뢰성에 대한 비중 있는 고려'도
　　예비조사의 요건으로 두게 된다. 李憲煥, 前揭論文, pp.294-95 참조; 위
　　의 지적에 대해서는 "Special Prosecutor Investigations Called 'Enormous
　　Waste'", *Washington Post*, May 22, 1981, p.A20.

129) 이것은 독립기관의 장들에게 적용되는 것과 동일한 해임기준을 특별검
　　사에게 적용시킴으로써 위헌시비를 피하고자 하는 것으로 풀이될 수

한편 Reagan은 위의 정부윤리법 개정안에 서명할 당시에는 아무런 헌법적 문제제기를 하지 않았지만 1987년, 독립검찰관제도를 5년 더 연장시키는 「1987년 독립검찰관재수권법안」(Independent Counsel Reauthorization Act of 1987)에 서명할 때에는 독립검찰관제도가 헌법에 위반된다고 주장하였다. 당시 그의 주장은 행정부에 의한 임명, 직무수행심사, 해임 등이 이루어지지 않는 자에게 집행권을 부여하는 것은 권력분립원칙에 위배된다는 것이었다. 그러나 Reagan은 1987년 법안서명 당시까지 이란－콘트라사건에 대한 독립검찰관의 수사가 자신에게 불리하게 진행되자 여론을 의식하여 이 법안에 대해 법률안거부권을 행사하지는 못했다.130)

그러나 독립검찰관제도는 다음 해에 있었던 *Morrison* 판결131)로 인해 더욱 그 헌법적 정당성을 인정받게 되었다. 사실 이 판결에서 독립검찰관제도가 7: 1로 합헌결정되리라고는 그 누구도 예상하지 못했다. 더욱 흥미로운 점은 이 판결의 법정의견을 대표한 대법관이 Rehnquist였다는 것이었다. 즉 그는 Nixon 행정부시절에 법무부차관을 지낸 바 있으며, 대법관 재임 중에도 보통 권력분립과 관련된 헌법소송에서 대통령의 권한을 옹호해왔던 인물이었다. 이 판결에서 Rehnquist 대법관은 연방법원 특별부에 의한 독립검찰관임명을 합헌으로 결정하였을 뿐만 아니라 '정당한 사유'(good cause)가 없는 한, 법무부장관은 독립검찰관을 해임할 수 없다는 정부윤리법상 규정도 합헌으로 결정하였다. 구체적으로 이 사건은 첫째, 독립검찰관 임명권을 합중국 콜롬비아지구 항소법원 특별부(Special Division of the United States Court of Appeals for the District of Columbia)에게 부여하고, 둘째, 독립검찰관에 대한 대통령의 해임권행사를 제한하고 있었던 정부윤리법 규정이 문제된 사

있다. 李憲煥, 前揭論文, p.294; 96 Stat. 2039 (1983).

130) *Public Papers of the Presidents*, 1987(Ⅱ), p.1524.

131) *Morrison v. Olson*, 487 U. S. 654 (1988).

건이었다. 먼저 첫 번째 쟁점에 대해 Rehnquist 대법관은 정당한 사유가 있는 경우에 법무부장관은 독립검찰관을 해임할 수 있고, 그 권한을 제한할 수 있다는 점에서 독립검찰관은 하급공무원이며, 그 결과 연방헌법 제2조 2항 2호에 따라 의회가 독립검찰관의 임명권을 법원에게 부여한 것은 합헌이라고 결정하였다. 이와 관련하여 Rehnquist 대법관은 독립검찰관의 지위는 전반적인 정책을 결정하는 지위가 아니라 단지 '조사·기소'라는 제한적인 임무만을 수행하는 지위라는 점을 강조하였다.132)

다음으로 두 번째 쟁점에 대해 Rehnquist 대법관은 단지 정당한 사유가 존재하는 경우에 한하여 법무부장관은 독립검찰관을 해임할 수 있음을 규정하고 있는 정부윤리법상 규정은 대통령의 집행권을 과도하게 제한하고 있지 않으며, 그 결과 대통령의 해임권을 과도하게 침해하지 않는다고 결정하였다. 그 근거로서 Rehnquist 대법원장은 첫째, 대통령이 독립검찰관을 자유롭게 해임하는 것이 행정부운영에 필수적인 조건이라고 볼 수 없고, 둘째, 독립검찰관은 그 직무의 성격상 대통령으로부터 어느 정도 독립되어야 하며, 셋째, 정부윤리법은 독립검찰관의 해임사유로서 '정당한 사유' 외에 '직무의 부당한 처리'(misconduct)라는 규정도 두고 있었다는 점에서 대통령의 해임권이 완전히 박탈되지는 않았다는 점을 들었다.133) 결국 이 판결은 Reagan 행정부가 일관되게 주장해온 엄격한 권력분립원칙에 입각한 '단일행정부이론'(unitary theory)134)을 거부한 판결로서, 당시 확대되어가고 있는 대통령의 권한에 경종을 울렸다는 데에 그 의의를 찾을 수 있다.

한편 Reagan 행정부의 이러한 경직된 권력분립론은 그로부터 1년 후

---

132) *Ibid.*, at 677.

133) *Ibid.*, at 685-696.

134) 이는 모든 집행권은 대통령의 통제하에 행사되어야 한다는 것을 의미한다.

에 있었던 연방대법원판결135)에서 8:1로 또 다시 거부되었다. 이 사건
은 의회가 사법부 내에 독립기관인 합중국양형위원회(United States
Sentencing Commission)를 창설하고, 이 위원회에게 연방법원을 구속하
는 양형지침(Sentencing Guidelines) 제정권을 위임한 것이 문제된 사건
이었다. 한편 대통령은 단지 '정당한 사유'가 있는 경우에 한하여 이
위원회의 구성원인 연방판사들을 해임할 수 있었다. 그러나 연방대법원
은 첫째, 의회가 그 권한을 위임받는 기관을 직접적으로 구속하는 명확
한 원칙을 제시하였고, 둘째, 합중국양형위원회 창설법률은 양형지침을
실질적으로 통제하는 원칙과 대강을 나타내고 있었다는 점을 들어 이
위원회에 대한 의회의 양형지침제정권 위임은 위임불가원칙을 침해하
는 것으로 볼 수 없다고 판시하였다.

한편 독립검찰관법은 의회가 1987년으로부터 5년이 지난 1992년까지
그 효력을 연장시키지 못함에 따라 모든 효력이 정지되게 되었다. 이때
의회가 그 효력을 연장시키지 못한 이유는 직접적으로 이란−콘트라사
건을 담당한 독립검찰관 Lawrence E. Walsh에 대해 공화당의원들이 반
감을 가지고 있었다는 점에 기인한다. 그러나 그해 Clinton이 대통령으
로 당선되고 그에게 이른 바 'Whitewater'사건136)으로 불리는 정치의혹

---

135) *Mistretta v. United States,* 488 U. S. 361 (1989).

136) 'Whitewater'사건의 개요는 다음과 같다. Clinton 부부는 Arkansas 주지사
시절이던 1978년에 오랜 친구이자 정치적 후원자인 James McDougal과
함께 Arkansas州 지역을 개발하기 위해 택지를 구입하고 나아가 79년에
'Whitewater'라는 부동산 개발회사를 McDougal과 공동으로 설립하였
다. 그러나 Clinton은 투자금 2만 5천 불을 손해보고 이 사업에 손을
뗐다. 한편 McDougal은 이와 별도로 신용금고를 가지고 있었으며
Clinton과는 계속 우호 관계를 유지하였다. 1985년, Clinton이 선거운동
당시 5만 불의 빚을 지고 어려운 상황에 처해 있을 때 McDougal은
Clinton을 위해 정치자금을 모금했다. 이후로 McDougal은 연방으로부터
많은 금액을 대출받았는데, 이것이 주지사로 있던 Clinton의 직권남용으
로 이루어진 것이라는 여론에 휘말리게 되었다. Clinton의 정치자금도
McDougal이 모금한 것이 아니라 McDougal이 직접 지원했을 것이라는

이 제기됨에 따라 공화당의원들은 종전의 입장을 바꿔 「1994년 독립검찰관재수권법안」(Independent Counsel Reauthorization Act of 1994) 통과에 적극적으로 나섰다. 그러나 'Whitewater'사건의 본격적인 조사시점에서는 이 법안이 아직 통과되지 못했기 때문에 당시 법무부장관 Janet Reno는 자신의 권한에 의거하여 '독립검찰관'이 아닌 '특별검사'를 임명할 수밖에 없었다. 그러나 위 법안이 통과되자 법원은 Kenneth W. Starr를 새로운 독립검찰관으로 임명하였다.137)

이상에서 살펴본 바와 같이 특별검사제도는 그 많은 장점에도 불구하고 여전히 몇 가지 측면에서 보완될 필요성이 있는 것으로 보인다. 우선 최근 미국에서 제기되었던 각종 정치의혹을 분석해볼 때, 이는 구조적으로 상당히 복잡하고 난해하여 그 해결에 많은 시간과 자금을 요구하고 있다(다음의 《표 9》 참조). 따라서 좀더 신속하고도 경제적인 독립검찰관제도를 위한 제도적 뒷받침이 필요하다. 다음으로 지나치게 사소한 문제에 대해 특별검사가 임명되는 일은 없어야 한다. 물론 법원이 예비조사의 기준을 정하고, 법원이 누구를 특별검사로 지명할 것인가는 상당히 정치적인 문제로서 그것이 어려운 문제들임에는 틀림없다. 하지만 가급적 정밀하게 예비조사의 기준을 정하고 누구나 납득할 수 있는 특별검사를 법원이 임명함으로써 인권침해의 소지를 줄여나가야한다는 점은 분명하다. 특히 특별검사의 조사대상자들은 명예가 그 전부라고도 볼 수 있는 고위정치인·행정부공무원이 대부분이라는 점에서 이러한 주의는 반드시 필요하다.

의혹도 제기됐다. 이에 더해 1989년, McDougal의 신용금고가 파산절차를 밟게 되었는데, 이때 Clinton이 McDougal에게 특혜를 주었다는 의혹도 제기되었다.
*http://www.kmib.co.kr/event/int/cliton/cliton_scan02.html.*에서 採錄.

137) 鄭宗燮, "美合衆國의 獨立檢察官制度에 관한 硏究", 「美國憲法硏究」 제6호, 美國憲法學會, 1995, pp.182-83 참조.

《표 9》 특별검사 및 독립검찰관 수사에 관한 통계[138]

특별검사・독립검찰관	조사대상자 및 혐의	결　과	수사비용
Arthur H. Christy (1979)	Hamilton Jordan (코카인복용)	무혐의	$182,000
Gerald J. Galling house (1980)	Tim Kraft (코카인복용)	무혐의	$3,300
Leon Silverman (1981)	Raymond J. Donovan (뇌물과 위증)	무혐의	$326,000
Jacob A. Stein (1984)	Edwin Meese Ⅲ (재산문제)	무혐의	$312,000
Alexia Morrison (1986)	Theodore B. Olson (위증)	무혐의	$1.5 million
Whitney North Seymore, Jr. (1986)	Michael K. Denver (위증)	유죄확정	$1.5 million
Lawrence E. Walsh (1986)	이란-콘트라사건	14명 기소[139]	$47.9 million
James C. McKay (1987)	Lyn Nofziger and Meese(사익우선금지법: The conflict of interest statute)위반	Nofziger: 유죄판결[140] Meese: 무혐의	$2.8 million
James R. Harper (1987)	대외비	무혐의	$50,000
대외비	대외비	대외비	$15,000
Arlin M. Adams (1990) Larry D. Thompson (1995)	Samuel R. Pierce 외 다수(HUD스캔들)	16명 유죄판결	$26.4 million
대외비(1991)	대외비	대외비	$93,000
Joseph E. deGenova (1992)	Janet G. Mullins, Margaret D. Tutwiler (국무부의 여권기록 불법공개)	무혐의	$2.8million
Robert B. Fiske, Jr. (1994)	William Clinton ('Whitewater'사건)	3명 유죄시인	$6.1million

138) 이 표는 다음의 자료들을 근거로 작성한 것이다. *National Journal*, February. 1 1997, p.216; "Keeping Tabs on Independent Councils", *Washington Post*, April 4, 1997, p.A19; "Independent Counsel

특별검사·독립검찰관	조사대상자 및 혐의	결 과	수사비용
Kenneth W. Starr (1994)	위와 동일	12명 유죄판결 2명 무죄방면 (현재에도 조사 진행 중	$22.2million
Donald C. Smaltz (1994)	Micheal Espy외 다수(농무부스캔들)	6명 유죄판결 4명 무죄방면 (현재에도 조사 진행 중)	$8.6million
David M. Barrett (1995)	Henry G. Cisneros(미연방수사국에 허위진술)	조사 진행 중	$2.1million
Daniel S. Pearson (1995)	Ronald H. Brown외 다수(재산문제)	Brown에 대한 조사는 그가 비행기사고로 사망함에 따라 종료되었고, 나머지 조사대상자에 대한 조사는 법무부로 이전되었다.	$2.6 million

Investigations", *Washington Post*, April 13, 1997, p.A12.

139) 이를 좀더 구체적으로 살펴보면 7명은 유죄를 시인(guilty plea)하였고, 4명은 유죄판결(conviction)을 받았으며, 1명은 법무장관이 자료제출을 거부하여 기각되었고, 2명은 사면으로 기소가 취소되었다. *Ibid*., p.186. 한편 4인에 대한 유죄판결 중, 2인에 대한 유죄판결은 항소심에서 파기 환송(overturn)되었으며, 유죄를 시인한 7인과 유죄판결을 받고도 항소하지 않은 2명 중 4인은 위의 2명에 대한 사면과 더불어 후에 Bush 대통령에 의해 사면되었다.

140) 그러나 Nofziger에 대한 유죄판결은 항소심에서 파기되었다.

4. 白堊館秘書室

(1) 白堊館秘書室의 肥大化

위에서 언급한 바와 같이 대통령의 측근기관으로서 그를 가장 가까운 거리에서 보좌하는 양축은 '내각'과 '백악관비서실'(Executive Office of the President: EOP)이다. 이들 중 대통령과 더욱 가까운 거리를 유지하고 대통령에게 정책적으로 보다 폭넓은 조언을 하는 기관은 '백악관비서실'이라고 볼 수 있다. 심지어 경우에 따라 백악관비서실의 보좌관들은 행정부 내의 다른 기관은 물론 '내각'까지도 통솔하는 막강한 권력기관으로서의 모습을 보여주기도 한다.

이러한 백악관비서실의 '權力機關化' 현상에 대해 그간 의회는 권력분립원칙과 대통령과의 원만한 관계를 고려하여 가급적 백악관비서실의 권력행위에 대한 통제를 자제해왔다. 그러나 백악관비서실이 창설되었던 1939년 이후, 다음의 《표 10》에서 보듯이 백악관비서실의 규모가 확대되고 그에 따른 문제점들이 노출되자 의회는 점차적으로 이를 통제하려는 의지를 보여 왔다.

《표 10》 1994년 백악관비서실 소속기관과 기관별 소속보좌관 및
직원의 수141)

소속기관	소속보좌관 및 직원의 수
백악관사무국(White House Office)	220
경제자문위원회(Council of Economic Advisers)	17
환경위원회(Council on Environmental Quality)	4
국가안보회의(National Security Council)	55
관리행정국(Office of Management and Administration)	46
국가원조정책조정국(Office of National Aids Policy Coordinator)	7
국가마약통제국(Office of National Drug Control Policy)	16
국가정책개발국(Office of Policy Development)	34
과학기술정책국(Office of Science and Technology Policy)	43
미국무역대표부(Office of United States Trade Representative)	28
관리예산국(Office of Management and Budget)	567

(2) 議會의 白堊館秘書室 統制

1) 管理豫算局에 대한 統制

위에서도 언급한 바와 같이 백악관비서실에 대한 통제에 소극적이었
던 의회는 Nixon 행정부의 여러 정치의혹에 백악관비서실이 연루된 사
실을 계기로 그 통제에 적극적으로 나서게 된다. 1978년에 있었던 백악
관기밀자금에 대한 법적 제한은 이러한 의회의 입장변화를 단적으로
나타내고 있다.142) 한편 백악관비서실의 핵심기관 중의 하나라고 볼 수

---

141) Washington: Carroll Publishing Co., 1994, pp.133-42(Michael Foley/John
E. Owens, *op.cit.,* p.212에서 轉載함).

142) Louis Fisher, "Confidential Spending and Governmental Accountability",

있는 관리예산국(OMB)에 대한 통제도 한층 강화되었다. 관리예산국을
통제하고자 하는 의회의 의지는 관리예산국장 임명을 둘러싼 다음의
사례에 잘 나타나 있다. 1973년, 의회는 관리예산국의 국장과 부국장
임명에 있어서 상원의 임명동의를 받을 것을 요구하는 법안을 제출한
바 있다. 하지만 이때 Nixon 행정부는 대통령의 최측근이라고 볼 수
있는 백악관보좌관의 임명까지 상원의 임명동의를 받을 수는 없다고
주장하였고, 그 중 특히 당시 관리예산국 국장이었던 Roy Ash는 관리
예산국 국장과 부국장은 명백하게 대통령의 보좌관에 해당하고 따라서
'대통령'의 기관으로 활동하는 자들이므로 이들의 임명에 상원이 관여
하는 것은 적절하지 못하다고 주장하였다.143) 하지만 이러한 그의 주장
은 다음과 같은 측면에서 타당하다고 볼 수 없다. 우선 Ash는 관리예
산국장과 同位의 일부 백악관비서실 보좌관 임명에 상원의 임명동의절
차가 적용되어왔다는 점을 간과하고 있다. 예컨대 중앙정보국(CIA) 국
장과 부국장, 경제자문위원회의 일부 보좌관들은 상원의 임명동의하에
임명되어왔다. 따라서 관리예산국장이 대통령의 백악관비서실소속 측근
보좌관이라는 것을 이유로 그 임명에 있어서 상원의 임명동의를 거부
할 정당한 이유는 없다. 또한 Ash는 관리예산국은 전적으로 '대통령'의
기관으로 기능한다는 전제하에 그의 주장을 전개하고 있는데, 이는 명
백히 관리예산국의 성격을 여러 가지 측면에서 정확히 파악하지 못한
견해이다. 이러한 견해의 오류는 관리예산국의 전신인 예산국(Budget
Bureau)이 오로지 대통령의 기관으로만 기능하지 않았다는 점에서도 분

George Washington Review 47 (1979), pp.347, 373-82 참조.

143) *House Committee on Government Operations, Confirmation of the Director
and Deputy Director of the Office of Management and Budget* (hearing),
93d Cong., 1st sess., 1973, p.164. 이러한 취지에서 Ash는 만일 의회가
그 임명동의절차를 통하여 대통령의 관리예산국 국장의 임명을 좌절시
킨다면 이는 대통령의 '手足'을 제거하는 것이라고 주장했다. *Ibid.*,
pp.51, 53.

명히 나타난다. 즉 의회는 1921년, 예산국을 창설할 당시에 예산국에 대해 대통령과 의회 모두를 보좌하도록 하였다. 당시의 예산국창설법률 중에는 다음과 같은 조항이 있었는데, 이 조항은 예산국이 의회와 무관 하지 않다는 것을 단적으로 증명하고 있다.

"양원에서 세입과 세출을 담당하는 위원회의 요구가 있는 경우, 예 산국은 그에 따른 지원과 정보를 그 위원회에 제공하여야 한다."144)

또한 예산국이 발행한 최초의 內規(circular)에도 예산국장을 '재무행 정을 바로잡는데 있어서의 대통령과 의회의 보좌관'으로 설명하고 있 다.145) 결국 의회는 이러한 행정부의 반발에도 불구하고 1974년에 관리 예산국 국장과 부국장의 임명에 대해 상원의 임명동의절차를 적용하는 법률을 제정하였다.146)

한편 의회는 Roosevelt 대통령이 예산국을 재무부에서 새롭게 창설된 백악관비서실로 이전시킨 후에도 예산국과 의회와의 '법률적 유대관계' 를 계속 이어나갔다. 이것은 그 후로부터 Nixon이 예산국을 폐지하고 관리예산국을 그 대체기관으로 창설할 것을 제안한 1970년까지 의회가 예산국에 대해 최소한 50여 가지의 법적 의무사항을 부과했다는 점에 서 잘 나타나고 있다.147) 그러나 Nixon은 그의 관리예산국개편안(OMB reorganization plan)을 통해 관리예산국통제의 주체를 과거 예산국시절 의 '의회'로부터 '행정부'로 이전시키려 하였다. 이에 하원 정부운영위 원회(House Government Operations Committee)는 강력히 반대하였지만

---

144) 42 Stat. 23, sec. 212 (1921). 한편 이러한 의회의 요구는 현행 연방 법 률까지 이어지고 있다. 31 U. S. C. 1113(a)(1) (1994).

145) Bureau of the Budget, Circular No. 1, June 29, 1921, para. 2.

146) 88 Stat. 11 (1974).

147) H. Rept. 1066, 91st Cong., 2d sess., 1970, p.6.

상원의 비협조로 인해 Nixon의 개편안은 의회를 통과하였다.148)

2) 國家安保會議에 대한 統制

관리예산국 외에 의회가 백악관비서실 소속기관들 중 가장 엄격하게 통제를 해온 기관은 아마도 국가안보회의(National Security Council)일 것이다. 이는 대통령의 안보담당보좌관(national security adviser) 임명에 상원의 임명동의절차를 적용시키는 법안이 종래에 여러 차례 제출되어 왔다는 점에서도 잘 나타나고 있다. 안보담당보좌관은 국가안보회의직원의 총책임자로 기능하고, 법률에 의하여 대통령에게 내정, 외교, 군사문제에 대한 종합적인 보고를 하는 것을 그 임무로 하고 있다. 전통적인 관점에서 본다면 의회가 대통령의 보좌관들의 인사나 권한행사에 대해서는 가급적 문제제기를 자제해야 한다는 점은 위에서 언급한 바와 같지만, 만일 안보담당보좌관을 포함한 대통령의 보좌관들이 군사적 권한을 행사하거나 행정부서・기관의 권한을 침해한다면149) 의회가 각종 수단을 동원하여 이들을 통제하는 것은 매우 당연하다고 볼 수 있다.150)

---

148) Louis Fisher, *The Politics of Shared Power: Congress and the Executive*, p.143.

149) 이와 관련하여 과거 Nixon, Carter 행정부에서 각각 안보담당보좌관을 지낸 Henry Kissinger나 Zbigniew Brezinski와 같은 인물은 그 권한문제를 놓고 국무부장관과 대립한 것으로 유명한데, 이로 인해 당시의 국가안보회의는 '작은 국무부'(mini-State Department)로 불리기도 하였다. "Beyond the Vance-Brezinski Clash Lurks an NSC under Fire", *National Journal*, May 17, 1980, p.814. 대통령 안보담당보좌관직을 비판적인 시각에서 자세히 논의하고 있는 문헌은 I. M. Destler, "A Job That Doesn't Work", *Foreign Policy* 38 (1980).

150) 바로 이와 관련된 대표적인 사례가 이란-콘트라사건이다. 즉 당시 안보담당보좌관이었던 Robert McFarlane과 John M. Poindexter는 국가안보회의를 이란에 대한 무기판매와 그 수익을 니카라과반군들에게 지원하는데에 깊이 관여하게 하였다. 이 문제에 대해서는 후에 자세히 논급한다.

(3) 白堊館秘書室 權限의 限界

일반적으로 대통령의 보좌관들이 자신의 권한의 한계를 넘어 행정부
서장관의 권한을 대신하려 한다면, 의회는 이들에 대해 적극적으로 책
임을 물어야 한다. 왜냐하면 권력분립원칙상, 백악관비서실의 자치권을
인정하는 데에도 일정한 한계가 있기 때문이다. 즉 그들의 자치권은 상
대적인 것일 뿐, 절대적인 것은 아니다. 따라서 백악관비서실이 부도덕
하게 행동하거나 세출자금을 낭비하거나 또는 법률을 위반하거나 행정
부서의 권한을 침해하는 경우에 의회가 백악관비서실을 통제하는 것은
당연하다. 이것은 최근의 Clinton 행정부에서 발생하였던 각종 정치의
혹사건을 보면 쉽게 알 수 있다. 당시 전례가 없을 정도로 수많은 대통
령보좌관들이 'Travelgate', 'Whitewater'사건, 'Filegate' 등에 연루되어
의회에 소환되어 증언한 바 있다.151)

최근 들어 대통령 백악관비서실은 선거운동을 제외하고는 거의 국정
경험이 없는 보좌관들로 구성되고 있다. 이러한 점은 결국 Clinton 행
정부의 경우에서 보듯이 대통령의 불행, 특히 그 첫 번째 임기에서의
불행이 계속될 것임을 암시하는 것이라고 풀이할 수 있다.

VI. 小 結

결론적으로 현재 미국의 집행권은 상당히 분할되는 양상을 보이고
있으며, 그에 따라 점차적으로 대통령의 행정부공무원 통제가 한계에
봉착하고 있다. 이러한 현상으로 인해 여러 대통령들은 일관적이고도
효과적인 행정이 어렵게 된다고 주장하기도 한다. 하지만 이러한 현상

---

151) 이에 대해 자세한 것은 Louis Fisher, "White House Aides Testifying
before Congress", *Presidential Studies Quarterly* 27 (1997).

에는 일부 대통령의 경우, 정규행정부서(executive department) 외에 특별행정기관을 창설하는 것을 선호해왔다는 점에서 대통령 스스로에게도 일정 부분 책임이 있다고 볼 수 있다. 이러한 요인 외에도 準사법적 권한을 행사하거나 정치적으로 독립성이 요청되는 행정기관이 증가해왔다는 점, 그리고 의회의 행정부공무원에 대한 통제, 특히 백악관비서실에 대한 통제가 강화되었다는 점 또한 이러한 현상의 직접적인 원인으로 들 수 있을 것이다.

한편 집행권분할현상의 가속화에 결정적인 기여를 한 것은 다름 아닌 독립규제위원회이다. 독립규제위원회는 입법・집행・사법적 기능이 혼재되어 있는 행정기관으로 '權力分立的' 측면에서 여러 가지 문제를 야기한다. 독립규제위원회에 대한 여러 가지 전반적인 평가와 구성과 운영, 그리고 독립규제위원회가 의회와 대통령과의 권한관계에 대해 미치는 영향을 節을 바꿔 자세히 살펴보기로 한다.

제2절 獨立規制委員會와 權力分立

I. 獨立規制委員會 序說

1. 制度的 槪觀

일반적으로 독립규제위원회(independent regulatory commission)는 다음과 같은 두 가지 측면에서 전통적인 행정부서・기관과 구별된다. 첫째, 독립규제위원회는 '행정부'로부터 독립되거나 '행정부'에 속하더라도 그것은 일반 행정부작용과는 독립되어 있다. 둘째, 독립규제위원회의 운영방식은 '合議制'이다. 즉 그 의사결정은 위원회를 통하여 이루어지고 위원회는 동등한 권한을 갖는 다수의 위원들로 구성된다. 1인의 책임자를 두는 이른바 '獨任制'가 아니라는 점에서 전통적인 행정부서·기관과는 구별된다.

미국에서 창설된 최초의 독립규제위원회는 1887년의 州間通商委員會 (Interstate Commerce Commission: ICC)이다. 이것은 의회가 20여개 州에서 운영되었던 철도위원회(railroad commission)를 모범으로 하여 창설한 것으로서, 당시 州間通商委員會 창설의 지지론자들은 철도회사에 대한 감독의 경우, 그것은 '전문성'이라는 측면에서 볼 때 의회가 수행하는 것보다 전문적인 위원회가 수행하는 것이 더욱 효과적이라는 점을 강조하였다. 그 근거로서 이들은 빠른 속도로 변화하는 철도산업을 통제하는 데에는 다소 경직된 성격을 갖는 '법률'보다 융통성 있게 상황에 대처할 수 있는 독립기관이 필요하다는 점을 들었다. 한편 위에서 언급한 州間通商委員會의 전신인 州철도위원회의 성격을 살펴보면, 먼저 그것은 사실조사(fact-finding)와 그에 따른 권고(advisory)를 하는 기관으로 '州행정부'가 아닌 '州의회' 소속기관이었다. 그러나 그것은 점차적으로 상설기관의 성격을 가지게 되었고 원래대로라면 행정부가 담당하였을 업무를 수행하게 되었다.152)

하지만 1873년에서 1885년 사이, 재정적인 문제로 인해 수많은 소규모의 철도회사들이 파산됨에 따라 철도노선이 전국적으로 통합되는 현상이 나타나고, 1886년에 Illinois 州의 철도법이 연방대법원에서 위헌으로 결정됨153)에 따라 철도에 대한 연방의 규제가 시급한 과제로 등장

---

152) Robert E. Cushman, *The Independent Regulatory Commissions*, Octagon Books, 1971, pp.21-34 참조.

153) *Wabash, St. Louis & Pacific Railway Co. v. Illinois*, 118 U. S. 557 (1886). 이 사건에서 연방대법원은 州는 州間의 운송에 적용되는 철도 요금을 규제할 권한이 없다고 판시하였다. 연방대법원에 따르면 통상조항(the Commerce Clause)은 州에게 州間通商에 대한 간접적인

하게 되었다.

이러한 문제를 해결하기 위하여 당시 의회는 두 가지 방안을 신중히 고려하였다. 그 첫 번째 案은 의회가 수립한 철도정책을 법무부로 하여금 집행하게 하는 것이었고, 두 번째 案은 철도정책에 대해 광범위한 재량권을 갖는 위원회를 설치하자는 것이었다. 당시 위원회를 두는 것에 대해 회의적이었던 입장에서는 다음과 같은 두 가지 논거를 들어 이에 반대하였다.154)

① 독립위원회제도의 장점으로 꼽히는 '융통성 있는 행정'은 逆으로 일관적인 철도행정이 결여된다는 것을 의미하므로 결국 철도행정에 관한 법률의 규범력을 약화시킬 것이다.
② 위원회는 철도회사의 정치적 영향력으로부터 독립성을 유지하기 어렵고, 철도행정에 있어서는 철도회사의 전문성이 위원회의 그 것보다 우월할 것이다.

하지만 의회는 다음과 같은 점을 고려하여 後者를 선택하게 된다.155)

① 위원회제도로 인해 좀더 전문적이고도 융통성 있는 철도행정이 가능하게 될 것이다.
② 위원회는 철도정책을 수립하는데 있어서 의회를 보조하는 전문기구로 기능할 것이다.
③ 위원회는 대규모철도회사가 가지고 있는 법적 수단의 상대적 우위에 대응하여 일반시민이나 영세운송업자들에게 법률적 지원을

(indirect) 규제만을 허용하고 있으며 직접적인(direct) 규제까지 허용하고 있지는 않다고 하였다. 따라서 연방대법원은 이 사건에서의 州의 철도요금규제를 州間通商에 대한 직접적인 규제로 보고 이를 위헌으로 결정하였다. Kermit L. Hall, ed., *op.cit.*, p.321 참조.

154) Robert E. Cushman, *op.cit.*, pp.45-54 참조.

155) Louis Fisher, *The Politics of Shared Power: Congress and the Executive*, p.147.

함으로써 그들을 대규모철도회사의 횡포로부터 보호할 것이다.

④ 위원회는 철도회사 간의 분쟁의 조정자로 기능할 것이다.

⑤ 위원회는 법원에게 철도행정에 관한 전문적 의견을 제공할 것이다.

⑥ 선례라고 볼 수 있는 이전의 '州의 철도위원회'가 매우 성공적으로 운영되었다.

위와 같은 선택에 따라 의회는 1887년, 「州間通商法」(Interstate Commerce Act)을 제정하여 州間通商委員會를 창설하였다. 「州間通商法」은 州間通商委員會 창설 외에도 철도요금의 차등적용, 리베이트수수, 부당요금징수 등의 철도관행을 금지하였다. 한편 이 법에 따라 설치된 州間通商委員會는 비록 자신이 철도요금을 결정할 권한을 갖지는 못했지만 철도회사가 결정한 요금을 규제하는 명령(order)을 발할 수 있었고, 이를 위반한 자를 법원에 제소할 권한을 가지고 있었다.156)

州間通商委員會를 시초로 이후 미국에서는 여러 독립규제위원회가 창설되었다. 1913년에 연방준비제도이사회(Board of Governors of the Federal Reserve system), 1914년에 연방통상위원회(Federal Trade Commission: FTC), 1920년에 연방전력위원회(Federal Power Commission: FPC)가 각각 창설되었다. 1930년대에는 5개의 독립규제위원회가 창설되었다. 증권거래위원회(Security and Exchange Commission: SEC), 연방통신위원회(Federal Communications Commission: FCC), 민간항공위원회(Civil Aeronautics Board: CAB), 전국노동관계위원회(National Labor Relations Board: NLRB), 聯邦海事委員會(Federal Maritime Commission: FMC) 등이 바로 이 시기에 창설된 독립규제위원회들이다. 또한 근래에 창설된 주요 독립규제위원회로는 소비자제품안전위원회(Consumer Product Safety Commission: CPSC), 상품선물거래위원회(Commodity Futures Trading Commission: CFTC)157)

---

156) 「1887년 州間通商法」의 주요내용에 대해서는 그 전문을 제공하고 있는 다음의 인터넷사이트를 참조. *http://www.americanhistory.or.kr/book/link/d-1887.htm*

등이 있다. 한편 1977년에는 연방전력위원회를 승계한 연방에너지규제위
원회(Federal Energy Regulatory Commission: FERC)가 창설되었으며, 1974
년에는 원자력위원회(Atomic Energy Commission)의 기능 중의 일부를 승
계한 원자력규제위원회(Nuclear Regulatory Commission: NRC)가 창설되었
다. 현재 활동하고 있는 미국의 주요 독립규제위원회들과 그 창설연도를
표로 정리하자면 다음과 같다.

《표 11》미국의 주요 독립규제위원회와 그 창설연도[158]

독립규제위원회	창설연도
州間通商委員會(Interstate Commerce Commission)[159]	1887
연방준비제도이사회(Board of Governors of the Federal Reserve system)	1913
연방통상위원회 (Federal Trade Commission)	1914
연방전력위원회(Federal Power Commission)	1920
연방통신위원회(Federal Communications Commission)	1934
증권거래위원회(Security and Exchange Commission)	1934
전국노동관계위원회(National Labor Relations Board)	1935
연방해사위원회(Federal Maritime Commission)	1936
민간항공위원회(Civil Aeronautics Board)[160]	1938
원자력위원회(Atomic Energy Commission)	1946
미연방체신청이사회(Board of Governors of U. S. Postal Service)	1970
소비자제품안전위원회(Consumer Product Safety Commission)	1972
원자력규제위원회(Nuclear Regulatory Commission)[161]	1974
상품선물거래위원회(Commodity Futures Trading Commission)	1975
연방에너지규제위원회(Federal Energy Regulatory Commission)[162]	1977
사회보장청(Social Security Administration)[163]	1994

157) 이 위원회가 행하는 기능은 이전에 농무부(the Department of Agriculture)
가 담당하던 것이다.
158) 이 표는 이 표에서 언급된 독립규제위원회의 인터넷 홈페이지에 의거
하여 작성된 것이다.
159) 州間通商委員會는 1995년에 폐지되었다. 하지만 그 기능 중의 일부는 독

2. 一般 行政部署로부터의 獨立

현재 존재하고 있는 미국의 여러 독립규제위원회들은 사실 처음에는 행정부서의 일부로 출발하였거나 행정부서와 매우 밀접한 관련을 가지고 있었다. 그러다가 후에 독립기관의 지위를 부여받은 것이다. 예컨대 州間通商委員會(ICC)의 경우, 그것이 1887년에 창설되었을 때에는 내무부와 여러 가지 측면에서 매우 밀접한 관련을 가지고 있었다. 즉 州間通商委員會는 직원을 고용하고 그 보수를 정함에 있어서 내무부장관의 승인을 얻어야 하였고, 위원회 지출의 경우에는 同위원회위원장과 내무부장관의 공동승인을 필요로 하였다. 또 同위원회는 해마다 그 업무에 관해 내무부장관에게 보고를 하였다. 그러나 약 2년 후에 내무부와의 이러한 관계는 완전히 단절되었다.164)

연방준비제도이사회의 경우에도 그 창설당시에는 7명의 이사 중에 특별이사(ex officio)로서 재무부장관과 은행감독원장(comptroller of

---

립위원회로 새롭게 창설된 교통부(the Department of Transportation) 내 육상교통위원회(Surface Transportation Board)로 이전되었다. 109 Stat. 803 (1995).

160) 민간항공위원회는 1978년 의회가 「항공사규제완화법」(Airline Deregulation Act)을 제정하여 민간항공위원회의 영향력을 축소하고 항공사에게 자율성을 부여함에 따라 1985년에 폐지되었다. 하지만 그 기능 중의 일부는 1984년에 교통부로 이전되었다. 崔英逸, "항공기공중충돌사고 예방방안: 항공교통관제의 측면에서", http://yichoe.netian.com/FIR/atchistory.htm 참조.

161) 원자력위원회가 폐지되면서 그 기능 중의 일부를 승계한 독립규제위원회.

162) 연방전력위원회가 폐지되면서 그 모든 기능을 승계한 독립규제위원회.

163) 원래 보건복지부(the Department of Health and Human Service) 내의 독립기관이었으나 1994년에 보건복지부로부터 분리되었다. 108 Stat. 1464 (1994).

164) 24 Stat. 386, 387, sec. 18, 21 (1887); 25 Stat. 861-62, sec. 7, 8 (1889); Robert E. Cushman, op.cit., pp.100-02 참조.

currency)이 포함되어 있었다. 그러다가 1935년에 이 두 명의 특별이사
는 법률에 의거하여 연방준비제도이사회 이사직에서 배제되었으며, 나
아가 1951년에는 이른바 '1951년 협정'으로 인해 재무부로부터의 연방
준비제도이사회의 독립성은 한층 더 강화되었다. 한편 연방통상위원회
(FTC)의 경우에는 행정부서의 특정업무를 대신하려는 목적으로 창설되
었다. 즉 1903년, 통상노동부(Department of Commerce and Labor)165)가
창설되었을 때, 의회는 州間 그리고 외국과의 통상관행을 조사하기 위
하여 기업국(Bureau of Corporations)을 통상노동부 내에 설치하였다. 바
로 이러한 기업국이 1914년 폐지될 때에 이를 대신하여 창설된 기관이
연방통상위원회(FTC)였다. 따라서 기업국이 폐지될 당시까지의 수사와
소송을 비롯한 모든 기업국의 업무는 연방통상위원회에게 그대로 이전
되었다.

　이들 외의 다른 독립규제위원회들도 그 창설초기에는 행정부서의 일
부로 출발하였다. 예컨대 1920년에 창설된 연방전력위원회(FPC)의 경
우, 그 출범당시에는 전쟁부장관, 내무부장관, 농무부장관으로 위원구성
이 되었고 위원장은 이들 중 대통령이 지명하였다. 그러나 그 후 1930
년, 정부개편법이 제정됨에 따라 연방전력위원회의 위원구성방식은 이
위원회의 독립성을 제고하는 방향으로 개편되었다. 즉 이 위원회는 시
차임기제(staggered term)의 적용을 받는 5명의 위원들로 구성되었으며,
위원장 또한 「정부개편법」 제정 이전에 대통령이 지명한 위원장의 임
기종료 후부터는 위원회자체에서 선출되었다. 한편 1977년에 연방전력
위원회는 연방에너지규제위원회(FERC)로 그 명칭이 바뀌었고, 새롭게
창설된 에너지부(Department of Energy) 소속으로 편입되었다. 그러나
연방에너지규제위원회는 행정부서소속이기는 하지만 과거와 같이 독립
규제위원회로서의 지위를 가지고 있다.

---

165) 1913년에 현재의 통상부(Department of Commerce)로 그 명칭이 바뀌었다.

3. 獨立規制委員會의 獨立性의 根據

독립규제위원회는 매우 '기술적이고도 복잡한 산업'을 '규제'하는 기관이다. 그렇다면 이러한 직무를 수행하는 기관에게 독립성을 부여하는 근거는 과연 무엇인가? 이 문제는 독립규제위원회와 일반 행정부서·기관과의 관계와 밀접한 관련이 있다.

우선 독립규제위원회는 단순히 그것이 '규제'기능을 수행한다는 점에서 독립성을 갖는 것은 아니다. 이것은 독립규제위원회 뿐만 아니라 일반 행정부서·기관도 규제기능을 수행하고 있다는 점에서도 알 수 있다. 예컨대 '소비자보호'는 연방통상위원회(FTC)뿐만 아니라 보건복지부 소속 식품의약국(Food and Drug Administration)의 관할사항이기도 하다. 또 독점금지법위반행위는 연방통상위원회뿐만 아니라 법무부에 의해서도 적발·조사될 수 있다. 그 밖에 가축과 가공육류 시장에서의 부당한 관행을 규제하는 농무부소속 농업시장국(Agriculture Marketing Service)도 일반 행정기관이 규제기능을 수행하는 또 다른 예로 들 수 있을 것이다.

한편 독립규제위원회의 업무가 매우 복잡하고 기술적이라는 점에서 그들에게 독립성이 부여되었다고 보기도 힘들다. 예컨대 고도로 기술적인 분야라고 볼 수 있는 조세와 주택문제의 경우, 이들은 독립규제위원회의 소관사항이 아니라 재무부와 주택도시개발부(HUD)의 소관사항이다.

그렇다면 결국 독립규제위원회가 독립성을 갖는 이유는 그것이 여러 가지 사법적 권한을 행사하기 때문이라고 보아야 한다. 즉 그들이 행하는 재결(Adjudicatory decision)은 의회와 대통령으로부터 독립되어야 할 대표적인 영역이다. 독립규제위원회의 의사결정이 여러 의원들 간의 합의에 의해 이루어지는 이유도 바로 독립규제위원회가 사법적 기능을 수행하기 때문이다.166)

Ⅱ. 獨立規制委員會에 대한 從來의 評價

독립규제위원회가 창설된 이후, 그것에 대해서는 종래에 여러 가지 엇갈린 평가가 내려져 왔다. 이들 중 여기에서는 정부기구인 행정개혁위원회의 독립규제위원회에 대한 평가만을 살펴보고자 한다. 독립규제위원회를 비판적으로 평가한 대표적인 행정개혁위원회는 1937년, Roosevelt 행정부의 대통령행정관리위원회(President's Committee on Administrative Management: 일명 Brownlow 위원회)였다. 즉 이 위원회는 보고서를 통하여 독립규제위원회를 '미합중국정부의 입법·행정·사법 외의 第四府로서 책임자가 없는 기관'(a headless fourth branch of the Government), '무책임하고 불분명한 권한을 행사하는 기관'으로 정의하고, 나아가 독립규제위원회제도는 '합중국정부는 입법부·행정부·사법부만으로 구성된다'는 미국헌법의 기본원리에 위반된다는 점에서 위헌이라고 주장하였다.[167]

한편 이러한 비판과는 대조적으로 1949년의 행정부조직위원회(Commission on Organization of the Executive Branch of the Government: 일명 Hoover 위원회)는 그 보고서를 통하여 독립규제위원회를 매우 긍정적으로 평가한 바 있다. 즉 이 위원회는 변화하는 환경에 항상 능동적으로 대처할 필요가 있거나 행정기관에게 일정한 재량권을 부여하는 것이 행정규제에 효과적인 경우, 독립규제위원회 제도는 매우 유용하다는 점을 강조하였다. 또한 Hoover 위원회는 독립규제위원회는 정치적 영향력이나 정실주의(favoritism)로부터 독립됨으로 신중하면서도 전문

---

166) 이 점에 관해 Davis는 다음과 같은 비유를 하고 있다. "1인(으로 구성되는 지방법원)의 편견으로부터 보호되기 위하여 우리가 복수의 판사들로 구성된 항소법원을 필요로 하듯이, 우리에게는 사법권을 집단적으로 행사하는 행정기관이 필요하다." Kenneth Culp Davis, *Administrative Law of the Seventies*, Lawyers Cooperative Publishing Co., 1976, p.15.

167) Frederick C. Mosher, *op.cit.*, pp.106-20 참조.

적인 행정과 정책적 일관성을 유지하면서도 융통성 있는 행정이 가능하게 된다고 주장하였다. 한편 이 위원회는 잠재적으로 독립규제위원회와 다른 행정부서·기관 사이에 권한의 충돌이 있을 수 있다는 지적에 대해 이것은 어디까지나 이론적 추정에 불과하고, 실제에서는 양 기관 간의 협조로 인해 이러한 충돌은 없을 것이며 설령 충돌이 발생한다 하더라도 그 범위는 최소한에 그칠 것이라고 예상하였다.168)

그렇다면 연방정부의 행정개혁차원에서 조직된 이 두 위원회가 독립규제위원회에 대해 이와 같이 상반된 평가를 하고 있는 것은 무엇 때문인가? 두 위원회의 평가를 살펴보면 마치 각기 다른 기관에 대해 평가하고 있는 듯 하다. 하지만 이러한 상반된 평가는 결국 동일한 현상을 다른 관점에서 접근한 결과라고 볼 수 있다. 우선 Brownlow 위원회는 독립규제위원회를 매우 형식적인 관점에서 접근했다. 이러한 관점에 따른다면 당연히 현실적인 측면보다는 이론적인 측면을 중시하게 되어 독립규제위원회 제도는 삼권분립원칙에 위배되어 위헌이라고 보게 된다. 한편 Hoover 위원회는 Brownlow 위원회와는 달리 독립규제위원회를 매우 기능적이면서도 경험적인 측면에서 접근했다. Hoover 위원회는 독립규제위원회 운영의 실제를 연구한 결과, 이 제도에는 다음과 같은 장점이 있음을 확인하였다. 이에 대한 Pritchett의 요약을 이하에서 인용하기로 한다. 이러한 Pritchett의 요약은 독립규제위원회의 제도적 필요성을 체계적으로 논증하고 있다고 생각한다.

① **각종 압력으로부터의 독립성:** 규제기관에게는 광범위한 권한과 이를 효과적으로 행사하기 위한 수단으로 일정한 재량권이 부여되는 것이 일반적이다. 이로 인해 규제기관은 정실주의, 편파주의, 정파주의에 물들기 쉽고, 심한 경우 부패하기까지 한다. 독립규제위원회는 임기가 보장되고 권한을 공유하는 여러 위원들

---

168) *Ibid.*, pp.201-18 참조.

에 의해 의사가 결정된다는 점에서 정치적 압력을 비롯한 각종
압력을 극복하기에 적합한 기관이다.

② **집단적 정책결정:** 독립규제위원회는 그 의사결정이 집단적으로
이루어진다는 점에서 이 제도에 의할 때에는 자의적인 행정을
방지하고 다양한 경험과 관점으로부터 그 의사를 결정할 수 있
다. 이러한 장점은 특히 정책에 영향을 미치는 여러 가지 요인
중에 상대적으로 중요한 요인을 찾아내는 것이 쉽지 않거나 사
안이 복잡할 때, 또는 정책결정의 범위가 지나치게 넓을 때 더
욱 두드러지게 나타난다.

③ **전문성:** 일반적으로 규제의 대상이 되는 산업은 매우 복잡하며
고도의 기술적인 성격을 가지고 있다. 이러한 문제점은 결국 이
에 대한 지속적인 관심과 연구를 필요로 한다. 바로 독립규제위
원회는 이를 해결하기 위한 전문성을 확보하거나 최소한 규제되
는 분야에서 제기되는 문제점만이라도 제대로 파악하기 위해 고
안된 제도이다. 독립규제위원회 위원들은 특정산업과 관련된 업
무에만 전념함으로써 그 산업의 기술적 특징과 거기에서 야기되
는 기본적인 문제점들을 충분히 파악할 수 있게 된다.

④ **정책적 일관성:** 규제기관이 민간산업을 선도하기 위해서는 규
제의 정책과 수단이 일관적이어야 함은 물론이다. 하지만 이러
한 정책과 수단의 일관성은 변화하는 시대에 규제를 지속적으
로 맞추어나가는 것과 동시에 이루어져야 한다.169)

한편 이와 같은 장점에도 불구하고 그간 독립규제위원회에 대해서는
크게 두 가지의 비판이 제기되어 왔다. 하지만 이러한 비판들은 독립규
제위원회의 본질을 잘못 파악하고 있거나 현실적 상황을 오해하고 있
는 견해라고 생각한다. 첫 번째 비판은 독립규제위원회는 대중의 욕구
에 너무 둔감하다는 지적이다. 하지만 이는 독립규제위원회의 창설목적

---

169) C. H. Pritchett, "The Regulatory Commissions Revisited", *American
Political Science Review* 43 (1949), pp.978, 982(Ronald C. Moe, *The
Hoover Commissions Revisited*, Westview Press, 1982, pp.156-57에서 재
인용).

이 정치적 변화에 따른 정책의 혼선 없이 독립적인 행정을 추구하는데에 있다는 점을 간과한 견해이다. 정치적으로 민감하게 반응하여 대중의 욕구를 항상 주시하는 것과 행정의 독립성을 수호한다는 것은 서로 양립할 수 없을 뿐만 아니라 양립되어서도 안 된다. 특히 허가나 각종 요금결정(ratemaking)과 같은 사법적 문제를 결정하는 독립규제위원회의 경우, 그것에 대해 요구되는 정치적 중립성은 사법부에 대해 요구되는 것과 별다른 차이가 없다. 결국 독립규제위원회는 정치적 영향력에 동요되어서는 안 된다.

독립규제위원회에 대해 제기되어온 두 번째 비판은 독립규제위원회가 그들의 규제영역에 있는 여러 산업에 의해 사실상 지배되어왔다는지적이다. 이에 대해서는 두 가지 반론이 가능하다. 첫째, 이러한 지적은 독립규제위원회 뿐만 아니라 일반 행정부서·기관의 경우에도 문제될 수 있다는 점에서 이를 유독 독립규제위원회의 비판논거로만 강조하는 것은 별로 설득력이 없다. 둘째, 이러한 지적은 산업계와 독립규제위원회가 대체적으로 대립관계를 형성하고 있는 오늘날 미국의 현실과 모순 된다. 예컨대 미국통신(AT&T)을 비롯한 여러 주요 통신사들은 연방통신위원회(FCC)와 불편한 관계를 유지해왔으며, 지방의 여러 지역방송국은 케이블TV의 확대를 제한하고 있는 연방통신위원회의 정책에 대해 계속해서 이의를 제기하고 있다. 결국 산업계는 독립규제위원회의 규제로부터 벗어나고자하는 노력을 끊임없이 되풀이해왔지만 이러한 노력은 별 성과가 없었으며 오히려 규제의 정도만 가중되어 왔을 뿐이다.170) 이러한 점에서 산업계가 독립규제위원회를 지배해왔다는 주장 역시 타당성이 없다.

---

170) Richard A. Posner, "Theories of Economic Regulation", *Bell Journal of Economics and Management Science* 5 (1974), p.355.

Ⅲ. 獨立規制委員會의 構成과 運營

1. 序 言

독립규제위원회의 독립성은 다음과 같은 세 가지 측면에 보장되고 있다. 첫째, 정권교체로부터 위원들을 독립시키기 위해 위원의 임기에는 시차임기제가 적용된다. 둘째, 위원들에 대한 대통령의 해임권 행사에는 법적인 제한이 따른다. 셋째, 동일한 정당에 속하는 위원들의 숫자에 일정한 제한을 둔다.

하지만 이러한 장치에도 불구하고 의회와 대통령은 독립규제위원회를 통제하기 위한 여러 가지 수단을 가지고 있다. 의회의 경우, 독립규제위원회를 창설하고, 그 관할과 위원들의 자격요건을 정하며, 세출자금을 공급한다. 또 독립규제위원회의 위원장을 지명하는 것은 대통령이지만 의회는 대통령이 위원들을 해임하려는 경우에 법률로 이를 제한할 수 있다. 한편 대통령은 법무부나 관리예산국(OMB)과 같은 백악관 소속기관이나 행정부서를 통하여 독립규제위원회의 소송을 감독하고, 그 예산요구서와 입법권고안을 심사하며, 그들의 정보, 특히 산업계로부터의 정보를 감독한다. 독립규제위원회 위원의 임명의 경우, 여기에는 공식적으로 대통령과 상원이 공동으로 관여한다. 하지만 일반적으로 의회의 인사가 독립규제위원회의 위원으로 임명되는 경우가 많았다는 점에서 위원의 임명에 있어서는 의회가 대통령에게 정치적인 승리를 거두어 왔다고 평가할 수 있다.

결국 독립규제위원회는 대통령과 의회 간의 권력투쟁의 또 다른 영역이다. 하지만 여기서 유의할 점은 결코 그들이 독립규제위원회의 독립성을 수호하기 위하여 대립하는 것은 아니라는 점이다. 그들이 대립하는 진정한 이유는 상대방의 권력이 자신의 것에 비해 확대되는 것을 원하지 않기 때문이다.

2. 獨立規制委員會에 대한 法律的 統制

독립규제위원회는 일반적으로 의회의 창조물이라고 볼 수 있다. 즉 독립규제위원회는 법률에 의해 창설·개편·폐지되며 그 권한이 제한 된다. 또한 의회는 법률에 의하여 독립규제위원회의 관할과 목적, 그리 고 그 조직과 세출자금을 결정한다. 이러한 측면에서 본다면 독립규제 위원회는 의회로부터 전적으로 자유롭지 못하다. 이는 여러 독립규제위 원회 중에 대통령과 의회로부터 가장 독립적이라는 평가를 받아온 연 방준비제도이사회(Fed)의 경우에도 예외는 아니다. 즉 의회의 법률적 위협에 두려움을 느낀 나머지 연방준비제도이사회는 정책결정에 있어 서 그간 종종 의회의 의사에 따르는 모습을 보여왔다. 예컨대 Nixon 행정부시절에 연방준비제도이사회 의장으로 재직했던 Arthur Burns는 자신의 임기 중 상당부분을 의회에 대한 로비를 하는 데에 보내야만 했다.[171] 의회와 연방준비제도이사회가 가까운 관계를 유지하고 있다는 점은 연방준비제도이사회와 양원의 금융위원회(banking committee)가 정기적으로 접촉하고 있다는 점에서도 확인된다. 즉 1975년에 통과된 동지결의와 1977, 78년에 통과된 법률에 의거하여 연방준비제도이사회 와 양원의 금융위원회는 재정목표를 논의하기 위해 일년에 두 번에 걸 쳐 정기적인 보고회를 갖고 있다.[172]

---

171) John T. Woolley, "The Politics of Monetary Policy: A Critical Review", 14 *J. Pub. Pol'y* 57 (1994), pp.612-14 참조.

172) Andrew H. Bartels, "Prospects for Future Reforms of the Fed", *The American Banker*, Aug. 23, 1985, p.4.

3. 獨立規制委員會 '委員'의 任命

(1) 大統領의 指名

일반적으로 대통령은 독립규제위원회 위원지명권을 통하여 독립규제
위원회의 기본적인 성격과 조직을 자신에게 유리한 방향으로 개편할
수 있다. 이러한 취지에서 그간 미국의 여러 대통령들은 자신이 직접
선택한 인사를 한사람이라도 더 위원에 임명시키기 위하여 끊임없이
노력해왔다.173) 특히 자신과 정책적 견해를 같이 하는 인사를 위원으로
임명할 경우, 대통령은 자신의 정책을 추진하는 과정에서 상당히 유리
할 수 있다. 예컨대 1976년 대통령선거과정에서 Carter는 항공사규제를
완화하겠다는 공약을 하였는데, 이에 따라 그는 당선된 후 항공사규제
완화에 대해 자신과 같은 견해를 가지고 있었던 Kahn과 Elizabeth
Bailey를 민간항공위원회(CAB) 위원으로 임명하였다. 그 후 새로 임명
된 두 위원의 주도적 역할하에 민간항공위원회는 항공사간 자율경쟁을
유도하는 몇 가지 조치를 취하게 되었고, 이는 항공사규제완화에 대한
긍정적인 분위기형성에 결정적인 기여를 하였다.174) 이 사례는 대통령
이 정책적으로 자신과 가까운 인사를 독립규제위원회 위원으로 임명하

---

173) 예컨대 Nixon의 경우, 5년 반이라는 그의 재직기간 동안 다음에 열거하
는 독립규제위원회 의 위원을 전부 자신이 직접 지명하였다. 민간항공위
원회(CAB)위원 5명, 연방통신위원회(FCC) 위원 7명, 연방해사위원회
(FMC) 위원 5명, 연방전력위원회(FPC) 위원 5명, 전국노동관계위원회
(NLRB) 위원 5명, 증권거래위원회(SEC) 위원 5명, 소비자제품안전위원
회(CPSC) 위원 5명. *Guide to Congress*, Congressional Quarterly Press,
1976, p.186.

174) 이러한 분위기는 결국 「1978년 항공사규제완화법」(Airline Deregulation
Act) 제정으로 이어지게 되었다. Paul Stephen Dempsey, "The State of
the Airline, Airport & Aviation Industries", 21 *Transportation Law
Journal* 129 (1992), pp.142-46 참조.

여 모든 것을 원만히 해결한 성공적인 사례라고 볼 수 있다. 하지만 다음에서 보는 연방통신위원회(FCC) 관련 사례는 위와는 반대로 대통령이 자신의 정책을 위하여 행한 독립규제위원회 위원임명이 정책적 실패로 끝난 사례이다. 1978년, 연방통신위원회는 그 연구보고서를 통하여 일반적으로 대통령은 통신정책에 대해서는 무관심하다는 전제하에 대통령이 독자적인 통신정책을 추진하기 위하여 자신과 정책적으로 가까운 인사를 연방통신위원회 위원으로 임명한 경우는 없었다고 한 바 있다.175) 하지만 이러한 관행은 **Reagan** 행정부에 이르러 거부되었다. 즉 **Reagan**은 '통신규제완화'와 '방송에 있어서의 공정성원칙 폐기'176)라는 자신의 통신정책을 관철시키기 위하여 연방통신위원회 위원에 자유시장론자(free-marketeer)들을 대거 임명하였다. 하지만 예상과는 달리 **Reagan**의 이러한 시도는 연방통신위원회와 의회의 소관위원회 간의 극단적인 대립만을 낳았고, 결국 **Reagan**의 후임자인 **Bush**는 이러한 갈등을 해결하는 차원에서 다소 중립적 성향의 인사들을 연방통신위원회 위원으로 임명하였다.177)

한편 동일한 정당에 속하는 위원들의 숫자에 일정한 법적 제한을 둠으로써 독립규제위원회의 정치적 중립성이 보장된다는 점은 앞에서도 설명한 바 있다. 하지만 대통령은 위원임명에 있어서의 이러한 법적 제한을 교묘히 회피할 수 있다. 예컨대 現국제통상위원회(International Trade Commission)의 전신인 관세위원회(Tariff Commission)의 경우, 동일정당소속 인사가 3명 이상 그 위원으로 임명되는 것이 법적으로 제

---

175) Glen O. Robinson, "The Federal Communications Commission: An Essay on Regulatory Watchdogs", *Va. L. Rev.* 64 (1978), pp.169, 184.

176) 당시 방송의 공정성원칙이 적용되었던 대표적인 매체는 라디오를 들 수 있다. 즉 당시 라디오방송국에게는 의무적으로 다양한 견해를 보도할 의무가 있었다.

177) Neal Devins, "Congress, the FCC, and the Search for the Public Trustee", *Law and Contemporary Problems* 56 (1993), p.145.

한되었다. 이에 Woodrow Wilson 대통령은 민주당의원들은 대체적으로
자유무역주의를, 공화당의원들은 보호무역주의를 주창하던 당시의 상황
에서 이러한 법적 제한을 회피하기 위하여 민주당출신 3명 외에 공화
당출신이되 자유무역주의를 지지하는 인사를 임명하였다.178) 이러한 편
법임명은 Nixon에게도 확인할 수 있다. 즉 Nixon은 증권거래위원회
(SEC) 위원임명에 있어서 위와 같은 제한을 회피하기 위하여 민주당출
신이되 실업계에서 보수주의자로 유명했던 A. Sydney Herlong, Jr.를
그 직에 임명하였다.179) 결국 이러한 대통령의 임명행위는 독립규제위
원회의 정치적 중립성을 크게 훼손하는 행위라고 볼 수 있다.

(2) 上院의 任命同意

그간 독립규제위원회 위원들의 자질에 대해서는 이를 회의적으로 보
는 시각이 존재해왔고, 그 결과 위원임명에 좀더 신중을 기해야 한다는
주장이 제기되어왔다. 이러한 주장은 구체적으로 종래의 위원임명의 일
차적인 기준은 정치적 성향이었으며 능력, 경험, 규제에 대한 철학 등
과 같은 요소는 부차적인 것에 불과했다는 점에 기초하고 있다.180) 물
론 이러한 현상에 대한 원인을 들자면 대통령의 지명행위가 우선적으
로 지적되어야 하겠지만, 상원이 너무 관대한 기준으로 대통령이 지명
한 인사의 임명에 동의해왔다는 점도 무시할 수 없을 것이다. 예컨대

178) Daniel K. Tarullo, "Law and Politics in Twentieth Century Tariff History",
34 *UCLA L. Rev.* 285 (1986), pp.306-7 참조.

179) *New York Times*, Jan. 14, 1970, p.26.

180) Senate Committee on Commerce, *Appointments to the Regulatory Agencies:
The Federal Communications Commission and the Federal Trade Com-
mission (1949-1974) 391*, 94th Cong., 2d Sess. (Committee Print 1976)
(Harry M. Shooshan III, "A Modest Proposal for Restructuring the Federal
Communications Commission", 50 *Federal Communications Law Journal*
637 (1998), p.646에서 재인용).

1949년, 상원은 연방전력위원회(FPC) 위원으로서 세 번째 임기를 맞는 Leland Olds의 임명동의를 거부하였는데 이것은 대단히 예외적인 일이었다. 나아가 상원이 피지명자에게 거부감을 가지고 있다 하더라도, 본회의의 실제표결에서 그에 대한 임명동의를 거부한 경우는 거의 없었으며, 결과적으로 대통령이 원하던 인사의 임명이 좌절된 경우에도 그것은 상원의 위원회가 사전에 백악관에 대해 피지명자에 대한 거부의 사를 표시하고 대통령 스스로가 그 지명을 철회하는 경우가 많았다.

이러한 비판을 의식해서인지 1970년대 이후 상원은 독립규제위원회 위원으로 지명된 인사에 대한 임명동의기준을 점점 더 강화해오고 있다. 즉 상원의 여러 위원회는 직무수행과정에서 발생할 수 있는 이해관계충돌(conflict of interest)의 가능성을 고려하여 피지명자의 재정적 배경, 전문성, 과거의 정책적 성향, 규제철학 등을 기준으로 그 임명동의 여부를 결정해오고 있다. 예컨대 상원은 연방전력위원회(FPC) 위원으로 지명된 Robert Morris에 대한 임명동의절차에서 그의 정책적 성향을 이유로 임명동의를 거부하였다. 당시 상원은 새로운 연방전력위원회 위원으로서 소비자의 입장을 중시하는 인물을 원하고 있었는데, Morris는 기존의 연방전력위원회 위원들과 마찬가지로 소비자보다는 산업을 중요시하는 성향을 가지고 있었던 인물이었다.[181] 또 1977년, 상원 환경 및 공공사업위원회(Senate Committee on Environment and Public Works)는 Kent F. Hansen의 원자력규제위원회(NRC) 위원 임명동의를 거부한 바 있는데, 그 이유로는 그는 이 분야에 대해 경험이 없다는 점과 그가 위원직을 수행할 경우에 이해관계의 충돌(conflict of interest)이 발생할 가능성이 있다는 점을 들었다.[182] 결국 이러한 강화된 임명동의기준으로 인해 상원이 위원으로 지명된 인사를 거부하는 사례는 이전에 비해

---

181) 119 *Congressional Record* 19492-508 (1973).

182) *Congressional Quarterly Almanac* 1977(Washington D. C. : Congressional Quarterly, 1977), p.48-A.

상당히 증가하였다.[183]

　끝으로 한 가지 지적할 점은 어찌 보면 당연한 결과겠지만, 의회의 고위인사가 독립규제위원회 위원으로 임명된 사례는 일일이 열거할 수 없을 정도로 상당히 많았다는 점이다. 특히 그 중 통상위원회 소속 인사가 임명되는 경우가 크게 두드러지고 있다.

4. 獨立規制委員會 '委員長'의 任命

　1913년, 연방준비제도이사회를 창설할 당시에 의회는 그 위원장의 임명권을 대통령에게 부여하였다. 이것은 1920년에 창설된 연방전력위원회(FPC)의 경우에도 마찬가지였다. 반면 이들 외의 다른 독립규제위원회들의 경우에는 위원들이 직접 위원장을 선출하도록 되어있었다. 예컨대 州間通商委員會(ICC)는 위원들이 순환하며 위원장職을 담당하였

183) 상원이 피지명자를 거부한 주요 사례를 표로 정리하자면 다음과 같다.

《표 12》독립규제위원회 위원・위원장 지명에 대한 상원의 주요 거부 사례

연도	거부주체	피지명자	거부형태	지명직위
1981	상원 노동 및 인적자원위원회	John R. Van de Water	임명동의안 부결	전국노동관계위원회(NLRB)위원장
1982	상원 통상위원회	F. Keith Adkinson	상원 통상위원회의 거부로 인한 지명철회	연방통상위원회(FTC) 위원
1986	상원 노동 및 인적자원위원회	Robert E. Rader, Jr.	임명동의안 부결	직업안전보건심사위원회(Occupational Safety and Health Review Commission)
1986	상원 노동 및 인적자원위원회	Jeffrey I. Zuckerman	임명동의안 부결	평등고용기회위원회(Equal Employment Opportunity Commission) 위원장
1989	상원 통상위원회	Heather J. Gradison	상원 통상위원회의 거부로 인한 피지명자의 자진 사퇴	州間通商委員會(ICC) 위원장

410

으며, 그 임기는 1년이었고 위원들에 의해 선출되었다.

그러나 1949년, 행정부조직위원회(Hoover 위원회)는 그 보고서를 통하여 모든 독립규제위원회의 위원장은 그 위원들 중 대통령에 의해 임명되어야 하고, 모든 독립규제위원회의 권한은 위원장에게 집중되어야 한다는 내용의 권고를 하였다. 이러한 권고는 대통령의 위원장임명을 통해 궁극적으로 독립규제위원회를 '대통령의 기관'으로 기능하게 하려는 시도였다고 볼 수 있다.184) 하지만 독립규제위원회 모두는 합동으로 이러한 권고를 받아들이지 않았고, 결국 위원장임명의 문제는 未濟로 남게 되었다.185)

하지만 1950년대 이후 여러 대통령들은 그들의 정부개편안을 통하여 Hoover 위원회의 위와 같은 권고를 현실화하기 위해 노력해왔다. 하지만 의회는 위원장임명권이 가지는 정치적 중요성으로 인해 이를 매번 거부하였다. 결국 이와 같은 대통령과 의회와의 갈등은 '상원의 권고와 동의하'에 대통령에게 연방준비제도이사회 위원장과 부위원장에 대한 임명권을 부여하는 법안이 1977년에 통과됨에 따라 일단락되었다.186) 한편 위원장이 그 직에서 해임되는 경우, 대체적으로 그는 일반위원으로 복귀한다. 예컨대 Carter가 Joseph Hendrie를 원자력규제위원회(NRC) 위원장職에서 해임했을 때, 그는 일반위원으로 복귀한 바 있다.

마지막으로 독립규제위원회 위원장과 관련하여 한 가지 우려할만한 점은 일부 위원장들의 경우, 독립규제위원회가 '중립적 기관'이고 부분적으로 '의회의 기관'으로 기능함에도 불구하고 종종 대통령의 정치적 행사를 노골적으로 지원해왔다는 것이다. 예컨대 1972년, 대선당시 증권거래위원회(SEC) 위원장 William Casey, 연방해사위원회(FMC) 위원장 Helen Delich Bentley, 연방전력위원회(FPC) 위원장 John Nassika는

184) Frederick C. Mosher, *op.cit.*, pp.220-22 참조.
185) C. H. Pritchett, *op.cit.*, p.978.
186) 91 Stat. 1388, sec. 204 (1977).

Nixon의 재선운동을 적극적으로 지원한 바 있다.[187]

5. 委員의 解任

독립규제위원회 위원의 해임과 관련하여 제기되는 가장 큰 문제는 대통령은 일반 행정부공무원과 같이 독립규제위원을 자유롭게 해임할 수 있는지 여부이다. 독립규제위원회 위원해임이 본격적인 헌법문제로 등장하게 된 계기는 1935년의 *Humphrey's Executor v. United States*[188] 였다. 이 사건은 당시 대통령이었던 Franklin D. Roosevelt가 연방통상위원회(FTC) 위원이었던 William Humphrey를 해임한 것이 문제된 사건이었다. Humphrey는 Coolidge 대통령이 임명하고 Hoover 대통령이 재임명한 위원으로서 산업계를 우선시하는 정책적 성향을 가지고 있었다. 그러나 이러한 그의 정책적 성향은 명백히 Roosevelt 행정부의 정책에 어긋나는 것으로서 Roosevelt는 이것을 문제 삼아 Humphrey를 해임하였다. 한편 당시 연방통상위원회법은 대통령은 '무능', '직무태만', '재직 중 부정행위' 등의 사유가 있는 경우에 한하여 연방통상위원회 위원을 해임할 수 있다는 규정을 두고 있었다.[189] 결국 Humphrey의 유언집행인은 생전의 그를 대신하여 Humphrey는 연방통상위원회법상의 해임요건을 이유로 해임된 것이 아니라 명백히 정책적 성향을 이유로 해임된 것이므로 이는 위헌이라고 주장하며 소송을 제기하였다. 이에 법무부는 이 법에서의 해임요건은 '限定的 사유'가 아닌 '列擧的 사유'에 불과하며, 대통령이 그의 헌법상 의무인 '법률을 올바르게 집행할 의무'를 제대로 수행하기 위해서는 同法上 해임요건 외의 사유에 의해

---

187) "Impartial Regulators Stump for Nixon", *Washington Star-News*, Oct. 8, 1972, p.C5.

188) 295 U. S. 602 (1935).

189) 15 U. S. C. 41; *Ibid.*, at 623.

412

독립규제위원회 위원을 해임하는 것은 불가피하다고 주장하였다.

이러한 당사자의 주장에 대해 연방대법원의 법정의견을 대표한 Sutherland 대법관은 연방통상위원회 위원은 연방통상위원회법상의 해임요건에 의해서만 해임될 수 있다고 판시하였다. 먼저 그는 독립규제위원회는 그 직무의 성격상 일반 행정부서·기관과는 다르다는 점을 전제한 후, 그것은 準사법적, 準입법적 기관으로서의 성격이 강하다고 설명하였다. 따라서 권력분립원칙상 대통령이 행정부공무원과는 달리 準사법적, 準입법적 성격을 갖는 독립규제위원회 위원에 대해 절대적인 해임권을 행사할 수는 없다고 결론지었다. 이는 결국 연방대법원이 *Myers v. United States*[190]에서 대통령의 행정부 하급공무원에 대한 해임권을 절대적인 것으로 보았던 것과 큰 대조를 이룬다.

하지만 이 판결에 대해서는 두 가지의 문제제기가 가능하다. 첫째, 당시 법무부의 주장대로 일반 행정부서·기관도 사법적 기능이나 입법적 기능을 수행해왔다는 점에서 Sutherland 대법관의 이러한 구별이 얼마나 설득력이 있는 지에 대해서는 의문이 간다.[191] 즉 그의 구별대로라면 사법적기능이나 입법적 기능을 행하는 일반 행정기관과 독립규제위원회는 모두 '準사법적, 準입법적' 기관이라고 볼 수 있게 되는데, 유독 독립규제위원회만을 準사법적, 準입법적 기관으로 정의하고 여기에는 대통령의 절대적인 해임권이 적용되지 않는다고 하는 것은 이론적인 모순이다.[192]

---

190) 272 U. S. 52, 293 (1926).

191) *Ibid.*, at 617, 624.

192) 이것은 결국 Sutherland 대법관이 독립규제위원회의 정확한 성격과 지위를 이해하지 못한 결과라고 볼 수 있다. 그는 연방대법원을 떠나는 순간까지 이 문제를 두고 상당한 고민을 했던 것으로 보인다. 즉 그의 임기가 끝나던 1938년의 한 회의에서 그는 현 연방해사위원회(FMC)의 전신인 연방해운위원회(U. S. Shipping Board)는 행정부에 속하지 않는다는 주장을 경청하고 그의 법률보좌관에게 이 문제에 대한 조언을 구

둘째, Sutherland 대법관은 이 판결에서 '권력분립'의 의미에 대해 다음과 같은 견해를 밝혔는데, 이러한 견해는 상당히 시대착오적이라고 할 수밖에 없다.

> "입법・행정・사법부가 서로에 대한 직간접적인 통제나 영향력의 행사로부터 완전히 자유로워야 한다는 점은 역사적으로 여러 차례 강조되어 왔다. 이러한 점에 대해서는 의문의 여지가 없다."193)

하지만 입법・행정・사법부가 서로에 대한 직간접적인 통제로부터 완전히 자유로울 수 있다는 것은 이론적 허구일 뿐만 아니라 바람직하지도 않다. 하지만 Sutherland 대법관은 그의 이러한 주장을 정당화하기 위해 과거 연방대법원 대법관이었던 James Wilson과 Joseph Story도 이러한 엄격한 권력분립론을 주장한 바 있다는 점을 들기까지 했으나, James Wilson으로 대표되는 '형식적 권력분립론'은 James Madison으로 대표되는 '기능적 권력분립론'에 의해 이미 오래 전에 청산되었음은 제2장에서 설명한 바와 같다.194)

비록 *Humphrey* 판결은 대통령의 해임권과 관련한 이후의 판결에 대해 선례로서 큰 영향을 미쳤고195) 대통령의 부당한 해임권행사로부터

한 바 있다. 그때 그의 법률보좌관은 *Humphrey* 판결을 참고할 것을 권했고, Sutherland 대법관은 그렇다면 연방해운위원회는 입법부에 속한다는 결론을 내렸다. 하지만 이러한 결론이 만족스럽지 못한 듯, 그는 이미 그 회의의 토론주제가 다른 것으로 바뀌고 있었음에도 불구하고 계속해서 이 문제에 몰입하고 있었다고 한다. Robert E. Cushman, *op.cit.*, pp.447-48.

193) *Ibid.*, at 629.

194) *Ibid.*, at 630. '기능적 권력분립론'에 의거한 연방대법원의 대표적인 판결로는 *United States v. Nixon*, 418 U. S. 683, 707 (1974); *Youngstown Co. v. Sawyer*, 343 U. S. 579, 635 (1952).

195) *Morgan v. Tennessee Valley Authority*, 28 F. supp. 732(E. D. Tenn. 1939); *Morgan v. Tennessee Valley Authority*, 115 F. 2d 990(6th Cir.

독립규제위원회의 독립성을 지켜냈다는 의의를 가지고 있지만, 독립규
제위원회 위원들에 대한 대통령의 해임권을 이론적으로 체계화하는 데
에는 실패했다고 평가할 수 있다. 이 문제에 대해 Sutherland 대법관이
언급한 것이라고는 고작 다음과 같은 판시가 전부이다.

> "대통령의 해임권의 범위는 절대적 해임권(순수 행정부공무원)
> 에서부터 그것이 인정되지 않는 영역(이 사건에서의 독립규제위원
> 회 위원)에까지 걸쳐 있다. 前者를 나타내는 것은 Myers 판결이고
> 後者를 나타내는 것은 본 판결이다. 따라서 두 판결 사이에는 중간
> 영역(field of doubt)이 존재하는데, 이 영역은 앞으로 대통령의 해임
> 권이 문제된 사건이 제기될 때마다 연방대법원이 규명해야 할 영
> 역이다."196)

결국 Sutherland 대법관의 위와 같은 견해는 독립규제위원회 위원에
대한 대통령의 해임권의 범위와 한계를 규명하는 데에 어떠한 도움도
줄 수 없는 견해라고 평가할 수 있다. 하지만 불행하게도 이 문제가 다
시 연방대법원에 등장할 가능성은 그리 많지 않아 보인다. 그 이유는
연방대법원이 그간 *Humphrey* 판결에 대해 별 다른 재검토를 해오지
않고 있으며, Humphrey 이후의 독립규제위원회 위원들, 특히 그가 재
직했던 연방통상위원회 위원들조차 대통령의 간섭에 대해 그리 민감한
반응을 보이지 않고 있기 때문이다. 하지만 독립규제위원회 위원에 대
한 대통령의 해임권의 범위와 한계는 *Humphrey* 판결 이후에도 여러
대통령들이 부당한 압력을 행사하여 독립규제위원회 위원들을 '사실상'
해임해오고 있다는 점197)에 비추어 본다면 반드시 규명되어야 할 문제

1940), *cert. denied*, 312 U. S. 701 (1941); *Wiener v. United States*, 357
U. S. 349 (1958); *Nader v. Bork*, 366 F. supp. 104 (D. D. C. 1973);
Morrison v. Olson, 487 U. S. 654 (1988).

196) *Humphrey's Executor v. United States*, 295 U. S. at 632.

라고 생각된다.

6. 獨立規制委員會 豫算案에 대한 審査

독립규제위원회의 진정한 '독립'은 그것의 재정적 독립이 보장될 때
비로소 가능하게 된다. 이러한 점에서 독립규제위원회 예산의 첫 과정
이라고 볼 수 있는 예산안편성은 중요한 의미를 갖는다. 한편 대통령과
의회는 독립규제위원회의 예산안편성권을 둘러싸고 지속적으로 대립해
왔는데, 이것은 逆으로 독립규제위원회의 재정적 독립에 기여하는 역할
을 하기도 한다. 하지만 주의할 것은 앞에서 설명한대로 그들이 독립규
제위원회의 예산안편성권을 둘러싸고 대립하는 이유는 독립규제위원회
의 독립성을 수호하기 위해서가 아니라 상대방의 권한확대를 두려워하
기 때문이다.

「1921년 예산회계법」은 대통령에게 모든 행정부소속기관의 예산요구
서를 심사하고 이를 수정할 권한을 부여하였다.198) 한편 대통령은 이
과정에서 예산국의 협조를 받으며, 여기서 말하는 '모든 행정부소속기
관'에는 당연히 독립규제위원회도 포함되는 것으로 해석되었다. 그러나
이러한 규정에도 불구하고 당시 대다수 독립규제위원회들은 이 규정이
독립규제위원회에 대해서는 적용될 수 없다고 주장하였다. 이에 의회는
이를 좀더 명확히 하는 차원에서 「1939년 정부개편법」 제2장(Title Ⅱ)
을 개정하여 그 예산요구서가 예산국의 심사와 수정의 대상이 되는 정

---

197) 예컨대 Ford 대통령은 민간항공위원회(CAB) 위원으로 재직하고 있었던
Robert Timm에게 지속적인 압력을 행사하여 마침내 그를 사임하게 한
바 있다. 이에 Timm은 소송을 제기하여 그의 사임은 강압에 의한 것이
었으므로 자신에게는 체불임금의 소급지급(back pay)을 받을 권리가 있
다는 주장을 하였으나 법원은 이를 기각하였다. *Timm v. United States*,
223 Ct. Cl. 639 (1980).

198) 42 Stat. 20, sec. 2 (1921).

부기관에 '모든 독립규제위원회'(any independent regulatory commission or board)를 명시적으로 추가하였다.199) 이것은 사실상 「1921년 예산회계법」의 수정이었다.

여기까지의 과정에서는 대통령이 의회에 비해 독립규제위원회의 예산안편성에 유리한 위치를 점하고 있었다고 할 수 있다. 하지만 이후 의회는 독립규제위원회 예산안편성에 적극적인 자세를 취하게 된다. 이것은 일차적으로 대통령의 독립규제위원회예산안 사전심사권과 수정권을 통제하는 방향으로 나타나게 되었다.

원칙적으로 관리예산국(OMB: 舊예산국)에 제출되는 행정부서・기관의 예산요구서와 그 보충자료는 그 內規(Circular)에 의거하여 대통령의 예산안이 의회에 제출된 이후에 공개될 수 있다.200) 하지만 Nixon 행정부의 극심한 支出留止를 경험한 바 있는 의회는 그 후 일부 행정부서・기관의 예산요구서를 '대통령의 예산안이 제출되기 전'에 제출받으려는 의도하에 일부 행정부서・기관에게 그 예산요구서를 관리예산국과 의회에게 동시에 제출할 것을 요구하였다. 이것은 결국 행정부서・기관의 예산안에 대한 대통령의 사전심사권을 통제하려는 것으로 풀이할 수 있으며, 이를 계기로 여러 독립규제위원회들의 예산안이 '대통령의 예산안이 제출되기 전'에 의회로 移送되었다.

---

199) 53 Stat. 565, sec. 201 (1939).

200) OMB Circular No. A-10, Nov. 12, 1976, para. 3(Congressional Research Service 著 김민전 譯, 前揭書, p.61에서 재인용):
   '3. 공식제출 이전의 비밀유지 요구: 각 부처의 제출서・요구서・권고안・설명자료 등의 기밀은 유지되어야 하는데, 이는 대통령이 예산문제를 조정하고 의회권고를 개발하는 의사결정과정에 있어서 이러한 문서들이 핵심적인 부분을 차지하고 있기 때문이다. 대통령 예산서는 의회에 제출되기 직전까지는 최종적인 것이 아니다. 예산서가 제출된 이후에도 예산수정안과 추가세출의결의 요구가 취해질 수 있다. 예산관련 자료들은 대통령에 의해서 제출되기 이전까지는 어떠한 형태로든 공개되어서는 안 된다. 각 부처의 장들은 예산정보의 때 이른 공개를 막아야 할 책무를 지고 있다.'

예컨대 1972년에 창설된 소비자제품안전위원회(CPSC)의 예산안은 그 창설법률을 통하여 의회와 관리예산국에 동시에 제출되게 하였고,[201] 이 같은 예산안제출방식은 1973년 미철도운송공사(National Railroad Passenger Corporation)[202], 1974년 미철도협회(U. S. Railway Association), 연방선거위원회(Federal Election Commission), 상품선물거래위원회(CFTC), 사생활보호조사위원회(Privacy Protection Study Commission),[203] 1975년 미수송안전위원회(National Transportation Safety Board),[204] 1976년 州間通商委員會(ICC)[205]까지 확대 적용되었다. 또 의회는 에너지부 세출의결의 조건으로 에너지부 소속 독립규제위원회인 연방에너지규제위원회(Federal Energy Regulatory Commission: FERC)의 예산요구서를 공개할 것을 요구하였다.[206] 나아가 의회는 「1978년 공무원제도개혁법」을 통하여 새로 창설된 실적주의보호위원회(MSPB)의 예산요구서를 대통령과 의회에게 동시에 제출되도록 하였다.[207]

한편 의회는 대통령의 예산이 제출되기 전에 일부 독립규제위원회의 예산요구서를 '검토'하는 것으로 만족하지 않고, 나아가 대통령과 관리예산국이 이를 수정하는 것을 금지시켰다. 이러한 조치는 대통령의 독립규제위원회에 대한 영향력을 줄이고자 하는 의회의 의지로부터 나온 것이었지만, 사실 이는 독립규제위원회 위원들이 평소에 희망하던 바이기도 했다. 즉 독립규제위원회 위원들은 그 예산안에 대한 관리예산국

---

201) 86 Stat. 1229, sec. 27(k)(1); 7 U. S. C. 4a(h)(1) (1994).

202) 87 Stat. 553, sec 601(b)(1) (1973).

203) 87 Stat. 992, sec. 202(g)(2); 88 Stat. 1283, sec. 311(d)(1); 88 Stat. 1390-91, sec. 101(9)(A); 88 Stat. 1906, sec. 5(a)(5)(A) (1974).

204) 88 Stat. 2170, sec. 304(b)(7) (1975).

205) 90 Stat. 60, sec. 311 (1976).

206) 91 Stat. 583, sec. 401(j).

207) 92 Stat. 1125, sec. 1205(j).

의 검토와 수정으로 인해 의회가 독립규제위원회의 필요예산규모를 정
확하게 이해하지 못하고 있다고 주장해왔다. 결국 의회는 「1974년 무역
법」(Trade Act of 1974)을 통하여 최초로 독립규제위원회 예산안에 대
한 행정부의 수정을 금지하였다. 구체적으로 이 법은 대통령의 예산안
에 포함되는 국제무역위원회(ITC)의 예산요구서의 경우, 이것이 사전에
수정되어서는 안 된다(without revision)는 규정을 두었다.208) 또 같은
해에 통과된 다른 법률에서는 미연방체신청(Postal Service)의 예산요구
항목 중 일정항목에 대해서는 대통령의 수정을 금지하였다.209) 이러한
일련의 조치에 의해 현재 그 예산요구서가 관리예산국의 사전검토와
수정을 받지 않는 국가기관은 입법부, 사법부 외에 국제무역위원회
(ITC), 연방준비제도이사회, 사인소유의 각종 정부공사로까지 확대되어
있다.210)

7. 獨立規制委員會 立法勸告案에 대한 審査

관리예산국(OMB)이 그 전신인 예산국의 권한을 승계하여 행정부소
속기관의 입법권고안을 사전 심사한다는 점은 앞에서 설명한 바와 같
다. 따라서 원칙적으로 독립규제위원회의 입법권고안 역시 관리예산국
의 사전심사를 받는다. 하지만 여기에는 예외가 있다. 즉 의회는 독립규
제위원회에 대한 영향력을 제고하려는 의도에서 일부 독립규제위원회의
입법권고안의 경우, 관리예산국·대통령에게 제출됨과 동시에 의회에게
제출되도록 하고 있다. 예컨대 1974년, 의회는 법률을 통하여 상품선물
거래위원회(CFTC)의 입법권고안이나 의회출석증언서, 그리고 입법에
관한 의견서 등은 대통령이나 관리예산국에게 제출됨과 동시에 그 寫本

---

208) 88 Stat. 2011, sec. 175(a)(1).

209) 88 Stat. 288, sec. 3.

210) OMB Circular No. A-11, June 1995, sec. 11.1.

이 양원의 농업위원회(agriculture committee)에게 제출되도록 하였다.211) 한편 같은 해에 이러한 입법권고안 제출절차는 증권거래위원회(SEC), 연방준비제도이사회, 미연방예금보험공사(Federal Deposit Insurance Corporation), 미연방저축융자은행위원회(Federal Deposit Insurance Corporation), 연방신용조합감독청(National Credit Union Administration) 으로까지 확대되었다.212) 또 1976년과 1977년, 의회는 州間通商委員會 (ICC)와 연방에너지규제위원회(FERC)에게 그 입법권고안과 입법에 관한 의견서를 '관리예산국'과 '의회'에게 동시에 제출할 권한을 부여하였고,213) 1978년에는 새롭게 창설된 실적주의보호위원회(MSPB)에게까지 이를 확대 적용하였다.214)

8. 獨立規制委員會의 訴訟遂行

독립규제위원회가 연방대법원을 비롯한 일부 법원에서 소송을 수행할 경우에는 원칙적으로 반드시 법무부를 그 소송대리인으로 하여야 한다.215) 하지만 여기에는 몇 가지 예외가 있다. 예컨대 앞에서도 언급한 바와 같이 과거 州間通商委員會(ICC)는 자신이 발한 명령(order)이

---

211) 7 U. S. C. 4a(h)(2). 한편 Ford 대통령은 이 법률안에 대해 서명하면서 이러한 제출절차는 대통령이 일관적이고도 통합적인 입법정책을 개발하여 그것을 의회에 전달하는 것을 어렵게 하므로 이 절차가 확대되는 것은 바람직하지 못하다고 한 바 있다. *Public Papers of the Presidents*, 1974, p.462.

212) 88 Stat. 1506, sec. 111 (1974).

213) 90 Stat. 60, sec. 311 (1976); 91 Stat. 583, sec. 401(j) (1977).

214) 92 Stat. 1125, sec. 1205(k), 1209 (1978). 즉 의회의 위원회나 소위원회의 요구가 있는 경우, 실적주의보호위원회는 정책적 견해, 정보, 의회 출석증언서, 보고서를 의회에게 제출할 수 있는데 여기에는 어떠한 다른 행정기관의 승인, 허가, 심사도 따르지 않는다.

215) 28 U. S. C. 518 (1994).

420

법적으로 문제되었을 경우에 독자적으로 소송을 수행할 수 있었다.216) 그러나 대체적으로 다른 독립규제위원회에게는 이러한 예외가 인정되어오지 않은 결과, 그들은 자신들의 소송을 법무부가 대리하는 것을 독립규제위원회의 독립성과 효율성을 훼손하는 것으로 보고 이에 대해 항상 불만을 표시해왔다.

하지만 1970년대 이후, 의회는 州間通商委員會 외의 다른 독립규제위원회에게도 부분적으로 독자적인 소송수행권을 부여해왔다. 예컨대 1973년, 의회는 연방통상위원회(FTC)에게 법무부장관에 대한 공식적인 통지 후, 독자적으로 소송을 수행할 수 있는 권한을 부여하였다. 당시 대통령이었던 Nixon은 이 법안에 대해 마지못해 서명하면서, 이러한 연방통상위원회의 독자적인 소송수행권으로 인해 전통적으로 법무부가 체계적·통합적으로 수행해오던 연방정부 관련소송이 혼란스러워질 될 것이라고 주장한 바 있다.217) 나아가 의회는 1974년에 연방대법원의 상고심까지 포함한 모든 '民事訴訟'에 있어서 독립규제위원회가 자신을 당사자로 하고 자신의 변호인을 통하여 소송을 수행할 권한을 부여하는 법안을 제출하였다.218) 그러나 당시 법무부는 이에 대해 결사적으로 반대하였고, 그 결과 이 법안은 의회를 통과하지 못했다. 하지만 그 후 법무부담당사건이 폭주하고 이를 담당할 법무부 내의 변호사가 크게 부족해짐에 따라 법무부가 가지고 있었던 대부분의 독립규제위원회와 다른 일반 행정기관의 소송수행권은 부분적으로 그들에게 위임되었다.

한편 Bush 행정부는 미연방체신청(Postal Service)과 우편료결정위원회(Postal Rate Commission)의 독자적인 소송수행권(이들은 법무부의 일차적인 승인 없이 소송을 수행할 수 있었다)을 소송을 통하여 문제 삼

---

216) 28 U. S. C. 2323 (1994).

217) 87 Stat. 592, sec. 408(d) (1973); *Public Papers of the Presidents*, 1973, pp.945-46.

218) Regulatory Commission's Independence Act, S. 704.

은 바 있다. 이 사건에서 Bush는 자신의 해임권과 임시임명권까지 거
론하며 그들의 소송수행을 방해하려 했지만, 연방법원은 미연방체신청
에게는 법무부장관의 승인 없이 소송을 수행할 정당한 권한이 있다고
판시하였다.219)

9. 獨立規制委員會 規則에 대한 議會拒否

독립규제위원회 규칙에 대한 의회거부권 행사는 독립규제위원회를
자신의 기관으로 만들기 위한 의회의 노력이라고 볼 수 있다. 이 문제
는 1970년대부터 본격적으로 문제되기 시작했는데 그 배경을 살펴보면
다음과 같다. 1970년대, 연방통상위원회(FTC)는 이동식 주택, 곡물, 보
험, 아동TV광고, 장례 등과 관련된 산업을 규제하기 위해 몇 가지 규
칙을 제안한 바 있다.220) 하지만 이러한 연방통상위원회의 규칙은 의회
와 여론의 집중적인 비판을 받게 되었고, 그 결과 의회는 보복차원에서
이후 몇 년 간에 걸쳐 연방통상위원회 사업에 대한 授權法제정을 거부
하였다.221)

---

219) *Mail Order Ass'n v. U. S. Postal Service*, 986 F. 2d 509 (D. C. Cir.
1993); *Mackie v. Clinton*, 827 F. supp. 56 (D. D. C. 1993); *Mackie v.
Bush*, 809 F. supp. 144 (D. D. C. 1993). Neal Devins, *op.cit.*,
pp.1041-48 참조. 한편 미연방체신청 외에 연방통신위원회(FCC)도 전통
적으로 그 소송수행권을 둘러싸고 법무부와 지속적인 대립을 보이고
있다. 이에 대해 자세한 것은 Neal Devins, "Political Will and the
Unitary Executive: What Makes an Independent Agency Independent?"
Cardoza L. Rev. 15 (1993), p.298-306 참조.

220) Jessica Korn, *op.cit.*, pp.49-50 참조.

221) 이러한 사정으로 인하여 연방통상위원회는 위 기간 동안 의회의 잠정
결의안에 의존하여 운영되어야만 하였다. 잠정결의안이란 회계연도 개
시까지 일반세출예산법안을 통과시키지 못할 경우, 의회가 일정기간
동안 재정자금을 제공하기 위해 채택하는 결의안을 말한다. Congre-
ssional Research Service 著 김민전 譯, 前揭書, p.12.

나아가 하원은 연방통상위원회의 규칙에 대해 의회거부권을 행사할 것을 주장하기도 하였다. 그러나 상원의 반대로 그 뜻을 이루지 못하던 중 마침내 「1980년 연방통상위원회발전법」(Federal Trade Commission Improvement Act of 1980)을 통하여 이를 실현하게 된다. 즉 이 법에 따르면 연방통상위원회의 최종적인 규칙안은 의회에 제출되어야 하고 의회는 이를 양원의 통상위원회(commerce committee)에 회부한다. 그 후 회부된 연방통상위원회규칙안은 90일 후에 효력을 발하는데, 이 기간 동안에 양원은 반대의 '동지결의'를 채택하여 그 규칙안을 무효로 할 수 있다. 또한 이 법은 이러한 의회거부절차의 합헌성에 관한 소송은 간이소송절차(expedited proceeding)에 따르도록 했다.222)

한편 당시 연방통상위원회 외에 그 규칙이 의회거부의 대상이 된 독립규제위원회는 연방에너지규제위원회(FERC)였다. 즉 의회는 「1978년 천연가스정책법」(Natural Gas Policy Act of 1978)을 통하여 이를 규정한 바 있는데, 이 법에 따르면 의회는 '단순결의'에 의한 의회거부로써 천연가스가격에 관한 연방에너지규제위원회 규칙안을 무효화할 수 있었다. 그 결과 1980년, 의회는 연방에너지규제위원회 규칙안에 대해 의회거부권을 행사한 바 있으며, 2년 후인 1982년에는 중고차산업을 규제하기 위한 연방통상위원회의 규칙안에 대해 의회거부권을 행사하였다. 하지만 1983년, *Chadha* 판결에서 단순결의나 동지결의에 의한 의회거부가 위헌으로 결정됨에 따라 위의 의회거부 또한 위헌으로 결정되었다.223)

하지만 의회는 *Chadha* 판결 이후에도 여전히 독립규제위원회를 통제할 수 있는 여러 가지 수단을 가지고 있다. 예컨대 *Chadha* 판결에서 위헌으로 결정된 '동지결의'나 '단순결의'에 의한 의회거부 대신에 모든 행정부서·기관에 대한 통제방식으로서 '위원회거부'가 활성화되어왔다는 점은 앞에서도 설명한 바와 같다.224) 또한 의회는 그 헌법상 고유권

222) 94 Stat. 393-96 (1980).

223) *United States Senate v. FTC*, 463 U. S. 1216 (1983).

한인 '재정권'(power of purse)을 통해서도 독립규제위원회를 통제할 수 있다. 즉 의회는 필요할 경우 언제든지 독립규제위원회가 특정한 규제를 수행하는 데에 필요한 세출자금을 공급하지 않을 수 있다.225)

Ⅳ. 獨立規制委員會와 大統領과의 關係

1. 獨立規制委員會 權限의 分離

지난 60여 년간 미국에서는 독립규제위원회를 대통령의 지배하에 두기 위한 여러 가지 방안이 제시되어 왔다. 예컨대 1937년의 Brownlow 위원회는 그 보고서를 통하여 독립규제위원회를 일반 행정부서 내로 편입시켜야 한다는 전제하에, 독립규제위원회의 업무를 순수한 행정적 사항과 사법적 사항으로 구별하여 前者는 행정각부장관의 직접적인 통제를 받게 하고 後者는 대통령과 장관으로부터 완전히 독립시킬 것을 권고한 바 있다.226) 또한 1949년의 Hoover 위원회도 독립규제위원회의 순수한 행정적 업무는 일반 행정부서에게 이전시켜야 한다고 권고한 바 있으며,227) 1971년의 행정부조직에 관한 대통령자문위원회 (President's Advisory Council on Executive Organization: Ash Council)는 독립규제위원회를 해체시켜야 한다는 전제하에 독립규제위원회의

---

224) 본서 pp.150-52 참조.

225) 그 밖에도 의회는 앞에서의 연방통상위원회와 같이 상대적으로 의회와 마찰의 소지가 많은 독립규제위원회를 통제하기 위한 여러 가지 수단을 가지고 있다. 이 점에 대해 자세한 것은 Jessica Korn, *op.cit.*, pp.48-68 참조.

226) B. Schwartz, *Administrative Law*, Little & Brown, 1984, p.333(李相敦, "美國의 聯邦行政節次法", p.140에서 재인용).

227) Frederick C. Mosher, *op.cit.*, pp.230-35 참조.

424

업무영역을 규칙제정과 재결로 구분하고 前者는 대통령의 소관사항으로 편입시키고 後者는 행정법원(Administrative Court of the United States)을 창설하여 여기에 이전시킬 것을 권고하였다.228)

결국 위의 모든 案들은 공통적으로 독립규제위원회의 업무영역을 행정적 영역과 사법적 영역으로 구별하여 前者는 대통령의 소관사항으로 이전시키고 後者는 대통령으로부터 독립시켜야 한다는 논리를 펴고 있다. 하지만 독립규제위원회의 이 두 가지 업무영역, 즉 '규칙제정'과 '재결'을 정확히 구별하는 것은 이론적으로는 몰라도 실제적으로는 매우 힘들다고 볼 수 있다.229) 이론적으로 규칙제정(rulemaking)은 행정청이 미래를 향하여 적용될 새로운 법규를 제정하는 과정이며, 재결 (adjudication)은 행정청이 법이나 정책, 또는 이 양자를 함께 특정사건에 적용시키는 과정이다. 따라서 규칙제정은 일반적이고 미래를 향한 것인데 반하여 재결은 특정적이며 과거를 향한 것이라고 할 수 있다.230) 그러나 실제로 행정청이 새로운 법원칙에 근거하여 재결을 하는

---

228) The President's Council on Executive Organization, *A New Regulatory Framework: Report on Selected Independent Regulatory Agencies*, 1971 (李相敦, "美國의 聯邦行政節次法", p.141-42에서 재인용). 하지만 Ash 위원회는 여러 학자들로부터 사실적이고도 분석적인 증거 없이 이러한 결론을 도출하였다는 비판을 받았다. 이러한 비판을 담고 있는 대표적인 문헌은 Glen O. Robinson, "On Reorganizing the Independent Regulatory Agencies", *Va. L. Rev.* 57 (1971).

229) '규칙제정'과 '재결' 간의 정확한 구별이 사실상 불가능하다는 점은 그간 일부 법관들과 행정법학자들에 의해서도 인정된 바 있다. 예컨대 *Nat. Res. DeF. Council* 판결에서 David Bazelon 판사는 규칙제정과 재결절차 간의 명확한 경계는 존재하지 않는다고 한 바 있다. *Nat. Res. DeF. Council v. U. S. Nuclear Reg. Comm'n.*, 547 F. 2d 633 (D. C. Cir. 1976). 이에 대한 학계의 대표적인 문헌은 Emmette S. Redford, "The President and the Regulatory Commission", *Texas L. Rev.* 44 (1965), p.288.

230) B. Schwartz, *op.cit.*, p.333(李相敦, "美國의 聯邦行政節次法", p.113에서 재인용).

경우도 흔히 있으며,231) 행정청의 새로운 규칙제정이 재결을 한 것과 동일한 효과를 초래할 수도 있다.232) 이러한 점으로 인해 유사한 성격을 갖는 규칙제정과 재결 중 어느 것을 선택할 것인가는 행정청의 재량이라는 주장까지 제기되었고 이는 사법적으로도 확인된 바 있다.233) 한편 의회가 중간형규칙제정절차(hybrid rulemaking procedure)를 법률에 규정하고 법원이 이를 확인해옴에 따라 규칙제정과 재결 간의 구별은 더욱 어렵게 되었다.234)

결국 이러한 관점에서 본다면 독립규제위원회의 권한을 분할하여 독립규제위원회에 대한 대통령의 영향력을 확대하려는 논리는 타당하다고 할 수 없다.

---

231) 이것은 결국 새로운 규칙을 제정한 것과 그 효과적인 측면에서 동일하다.

232) 李相敦, "美國의 聯邦行政節次法", p.113.

233) David L. Shapiro, "The Choice of Rulemaking or Adjudication in the Development of Administrative Policy", *Harv. L. Rev.* 78 (1965), p.921; *NLRB v. Bell Aerospace*, 416 U. S. 267 (1974). 한편 행정청은 재결보다는 규칙제정을 더 선호하는 것으로 보인다. 이는 '특정성'을 갖는 재결의 경우, 사건에 대해 일일이 구체적으로 판단을 해야 한다는 점에서 신속한 행정을 마비시킬 우려가 있기 때문이다.

234) 중간형규칙제정절차(hybrid rulemaking procedure)란 통지와 논평을 중심으로 하는 비정식규칙제정절차(informal rulemaking procedure)에 구두청문, 제한된 상호심문 또는 서면청문(paper hearing)과 같은 정식규칙제정절차(formal rulemaking procedure)를 혼합한 규칙제정절차를 말한다. 「연방행정절차법」 제553조 3항은 '제정법에 의하여 청문의 기회를 부여하고 그 기록에 의하여 규칙이 제정되는 것이 요구되는 경우(정식규칙제정절차)에는 제556조와 557조를 준용한다'고 되어 있는데 제556조와 557조는 재결절차에 관한 규정들이다. 이러한 점에서 중간형규칙제정절차는 재결절차와 규칙제정절차를 혼합한 행정절차라고 볼 수 있다. 李相敦, "美國의 聯邦行政節次法", pp.79, 92-93 참조.

2. 獨立規制委員會 '支配'를 위한 大統領의 努力

일반적으로 독립규제위원회를 일반 행정부서 내에 두는 것은 행정의
전문성이라는 관점에서 볼 때, 실용적이지도 않으며 바람직하지도 않
다. 그러나 그간 미국의 여러 대통령들은 독립규제위원회를 자신의 지
배하에 두기 위한 노력을 계속해왔다. 예컨대 Kennedy는 1961년에 대
통령으로 취임하자마자 모든 독립규제위원회에게 한달에 한번 씩 자신
에게 그들의 활동에 관한 보고서를 제출할 것을 요구한 바 있다. 이 보
고서의 내용은 특정정사건에 대한 그들의 재결관련 업무를 제외한 일
반적인 정책과 행정적 업무를 포함하는 것이었다. 또한 Kennedy는 독
립규제위원회의 행위를 통제하기 위한 구체적인 案을 의회에 제출하기
도 하였다.235)

한편 대통령은 독립규제위원회의 최고책임자들과의 접촉을 통해 독
립규제위원회에 대하여 영향력을 행사하고자 한다. 즉 대통령은 그 최
고책임자들에게 행정부의 정책을 홍보하고 그에 대한 지지를 당부하는
것이다. 이러한 방법을 통해 독립규제위원회를 장악하려는 대통령의 의
지는 다음에서 인용하는 Lyndon Johnson 대통령의 발언에 잘 나타나
있다. 그는 독립규제위원회 책임자들과의 한 회의에서 독립규제위원회
는 대통령의 헌법상 의무를 수행하는 기관이라는 점을 전제한 후 다음
과 같은 발언을 하였다.

"본인은 본인에게 위임된 헌법상 의무를 수행함에 있어서 여러분
과 여러분들의 기관에게 깊은 신뢰를 보내고자 합니다."236)

---

235) Hugh M. Hall, Jr., "Responsibility of President and Congress for Regulatory
Policy Development", *Law and Contemporary Problems* 26 (1961), p.261.

236) *Public Papers of Presidents*, 1961, pp.267-76.

위와 같은 방식 외에 일부 대통령들은 '행정명령'을 통하여 독립규제
위원회를 통제하려 한다. 그 대표적인 대통령으로는 Carter를 들 수 있
는데, 구체적으로 그는 1977년에 정부규제개혁에 관한 행정명령안을 통
하여 정부규제개혁절차 준수기관에 독립규제위원회를 포함시키려 하였
다. 그러나 여러 상원의원들이 명백한 법적 근거가 없다는 점을 들어
이에 대해 강력히 반대하였고, 그 결과 Carter는 1978년에 발표된 행정
명령 최종안에서 독립규제위원회를 그 대상에서 제외하였다.237) 비록
이 행정명령의 적용대상에 독립규제위원회를 포함할 수 있다는 법무부
의 조언이 있었음에도 불구하고 Carter가 이러한 결정을 한 것은 불필
요한 의회와의 마찰은 오히려 정부규제개혁에 걸림돌이 될 수 있다는
판단 때문이었다. 이러한 판단하에 그는 독립규제위원회들이 행정명령
상의 정부규제개혁절차를 '자발적'으로 준수할 것을 요구하는 수준에서
이 문제를 마무리 지었다.238)239)

한편 일부 학자들의 경우, 대통령의 독립규제위원회 지배를 이론적으
로 뒷받침하기 위한 논문을 발표하기도 하였다. 예컨대 Lloyd Cutler와
David Johnson은 1975년에 발표한 한 논문을 통하여 대통령에게 독립
기관들에게 일정한 행위를 명하거나 그 행위를 수정할 권한을 부여하

---

237) 124 *Congressional Record* 8810-14 (1978).

238) 43 *Federal Register* 59741 (1977).

239) 그러나 이러한 Carter의 행정명령은 1981년, Reagan에 의해 전면적으로
폐지되었다. 즉 Reagan은 또 다른 행정명령을 발하여 관리예산국(OMB)
으로 하여금 모든 행정부서・기관의 규칙에 따르는 기회비용을 심사하게
했는데 여기에는 분명 독립규제위원회도 포함되는 것이었다. 하지만 이
행정명령은 다음의 독립규제위원회들은 관리예산국의 심사대상에서 제
외시켰다. 연방준비제도이사회, 민간항공위원회(CAB), 상품선물거래위원
회(CFTC), 소비자제품안전위원회(CPSC), 연방통신위원회(FCC), 연방에
너지규제위원회(FERC), 전국노동관계위원회(National Labor Relations
Board: NLRB), 연방해사위원회(FMC), 연방통상위원회(FTC), 州間通商委
員會(ICC), 전국노동관계위원회(NLRB), 원자력규제위원회(NRC), 증권거
래위원회(SEC). 44 U. S. C. 3502(10) (1982).

428

되, 그 통제는 의회의 단순결의에 의한 의회거부로 할 것을 주장하였
다.240) 또 미국변호사협회 연구위원회도 이들의 논문에 근거하여 이와
유사한 주장을 하였다. 하지만 同연구위원회는 대통령권한의 통제방식
으로 의회거부를 인정하지 않았다는 점에서 Cutler, Johnson의 입장과는
약간의 차이를 보였다. 즉 同연구위원회의 권고안에 따르면 의회는 입
법을 통하여 대통령에게 독립규제위원회의 주요규제에 대한 검토
권·재검토명령권을 부여하되, 대통령의 이러한 권한행사를 통제하기
위하여 의회는 그것이 효력을 발하기 전에 특정기간을 정하여 이를 심
사할 시간을 갖도록 되어 있었다. 그 후 의회는 필요하다면 대통령에게
자신의 명령을 수정·철회하거나 새로운 명령을 발할 것을 요구할 수
있다. 결국 同연구위원회는 의회거부제도를 법적으로 위헌의 소지가 있
고, 정치적으로 비능률적인 제도라고 보았기 때문에 그것보다는 이러한
통제방식을 선택했던 것으로 보인다.241) 한 가지 주의할 점은 同연구위
원회 권고안은 어디까지나 대통령의 통제를 독립규제위원회의 '규칙제
정'에 한정하고 있었다는 점이다. 즉 독립규제위원회의 準사법적 기능,
즉 '재결'은 여기서의 대통령의 통제대상에 포함되지 않았다.242)

---

240) Lloyd N. Cutler/David R. Johnson, "Regulations and the Political Process",
   Yale Law Journal 84 (1975), pp.1414-17.

241) Commission on Law and the Economy of the American Bar Association,
   Federal Regulation: Roads to Reform, Final Reports 1979, pp.79-83(Lloyd
   N. Cutler, "Symposium: Presidential Intervention In Administrative Rule-
   making: The Case for Presidential Intervention in Regulatory Rulemaking by
   the Executive Branch", 56 *Tul. L. Rev.* 830 (1982), p.830 n.2에서 재인용)

242) *Ibid.*, pp.82-84. (Harold H. Bruff, "Presidential Power and Administrative
   Rulemaking", *Yale Law Journal* 88 (1979), p.451에서 재인용). 한편 독
   립규제위원회에 대한 대통령의 통제를 가장 광범위하게 주장하는 학자
   는 아마도 위의 Bruff일 것이다. 그는 독립규제위원회의 재결기능까지
   대통령의 통제하에 두는 것을 주장하는 것으로 보인다. 하지만 이러한
   그의 견해는 많은 학자들로부터 비판을 받고 있다. Buff의 이러한 견해
   를 가장 비판적인 시각에서 접근하고 있는 문헌은 Douglas H.

3. 大統領의 獨立規制委員會 統制에 관한 司法的 判斷

독립규제위원회를 대통령의 통제하에 두기 위한 위와 같은 노력은 종종 법원의 소송으로까지 확대되어 왔다. 독립규제위원회와 대통령 간의 사법적 분쟁은 주로 Reagan 행정부시절에 발생하였는데, 이는 Reagan 행정부가 독립규제위원회를 다른 행정부에 비해 더욱 곱지 않은 시선으로 보았다는 점과 결코 무관하지 않다. 독립규제위원회에 대한 Reagan 행정부의 이러한 거부감의 근거는 바로 그것으로 인해 헌법상 대원칙인 '三權分立'체제가 흔들리게 된다는 것이었다. 즉 Reagan 행정부는 독립규제위원회를 '第四府'(fourth branch)로 묘사하며 이것을 헌법적으로 인정하는 것은 바로 '四權分立'체제를 용인하게 되는 것이라고 주장하였다. 이러한 Reagan 행정부의 시각은 1985년, 당시 법무부 장관이었던 Edwin Meese Ⅲ의 다음과 같은 주장에 명확히 나타나 있다. 그는 일단 2년 전의 *Chadha* 판결을 의회와 행정부 간의 올바른 경계를 설정함에 있어서 발전적이고도 획기적인 사건으로 평가하였다.

> "책임성이라는 측면에서 집행권은 전적으로 대통령에게 부여되어야 하고, 이러한 대통령의 광범위한 집행권행사에 대한 책임은 오로지 국민들만이 물을 수 있는 것이다…… 三權分立을 근간으로 하는 정부에 있어서 의회가 위임한 권한은 곧 행정부에게 부여된 권한으로 이해되어야 한다.…… 결국 독립기관에게 위임된 '準입법적' 혹은 '準사법적' 권한이 있을 수 있다는 사고는 포기되어야 한다."243)

이하에서는 Reagan 행정부시절에 이루어진 독립규제위원회와 대통령

Rosenberg, "Delegation and Regulatory Reform: Letting the President Change the Rules", *Yale Law Journal* 89 (1980).

243) Edwin Meese Ⅲ, "Towards Increased Government Accountability", *Federal Bar News and Journal* 32 (1985), pp.406, 408.

과의 관계에 대한 판례를 검토하고자 한다. 위에서 보듯이 Reagan 행정부는 상당히 경직된 권력분립론을 기조로 하는 행정부였다는 점에서 이 시절에 있었던 독립규제위원회와 대통령과의 관계에 대한 판례는 매우 흥미롭다고 볼 수 있다.

그간 여러 독립규제위원회들 중, 가장 여러 차례 소송에 휘말렸던 것 중의 하나는 바로 연방준비제도이사회이다.244) 그것이 관계되었던 소송들 중, 1986년에 있었던 *Melcher* 판결은 그 하위기관 임명권과 관련이 있었다는 점에서 헌법적으로도 중요한 의미를 갖는다. 이 사건은 연방준비제도이사회 핵심기구인 연방공개시장위원회(Federal Open Market Committee)의 위원구성이 문제된 사건이었다. 연방공개시장위원회는 연방준비제도이사회 이사 7인과 지역연방준비은행 총재 5인으로 구성되었는데, 後者는 前者와는 다르게 대통령의 지명과 상원의 임명동의하에 임명되지 않고, 나아가 법적 신분도 '공무원'이 아닌 '일반사인'이었다. 이에 前상원의원 John Melcher는 이와 같은 임명절차는 '상원의 권고와 동의'를 조건으로 한 '대통령의 임명'이 아니라는 점에서 헌법상 임명권조항(Appointment Clause)에 위반된다며 소송을 제기하였다. 그러나 이에 대해 연방지방법원은 헌정이 시작된 1791년부터 의회는 공익과 사익을 절충하는 방향으로 통화정책을 결정해왔다는 점을 근거로 위의 임명절차를 합헌으로 판단하였고,245) 연방항소법원과 대법원 역시 이를 확인하였다.246)

한편 「그램루드만법」에 대한 일련의 위헌소송에서는 독립규제위원회

---

244) *Committee for Monetary Reform v. Board of Governors*, 766 F. 2d 538 (D. C. Cir 1985); *Riegle v. FOMC*, 656 F. 2d 873 (D. C. Cir 1981), *cert. denied*, 454 U. S. 1082 (1981); *Reuss v. Balles*, 584 F. 2d 461 (D. C. Cir 1978), *cert. denied*, 439 U. S. 997 (1978).

245) *Melcher v. FOMC*, 644 F. supp. 511 (D. D. C. 1986).

246) *Melcher v. FOMC*, 836 F. 2d 561 (D. C. Cir. 1987), *cert. denied*, 486 U. S. 1042 (1988).

제도의 합헌성문제가 간접적으로나마 언급되었다. 1986년, 연방지방법원은 회계검사원장에 대한 해임권은 의회에게 유보되어 있다는 점에서 회계검사원장은 '의회의 기관'이고, 따라서 이러한 회계검사원장에게 집행권을 부여하는 「그램루드만법」은 위헌이라고 판시하였다. 바로 이 사건에서 회계검사원장의 직무를 성격을 논하는 과정 중에 직무의 성격이 이와 유사한 독립규제위원회의 헌법적합성이 검토되었다. 이에 대해 당시 재판부는 현재 연방대법원 대법관으로 재직하고 있는 Antonin Scalia 판사의 주도하에 다음과 같은 입장을 밝혔다.

> "*Humphrey* 판결에서의 Sutherland 대법관의 다수의견은 비록 그것이 New Deal 정책에 대한 적대감에서 비롯되었다고 보기는 힘들지 몰라도 현재에는 그 타당성을 상실한 당대의 특수한 정치학적 선입견을 바탕으로 하고 있다. 즉 1930년대에는 중립적 전문가들로 구성된 진정한 의미에서의 독립규제기관이 존재할 수 있다고 생각되었고, 그 전문가들이 대통령으로부터 독립된다는 점을 곧 그가 의회의 종속기관으로 행동하거나 의회에 대해 직접 책임을 진다는 것으로 이해하지 않았다. 나아가 당시에는 이러한 독립규제기관들의 결정은 정치적 선택보다는 과학적 판단에 근거한다는 전제하에, 이 기관들을 민주주의가 지배하는 정치과정으로부터 완전히 배제하는 것이 이론적으로 타당하다고 보았다. 하지만 당시의 이러한 논리가 오늘날에도 그대로 타당한지는 의심스럽다."[247]

그러나 *Humphrey* 판결에 대한 위와 같은 평가는 타당하다고 할 수 없다. 이러한 재판부의 견해는 결국 이전의 *Myers* 판결[248]을 옹호하는 입장으로 해석될 수 있다. *Myers* 판결은 하급자의 행위에 대한 책임과 관련하여 대통령에게 공무원해임의 專權을 부여한 판결로서, 이는 이 사건의 재판부뿐만 아니라 대통령의 권한확대를 주장하는 입장의 유력

---

247) *Synar v. United States*, 626 F. supp. 1374, 1398 (D. D. C. 1986).

248) *Myers v. United States*, 272 U. S. 52, 135 (1926).

한 논거로 인용되어 왔다. 하지만 당시 이 판결의 법정의견을 대표했던 Taft 대법관은 일부 행정부공무원의 경우, 의회는 그를 대통령으로부터 독립하게 할 수 있다는 점을 인정한 바 있다. 즉 그는 대통령이 부주의 하거나 무능한 공무원에 대해 해임권을 행사할 수 있다는 점은 분명하지만, 일정한 경우에 대통령에 의한 해임이 헌법적인 문제를 낳을 만큼 독립적이고도 특수한 재량권을 부여받은 행정부공무원이 있을 수 있다고 하였다. 여기서 주의할 점은 Taft 대법관이 말하는 이러한 행정부공무원은 準사법적 권한을 행사하는 공무원이 아니라는 점이다. 즉 여기서 그는 순수한 행정적 권한을 행사하는 공무원을 말하고 있는 것이다. 그렇다면 Taft 대법관은 이들보다 더욱 강한 독립성이 보장되어야 할 행정부공무원, 즉 準사법적 권한을 행사하는 행정부공무원에 대해서는 어떻게 말하고 있는가?

> "일반 행정부공무원이나 청문절차를 거쳐 개인의 권리·의무에 영향을 미치는 결정을 하는 행정부공무원에게는 準사법적 성격의 권한이 부여될 수 있다. 또 이들이 그 직무를 수행함에 있어서 대통령이 여기에 대해 영향력이나 통제권을 행사할 수 없는 경우가 있을 수 있다."[249]

이러한 판시내용으로 볼 때, Taft 대법관은 일정한 행정부공무원들의 경우, 그들은 대통령의 통제로부터 자유롭게 행동한다는 점을 인정하고 있음을 알 수 있다. 따라서 이러한 사실은 외면한 채, 판결의 결론만을 강조하며 모든 행정부공무원들은 그 수행업무의 성격과 관계없이 대통령의 통제에 따라야 한다는 주장은 설득력이 없다.

결국 위의 *Synar v. United States*는 연방대법원으로 상고되었는데, 바로 이 사건이 유명한 *Bowsher v. Synar*[250]이다. 이 과정에서 법무부

---

249) *Ibid*., at 135.

250) 478 U. S. 714 (1986).

는 또 다른 논거를 들어 독립규제위원회제도를 비판하였다. 그것은 바로 헌법제정자들은 인민의 자유, 재산, 복지를 보장하고 강력한 집행을 확보하기 위해 단일행정부(unitary executive)제를 채택하였는데 독립규제위원회제도는 이러한 헌법제정자들의 의도에 위배된다는 주장이었다.251) 요컨대 '단일행정부제 채택'이라는 헌법제정자들의 의도에 독립규제위원회제도는 맞지 않는다는 것이다.

사실 이러한 법무부의 주장이 잘못되었다고 볼 수는 없다. 하지만 한 가지 주의해야 할 점은 집행의 책임소재에 대해 헌법제정자들이 맹목적으로 '단일행정부제'를 옹호하지는 않았다는 점이다. 즉 헌법제정자들에게 '단일행정부제' 자체가 유일한 목적이었다고 보기는 힘들다. 또한 헌정사적 측면에서도 단일행정부제의 예외현상은 끊임없이 존재해왔다. 예컨대 건국 초인 1789년에 독립적 성격의 재무부감사관(Comptroller)을 재무부 내에 두었던 것도 단일행정부제의 예외현상이라고 볼 수 있고, 행정부서 내에 '입법법원'(legislative court)을 두는 것도 이와 마찬가지라고 할 수 있다. 이러한 관점에서 본다면 그간의 미국대통령들이 행정부 내에서 이루어지는 모든 활동들을 통제해왔다고 보기는 힘들다.252)

한편 이 사건에서 위헌여부가 문제되었던 그램루드만법에 대해 그것이 합헌임을 주장하던 당사자는 대법관들에게 Reagan 행정부는 모든 독립규제위원회들이 폐지되기를 바라고 있다고 주장하였고, 이에 당시 법무부차관(Solicitor General) Charles Fried는 이러한 주장은 대법관들을 협박하려는 전술에 불과하다고 대응하였다. 그러나 이 문제에 대해 다수의견을 대표한 Burger 대법원장은 이 사건에는 독립규제위원회와 관련된 쟁점이 전혀 포함되어 있지 않으므로 여기서 독립규제위원회의

---

251) "Brief of the United States", *Bowsher v. Synar*, Supreme Court of the United States, October Term, 1985, p.21.

252) Susan Sommer, "Independent Agencies as Article One Tribunals: Foundations of a Theory of Agency Independence", *Administrative Law Review* 39 (1987), p.83.

헌법적 지위를 따로 검토할 이유가 없다고 판시함으로써 이 사건에서
는 독립규제위원회의 실체적 성격이 규명될 수 없다는 점을 분명히 하
였다.253)254) 한편 Stevens 대법관은 Marshall 대법관이 가담한 동조의견
(concurrent opinion)을 통하여 의회는 독립규제위원회에 대하여 입법권
을 위임할 수 있다고 주장하였고, White 대법관은 다수의견의 권력분립
에 대한 형식적 접근을 비판한 후, 의회는 '대통령으로부터 자유로운
행정부공무원'에게 광범위한 집행권을 부여할 수 있다고 주장하였다.
또한 Blackmun 대법관은 반대의견을 통하여 Humphrey 판결은 대통령
에게 종속되지 않는 행정부공무원이 집행권을 행사할 수 있음을 인정
한 판결이라고 주장하였다.

한편 위의 Synar 판결은 권력분립원칙을 매우 형식적으로 접근한 판
결이라고 볼 수 있는데, 연방대법원은 이 판결이 있었던 날과 같은 날
에 이와는 아주 대조적인 판결을 내놓았다. 이 사건은 상품선물거래위
원회(CFTC)가 관련된 사건으로 여기에서 연방대법원은 Synar 판결과는
다르게 권력분립원칙을 아주 기능적인 차원에서 분석했다. 이 사건의
쟁점은 상품선물거래위원회의 反訴(counterclaims)에 대한 재결권이 연
방헌법 제3조상의 사법부의 권한을 침해하는 지 여부였다.255) 이 문제
에 대해 연방대법원은 매우 기능적인 권력분립원칙해석256)을 통하여 상

---

253) 이러한 Burger 대법원장의 판시는 사실 Burger 스스로의 의지에 전적으
로 기인했다고 보기는 힘들다. 즉 Burger 대법원장을 제외한 나머지 대
법관들은 그에게 이 사건에서 독립규제위원회의 합헌성문제를 다루지
말 것을 강력히 권고하였다. 그러나 Burger 대법원장은 그의 판결문 초
안에서 이 문제를 다루었고, 이에 나머지 대법관들은 최종판결문에서
는 Humphrey 판결에 대한 어떠한 헌법적 문제제기도 있어서는 안 된
다는 주장을 하였다고 한다. Bernard Schwartz, "An Administrative Law
'Might Have Been'-Chief Justice Burger's Bowsher v. Synar Draft",
Administrative Law Review 42 (1990), p.221.

254) *Bowsher v. Synar*, 478 U. S. at 714, 715 n.4.

255) *Commodity Futures Trading Comm'n v. Schor*, 478 U. S. 833 (1986).

품선물거래위원회의 재결권을 합헌으로 판시했다. 구체적으로 이 판결의 다수의견은 만일 이 사건을 형식적 권력분립론에 의거하여 판단한다면 이는 연방헌법 제1조가 의회에게 부여하는 입법권을 과도하게 제한하는 것이라고 판시하였다. 그 결과 다수의견은 사법부에게 연방헌법 제3조상의 모든 사법적 권한이 귀속되어야 한다는 논리를 거부하였다.

Reagan 행정부시절에 독립규제위원회와 관련하여 생긴 그 밖의 법적 분쟁을 살펴보면, 우선 당시 백악관 법무담당실장 Theodore B. Olson과 연방통상위원회(FTC) 간의 분쟁을 들 수 있다. Olson은 이 소송에서 연방통상위원회의 집행권은 '대통령의 통제 하'에 '대통령의 기관'으로 볼 수 있는 공무원에 의해 수행되어야 한다고 주장하였다. 그러나 연방항소법원은 관할의 절차적 문제와 사건의 성숙성(ripeness)을 이유로 이 문제에 대한 실체적 판단을 하지 않았다.[257]

이 사건 외에 증권거래위원회(SEC)의 강제집행권(civil enforcement action)이 권력분립원칙에 위반된다는 소송도 제기된 바 있다. 이 사건에서 원고는 집행권은 독점적으로 대통령에게 귀속된다고 주장하였다. 하지만 연방항소법원은 다음과 같은 판시하에 원고의 주장을 기각하며 증권거래위원회의 강제집행권을 합헌으로 결정하였다.

> "헌법이 특정 공무원의 직무지정권을 의회에게 부여하는 것은 헌법상 기본원리이다. 따라서 이러한 원리하에 대통령이 합중국정부의 모든 집행권행사를 통제할 이유는 없다. 헌법은 대통령에게 그가 직접 법률을 집행할 것을 요구하는 것은 아니며, 단지 법률이 올바르게 집행되는 지에 대해 감독할 것을 요구하는 것이다."[258]

---

256) 다수의견은 이 판결에서 다음과 같은 입장을 밝혔는데 이는 다수의견이 기능적 권력분립론에 의거하고 있다는 단적인 증거가 된다. "의회의 행위가 사법부의 헌법적 역할에 '실질적 효과'를 미치는 지를 기준으로 여러 가지 요소들이 검토되어야 한다." *Ibid*., at 851.

257) *Ticor Title Ins. Co. v. FTC*, 814 F. 2d 731 (D. C. Cir. 1987); *Ticor Title Ins. Co. v. FTC*, 625 F. supp. 747 (D. D. C. 1986).

이러한 연방항소법원의 판결은 이보다 얼마 전에 있었던 연방대법원의 판결, 즉 독립검찰관제도를 합헌으로 결정한 *Morrison v. Olson*[259])에 그 근거를 두고 있는 것으로 보인다. 한편 이로부터 1년 후, 연방대법원이 의회의 합중국양형위원회(U. S. Sentencing Committee)창설을 합헌으로 결정하자[260]) 독립규제위원회의 헌법적 지위는 한층 더 강화되었다.

V. 小 結

그간 미국에서는 독립규제위원회에 대해 여러 가지 비판이 제기되어 왔음은 앞에서 살펴본 바와 같다. 예컨대 독립규제위원회는 헌법상 '삼권분립'원칙에 위배된다든가 아니면 헌법제정자들의 의도에 어긋난다는 등의 비판이 종래에 제기되어 왔다. 後者의 비판을 좀더 살펴보면, 헌법제정자들은 모든 집행기능을 대통령의 통제와 그 감독하에 둠으로써 집행의 책임소재를 명확히 하려 했고, 이를 위해 단일행정부제를 채택하였다는 점을 강조한다. 분명히 이러한 측면만을 놓고 보면 독립규제위원회제도는 헌법제정자들의 의도에 위배된다. 하지만 헌법제정자들이 활동했던 초대 의회부터 단일행정부제의 예외현상은 끊이지 않고 존재해왔다. 그 대표적인 예로는 의회가 입법권을 통하여 재결과 같은 일정한 집행기능을 대통령으로부터 독립시켜왔다는 점을 들 수 있을 것이다. 이러한 관점에서 본다면 의회는 모든 집행기능이 대통령에게 집중되는 것을 경계해왔다고 볼 수 있다.

결국 독립규제위원회제도를 반대하는 입장의 핵심적 주장은 좀더 광

---

258) *SEC v. Blinder, Robinson & Co., Inc.*, 855 F. 2d 677(10th Cir. 1988), *cert. denied*, 489 U. S. 1033 (1989).

259) 487 U. S. 654 (1988).

260) *Mistretta v. United States*, 488 U. S. 361 (1989).

범위한 규제권한이 대통령에게 위임되어야 한다는 것 같다. 하지만 이러한 주장에 대해서는 몇 가지 반론이 가능하다. 첫째, 대통령에게 광범위한 규제권한을 위임한다고 해서 규제정책의 통합성과 규제의 전문성이 향상되리라고 보기는 힘들다. 둘째, 반대론자들은 흔히 독립규제위원회는 산업계와 유착관계를 형성하기 쉽다는 점을 지적하고, 그 대안으로 모든 규제기능을 대통령에게 집중시킴으로써 이익집단으로부터 규제의 독립성을 확보해야 한다고 주장한다. 하지만 이러한 견해는 이익집단의 특성을 올바르게 파악하지 못한 견해이다. 즉 이익집단은 그들에게 도움이 된다면 규제의 주체와 관계없이 수단을 가리지 않고 영향력을 행사하는 집단이다. 셋째, 대통령에게 더욱 광범위한 권한이 위임된다는 점은 규제의 정치적 중립성이 훼손된다는 것을 의미한다. 대통령이 행사하는 규제권한은 사실상 그의 백악관비서실에 의해 행사되는 것이다. 그런데 백악관비서실의 보좌관들은 '전체국익'을 위해 활동하기보다는 '대통령의 이익'을 위해 활동하는 자들이다. 지난 수십 년간의 미국의 헌정사를 되돌아볼 때, 대통령의 정치적 이익과 전체국익은 서로 다르다는 사실이 종종 확인되어 왔다. 나아가 백악관비서실의 광범위한 규제권한의 행사로 인해 나타나게 되는 각종 문제점은 의회와 법원에 의해 쉽게 교정되기 어려운 성격을 가지고 있다. 즉 의회나 법원이 일반 행정기관이나 독립규제위원회의 규제에 대해 행하는 심사의 수준과 백악관비서실의 규제에 대해 행하는 그것과는 정도에 있어서 차이가 있을 수밖에 없다. 이것은 전적으로 다른 기관과는 구별되는 백악관비서실의 특수한 지위에 기인한다.

요컨대 독립규제위원회에 대한 통제권이 대통령에게 주어져야 한다는 주장은 헌법 이론적으로나 실제적으로나 별 설득력이 없다. 나아가 이러한 주장은 의회가 입법권에 의거하여 독립규제위원회에 대한 절차적 보호절차를 규정하고, 그것을 통제할 권한을 가진다는 점에 비추어 볼 때에도 타당성이 없다.

제7장 權力分立에 대한 憲法的 判斷基準

제1절 問題의 提起

주지하는 바와 같이 권력분립원칙은 미국헌법상 가장 기본적인 헌법원리에 해당한다. 하지만 그것이 헌법적인 문제로 본격적으로 등장한 시기는 1980년대 이후로서, 이 시기에 연방대법원은 권력분립과 관련한 수많은 사건을 다루어야만 하였다. 이때 연방대법원이 다룬 주요 권력분립사건으로는 연방파산법원(Federal Bankruptcy Courts) 위헌소송[1], 의회거부 위헌소송[2], 그램루드만법 위헌소송[3], 합중국양형위원회(United States Sentencing Commission) 위헌소송[4], 독립검찰관제도 위헌소송[5] 등을 들 수 있다. 이러한 사실은 곧 연방대법원이 권력분립사건들에 대해 이전보다 더욱 적극적인 자세를 가지게 되었다는 것과 소송당사자의 권력분립원칙에 대한 이해와 신뢰가 갈수록 확대되고 있음을 의미한다.[6]

그러나 이러한 사건들을 다룸에 있어서 연방대법원은 권력분립원칙

---

1) *Northern Pipe Line Constr. Co. v. Marathon Pipe Line Co.*, 458 U. S. 50 (1982).

2) *INS v. Chadha*, 462 U. S. 919 (1983).

3) *Bowsher v. Synar*, 478 U. S. 714 (1986).

4) *Mistretta v. United States*, 488 U. S. 369 (1986).

5) *Morrison v. Olson*, 487 U. S. 654 (1988).

6) Harold J. Krent, "Separating the Strands in Separation of Powers Controversies", 74 *Va. L. Rev.* 1253 (1988), p.1253; Paul R. Verkuil, "Separation of Powers, the Rule of Law and the Idea of Independence", 30 *Wm. & Mary L. Rev.* 301 (1989), p.301.

에 대한 일관적인 위헌심사기준을 제시하지 못했다. 즉 연방대법원은 상황에 따라 일관성 없는 논리로 행정부 또는 의회의 입장을 지지해왔다. 이러한 점에 주목하여 本 章에서는 권력분립원칙사건에 있어서 종래에 연방대법원이 적용해온 심사기준을 검토, 비판하고 이에 대한 대안을 제시해 보고자 한다.

이를 위해서는 가장 우선적으로 권력분립에 대한 헌법제정자들의 의도가 권력분립사건에 있어서의 헌법적 판단기준이 될 수 있는지를 검토할 필요가 있다.

제2절 憲法的 判斷基準으로서의
憲法制定者들의 意圖

권력분립문제를 판단함에 있어서 가장 기본적인 작업은 헌법제정자들의 견해가 권력분립문제에 어느 정도 영향을 미치느냐에 관계없이 도대체 그들은 어떠한 의도로 현재와 같은 미국의 삼권분립체제를 기획하였는지를 검토하는 것이라고 할 수 있다.

헌법제정자들은 국가권력을 분할하는 문제에 관하여 다음과 같은 두 가지 사항에 관심을 가지고 있었다. 첫 번째는 입법기능, 행정기능, 사법기능을 분할하는 문제였고, 두 번째는 이러한 기능을 담당하는 각 府(branch)로 하여금 나머지 府의 권력독점을 견제하는 문제였다. 이러한 헌법제정자들의 이중적인 목적으로 인하여 연방헌법상 통치 구조는 이론적 일관성을 결여할 수밖에 없었고, 따라서 그것은 헌법제정자들 간의 타협에 의해 형성될 수밖에 없었다.7)

---

7) 이 점에 대한 자세한 논의는 제2장 참조.

이러한 일관적이지 못한 헌법제정자들의 입장으로부터 다음과 같은 두 가지 결론이 도출될 수 있다. 첫째, 헌법제정자들은 권력을 분할하되 서로를 견제해야 한다는 이중적인 태도를 취함으로써 권력분립에 있어서 일관적이고도 이론적인 원칙을 제시하지 못했다. 그 결과 헌법제정자들의 권력분립론에 따른다면 실질적인 권력분립문제들, 즉 특정 권한이 어느 곳에 부여되어야 하는지, 어느 정도로 권력이 분할되어야 하는지, 각 府의 독립적 운영에 필요한 헌법적 보호는 어디까지인지 등을 제대로 해결할 수 없다.8) 둘째, 이것은 첫 번째 결론의 연장선상에 있는 것으로, 이론적 일관성을 결여한 헌법제정자들로서는 권력분립을 논의함에 있어서 자신들 각자의 관심사와 경험을 강조하고 이를 절충할 수밖에 없었다. 즉 그들은 권력분립에 대한 논의과정에서 개인적 경험 또는 영국이나 고대사회, 그리고 소속 州의 역사를 강조함으로써 자신의 입장을 정당화하려 하였다. 이러한 관점에서 볼 때, 헌법제정자들은 이론적 측면에서보다는 현실적 측면에서의 권력분립을 더욱 중요시했다고 볼 수 있다.9)

그렇다면 헌법제정자들이 권력분립에 대한 이론적 일관성을 결여하게 된 이유는 무엇인가? 이것은 당시의 역사적 배경에 그 원인이 있다고 볼 수 있다. 즉 헌법제정자들은 영국의 압제로부터 독립했을 때에는 강력한 중앙정부를 두려워했고, 그 후 최초의 연방정부였던 대륙회의가 별다른 성과를 거두지 못하고 실패로 끝났을 때에는 강력한 중앙정부의 필요성을 절감했다. 또 연방과 州 간의 권한관계에 대한 헌법제정자들 간의 의견대립역시 그들의 이론적 일관성 결여의 원인이었다고 볼 수 있다. 예컨대 Hamilton은 강력한 연방정부를 옹호했고, Jefferson은

---

8) 이 문제를 더욱 상세히 다룬 문헌으로는 Gerhard Casper, "An Essay in Separation of Powers: Some Early Versions and Practices", 30 *Wm. & Mary L. Rev.* 211 (1989).

9) *Ibid.*, p.212.

연방정부의 확대를 두려워했다. 또 **Agrippa**와 같은 반연방주의자들은 연방정부의 수립 자체를 거부하였다. 결론적으로 당시의 이러한 정치적 분열양상으로 인해 헌법제정자들은 권력분립에 대한 체계적인 이론을 결여할 수밖에 없었고, 따라서 이들의 권력분립론으로 모든 권력분립문제를 해결하는 데에는 일정한 한계가 있다고 볼 수 있다.

제3절 權力分立에 관한 聯邦大法院 判例의 檢討

Ⅰ. 序 言

과거로부터 연방대법원은 수많은 권력분립 관련 사건을 다루어오면서 그것을 합리적으로 해결하기 위하여 많은 노력을 기울여왔다. 연방대법원이 권력분립사건을 판단함에 있어서 일차적으로 참고하여야 할 자료는 물론 '연방헌법'이다. 연방헌법은 명시적으로 허용되는 권한들을 열거하거나 또는 명시적으로 금지되는 사항들을 규정함으로써 권력분립사건의 판단에 일차적인 기준을 제시한다. 또한 연방헌법은 기본적인 입법절차를 규정하고, 그 절차에서의 대통령과 의회와의 권한관계를 규정하고 있다. 그럼에도 불구하고 연방헌법만으로 모든 권력분립사건들을 해결한다는 것은 거의 불가능하다고 볼 수 있다.

우선 연방헌법은 정부운영에 관한 세부적인 사항에 대해서는 거의 아무것도 규정하고 있지 않다. 예컨대 입법이란 무엇이며, 행정부는 입법에 있어서 어떠한 권한을 갖는가에 대해 연방헌법은 거의 침묵을 지키고 있다. 물론 이 문제에 대해서 연방대법원은 헌정초기부터 행정부는 입법의 세부사항을 보충할 수 있다는 점을 분명히 해왔지만,10) 이러

한 막연한 판시가 매우 복잡해진 오늘날의 권력분립사건에 대해서도
영향력을 갖는다고 보기는 힘들다.

　종래에 연방대법원은 권력분립사건을 다루는 데에 있어서 두 가지 이
론을 제시해왔다. 첫 번째는 이른바 '형식주의'(formalism)라 불리는 접
근법으로 이것은 헌법을 엄격하게 해석함으로써 권력분립문제를 해결하
고자 하는 이론이다. 형식주의는 크게 두 가지 방향으로 이론이 전개된
다. 첫째, 형식주의는 입법과정의 단계를 엄격하게 해석한다. 따라서 의
회는 연방헌법 제1조가 규정하고 있는 입법절차에 따라서만 입법권을
행사할 수 있다. 둘째, 형식주의는 '권력의 분할'과 '헌법상 권한의 한
계'를 중시한다. 두 번째 접근법은 이른바 '기능주의'(functionalism)로서
이것은 일차적으로 각 府의 행위가 삼권분립에 미치는 영향을 중시한다.
따라서 기능주의에 따른다면 각 府의 행위가 나머지 府의 헌법상 권한
의 '핵심'을 침해하지 않는다면, 그것은 권력분립원칙을 침해하지 않는
것으로 보게 된다. 결국 기능주의는 입법·행정·사법부가 권한을 공유
하여 행사한다는 전제하에 三府의 헌법상 기능이 어느 정도 침해되었는
지, 그리고 권한이 공유되는 영역에서 한 府의 권한이 어느 정도 확대되
었는지를 검토하고 현재의 대립하고 있는 三府 간의 이익을 조정하는
것을 그 주요 내용으로 한다고 볼 수 있다.

Ⅱ. 聯邦大法院 判例의 檢討

1. 槪　觀

　종래에 형식주의와 기능주의11)는 연방대법원이 권력분립사건을 해결

---

10) *Wayman v. Southard*, 23 U. S. (10 Wheat.) 1, 43 (1825).

11) 학자에 따라서는 '형식주의'와 '기능주의'를 다르게 표현하고 있다. 예컨대

함에 있어서 중요한 두 가지 심사기준으로 기능해 왔다. 대체적으로 기
능주의는 19세기와 20세기 전반에 걸쳐 연방대법원의 지지를 얻어왔
고,12) 형식주의는 1970년대 후반에서 80년대 중반, 그리고 90년대 후반
에 지지를 얻었다.13) 이하에서는 형식주의와 기능주의가 나타난 권력분
립 관련 판례들을 주요영역별로 나누어 살펴보기로 한다.

Stephen Carter는 '형식주의'를 '非진화주의'(de-evolutionary)로, '기능주의'
를 '진화주의'(evolutionary)로 부르고 있다. Stephen L. Carter, "From Sick
Chicken to Synar: The Evolution and Subsequent De-Evolution of the Separation
of Powers", *B. Y. U. L. Rev.* 719 (1987), pp.719-22. 하지만 미국헌법학계에서
는 일반적으로 '형식주의'(formalism)와 '기능주의'(functionalism)라는 용어
를 사용하고 있다. James G. Wilson, "Article: Surveying the Forms of
Doctrine on the Bright Line-Balancing Test Continuum", 27 *Ariz. St. L. J.*
773 (1995); Adam J. Rappaport, "Comment: The Court of International
Trade's Political Party Diversity Requirement: Unconstitutional under Any
Separation of Powers Theory", 68 *U. Chi. L. Rev.* 1429 (2001); L. Bellia,
"Executive Power in Youngstown's Shadows", *Const. Commentary* 87
(2002); Thomas O. Sargentich, "Symposium: Bowsher v. Synar: The
Contemporary Debate about Legislative-Executive Separation of Powers",
72 *Cornell L. Rev.* 43 (1987).

12) 이 점에 대해 상세한 것은 Stephen L. Carter, *op.cit.*, pp.722-30.

13) *Ibid.*, pp.730, 735-43. 한편 1980년대에 있었던 *Northern Pipe Line Constr.
Co. v. Marathon Pipe Line Co.*, 458 U. S. 50 (1982)과 *Commodity Futures
Trading Comm'n v. Schor*, 478 U. S. 833 (1986)은 형식주의와 기능주의가 혼
재된 판결이라고 볼 수 있다. 즉 前者에서는 형식주의가 지배적인 관점이었
고, 後者에서는 기능주의가 그러했다. 이러한 관점에서 양자를 자세히 비교
한 문헌은 Peter L. Strauss, "Formal and Functional Approaches to
Separation-of-Powers Questions -A Foolish Inconsistency?", 72 *Cornell L. Rev.*
488 (1987).

2. 政府組織

(1) 主要判例

과거로부터 연방대법원에서 문제되어 왔던 권력분립문제 중의 하나
는 바로 '현행 연방헌법구조가 예정하고 있지 않은 새로운 정부조직이
연방헌법에 어느 정도 수용될 수 있는가' 하는 문제였다. 이 문제가 절
정에 달했던 시기는 행정국가(administrative state)의 한계에 대해 의문
이 제기되었던 New Deal시대였다. 이 시기에는 두 가지 헌법적 쟁점이
대두되었다. 첫 번째 쟁점은 '행정국가에 있어서 행정기관의 정확한 역
할은 과연 무엇인가'하는 문제였다. 연방대법원은 이 문제를 1934년,
Humphrey's Executor v. United States[14])에서 다루게 된다.

Humphrey 판결은 이전의 *Myers* 판결[15])과 마찬가지로 대통령의
해임권의 한계가 문제되었던 사건이었다. *Myers* 판결은 우정장관
(postmaster)에 대한 대통령의 해임권 행사가 문제된 사건이었다. 여기
에서 연방대법원은 우정장관의 경우, 그는 대통령의 지시를 받는 행정
부공무원에 불과하다는 점에서 우정장관해임은 대통령의 절대적 재량
에 속한다고 판시하였다.[16]) 한편 *Humphrey* 판결은 '일반 행정부공무
원'이 아닌 '독립규제위원회 위원장'에 대한 대통령의 해임권 행사가
문제된 사건이었다.[17]) 이 사건에서 연방대법원은 대통령은 독립규제위
원회 위원에 대해 해임권을 행사할 수 없으며, 따라서 의회는 이들에
대한 해고사유로 '정당한 사유'를 요구하는 법률을 제정할 수 있다고

---

14) 295 U. S. 602 (1935).

15) *Myers v. United States*, 272 U. S. 52 (1926).

16) *Ibid.*, at 106. 한편 이 사건에서 Myers는 그의 해고는 불법적인 것이므로
   자신에게 봉급의 잔여부분이 지급되어야 한다고 주장하였다.

17) *Humphrey's Executor v. United States*, 295 U. S. at 621.

판시하였다.18) 이것은 다른 측면에서 볼 때, 독립규제위원회의 헌법적 지위를 인정한 것으로 볼 수 있다.

이상과 같이 *Humphrey* 판결과 *Myers* 판결을 통하여 연방대법원은 '일반 행정부공무원'과 '독립규제위원회 위원'을 명확하게 구별하고 있다. 즉 연방대법원은 *Myers* 판결에서 우정장관은 그 역할이 순수한 행정기능으로 제한되는 행정부공무원(executive officer)인 반면, *Humphrey* 판결에서 문제되었던 연방통상위원회 위원장은 최소한 헌법적인 의미에서는 어떠한 집행권도 행사하지 못하는 행정적 공무원(administrative officer)이라고 판시하였다.19) 따라서 연방대법원은 연방통상위원회가 수행하는 행정적 기능은 그 본래의 권한인 準입법권(quasi-legislation power) 또는 準사법권(quasi-judicial power)을 행사하는 과정에서 나오는 것에 불과하다고 판단하고,20) 의회는 대통령의 독립규제위원회 위원 해임요건으로서 '정당한 사유의 입증'을 요구할 수 있다고 판시하였다. 결과적으로 *Humphrey* 판결은 헌법이 열거하고 있는 三府 외의 다른 국가기관이 존재할 수 있다는 점, 그리고 그러한 기관이 三府의 권한을 행사할 수 있다는 점을 인정한 판결이었다고 평가할 수 있다.21)

정부조직과 관련하여 New Deal시대에 제기된 두 번째 헌법적 쟁점은 '행정국가에 있어서 의회는 행정부나 독립규제위원회에게 어느 정도의 권한을 위임할 수 있는가' 하는 문제였다. 연방대법원은 이러한 문제에 대해 초기의 사건에서는 의회의 광범위한 권한위임을 부정적으로 판단하였다. 예컨대 「1933년 국가산업부흥법」(National Industrial Recovery Act of 1933)의 위헌성이 문제된 사건22)에서 연방대법원은 이 법은 대

---

18) *Ibid.*, at 626-32.

19) *Ibid.*, at 627-28. 그 논거로 연방대법원은 연방통상위원회(FTC)는 어떠한 측면에서도 행정부의 기관으로 볼 수 없다는 점을 들고 있다.

20) *Ibid.*

21) Stephen L. Carter, *op.cit.*, pp.727-29 참조.

통령에 대한 의회의 과도한 권한위임을 허용하고 있다는 점에서 위헌이
라고 판시하였다.23) 그러나 이 판결이 나온 지 10년도 지나지 않아 연
방대법원은 위와 같은 입장을 변경하였다. 즉 연방대법원은 의회의 권
한위임에 대해 엄격한 심사를 포기하는 방향으로 그 입장을 선회하였는
데, 이러한 입장변경은 1944년의 *Yakus* 판결24)에서 이루어졌다. 이 판
결에서 연방대법원은 戰時物價管理局長(Wartime Price Administrator)에
대한 의회의 광범위한 권한위임을 합헌으로 결정하였다. 판결의 주요부
분을 인용하자면 다음과 같다.

> "국정수행의 절대적 기준(charter)으로서의 헌법은 불가능하고 비
> 현실적인 것을 요구하지 않는다…… 입법기능의 핵심은 입법정책을
> 결정하고, 그에 대한 법안을 기초하며, 이를 구속력이 있는 행위규
> 범인 법률로 확정하는 것이다. 한편 이 사건에서 문제된 규칙은 물
> 가의 상한을 규정하고 이를 위반할 경우에 형사처벌을 부과하고 있
> 는데, 이것은 의회가 권한을 위임할 때에 제시한 기준을 준수하는
> 것이고, 나아가 의회의 정책적 목표를 증진하는 것이다."25)

---

22) *Panama ReF. Co. v. Ryan*, 293 U. S. 388 (1935).

23) 구체적으로 연방대법원은 의회가 이 법을 통하여 행정부에게 권한을 위임
하면서 행정부가 준수하여할 일반적인 기준을 제시하지 않았고, 그 결과
행정부의 권한은 지나치게 확대되었다고 판시하였다. *Ibid*., at 414-20.

24) *Yakus v. United States*, 321 U. S. 414 (1944).

25) *Ibid*., at 424. 그러나 근래에 들어서 일부 대법관들은 의회의 권한위임을
엄격하게 해석할 것을 주장하고 있다(예컨대 *Industrial Union Dep't v.
American Petroleum Inst.*, 448 U. S. 607, 687 (1980)에서의 Rehnquist 대
법관의 동조의견). 하지만 지난 50여 년간, 법률이 과도한 권한위임을
포함하고 있다는 것을 이유로 위헌으로 결정된 경우는 단 한차례도 없
었다. 이에 관한 근래의 대표적인 판례는 *Touby v. United States*, 500 U.
S. 160 (1991); *Skinner v. Mid-America Pipeline Co.*, 490 U. S. 212
(1989); *Mistretta v. United States*, 488 U. S. 361 (1989).

(2) 評 價

위에서 자세히 살펴본 *Humphrey* 판결과 *Yakus* 판결은 권력분립문제
에 대한 심사기준으로서 기능주의적 사고가 짙게 깔려 있는 판결들이
라고 평가할 수 있다. 즉 이들을 분석해보면 연방대법원이 사건을 판단
함에 있어서 헌법 자체의 엄격한 해석에 의존하고 있지 않음을 확인할
수 있다. *Humphrey* 판결에 나타난 기능주의적 사고에 따른다면 헌법상
근거가 없는 독립규제위원회도 헌법기관으로 인정할 수 있다는 결론에
이르게 된다. 즉 기능주의는 '특정 기관이 기존에 확립되어 있는 삼권
분립에 어떠한 영향을 미치는가'를 중시하는 이론이기 때문에, 여기에
따른다면 기존의 각 '府'의 권한을 행사하는 것이 아니라 단지 準입법
권·準집행권·準사법권만을 행사하는 독립규제위원회는 헌법적으로
인정될 수 있다.26)

한편 의회의 권한위임의 범위가 문제된 *Yakus* 판결에서도 '의회의
의사를 집행하는 기관이 장래에 입법권을 행사하는 것을 방지하기 위
하여, 의회는 권한 위임 시에 세부적이고도 명확한 기준을 제시하여야
한다'는 형식주의적 사고를 찾아볼 수 없다. 즉 이 판결에서 연방대법
원은 위와 같은 경직된 접근보다는 광범위한 권한위임이 행정절차에서
어떠한 기능을 하는지에 초점을 맞추고 그러한 권한위임은 실용적이라
고 평가하고 있는데, 이것은 전형적인 기능주의적 사고라고 볼 수 있
다. 이러한 접근을 통해 연방대법원은 '헌법상 의회만이 국가의 정책결
정권을 행사할 수 있다'는 또 다른 형식주의적 사고를 극복하였다. 결
론적으로 정부조직과 관련한 위의 두 판결에서 연방대법원은 '과

---

26) 만일 독립규제위원회의 헌법적합성 여부를 형식주의적 관점으로 접근한
   다면 '의회는 독립규제위원회를 창설할 헌법적 권한이 있는지 여부'에
   문제의 초점이 맞추어질 것이다. 이와 같은 관점에서 Stephen Carter는
   형식주의에 따른다면 독립규제위원회는 위헌적 기관이 된다고 주장하고
   있다. 이상 Stephen L. Carter, *op.cit.*, p.727 참조.

정'(process)보다는 '결과'(outcome)에 비중을 두는 기능주의를 최대한 활용하였다고 평가할 수 있다.27)

3. 大統領과 議會의 憲法上 權限의 限界

권력분립과 관련하여 종래에 연방대법원에서 문제된 두 번째 권력분립문제는 '대통령과 의회의 헌법상 권한의 한계'였다. 그 대표적인 사례가 바로 *Youngstown* 사건28)으로서, 이 사건은 행정부수반이나 군통수권자(Commander in Chief)로서 대통령이 갖는 권한의 범위가 문제된 사건이었다. 우선 이 사건의 개요를 살펴보면, Truman 대통령은 한국전쟁기간 동안 제철소노동자들의 파업은 국가의 전쟁수행능력을 크게 저하시킨다고 판단하고, 이를 막기 위해 제철소를 강제인수·경영하는 것을 내용으로 하는 행정명령을 발하였다. 이러한 과정에서 Truman 대통령은 연방헌법 제2조에 따라 군통수권자인 자신에게는 위와 같은 행정명령을 발할 헌법적 권한이 있음을 주장하였다. 이에 연방대법원은 위와 같은 행정명령 발포행위를 위헌으로 결정하였다.

이 판결에서 크게 주목해야할 의견은 Truman의 행위를 위헌으로 판단한 Black 대법관의 다수의견과 Jackson 대법관의 동조의견이다. 양자는 비록 결론은 같았으나 그 논거는 완전히 달랐다. 즉 前者는 형식주의를, 後者는 기능주의를 문제해결의 기본적 관점으로 삼았다.29) 먼저 다수의견을 대표한 Black 대법관은 "대통령의 군통수권(또는 외교권)을 생산중단을 방지하기 위하여 사유재산을 강제적으로 인수·경영하는 대통령의 '절대적 권한'(ultimate power)으로 확대해석할 수는 없으며,

---

27) Cass R. Sunstein, "Changing Conceptions of Administration", *B. Y. U. L. Rev.* 927 (1987), p.946.

28) *Youngstown Co. v. Sawyer*, 343 U. S. 579 (1952).

29) Stephen L. Carter, *op.cit.*, pp.733-35.

이러한 절대적 권한을 행사하는 자는 입법권자이지, 군통수권자가 아니다…… 입법권자인 의회는 파업을 막는 방법으로 강제인수·경영조치를 인정한 바 없다"[30]고 판시함으로써,[31] Truman의 행위를 의회의 위임도, 헌법상 근거도 없는 위헌적인 행위로 판단하였다. 결국 다수의견은 엄격한 형식주의적 관점에서 Truman의 행위를 위헌으로 판단하였다. 반면 Jackson 대법관은 동조의견을 통하여 다음과 같이 주장하고 있는데, 이러한 주장은 전형적인 기능주의적 사고에 해당한다고 볼 수 있다.

> "사법부가 상황은 고려하지 않은 채, 헌법조항에만 근거하여 각 府의 권한을 해석하는 것은 미국헌법상 통치의 실제와 조화되지도 않고 조화될 수도 없다. 헌법은 자유를 더욱 효과적으로 보장하기 위하여 권력을 분산시키고 있지만, 그것은 또한 효율적인 정부를 위하여 분산된 권력이 통합되는 헌정의 실제를 의도하고 있다. 헌법은 각 府가 독립을 유지하되 상호 의존할 것을 명하고 있다……
> 대통령이 의회의 승인하에 행동할 경우, 그의 헌법상 권한은 최대한이 된다. 반면 의회의 반대를 무릅쓰고 행동할 경우, 그의 권한은 최소한이 된다. 또 의회의 명시적인 승인이나 반대가 없는 상태에서 행동할 경우, 대통령은 그 자신의 독자적인 권한에만 의거하여 행동할 수 있지만, 그는 의회와 대통령이 권한을 공유하고, 兩者 사이의 권한관계가 불분명한 중간영역(zone of twilight)에서 행동하게 된다. 이러한 중간영역에서는 법률의 추상적인 논제가 아니라 사건의 긴급성과 현재의 해결가능성(contemporary imponderables)이 권력분립의 의미를 결정하게 된다."[32]

---

30) 실제로 1947년에 의회는 이러한 긴급사태에 대비하기 위하여 대통령에게 강제인수·경영권을 부여할 것인지를 논의하였지만 결국 이를 인정하지 않았다. Charles Herman Pritchett 著, 梁承斗/崔良洙 共譯, 前揭書, p.110.

31) *Youngstown Co. v. Sawyer*, 343 U. S. at 583-602.

32) *Ibid.*, at 635-37.

이러한 Jackson 대법관의 기능주의적 사고는 형식주의와는 달리 대
통령의 권한을 '헌법문언'과 '상황'을 결부시켜 이해하는 입장으로서,
여기에 따른다면 대통령에게는 더욱 광범위한 권한이 부여될 수 있다.
그러나 기능주의적 관점에서 아무리 대통령의 권한이 확대된다고 하여
도, Jackson 대법관은 사건에서 문제된 Truman의 행위는 그 허용범위
를 초과하는 것으로 보았다.

Youngstown 사건에서 제시된 Jackson 대법관의 이러한 기능주의적
이익형량기준은 이후 '행정부특권'과 관련한 권력분립사건에 큰 영향을
미쳤다. 예컨대 1974년, *United States v. Nixon*[33])에서 연방대법원은 행
정부특권의 헌법적 평가에 명시적으로 이러한 이익형량기준을 적용하
였다. 즉 이 판결에서 법정의견을 대표한 Burger 대법원장은 문제된 행
정부특권이 헌법적으로 인정되기 위해서는 그것이 행정부의 기밀사항
을 밝힘으로써 얻게 되는 국가이익보다 우월해야 한다고 판시하여, 행
정부특권에 대한 위헌심사에는 원칙적으로 이익형량기준이 적용됨을
분명히 하였다. 이러한 기준을 적용하면서 Burger 대법원장은 형사재판
에서 요구된 증거자료제출명령에 대해 대통령의 특권을 인정함으로써
얻게 되는 이익이 일반적인 이익에 불과하다면, 이는 '형사사법의 공정
한 운영'이라는 본질적인 요구보다 결코 더 중요하다고 할 수 없다고
판시하였다.[34])

계속해서 연방대법원은 3년 후인 1977년의 *Nixon v. Administrator of
Gen. Servs*[35])에서도 대통령의 비밀특권주장보다 비밀의 공개에 따르는
국가이익, 즉 합법적이고 공개적인 정부의 보장과 그것의 역사적인 활용
이 더욱 중요하다고 판시하여 이익형량기준을 다시 한번 확인하였다.[36])

---

33) 418 U. S. 683 (1974).

34) Jerome A. Barron/C. Thomas Dienes, *op.cit*, pp.158-60; Kermit L. Hall,
ed., *op, cit*., pp.218-20.

35) 433 U. S. 425 (1977).

4. 立法過程

(1) 序 言

권력분립과 관련하여 연방대법원이 종종 다루어왔던 세 번째 문제는 바로 입법과정에서의 대통령과 의회와의 관계로서, 이것은 근래에 들어서 더욱 문제가 되고 있다.37) 이 영역에서의 연방대법원판례들은 형식주의와 기능주의의 대립을 가장 명확하게 보여주고 있다. 이하에서는 이에 관한 두 가지 대표적인 판례를 중심으로 논의를 전개하고자 한다.

(2) *INS v. Chadha*38)

1) 槪 要

앞에서 살펴본 대로 *Chadha* 판결은 연방대법원이 의회거부를 위헌으로 결정한 판결이다. 의회거부는 권한위임에 의거한 행정부의 행위가 법적 효력을 발하기 전에 의회가 이를 승인하거나 거부하는 것을 말한다. 이것은 결국 의회의 의사에 따라 행정부행위의 법적효력이 좌우된다는 것을 의미한다.

Chadha 사건 자체는 비교적 단순한 이민관련 사건이었다. 사건의 개요를 간략히 살펴보면, 인도유학생 *Chadha*는 학생비자로서는 체류기간이 경과하여 국외로 추방될 위기에 놓여 있었다. 그러나 그는 1974년에

---

36) John E. Nowak/Ronald D. Rotunda, *op.cit.*, pp.239-41 참조.

37) 앞에서 살펴본 1998년의 *Clinton* 판결도 입법과정에 있어서의 권력분립 문제였다. 이 판결은 앞의 章에서 자세히 살펴보았으므로 여기에서는 그 세부적인 논의를 생략하기로 한다.

38) 462 U. S. 919 (1983).

국외추방에 따르는 생활의 어려움을 들어 「이민 및 국적법」(Immigration and Nationality Act)상의 규정을 근거로 법무부장관의 추방중지명령을 구했고, 마침내 그 허가를 얻게 되었다. 그러나 이 법은 상원이나 하원에게 그 결의로써 법무부장관의 결정을 거부할 수 있는 권한을 부여하고 있었다. 이에 하원은 법무부장관의 추방중지명령을 거부하는 결의안을 통과시켰다. 결국 1976년, Chadha를 포함한 6명의 외국인들은 추방명령을 받게 되었다.39)

2) 多數意見: 形式主義

우선 Burger 대법원장이 대표한 다수의견은 결론적으로 의회거부는 권력분립원칙을 침해한다고 판단하였다. 구체적으로 그는 의회거부절차가 효율적이고도 원활한 정부운영에 일정한 기여를 한다 하더라도, 이러한 점으로 인해 의회거부의 위헌성이 제거되는 것은 아니라고 판시하였다.40) 이러한 관점에서 다수의견은 이 사건에서 상원이나 대통령은 하원의 의회거부결정에 참여하지 않았고, 이러한 사실은 곧 연방헌법상 양원제조항41)과 移送條項42)이 침해되었음을 의미한다고 판단하였다.

한편 다수의견은 의회거부는 본질적으로 연방헌법 제1조상의 입법행위에 해당된다고 보았다. 즉 다수의견은 입법행위를 의회외부에서 개인의 법적 권리와 의무, 그리고 대인관계(relations of persons)의 변화를 초래하는 행위로 보고, 이 사건에서 Chadha의 법적 지위를 변화시킨 하원의 거부행위를 여기에 해당한다고 보았다.43) 또한 다수의견은 의회

---

39) *Ibid.*, at 923-28.

40) *Ibid.*, at 944.

41) 연방헌법 제1조 1항, 7항.

42) 연방헌법 제1조 7항 3호.

43) *INS v. Chadha*, 462 U. S. at 952. 나아가 다수의견은 「이민 및 국적법」

의 입법권행사와 이와 유사한 행정부의 행위를 구별하였다.44) 즉 이러한 행정부의 행위가 여러 가지 측면에서 입법권의 행사와 유사한 것은 사실이지만, 前者는 그것의 근거가 되는 법률(statute)상 한계를 준수하여야 한다는 점에서 後者와는 본질적으로 다르다는 것이다.45) 이러한 관점에서 다수의견은 이 사건에서의 법무부장관의 추방중지명령은 전적으로 의회의 권한위임에 근거하여 행해진 것이고, 따라서 이것은 입법권의 행사가 아닌 단순한 집행에 불과했다고 판시하였다.46)

이상에서 보듯이 입법과정에서의 권력분립문제를 판단함에 있어서 다수의견은 매우 형식주의적인 접근을 하고 있다. 즉 다수의견은 "입법권은 항상 일정한 단계를 거쳐 행사되어야 한다"고 함으로써, 입법과정을 매우 제한적이고도 순차적인 관점으로 접근하고 있다. 결국 다수의견은 '대통령과 의회와의 권한관계'라는 실체적 측면에 초점을 맞추기보다는 오로지 '입법권행사의 헌법상 절차'라는 절차적 측면만을 부각시켜서 입법과정에서의 권력분립문제를 판단하였고, 이러한 다수의견에 따른다면 입법과정에서의 의회의 참여는 '1회'로 제한되며 그 이후의 의회의 관여는 위헌으로 볼 수밖에 없게 된다.47)

상 의회거부규정이 없었더라면, 의회는 移送條項과 양원제조항을 준수하는 새로운 입법을 통해 법무부장관으로 하여금 외국인 추방을 강제할 수밖에 없었다는 점을 지적하고 있다. 다수의견에 따르면 이러한 점은 곧 의회거부를 입법권의 행사로 보게 하는 실질적인 근거가 된다고 한다. *Ibid.*, at 952-55.

44) *Ibid.*, at 953 n.16.

45) *Ibid.*

46) *Ibid.*

47) Paul R. Verkuil, *op.cit.*, pp.311-12.

3) 反對意見: 機能主義

Chadha 판결에서 반대의견을 제출한 White 대법관은 입법과정에서의 권력분립문제를 판단함에 있어서 다수의견과는 완전히 상반된 논리를 전개하였다. 즉 그는 단순한 '연방헌법상 입법절차'보다는 '대통령과 의회와의 권력균형'에 문제의 초점을 맞춤으로써 전형적인 기능주의적 접근을 하고 있다. 일차적으로 White 대법관은 행정부와 의회와의 관계에 있어서 의회거부가 갖는 긍정적 효과에 주목하였다. 즉 White 대법관은 의회거부는 의회에게 자신이 위임한 권한을 통제할 수 있는 기회를 부여하는 것이고, 그 결과 200여개의 법률에 규정되어 있는 의회거부규정은 정당성을 갖게 된다고 주장하였다.48) 이러한 시각에서 그는 의회거부는 행정부의 과도한 정책결정을 통제하는 수단으로 이해될 수 있으며, 오늘날 정치현실을 감안하여 고안된 이러한 편의적 수단이 위헌으로 결정되어서는 안 된다고 주장하였다.49)

다음으로 White 대법관은 다수의견과 같이 입법권은 항상 헌법상 입법과정에 따라서만 행사되어야 한다고 보지 않았다. 즉 White 대법관은 '원칙적인 입법과정'과 '의회거부절차'는 그 효과에 있어서 사실상 동일하다고 보았고, 따라서 의회거부는 권력분립원칙을 침해하지 않는다고 판단하였다. 이를 논증하기 위해 그는 의회거부규정이 삽입된 「이민 및 국적법」이 제정되기 이전에 의회가 私的 法案을 통하여 Chadha와 같은 입장에 있었던 외국인들을 구제했던 점에 주목하였다. 즉 White 대법관

---

48) *INS v. Chadha*, 462 U. S. at 967-74. 이러한 관점에서 Elliott는 연방대법원이 스스로도 정부운영에 효율적인 수단이라고 인정하는 의회거부를 위헌으로 결정한 것은 잘못된 것이며, 의회거부와 같은 효율적이고도 유용한 정치개혁방안을 헌법에 수용하지 못하는 것은 바람직하지 못하다는 점을 지적하고 있다. E. Donald Elliott, "INS v. Chadha: The Administrative Constitution, the Constitution, and the Legislative Veto", *Sup. Ct. Rev.* 125 (1983), p.163.

49) *INS v. Chadha*, 462 U. S. at 978.

은 만일 이 때 이 법안의 제정과정에서 하원이나 상원, 그리고 대통령 중에 어느 하나가 반대를 했더라면 이 법안은 통과되지 못했을 것이고, 따라서 이러한 외국인들에 대한 구제는 이루어지지 못했을 것이라고 보았다. 이것은 결국 헌법상 입법과정에 따라 이러한 외국인들을 구제하기 위해서는 상원, 하원, 대통령 간의 합의가 있어야 함을 의미한다.50) 이러한 관점에서 본다면 「이민 및 국적법」상의 의회거부는 상원이나 하원의 반대를 의미하는 것에 불과하다. 따라서 원칙적인 입법과정상의 합의순서는 '의회→대통령'인 반면 의회거부절차상의 그것은 '행정부→의회'가 된다. 이러한 논리하에 White 대법관은 양자는 합의순서가 다를 뿐이며 '상원, 하원, 대통령 간의 합의'라는 본질적인 부분에서는 동일하다고 주장하였다. 즉 두 가지 절차 중 어디에서나 외국인이 미국에 계속해서 체류하려면 자신에 대한 추방명령이 중지되어야 한다는 점을 '대통령과 의회'를 상대로 설득하여야 한다는 것이다. 따라서 White 대법관은 이 사건에서 문제된 법무부장관의 추방중지명령은 실질적으로 보통의 입법과정에서 하원이 거부한 법안과 동일하다고 결론지었다.51)

(3) *Bowsher v. Synar*52)

1) 槪 要

1986년의 *Synar* 판결은 형식주의와 기능주의의 대립을 보여주는 또 다른 판결이었다. *Chadha* 판결에 이어 다시 한번 다수의견을 대표한 Burger 대법원장은 「1985년 그램루드만법」을 엄격한 형식주의적 관점

---

50) *Ibid.*, at 933.

51) *Ibid.*, at 997.

52) 478 U. S. 714 (1986).

하에 위헌으로 결정하였다. 이 법에 대해서는 앞에서도 자세히 설명한 바 있으므로,53) 여기에서는 이 판결에서의 다수의견과 반대의견을 형식주의와 기능주의에 초점을 맞추어 검토하고자 한다.

2) 多數意見: 形式主義

Burger 대법원장이 대표한 다수의견은 「1985년 그램루드만법」의 위헌성여부를 두 단계로 나누어 분석하였다. 첫째, 다수의견은 이 법이 규정하고 있는 예산절차에서 실질적인 주도권을 가지고 있는 회계검사원장을 '의회의 기관'으로 판단하였다. 즉 회계검사원장職의 창설경위, 대통령과 의회에 의해 임명되는 임명방식, 법률에 의해서만 해임되는 해임방식 등을 검토한 후, 다수의견은 회계검사원장은 집행권을 행사할 수 없는 '의회의 기관'이라고 판단하였다.54)

---

53) 본서 pp.202-10 참조.

54) *Bowsher v. Synar*, 478 U. S. at 727-32. 그러나 회계검사원장이 의회의 기관이라는 다수의견의 위와 같은 분석은 사실상 설득력이 없다고 볼 수 있다. 대표적으로 회계검사원장이 대통령에 의해 해임될 수 없다는 사실을 곧 그가 의회의 기관이라고 해석하는 것은 지나친 논리적 비약이다. 실질적으로 회계검사원장의 해임에 요구되는 요건은 일반 행정부 공무원의 탄핵에 요구되는 그것보다 더욱 까다롭다고 볼 수 있다. 즉 탄핵의 경우, 하원 과반수와 상원 2/3의 동의가 요구되는 반면, 회계검사원장의 해임은 대통령의 동의를 필요로 하고, 만일 그가 거부권을 행사한다면 이를 재의결하기 위해 '양원 2/3'가 요구된다. 또 법적으로 회계검사원장의 해임은 일정한 사유가 있는 경우로 제한된다. 이러한 점에 주목하여 Blackmun 대법관은 이 판결에서 만일 의회가 1921년에 회계검사원장을 의회의 手足으로 삼으려는 의도에서 그 職을 창설하였다면, 의회는 아주 무의미한 일을 하였다고 評하고 있다. William C. Banks/Jeffrey D. Straussman, "Bowsher v. Synar: The Emerging Judicialization of the FISC", 28 *B. C. L. Rev.* 659 (1987), pp.679-82; *Bowsher v. Synar*, 478 U. S. at 784-85. 한편 이 판결에서의 다수의견은 *Humphrey* 판결과도 조화되기 힘들다. 즉 *Humphrey* 판결에서 연방대법원은 "대통령이 정당한 사유가 있는 경우에 특정 공무원을 해임할 수 있다는 사실이 곧 그 공무원

458

다음으로 다수의견은 그램루드만법상 예산절차에서 회계검사원장이 수행하는 기능을 분석하였다. 이때 다수의견은 *Chadha* 판결에서와 마찬가지로 '입법권은 헌법이 규정하고 있는 절차에 따라서만 행사될 수 있다'는 형식주의적 접근을 하였고, 그 결과 이 법에서 회계검사원장이 수행하는 기능은 집행기능이라고 결론지었다. 이 부분에 대해 좀더 부연하자면 *Chadha* 판결에서 연방대법원은 일단 의회가 법률을 제정하면 입법과정에서의 그 역할은 종료되고, 따라서 의회가 그 이후의 법률의 집행을 통제하기 위해서는 간접적인 방법, 즉 새로운 입법을 제정해야만 한다고 판시하였다.[55] 바로 다수의견은 이러한 *Chadha* 판결에 주목하여 회계검사원장의 기능을 해석하였다. 즉 그램루드만법상 예산절차에서 회계검사원장은 세출법안이 통과된 이후에 그 역할을 담당하게 된다는 점에서, 그가 수행하는 기능은 본질적으로 '집행'에 해당된다는 것이다.[56] 결국 '의회의 기관'에게 '집행권'을 부여하는 것은 권력분립 원칙에 위배된다는 것이 다수의견의 결론이었다.[57]

3) Stevens 大法官의 同調意見: 形式主義

Marshall 대법관이 가담한 Stevens 대법관의 동조의견은 기본적으로는 여전히 형식주의에 입각하고 있었으나, 그 구체적인 내용은 다수의견과 많은 차이를 보였다. 일단 Stevens 대법관은 회계검사원장이 '의회의 기관'이라는 점에 대해서는 다수의견과 견해를 같이 하였다.[58] 하지

이 대통령에게 종속된다는 것을 의미하지는 않는다"라고 판시하고 있는데, *Synar* 판결에서의 다수의견은 '의회'의 경우에는 왜 *Humphrey* 판결과 같이 해석될 수 없는 지에 대해 아무런 언급을 하고 있지 않다. William C. Banks/Jeffrey D. Straussman, *op.cit.*, pp.680-81.

55) *Bowsher v. Synar*, 478 U. S. at 733-34.

56) *Ibid.*

57) *Ibid.*, at 734.

만 그는 또 다른 다수의견의 논거, 즉 그램루드만법상 회계검사원장이 수행하는 기능은 '집행'에 해당된다는 점에 대해서는 반대하였다. 즉 Stevens 대법관은 그램루드만법이 회계검사원장에게 부여하고 있는 권한은 정확히 '정책결정권'이고, 여기에 대해서는 법적 효력이 인정된다는 점을 근거로 이 법에서 회계검사원장이 행사하는 권한을 '입법권'으로 보았다.59) 결국 그는 이 사건에서의 쟁점을 '의회의 기관'에 대한 의회의 '입법권'위임으로 보았다. 하지만 Stevens 대법관은 이러한 권한 위임은 의회가 회계검사원장을 통하여 연방헌법 제1조상의 입법과정에 따르지 않고 입법권을 행사하는 것을 가능하게 한다는 점에서 헌법적으로 인정될 수 없다고 결론지었다.60)

4) 反對意見: 機能主義

이 판결에서 반대의견을 제출한 White 대법관은 *Chadha* 판결에 이어 또다시 기능주의적 관점에 입각한 논의를 전개하였다. 이러한 White

---

58) *Ibid.*, at 736.

59) *Ibid.*, at 754. 구체적으로 회계검사원장은 그가 필요하다고 생각하는 부문의 예산삭감을 대통령에게 보고하고, 대통령은 이러한 회계검사원장의 보고에 절대적으로 구속된다. 즉 대통령은 회계검사원장 보고서에 대한 수정 없이 강제관리명령을 발하고, 전체연방정부에 대해 그에 관한 지출삭감을 명하여야 한다.

60) *Ibid.*, at 754-57. 이러한 결론을 내리는 과정에서 Stevens 대법관은 *Chadha* 판결을 유력한 근거로 들고 있다. 즉 그는 일단 의회가 법률을 제정하면 입법과정에서의 그 역할은 종료되므로 의회가 그 이후의 입법과정에 개입하는 것은 허용될 수 없다는 것을 원칙으로 보았다. 이러한 관점에서 그는 의회의 기관인 회계검사원장이 세출법안이 통과된 이후에 입법권을 행사하는 것은 위와 같은 원칙에 위반된다고 보았다. 결국 법안이 통과된 후에는 어떠한 입법행위도 있을 수 없다는 형식주의가 Stevens 대법관의 기본적 관점이었다. *Ibid.*, at 752-59. 한편 *Synar* 판결에서 나타난 형식주의를 자세히 다루고 있는 문헌으로는 Peter L. Strauss, *op.cit.*, pp.496-502.

대법관의 주장은 다음과 같은 두 가지로 요약될 수 있다. 첫째, 그는 그램루드만법이 일정한 대통령의 권한, 즉 이 법이 없었더라면 대통령이 행사할 수 있었을 권한이나 대통령職 수행에 핵심적인 권한을 침해하지 않는다고 보았다. 즉 대통령의 입장에서 볼 때, 그램루드만법상의 대통령의 권한과 전통적인 예산절차상의 그것은 사실상 동일하다는 것이다. 그 근거로서 White 대법관은 두 가지 예산절차 중 어디에서나 행정부의 예산수준을 결정하는 것은 대통령의 재량에 속하지 않는다는 점을 들고 있다.[61] 둘째, White 대법관은 의회가 회계검사원장에 대해 행사하는 권한들을 살펴볼 때, 회계검사원장이 의회의 '手足'으로 전락할 가능성은 실질적으로 거의 없다고 보았다.[62]

결국 이러한 White 대법관의 두 가지 주장은 권력분립문제를 해결함에 있어서 '이론'보다는 '실제'를 중시하는 기능주의적 사고의 전형이라고 볼 수 있다.

(4) 整 理

이상에서 살펴본 *Chadha* 판결과 *Synar* 판결은 연방대법원에서 형식주의와 기능주의가 날카롭게 대립되어 있음을 잘 보여주고 있다.[63] 여

---

61) *Bowsher v. Synar*, 478 U. S. at 763-65. 이러한 분석으로 볼 때, White 대법관은 그램루드만법에서 회계검사원장이 수행하는 기능은 본질적으로 '집행'에 해당된다고 보고 있는 듯하다.

62) *Ibid.*, at 767-74.

63) 참고적으로 보다 근래의 권력분립 관련 사건인 *Metropolitan Wash. Airports Auth. v. Citizens for the Abatement of Aircraft Noise, Inc.*, 111 S. Ct. 2298 (1991)에서 연방대법원은 *Chadha, Synar* 판결에서와 마찬가지로 엄격한 형식주의적 관점에서 사건을 판단하였다. 이 사건에서 다수의견은 9인의 '의회의원'으로 구성되는 공항평가위원회(airport review board)가 Washington D. C 지역의 공항관리당국의 정책결정에 대해 거부권을 행사하는 것은 권력분립원칙에 위반된다고 판시하였다. 일

기서 나타난 형식주의와 기능주의는 기본적인 관점 자체에 일정한 차
이점을 보이고 있다. 즉 기능주의를 주장하는 입장에서는 최종적인 '결
과'를 중요시하는 반면, 형식주의를 주장하는 입장에서는 '절차'를 중요
시하고 있다. 이러한 기본적 관점의 차이로 인해 사건에 대한 양자의
판단은 극단적으로 다르게 나타날 수밖에 없다.

Ⅲ. 形式主義와 機能主義에 대한 批判的 檢討

1. 序 言

권력분립사건을 심사함에 있어서 연방대법원이 심사기준으로 활용해
온 형식주의와 기능주의는 그 나름대로의 이론적 장점을 가지고 있으나,
이 두 가지 이론으로 모든 권력분립문제를 해결하는 데에는 일정한 한계
가 있다. 이하에서는 형식주의와 기능주의가 가지고 있는 이론적 한계를
분석하고, 그 대안으로 논의되고 있는 견해들을 검토하기로 한다.

2. 形式主義의 問題點

형식주의는 크게 두 가지 이론적 문제점을 가지고 있다. 첫째, 형식
주의는 그 논리가 지나치게 경직되어 있다. 즉 여기에 따른다면 권력분

차적으로 다수의견은 공항평가위원회 위원들은 '의회의 기관'으로 기능
한다고 판단하였다. 그 후 다수의견은 공항평가위원회가 행사하는 권한
이 집행권인지 아니면 입법권인지를 불문하고 이 위원회가 거부권을
행사하는 것 자체가 위헌이라고 판시하였다. 즉 공항평가위원회의 권한
이 입법권이라면 그것은 연방헌법상의 입법절차에 따라 행사되어야 하
고, 만일 그것이 집행권이라면 *Synar* 판결에 따라 의회의 기관인 공항
평가위원회가 이를 행사할 수는 없다는 것이다. *Ibid.*, at 2306-12.

립의 목적은 '헌법문언'의 엄격한 해석을 통해서만 달성될 수 있으며, 그 외의 요소는 헌법적으로 별다른 중요성을 갖지 못하게 된다. 하지만 *Chadha* 판결에서 보듯이 이러한 논리는 일정한 한계를 가질 수밖에 없다.64) 구체적으로 *Chadha* 판결의 다수의견은 의회거부의 실제적 효과를 그것은 헌법에 위반된다는 점을 이유로 완전히 도외시하고 있다.65) 하지만 의회거부와 같은 제도의 실제적 효과는 권력분립사건을 판단함에 있어서 매우 중요한 요소라고 볼 수 있다. 왜냐하면 권력분립은 각 府의 권한확대를 억제하고자 하는 원리이며, 의회거부는 이러한 취지에 전적으로 부합하는 것이기 때문이다. 즉 의회거부는 행정국가경향에 따라 점차적으로 행정부에 대한 권한위임이 증가하는 현실에서 의회에게 여기에 대한 일정한 통제권을 부여하는 것이다. 마찬가지로 *Synar* 판결에서 위헌으로 결정된 「1985년 그램루드만법」도 이와 같은 맥락에서 이해되어야 한다. 즉 이 법은 행정부에게 더 이상의 권한을 위임하지 않으면서 지출을 통제하려는 의회의 노력이었으며, 헌법상 지출권한을 보유하고 있는 의회가 세출절차에서 자신의 역할을 확보하려는 것이었다.66) 결국 형식주의는 각 府 간의 실제적 권한관계를 도외시함으로써

---

64) 이러한 관점에서 Feld는 연방대법원의 형식주의적 사고는 대통령과 의회가 그 헌법적 역할을 수행함에 있어서 그들에게 '족쇄'(hobble)를 채우는 것에 불과하다고 주장한다. Alan L. Feld, "Separation of Political Powers: Boundaries or Balance?" 21 *Ga. L. Rev.* 171 (1986), p.216. 한편 헌법의 엄격한 해석을 강조하는 형식주의자들은 그들 스스로가 헌법의 해석에 있어서 일정한 오류를 범하고 있다. 즉 *Chadha* 판결의 다수의견은 입법과정에서의 의회의 참여는 '1회'로 제한되며, 그 이후의 의회의 관여는 위헌이라고 주장하고 있는데, 이러한 주장은 사실상 '엄격한 헌법해석'과는 거리가 먼 것이며, 헌법문언을 초과한 해석이라고 볼 수 있다. 즉 연방헌법은 단순히 입법과정만을 규정하고 있을 뿐, 그 어디에도 '법안 통과 이후의 의회의 관여'를 금지하는 조항을 두고 있지 않다.

65) *INS v. Chadha*, 462 U. S. at 919, 944-45.

66) Alfred C. Aman, Jr., "Administrative Law in a Global Era: Progress, Dere-gulatory Change, and the Rise of the Administrative Presidency", 73 *Cornell L.*

권력분립의 현실적 측면을 간과하고 있다고 볼 수 있다.

둘째, 형식주의는 그 논리가 지나치게 시대착오적이다. 예컨대 *Chadha, Synar* 판결에서의 다수의견은 '19세기 야경국가'에서나 타당할 듯한 권력분립논리를 전개하고 있으며, 그 결과 이러한 다수의견의 논리는 '현대 행정국가'의 이념과 본질적으로 대립될 수밖에 없다. 즉 현대 행정국가는 광범위한 권한위임, 행정입법, 각종 독립기관의 출현을 그 핵심적인 특징으로 하는데, 형식주의적 관점에 따른다면 이러한 특징들은 위헌으로 결정될 수밖에 없을 것이다.67) 결론적으로 '입법권은 연방헌법 제1조상의 移送條項과 양원제조항에 위반하여 행사될 수 없다'는 형식주의의 기본원리68)가 수정되지 않는 한, 그것은 오늘날의 권력분립문제를 해결하는 수단으로 부적절한 이론이라고 볼 수 있다.

3. 機能主義의 問題點

기능주의가 가지고 있는 가장 큰 문제점은 바로 사법심사기준으로서 그것은 지나치게 불명확하다는 점이다. 즉 각 府의 핵심적 기능의 침해 여부만을 판단하는 기능주의는 권력분립사건을 판단함에 있어서 필연적으로 사법부의 주관적 판단을 필요로 하게 된다. 이 점과 관련하여

Rev. 1101 (1988), p.1207.

67) *Chadha* 판결과 *Synar* 판결이 이러한 점을 뒷받침하는 결정적인 증거가 된다.

68) 예컨대 오늘날 미국에서 보편적인 현상으로 이해되고 있는 행정부나 독립규제위원회의 규칙제정(rulemaking)행위도 형식주의의 이러한 기본원리에 따른다면 모두 위헌이 될 수밖에 없다. 왜냐하면 私人의 행위를 통제하려는 목적에서 이들 기관이 규칙을 제정하는 행위는 당연히 입법행위에 해당되지만, 이러한 규칙제정은 移送條項과 양원제조항에 따라 이루어지지 않기 때문이다. 이들 기관의 규칙제정이 입법행위라는 것은 입법행위를 의회외부에서 개인의 법적 권리와 의무, 그리고 대인관계(relations of persons)의 변화를 초래하는 행위로 정의하는 *Chadha* 판결에서의 다수의견에 비추어보아도 당연하다.

Stephen Carter는 다음과 같은 설명을 하고 있다.

> "통치조직과 관련한 헌법조항을 해석함에 있어서 진화주의적 전
> 통(evolutionary tradition)69)은 그 성질상 객관적이고도 명확한 기준
> 을 제시하지 못한다. 왜냐하면 진화주의는 정부기구의 실제운영과
> 사회가 현실적으로 필요로 하는 것, 그리고 사회의 변화에 대해 민
> 감하게 반응하는 해석론이기 때문이다. 따라서 (진화주의에 따른다
> 면) 특정한 府의 권한이 지나치게 확대되었는지 여부, 또는 그 결과
> 나머지府의 견제권이 지나치게 축소되었는지 여부에 대한 판단은
> 이를 심사하는 법원에 따라 그 결론이 달라진다…… 만일 권력분립
> 사건의 사법적 기준이 구체적인 이론에 근거하고 있다면, 행정부와
> 의회는 최소한 자신들의 권한쟁의에 대해 법원이 어떠한 판단을 할
> 것인지를 예측할 수 있다…… (진화주의에 따른다면) 법원이 밝히
> 기 전까지는 누구도 무엇이 법인지를 알지 못한다."70)

Stephen Carter의 지적대로 기능주의가 이론적 일관성이 결여하고 있
다는 점은 *Youngstown* 판결에서도 잘 나타나고 있다. 구체적으로 이
사건에서 문제된 Truman 대통령의 행정명령에 대해 Jackson 대법관과
Vinson 대법원장은 다같이 기능주의적 접근을 시도하였음에도 불구하
고 그 결론은 다르게 내리고 있다. 즉 Jackson 대법관은 Truman의 행
위를 권력분립에 위배되는 것으로 보았던 반면 Vinson 대법원장은 이
를 합헌으로 판단하고 있다. Vinson 대법원장은 Truman의 행위를 위헌
으로 결정한 다수의견을 국가비상사태를 효과적으로 극복하는 데에 필
요한 대통령의 권한을 부당하게 제한하는 견해로 보았다. 이러한
Vinson 대법원장의 기능주의는 Truman이 행정명령을 발하게 된 '상황'
을 강조한 것이었고, 그 결과 '의회와의 관계'를 강조한 Jackson 대법관

---

69) Stephen Carter는 '형식주의'를 '非진화주의'(de-evolutionary)로, '기능주
   의'를 '진화주의'(evolutionary)로 부르고 있음은 앞에서 언급한 바와 같다.

70) Stephen L. Carter, *op.cit.*, p.787.

의 기능주의와는 다른 결론에 이를 수밖에 없었다. 이것은 결국 기능주의는 문제의 초점을 어디에 두느냐에 따라 그 결론이 달라질 수밖에 없다는 것을 의미한다.

이러한 사실은 의회거부와 관련된 논의에서도 확인된다. *Chadha* 판결에서 반대의견을 제출한 **White** 대법관만은 의회거부를 '변화된 정치과정에서 대통령과 의회 간의 타협을 이끌어내기 위한 유용한 도구'로 이해하였는데, 의회거부를 이와 같이 현실적으로 평가하는 입장은 **White** 대법관만이 아니었다.[71] 예컨대 의회거부는 대외정책에 관한 대통령과 의회와의 입장조율에 중요한 역할을 한다는 견해,[72] 또는 규칙제정과정에서 이익집단들의 영향력을 더욱 증대시킴으로써 행정기관의 무책임한 규칙제정을 통제할 수 있다는 견해[73] 등이 모두 의회거부를 이러한 관점에서 평가하는 견해들이다. 물론 本 章의 목적이 의회거부의 실질적 가치를 논하는 것은 아니지만,[74] 한 가지 분명한 사실은 '기능주의적 관점'에 따라 의회거부의 합헌성을 판단함에 있어서는 의회거부의 가치를 어디에 두느냐가 결정적 요인으로 작용한다는 것이다.

결론적으로 기능주의는 곧 관점의 문제하고 생각된다. 따라서 개인의 관점에 의거하여 특정정책의 위헌여부를 판단하려는 기능주의는 권력

---

71) 이러한 관점에서 의회거부를 평가하는 입장은 대표적으로 Louis Fisher, *Constitutional Conflicts between Congress and the President*, pp.153 이하.

72) Harold Hongju Koh, "Congressional Controls on Presidential Trade Policymaking After I. N. S. v. Chadha", 18 *N. Y. U. J. Int'l L. & Pol.* 1191 (1986), pp.1210-11.

73) William West/Joseph Cooper, "The Congressional Veto and Administrative Rulemaking", 98 *Pol. Sci. Q.* 285 (1983), pp.291-97. 이에 반해 다른 입장에서는 의회거부를 정책결정과정을 지연시키는 원인으로 보고 있다. Harold H. Bruff/Ernest Gellhorn, "Congressional Control of Administrative Regulation: A Study of Legislative Vetoes", 90 *Harv. L. Rev.* 1369 (1977), pp.1409-12, 1414-17.

74) 의회거부에 대해서는 본서 pp.147-165 참조.

분립사건을 담당하는 법관에게 지나치게 광범위한 재량권을 부여한다
는 점에서 적절한 심사기준이라고 볼 수 없다.

4. 權力分立 違憲審査基準에 관한 기타의 論議

(1) 序 言

종래에 여러 학자들은 위와 같은 형식주의와 기능주의의 한계를 인
식하고, 이를 극복하기 위한 여러 가지 대안을 제시해왔다. 주의할 점
은 이들이 제시한 이론들은 원칙적으로 형식주의와 기능주의의 이론적
골격을 유지하고 있다는 점이다. 그러나 이하에서 보듯이 이러한 이론
들 역시 완전하다고 평가하기는 힘들다.

(2) Stephen Carter의 見解

Stephen Carter는 권력분립사건의 위헌심사기준으로서 '非진화주의'
(de-evolutionary)적 접근을 주장하고 있다. 여기서 그가 말하는 非진화
주의는 형식주의의 핵심적 원리들을 반영한 이론이라는 점은 앞에서
설명한 바와 같다. **Stephen Carter**는 올바른 헌법해석은 '명확한 기준'
에 의거하여 이루어져야 한다는 점에서 자신은 *Chadha, Synar* 판결에
서의 다수의견을 지지한다는 입장을 밝히고 있다.75)

한편 형식주의의 한계, 즉 현대 행정국가와 관련한 여러 가지 문제들
을 해결할 수 없다는 한계에 대해 **Stephen Carter**는 이러한 문제들은
일종의 '정치문제'(political question)이므로 사법부가 여기에 개입하는
것은 적절하지 않다고 주장한다. 즉 이러한 문제들을 사법부가 회피함
으로써 위헌심사기준으로서의 형식주의는 이론적 일관성을 갖게 된다

75) Stephen Carter, *op.cit.*, pp.787-94.

는 것이다. 이러한 관점에서 그는 법원이 헌법이 예정하지 않았던 새로운 제도의 위헌성 여부를 판단해야 할 경우, 법원은 그것이 헌법제정자들이 의도한 헌법구조와 합치되는 지를 판단할 수 없으며, 이러한 문제는 대통령과 의회에게 전적으로 위임해야 한다고 주장한다.[76] 결국 Stephen Carter는 독립규제위원회와 같이 연방헌법이 명시적으로 금지하고 있지 않은 현대 행정국가의 제도는 정치문제원리가 적용되어야 하고, 의회거부와 같이 헌법이 명시적으로 규정한 입법절차, 즉 양원제조항과 移送條項에 위반되는 현대 행정국가의 제도는 정치문제원리가 적용될 수 없으므로 그것은 위헌이라고 주장한다.[77]

하지만 형식주의의 한계를 극복하기 위해 정치문제원리를 끌어들이는 이러한 Stephen Carter의 이론이 현대 행정국가의 확고한 이론적 근거가 된다고 보기는 힘들다. 예컨대 Stephen Carter는 현대 행정국가의의 특징 중의 하나인 의회거부를 입법권의 행사로 보고 그것은 양원제조항과 移送條項을 준수하지 않으므로 위헌이라는 논리를 전개하고 있지만, 의회거부와 마찬가지로 현대 행정국가의의 또 다른 특징인 행정입법에 대해서는 동일한 논리를 적용시키지 않고 있다. 즉 그는 행정기관이 입법권을 행사하는지 여부, 그리고 만일 행정기관이 입법권을 행사한다면 왜 행정기관은 헌법이 요구하고 있는 양원제조항과 移送條項을 준수할 필요가 없는지에 대해서는 침묵하고 있다. 결국 독립규제위원회, 행정입법, 의회거부는 그 모두가 '시대에 적응하기 위한 행정부와 의회와의 타협'이라는 공통적 성격을 갖고 있음에도 불구하고 Stephen Carter는 이들에 대해 각기 다른 기준을 적용하고 있다. 즉 독립규제위원회, 행정입법에 대해서는 정치문제원리를 적용하여 그 합헌성을 인정하는 반면, 의회거부에 대해서는 이를 적용하지 않고 엄격한 헌법적 논리로 접근하는 것이다. 이러한 점에서 Stephen Carter의 이론은 권력분립사건의 위헌심사

---

76) *Ibid*., p.801.

77) *Ibid*., pp.793-811.

기준으로서 일관성을 결여하고 있다고 평가할 수 있다.

(3) Harold Krent의 見解

형식주의와 기능주의의 또 다른 대안을 제시하고 있는 학자는 바로 Harold Krent이다. 그는 연방헌법이 규정하고 있는 각 府의 권한행사방법을 존중하는 바탕 위에서 그의 이론을 두 단계로 나누어 설명하고 있다.[78] 첫째, 그는 각 府의 권한행사가 양원제조항과 移送條項과 같은 헌법상 제한에 위반된다면, 법원은 그러한 권한행사가 현실적으로 긍정적인 효과를 가지고 있는 경우에도 이를 위헌으로 결정해야 한다고 주장한다.[79] 그러나 Krent는 각 府의 권한행사가 절차적으로 헌법에 합치되더라도, 그것은 경우에 따라 나머지 府의 헌법적 권한을 침해할 수도 있음을 인정한다.[80] 이러한 경우에 그는 각 府의 적절한 타협점을 모색하는 기능주의적 접근이 불가피하다고 주장한다.[81]

이러한 관점에서 Krent는 Stephen Carter와 마찬가지로 *Chadha, Synar* 판결에서의 다수의견을 지지한다. 즉 그는 의회 스스로나 의회의 기관은 연방헌법 제1조에 위배되는 입법권 행사를 통하여 의회 외부를 통제할 수 없다는 *Chadha* 판결에 동조하고 있다.[82] 그러나 Stephen Carter와는 다르게 Krent는 행정기관에 대한 광범위한 권한위임에 따르는 문제점을 설명하기 위하여 정치문제원리를 끌어들이지는 않는다. 이보다는 오히려 행정기관이나 독립규제위원회의 입법권행사는 헌법적으로 아무런 문제도 발생시키지 않는다는 논리를 전개한다. 구체적으로 Krent

---

78) Harold J. Krent, *op.cit.*, p.1257.

79) *Ibid.*, pp.1261-73.

80) *Ibid.*, p.1257.

81) *Ibid.*, pp.1257, 1274-87.

82) *Ibid.*, p.1282.

는 행정입법은 양원제조항과 移送條項의 적용을 받지 않는다는 점에 대한 논거로 헌법제정자들의 의도를 들고 있다. 즉 헌법제정자들은 집행권보다는 입법권을 경계했고, 따라서 '의회'의 입법권은 반드시 연방헌법 제1조에 따라서만 행사되도록 했다는 것이다.83)

하지만 Krent의 위와 같은 주장은 다음과 같은 이유에서 설득력이 없다. 원칙적으로 입법권은 국민의 권리·의무에 직접적인 영향을 미친다는 점에서 그것을 누가에 행사하는지와 관계없이 매우 중요한 국가권력으로 인정되어 왔다. 나아가 행정입법은 입법권과 집행권이 결합되는 것이라는 점에서 의회의 입법권행사보다 국민의 자유를 침해할 소지가 더욱 크다고 볼 수 있고, 따라서 행정입법에는 더욱 엄격한 절차적 요건이 요구될 수 있다.84) 이러한 관점에 따른다면 헌법제정자들의 의도에 대한 위와 같은 Krent의 해석보다는 오히려 헌법제정자들은 오늘날의 광범위한 권한위임을 당시에 전혀 예상하지 못했다는 해석이 더욱 타당하다고 생각한다.

한편 자신의 주장을 더욱 정당화하는 차원에서 Krent는 다음과 같은 두 가지 보충적 주장을 하고 있다. 첫째, 그는 의회거부와 같은 의회의 행위는 행정입법과는 다르게 사법심사의 대상이 되지 않는다는 점에서 헌법적으로 더욱 인정될 수 없다고 주장한다. 다음으로 Krent는 행정기관에 대한 권한위임은 의회의 자발적인 의사표시에 따라 이루어진다는 점을 강조한다. 하지만 이러한 주장들은 Krent의 이론이 가지고 있는

---

83) *Ibid.*, pp.1266-67, 1274-87.

84) 이러한 논리가 설득력을 갖기 위해서는 Krent 스스로가 행정입법 또한 입법권의 행사라는 점을 인정하는 것이 필요하다. 이에 대해 그는 직접적인 언급을 하고 있지는 않지만, 그가 정의한 입법행위의 개념을 살펴보면 행정입법 역시 입법권의 행사에 해당됨은 분명해 보인다. 즉 Krent는 의회거부가 입법권의 행사에 해당되는지에 대해 의회거부는 앞으로의 행동을 조건지우는 의회의 정책적 판단이라는 점에서 그것은 입법권의 행사에 해당된다고 주장하고 있다. 이러한 관점에서 본다면 행정입법은 명백히 입법권의 행사에 해당된다고 할 수 있다. *Ibid.*, p.1277 n.100.

본질적인 한계, 즉 '행정입법에 대해서는 왜 양원제조항과 移送條項이 적용되지 않는가'를 극복하는 데에 결정적인 논거가 되지 못하며, 기껏 해야 이들은 행정입법이 일반적인 생각보다 국민의 자유에 덜 위협적 이라는 사실만을 일깨워줄 뿐이다. 이러한 관점에서 볼 때, Krent의 이 론 역시 현대 행정국가를 정당화하기에는 여러 가지로 무리가 따르는 이론이라고 볼 수 있다.

(4) Peter Strauss의 見解

Stephen Carter와 Harold Krent의 권력분립론이 형식주의적 관점을 기본으로 하는 것이라면, Peter Strauss의 그것은 기능주의적 관점을 기 본으로 하는 권력분립론이라고 볼 수 있다. 우선 Strauss는 엄격한 권력 의 분할을 강조하는 형식주의를 지나치게 경직된 권력분립론으로 이해 한다.[85] 이러한 관점으로부터 그는 각 府 간의 견제와 균형이 존재하 고, 그 기능이 분할되어 있다면 전제정치가 나타날 가능성은 거의 없다 고 주장한다. Strauss에 따르면 각 府 간의 견제와 균형은 특정한 府가 통치 구조를 독점하는 것을 방지하며,[86] 각 府 간의 기능의 분할은 과 거에 비해 기능이 확대된 정부가 개인을 부당하게 대우하는 것을 방지 하는 역할을 한다고 한다.[87]

Strauss의 기능주의적 사고는 대표적으로 행정입법에 대한 그의 입장 에 잘 나타나있다. 구체적으로 행정입법에 대하여 Strauss는 규칙을 제

---

85) Peter L. Strauss, "The Place of Agencies in Government: Separation of Powers and the Fourth Branch", 84 *Colum. L. Rev.* 573 (1984), pp.578-79.

86) Strauss는 그 근거로 견제와 균형은 각 府 간의 긴장관계를 지속시킨다 는 점을 들고 있다. *Ibid.*, pp.578, 616-23, 616.

87) *Ibid.*, pp.622-25.

정하는 행정기관을 입법·행정·사법부 외의 기관으로 이해함으로써 이 문제를 해결하려 하고 있다. 즉 그는 규칙을 제정하는 행정기관을 순수한 독립기관으로 이해한다.88) 하지만 Strauss는 대통령에게는 법률을 집행하는 공무원들을 지휘할 권한이 있고, 그들과 커뮤니케이션을 할 권한이 있다는 점을 근거로, 규칙을 제정하는 행정기관은 반드시 대통령과 밀접한 관련을 가져야 한다고 주장한다.89) 이러한 Strauss의 입장에 따른다면, 이와 달리 해석하는 것은 규칙제정을 포함한 행정적 사항에 대해 대통령의 영향력이 감소되는 것을 의미하고, 감소되는 영향력은 의회에게 이전되는 것을 의미하게 된다. 대통령의 우월적 지위를 인정하는 이러한 입장에서 Strauss는 규칙제정에 대한 의회의 통제를 매우 부정적으로 평가하고 그것을 크게 제한해야 한다는 점을 강조한다.90) 이러한 사고는 "대통령의 권한의 범위는 사후의 규칙통제를 포함한 규칙제정의 모든 과정으로 확대되어야 한다"는 Strauss의 학문적 소신이 반영된 것으로 풀이할 수 있다.91)

이상에서 살펴본 Strauss의 권력분립론은 각 府 간의 제도적 상호작용에 대한 개인적 소신을 헌법적 명령으로 전환시키려는 기능주의의 성향을 잘 보여주는 예라고 생각된다. 즉 Strauss는 오늘날 행정기관, 대통령, 의회 간의 제도적 상호작용에 대한 그의 견해를 '행정입법에 대한 일차적인 감독권자는 의회가 아닌 대통령이어야 한다'는 헌법적 원칙으로 승화시키려 하고 있다. 입법영역에서의 대통령의 지위를 지나치게 과대평가하는 이러한 이론적 전제하에, 실제로 그는 대통령은 의회보다 우월한 지위를 가져야 한다는 점을 강조하고, 이러한 사고를 바탕으로 의회의 행정부통제를 헌법적으로 제한할 것을 주장하고 있다.92)

---

88) *Ibid.*, pp.578-81, 637-39.

89) *Ibid.*, p.581.

90) *Ibid.*, pp.660-67.

91) *Ibid.*, pp.648-50, 662-67.

그러나 위와 같은 Strauss의 논리는 역사적 사실을 잘못 이해한 결과라고 볼 수 있다. 즉 Strauss는 입법영역에서 대통령이 의회보다 우월한 지위를 갖는다는 점을 일반적인 현상으로 이해하고 이후의 논리를 전개하고 있으나, 실제로 미국에서 이러한 현상이 나타난 시기는 20세기 초부터였다.93) 구체적으로 그 이전까지의 미국의 대통령들은 법률안거부권의 행사를 제외하고는 입법과정에서 제한적인 역할만을 수행하였으며, Theodore Roosevelt 행정부에 이르러 행정부의 관심사안에 대해 의회에게 권고를 하는 새로운 관행이 나타나게 되었다. 다시 말해 1890년대 후반까지는 행정부가 실질적인 입법안을 의회에 보낸다는 것은 행정부의 부적절한 입법관여로 여겨졌으며, 실제로 그때마다 상원은 이를 의회의 헌법상 고유권한을 부당하게 침해하는 것이라며 거부하였다.94) 이러한 관점에서 볼 때, Strauss는 대통령과 의회의 헌법적 역할에 대한 잘못된 역사인식을 바탕으로 이들의 적절한 역할을 정의하고 있으며, 나아가 이를 헌법상 원칙으로 발전시키려 하고 있다.

결론적으로 Strauss의 이러한 이론적 오류는 기능주의가 가지고 있는 한계, 즉 정확하지 못한 개인적 평가를 기준으로 권력분립문제를 판단하는 것을 잘 보여주고 있다고 생각한다.

---

92) *Ibid.*, pp.640-67.

93) James L. Sundquist/Bruce K. MacLaury, *op.cit.*, pp.127-33.

94) *Ibid.*, pp.129-30.

제4절 立法權과 執行權의 概念에 基礎한 權力分立問題 接近

Ⅰ. 問題의 提起

앞에서 살펴보았듯이 연방대법원이 권력분립 위헌심사기준으로 적용해온 형식주의와 기능주의는 그 모두가 일정한 이론적 한계를 가지고 있으며, 여러 학자들이 그 대안으로 주장하는 견해들 역시 모든 권력분립문제를 해결하는 데에 만족할 만한 이론들이라고 보기는 힘들다. 이러한 사실은 곧 현재 미국 내의 논의에서 권력분립문제의 해결에 있어서의 일관적이고도 보편적인 기준이 결여되어 있음을 의미한다. 그렇다면 모든 권력분립 문제에 적용 가능한 일관적인 기준이란 과연 무엇인가? 그것은 결국 가장 기본적인 문제로서 헌법이 규정하고 있는 대통령과 의회의 권한, 즉 입법권과 집행권이라고 생각한다.

현재 미국연방헌법은 제1, 2조의 1항을 통하여 다음과 같이 입법권과 집행권에 대해 언급하고 있다.

"이 헌법에 의하여 부여되는 모든 입법권은 상원과 하원으로 구성되는 합중국의회에게 속한다(All legislative Powers herein granted shall be vested in a Congress of the United States, which shall consist of a Senate and House of Representatives)."[95]

"집행권은 미합중국 대통령에게 속한다(The executive Power shall be vested in a President of the United States of America)."[96]

---

95) 연방헌법 제1조 1항.

96) 연방헌법 제2조 1항 1호.

그 외에 각조의 나머지 항은 입법권과 집행권의 구체적인 내용 및
그 한계에 대해 언급하고 있다. 이러한 연방헌법규정에도 불구하고, 권
력분립에 대한 미국에서의 종래의 논의는 입법권과 집행권의 개념에
기초하여 권력분립사건을 판단하는 것을 다소 소홀히 해온 듯 하다. 이
러한 분석이 종래에 제대로 이루어지지 않은 이유로는 일단 입법권과
집행권에 대한 정의를 내리기가 매우 난해하다는 점을 들 수 있을 것
이다. 예컨대 연방헌법은 제1, 2조에서 언급하고 있는 입법부와 행정부
권한의 성질을 정확하게 밝히고 있지 않으며, 그러한 권한들의 구체적
인 범위에 대해서도 아무런 설명을 하고 있지 않다. 대표적으로 제5장
에서 언급한 전쟁권결의에 관한 논쟁은 바로 이러한 사실을 제대로 입
증하고 있다. 그러나 헌법규정이 모호하다고 하여 한 국가의 대통령과
의회가 행사하는 권한의 개념을 제대로 정의하지 않는다면, 이것은 결
국 '정치의 脫헌법화' 현상을 야기하고 권력분립사건의 합리적인 해결
을 더욱 어렵게 하는 요인이 된다고 생각한다.97) 이러한 관점에서 본다
면 Synar 판결에서 Stevens 대법관이 밝힌 다음과 같은 견해는 분명히
문제가 있다고 본다.

> "입법권, 집행권, 사법권이 상호 독립적인 입법부, 행정부, 사법부
> 에 범주별로 배분될 수 없는 이유 중의 하나는 정부가 행사하는 권
> 한이 항상 입법권, 집행권, 사법권 중의 하나에 해당될 수 없다는
> 것이다."98)

위와 같은 Stevens 대법관의 견해를 반드시 잘못되었다고 볼 수는

---

97) 이것은 우리나라 헌법의 경우에도 마찬가지이다. 즉 우리 헌법은 제40조
　　와 제66조 4항에서 '입법권은 국회에 속한다', '행정권은 대통령을 수반
　　으로 하는 정부에 속한다'라고만 규정하고 있을 뿐, 그 어디에도 무엇이
　　입법권이고, 무엇이 행정권인지를 정의하고 있지는 않다.

98) *Bowsher v. Synar*, 478 U. S. at 714, 749.

없지만, 이러한 불명확한 태도는 권력분립문제 해결에 아무런 도움도 줄 수 없다. 결론적으로 비록 난해하기는 하지만, 입법권과 집행권의 개념은 논리적으로 정의될 수 있으며, 이러한 개념정의는 권력분립과 관련한 문제를 해결하는 데에 결정적인 단서가 된다고 생각한다.

Ⅱ. 立法權과 執行權의 概念的 分析과 그 實際的 適用

1. 論議의 基本的 前提

입법권과 집행권을 개념적으로 정의하고, 이것을 권력분립사건에 적용함에 있어서 本 章에서는 몇 가지 기본적인 사항을 전제하고자 한다. 첫째, 이하에서의 서술은 권한행사의 효율성, 즉 특정한 권한을 어느 府가 행사하는 것이 가장 효과적인지에 대해서는 언급을 피하고자 한다. 예컨대 현재 미국의 여러 학자들은 분권적 구조, 그리고 신속하지 못한 의사결정이라는 한계를 가지고 있는 의회가 '외교'와 같은 특정한 기능을 수행하는 것은 바람직하지 못하다고 주장하고 있다.99) 이러한 견해에 대해서는 여러 가지 비판이 가능하지만, 本 章에서는 이러한 문제들에 대해서까지 자세히 언급하지는 않는다.

둘째, 입법권과 집행권의 개념을 기준으로 권력분립사건을 해결함에 있어서 일차적으로 초점을 맞추어야 할 사항은 '입법부와 행정부는 제도적으로 어떠한 권한을 행사할 자격이 있느냐'이다. 이러한 관점에 따라 이하에서는 각 府가 보유하고 있는 헌법상 권한의 '범위'에 대해서는 논의하지 않기로 한다. 왜냐하면 입법권과 집행권의 본질적인 속성을 규명하는 것과 입법부와 행정부의 헌법상 권한의 범위를 분석하는

---

99) Brent Scowcroft/Arnold Kanter, "Foreign Policy Strait jacket", *Washington Post*, Oct. 20, 1993, p.A29.

것은 다르기 때문이다.

셋째, 입법부와 행정부가 현재 행사하고 있는 권한은 그들이 보유하고 있는 헌법상 권한과는 구별되어야 한다. 이 점과 관련하여 미국에서의 권력분립에 관한 종래의 논의는 대체적으로 '현재 운영되고 있는 국정방식이 각 府의 적절한 헌법상 역할을 정의함에 있어서 실질적인 기준이 된다'는 가정하에 전개되어 왔다. 이러한 입장에 따른다면 현재 특정한 府가 어떤 권한을 행사하고 있으므로, 그 권한은 이를 행사하고 있는 府에게 부여되어야 한다는 결론에 이르게 된다.100) 결과적으로 이러한 견해는 정치과정상 편의적으로 형성된 권한관계를 헌법적 원칙으로 확립하려는 것이며, 종래의 정부운영방식에 있어서의 주목할 만한 변화를 헌법적으로 면밀하게 검토하지 않은 견해라고 볼 수 있다.101) 이러한 관점에서 본다면, '시대와 관계없이 각 府는 헌법적으로 어떠한 권한을 행사할 수 있는 지'를 검토하는 것은 일관성 있는 권력분립문제 해결에 있어서 매우 중요하다고 생각한다.

2. 立法權과 執行權에 대한 概念定義

(1) 立法權과 執行權의 基本的 概念

원칙적으로 입법권이란 사전적인 의미에서 법률을 '제정'하는 권한을 말한다.102) 여기서 말하는 법률은 국가의 기본적인 정책을 의미하므로, 그 결과 입법권자는 국가의 기본적인 정책을 결정할 권한을 가진다.103)

---

100) 이하에서 자세히 언급될 *Chadha, Synar* 판결이 그 대표적인 예에 속한다. 이하에서의 서술은 주로 이러한 논리의 문제점을 지적하는 데에 그 초점을 맞추고 있다.

101) 앞에서 언급한 Peter Strauss의 권력분립론이 이러한 견해의 대표적인 예에 속한다. 자세한 것은 본서 pp.466-68 참조.

102) *Black's Law Dictionary*, p.911.

반면 집행권은 사전적인 의미에서 법률을 '집행'하는 권한을 말한다.104)
여기서 말하는 법률은 물론 입법권자가 결정한 국가의 기본정책이므로
집행권자는 결정된 국가의 기본정책을 현실에서 구체화할 권한을 가진
다. 입법권과 집행권을 이러한 관점에서 본다면 입법권과 집행권은 분
명히 다른 개념이며, 집행권은 입법권에 종속되어야 한다는 논리가 자
연스럽게 도출된다.105)

이러한 입법권과 집행권에 대한 개념정의는 사실 새로운 것이 아니
다. 헌법제정자들에게 사상적으로 큰 영향을 미쳤던 Montesquieu도 이

103) 이러한 시각에 따른다면 입법권을 '개인의 법적 권리와 의무의 변화를
가져오는 국가행위'로 보고 있는 *Chadha* 판결에서의 입법권정의는 나
름대로 타당성을 가지고 있다고 볼 수 있다. *INS v. Chadha*, 462 U. S.
at 952.

104) *Black's Law Dictionary*, p.511.

105) 이러한 입법권·집행권 정의는 Karl Löwenstein의 권력분립론과 논리
적으로 상통하는 측면이 있다. Löwenstein은 국가권력을 기능적 측면
에서 이해하고, 그것을 정책결정권(policy determination)·정책집행권
(policy execution)·정책통제권(policy control)으로 구별하고 있다. 그는
기본적으로 정책결정권을 순수히 정책을 결정하는 권한으로 이해하고
있으며, 정책집행권을 결정된 권한을 단순히 집행하는 권한으로 보고
있다. Karl Löwenstein 著 金箕範 譯, 「現代憲法論」, 敎文社, 1973,
pp.50-67 참조. 이러한 관점에서 본다면 前者는 본서에서 정의한 입법
권에 해당되며, 後者는 집행권에 해당된다. 이러한 논리하에서는 '정책
을 결정하고, 결정된 정책을 집행한다'는 이분법적 사고가 자연스럽게
싹트게 된다. 그러나 본서에서 정의된 입법권·집행권과 Löwenstein의
정책결정권·정책집행권과는 다음과 같은 두 가지 측면에서 차이를 보
이고 있다. 첫째, Löwenstein은 정책결정의 범위를 정부형태의 결정과
같은 정치적·근본적 결단에 한정하고 있는 반면 본 연구는 정책결정
권, 즉 입법권의 범위를 더욱 확대하는 관점에 입각해있다. 따라서 여
기에서는 입법권의 범위를 *Chadha* 판결에서와 같이 입법권을 '개인의
법적 권리와 의무의 변화를 가져오는 모든 국가행위'로 이해하고자 한
다. 둘째, Löwenstein은 정책결정권과 정책집행권은 명확한 구별 없이
입법부나 행정부가 공동으로 행사하는 것으로 보고 있는 반면 본 연구
는 입법권은 원칙적으로 입법부의 권한이고 집행권은 원칙적으로 행정
부의 권한이라는 관점에 입각해있다.

러한 관점에서 입법권과 집행권을 정의하였다. 즉 그는 권력분립의 가장 기본적인 조건으로 법률을 제정하는 자와 그것을 집행하는 자가 분리되어야 함을 강조하였고,106) 이러한 사고는 오늘날까지 그대로 유지되어 왔다.

한편 本 章의 목적은 입법권과 집행권에 대해 단순히 개념정의를 하려는 것이 아니라, 이러한 개념정의를 실제 권력분립사건에 적용해보려는 것이다. 종래에 전개되어온 미국에서의 권력분립에 관한 여러 가지 논의들 중, 가장 극복되어야 점은 바로 '특정한 권한은 헌법이 명시하고 있는 특정한 府에게만 유보되어야 하며, 그것에 의해서만 행사될 수 있다'는 사고이다. 이러한 사고를 기초로 권력분립문제를 판단한 대표적인 예가 바로 *Chadha* 판결과 *Synar* 판결이다. 즉 *Chadha* 판결에서의 다수의견은 동일한 행위라도 그것을 의회가 행하면 입법권의 행사가 되고, 행정부가 행하면 집행권의 행사가 된다고 판단하고 있으며,107) *Synar* 판결에서의 회계검사원장의 권한에 대한 **Stevens** 대법관과 **Burger** 대법원장 간의 논쟁108) 역시 이러한 사고에 기초하고 있다고 볼 수 있다. 하지만 특정한 시점에서 권한을 행사한 기관이 다르다고 하여 그 권한의 성질이 달라지는 것은 아니다. 위와 같은 잘못된 사고는 결국 '행위'와 '행위자'를 혼동하는 것이며, 권력분립문제의 본질을 무의미하게 하는 것이다. 왜냐하면 예컨대 대통령은 '그'가 어떠한 권한을 행사했다는 이유로만으로 그것을 집행권의 행사로 주장할 수 있기 때문이다.109)

---

106) 이 점에 대해서는 본서 pp.31-35 참조.

107) 본서 pp.449-52 참조.

108) 본서 pp.453-56 참조.

109) Laurence H. Tribe, *op.cit.*, pp.139-41 참조.

(2) 立法權과 執行權의 槪念的 理解를 위한 具體的 事例의 提示

1) 事例 ①: *Chadha* 判決

법무부장관의 외국인 추방중지명령이 문제되었던 *Chadha* 판결110)은 입법권과 집행권의 본질을 이해함에 있어서 매우 유용한 사례가 된다. 우선 이 사건에서 법무부장관이 행사한 외국인 추방중지명령권은 의회가 정상적인 입법과정을 거쳐 행사할 수도 있었음은 의문의 여지가 없다.111) 실제로 의회는 행정부에게 추방중지명령권을 위임하기 전에 私的 法案을 통하여 자신이 직접 이 권한을 행사한 바 있다. 즉 *Chadha* 판결 이전에 의회는 외국인 추방중지를 내용으로 하는 私的 法案을 여러 차례 제출한 바 있었고, 이러한 私的 法案이 양원을 통과하고 대통령에 의해 서명될 경우, 그 法案의 객체인 외국인은 미국에 계속해서 체류할 수 있었다. 그러나 만일 그것이 의회에서 통과되지 못하거나 대통령에 의해 거부된다면 그 외국인은 미국을 떠나야만 하였다.112) 이러한 관점에서 본다면 위와 같은 私的 法案 제정행위는 본질적으로 '입법권'의 행사였다.113)

한편 *Chadha* 판결에서 문제된 「이민 및 국적법」(Immigration and Nationality Act)은 외국인 추방중지명령권의 행사자를 '의회'에서 '법무부장관'으로 변경하는 법률이었다. 그러나 분명한 점은 아무리 권한의 행사자가 바뀌었더라도 그 권한의 본질적 성질은 변화될 수 없다는 것이다.114) 즉 외국인 추방중지명령권은 본질적으로 입법권이고, 따라서

---

110) *INS v. Chadha*, 462 U. S. 919 (1983).

111) 하지만 이 판결에서 Powell 대법관은 추방중지명령이 가지는 사법적 성격을 강조함으로써 이와 같은 결론에 반대하고 있다. *Ibid.*, at 959.

112) *Ibid.*, at 990, 993, 997(White 대법관의 반대의견). 본서 pp.451-52 참조.

113) 다수의견도 이와 같이 판단하고 있다. *Ibid.*, at 922-955.

그것은 원칙적으로 의회에게 유보되어 있는 권한이다. 물론 「이민 및 국적법」과 같은 법률을 통해 의회가 이러한 권한을 행정부에게 위임할 수는 있지만, 위임하지 않는 경우에도 그것을 위헌으로 판단할 수는 없다. 즉 의회가 외국인 추방중지명령권을 행정부에게 위임하지 않는 경우, 행정부가 당연히 이것을 자신의 권한이라고 주장할 수는 없다는 것이다. 결국 이 사건에서 법무부장관이 행사한 외국인 추방중지명령권은 그 성질상 '집행권'이 아닌 '입법권'에 해당되는 것이었고, 그 결과 '법무부장관'이라는 행정부공무원이 '입법권'을 행사한 것이었다.115)

2) 事例 ②: 行政府의 訴追權

입법권과 집행권의 개념과 관련하여 종래에 문제가 되어온 것은 바로 행정부의 訴追權(prosecutorial power)이다. 일반적으로 행정부는 訴追權이라는 명분하에 상당히 광범위한 권한을 행사한다. 전통적인 시각에서 본다면 訴追權은 분명 집행권에 속한다. 그러나 문제는 경우에 따라 訴追權이 단순한 집행적 차원을 넘어 그 이상의 권한으로 기능한다는 것이다. 이것과 관련된 대표적인 예가 바로 독점금지법상 법무부 독점금지국(Antitrust Division of the Justice Department)이 가지고 있는 반독점소송에 있어서의 提訴裁量權이다.116) 提訴裁量權이 인정되는 결

---

114) 그러나 *Chadha* 판결의 다수의견은 의회가 私的 法案을 통해 추방위기에 놓인 외국인을 구제하는 것은 입법권의 행사이고, 법무부장관이 추방중지명령을 통해 외국인을 구제하는 것은 '집행권'의 행사에 해당된다고 보고 있다. *Ibid.*, at 952-55 참조.

115) 외국인 추방과 관련하여 행정부가 그 본래의 권한으로 할 수 있는 유일한 사항은 외국인 추방을 구체적으로 집행하는 것이다. 즉 외국인 추방에 대한 결정권이 의회에게 있다 하더라도, 의원 개개인이 추방대상이 된 외국인의 집을 방문하여 그를 공항으로 데려갈 수는 없는 것이다. 이러한 집행권은 전적으로 행정부에게 유보되어 있다. 그러나 유의할 점은 행정부의 입법권행사가 모든 경우에 있어서 위헌이 되지는 않는다는 점이다. 이 점에 대해서는 본서 p.482 이하에서 상술한다.

과, 개인의 권리와 의무에 직접적인 영향을 미치게 되는 독점금지국의
규제대상선정, 提訴, 분쟁합의안(resolution of claims) 등은 단순한 집행
을 넘어 입법권으로서의 성격까지 갖게 된다.

한편 여기서 주목해야 할 점은 독점금지국의 이러한 재량권은 의회
의 권한위임에 의하여 부여되었다는 점이다. 따라서 위와 같은 독점금
지국의 활동들 중, 실제로 소송을 제기하는 것을 제외한 나머지 활동들
은 사실상 행정부의 고유권한에 해당되지 않으며, 그 결과 대통령은 이
러한 활동들을 집행권의 행사로 주장할 수 없다. 결국 의회는 법률의
개정을 통하여 얼마든지 행정부에게 위임한 권한의 범위를 축소할 수
있는 것이다. 예컨대 독점금지정책의 구체적 시행안인 법무부의「1982년
기업합병에 관한 지침」(1982 Merger Guidelines)117)을 의회가 입법화한
다고 가정해보자. 이 지침은 독점금지국이 기업합병에 반대할 경우에
고려해야할 기준들을 비교적 상세하게 규정하고 있다.118) 그런데 만일
의회가 이 지침을 더욱 엄격한 방향으로 수정하여 이를 입법화한다면
독점금지국의 提訴裁量權은 더욱 축소될 것이다. 구체적으로 독점금지
국이 提訴를 해야 할 경우와 하지 말아야 할 경우를 범주별로 구분하
는 규정을 두는 것이 그 대표적인 예가 될 것이다. 물론 이러한 의회의
입법으로 인하여 독점금지국의 提訴裁量權이 완전히 제거된다고 보기
는 힘들지만, 한 가지 분명한 점은 이 법률로 인해 독점금지국이 행사
해왔던 提訴裁量權은 이전에 비해 상당히 제한되리라는 것이다. 다시

---

116) 이 사례는 다음의 두 가지 문헌에 의거하여 분석된 것이다. Eleanor M.
Fox, "The 1982 Merger Guidelines: When Economists Are Kings?", 71 *Cal. L.
Rev.* 281 (1983), pp.281-83; Louis B. Schwartz, "The New Merger Guidelines:
Guide to Governmental Discretion and Private Counseling or Propaganda for
Revision of the Antitrust Laws?", 71 *Cal. L. Rev.* 575 (1983), pp.575-576.

117) Department of Justice Merger Guidelines, 4 Trade Reg. Rep. (CCH)
13,102(June 14, 1982).

118) *Ibid.*

말해 提訴裁量權의 성격은 종래의 입법권에서 단순한 집행권으로 제한
될 것이다. 더욱 중요한 점은 이러한 변화에 대해 대통령은 이의를 제
기할 수 없다는 것이다. 왜냐하면 의회가 법률을 정밀하고도 신중하게
고안하여 대통령의 재량권을 제한한다 하더라도, 대통령은 이에 대해
자신의 헌법상 권한이 침해되었다고 주장할 수 없기 때문이다. 즉 대통
령에게는 이와 같은 재량권을 주장할 헌법상 고유권한이 없다. 따라서
이 사례에서 행정부는 순수한 집행권적 성격을 갖는 '소송수행권'만을
그 고유권한으로 주장할 수 있다.

3) 事例 ③: 行政府의 規則制定

입법권과 집행권의 개념을 정의함에 있어서 이론적으로 가장 혼란스
러움을 야기하는 문제는 바로 행정부의 규칙제정(rulemaking)이다. 규칙
제정절차 중 최소한 일부는 그 성질상 분명 집행에 해당된다고 볼 수
있다. 하지만 일반적으로 규칙제정행위를 '집행권의 행사'로 이해하는
사고는 '권한의 행사자'와 '행사되는 권한'을 혼동한 결과라고 볼 수
있다. 여기서는 「1977년 수질청정법」(Clean Water Act of 1977)을 그 예
로 규칙제정행위의 성질을 분석해보기로 한다.[119] 1977년에 제정된 이
법은 항해수로(navigable waters)에서의 오염을 점차적으로 줄여 결국에
는 이를 완전히 제거하는 것을 그 목적으로 하고 있다.[120] 하지만 이
법은 무엇이 오염물질에 해당되며,[121] 앞으로 일정한 기간 동안 달성하

---

119) 이 사례는 미국 환경청(EPA) 홈페이지(*http://www.epa.gov/region5/water/
cwa.htm*)와 Oliver A. Houck/Michael Rolland, "Symposium: Environmental
Federalism: Federalism in Wetlands Regulation: A Consideration of
Delegation of Clean Water Act Section 404 and Related Programs to the
States", 54 *Md. L. Rev.* 1242 (1995), pp.1254-56에 의거하여 분석된 것이다.

120) 33 U. S. C. 1251(a)-(a)(1) (1988).

121) 즉 이 법은 단순히 '유독성 오염물질의 배출을 금지하는 것이 국가정

고자 하는 수질의 상태는 어느 정도이어야 하는가에 대해서는 아무런 언급이 없다.122) 의회는 이러한 구체적 사항들에 대한 결정권을 환경청 (Environmental Protection Agency: EPA)에게 위임하였고, 환경청은 이러한 권한위임에 따라 규칙을 제정하여 그 세부적인 사항들을 규정하였다. 그렇다면 이와 같은 환경청의 규칙제정행위는 '집행권의 행사'에 해당되는가?

결론부터 말하자면, 법률의 세부사항규정은 원칙적으로 의회의 권한에 속한다는 점에서 위의 사례에서의 환경청은 '집행권'이 아닌 '입법권'을 행사했다고 볼 수 있다. 즉 의회는 오염물질과 표준수질에 관한 세부적 법률을 추가적으로 제정함으로써, 「수질청정법」상의 불분명한 사항들을 스스로 명확하게 할 수 있었다. 만일 이러한 추가적인 입법이 있었더라면 환경청의 규칙은 불필요했을 것이다. 결국 의회가 법률의 세부사항을 규정하는 방법에는 두 가지가 있다. 첫 번째는 의회 스스로가 규정하는 방법이며, 두 번째는 권한위임을 통해 행정부가 규정하는 방법이다. 물론 두 가지 방법 중에 어느 것이 더 효과적인지는 별개의 문제이지만, 한 가지 분명한 점은 '법률의 세부사항의 규정'이라는 행위자체는 그 행사주체에 따라 변하는 것은 아니며 어느 경우에 있어서나 그것은 명백히 '입법권'에 속한다는 것이다.

이러한 관점에서 본다면, 규칙제정은 의회만이 이러한 권한의 행사를 주장할 수 있다는 점에서 그것은 전적으로 입법권에 해당된다. 따라서 행정부가 규칙제정권을 행사하는 것은 의회의 권한위임에 의해서만 가능하며, 의회가 행정부에게 광범위한 규칙제정권을 부여할 것인지 아니면 전혀 그것을 부여하지 않을 것인지는 전적으로 의회의 자유에 속한다. 요컨대 규칙제정권은 행정부에 대한 의회의 권한위임으로 그것은 얼마든지 의회에 의해 철회가 가능한 것이라고 할 수 있다.123)

책'이라는 규정만을 두고 있다. 33 U. S. C. 1251(a)(3).

122) 33 U. S. C. 1251(a)(2) (1988).

결론적으로 대통령은 '집행'에 해당되는 사항만을 헌법적으로 주장할 수 있으므로, 이 사례에서 그는 과태료의 부과나 환경오염을 야기하는 공장의 폐쇄와 같은 사항만을 자신의 헌법상 권한으로 주장할 수 있다. 물론 의회는 행정부의 법률 집행을 간접적인 방법으로 통제할 수 있지만, 현실에서의 구체적 집행은 일차적으로 행정부의 고유권한에 속한다.

4) 整 理

위에서 제시한 세 가지 사례들은 다음과 같은 두 가지 점을 공통적으로 보여주고 있다. 첫째, 위의 사례들은 입법권과 집행권은 일정한 개념으로 정의될 수 있다는 점을 시사하고 있다. 둘째, 위의 사례들에는 어떠한 권한이 현재 대통령에 의해 행사되고 있다면, 그 이유만으로도 그것은 집행권에 속한다는 사고가 미국 내에 짙게 깔려 있음을 보여 주고 있다. 현대의 변화된 미국의 대통령제를 감안한다면 이러한 사고는 어느 정도 이해될 수 있다. 하지만 이러한 사고는 시대적·효율적인 측면에서의 권력분립과 헌법적인 측면에서의 권력분립을 혼동한 결과라고 생각한다. 즉 미국의 대통령은 위의 사례들에서 나타난 提訴裁量權이나 규칙제정권을 과거로부터 관례적으로 행사해왔지만, 이러한 이유만으로 그가 이 권한들을 자신의 헌법상 권한이라고 주장할 수는

---

123) 따라서 미국의 의회는 행정부나 각종 독립기관에 대해 심지어 권한위임을 한 다음 날에도 필요하다면 얼마든지 그것을 철회할 수 있다. 즉 권한위임 다음 날에도 의회는 국가적 과제를 풀어나가기 위해 행정부나 독립기관들이 취해야 할 조치들을 구체적으로 확정하는 법률을 제정할 수 있다. 물론 오늘날의 시대적 상황에 비추어 볼 때, 의회가 국가의 모든 정책결정을 담당하기는 사실상 불가능하다는 점에서 이러한 일이 발생하기는 어려울 것이다. 하지만 의회가 이러한 시도를 하려하지 않는 것은, 시도해도 성공하기 어렵다는 정책적·현실적인 이유 때문이지 그것이 헌법적으로 금지되었기 때문은 아니다. 즉 이러한 의회의 시도는 권력분립적으로 아무런 문제도 야기하지 않는다.

없다. 이와 마찬가지 논리로 입법과정에서의 대통령의 역할도 절대 과대평가되어서는 안 된다. 정책결정자, 또는 입법지도자로서의 미국대통령의 지위는 20세기 이후에 두드러지게 나타난 역사적 현상에 불과하며, 절대로 그것을 대통령의 '헌법상' 지위라고 볼 수는 없다. 연방헌법이 부여하고 있는 입법과정에 있어서의 대통령의 헌법적 권한은 입법권고권과 법률안거부권이 유일하다. 따라서 대통령은 그가 구상하고 있는 입법안의 심의를 의회에게 요구할 수 없으며,124) 의회 역시 이러한 대통령의 요구를 얼마든지 거부할 수 있다.125) 대통령의 입법적 목표를 담은 연두교서가 의회에서 발표되던 관행이 부활되기 전까지,126) 대통령이 입법과정에 적극적으로 개입하는 것은 의회의 헌법상 권한을 침해하는 것이라고 보는 것이 일반적인 시각이었다. 이러한 관점에서 본다면, 오늘날 미국의 대통령이 행사하고 있는 여러 가지 권한은 20세기 행정국가경향에 따라 '憲法外的'으로 형성된 것이므로, 대통령은 이러한 권한들이 효과적인 국정수행에 도움이 된다는 주장은 할 수 있을지 몰라도 그들에 대한 헌법적인 주장은 할 수 없다.127) 그렇다면 이러한 대통령의 '憲法外的' 권한들은 모두 위헌적인 권한으로 보아야 하는가? 이 점에 대해서는 목차를 바꿔 살펴보기로 한다.

---

124) 연방헌법 제2조 3항은 대통령에게 입법권고권을 부여하고 있지만, 그것은 문자 그대로 단순한 '권고'에 불과하기 때문에 이것에 대해 주의를 기울일 것인지의 여부는 전적으로 의회의 자유에 속한다. 대통령의 입법권고권에 대해 자세한 것은 본서 pp.45-50 참조.

125) William West/Joseph Cooper, op.cit., p.603 참조.

126) 대통령이 직접 의회에 출석하여 연두교서를 발표하는 것은 원래 초대, 그리고 2대 대통령이었던 George Washington과 John Adams로부터 시작되었다. 하지만 이러한 관행은 1801년, 서면으로 연두교서를 작성해 의회에 제출하기를 선호했던 3대 대통령 Thomas Jefferson에 의해 단절되었고, 약 100여년 후에 Woodrow Wilson 대통령에 의해 부활되었다. 본서 pp.45-50 참조.

127) James L. Sundquist/Bruce K. MacLaury, op.cit., p.131 참조.

(3) 立法權과 執行權과의 融合

이상에서 논의한 바와 같이 미국을 포함한 현대의 행정국가는 국가 권력이 행정부를 중심으로 통합되는 경향을 보여주고 있다. 만일 고전 적인 권력분립이론을 고수한다면 이러한 현상은 매우 부정적인 것으로 평가될 수 있지만, 시대적 상황이라는 측면에서 본다면 이러한 현상은 어느 정도 불가피할 수밖에 없다고 생각한다. 그렇다면 이러한 권한의 융합현상을 헌법적으로 어떻게 평가해야 하는가? 우선 연방헌법 제1조 는 원칙적으로 입법권은 의회에 속한다는 점만을 명시하고 있다. 이것 은 곧 연방헌법과 수정헌법상의 입법원칙을 지키는 범위 내에서 입법 권을 재량적으로 행사할 수 있는 府는 '의회'밖에 없다는 것을 의미한 다. 그렇다면 나아가 미국연방헌법 제1조는 의회를 제외한 나머지 府의 입법권행사를 절대적으로 금지하고 있는가? 결론부터 말하자면 다음과 같은 두 가지 이유에서 이러한 헌법해석은 지나친 논리적 비약이라고 생각된다. 첫째, 입법권이 정책을 결정할 수 있는 권한을 의미한다면, 의회가 자신의 입법권을 다른 府에게 위임하는 정책 또한 의회가 입법 권에 의거하여 재량적으로 결정할 수 있는 사항에 해당된다고 하여야 한다. 둘째, 의회의 권한위임을 원천적으로 금지할 수 있는 유일한 방 법은 헌법에 명시적으로 이를 금지하는 조항을 두는 것인데 현재 미국 의 연방헌법에는 이러한 규정이 존재하지 않는다.

'의회를 제외한 나머지 府도 입법권을 행사할 수 있다'는 이러한 사 고는 입법을 '절차'(process)로 이해하는 입장과 밀접한 관련이 있다.128) 법률제정권을 가지고 있는 의회는 여러 가지 법률제정방식 중, 입법에 가장 효율적인 방식을 선택할 권한이 있다. 다만 이러한 예외적인 입법 권행사를 규정하고 있는 법률은 연방헌법 제1조가 요구하는 양원제조

---

128) Edward L. Rubin, "Law and Legislation in the Administrative State", 89 *Colum. L. Rev.* 369 (1989), p.422.

항과 移送條項에 따라 제정되어야 한다. 이러한 요건이 충족되는 한, 의회는 나머지 府나 의회의 기관에게 입법권을 위임할 수 있다. 이와 관련하여 Edward Rubin은 다음과 같은 설명을 하고 있다.

"(Chadha 판결에서) 연방대법원은 입법권은 연방헌법 제1조가 규정하고 있는 절차에 따라 특정한 시점에서 행사되는 것으로 이해하고 있으나, 그 구체적인 근거에 대해서는 아무런 설명도 하지 않고 있다. 의회거부권을 행사했던 의회위원회는 자신의 헌법상 권한에 의거하여 이를 행사한 것은 아니며, 정상적인 입법과정을 거친 법률, 즉 양원에서 통과되고 대통령이 서명했던 법률에 근거를 두고 이 권한을 행사한 것이다. 그러나 의회거부를 규정한 이 법률은 연방대법원의 주장대로 특정한 시점에서 제정된 것이 아니라 시간이 경과함에 따라 단계적으로 제정되어가고 있는 것이었다. 이 법률의 제정당시, 의회는 의회위원회와 소관 행정기관 간의 상호작용을 통하여 끊임없이 이 법률의 생명력을 이어가고자 했다. 입법이후에도 의회가 행정부와 지속적인 접촉을 하는 이러한 확대된 입법과정은 현대의 입법권행사의 특징으로 인정되어 왔다. 그렇다면 집행의 감독이라는 명분하에 집행에 비공식적으로도 개입해왔던 의회가 하물며 의회거부라는 공식적인 제도를 통해 집행에 개입할 수 없다는 것인가? 이러한 종류의 의회의 집행 관여는 제정된 법률과 절대로 무관하지 않으며, 입법권의 한계를 넘는 것이라고도 볼 수 없다. 오히려 그것은 시간의 경과에 따라 법률이 제정되어 가는 과정이라고 보는 것이 정확하다."129)

이러한 Rubin의 견해는 기본적으로 입법권을 두 가지 형태로 구별하는 것으로 보인다. 따라서 본서에서도 위와 같은 Rubin의 견해를 근거로 입법권을 두 가지 형태로 구별하여 앞으로의 논의를 전개하고자 한다. 첫 번째 입법권은 아무런 제한 없이 새로운 정책을 결정할 권한으로서, 여기에서는 이것을 '절대적 입법권'이라고 부르기로 한다. 이러한

129) Ibid., p.424.

절대적 입법권은 오로지 의회만이 가지고 있다. 두 번째 입법권은 절대적 입법권을 행사하는 기관의 권한위임의 범위 내에서만 행사할 수 있는 입법권으로서, 여기에서는 이를 '제한적 입법권'이라고 부르기로 한다. 이러한 관점에 따른다면 의회는 절대적 입법권과 제한적 입법권을 모두 보유함으로써 입법에 있어서 명실상부한 최고기관으로 기능하며, 그 결과 헌법상 기본적인 요건을 준수하는 범위 내에서 입법권의 행사방식을 선택할 수 있게 된다.

위와 같이 입법권을 두 가지 형태로 구별한다면, 입법권과 집행권이 융합되는 경우의 수는 입법권을 단일한 개념으로 이해하는 경우보다 늘어나게 된다. 그리고 권력융합의 권력분립원칙 위헌여부는 권력이 융합되는 각각의 경우에서 다르게 나타난다. 먼저 '절대적 입법권'과 '집행권'이 융합되는 경우를 살펴본다. 이것은 결론적으로 권력분립의 최고의 악조건으로서 특정한 府가 정책을 결정함과 동시에 이를 집행하는 것을 극도로 경계하였던 고전적인 권력분립론과도 이론적으로 상통한다. 그 결과 절대적 입법권과 집행권은 절대적으로 분리되어야 한다는 결론이 자연스럽게 도출된다.

다음으로 '제한적 입법권'과 '집행권'이 융합되는 경우를 살펴본다. 이것은 결론적으로 권력분립원칙에 그다지 위험한 것이 못된다. 왜냐하면 제한적 입법권을 행사하는 기관은 그 권한을 위임하는 기관의 의사에 전적으로 종속될 수밖에 없으며, 그것을 무시한다는 것은 곧 '권한의 상실'을 의미하기 때문이다. 결국 '제한적 입법권'과 '집행권'과의 융합은 권력분립적으로 별 문제가 되지 않지만, '절대적 입법권'과 '집행권'과의 융합은 명백히 위헌이며 따라서 그것은 절대적으로 금지되어야 한다고 생각한다.130)

---

130) 권력분립의 가장 완벽한 형태라고 볼 수 있는 것은 물론 '사후적 입법권'과 '집행권'의 융합까지도 억제하는 것이라고 할 수 있지만, 사실 이것은 이론적 환상에 불과하다고 생각된다. 왜냐하면 일단 정부의 기능이 가장

3. 實際的 適用

(1) 序 言

이번 항목에서는 이상에서 논의한 입법권과 집행권의 개념을 실제 권력분립문제에 적용해보기로 한다. 이하에서 보듯이 권력분립문제를 입법권과 집행권의 개념을 기준으로 접근한다면 형식주의의 지나친 경직성과 기능주의의 지나친 유연성을 어느 정도 극복할 수 있다고 생각한다. 이하에서는 모든 권력분립문제의 가장 기본적 전제가 되는 권한위임과 그것과 관련된 여러 가지 세부적 문제들을 입법권과 집행권의 개념을 기준으로 접근해보고자 한다. 이러한 논의를 위해 *Chadha* 판결과 *Synar* 판결을 그 전체적인 분석의 틀로 도입하기로 한다.

(2) 權限委任 一般論

일반적으로 권한위임은 모든 권력분립문제에 있어서 가장 기본적인 딜레마로 자리 잡고 있는 헌법문제라고 볼 수 있다. 따라서 권한위임과 관련된 권력분립문제를 해결하기 위한 일관된 기준은 반드시 확립되어야 하며, 바로 이러한 기준으로서 입법권과 집행권의 개념은 하나의 대안이 될 수 있다고 생각한다.

오늘날 미국의 현실에서 권한위임은 보편적인 현상으로 자리잡고 있으며, 특별한 사정이 없는 한, 위임불가원칙(nondelegation doctrine)은 헌법적 원칙으로서의 규범력을 상실해가고 있다. 일반적으로 위임불가원칙은 의회가 자신의 입법권을 행정부나 각종 독립기관에게 위임하는

단순한 수준을 넘어선다면, 집행기관에게 일정한 재량권을 부여하는 것은 불가피하기 때문이다. 여기서 말하는 집행기관의 재량권은 물론 그 상당부분이 정책결정과 관련이 있을 것이다. 따라서 입법권과 집행권의 완전한 분리는 오늘날의 현실에서 거의 불가능하다고 생각된다.

것을 금지하는 원칙으로서, 이것은 법원이 의회로 하여금 권한위임 시에 그 구체적인 범위를 설정할 것을 강제하고, 그 결과 권한을 위임받는 기관의 기능을 '非立法的 技能'으로 제한함으로써 비로소 규범력 있는 헌법원칙으로 작동하게 된다.131) 그렇다면 이러한 위임불가원칙을 입법권의 개념을 기준으로 판단한다면 어떠한 결과가 도출될 수 있는가? 다음과 같은 세 가지 이유에서 위임불가원칙은 더 이상 지속될 수 없다고 본다. 첫째, 입법권은 의회가 다른 기관에게 입법권을 위임할 권한까지 포함하는 개념이다. 둘째, 현재 미국연방헌법은 의회의 입법권위임을 명시적으로 금지하고 있지 않다. 셋째, 입법권은 '절대적 입법권'과 '제한적 입법권'으로 구별할 수 있으므로 여기에 따른다면 '절대적 입법권'의 위임은 어떠한 경우에도 허용될 수 없으나 '제한적 입법권'의 위임은 일정한 조건하에 허용될 수 있다.132) 결론적으로 권한위임을 입법권의 개념을 기준으로 판단한다면 원칙적으로 행정부와 독립기관들이 입법권을 행사하는 것, 그리고 의회가 입법권을 이들에게 위임하는 것은 모두 정당한 것으로 인정될 수 있다. 다만 여기서 위임되는 입법권은 '제한적 입법권'이므로 의회는 受任者에 대한 기본적인 권한위임의 범위를 명시하여야 한다.

다음으로 권한위임의 좀더 특수한 문제로서 행정부 이외의 각종 독립기관들에 대한 권한위임을 분석해보기로 한다. 일반적으로 미국에서 논의되고 있는 각종 독립기관에 대한 헌법적 논쟁은 다음의 두 가지로 요약된다. 첫째, 입법·행정·사법부에 속하지 않는 독립기관들을 헌법적으로 인정할 수 있는가. 둘째, 그들은 입법권이나 집행권을 행사할 수 있는가.133) 이중 권한위임과 관련하여 중요하게 검토되어야 할 사항

---

131) 金鐵容/洪準亨/宋石㞢, *op.cit.*, pp.228-32 참조.

132) 본서 pp.482-84 참조.

133) 이 점에 대한 자세한 논의는 Rebecca L. Brown, "Article: Accountability, Liberty, and the Constitution", 98 *Colum. L. Rev.* 531 (1998),

은 後者이다. 먼저 독립기관에 대한 '입법권'위임을 살펴보면, 앞에서도
언급했듯이 의회에게는 입법방식을 자유롭게 선택할 권한이 있기 때문
에, 의회가 행정부가 아닌 다른 기관, 구체적으로 전통적인 입법·행
정·사법부 외의 제3의 기관에게 입법권을 위임하는 것은 전적으로 의
회의 재량에 속한다고 할 수 있다.[134] 또 앞에서 설명한 Rubin의 견해
대로 입법을 '절차'로 이해하여 입법권의 개념을 두 가지로 구별한다
면, 독립기관이 입법권을 행사하는 것은 이론적으로 별다른 문제를 야
기하지 않는다. 하지만 의회는 독립기관에게 입법권을 위임함에 있어서
한 가지 원칙을 준수하여야 한다. 즉 의회는 독립기관에게 '절대적 입
법권'과 '집행권'을 동시에 위임할 수 없다.[135]

다음으로 독립기관에 대한 '집행권'위임을 살펴보면, 이것은 독립기관
에게 입법권을 위임하는 경우보다 상황이 더욱 복잡하다고 볼 수 있다.
여기서 한 가지 지적하고자 하는 점은 입법권위임의 경우, 의회는 새로
운 입법을 통하여 독립기관이 행사하는 입법권을 언제든지 철회할 수
있다는 점이다. 이것은 의회가 만일 대통령의 거부권행사를 저지하기 위

---

pp.538-52 참조.

134) 이 점과 관련하여 Tribe는 의회가 州나 私人에게 권한을 위임한 사례를
지적하며, 종래에 의회는 전통적인 三府 외의 나머지 기관에게 입법권
을 위임할 권한을 보유해왔음을 주장하고 있다. 이상 Laurence H.
Tribe, "The Legislative Veto Decision: A Law By Any Other Name?"
21 *Harv. J. on Legis.* 1 (1984), pp.13-14 참조.

135) 한편 의회가 제한된 범위에서 집행권과 유사한 권한을 행사하는 것을
'절대적 입법권'과 '집행권'이 집중되는 경우로 볼 수 있는가가 문제된
다. 예컨대 의회는 의회조사에 있어서 증인을 소환하거나 의회모독죄로
증인을 구금하기도 하는데, 이것은 명백히 집행에 가까운 권한들이라고
볼 수 있다. 나아가 의회는 그 스스로의 경찰력으로 의사당 주변을 호
위하기도 한다. 하지만 이러한 의회의 권한들은 의회가 그 본래의 권한
인 입법권을 행사함에 있어서 부수적으로 파생되는 권한들에 불과하다
고 할 수 있으므로, 이를 '절대적 입법권'과 '집행권'이 집중되는 경우
로 보기는 힘들다. *Bowsher v. Synar*, 478 U. S. at 753-54(Stevens 대법
관의 동조의견); Harold J. Krent, *op.cit.*, p.1276 n.99.

한 정족수만 확보하고 있다면, 대통령의 명시적인 반대가 있는 경우에도 전적으로 가능하다. 반면 독립기관에게 집행권을 위임한 경우, 대통령이 위임된 집행권을 철회하기는 의회가 위임된 입법권을 철회하는 것보다 사실상 힘들다고 볼 수 있다. 왜냐하면 의회가 위임된 집행권을 철회하는 법률을 제정하지 않는다면 대통령으로서도 이를 포기할 수밖에 없기 때문이다. 그렇다면 결국 대통령에 의한 철회가 자유롭지 못하다는 점에서 독립기관에 대한 집행권위임은 불가능한 것으로 보아야 하는가? 원칙적으로 대통령이 위임된 집행권을 철회할 수 없다면, 그것은 '제한적' 권한위임이 아닌 '절대적' 권한위임에 해당되고, 따라서 그러한 권한위임은 헌법적으로 허용되지 않는다고 보는 것이 타당하다.

하지만 대통령의 위임된 권한의 철회가 의회의 그것에 비해 상대적으로 어렵다는 이러한 논리는 사실 연방헌법이 규정하고 있는 입법절차에서 의회가 대통령에 비해 상대적으로 유리한 입장에 있다는 점을 재확인한 것에 불과하다. 즉 이러한 논리는 입법권과 집행권의 개념적 분석을 중심으로 권력분립문제를 접근할 때에 나타나는 것이라기보다는 연방헌법상 기본원칙을 반영한 것에 지나지 않는다는 것이다. 연방헌법은 일차적으로 대통령에게 법률안거부권을 부여하고, 그 다음으로 의회에게 법률안재의결권을 부여하고 있는데,136) 이러한 장치는 결국 입법과정에서의 의회의 권한을 대통령의 그것보다 우선시킴으로써 입법절차상의 제도적 갈등을 해결하려는 연방헌법의 의도로서 이해될 수 있다. 이러한 연방헌법상 입법절차를 감안한다면, 위임된 권한의 통제에 있어서 의회가 대통령에 비해 유리한 입장에 서게 된다는 것도 그리 놀랄만한 것은 아니다. 따라서 위임된 집행권에 대한 대통령의 통제가 위임된 입법권에 대한 의회의 통제보다 어렵다는 점은 독립기관에 대해 집행권은 위임될 수 없다는 것을 의미하지는 않으며, 그것은 단지 위임된 권한의 통제에 있어서 대통령은 의회에 비해 불리한 지위에 있

---

136) 연방헌법 제1조 7항.

다는 것을 의미할 뿐이다.137)

(2) 議會拒否

입법권과 집행권의 개념을 기준으로 권력분립문제를 접근한다면, 의회가 행정부통제를 제도적으로 강화하기 위하여 고안해낸 여러 가지 수단들을 헌법적으로 인정할 수 있다. 이러한 수단들 중 가장 중요한 것이라고 볼 수 있는 것은 단연 *Chadha* 판결에서 위헌으로 결정된 의회거부이다. 입법권을 개념적으로 분석할 때, 의회의 입법권은 위임된 입법권을 철회할 권한까지 포함한다는 점은 위에서 언급한 바와 같다. 따라서 '위임된 권한의 통제'를 의미하는 의회거부는 의회의 입법권에 당연히 포함되는 제도라고 볼 수 있다. 이러한 관점에서 본다면, 의회거부는 위임된 권한을 철회하는 것 이상의 적극적인 성격을 가질 수 없으며, 그것은 단지 행정부나 독립기관이 정상적인 입법절차를 거친 법률에 근거하여 권한을 위임받고 그것에 따라 권한을 행사하는 것을 의회가 사후에 통제하는 것에 불과하다는 것을 의미한다.138)

(3) '議會의 機關'에 대한 權限委任

입법권과 집행권을 개념을 기준으로 *Synar* 판결에서 문제된 '의회의 기관'에 대한 권한위임의 위헌 여부를 판단한다면 그것 역시 합헌적 권한위임으로 인정할 수 있다. 우선 이 사건에서 회계검사원장은 관리예산국(OMB)과 의회예산국(CBO)의 보고서에 근거하여 그가 필요하다고

---

137) 하지만 대통령에 의한 통제가 어렵다는 점을 고려할 때, 의회가 독립규제위원회와 같은 독립기관을 창설하고 여기에 '입법권'이 아닌 '집행권'을 과도하게 위임하는 것은 권력분립적으로 바람직하다고 보기는 힘들다.

138) *INS v. Chadha*, 462 U. S. at 990, 993, 997(White 대법관의 반대의견); Edward L. Rubin, *op.cit.*, pp.422-24.

생각하는 부문의 예산삭감을 대통령에게 보고하고, 이에 따라 대통령에게 일정한 행위를 강제할 수 있는 권한을 가지고 있었다. 한편 이 판결의 다수의견은 이러한 회계검사원장의 권한을 '집행권'으로 보았으나, 앞에서 언급한 바와 같이 이러한 권한은 원칙적으로 의회 스스로가 행사할 수 있었다는 점에서 그것은 명백히 '입법권'이었다. 다시 말해 예산상 지출통제를 위해 「그램루드만법」과 같은 법률을 제정하여 회계검사원장을 활용할 것인지 아니면 의회자신이 직접 이에 관한 입법을 할 것인지는 전적으로 의회의 자유에 속한다.

이와 같은 관점에서 본다면, *Synar* 판결에서 회계검사원장이 행사한 권한을 '집행권'으로 본 다수의견보다는 이를 '입법권'으로 파악한 Stevens, Marshall 대법관의 견해가 타당했다고 볼 수 있다.139) 그렇다면 과연 의회는 '자신의 기관'에게 입법권을 위임할 수 있는가?

아쉽게도 위의 두 대법관들은 이 문제에 대해 부정적인 판단을 내리고 있다.140) 하지만 이미 여러 차례 언급했듯이 원칙적으로 의회는 '제한적 입법권'을 의회 외부에게 위임할 수 있다는 점에서, 의회의 기관인 회계검사원장에 대한 의회의 입법권위임도 그것이 '제한적'인 성격을 잃지 않는다면 허용되는 것으로 보아야 한다. 나아가 회계검사원장에 대해 입법권을 위임하는 것은 그것을 독립기관이나 행정부에게 위임하는 것보다 헌법적으로 더욱 안전하다고 볼 수 있다. 왜냐하면 회계검사원장은 행정부나 독립기관들과는 다르게 어떠한 실질적 집행권도 가지고 있지 않기 때문이다. 따라서 행정부나 독립기관에 대한 입법권위임은 '기존의 집행권＋추가적 입법권'을 의미하는 반면, 회계검사원장에 대한 그것은 '추가적 입법권'만을 의미하게 되므로, '권력의 집중'이라

---

139) 예컨대 *Bowsher v. Synar*, 478 U. S. at 736(Stevens 대법관의 동조의견).

140) 구체적으로 Stevens 대법관은 이 사건에서 회계검사원장이 행사한 권한은 대외적 구속력이 있는 정책결정권이었고, 따라서 그것은 연방헌법이 규정하고 있는 입법절차에 따라서만 행사될 수 있다고 주장하고 있다. *Ibid.*, at 757.

는 측면에서 後者는 前者에 비해 덜 위험한 것이라고 볼 수 있다.141)

Ⅲ. 綜合的 再檢討

1. 序 言

이상에서 살펴본 바와 같이 권력분립문제를 입법권과 집행권의 개념
을 기준으로 판단하는 경우에는 의회의 권한위임의 범위가 확대되고,
의회거부와 같은 행정부통제수단들이 합헌적인 것으로 인정될 수 있다.
그 결과 의회의 권한은 전반적으로 확대된다. 하지만 이러한 결과는 逆
으로 이러한 접근방법의 문제점으로 지적될 수 있다. 왜냐하면 이러한
접근방식은 지나치게 '議會指向的'이고, 그 결과 집행권이 지나치게 위
축될 수도 있기 때문이다. 이하에서는 이와 관련된 여러 가지 문제들을
종합적으로 검토해보기로 한다.

2. 權限委任의 擴大

입법권과 집행권의 개념을 기준으로 권력분립문제를 접근할 때에 나
타날 수 있는 가장 기본적인 특징은 의회의 권한위임이 상당히 확대된
다는 점이다. 그 결과 의회는 행정부나 독립기관에게 상당히 광범위한
규칙제정권을 위임할 수 있게 된다. 그렇다면 광범위한 권한위임은 헌
법적으로 어떻게 평가되어야 하는가? 헌법적인 측면에서 광범위한 권
한위임은 그 자체가 문제라기보다는 그것이 '권력의 집중'을 낳게 된다
는 점에 문제의 심각성이 있다. 즉 집행권을 보유하고 있는 행정부나
독립기관은 입법권까지 광범위하게 위임받음으로써 그 권한이 매우 확

---

141) Laurence H. Tribe, *op.cit.*, pp.10-15 참조.

대되게 된다.

　그 외에도 의회의 광범위한 권한위임은 다음과 같은 두 가지 문제점을 낳을 수 있다. 첫째, 의회는 광범위한 권한위임을 통하여 모든 어려운 문제들에 대한 결정권을 행정부나 독립기관에게 떠넘길 수 있다. 그 결과 의회는 광범위한 권한위임을 통하여 자신의 책임을 회피할 수 있다. 둘째, 의회는 자신과 정치적으로 경쟁관계에 있는 행정부를 제압하기 위한 수단으로서 광범위한 권한위임을 활용할 수 있다. 즉 의회는 대부분의 규칙제정권을 행정부 이외의 기관, 예컨대 독립기관이나 의회의 하위기구에게 위임함으로써 행정부의 역할을 최소화할 수 있다.

　입법권과 집행권의 개념을 기준으로 권력분립문제를 판단한다면 의회의 권한위임의 범위는 확대되고, 그 결과 실제로 위와 같은 여러 가지 문제점들이 나타날 수 있다. 바로 '광범위한 권한위임'은 입법권의 개념을 기준으로 권력분립문제를 판단할 때에 나타나는 매우 어려운 문제임에 틀림없다.[142] 그러나 여기에서 한 가지 주목해야 점은 이러한 '광범위한 권한위임' 문제는 오로지 입법권과 집행권의 개념을 기준으로 권력분립문제를 판단할 때에만 나타나는 문제는 아니라는 것이다. 즉 광범위한 권한위임은 오늘날 미국의 현실에서 보편적인 현상으로 나타나고 있으며, 연방대법원 역시 나름대로의 논리로 이를 헌법적으로 인정해왔다. 다만 연방대법원은 행정부의 규칙제정권을 '입법권'이 아닌 '집행권'으로 보고 있는데, 이 점이 양자 간의 분명한 차이라고 할 수 있을 것이다. 따라서 위에서 지적한 문제점들, 즉 광범위한 권한위

---

142) 만일 '광범위한 입법권위임'을 완전히 근절하기 위해서는 연방헌법 제1조를 엄격히 해석하여 '의회만이 입법권을 행사할 수 있다'고 하든가 아니면 권한위임에 의한 행정부와 독립기관의 규칙제정권 행사를 '입법권'이 아닌 '집행권'의 행사로 해석하는 수밖에 없을 것이다. 하지만 後者의 경우, 이것은 이론적 허구에 지나지 않음은 앞에서 이미 언급하였다(본서 pp.472-74 참조). 또한 前者와 같은 헌법해석 역시 오늘날의 행정국가에서는 상당히 비현실적인 헌법해석론임은 그다지 긴 설명을 필요로 하지 않을 것이다.

임을 통하여 의회가 책임을 회피한다든지 또는 행정부역할을 축소시키기 위해 광범위한 권한위임이 행해진다는 문제점 등은 특정한 접근방식을 따를 때에만 나타나는 것은 아니며 오늘날의 현실에서도 얼마든지 발생할 수 있다.

한편 입법권과 집행권의 개념을 기준으로 권력분립문제에 판단한다면 이것은 종래에 연방대법원이 전개해온 형식주의나 기능주의보다 두 가지 측면에서 논리적 우위를 갖는다. 첫째, 前者는 後者에 비해 이론적으로 더욱 솔직하다. 구체적으로 前者는 집행권을 행사하는 기관에게 일정한 유형의 입법권위임, 정확히 '제한적 입법권'의 위임을 인정하고 있다. 그 결과 권력분립의 최대관심사인 '권력집중'을 판단하기 위한 기준이 설정될 수 있다. 여기에 따른다면 '절대적 입법권'과 '집행권'이 한 기관에게 집중되는 것은 절대적으로 금지된다. 반면 後者의 경우, 이러한 기준은 제시될 수 없다. 왜냐하면 연방대법원은 사실상 오늘날 행정부와 독립기관들이 '집행권'과 '제한적 입법권'을 동시에 행사하고 있음에도 불구하고 이것을 입법권과 집행권이 집중되는 것으로 보지 않기 때문이다. 즉 연방대법원은 이들이 행사하는 '제한적 입법권'을 '집행권'으로 판단해왔다. 이러한 잘못된 판단은 논리 그 자체에도 문제가 있지만, 이것이 갖는 보다 큰 문제점은 그로 인해 권력집중의 위험성이 더욱 커진다는 데에 있다.143)

둘째, 前者의 논리에 따른다면 의회거부는 합헌적인 제도로 인정될 수 있고, 이것은 곧 의회가 위임된 권한의 통제를 제도적으로 강화할 수 있다는 것을 의미하게 된다.144) 따라서 위임된 권한을 통제하여 권력집중을 방지한다는 측면에서도 前者는 後者에 비해 논리적 우위를 갖는다.

---

143) Girardeau A. Spann, "Deconstructing the Legislative Veto", 68 *Minn. L. Rev.* 473 (1984), pp.493-94 참조.

144) William West/Joseph Cooper, *op.cit.*, pp.299-303 참조.

498

3. '議會의 機關'에 대한 權限委任

권력분립문제를 입법권의 개념을 통해 접근한다면 의회가 자신의 기관에게 입법권을 위임할 수 있다는 점은 앞에서 살펴본 바와 같다. 하지만 *Synar* 판결에서 Stevens 대법관은 의회가 이를 대통령의 법률안거부권을 회피하기 위한 수단으로 활용할 가능성이 있다는 점을 근거로 이러한 권한위임을 부정한 바 있다.145) 그렇다면 '의회의 기관'에 대한 권한위임은 권력분립적으로 위험한 것이고, 따라서 이것은 헌법적으로 허용될 수 없다고 보아야 하는가?

하지만 Stevens 대법관의 위와 같은 견해는 다음과 같은 두 가지 점을 간과하였다고 생각한다. 첫째, 앞에서도 지적했듯이 행정부나 독립기관에 대한 입법권위임은 '기존의 집행권＋추가적 입법권'을 의미하는 반면, 의회의 기관에 대한 그것은 '추가적 입법권'만을 의미하게 된다는 점에서 後者는 前者에 비해 권력분립적으로 덜 위험하다는 점이다. 이러한 관점에서 본다면 '의회의 기관'이 행사하는 규칙제정권은 의회의 입법권을 세부적으로 보충하는 것에 지나지 않는다. 둘째, Stevens 대법관은 권한위임에 따라 '의회의 기관'이 제정하는 규칙은 대통령의 법률안거부권의 적용을 받지 않는다는 점에서 인정될 수 없다는 논리를 전개하고 있으나, 대통령의 법률안거부권의 대상이 되지 않는 규칙은 이것에 한하지 않는다는 점이다. 그 대표적인 예로는 권한위임에 따라 독립규제위원회가 제정하는 규칙을 들 수 있을 것이다. 의회의 법률안과 '의회의 기관'의 규칙이 행정부와 의회와의 권력분립적 차원에서 대통령에게 移送되어야 한다면, 행정부로부터 독립되어 있거나 명목상 행정부에 속해있는 것에 불과한 독립규제위원회의 규칙 역시 대통령에게 移送되어야 할 것이다. 하지만 독립규제위원회의 규칙제정권에 대해서는 현재 미국 내에서 별다른 위헌론이 제기되고 있지 않다.

---

145) *Bowsher v. Synar*, 478 U. S. at 752-59.

이러한 관점에 따른다면, Stevens 대법관의 위와 같은 주장은 결국 권력분립원칙에 입각한 그 표면적인 이유보다는 오히려 의회가 규칙제 정권을 행사하는 것에 대한 개인적 불신을 나타내는 것으로 볼 수 있 다. 하지만 오늘날 의회가 행정부나 독립규제위원회보다 여러 이익단체 의 압력에 더욱 민감하게 반응하고, 그 결과 불합리한 규칙을 제정할 가능성이 높다고 보기는 힘들다. 왜냐하면 민주적 정당성이 결여된 독 립규제위원회나 一般私人이 제정하는 규칙이 대의기관인 의회가 제정하 는 규칙보다 헌법적으로 더욱 안전하다고 보기는 힘들기 때문이다.146)

4. 議會의 權限擴大

입법권과 집행권의 개념을 기준으로 권력분립문제를 판단한다면 '의 회의 기관'에 대한 권한위임과 의회거부와 같은 제도들이 합헌으로 인 정되고, 그 결과 전반적으로 의회의 권한이 확대될 수 있다. 따라서 이 러한 권력분립론은 의회의 권한확대를 두려워한 헌법제정자들의 의도 에 위배되는 것이 아닌가하는 의문이 제기될 수 있다. 하지만 다음과 같은 두 가지 이유에서 의회의 권한확대는 권력분립적으로 그다지 위 험하다고 할 수 없다.

첫째, 이것은 의회의 권한확대에 대한 헌법제정자들의 의도와 관련된 것으로서 헌법제정자들은 '의회'의 권한확대뿐만 아니라 '행정부'의 권 한확대도 두려워했다는 점이다.147) 실제로 오늘날의 행정부는 헌법제정 자들이 처음 의도했던 행정부와는 그 성격이 완전히 판이하며, 따라서 헌법제정자들이 오늘날까지 존재하고 있다면 그들은 자신들이 과거에 가지고 있었던 행정부에 대한 관념을 완전히 수정하여야 할 것이다. 이 와 마찬가지 논리로, 의회의 권한확대가 헌법제정자들의 의도에 위배된

---

146) Laurence H. Tribe, *op.cit.*, pp.13-14 참조.

147) Max Farrand ed., *op.cit.*, pp.35, 66, 68, 366 n.36.

다는 주장이 설득력을 얻기 위해서는 그들이 과거에 의회의 권한확대를 두려워한 이유가 오늘날에 와서도 시대적 타당성을 가지고 있다는 점이 전제되어야 한다. 먼저 헌법제정자들이 의회를 두려워한 이유는 상대적으로 인민들과 가까운 거리를 유지하게 됨에 따라 의회는 인민들의 의사에 직접적으로 종속될 가능성이 크다는 점 때문이었다. 즉 의회는 입법·행정·사법부 중, 가장 규모가 크다는 점에서 인민들의 일상생활과 가장 밀접하게 관련되고, 그 결과 의회의원은 정부구성원 중 인민들에게 가장 높은 지명도를 갖게 된다는 것이다.148) 그렇다면 이러한 논리를 오늘날 미국의 현실에 적용해보자. 오늘날 미국에서 국민들의 압력에 대해 민감하게 반응하는 府로는 대체적으로 의회와 행정부를 들 수 있을 것이다. 이들 중 누가 더 민감하게 반응하는지에 대해서는 여러 가지 의견이 있을 수 있지만, 한 가지 분명한 점은 오늘날 연방관료조직으로 대표되는 행정부가 그 규모에 있어서 의회를 능가하며, 인민들의 일상생활과 더욱 밀접히 관련되어 있다는 것이다. 또 오늘날에는 행정부의 책임자인 대통령이나 그 각료들이 상원의원이나 하원의원보다 높은 지명도를 얻고 있다. 이러한 관점에서 본다면, 200여 년 전에 헌법제정자들이 의회의 권한확대를 두려워했던 이유는 오늘날의 현실에 비추어 본다면 전혀 설득력을 가질 수 없다고 생각한다.149)

의회의 권한확대를 그다지 경계하지 않아도 되는 두 번째 이유는 바로 연방헌법 자체가 의회의 권한에 대해 일정한 제한을 가하고 있다는 점이다. 즉 입법권과 집행권의 개념을 기준으로 권력분립문제를 판단하여 의회의 권한이 확대되는 방향으로 헌법해석이 이루어진다 하더라도 여기에는 다음과 같은 두 가지 헌법적 한계가 자리 잡고 있다. 첫째, 의

---

148) *Ibid.*, pp.35, 138.

149) 설령 대통령의 권한확대를 찬성하는 입장에 따라 의회는 가장 위험한 府이며, 따라서 행정부의 권한을 확대하여야 한다는 것을 헌법제정자들의 의도로 보더라도, 그들이 의회의 고유권한인 입법권을 행정부에게 이전시킴으로써 이 문제를 해결하려 했다고는 도저히 볼 수 없다.

회는 私權剝奪法(bill of attainder)이나 소급입법(ex post facto laws)을 제정할 수 없으며,150) 둘째, 권한위임이 인정된다고 하여도 그것을 인정하는 母法은 언제나 양원제조항과 移送條項에 따라 제정되어야 한다.151)

제5절 小 結

구체적인 사건에서 행정부와 의회와의 정치적 균형을 달성하기 위해 일관적이고도 합리적인 기준을 제시하는 것은 권력분립문제를 판단하는 위헌심사기준의 존립근거이다. 즉 행정부와 의회와의 권력분립사건에 있어서 어느 한 쪽의 권한이 침해되었다면, 사법부는 합리적인 기준을 제시하여 침해된 일방의 권한을 회복시켜야 한다. 이러한 관점에서 본다면, 위에서 예로 든 *Chadha, Synar* 판결은 상당히 아쉬움이 남는 판결들이었다. 즉 이 두 가지 판결에서 연방대법원은 비합리적인 심사기준을 적용하여 의회의 원칙적인 입법권행사를 부정하였고, 그 결과 침해된 의회의 권한을 방치하는 태도를 보였다. 그러나 권력분립원칙을 가장 효과적으로 보호할 수 있는 장치를 '의회와 행정부와의 정치적 경쟁'으로 본다면, 침해된 권한을 회복시켜 그들 간의 정치적 균형을 달성하는 것은 권력분립에 있어서 매우 중요한 의미를 갖는다.

권력분립의 역사는 곧 의회와 행정부 간의 권력투쟁의 역사라고 해도 과언은 아니다. 그들 중 어느 하나가 주도권을 잡게 되면, 그것은 분명 자신의 정치적 목적을 담은 아젠다를 형성하고 이를 추진해나간다.152) 이와 관련하여 한 가지 흥미로운 점은 미국의 헌정사를 돌이켜

---

150) 연방헌법 제1조 9항 3호.

151) 연방헌법 제1조 1항, 7항; 연방헌법 제1조 7항 3호.

152) Paul Gewirtz, "Realism in Separation of Powers Thinking", 30 *Wm. &*

502

볼 때, 의회와 행정부 간의 권력이동은 매우 주기적으로 발생해왔다는
것이다.153) 예컨대 1960년대 말, '제왕적 대통령職'(imperial presidency)
에 대한 비판은 1970년대의 의회적극주의를 불러왔고, 의회적극주의는
1980년대에 Reagan 행정부라는 강력한 행정부의 출현을 야기했다. 이
러한 미국의 헌정사는 결국 아래에서 인용하는 Louis Fisher의 지적대
로 의회와 행정부 간의 정치투쟁에 있어서 '영원한 승자'는 없다는 사
실을 잘 보여주고 있다.

"불분명한 헌법규정으로 인해 행정부와 의회 중 어느 일방이 다
른 일방을 침입하는 사태가 벌어진다. 일반적으로 이러한 침입은 중
립지역(neutral zone)을 넘나드는 갑작스런 공격의 형태로 이루어진
다. 그러나 상식과 이성을 넘은 공격행위는 부작용을 낳게 된다. 즉
이러한 공격행위는 상대방의 반격을 유발하게 되는데, 이러한 반격
으로 인해 공격자는 상대방에게 최근의 공격으로부터 얻은 것뿐만
아니라 과거의 공격으로부터 얻은 것까지 내주게 된다. 특정한 대통
령의 권한이 확대되고 이것이 영원하리라는 주장은 타당하다고 볼
수 없다. 이러한 점은 지출유지(impoundment), 보류거부(the pocket
veto), 정부개편권(reorganization authority), 행정부특권(executive
privilege)과 관련하여 과거에 발생했던 상황들을 살펴보면 쉽게 알
수 있다. (당시 상황에서 우리는) 권력이 권력의 행사자의 판단을
흐리게 했다는 것을 알았다. 즉 그것은 마치 나방이 불꽃주변을 지
나치게 가깝게 맴도는 것과 같은 것이었다."154)

결론적으로 이러한 오늘날의 가변적인 정치현실을 어느 정도 예측
가능한 것으로 순화시키기 위해서는 그것을 판단하는 헌법적 기준은
반드시 일관적이고 체계적이어야 한다.

Mary L. Rev. 343 (1989), p.346.

153) 이 점에 대해 자세한 것은 James L. Sundquist/Bruce K. MacLaury, *op.cit.*,
pp.15-36.

154) Louis Fisher, *Constitutional Conflicts between Congress and the President*, p.299.

제8장 結 論

제2차세계대전 후부터 현재까지, 미국에서의 행정부와 의회는 그 권한과 역할, 그리고 내부조직에 있어서 여러 가지 중요한 변화를 겪어왔다. 한 가지 흥미로운 점은 이러한 변화가 헌법개정과 같은 제도적 변화에 기인한 것은 아니며, 그것은 전적으로 헌정의 실제에서 비롯되었다는 것이다. 즉 지난 40여 년 동안 행정부와 의회가 보여준 미국정치에 있어서의 실제 관행은 그 이전의 그것과는 매우 다른 모습을 보여주고 있다.

지금으로부터 약 60여 년 전, 미국의 대통령제는 헌법제정자들이 의도했던 원래의 그것으로부터 크게 벗어나고 있었다. 즉 대내적으로 사회복지와 정치제도에 대한 개혁의 목소리가 높아지고, 대외적으로 강력한 외교정책이 추진됨에 따라 F. Roosevelt 행정부를 시점으로 종래와는 다른 대통령제가 출현하기 시작하였다. 물론 이러한 새로운 대통령제는 '대통령의 권한이 크게 확대되는 대통령제'를 의미하는 것이었다. 예컨대 Kennedy 대통령은 특히 대외정책에 있어서의 대통령의 권한확대를 정당화하는 차원에서 다음과 같이 말하고 있다.

> "미합중국은 자유를 성취하고 이를 수호하기 위하여 어떠한 대가도 치를 준비가 되어 있다. 이를 위해 (미합중국은) 어떠한 의무라도 기꺼이 부담할 것이고, 어떠한 고난이라도 마다하지 않을 것이며, 모든 우방을 후원하고, 모든 적들과 맞설 것이다."[1]

결국 위와 같은 Kennedy의 대통령취임사를 통해서도 알 수 있듯이

---

1) John F. Kennedy, *Inaugural Address*, January 21, 1961(*http://www.jfkorea. com/intro.htm*에서 採錄).

504

당시에는 이미 '대통령의 권한확대'에 대한 사회적 합의가 형성되어 있었던 것으로 보인다. 예컨대 "미국국민들을 올바로 인도하고, 헌법제정자들이 의도한 삼권분립체제를 올바르게 작동시키기 위해서는 대통령이 국가적 리더쉽을 발휘해야 한다"는 주장,2) 또는 "국가의 이익은 곧 대통령의 이익이고, 대통령의 이익은 곧 국가의 이익"이라는 주장3)이 당시의 이러한 분위기를 대변하고 있다. 나아가 학계에서도 대체적으로 대통령의 권한확대는 변화된 시대적 환경을 고려해볼 때 어느 정도 불가피하다는 입장을 가지고 있었다.

한편 대통령의 권한이 확대되어야 한다는 논리가 점차적으로 설득력을 얻어감에 따라 상대적으로 의회는 국정의 주도권을 대통령에게 양보할 수밖에 없었다. 나아가 의회는 이러한 상황을 이유로 자신의 권한을 고의적으로 放棄하기도 하였다. 특히 월남전과 같은 국가 위기 시에 의회는 자신이 직접 이를 타개하기 위해 노력하기보다는 정책결정에서부터 법안의 기초에 이르기까지 모든 것을 백악관에게 의존하는 모습을 주었다. 그 대표적인 예로는 대통령에게 사실상 무제한한 전쟁권을 부여한 「1965년 통킹만결의」를 들 수 있을 것이다.

다른 한편으로 의회는 '제왕적 대통령職'의 모순이 폭로된 1973년 Watergate 사건을 계기로 일시적이나마 행정부통제에 있어서 적극주의를 표방하기도 하였다. 바로 「1973년 전쟁권결의」와 「1974년 의회예산 및 지출유지통제법」이 그 구체적 증거가 될 것이다. 이러한 점에 주목하여 1980년대, 일부에서는 '제왕적 의회'(Imperial Congress)를 견제하고 대통령을 의회의 통제로부터 자유롭게 해야 한다는 주장이 제기되기도 하였다.4) 그러나 명분과 이론을 떠나 현실적인 측면에서 본다면,

---

2) James MacGregor Burns, *Presidential Government. The Crucible of Leadership*, Houtghton Mifflin, 1965, pp.345-46("Note: Enforcing Executive Orders: Judicial Review of Agency Action under the Administrative Procedure Act", 55 *Geo. Wash. L. Rev.* 659 (1987), p.659 n.1에서 재인용).

3) Richard E. Neustadt, *op.cit.*, p.185.

의회가 「1973년 전쟁권결의」와 「1974년 의회예산 및 지출유지통제법」
을 통해 자신의 헌법상 권한을 다시 회복했다고 보기는 힘들다. 즉 「전
쟁권결의」의 경우, 거기에는 분명 의회가 대통령의 전쟁권행사를 통제
하겠다는 메시지가 담겨 있지만, 逆으로 그것은 대통령의 전쟁권의 범
위를 더욱 확대하는 요소도 내포하고 있다. 또한 「1974년 의회예산법」
의 경우에도 거기에는 분명 의회가 예산절차에 있어서의 주도권을 회
복하겠다는 메시지가 담겨 있지만, 결과적으로 이 법에서 규정한 예산
절차는 그 제도상의 허점으로 인해 1981년에 이르러 Reagan에 의해 완
전히 농락당하였고, 그 결과 연방부채의 기하급수적 증가에 결정적 요
인이 되었다.

근래에 들어서도 행정부통제에 있어서의 의회의 이러한 소극적 자세
는 종전과 크게 달라지지 않은 것으로 보인다. 이는 특히 전쟁과 지출
에 관한 부분에서 더욱 두드러지고 있다. 예컨대 의회는 Bush 행정부
와 Clinton 행정부시절에 있었던 수많은 대외군사조치를 단지 방관자적
입장에서 바라보았고, 나아가 1996년에는 「항목별거부권법」을 통하여
대통령에게 예산절차에 있어서의 주도권을 양보하기도 하였다. 미국에
서의 의회는 대통령과 同位의 정치적 기관이자 행정부통제기관이라는
점을 감안한다면, 이것은 분명 상당히 아쉬운 대목이다.

그렇다면 20세기 이후에 급격히 나타나고 있는 이러한 의회퇴조현상
의 근본적 원인은 무엇인가? 이 점에 대해서는 종래에 미국의 의회가
가지고 있는 본질적 한계를 지적하는 주장들이 여러 가지 측면에서 제
시되어 왔다. 이러한 주장들은 전반적으로 ① 의회는 본질적으로 현상
유지적인 속성을 가지고 있고, ② 오늘날의 의회는 과거의 그것과는 달

---

4) 이에 관한 대표적인 문헌은 Gordon S. Jones/John A. Marini, *The Imperial
Congress: Crisis in the Separation of Powers*, Pharos Books, 1988; L.
Gordon Crovitz/Jeremy A. Rabkin, *The Fettered Presidency: Legal Con-
straints on the Executive Branch*, AEI Press, 1989.

리 국민대표성을 상실하였으며, ③ 오늘날의 위원회중심의 분권적인 의
회 제도로써 국가의 중요한 정책을 결정하는 데에는 일정한 한계가 나
타날 수밖에 없고, ④ 오늘날 의회가 가지고 있는 전문성은 행정부의
그것보다 매우 떨어질 수밖에 없다는 것 등으로 요약될 수 있다.5) 이
러한 주장들을 종합적으로 살펴볼 때에, 거기에는 두 가지의 공통분모
가 있음을 확인할 수 있다. 그것은 바로 의회는 본질적으로 부분이익을
대표하려는 속성이 강하며, 지나치게 위원회중심으로 분권화되어 있다
는 지적이다. 이러한 점에서 의회는 전체이익을 대표하고, 의사결정에
있어서의 통합을 지향하는 행정부와 구별되며, 그 결과 의회보다는 대
통령이 국정운영의 중심이 되어야 한다는 논리가 자연스럽게 도출된다.

물론 지난 60여 년 동안 의회는 종종 자신의 헌법상 권한을 고의적
으로 행정부에게 떠넘겨왔고, 이 점에 대해서는 비판을 받아 마땅하다.
하지만 이러한 비판은 헌법상 대통령과 동위기관임에도 불구하고 의회
가 자신의 권한을 적극적으로 행사하지 않았다는 점에 기초를 두어야
지, 부분이익을 중시하는 의회의 본질적 속성과 의회의 분권적 구조에
그 근거를 두어서는 곤란하다.

먼저 부분이익을 중시하는 의회의 속성에 대해 살펴본다. 이것과 관
련하여 일차적으로 지적해야할 전제는 부분이익을 중시하려는 성향은
의회에게 한정되지 않는다는 점6)과 진정한 민주주의적 정치체제에서는

---

5) 이와 관련하여 Huntington은 다음과 같은 매우 흥미로운 주장을 하고 있
다. "의회에는 구시대적 사고(old ideas)와 구시대적 가치(old values), 그
리고 구시대적 신념(old beliefs)이 끈질기게 지속되고 있다…… 이러한
현상의 결정적인 원인은 의회의 구조에 있다. 처음 의원으로 당선된 초
선의원은 앞으로 그가 의회에서 정치적 성공을 거두기 위해서는 의회내
부의 일반적인 성향과 관습을 따라야 한다는 점을 계속적으로 교육받는
다. 따라서 젊은 초선의원의 상원이나 하원에서 정치적 성공을 거두려는
욕구가 크면 클수록, 그는 이러한 의회의 관행에 더욱 젖어들 수밖에 없
는 것이다." Samuel p. Huntington, *op.cit.*, p.16.

6) 이 점에 대해서는 이미 약간의 언급이 있었다. 본서 **pp.246-48** 참조.

절대로 부분이익이 무시될 수 없다는 점이다. 따라서 의회를 단순히 '부분이익을 대변하는 집단'으로 평가하는 것은 올바르지 못하며, 그것은 '유권자들의 참여와 접근을 허용하는 기관'으로 평가되어야 한다.

그러나 종래의 미국에서의 관행을 살펴보면, 대통령은 자신의 정치적 이익을 위해 의회를 '단순한 부분이익의 봉사자'로 폄하해왔음을 확인할 수 있다. 예컨대 Carter 대통령은 1979년, 하원이 행정부의 비상휘발유배급정책(Standby Gasoline Rationing Plan)에 대해 반대하자 하원은 전체국익을 저버리고 부분적이고도 지역적인 이익을 따르고 있다고 주장하였고, 그 이후에도 Carter는 에너지문제에 있어서 의회는 계속적으로 편협한 사고를 버리지 못하고 있다고 주장하였다.[7]

그러나 Carter의 이러한 주장은 의회뿐만 아니라 행정부 역시 부분이익을 중시하는 성향을 나타내왔다는 점에서 결코 타당하다고 볼 수 없다. 과거에 각종 이익단체의 부분이익을 반영하기 위해 백악관보좌관진이 조직된 적도 있었다는 사실이 이를 입증하고 있다.[8] 이것은 결국 백악관이 부분이익의 대변인으로 기능함을 의미하는 것이었다.[9]

의회가 전체이익을 도외시하고 부분이익만을 중시한다는 논리는 미국의회의 입법과정과도 밀접한 관련이 있다. 즉 이러한 논리에 따른다면 법안이 행정기관→소위원회→위원회→양원본회의→양원조정위원회

---

7) *Weekly Compilation of Presidential Documents* 15, May. 11, 1979, p.840; *Ibid.*, Aug. 7, 1979, p.1410.

8) 구체적으로 2차세계대전 직후 F. Roosevelt 대통령은 백악관보좌관진을 각계각층을 대표하는 인사들로 구성하였다. 이 때 백악관보좌관을 배출한 계층은 구체적으로 청년층, 노년층, 여성계층, 흑인계층, 유대인계층, 노동계층, 중남미계층, 실업계층, 주지사와 시장, 문화예술인, 컬럼비아특별구(District of Columbia)의 시민계층이었다.

9) Stephen Hess, *Organizing the Presidency*, Brookings Institution, 1976, pp.9-10(Harold Hongju Koh, "Why the President (Almost) Always Wins in Foreign Affairs: Lessons of the Iran-Contra Affair", 97 *Yale L. J.* 1255 (1988), p.1280 n.112에서 재인용).

를 거치는 동안 각 단계에서 이익단체들은 자신의 목소리를 낼 기회를
여러 차례 갖게 될 것이다. 물론 이러한 지적에 일리가 있음은 일반적
으로 부인하기 힘들다. 하지만 이 문제는 다음과 같은 관점으로 접근하
는 것이 타당하다고 생각한다. 즉 현재와 같은 개방된 입법절차를 통해
나타나게 되는 이익단체들의 목소리를 두려워할 것인가, 아니면 폐쇄된
입법절차에서 나타나게 되는 정책결정과정에 있어서의 정부의 독선을
두려워할 것인가? 결론적으로 입법은 사회 전체적으로 영향을 미친다
는 점에서 그것을 제정하는 과정에 관계집단의 적극적인 참여를 허용
하는 것은 민주국가의 정당성을 제고하는 차원에서도 바람직하다고 볼
수 있다.

나아가 부분이익을 중시하려는 의회의 성향은 권력분립적 측면에서
도 긍정적인 요인으로 작용할 수 있다. 즉 의회의원들은 자신의 지역구
를 비롯한 소규모지역의 이해관계에 행정부공무원들보다 더욱 민감하
게 반응함으로써 대의정치를 활성화시키고 행정부서의 획일적인 정책
을 견제할 수 있다. 이것은 결국 '견제와 균형'이라는 헌법적 원리가
올바르게 작동된다는 것을 의미한다.

다음으로 의회의 분권적 구조에 대해 살펴본다. 일반적으로 의회에
대해서는 그 분권적 구조로 인하여 정책결정을 지연시킨다는 비판이
제기되고 있다. 이러한 비판의 배경에는 모든 국가행위는 본질적으로
통합적이고도 신속하게 이루어져야 한다는 전제가 깔려 있는 것으로
보인다. 그러나 행정부와 의회, 공조직과 사조직 등 어떠한 조직을 막
론하고, 모든 조직은 그 업무수행에 있어서 어느 정도 분업에 의존할
수밖에 없으며, 그 하위조직에 대해 일정한 정도의 권한을 배분할 수밖
에 없다. 따라서 의회 역시 본회의에서 모든 정책을 결정할 수 없으며,
각계각층의 모든 이익을 대변하는 초대형위원회(supercommittee)를 설치
할 수도 없는 것이다. 실제로 의회는 그 분권적 구조로 인해 정책결정
이 지연되는 것을 개선하고자 1946년에 양원의원 102명으로 구성되는

양원 예산위원회를 설치한 바 있으나, 그것이 별다른 효과를 보이지 못하자 3년 후인 1949년에 이를 폐지한 바 있다. 결론적으로 분권적 구조는 의회의 정책결정을 지연시키는 불합리한 제도로 평가될 수 없으며, 그것은 의회의 더욱 폭넓은 심의를 보장하고 졸속을 방지하기 위한 제도로 이해되어야 한다.

오늘날의 의회는 여러 가지 대내외적인 사정으로 인하여 점차적으로 국정의 주도권을 상실해가고 있으며, 이는 세계에서 가장 강력한 의회 중의 하나라는 미국의회에 있어서도 예외는 아니다. 그러나 '견제와 균형'에 입각한 권력분립원리를 국가의 기본적인 정치원리로 채택하고 있는 국가에 있어서 이러한 경향은 결코 바람직하다고 볼 수 없다. 따라서 격하된 의회의 지위를 어느 정도 회복시키는 것은 대통령제의 성공적 운영에 결정적인 조건이 된다. 그렇다면 어떻게 의회의 지위를 대통령의 그것과 대등하게 할 것인가?

가장 바람직한 방법론은 물론 의회가 자신의 헌법상 권한을 적극 주장하여 국민대표자로서의 지위와 행정부통제기관으로서의 지위를 보다 확고히 하는 것이다. 그러나 여러 가지 국내외적 상황과 의회 자체의 소극주의로 인하여 의회에게 더 이상 기대할 수 없는 상황이라면, 여기에 대처하는 방법으로는 다음과 같은 두 가지를 생각할 수 있을 것이다. 우선 사법부가 고유권한인 헌법재판권을 통하여 대통령과 의회와의 관계를 조정하는 방법을 생각할 수 있다. 하지만 이러한 방법에는 다음과 같은 세 가지 한계가 내재되어 있으며, 그 결과 이것은 문제의 근본적인 해결책이 될 수 없다고 생각한다. 첫째, 사법부는 본질적으로 수동적 성격을 갖는 기관이므로 사법부가 항상 의회와 대통령과의 관계에 대해 적극적인 자세를 가질 수는 없다. 둘째, 사법부는 어디까지나 '사법기관'이라는 점에서 대통령과 의회라는 '정치기관'들 간의 분쟁에 사법부가 항상 개입하는 것은 정책으로 바람직하지 못하다. 셋째, 미국의 경우에서 보듯이 사법부가 항상 대통령과 의회와의 권한관계에 대해 올바른 판단을 하는 것은 아니다. 예컨대 *Chadha* 판결과 *Synar* 판결에서 연방대법원은 침해된 의회의 권한을 방치하고, 나아가 이러한 의회의 권한을 행정부의 권한으로 판단하는 오류를 범하고 있다.

　다음으로 여론에 의해 대통령과 의회와의 권한관계를 대등하게 조정하는 방법을 생각할 수 있다. 이를 위해서는 우선 국민들의 적극적인 국정비판의식이 필요하다. 미국의 예를 들어 설명하자면 국민들은 전쟁권행사에 있어서 대통령이 독주하는 것이나 대통령에게 항목별거부권을 부여하는 것은 위헌적일 뿐만 아니라 정책적으로도 바람직하지 못하다는 점을 적극적으로 위정자들에게 주장하여야 하고, 특히 이러한 사태에 가장 큰 책임이 있는 의회에 대해서는 매우 강력한 비판을 가하여야 한다. 의회가 행정부에게 끌려 다니는 현상을 무감각하게 받아들이는 순간, 거기에는 국민을 위협하는 독재가 싹트게 된다는 점을 알아야 한다. 이와 관련하여 마지막으로 지적할 것은 바로 언론의 태도이다. 언론이 여론에 매우 큰 영향을 미친다는 점은 그다지 긴 설명을 필요로 하지 않을 것이다. 따라서 대통령과 의회와의 관계를 국민들에게 전달함에 있어서 언론은 절대적으로 객관적인 시각을 가져야 한다. 예컨대 과거 미국의 언론은 종종 해외파병에 있어서 대통령은 의회의 수권을 얻을 필요가 없다는 행정부의 주장을 마치 그것이 헌법적 원칙이라도 되는 양 국민들에게 보도한 바 있다. 이러한 언론의 보도는 행정부의 대외군사조치에 대한 찬성여론을 형성하는 데에 결정적인 기여를 하였고, 그 결과 의회는 여론의 압력에 의해 자신의 헌법상 권한을 포기하여야만 하였다. 이것은 언론의 잘못된 보도로 인해 정부형태의 기초가 흔들릴 수도 있음을 보여주는 사례로 대통령탄핵정국을 경험한 우리에게 他山之石이 된다고 생각한다.

　결론적으로 삼권분립을 기초로 한 대통령제국가에서 대통령과 의회는 본질적으로 대등한 관계를 형성해야 한다. 대통령제를 유지하는 한, 그것은 어떠한 상황에도 양보될 수 없는 대통령제의 가장 기본적인 조건이다. 1896년, 미국 사법사상 최악의 판결 중 하나라고 평가되는 *Plessy* 판결10)에서 연방대법원이 흑백분리제도를 정당화하기 위해 사용한 '분리하되 평등하다'(separate but equal)란 표현이 아이러니컬하게도 대통령제국가에서의 대통령과 의회와의 관계를 설명하는 데에는 가장 정확한 표현이라는 것을 잊어서는 안 된다.

---

10) *Plessy v. Ferguson*, 163 U. S. 537 (1896).

《參考文獻》

1. 國內文獻

[單行本]

丘秉朔,「新憲法原論」, 博英社, 1996.

權寧星,「憲法學原論」, 法文社, 2003.

金哲洙,「憲法學槪論」, 博英社, 2003.

金鐵容 外, 金鐵容/洪準亨/宋石允,「委任立法의 限界에 관한 硏究」, 憲法裁判硏究 제8권, 憲法裁判所, 1996.

박영도,「委任立法에 관한 硏究」, 立法理論硏究(7), 韓國法制硏究院, 1999.

朴暎熙,「財務行政論」, 茶山出版社, 1990.

法務部,「美國의 司法制度」, 法務部, 2001.

梁　建,「美國憲法과 對外問題」, 三英社, 1979.

_____,「立憲主義를 위한 緖論」, 考試界, 1987.

_____,「憲法硏究」, 法文社, 1995.

李相敦,「美國의 憲法과 聯邦大法院」, 學硏社, 1983.

통상산업부(통상무역실),「美國의 경제스파이법 현황 및 정책적 시사점」, 통상무역연구자료 98-3, 통상산업부, 1998, *http://www.mocie. go.kr/data/policy/general/download/% ED%86%B5%EC%83% 8198-3.htm.*

韓國公法學會,「美國憲法과 韓國憲法」, 大學出版社, 1989.

514

韓泰淵,「憲法學」, 法文社, 1985.

許 營,「憲法理論과 憲法」, 博英社, 1999.

_____,「韓國憲法論」, 博英社, 2003.

洪性邦,「憲法學」, 玄岩社, 2002.

[論 文]

姜勝植, "美國憲法上 積極的 平等實現措置", 碩士學位論文, 漢陽大學校 大學院, 2000.

_____, "美國에서의 獨立規制委員會와 權力分立",「漢陽法學」제13집, 漢陽法學會, 2002.

_____, "美國에서의 項目別拒否權에 대한 批判的 考察",「法과 政策研究」제3집 제1호, 韓國法政策學會, 2003.

權亨俊, "副署制度의 比較考察",「法學論叢」제16집, 漢陽大學校 法學研究所, 1999.

_____, "條約의 違憲審査",「現代法의 理論과 實際」琴浪金哲洙教授華甲紀念論文集, 博英社, 1993.

金文顯, "美國 聯邦憲法上 公用收用과 警察權에 의한 規制의 區別基準",「美國憲法研究」제11호, 美國憲法學會, 2000.

_____ "議員定數配定(Apportionment)의 基準: 美國의 경우를 중심으로",「慶北大學校 法大論叢」제23집, 慶北大學校 出版部, 1985.

金承泰, "美國의 議會豫算 改革에 관한 研究",「慶熙大 行政問題研究」제7권 제1호, 경희대학교 행정문제연구소, 2000.

金哲洙, "國會와 政府의 關係에 대한 一考察",「世界憲法研究」創刊號, 國際憲法學會 韓國學會, 1994.

金香基, "行政節次에 관한 研究－聽聞節次를 중심으로－", 「公法研究」 제27집 제2호, 韓國公法學會, 1999.

盧瑞鎬 外, 盧瑞鎬/姜勝植, "美國憲法上 大統領과 議會의 權力關係", 「지역발전연구」 제4호, 한국지역발전학회, 2002.

박찬표, "美國의 議會改革過程 分析", *http://www.nanet.go.kr/nal/3/3-1-1/ leg96102.htm.*

_____, "국회의 예산·결산 심의기능 강화방안", *http://www.nanet. go.kr/nal/3/3-1-2/issu- 175.htm#4.*

박흥식, "내부고발정책의 발전: 각국의 태도를 중심으로", *http://post.cau. ac.kr/~parkh/b uco1.htm.*

梁 建, "美國憲法上 大統領과 議會의 權限關係", 「公法研究」 제31집 제1호, 韓國公法學會, 2002.

_____, "政府形態에 관한 研究", 「法學論叢」 제12집, 漢陽大學校 法學研究所, 1995.

_____, "帝王的 大統領職, 어떻게 克服할 것인가", 「제왕적 대통령 해소방안」 21세기 정치발전을 위한 토론회 발표자료, 한나라당 국가혁신위원회 정치발전분과위원회, 2001.

_____, "表現의 自由", 「韓國憲法과 美國憲法」, 大學出版社, 1989.

_____, "行政裁量에 대한 統制: 美國에 있어서 「非委任原則」에 관한 兩解釋論의 展開를 中心으로", 「判例月報」 제129호, 判例月報社, 1981.

吳錫泓, "美國의 行政改革", *http://mskim.netian.com/ahg.htm.*

유병곤, "미국하원의 입법과정(2)", 「국회보」 제401호, 국회사무처, 2000.

유수빈, "美國政府의 財政危機에 관한 研究", 碩士學位論文, 서울大學校 大學院, 1996.

516

李相敦, "大統領制", 「韓國憲法과 美國憲法」, 大學出版社, 1989.

_____, "美國의 聯邦行政節次法", 「行政節次法比較研究」, 中央大學校 法學研究所, 19 86.

李聖煥, "國民國家의 變遷과 憲法의 課題", 「法學論叢」 제10집, 國民大 學校 法學研究所, 1998.

李憲煥, "美國特別檢事制의 現狀과 將來", 「世界憲法研究」 제4호, 國際 憲法學會 韓國學會, 1999.

임종훈 外, 임종훈/박수철/임송학/박장호/이신우, "立法過程論", *http://www. assem bly.re.kr/intro3_2.htm.*

鄭宗燮, "美合衆國의 獨立檢察官制度에 관한 研究", 「美國憲法研究」 제 6호, 美國憲法學會, 1995.

최연호 外, 최연호/박종희, "인사청문회법의 입법방향에 관한고찰", *http://www.assem bly.re.kr/h tml/10/7.htm*

崔哲榮, "美國의 Line Item Veto Act 研究", 「美國憲法研究」 제13호, 美 國憲法學會, 2002.

한국전산원, "포커스: 정보기술을 통한 리엔지니어링", 「정보화동향분 석」 2권 23호, 한국전산원, 1995.

홍득표, "帝王的 大統領의 원인과 해소방안", 「제왕적 대통령 해소방 안」 21세기 정치발전을 위한 토론회 발표자료, 한나라당 국가 혁신위원회 정치발전분과위원회, 2001.

[飜譯書]

C. H. Pritchett 著, 梁承斗/崔良秀 共譯, 「美國憲法制度論」, 博英社, 1975.

Congressional Research Service 著 김민전 譯, 「미국의 연방예산과정」,

국회사무처 법제예산실 예산정책자료 제97-01호, 1997.

John Locke 著 이극찬 譯, 「시민정부론」, 연세대학교 출판부, 1988.

Karl Löwenstein 著 金箕範 譯, 「現代憲法論」, 敎文社, 1973.

2. 美國文獻

[單行本]

Abernathy, M. et. al., *The Carter Years: The President and Policy Making*, Palgrave, 1984.

Arnold, R. Douglas, *Congress and the Bureaucracy*, Yale University Press, 1980.

Bailey, Stephen Kemp, *Congress Makes a Law*, Greenwood Publishing Group, 1980.

Barber, Sotirios A., *On What the Constitution Means*, Johns Hopkins University Press, 1984.

Barron, Jerome A./Dienes, C. Thomas, *Constitutional Law in a nutshell*, 4th ed., West Group, 1999.

Basler, Roy P., *The Collected Works of Abraham Lincoln*, 1848-1865/ Supplement Two, Rutgers University Press, 1990.

Berger, Raoul, *Government by Judiciary: The Transformation of the Fourteenth Amendment*, Liberty Fund, Inc., 1997.

Cronin, Thomas E., *The State of the Presidency*, 3rd ed., Little Brown & Co., 1990.

Guide to Congress, Congressional Quarterly Press, 1976.

Dietze, Gottfried, *The Federalist: A Classic on Federalism and Free Government*, Johns Hopkins University Press, 1999.

Digest of United States Practice in International Law, 1978.

Dodd, Lawrence C./Oppenheimer, Bruce ed., *Congress Reconsidered*, Congressional Quarterly Press, 1981.

Farrand, Max ed., *The Records of the Federal Convention of 1987*, Yale University Press, 1986.

Fisher, Louis, *Constitutional Conflicts between Congress and the President*, University Press of Kansas, 1997.

_____, *Presidential Spending Power*, Princeton University Press, 1975.

_____, *Presidential War Power*, University Press of Kansas, 1995.

Foley, Michael/Owens, John E., *Congress and the Presidency: Institutional Politics in a Separated System*, Manchester, 1996.

Franck Thomas M./Weisband, Edward, *Foreign Policy by Congress*, Oxford University Press, 1995.

Franck, Thomas M. ed., *The Tethered Presidency*, New York University Press, 1981.

Greene, John Robert, *The Presidency of Gerald R. Ford*, Kansas University Press, 1995.

Gunther G./Sullivan, K. M., *Constitutional Law: Case and Materials*, 13th ed., 1997.

Hall, Kermit L. ed., *The Oxford Guide To United States Supreme Court Decisions*, Oxford University Press, 1999.

Henry, Adams/Harbert, Earl ed., *History of the United States of America During the Administrations of Thomas Jefferson (Library of America)*, Library of America, 1986.

Jack, H. Knott/Gary, Miller J., *Reforming Bureaucracy: The Politics of Institutional Choice*, Prentice-Hall, 1987.

Jones, Charles O., *Separate But Equal Branches: Congress and the Presidency*, Chatham House Publishers, 1999.

Jones, Charles O., *The Presidency in a Separated System*, The Brookings Institution, 1994.

Korn, Jessica, *The Power Of Separation: American Constitutionalism and the Myth of the Legislative Veto*, Princeton University Press, 1996.

MacLay, William et. al. ed., *The Diary of William MacLay and Other Notes on Senate Debates*, Johns Hopkins University Press, 1988.

Montesquieu, Baron De, Thomas Nugent trans., *The Spirit of Laws*, Fred B. Rothman & Co., 1991.

Nowak John E./Rotunda Ronald D., *Constitutional Law*, 5th ed., West Group, 1995.

Richan, Willard C., *Lobbying for Social Change (Haworth Social Administration)*, Haworth Press, 1996.

Robinson, James A., *Congress and Foreign Policy-Making*, Greenwood Publishing Group, 1980.

Schick, Allen, ed., *Crisis in the Budget Process*, American Enterprise Institute, 1985.

Schoenbrod, David, *Power Without Responsibility: How Congress Abuses the People Through Delegation*, Yale University Press, 1995.

Spitzer, Robert J., *The Presidential Veto: Touchstone of the Presidency*, State Univ. of New York Press, 1988.

Stockman, David A., *The Triumph of Politics*, Harper & Row, 1986.

Story, Joseph et al., *Commentaries on the Constitution of the United States*, 5th ed., Williams Hein & Co., 1994.

Sundquist, James L./MacLaury, Bruce K., *Decline and Resurgence of Congress*, The Brookings Institution, 1982.

Thurber. James A. ed., *Rivals for Power*, CQPress, 1996.

Tiefer, Charles, *The Semi-Sovereign Presidency: The Bush Administration's Strategy for Governing without Congress*, Westview Press, 1994.

Tribe, Laurence H., *American Constitutional Law*, 3rd ed., vol. 1, Foundation Press, 2000.

Truman, David B., *The Governmental Process: Political Interests and Public Opinion*, Institute of Governmental Studies Press, 1993.

Wilson, Bradford p.& Schramm, Peter W., ed., *Separation of Powers and Good Government*, Rowman & Littlefield Pub., 1994.

Young, James Sterling, *The Washington Community*, 1800-1828, Columbia University Press, 1986.

[論文・雜誌 등]

Abikoff, Kevin T., "The Role Of The Comptroller General In Light Of Bowsher v. Synar", 87 *Colum. L. Rev.* 1539 (1987).

Alstyne, Willam W. Van, "The Role of Congress in Determining Incidental Powers of the President and the Federal Courts: A Comment on the Horizontal Effect of the Sweeping Clause", *Law and Contemporary Review* 40 (1976).

Aman, Alfred C. Jr., "Administrative Law in a Global Era: Progress, Deregulatory Change, and the Rise of the Administrative Presidency", 73 *Cornell L. Rev.* 1101 (1988).

Amar, Akhil Reed, "Nixon's Shadow", 83 *Minn. L. Rev.* 1405 (1999).

Banks, William C./Straussman, Jeffrey D., "Bowsher v. Synar: The Emerging Judicialization of the FISC", 28 *B. C. L. Rev.* 659 (1987).

Bartels, Andrew H., "Prospects for Future Reforms of the Fed", *The American Banker*, Aug. 23, 1985.

Batchelder, Richard D. Jr., "Note: Chastain v. Sundquist: A Narrow Reading of The Doctrine of Legislative Immunity", 75 *Cornell L. Rev.* 384 (1990).

Bernstein, Peter W., "David Stockman: No More Big Budget Cuts", *Fortune*, Feb. 6, 1984.

Best, "The Item Veto: Would the Founders Approve?" 14 *Pres. Stud. Q.* 183 (1984).

Bloch, Susan Low, "The Early Role of the Attorney General in our Constitutional Scheme: In the Beginning There was Pragmatism", 1989 *Duke Law Journal* 561 (1989).

Brownell. Roy E. Ⅱ, "The Constitutional Status of the President's Impoundment of National Security Funds", 12 *Seton Hall Const.* L. J. 1, Fall (2001).

522

Bruff, Harold H./Gellhorn, Ernest, "Congressional Control of Administrative Regulation: A Study of Legislative Vetoes", 90 *Harv. L. Rev.* 1369 (1977).

Bruff, Harold H., "Presidential Power and Administrative Rulemaking", *Yale Law Journal* 88 (1979).

Burgin, Eileen, "Rethinking The Role of The War Powers Resolution: Congress and The Persian Gulf War", 21 *J. Legis.* 23 (1995).

Byrd, Robert C., "The Control of the Purse and the Line Item Veto Act", 35 *Harv. J. on Legis.* 297 (1998).

Carrier, Michael A., "Article: All Aboard The Congressional Fast Track: From Trade To Beyond", 29 *GW J. Int'l L. & Econ.* 687 (1996).

Carroll, James D., "The Rhetoric of Reform and Political Reality in the National Performance Review", *Public Administration Review* 55 (1995).

Carter, Stephen L., "From Sick Chicken to Synar: The Evolution and Subsequent De-Evolution of the Separation of Powers", *B. Y. U. L. Rev.* 719 (1987).

Casper, Gerhard, "An Essay in Separation of Powers: Some Early Versions and Practices", 30 *Wm. & Mary L. Rev.* 211 (1989).

Coburn, George M., "The New Bid Protest Remedies Created by the Competition in Contracting Act of 1984", *National Contract Management Journal* 19 (1985).

Cooper, Samuel W., "Considering Power in Separation of Powers", 46 *Stan. L. Rev.* 361 (1994).

Cordone, James, "Commentary: Health Care Reform In 1990's From The Clinton Plan To Kassebaum-Kennedy", 3 *Conn. Ins. L. J.* 193 (1996/1997).

Croley, Steven P., "Symposium on the 50th Anniversary of the APA: The Administrative Procedure Act and Regulatory Reform: A Reconciliation", 10 *Administrative Law Journal American University* 35 (1996).

Cushman, John H. Jr., "House and science panels clash on wetlands' fate", *New York Times*, Apr 7, 1995.

Cutler, Lloyd N./Johnson, David R., "Regulations and the Political Process", *Yale Law Journal* 84 (1975).

Cutler, Lloyd N., "Symposium: Presidential Intervention In Administrative Rulemaking: The Case for Presidential Intervention in Regulatory Rulemaking by the Executive Branch", 56 *Tul. L. Rev.* 830 (1982).

Dempsey, Paul Stephen, "The State of the Airline, Airport & Aviation Industries", 21 *Transportation Law Journal* 129 (1992).

Destler, I. M., "A Job That Doesn't Work", *Foreign Policy* 38 (1980).

Devins, Neal, "Congress, the FCC, and the Search for the Public Trustee", *Law and Contemporary Problems* 56 (1993).

_____, "Essay: Budget Reform And The Balance of Powers", 31 *Wm and Mary L. Rev.* 993 (1990).

_____, "Political Will and the Unitary Executive: What Makes an Independent Agency Independent?" *Cardoza L. Rev.* 15 (1993).

_____, "Tempest in an Envelope: Reflections on the Bush White

House's Failed Takeover of the U. S. Postal Service", 41 *UCLA L. Rev.* 1035 (1994).

Dickinson, James R., "Breaking Rules, Fly High: Iowa's Grassley Seems to Cross Reagan with Immunity", *Washington Post*, Mar 25, 1985.

Dinges, Casey, "Environmental issues in the new Congress", *Civil Engineering*, Jun 1995; Vol. 65, Iss. 6.

Duffy, Robert J., "Regulatory Oversight in the Clinton Administration", *Presidential Studies Quarterly* 27, 1997.

Edwards, George C. III, "The Two Presidencies: A Reevaluation", *American Politics Quarterly* 14 (1986).

Edwards, M., "A Conservative's Case Against the Line Item Veto", *Washington Post*, Feb. 8, 1984.

Eglund, Toby, "Bush's Latin America Czar Rides High", *http://www. thegully.com/essays/US/ politics/020124_otto_reich.html.*

Ehmke, Horst P., "Delegata Potestas Non Potest Delegari: A Maxim of American Constitutional Law", *Cornell Law Quarterly* 47 (1961).

Elliott, E. Donald, "INS v. Chadha: The Administrative Constitution, the Constitution, and the Legislative Veto", *Sup. Ct. Rev.* 125 (1983).

EnTin, Jonathan L., "The Removal Power and the Federal Deficit: Form, Substance, and Administrative Independence", 75 *Kentucky Law Journal* 699 (1986).

Fein, Bruce E., "National Security and the First Amendment: Article:

Access To Classified Information: Constitutional And Statutory Dimension", 26 *Wm and Mary L. Rev.* 805 (1985).

Feld, Alan L., "Separation of Political Powers: Boundaries or Balance?" 21 *Ga. L. Rev.* 171 (1986).

Fisher, Louis/Devins, Neal, "How Successfully Can the States' Item Veto be Transferred to the President?" 75 *Geo. L. J.* 159 (1986).

Fisher, Louis, "Confidential Spending and Governmental Accountability", *George Washington Review* 47 (1979).

_____, "Congressional Participation in the Treaty Process", *U. Pa. L. Rev.* 137 (1989).

_____, "Constitutional Interpretation by Members of Congress", 63 *N. C. L. Rev.* 707 (1985).

_____, "Judicial Misjudgments about the Lawmaking Process: Legislative Veto Case", *Public Administration Review* 45 (1985).

_____, "Symposium: War and Spending Power", 43 *St. Louis L. J.* 931 (1999).

_____, "Symposium Congress: Does It Abdicate It's Power?: War and Spending Prerogatives: Stage of Congressional Abdication", 19 *St. Louis U. Pub. L. Rev.* 7 (2000).

_____, "The Authorization-Appropriation Process in Congress: Formal Rules and Informal Practices", *Cath. U. L. Rev.* 29 (1979).

_____, "The korean War: On What Legal Basis Did Truman

Act", 89 *A. J. I. L.* 21 (1995).

_____, "The Legislative Veto: Invalidated, It Survives", *Law and Contemporary Problems* 56 (1993).

_____, "White House Aides Testifying before Congress", *Presidential Studies Quarterly* 27 (1997).

Garrison, Loretta Hagopian, "NOTE: Who Decides? The Struggle for Control over the Federal Government's Spending Power", 38 *Case W. Res.* 66 (1988).

Gerhardt, Michael J., "The Bottom Line on the Line-Item Veto Act of 1996", 6 *Cornell J. L. & Pub. Pol'y* 233 (1997).

_____, "Toward A Comprehensive Understanding of The Federal Appointments Process", 21 *Harv. J. L. & Pub. Pol'y* 467 (1998).

Gewirtz, Paul, "Realism in Separation of Powers Thinking", 30 *Wm. & Mary L. Rev.* 343 (1989).

Gilmour, Roberts S., "Central Legislative Clearance: A Revised Perspective", *Public Administration Review* 31 (1971).

Glazer, Nathan, "Should Judges Administer Social Services?" *Public Interest* 50 (1978).

Glennon, Michael J., "Constitution and Chapter VII of the United Nations Charter", *American Journal of International Law* 85 (1991).

Greenfield, Kent, "Original Penumbras: Constitutional Interpretation in the First Year", 26 *Conn. L. Rev.* 79 (1993).

Halberstam, Malvina, "The Jerusalem Embassy Act", 19 *Fordham Int'l*

L. J. 1379 (1996).

Hamiliton, Lee H./Dusen, Micheal H. Van, "Making the Separation of Powers Work", *Foreign Affairs* 57 (1978).

Havemann, Judith, "Defunding' OMB's Rule Reviewers", *Washington Post*, July 18, 1986.

Heaphy, Maura E., "Executive Legislative Liaison", *Presidential Studies Quarterly* (1975).

Hurst, Willard, "Alexander Hamilton, Law Maker", *Colum. L. Rev.* 78 (1978).

Jackson, Robert H., "A Presidential Legal Opinion", *Harv. L. Rev.* 66 (1953).

Joannes, John R., "The President Proposes and Congress Disposes, But Not Always: Legislation Initiation on Capital Hill", *Review of Politics* 36 (1974).

Kamen, Al, "Ambassador to Guyana Is Appointed after 17-Month Standoff", *Washington Post*, Nov. 29, 1991.

Kasiser, Frederick M., "Congressional Action to Overturn Agency Rules: Alternatives to 'Legislative Veto'", 32 *Administration Law Review* 667 (1980).

Kliman, Albert J./Fisher, Louis, "Budget Reform Proposals in the NPR Report" *Public Budgeting and Finance* 15 (1995).

Klonoff, Robert, "The Congressman as Mediator between Citizen and Government Agencies: Problems and Prospects", *Harvard Journal on Legislation* 16 (1979).

Koh, Harold Hongju, "Congressional Controls on Presidential Trade

528

Policymaking After I. N. S. v. Chadha", 18 *N. Y. U. J. Int'l L. & Pol.* 1191 (1986).

_____, "Why the President (Almost) Always Wins in Foreign Affairs: Lessons of the Iran-Contra Affair", 97 *Yale L. J.* 1255 (1988).

Krasnow, Diane Michele, "The Imbalance of Power and the Presidential Veto: A Case for the Item Veto", 14 *Harv. J. L & Pub. Pol'y* 583 (1991).

Krent, Harold J., "Separating the Strands in Separation of Powers Controversies", 74 *Va. L. Rev.* 1253 (1988).

Lanouette, William J., "SES-From Civil Service showpiece to Incipient Failure in Two Years", *National Journal*, July 18, 1981.

Ledwitz, Bruce, "The Uncertain Power of the President to Execute the Laws", *Tenn. L. Rev.* 46 (1979).

Lee, Catherine M., "The Constitutionality of the Line Item Veto Act of 1996: Three Potential Sources for Presidential Line Item Veto Power", 25 *Hastings Const. L. Q.* 119 (1997).

Lee, Jong R., "Presidential Vetoes from Washington to Nixon", *Journal of Politics* 37 (1975).

Levin, Ronald M., "Congressional Ethics and Constituent Advocacy in an Age of Mistrust", 95 *Mich. L. Rev.* 1 (1996).

Lofgren, Charles A., "United States v. Curtiss-Wright Export Corporation: An Historical Assessment", *Yale Law Journal* 83 (1973).

Lund, Nelson, "Lawyers and the Defense of the Presidency", *B. Y. U. L. Rev.* 17 (1995).

Mandfield, Harvey C., "The Legislative Veto and the Deportation of Aliens", *Public Administration Review* 1 (1940).

Manning, Bayless, "The Congress, the Executive and Intermestic Affairs: Three Proposals", *Foreign Affairs* 55 (1977).

Marcus, Ruth/Williams, Daniel, "Show of Strength Offers Benefits for Clinton", *Washington Post*, June 28, 1993.

Mcgarity, Thomas O., "Regulatory Reform in the Reagan Era", 45 *Md. L. Rev.* 253 (1986).

Meese, Edwin III, "Towards Increased Government Accountability", *Federal Bar News and Journal* 32 (1985).

Moe, Ronald C./Teel, Steven C., "Congress as Policy-Maker: A Necessary Reappraisal", *Political Science Quarterly* 85 (1970).

Murphy, Joseph E., "The Duty of the Government to Make the Law Known", 51 *Fordham L. Rev.* 255 (1982).

Murphy, Thomas P., "Congressional Liaison: The NASA Case", *Western Politics Quarterly* 25 (1972).

Olken, Samuel R., "Book Review: Historical Revisionism and Constitutional Change: Understanding The New Deal Court", 88 *Va. L. Rev.* 265 (2002).

Peters, Jean, "Reconciliation 1982: What Happened?" *PS* 14, 1981.

Pfiffner, James, "Political Appointees and Career Executives: The Democracy-Bureaucracy Nexus in the Third Country", *Public Administration Review* 47 (1987).

Pipe, G. Russell, "Congressional Liaison: The Executive branch Consolidates Its Relations with Congress", *Public Admini-*

stration Review 26 (1966).

Posner, Richard A., "Theories of Economic Regulation", *Bell Journal of Economics and Management Science* 5 (1974).

Pritchett, C. H., "The Regulatory Commissions Revisited", *American Political Science Review* 43 (1949).

Procino, Michele L., "Student Article: Note: The Death Of Health Care Reform In 1994: Another Example Of Congress' Inability To Enact Major Reform", 1 *Wid. L. Symp. J.* 547 (1996).

Ratner, Michael/Lobel, Jules, "Bombing Baghdad: Illegal Reprisal or Self-Defence?" *Legal Times*, July 5, 1993.

Ringelstein, Albert C., "Presidential Vetoes: Motivations and Classification", *Congress and the Presidency* 12 (1985).

Robinson, Glen O., "On Reorganizing the Independent Regulatory Agencies", *Va. L. Rev.* 57 (1971).

_____, "The Federal Communications Commission: An Essay on Regulatory Watchdogs", *Va. L. Rev.* 64 (1978).

Rosenberg, Douglas H., "Delegation and Regulatory Reform: Letting the President Change the Rules", *Yale Law Journal* 89 (1980).

Rosenberg, Morton, "Beyond the Limits of Executive Power: Presidential Control of Agency Rulemaking under Executive Order 12291", *Mich. L. Rev.* 80 (1981).

Rubin, Edward L., "Law and Legislation in the Administrative State", 89 *Colum. L. Rev.* 369 (1989).

Scheffer, David J., "Current Development: U. S. Law and The Iran-Contra Affair", 81 *A. J. I. L.* 696 (1987).

Schwartz, Bernard, "An Administrative Law 'Might Have Been'-Chief Justice Burger's Bowsher v. Synar Draft", *Administrative Law Review* 42 (1990).

Schwartz, Joel D., "Book Review: Liberty, Democracy, and The Origins of American Bureaucracy the Roots of American Bureaucracy, 1830-1900 by William E. Nelson", 97 *Harv. L. Rev.* 815 (1984).

Scowcroft, Brent/Kanter, Arnold, "Foreign Policy Strait jacket", *Washington Post*, Oct. 20, 1993.

Sheehan, Catherine F., "Note: Opening the Government's Electronic Mail: Public Access To National Security Council Records", 35 *B. C. L. Rev.* 1145 (1994).

Smith, R. Jeffrey, "DOE Violated Rules on Lobbying, GAO Says", *Washington Post*, Oct. 8, 1987.

Sofaer, Abraham D., "The ABM Treaty and the Strategic Defence Initiative", *Harv. L. Rev.* 99 (1986).

Solomon, Burt, "Bill Who?" *National Journal*, Apr. 15, 1995.

Sommer, Susan, "Independent Agencies as Article One Tribunals: Foundations of a Theory of Agency Independence", *Administrative Law Review* 39 (1987).

Strauss, Peter L., "Formal and Functional Approaches to Separation-of-Powers Questions -A Foolish Inconsistency?" 72 *Cornell L. Rev.* 488 (1987).

_____, "The Place of Agencies in Government: Separation of Powers and the Fourth Branch", 84 *Colum. L. Rev.* 573 (1984).

Stromseth, Jane E., "Book Review: Understanding Constitutional War Powers Today: Why Methodology Matters Presidential War Power. By Louis Fisher", 106 *Yale L. J.* 845 (1996).

Struck, Myron, "Meese Averts Showdown on GAO Contract Power", *Washington Post*, June 5, 1985.

Sunstein, Cass R., "Changing Conceptions of Administration", *B. Y. U. L. Rev.* 927 (1987).

Tarullo, Daniel K., "Law and Politics in Twentieth Century Tariff History", 34 *UCLA L. Rev.* 285 (1986).

Thelwell, Raphael, "Gram-Rudman-Hollings Four Years Later: A Dangerous Illusion", *Public Administration Review* 50 (1990).

Tribe, Laurence H., "The Legislative Veto Decision: A Law By Any Other Name?" 21 *Harv. J. on Legis.* 1 (1984).

Ventura, Misty, "The Legislative Veto: A Move Away From Separation of Powers or a Tool to Ensure Nondelegation?" 49 *SMU L. Rev.* 401 (1996).

Verkuil, Paul R., "Jawboning Administrative Agencies: Ex Parte Contacts by the White House", 80 *Colum. L. Rev.* 943 (1980).

_____, "Separation of Powers, the Rule of Law and the Idea of Independence", 30 *Wm. & Mary L. Rev.* 301 (1989).

Walker, Thomas G., "Statutory Restraints on Administration Lobbying — 'Legal Fiction'", *Journal of Public Law* 19 (1970).

Wermiel, Stephen, "Rehnquist Nomination as Chief Justice To Go to Senate; Panel Also Clears Scalia", *Wall Street Journal*, New York, N. Y.; Aug 15, 1986; Eastern edition.

West, William/Cooper, Joseph, "The Congressional Veto and Administrative Rulemaking", 98 *Pol. Sci. Q*. 285 (1983).

Weston, Burns. H., "The Gulf Crisis In International and Foreign Relation Law, Continued: Security Council Resolution 678 and Persian Gulf Decision Making: Precarious Legitimacy", 85 *American Journal International Law* 516 (1991).

Williams, Ted, "Wetlands message got dry-docked", *Wall Street Journal*, Feb 1, 1996.

Wilson, Theresa, "Note: Who Controls International Trade? Congressional Delegation of the Foreign Commerce Power", 47 *Drake L. Rev*. 141 (1998).

Wintersrds, Paul M., "Note: Revitalizing the Sanctions Provision of the Freedom of Information Act Amendments of 1974", 84 *Georgetown Law Journal* 617 (1996).

Witte, Edwin E., "Administrative Agencies and Statute Lawmaking", *Public Administration Review* 2 (1942).

Wolfson, Paul R. Q., "Is a Presidential Item Veto Constitutional?" 96 *Yale L. J*. 838 (1987).

Woolley, John T., "The Politics of Monetary Policy: A Critical Review", 14 *J. Pub. Pol'y* 57 (1994).

Wright, Ronald F., "Congressional Use of Immunity Grants After Iran-Contra", 80 *Minn. L. Rev*. 407 (1995).

Yoo, John C., "Exchange: War Powers: War and the Constitutional Text", 69 *U. Chi. L. Rev*. 1639 (2002).

Zibart, Aaron D., "Eulogizing the Line Item Veto Act: Clinton v. City of New York and the Wisdom of Presidential Legislating", 88 *Ky. L. J.* 505 (1999).

"A Modest Proposal for Restructuring the Federal Communications Commission", 50 *Federal Communications Law Journal* 637 (1998).

"Administration Asks Congress to Ease Way for Personnel Cuts", *Washington Post*, Sept. 7, 1993.

"Attorney General Questions Prosecutor Law", *Washington Post*, Apr. 21, 1981.

"Attorney General Smith Resigns", *Facts on File World News Digest*, Jan. 27, 1984.

"Attorney General Urges Repeal of Prosecutor Act", *Washington Post*, May 22, 1981.

"Beyond the Vance-Brezinski Clash Lurks an NSC under Fire", *National Journal*, May 17, 1980.

"Brief of the United States", *Bowsher v. Synar*, Supreme Court of the United States, October Term, 1985.

"Bush Hears Debate on Japan Trade", *Washington Post*, May 23, 1989.

"Carter Given Oaths on 'Leaks'", *Washington Post*, July 16, 1980.

"Compromise on Notes Rejected", *Washington Post*, Dec. 15, 1995.

"Congress Is Denied Report on Bosnia", *New York Times*, Apr. 17, 1996.

"Congress Must Get Serious", *Washington Post*, June 4, 1982.

"Impartial Regulators Stump for Nixon", *Washington Star-News*, Oct. 8,

1972.

"Legal Experts Uncertain on Prospects of Clinton Privilege Claim", *Washington Post*, Dec. 14, 1994.

"Note: Enforcing Executive Orders: Judicial Review of Agency Action under the Administrative Procedure Act", 55 Geo. *Wash. L. Rev.* 659 (1987).

"OMB Objection Raises House Panel's Hackles", *Washington Post*, Aug. 13, 1987.

"Panel Moves to Gain Travel Office Files", *New York Times*, May 10, 1996.

"President Sharply Restricts Polygraph Tests for Officials", *Washington Post*, Dec. 21, 1985.

"Special Prosecutor Investigations Called 'Enormous Waste'", *Washington Post*, May 22, 1981.

"The FCC and the Patent System: Progressive Ideals, Jacksonian Realism, and the Technology of Regulation", 71 *U. Colo. L. Rev.* 1071 (2000).

"Turning Screws: Winning Votes in Congress", *Congressional Quarterly Weekly Report*, Apr. 24, 1976.

"White House Claims Privilege on Drug Memo", *Washington Post*, Oct. 2, 1996.

"White House Gives Committee More Papers in Dismissal Case", *New York Times*, May 31, 1996.

"White Water Notes Being Surrendered", *Washington Post*, Sept, Dec. 22, 1995.

536

3. 인터넷사이트

http://100.empas.com/entry.html/?i=181853&Ad=kfc.

http://lepo.it.da.ut.ee/~illing/NAFTA2.htm.

http://lists.essential.org/corp-focus/msg00001.html

http://memory.loc.gov/ammem/amlaw/lwac.html

http://mskim.netian.com/ahg.htm

http://pro.harvard.edu

http://thomas.loc.gov/cp108/cp108q uery.html

http://www.access.gpo.gov/nara/nara003

http://www.americanhistory.or.kr/book/link/d-1887.htm

http://www.gov/showdoc.cfm?index=1820&sequence=11

http://www.gpo.gov/nara/pubpaps/srchpaps.html

http://www.gpoaccess.gov/crecord/index.html

http://www.jfkorea.com/intro.htm

http://www.kmib.co.kr/event/int/cliton/cliton_scan02.html

*http://www.mocie.go.kr/data/policy/general/ download/%ED%86%B5%EC%
83%8198-3.htm*

*http://www.montco-pa.com/docs/news/observer/archive/Obs091599/html/nati
onal_3.html*

http://yichoe.netian.com/FIR/atchistory.htm

美 國 憲 法 全 文1)

(前 文)

우리들 연합주(the United States)의 인민은 더욱 완전한 연방(Union)을 형성하고, 정의를 확립하고, 국내의 안녕을 보장하고, 공동의 방위를 도모하고, 국민의 복지를 증진하고, 우리들과 우리들의 후손에게 자유와 축복을 확보할 목적으로 미합중국(the United States of America)헌법을 제정한다.

제1조
(立 法 府)

제1항 이 헌법에 의하여 부여되는 모든 입법권은 합중국연방의회(Congress of the United States)에 속하며, 연방의회는 상원(Senate)과 하원(House of Representatives)으로 구성한다.

제2항 [1호] 하원은 각 주의 주민

---

1) 本 資料는 文鴻柱, 「基本的 人權 研究」, 海巖社, 1991, pp.628-64 에서의 美國憲法譯文資料와 韓國公法學會, 「美國憲法과 韓國憲法」, 大學出版社, 1989, pp.450-502에서의 美國憲法譯文資料를 바탕으로 여기에 필자가 부분적인 수정을 하여 작성된 것이다.

이 2년마다 선출하는 의원으로 구성하며, 각 주의 선거인은 주 의회의 의원수가 가장 많은 의원의 선거인에게 요구되는 자격요건을 구비해야 한다.

[2호] 누구든지 연령이 만 25세에 미달한 자, 합중국시민으로서의 기간이 7년이 못 되는 자, 그리고 선거 당시에 선출되는 주의 주민이 아닌 자는 하원 의원이 될 수 없다.

[3호] 하원 의원의 수와 직접세는 연방에 가입하는 각 주의 인구수에 비례하여 각 주에 배정한다.2) 각 주의 인구수는 연기계약 노무자를 포함한 자유인의 총수에, 과세하지 아니하는 인디언을 제외하고, 그 밖의 인구3) 총수의 5분의 3을 가산하여 결정한다.4) 인구수의 산정은 제1회 연방의회를 개최한 후 3년 이내에 행하며, 그 후는 10년마다 법률이 정하는 바에 따라 행한다. 하원의원의 수는 인구 3만 명당 1인의 비율을 초과하지 못한다. 다만, 각 주는 적어도 1명의 하원의원을 가져야 한다. 위의 인구수의 산정이 있을 때까지 뉴햄프셔 주는 3명 매사추세츠 주는 8명, 로드아일랜드 주와 프로비던스 식민지는 1명 코니티컷 주는 5명, 뉴욕주는 6명, 뉴져지 주는 4명, 펜실

---

2) 수정헌법 제14조에 의해 개정.

3) 흑인, 노예를 지칭한다.

4) 수정헌법 제14조에 의해 폐지.

베이니아 주는 8명, 델라웨어 주는
1명, 메릴랜드 주는 6명, 버지니아
주는 10명, 노스캐롤라이나 주는 5
명, 사우스캐롤라이나 주는 5명,
그리고 조지아 주는 3명의 의원을
각각 선출할 수 있다.5)

[4호] 어떤 주에서든 그 주에서 선
출하는 하원의원에 결원이 생겼을
경우에는, 그 주의 행정부가 그 결
원을 채우기 위한 보궐 선거의 명
령을 내려야 한다.

[5호] 하원은 그 의장과 그 밖의
임원을 선임하며 탄핵의 專權을 가
진다.

제3항 [1호] 상원은 각 주 주의회
에서 선출한6) 6년 임기의 상원의
원 2명씩으로 구성되며 각 상원의
원은 1표의 투표권을 가진다.

[2호] 상원의원들의 제1회 선거의
결과로 당선되어 소집되면, 즉시
의원총수를 가능한 한 동수의 3部
로 나눈다. 제1部의 의원은 2년 만
기로, 제2部의 의원은 4년 만기로,
그리고 제3部의 의원은 6년을 만
기로 하고, 2년마다 그 3분의 1을
改選한다. 그리고 어떤 주에서든
주의회의 개회 중에 사직 또는 그
밖의 원인으로 상원의원의 결원이
생길 때에는 그 주의 행정부는 다
음 회기의 주 의회가 결원을 보충
할 때까지 잠정적으로 상원의원을
임명할 수 있다.7)

[3호] 연령이 30세에 미달하거나,

합중국 시민으로서의 기간이 9년
이 되지 아니하거나, 또는 선거 당
시 선출되는 주의 주민이 아닌 자
는 상원의원이 될 수 없다.

[4호] 합중국의 부통령(Vice Presi-
dent)은 상원의장이 된다. 다만, 표
결에서 可否同數일 경우를 제외하
고는 투표권이 없다.

[5호] 상원은 의장 이외의 임원들
을 선임하며, 부통령이 결원일 경
우나, 부통령이 대통령의 직무를
집행하는 때에는 임시의장을 선임
한다.

[6호] 상원은 모든 탄핵심판의 專
權을 가진다. 이 목적을 위하여 상
원이 개회될 때, 의원들은 선서 또
는 확약을 해야 한다. 합중국대통
령을 심판할 경우에는 연방대법원
장(Chief Justice)을 의장으로 한다.
누구라도 출석의원 3분의 2 이상
의 찬성 없이는 유죄 판결을 받지
아니한다.

[7호] 탄핵심판에서의 판결은 면직
그리고 명예직, 위임직, 또는 보수
를 수반하는 합중국의 공직에 취
임, 재직하는 자격을 박탈하는 것
이상이 될 수 없다. 다만, 이 같이
유죄판결을 받은 자일지라도 법률
의 규정에 따른 기소, 심리, 판결
및 처벌을 면할 수 없다.

제4항 [1호] 상원의원과 하원의원
을 선거할 시기, 장소 및 방법은
각 주에서 그 주 의회가 정한다.
그러나 연방의회는 언제든지 법률
에 의하여 그러한 규정을 제정 또
는 개정할 수 있다. 다만, 상원의
원의 선거 장소에 관하여는 예외로
한다.

---

5) 임시조항.

6) 수정헌법 제17조에 의해 개정.

7) 수정헌법 제17조에 의해 개정.

[2호] 연방의회는 매년 적어도 1회 집회해야 한다. 그 집회의 시기는 법률에 의하여 다른 날짜를 지정하지 아니한 12월 첫 번째 월요일로 한다.8)

제5항 [1호] 각 院은 그 소속의원의 당선, 득표수 및 자격을 판정한다. 각 院은 소속의원의 과반수가 출석함으로써 의사를 진행시킬 수 있는 정족수를 구성한다. 정족수에 미달하는 경우에는 출석의원이 연일 휴회할 수 있으며, 각 院에서 정하는 방법과 벌칙에 따라 결석의원의 출석을 강요할 수 있다.

[2호] 각 院은 의사규칙을 결정하며, 원내의 질서를 문란케 한 의원을 징계하며, 의원 3분의 2 이상의 찬성을 얻어 의원을 제명할 수 있다.

[3호] 각 院은 의사록을 작성하여 각 院에서 비밀에 붙여져야 한다고 판단하는 부분을 제외하고, 이것을 수시로 공표해야 한다. 각 院은 출석의원수의 5분의 1이상이 요구할 경우에는 어떠한 문제에 대하여도 소속의원의 찬반투표를 의사록에 기재해야 한다.

[4호] 연방의회의 회기 중에는 어느 의원도 다른 의원의 동의 없이 3일 이상 휴회하거나, 회의장을 양원이 개최한 장소 이외의 장소로 옮길 수 없다.

제6항 [1호] 상원의원과 하원의원은 그 직무에 대하여 법률이 정하고 국고로부터 지급되는 보수를 받는다. 양원의 의원은 반역죄, 중죄 및 치안방해죄를 제외하고는 어떠한 경우에도 그 의원의 회의출석 중에 그리고 의사당까지의 왕복도 중에 체포되지 아니하는 특권이 있다. 양원의 의원은 원내에서 행한 발언이나 토론에 관하여 원외에서 책임지지 아니한다.

[2호] 상원의원 또는 하원의원은 재임기간에 신설되거나 봉급이 인상된 어떠한 합중국의 공직에도 임명될 수 없다. 합중국의 어떠한 공직에 있는 자라도 재직 중에 양원 중의 어느 一院의 의원이 될 수 없다.

제7항 [1호] 세입징수에 관한 모든 법률안은 먼저 하원에서 제의되어야 한다. 다만, 상원은 이에 대해 법안에서와 마찬가지로 수정안을 발의하거나 수정을 가하여 동의할 수 있다.

[2호] 하원과 상원을 통과한 모든 법률안은 법률로 확정되기에 전에 대통령에게 移送되어야 한다. 대통령이 이를 승인하는 경우에는 여기에 서명하며, 승인하지 아니하는 경우에는 이의서를 첨부하여 이 법률안을 발의한 議院으로 환부해야 한다. 법률안을 환부 받은 의원은 이의의 대략을 의사록에 기록한 후 이 법률안을 다시 심의해야한다. 다시 심의한 결과, 그 議院의 議員 3분의 2 이상의 찬성으로 가결한 때에는 이 議院은 이 법률안을 대통령의 이의서와 함께 다른 議院으로 移送해야 한다. 다른 議院에서 이 법률안을 재심하여 議員 3분의 2 이상의 찬성으로 가결한 때에는 이 법률안은 법률로 확정된다. 이

8) 수정헌법 제20조에 의해 개정.

모든 경우에서 양원의 표결은 지명에 대한 贊否聲名에 의하여 결정하며, 그 법률안에 대한 찬성자와 반대자의 성명을 각 院의 의사록에 기재해야 한다. 법률안이 대통령에게 移送된 후 10일 이내(일요일은 제외)에 의회로 환부되지 아니할 때에는 그 법률안은 대통령이 이에 서명한 경우와 마찬가지로 법률로 확정된다. 다만, 연방의회가 휴회하여 이 법률안을 환부할 수 없는 경우에는 법률로 확정되지 아니한다.

[3호] 상·하양원의 의결을 필요로 하는 모든 명령, 결의 또는 표결(휴회에 관한 결의는 제외)은 이를 대통령에게 移送해야 하며, 대통령이 이를 승인해야 효력을 발생한다. 대통령이 이를 승인하지 아니하는 경우에는 법률안에서와 같은 규칙 및 제한에 따라서 상원과 하원에서 3분의 2 이상의 의원의 찬성으로 다시 가결해야 한다.

제8항 [1호]연방의회는 다음의 권한을 가진다. 합중국채무를 지불하고, 공동방위와 일반복지를 위하여 조세, 관세, 부과금 및 소비세를 부과, 징수한다. 다만 관세, 공과금, 및 소비세는 합중국전역을 걸쳐 통일되어야 한다.

[2호] 합중국의 신용으로 금전을 차입한다.

[3호] 외국 간, 주상호간 및 인디언 부족과의 통상을 규제한다.

[4호] 합중국전체에 공통되는 획일적인 귀화규정과 파산문제에 대한 통일적인 법률을 제정한다.

[5호] 화폐를 주조하고 그 화폐 및 외국 화폐의 가치를 규정하며, 도량형의 기준을 정한다.

[6호] 합중국의 유가 증권 및 통화의 위조에 관한 벌칙을 정한다.

[7호] 우편관서와 우편도로를 건설한다.

[8호] 저작자와 발명자에게 그들의 저술과 발명에 대한 독점적인 권리를 일정기간 확보해 줌으로써 과학과 유용한 기술의 발달을 촉진시킨다.

[9호] 연방대법원 아래에 하급법원을 조직한다.

[10호] 공해에서 범한 해적 행위 및 중죄 그리고 국제법에 위배되는 범죄를 정의하고 이에 대한 벌칙을 정한다.

[11호] 전쟁을 포고하고 拿捕許可狀을 수여하며, 지상 및 해상에서의 拿捕에 관한 규칙을 정한다.

[12호] 육군을 모집, 편성하고, 이를 유지한다. 다만, 이 목적을 취한 경비의 지출기간은 2년을 초과하지 못한다.

[13호] 해군을 창설하고 이를 유지한다.

[14호] 육·해군의 통수 및 규제에 관한 규칙을 정한다.

[15호] 연방 법률을 집행하고, 반란을 진압하고, 침략을 격퇴하기 위하여 민병의 소집에 관한 규칙을 정한다.

[16호] 민병대의 편성·무장 및 훈련에 관한 규칙과 합중국의 군무에 복무하는 자들을 다스리는 규칙을 정한다. 다만, 각 주는 민병대의 장교를 임명하고, 연방의회가 정한 軍律에 따라 민병대를 훈련시키는 권한을 각각 보유한다.

[17호] 특정 주가 합중국에 양도하고, 연방의회가 이를 수령함으로써 합중국 정부의 소재지가 되는 지역(1평방 마을을 초과하지 못함)에 대하여는 어떠한 경우를 막론하고 독점적인 입법권을 행사하며, 요새·무기고·조병창·조선소 및 기타 필요한 건물을 세우기 위하여 주 의회의 승인을 얻어 구입한 모든 장소에 대해서도 이와 동일한 권한을 행사한다.

[18호] 위에 기술한 권한들과 이 헌법이 합중국정부 또는 그 부처 또는 그 공무원에게 부여한 모든 기타 권한을 행사하는 데 필요하고 적절한 모든 법률을 제정한다.

제9항 [1호] 연방의회는 기존의 각 주 중 어느 주가 허용함이 적당하다고 인정하는 사람들9)의 이주 또는 입국을 1808년 이전에는 금지하지 못한다. 다만 이러한 사람들의 입국에 대하여 1인당 10달러를 초과하지 아니하는 한도 내에서 입국세를 부과할 수 있다.

[2호] 인신보호영장에 관한 특권은 반란 또는 침략이 발생했을 때 공공의 안전상 필요한 경우가 아니면 정지될 수 없다

[3호] 私權剝奪法(Bill of Attainder) 또는 遡及立法을 통과시키지 못한다.

[4호] 인두세나 그 밖의 직접세는 앞서 규정한 인구조사 또는 산정에 비례하지 아니하는 한, 이를 부과하지 못한다.

[5호] 주로부터 수출되는 물품에 조

---

9) 흑인과 노예를 의미한다.

세 또는 관세를 부과하지 못한다.

[6호] 어떠한 통상 또는 收稅에 관한 규정에 의하여 어느 주의 항구도 다른 주의 항구보다 특혜대우를 할 수 없다. 또한 어느 주에 도착 예정이거나 어느 주를 출항한 선박을 다른 주에서 강제로 입·출항 수속을 하게 하거나, 관세를 지불하게 할 수 없다.

[7호] 모든 국고금은 법률에 의한 세출의결에 의하지 아니하고는 지출될 수 없다. 또한 모든 공금의 수납 및 지출에 관한 정식결산서는 수시로 공표해야 한다.

[8호] 합중국은 어떠한 귀족의 칭호도 수여하지 아니한다. 합중국정부에서 유급직 또는 위임에 의한 관직에 있는 자는 누구라도 연방의회의 승인 없이는 어떠한 국왕, 왕족 또는 외국으로부터도 종류여하를 막론하고 선물·보수·관직 또는 칭호를 받을 수 없다.

제10항 [1호] 어느 주라도 조약·동맹 또는 연합을 체결하거나, 拿捕許可狀을 수여하거나, 화폐를 주조하거나, 신용 증권을 발행하거나, 금화 및 은화 이외의 것으로써 채무지불의 법정수단으로 삼거나, 私權剝奪法, 遡及立法 또는 계약상 채무를 害하는 법률 등을 제정하거나, 또는 귀족의 칭호를 수여할 수 없다.

[2호] 어느 주라도 연방의회의 동의 없이는 수입품 또는 수출품에 대하여 檢查法의 집행상 절대 필요한 경우를 제외하고는 공과금 또는 관세를 부과하지 못한다. 어느 주에서나 수입품 또는 수출품에 부과

하는 모든 공과금이나 관세의 순수입은 합중국국고의 용도에 제공해야 한다. 또 연방의회는 이런 종류의 모든 주의 법률을 개정하고 통제할 수 있다.

[3호] 어느 주라도 군대나 군함을 보유할 수 없고, 다른 주나 외국과 협정이나 협약을 체결할 수 없으며, 실제로 침공당하고 있거나 지체할 수 없을 만큼 급박한 위험에 처해 있지 아니하고는 전쟁행위를 할 수 없다.

제2조
(行 政 府)

제1항 [1호] 집행권은 미합중국대통령(President of the United States of America)에 속한다. 대통령의 임기는 4년으로 하며, 동일한 임기의 부통령과 함께 다음과 같은 방법에 의하여 선출된다.

[2호] 각 주는 그 주의 주의회가 정하는 바에 따라, 그 주가 연방의회에 보낼 수 있는 상원의원과 하원의원의 總數와 同數의 선거인을 임명한다. 다만 상원의원이나 하원의원, 또는 합중국에서 위임에 의한 또는 유급의 관직에 있는 자는 선거인이 될 수 없다.

[3호] 선거인은 각각 자기 주에서 집회하여 비밀투표에 의하여 2인을 선거하되, 그 중 1인은 선거인과 동일한 주의 주민이 아니어야 한다. 선거인은 모든 득표자들의 명부와 각 득표자의 득표수를 기재한 표를 작성하여 서명하고 증명한 다음, 봉함하여 상원의장 앞으로 합중국정부 소재지로 移送한다. 상

원의장은 상원의원 및 하원의원들 앞에서 모든 증명서를 개봉하고 투표를 계산한다. 최고득표자의 득표수가 임명된 선거인의 총수의 과반수가 되었을 때에는 그가 대통령으로 당선된다. 과반수득표자가 2인 이상이 되고, 그 득표수가 同數일 경우에는 하원이 즉시 비밀투표로 그 중의 1인을 대통령으로 선임해야 한다. 과반수득표자가 없을 경우에는 하원이 동일한 방법으로 최다득표자 5명중에서 대통령을 선임한다. 다만 이러한 방법으로 대통령을 선거할 때에는 선거를 주단위로 하고, 각 주의 하원의원은 1표의 투표권을 가지며, 그 선거에 필요한 정족수는 각 주의 하원의원의 3분의 2로부터 1명 또는 그 이상의 의원의 출석으로 성립되며, 전체 주의 과반수의 찬성을 얻어야 선출될 수 있다. 어떤 경우에서나, 대통령을 선출하고 난 뒤에 최다수의 득표를 한자를 부통령으로 한다. 다만 同數의 득표자가 2인 이상 있을 때에는 상원이 비밀투표로 그 중에서 부통령을 선출한다.10)

[4호] 연방의회는 선거인들을 선임할 시기와 이들이 투표할 시일을 정한다. 투표일은 합중국 전역을

---

10) 1804년에 비준된 수정헌법 제2조로 대통령과 부통령의 선거는 분리 실시되었으므로 이 조항은 사문화되었다. 또한 1828년 이후 정당정치의 발달로 각 주는 대통령의 선거인을 일반 유권자가 선출하게 되었으므로 대통령의 선출은 실질적으로 일반유권자의 투표로써 결정하게 되었다.

통하여 同日로 하여야 한다.

[5호] 출생에 의한 합중국 시민이 아닌 자, 또는 本 憲法의 제정 시에 합중국 시민이 아닌 자는 대통령으로 선임될 자격이 없다. 연령이 35세에 미달한 자, 또는 14년간 합중국 내의 주민이 아닌 자도 대통령으로 선임될 자격이 없다.

[6호] 대통령이 면직되거나 사망하거나 사직하거나 또는 그 권한 및 직무를 수행할 능력을 상실할 경우에, 대통령의 직무는 부통령에게 귀속된다. 연방의회는 법률에 의하여 대통령의 면직, 사망, 사직 또는 직무 수행 불능의 경우를 규정할 수 있으며, 그러한 경우에 대통령의 직무를 수행할 공무원을 정할 수 있다. 이 공무원은 대통령의 직무 수행 불능이 제거되거나 대통령이 새로 선임될 때까지 대통령의 직무를 대행한다.11)

[7호] 대통령은 그 직무수행에 대한 대가로 정기적으로 보수를 받으며, 그 보수는 임기 중에 인상 또는 인하되지 아니한다. 대통령은 그 임기 중에 합중국 또는 어느 주로부터 그 밖의 어떠한 보수도 받지 못한다.

[8호] 대통령은 그 직무 수행을 시작하기에 앞서 다음과 같은 선서 또는 확약을 해야 한다. "나는 합중국대통령의 직무를 성실히 수행하며, 나의 능력의 최선을 다하여 합중국헌법을 보전하고 보호하고 수호할 것을 엄숙히 선서(또는 확약)한다".

---

11) 수정헌법 제25조 참조.

제2항 [1호] 대통령은 합중국 육·해군의 총사령관, 그리고 각 주의 민병이 합중국의 현역에 복무할 때는 그 민병대의 총사령관이 된다. 대통령은 각 소관 직무사항에 관하여 행정부서 장관의 문서에 의한 견해를 요구할 수 있다. 대통령은 합중국에 대한 범죄에 관하여 탄핵의 경우를 제외하고 형의 집행정지 및 사면을 명할 수 있는 권한을 가진다.

[2호] 대통령은 상원의 권고와 동의를 얻어 조약을 체결하는 권한을 가진다. 다만 그 권고와 동의는 상원의 출석의원 3분의 2 이상의 찬성을 얻어야 한다. 대통령은 대사, 밖의 공사 및 영사, 연방대법원 대법관 그리고 그 임명에 관하여 本 憲法에 특별규정이 없으나, 이후에 법률로써 정해지는 그 밖의 모든 합중국공무원을 지명하여 상원의 권고와 동의를 얻어 임명한다. 다만 연방의회는 적당하다고 인정되는 하급공무원 임명권을 법률에 의하여 대통령에게 단독으로 또는 법원에게 또는 각 행정부서 장관에게 부여할 수 있다.

[3호] 대통령은 상원의 휴회 중에 생기는 모든 결원을 임명에 의하여 충원하는 권한을 가진다. 다만 그 임명은 다음 회기가 만료될 때에 효력을 상실한다.

제3항 대통령은 연방의 상황에 관하여 수시로 연방의회에 보고하고, 필요하고도 적절하다고 생각하는 시책의 심의를 의회에 권고해야 한다. 긴급 시에는 대통령은 상·하 양원 또는 그 중의 一院을 소집할

544

수 있으며, 휴회의 시기에 관하여
양원 간의 의견이 일치되지 아니하
는 때에는 대통령이 적당하다고 인
정할 때까지 양원의 정회를 명할
수 있다. 대통령은 대사와 그 밖의
외교사절을 접수하며, 법률이 올바
르게 집행되도록 유의하며, 또 합
중국의 모든 공무원에게 직무를 위
임한다.

제4항 대통령, 부통령 그리고 합중
국의 모든 문관은 반역죄, 수뢰죄,
또는 그 밖의 중대한 범죄 및 경
범죄로 탄핵받고 유죄 판결을 받음
으로써 면직된다.

제3조
(司 法 府)

제1항 합중국의 사법권은 1개의
대법원(Supreme Court)에, 그리고
연방의회가 수시로 제정, 설치하는
하급법원들에게 속한다. 연방대법
원 및 하급법원의 판사는 그 行狀
이 선량한 한 그 직을 보유하고,
그 직무에 대하여는 정기적으로 보
수를 받으며, 그 보수는 재임 중에
감액되지 아니한다.

제2항 [1호] 사법권은 本 憲法과
합중국법률과 그리고 합중국의 권
한에 의하여 체결되었거나 체결된
조약으로 인하여 발생하는 모든 보
통법상 및 형평법상의 사건, 대사
와 그 밖의 외교사절 및 영사에
관한 모든 사건, 海事裁判 및 해상
관할에 관한 모든 사건, 합중국이
일방의 당사자가 되는 분쟁, 2개의
주 및 그 이상의 주 사이에 발생

하는 분쟁, 한 주와 다른 주의 시
민 사이의 분쟁,12) 상이한 주의 시
민 사이의 분쟁, 다른 주로부터 부
여받은 토지의 권리에 관하여 같은
주의 시민 사이에 발생하는 분쟁
및 1개주 또는 그 주민과 외국 또
는 그 시민 또는 그 시민 간에 발
생하는 분쟁에 미친다.13)

[2호] 대사와 그 밖의 외교사절 및
영사에 관계되는 사건과 주가 당사
자인 사건은 연방대법원이 제1심
의 재판관할권을 가진다. 그 밖의
모든 사건에서는 연방의회가 정하
는 예외의 경우를 제외하고, 연방
의회가 정하는 규정에 따라 법률문
제와 사실문제에 관하여 상소심의
재판관할권을 가진다.

[3호] 탄핵사건을 제외한 모든 범
죄의 재판은 배심제로 한다. 그 재
판은 그 범죄가 행하여진 주에서
해야 한다. 다만 그 범죄자가 어느
주에도 속하지 아니할 경우에는 연
방의회가 법률에 의하여 정하는 장
소에서 재판한다.

제3항 [1호] 합중국에 대한 반역죄
는 합중국에 대하여 전쟁을 일으키
거나 또는 적에게 가담하여 원조
및 지원을 할 경우에만 성립한다.
누구라도 명백한 위의 행동에 대하
여 2명의 증인의 증언이 있거나
또는 공개법정에서 자백하는 경우
이외에는 반역죄의 유죄를 선고를
받지 아니한다.

[2호] 연방의회는 반역죄의 형벌을

---

12) 수정헌법 제11조 참조.

13) 수정헌법 제14조에서 더욱 상
세히 규정.

선고하는 권한을 가진다. 다만 반역죄로 인한 私權剝奪宣告는 그 선고를 받은 자의 생존기간을 제외하고 그 혈통을 모독하거나 (Corruption of Blood), 재산의 몰수를 초래하지 아니한다.

제4조
(州 相互間의 關係)

제1항 각 주는 다른 주의 법령, 기록 및 사법절차에 대하여 충분한 신뢰와 신용을 가져야 한다. 연방의회는 이러한 법령, 기록 및 사법절차를 증명하는 방법과 그것들의 효력을 일반 법률로써 규정할 수 있다.

제2항 [1호] 각 주의 시민은 다른 어느 주에서도 그 주의 시민이 향유하는 모든 특권 및 면책권을 가진다.
[2호] 어느 주에서 반역죄, 중죄 또는 그 밖의 범죄로 인하여 고발된 자가 도피하여 재판을 면하고 다른 주에서 발견된 경우, 그 범인은 범인이 도피한 주의 행정당국의 요구에 의하여 그 범죄에 대한 재판관할권이 있는 주로 인도되어야 한다.
[3호] 어느 주에서 그 주의 법률에 의하여 사역 또는 노역을 당하도록 되어 있는 자가 다른 주로 도피한 경우, 다른 주의 어떠한 법률 또는 규정에 의해서도 그 사역 또는 노역의 의무는 해제되지 아니하며, 그 자는 그 사역 또는 노역을 요구할 권리를 가진 당사자의 청구에 따라 인도되어야 한다.14)

제3항 [1호] 연방의회는 새로운 주를 연방에 가입시킬 수 있다. 다만 다른 주의 관할구역 안에서 새로운 주를 구성하거나 설립할 수 없다. 또 관계 각 주의 주의회와 연방의회의 동의 없이는 2개 이상의 주 또는 주의 일부를 합병할 수 없다. [2호] 연방의회는 합중국에 속하는 영토 또는 그 밖의 재산을 처분하고 이에 관한 모든 필요한 규칙 및 규정을 제정하는 권한을 가진다. 다만 이 헌법의 어떠한 조항도 합중국 또는 어느 주의 권리를 훼손하는 것으로 해석되어서는 안 된다.

제4항 합중국은 이 연방 내의 모든 주의 공화정체(a Republican Form of Government)를 보장하며, 각 주를 침략으로부터 보호하며, 또 각 주의 주의회 또는 행정부(주의회를 소집할 수 없을 때)의 요구가 있을 때에는 주 내의 폭동으로부터 각 주를 보호한다.

제5조
(憲法改正節次)

연방의회는 상·하 양원의 3분의 2가 本 憲法에 대한 개정의 필요성을 인정할 때에는 헌법개정을 발의해야 하며, 각 주 중 3분의 2 이상의 주 의회의 요청이 있을 때에도 개정발의를 위한 헌법회의를 소집해야 한다. 어느 경우에서나 개정은 연방의회가 제의하는 비준의 두 방법 중의 어느 하나에 따라, 주 의회 4분의 3에 의하여 비준되

---

14) 수정헌법 제13조 참조.

거나, 또는 주 헌법회의 4분의 3에
의하여 비준되는 때에는 사실상 本
憲法의 일부로서 효력을 발생한다.
다만 1808년 이전에 이루어지질
헌법개정은 어떠한 방법으로도 제1
조 제9항 제1항과 4항에 변경을
가져올 수 없다. 어느 주도 그 주
의 동의 없이는 상원에서의 동등한
투표권을 박탈당하지 아니한다.

제6조

제1항 本 憲法이 제정되기 전에
계약된 모든 채무와 체결된 모든
조약은 本 憲法에서도 연맹규약
(The Confederation)하에서와 마찬
가지로 합중국에 대하여 효력을 가
진다.

제2항 本 憲法에 의거하여 제정되
는 합중국의 법률 그리고 합중국의
권한에 의하여 체결되거나 체결된
모든 조약은 이 국가의 최고법(the
Supreme Law of the Land)이다.
모든 주의 법관은 여기에 구속되
며, 1주의 헌법 또는 법률 중에 배
치되는 규정이 있어도 그것에 구속
되지 아니한다.

제3항 前記한 상원의원 및 하원의
원, 각 주의 주 의회의원, 합중국
및 각 주의 행정관 및 사법관은
선서 또는 확약에 의하여 本 憲法
에 충성할 의무가 있다. 다만 종교
상의 자격은 합중국의 어떠한 관직
또는 위임에 의한 공직에도 그 자
격요건으로 요구되지 아니한다.

제7조
(憲法批准)

本 憲法이 이를 비준하는 각 주간
에 확정되기 위해서는 9개 주의
헌법회의의 비준을 필요로 한다.
서기 1787년, 합중국독립 제12년 9
월 17일, 헌법 회의에 참석한 각
주의 전원일치의 동의를 얻어 本
憲法을 제정한다. 이를 증명하기
위하여 우리들은 여기에 서명한다.

(서명 생략)

修 正 憲 法

原憲法 제5조의 규정에 의거하여
합중국의회가 제의하고 각 주의 의
회가 비준을 한 미합중국헌법의 증
보 및 수정조항.

제1조[15]
(宗敎, 言論 및 出版의 自由와
集會 및 請願의 權利)

연방의회는 국교를 수립하거나 또
는 자유로운 신앙행위를 금지하는
법률을 제정할 수 없다. 또한 연방
의회는 언론, 출판의 자유나 평온
하게 집회할 권리 및 고충의 구제
를 위하여 정부에게 청원할 수 있
는 인민의 권리를 제한하는 법률을

---

15) 수정헌법 제1조부터 제10조까
   지는 권리장전이라고 불려지
   며, 제1대 연방의회의 첫 회기
   에 제안 되고, 각 주에 移送되
   어, 1791년 12월 15일에 그 비
   준이 완료되었다.

제정할 수 없다.

제2조
(武器所持의 權利)

기강이 확립된 민병은 자유로운 주의 안보에 필요하므로 모든 인민은 무기를 소장하고 휴대할 권리를 가진다.

제3조
(軍人의 舍營)

평화 시에 군대는 어떠한 주택에서도 그 소유자의 승낙을 받지 아니하고는 舍營할 수 없다. 전시에서도 법률이 정하는 방법에 의하지 아니하고는 舍營할 수 없다.

제4조
(搜索 및 逮捕令狀)

모든 인민은 부당한 수색, 체포, 압수로부터 신체, 가택, 서류 및 통신의 안전을 보장받을 권리를 가진다. 체포, 수색, 압수의 영장은 상당한 이유에 근거하고, 선서 또는 확약에 의하여 확인되고, 특히 수색장소, 체포될 사람 또는 압수물품이 기재되지 아니하고는 발급되지 아니한다.

제5조
(刑事事件에서의 諸權利)

누구라도 대배심에 의한 고발 또는 기소가 있지 아니하는 한 사형에 해당하는 죄 또는 기타 파렴치죄에 관하여 처벌을 받지 아니한다. 다만 육군이나 해군에서 또는 전시나 천재지변 시 복무 중에 있는 민병대에서 발생한 사건은 예외로 한다. 누구라도 동일한 범행으로 생명이나 신체에 대한 위협을 재차 받지 아니하며, 어떠한 형사사건에 있어서도 자기에게 불리한 진술을 강요당하지 아니한다. 누구라도 적법절차에 의하지 아니하고는 생명, 자유 또는 재산을 박탈당하지 아니한다. 또 정당한 보상 없이, 사유재산이 공용으로 수용당하지 아니한다.

제6조
(公正한 裁判을 받을 權利)

모든 형사소추에 있어서, 피고인은 범죄가 행하여진 주 및 법률이 미리 정하는 지역의 공정한 배심에 의한 신속한 공판을 받을 권리, 피의사건의 성질과 이유에 관하여 통고 받을 권리, 자기에게 불리한 증언과 대질 심문을 받을 권리, 자기에게 유리한 증언을 얻기 위하여 강제절차를 보장받을 권리, 자신의 변호를 위하여 변호인의 도움을 받을 권리를 가진다.

제7조
(民事事件에서의 諸權利)

보통법상의 소송에서, 소송에 걸려 있는 액수가 20달러를 초과하는 경우에는 배심에 의한 심리를 받을 권리가 보장된다. 배심에 의하여 심리된 사실은 보통법의 규정에 의하는 것 외에 합중국의 어느 법원에서도 재심되지 아니한다.

548

제8조
(保釋金, 罰金 및 刑罰)

과다한 보석금을 요구하거나, 과다한 벌금을 과하거나, 잔혹하고 비정상적인 형벌을 과하지 못한다.

제9조
(人民이 保有하는 諸權利)

本 憲法에 특정한 권리를 열거한 사실이, 인민이 보유하는 그 밖의 여러 권리를 부인하거나 경시하는 것으로 해석되어서는 아니 된다.

제10조
(州와 人民이 保有하는 權限)

本 憲法에 의하여 연방에 위임되지 아니하였거나, 각 주에게 금지되지 아니한 권한은 각 주나 인민이 보유한다.

제11조16)
(州를 상대로 하는 訴訟)

합중국의 사법권은 합중국의 한 주에 대하여 다른 주의 시민 또는 외국의 시민이나 시민에 의하여 개시되었거나 제기된 보통법상 또는 형평법상의 소송으로까지 미치는 것으로 해석할 수 없다.

제12조17)
(大統領 및 副統領의 選出)

선거인은 자신의 주에 집회하여, 비밀투표에 의하여 대통령과 부통령을 선거한다. 양자 중 적어도 1인은 선거인과 동일한 주의 주민이 아니어야 한다. 선거인은 투표용지에 대통령으로 투표되는 사람의 이름을 지정하고, 별개의 투표용지에 부통령으로 투표되는 사람의 이름을 지정하여야한다. 선거인은 대통령으로 투표된 모든 사람의 명부와 부통령으로 투표된 모든 사람의 명부, 그리고 각 득표자의 득표수를 기재한 표를 별개로 작성하여 선거인이 이에 서명하고 증명한 다음, 봉합하여 상원의장 앞으로 합중국 정부 소재지로 移送한다. 상원의장은 상원의원 및 하원의원의 참석하에 모든 증명서를 개봉하고 개표한다. 대통령으로서의 투표의 최고득표자를 대통령으로 한다. 다만 득표수가 선임된 선거인의 총수의 과반수가 되어야한다. 이와 같은 과반수득표자가 없을 경우 하원은 즉시 대통령으로 투표된 사람의 명단 중 3인을 초과하지 아니하는 최다수득표자들 중에서 대통령을 비밀투표로 선거하여야한다. 다만 이러한 방법으로 대통령을 선거할 때에는 선거를 주 단위로 하고, 각 주는 1표의 투표권을 가지며, 그 선거에 필요한 정족수는 각 주의 하원 의원 3분의 2로부터 1명 또는

---

16) 이 조항은 1794년 3월 5일 발의되었고, 1795년 2월 7일 비준되었다.

17) 이 조항은 1803년 12월 12일 발의되었고, 1804년 9월 27일 비준되었다.

그 이상의 의원의 출석으로써 성립
되며, 전체 주의 과반수의 찬성을
얻어야 선출될 수 있다. 대통령선
출권이 하원에 귀속된 경우에 하원
이 다음 3월 4일까지 대통령을 선
출하지 않을 때에는 부통령이 대통
령의 직무를 행한다. 부통령으로서
의 최고득표자를 부통령으로 한다.
다만 그 득표수는 선임된 선거인의
총수의 과반수가 되어야 한다. 과
반수득표자가 없을 경우에는 상원
의 득표자명부 중 최다수득표자 2
인 중에서 부통령을 선임한다. 이
목적을 위한 정족수는 상원의원 총
수의 3분의 2로 성립되며, 그 선임
에는 의원총수의 과반수가 필요하
다. 다만 헌법상 대통령職에 취임
할 자격이 없는 사람은 합중국 부
통령職에도 취임할 자격이 없다.

제13조[18]
(奴隷制度 廢止)

제1항 노예제도 또는 강제노역제도
는 당사자가 정당하게 유죄판결을
받은 범죄에 대한 처벌이 아니면
합중국 또는 그 관할하에 속하는
어느 장소에서도 인정되지 않는다.

제2항 연방의회는 적절한 입법에
의하여 本條의 규정을 시행할 권한
을 가진다.

제14조[19]
(公 民 權)

제1항 합중국에서 출생하거나 귀
화하고, 합중국의 관할권에 속하는
모든 사람은 합중국 및 그 거주하
는 주의 시민이다. 어떠한 주도 합
중국시민의 특권과 면책권을 박탈
하는 법률을 제정하거나 시행할 수
없다. 어떠한 주도 적법절차에 의
하지 아니하고는 어떠한 사람으로
부터도 생명, 자유, 또는 재산을
박탈할 수 없으며, 그 관할권 내에
있는 어떠한 사람에 대하여도 법률
에 의한 평등한 보호를 거부하지
못한다.

제2항 하원의원은 각 주의 인구수
에 비례하여 각 주에 할당된다. 각
주의 인구수는 비과세대상인 인디
언을 제외한 각 주의 총인구수이
다. 다만 합중국대통령 및 부통령
의 선거인, 합중국의회의 하원의원,
각 주의 행정관, 사법관 또는 각
주 주의회의 의원을 선출하는 어떠
한 선거에서도, 21세에 달하고 합
중국시민인 해당 주의 남성주민중
의 어느 누구에게 투표권이 거부되
거나, 어떠한 방법으로 제한되어있
을 때에는 그 주의 하원의원 할당
수의 기준을 그러한 남성주민의 수
가 그 주의 21세에 달한 남성주민
의 총수에 대하여 가지는 비율에
따라 감소된다. 단 그가 반란이나
그 밖의 범죄에 가담한 경우는 예

---

18) 이 조항은 1865년 2월 1일 발
  의되었고, 1865년 12월 18일
  비준되었다.

19) 이 조항은 1866년 6월 16일 발
  의되었고, 1868년 7월 28일 비
  준되었다.

외로 한다.

제3항 과거에 연방의회의원, 합중국공무원, 주 의회의원, 또는 주의 행정관이나 사법관으로서 합중국헌법을 지지할 것을 선언하였으나, 후에 이에 대한 폭동이나 반란에 가담하거나 또는 그 적에게 원조를 제공한 자는 누구라도 연방의회의 상원의원이나 하원의원, 대통령 및 부통령의 선거인, 합중국이나 각 주에서의 文武官職에 취임할 수 없다. 다만 연방의회는 각 院의 3분의 2의 투표로써 그 실격을 해제할 수 있다.

제4항 폭동이나 반란을 진압할 때의 공헌에 대한 은급 및 하사금을 지불하기 위하여 起債한 負債를 포함하여 법률로 인정한 국채의 법적 효력은 문제되지 않는다. 그러나 합중국 또는 주의 합중국에 대한 폭동이나 반란을 원조하기 위하여 起債한 負債에 대하여 또는 노예의 상실이나 해방으로 인한 청구에 대하여는 채무를 부담하거나 지불하지 아니한다. 모든 이러한 부채, 채무 및 청구는 위법이고 무효이다.

제5항 연방의회는 적절한 입법에 의하여 本條의 규정을 시행할 권한을 가진다.

제15조[20)
(黑人의 投票權)

제1항 합중국시민의 투표권은 인종, 피부색 또는 과거의 예속상태로 인하여 합중국이나 주에 의하여 거부되거나 제한되지 아니한다.

제2항 연방의회는 적절한 입법에 의하여 本條의 규정을 시행할 권한을 가진다.

제16조[21)
(所 得 稅)

연방의회는 소득원을 불문하고, 각 주에 배당하지 아니하고 국세조사나 인구수에 관계없이 소득세를 부과, 징수할 권한을 가진다.

제17조[22)
(聯邦議會 上院議員 直接選擧)

합중국의 상원은 각 주별로 2명의 상원의원으로 구성된다. 상원의원은 그 주의 주민에 의하여 선출되고 6년의 임기를 가진다. 각 상원의원은 1표의 투표권을 가진다. 각 주의 선거인은 주 의회의 議院 중의원수가 많은 議院의 선거인에게 요구되는 자격을 가져야 한다.

상원에서 어느 주의 代表議員에 결원이 생긴 때에는 그 주의 행정부는 결원을 보충하기 위하여 선거명령을 내려야 한다. 다만 주민이 주의회가 정하는 바에 의한 선거에 의하여 결원을 보충할 때까지 주의회는 그 주의 행정부에게 임시로 상원의원을 임명하는 권한을 부여할 수 있다. 본 수정사항은 本憲法의 일부로서 효력을 발생하기 이전에 선출된 상원의원의 선거 또는 임기에 영향을 주는 것으로 해석하지 못한다.

제18조23)
(禁 酒)

제1항 本條의 비준으로부터 1년을 경과한 후에는 합중국 내, 그리고 그 관할에 속하는 모든 영역 내에서 음용할 목적으로 주류를 양조, 판매 또는 운송하거나 합중국에서 이를 수입 또는 수출하는 것을 금지한다.

제2항 연방의회와 각 주는 적절한 입법에 의하여 本條를 시행할 경합적 권한을 가진다.

제3항 本條는 연방의회로부터 이를 각 주에 제의한 날부터 7년 이내에 각 주의 주의회가 헌법에

규정된 바와 같이 수정헌법으로서 비준하지 아니하면 그 효력을 발생하지 아니한다.

제19조24)
(女性의 選擧權)

제1항 합중국시민의 투표권은 성별로 인하여 합중국이나 주로부터 거부 또는 제한되지 아니한다.

제2항 연방의회는 적절한 입법에 의하여 本條를 시행할 권한을 가진다.

제20조25)
(大統領과 聯邦議會議員의 任期)

제1항 대통령과 부통령의 임기는 本條가 비준되지 아니하였더라면 임기가 만료되었을 해의 1월 2일 정오에 끝난다. 그 후임자의 임기는 그 때부터 시작된다.

제2항 연방의회는 매년 적어도 1회 집회한다. 그 집회는 의회가 법률로 다른 날을 정하지 아니하는 한 1월 3일 정오부터 시작된다.

제3항 대통령의 임기 개시일로 정해 놓은 시일에 대통령당선자가 사망하면 부통령당선자가 대통령이

---

23) 이 조항은 1917년 12월 18일 발의되었고, 1919년 1월 29일 비준되었다. 그러나 이 조항은 수정헌법 제21조로 인해 폐기되었다.

24) 이 조항은 1919년 6월 4일 발의되었고, 1920년 8월 26일 비준되었다.

25) 이 조항은 1932년 3월 2일 발의되었고, 1933년 2월 6일 비준되었다.

552

된다. 대통령 임기의 개시일까지 대통령이 선출되지 아니하였거나, 대통령당선자가 자격을 구비하지 못했을 때에는 부통령당선자가 대통령이 그 자격을 구비할 때까지 대통령職을 대행한다. 연방의회는 대통령당선자와 부통령당선자가 모두 자격을 구비하지 못하는 경우에 대비하여 법률로써 규정하고 대통령의 직무를 대행해야 할 자 또는 그 대행자의 선정방법을 규정할 수 있다. 이러한 경우에 선임된 자는 대통령 또는 부통령이 자격을 구비할 때까지 대통령의 직무를 대행한다.

제4항 연방의회는 하원이 대통령 선출권을 갖게 되었을 때에 하원이 대통령으로 선출한 인사 중 사망자가 생긴 경우와, 상원이 부통령의 선출권을 갖게 되었을 때에 상원이 부통령으로 선정한 인사 중 사망자가 생긴 경우를 대비하여 법률을 규정할 수 있다.

제5항 제1항 및 제2항은 本條의 비준 후 최초의 10월 15일부터 효력을 발생한다.

제6항 本條는 발의된 날로부터 7년 이내에 각 주 의회의 4분의 3에 의하여 헌법수정조항으로 비준되지 아니하면 효력을 발생하지 아니한다.

제21조26)

(禁酒條項의 廢棄)

제1항 수정헌법 제18조는 이에 폐지한다.

제2항 합중국의 주 영토 또는 屬領의 법률에 위반하여 이들 지역 내에서 주류를 양도 또는 사용할 목적으로 수송 또는 수입하는 것을 금지한다.

제3항 本條는 연방의회가 이것을 각 주에 발의한 날로부터 7년 이내에 헌법규정에 따라서 각 주의 헌법회의에 의하여 헌법수정 조항으로 비준되지 아니하면 효력을 발생하지 아니한다.

제22조27)
(大統領任期를 2회로 制限)

제1항 누구도 2회 이상 대통령職에 선출될 수 없으며, 누구도 타인이 대통령으로 당선된 임기 중 2년 이상 대통령職에 있었거나 대통령직무를 대행한 자는 1회 이상 대통령職에 당선될 수 없다. 다만 本條는 연방의회가 이를 발의하였을 때에 대통령職에 있는 자에게 적용되지 아니하며, 또 本條가 효력을 발생하게 될 때에 대통령職에 있거나 대통령직무를 대행하고 있는 자가 잔여임기 중 대통령職에 있거나 대통령 직무를 대행하는 것에 영향을 미치지 아니한다.

---

26) 이 조항은 1933년 2월 2일 발의되었고, 1933년 12월 5일 비준되었다.

27) 이 조항은 1947년 3월 21일 발의되었고, 1951년 2월 26일 비준되었다.

제2항 本條는 연방의회가 각 주에 발의한 날로부터 7년 이내에 각 주 주의회의 4분의 3에 의하여 헌법수정조항으로 비준되지 아니하면 효력을 발생하지 아니한다.

제23조[28]
(콜롬비아 特別區에서의 選擧權)

제1항 합중국정부 소재지를 구성하고 있는 특별구는 연방의회가 다음과 같이 정한 방식에 따라 대통령 및 부통령의 선거인을 임명한다. 그 선거인의 수는 이 특별구가 주라면 배당 받을 수 있는 연방의회 내의 상원 및 하원 의원 수와 같은 수이다. 그러나 어떠한 경우에도 최소의 인구를 가진 주보다 그 수가 더 많을 수 없다. 그들은 각 주가 임명한 선거인들에 포함된다. 그러나 그들은 대통령 및 부통령의 선거를 위하여 주가 선정한 선거인으로 간주된다. 그들은 이 지구에서 집회하여, 수정헌법 제12조가 규정한 바에 따라 그 직무를 수행한다.

제2항 연방의회는 적절한 입법에 의하여 本條를 시행할 권한을 가진다.

제24조[29]
(人 頭 稅)

---

28) 이 조항은 1960년 6월 16일 발의되었고, 1961년 4월 3일 비준되었다.

29) 이 조항은 1962년 8월 27일 발의되었고, 1964년 1월 23일 비준되었다.

제1항 대통령 또는 부통령, 대통령 또는 부통령 선거인, 연방의회 상원의원이나 하원의원을 위한 예비선거 또는 본 선거에 있어서 합중국이나 주는 인두세 기타 세금을 납부하지 않았다는 것을 이유로 선거권을 거부하거나 박탈하지 못한다.

제2항 연방의회는 적절한 입법에 의하여 本條를 시행할 권한을 가진다.

제25조[30]
(大統領의 職務遂行不能과 承繼)

제1항 대통령이 사망 또는 사임으로 궐위가 된 때에는 부통령이 대통령이 된다.

제2항 대통령職이 궐위된 때에는 대통령은 부통령을 지명하고 그는 양원의 과반수득표에 의하여 승인을 얻어 그 職에 취임한다.

제3항 대통령이 상원의 임시의장과 하원의장에게 그가 대통령職의 권한과 의무를 수행할 수 없다는 서면성명서를 제출할 때에는 이와 반대되는 서면성명서가 나올 때까지 부통령이 대통령 직무대행으로 대통령의 권한과 의무를 수행한다.

제4항 부통령과 법률이 정하는 행정부 주요 공무원 또는 연방의회와 같은 다른 기관의 과반수가 상원임시

---

30) 이 조항은 1962년 7월 6일 발의되었고, 1967년 2월 10일 비준되었다.

의장과 하원의장에게 대통령이 대통령직의 권한과 의무를 수행할 수 없다는 서면성명서를 제출하면 부통령은 즉시 대통령 권한대행으로서 대통령의 권한과 의무를 수행한다. 그리고 대통령이 상원임시의장과 하원의장에게 무능력하지 않다는 서면성명서를 제출하는 경우에는 그 職에 관한 권한과 의무를 회복한다. 다만 이 경우에 부통령과 법률이 정하는 행정부 주요 공무원 또는 연방의회와 같은 다른 기관의 과반수가 상원의장과 하원의장에게 4일 이내에 상원임시의장과 하원의장에게 대통령이 대통령직의 권한과 의무를 수행할 수 없다는 서면성명서를 제출하는 경우에는 예외로 한다. 이러한 경우에는 연방의회가 이 문제를 결정한다. 다만 폐회 중일 경우에는 48시간 이내에 이 목적을 위하여 집회한다. 만일 연방의회가 후자의 성명서를 접수하고 21일 이내에, 폐회 중일 경우에는 소집이 요구되고 21일 이내에 양원의 각각 3분의 2 이상의 찬성으로 대통령이 대통령직의 권한과 의무를 수행할 수 없다고 결정하면, 부통령은 계속하여 대통령 직무대행으로 직무를 수행한다. 그렇지 않으면 대통령은 대통령직의 권한과 의무를 회복한다.

제26조31)
(18세 이상인 市民의 選擧權)

제1항 18세 이상의 합중국시민의 선거권은 합중국 또는 주에 의하여 부인되거나 박탈되지 아니한다.

제2항 연방의회는 적절한 입법에 의하여 本條를 시행할 권한을 가진다.

제27조32)
(議員의 歲費引上)

양원의원의 세비변경에 관한 법률은 다음 하원의원 선거 시까지 효력을 발생하지 않는다.

---

31) 이 조항은 1971년 3월 23일 발의되었고, 1971년 7월 1일 비준되었다.

32) 이 조항은 1789년에 발의되었고, 1992년 5월 7일 비준되었다.

· 저자 ·

강승식(姜勝植)　학력

　　　　　　한양대학교 법학사
　　　　　　동대학원 법학석사 및 법학박사(헌법전공)

　　　　　　경력

　　　　　　한국공법학회 정회원
　　　　　　한국법정책학회 정회원
　　　　　　한국헌법학회 정회원
　　　　　　한양대학교 법과대학 강사

　　　　　　연구논문

　　　　　　미연방대법원의 평등심사기준(법과정책연구, 제2집 제1호, 한국법정책학회)
　　　　　　헌법에 열거되지 아니한 권리(미국헌법연구, 제15집 제1호, 미국헌법학회)
　　　　　　국가적 안정성관점에서 바라본 대통령제(중앙법학, 제6집 제3호, 중앙법학회)
　　　　　　미국사법심사제도의 기본적 이해(공법연구, 제33집 제1호, 한국공법학회)
　　　　　　外 多數

미국에서의 권력분립원리

· 초판 인쇄	2005년 6월 25일
· 초판 발행	2005년 6월 30일
· 지 은 이	강승식
· 펴 낸 이	채종준
· 펴 낸 곳	한국학술정보㈜
	경기도 파주시 교하읍 문발리 526-2
	파주출판문화정보산업단지
	전화　031) 908-3181(대표)·팩스　031) 908-3189
	홈페이지　http://www.kstudy.com
	e-mail(e-Book사업부)　ebook@kstudy.com
· 등　　록	제일산-115호(2000. 6. 19)
· 가　　격	33,000원

ISBN　　89-534-2439-9　93340　(Paper Book)
　　　　　89-534-2440-2　98340　(e-Book)